国家社会科学基金项目（17BJY006）资助

U0749407

收入分配公平的评价体系与预警机制研究

孙敬水 著

浙江工商大学出版社
ZHEJIANG GONGSHANG UNIVERSITY PRESS
·杭州·

图书在版编目(CIP)数据

收入分配公平的评价体系与预警机制研究 / 孙敬水
著. — 杭州：浙江工商大学出版社，2020.12
ISBN 978-7-5178-4190-6

Ⅰ. ①收… Ⅱ. ①孙… Ⅲ. ①收入分配－研究－中国
Ⅳ. ①F124.7

中国版本图书馆 CIP 数据核字(2020)第 236017 号

收入分配公平的评价体系与预警机制研究
SHOURU FENPEI GONGPING DE PINGJIA TIXI YU YUJING JIZHI YANJIU

孙敬水　著

责任编辑	谭娟娟	
封面设计	林朦朦	
责任印制	包建辉	
出版发行	浙江工商大学出版社	
	（杭州市教工路 198 号　邮政编码 310012）	
	（E-mail：zjgsupress@163.com）	
	（网址：http://www.zjgsupress.com）	
	电话：0571－88904980，88831806（传真）	
排　　版	杭州朝曦图文设计有限公司	
印　　刷	广东虎彩云印刷有限公司绍兴分公司	
开　　本	710mm×1000mm　1/16	
印　　张	29.75	
字　　数	550 千	
版 印 次	2020 年 12 月第 1 版　2020 年 12 月第 1 次印刷	
书　　号	ISBN 978-7-5178-4190-6	
定　　价	89.00 元	

前　言

收入分配是否公平是直接关系国计民生的大事,它不仅是一个经济问题,而且是一个关系到社会和谐与稳定的政治问题和社会问题。收入分配公平对于不同经济制度、不同社会发展阶段的国家,具有不同的内涵与表现形式。世界上没有一个通用的收入分配公平模式,人类对收入分配公平的追求一刻也没有停止过。自古以来,中外学者对收入分配公平问题进行了深入的思考,为人们留下了许多宝贵的理论研究成果。从中华人民共和国成立一直到改革开放之前,我国实行的是计划经济体制。这一经济体制下的收入分配制度是以平均主义为特征的,这种分配的结果,抑制了劳动者的生产积极性,损害了经济效率,导致了社会的普遍贫穷。平均主义的分配方式既牺牲了效率,又牺牲了公平,严重制约了社会生产力的发展。改革开放之后,我国从计划经济体制转向市场经济体制,分配制度也从计划经济体制下的平均主义转向按劳分配为主体、多种分配方式并存的分配制度,极大地调动了劳动者的工作积极性,使国民经济持续快速发展,居民生活水平显著提高,但随之而来的是收入分配不平等不断拉大,分配不公平问题比较突出。实现收入分配领域的公平已经成为构建社会主义和谐社会的必然要求。如何改革收入分配制度、解决收入分配不公问题、缩小收入分配不平等已成为摆在政策制定者和理论界面前的重大现实问题。为此,党的十七大、十八大强调"初次分配和再分配都要兼顾效率和公平,再分配更加注重公平";党的十八大提出"公平正义是中国特色社会主义的内在要求",要"逐步建立以权利公平、机会公平、规则公平为主要内容的社会公平保障体系";党的十九大进一步提出"要激发全社会创造力和发展活力,努力实现更高质量、更有效率、更加公平、更可持续的发展!"理论界从不同视角、不同层面对我国收入分配公平相关问题进行了深入探讨,取得了一系列研究成果,为解决我国收入分配不平等问题、促进收入分配公平做出了有益贡献。不可否认,无论是在理论上还是在实践上,对我国收入分配公平问题的研究都还是一个全新的课题。而现有相关研究很少涉及起点公平与过程公平(或规则公平)等初次分配公平问题,很少涉及税负公平、社会保障公平、转移支付公平等再分配公平问题。因此,在我国进入高质量发展、全面建成小康社会的背景下,深入探讨收入分配公平的内涵与层次、收入分配公平的基本原则、收入分配公平的决定因素、收入分配公平的评价指标体系、收入分配公平的测度方法与收入分配公平的预警机制,对于拓展收入分配理论与方法研究,综合评价与科学监测我国现阶段收入分配公平状况,为政府部门制定科学合理的收入分配调控措施提供实证依据与政策参考,对于促进收入分配公平,提高社会成员分配公平满意度,维护社会和谐与稳定,具有十分重要的理论意义与现实意义。

本书的主要研究内容:在理论上界定了收入分配公平的内涵与层次,论述了收入分配公平的基本原则;从初次分配公平(起点公平、过程公平、结果公平)和再分配公平(税负公平、社会保障公平、转移支付公平)两大方面构建了收入分配公平的评价指标体系;提出了收入分配公平的测度方法;从明确警情、寻找警源、分析警兆、划分警限、预报警度等环节,构建了收入分配公平的预警机制。在此基础上,从宏观视角对我国及东部、中部、西部三大地区收入分配公平(初次分配公平、再分配公平)状况进行统计测度与比较分析;提出研究假设,构建多元计量经济模型,对收入分配公平度的决定因素进行计量检验;从单指标预警和综合指数预警两大方面,对我国及东部、中部、西部三大地区的收入分配公平状况进行监测预警分析。从微观视角对我国收入分配公平满意度进行问卷调查分析;提出研究假设,构建 Ordered Logit 模型,对收入分配公平满意度的决定因素进行实证研究,得出了具有启发意义的研究结论。从初次分配公平的制度机制设计、再分配公平的公共政策选择等方面提出促进收入分配公平、提高分配公平满意度的政策建议,为政府部门制定科学合理的收入分配政策提供参考依据。

在理论研究与实证分析的基础上,得到以下主要研究结论:①我国收入分配公平度(初次分配公平度和再分配公平度)总体上处于比较公平状态,呈现上升趋势。其中初次分配公平度高于再分配公平度,但两者相差越来越小;起点公平度处于比较公平状态,过程公平度和结果公平度处于非常公平状态,结果公平度波动幅度较大;社会保障公平度处于相对公平状态,税负公平度处于比较公平状态,转移支付公平度处于非常公平状态,均呈现上升趋势。②东部和西部地区收入分配公平度总体上处于比较公平状态,中部地区的收入分配公平度总体上处于非常公平状态,均呈现上升趋势。其中:东部和西部地区初次公平度和再分配公平度处于比较公平状态;中部地区初次公平度和再分配公平度处于非常公平状态;三大地区的初次分配公平度均高于再分配公平度。③起点不平等、过程不平等、结果不平等、税负不平等、社会保障不平等、转移支付不平等对收入分配公平度有显著的负向影响,起点不平等、过程不平等进一步扩大了结果不平等对收入分配公平度的负向影响程度。经济增长、对外开放与收入分配公平度呈显著的"U"形关系,政策偏向、城乡差异与地区差异对收入分配公平度有显著的负向影响。经济增长、对外开放、政策偏向、城乡差异与地区差异进一步扩大了起点不平等与过程不平等对收入分配公平度的负向影响程度;经济增长、对外开放、政策偏向进一步扩大了城乡差异、地区差异对收入分配公平度的负向影响程度。④居民对现阶段收入分配公平满意度相对较高,其中城镇居民、男性居民、汉族居民的收入分配公平满意度略低于农村居民、女性居民和少数民族居民;居民的健康状况越好、职称和职务等级越高、收入等级越高,其收入分配公平满意度越高;居民的再分配公平满意度大于初次分配公平满意度;城镇居民初次分配公平满意度大于农村居民,而再分配公平满意度小于农村居民。⑤起点公平、过程公平、结果公平对初次分配公平满意度有显著的影响;税负公平、社会保障公平、转移支付公平对再分配公平满意度有显著的影响。人力资本、物质资本、政治资本、社会资本及其交互作用对收入分配公平满意度有显著的影响。户籍流动、收入向上流动、教育流动、职业与职务向上流动对收入分配公平满意度有显著的正向影响;户籍与受教育年限的交互作用对收入分配公平满意度有显著的负向影响,收入向上流动、代内教育流动与低收入等级的交互作用对收入分配公平满意度有显著的正向影响。⑥从单指标预警和综合指数预警的结果看,我国以及东部、中部与西部三大地区的收入分配公平度(初次分配公平度、再分配公平度)、收入分配公平综合评价指数(初次分配公平综合评价指数、再分配公平综合评价指数)总体上处于无警状态。

在理论研究方面,本书与现有相关研究相比,主要的创新之处有以下几点。

第一,界定了收入分配公平的内涵,论述了收入分配公平的层次,提出了实现收入分配公平的基本原则。理论界探讨的收入分配公平的内涵,往往局限于结果公平或仅涉及某一方面,很少包括起点公平(权利公平、机会公平)、过程公平(规则公平)、再分配公平(税负公平、社会保障公平、转移支付公平),很少涉及收入分配公平的层次与收入分配公平的基本原则。本书基于马克思主义的收入分配理论,将收入分配公平界定为在一定的时空范围内,在一定的社会成员之间公正、平等地分配被分配对象,保持社会成员之间收入差距适度、地区(城乡)之间基本公共产品(服务)均等化。收入分配公平主要包括初次分配公平和再分配公平。初次分配公平是指在初次分配领域,按劳分配与生产要素(劳动、资本、土地、技术、管理等)按贡献分配相结合,在一定的社会成员之间公正、平等地分配被分配对象,保持社会成员之间收入差距适度。初次分配公平包括起点公平、过程公平和结果公平三个层次。再分配公平是指在再分配领域,运用税收、社会保障、转移支付等政策工具,通过国民收入再分配,满足社会成员的基本生活需要,保持社会成员之间收入差距适度和地区(城乡)之间基本公共产品(服务)均等化。再分配公平包括税负公平、社会保障公平与转移支付公平三个层次。基于收入分配公平的主观衡量尺度,将分配公平满意度界定为社会成员对收入分配公平状况的心理认知、主观判断与评价。分配公平满意度包括初次分配公平满意度和再分配公平满意度。初次分配公平满意度包括起点公平满意度、过程公平满意度、结果公平满意度;再分配公平满意度包括税负公平满意度、社会保障公平满意度、转移支付公平满意度。收入分配公平的基本原则主要包括自由与平等相统一的原则、效率与公平相协调的原则、先富与共富相统一的原则、按劳分配与按贡献分配相结合的原则等。本书论述的收入分配公平的内涵、层次与原则比较系统与全面,符合共享发展理念,具有一定的科学性与合理性。

第二,设计了收入分配公平的评价指标体系,提出了收入分配公平的测度方法。理论界对宏观层面收入分配公平的评价主要针对分配结果是否公平,通常采用基尼系数、泰尔指数等指标,这些指标用来衡量收入分配不平等(或分配结果不平等)有一定的合理性,但用来度量起点公平、过程公平及再分配公平显然不太合适。理论界还没有涉及起点公平(权利公平、机会公平)、过程公平(规则公平)的评价指标,也很少涉及再分配公平的评价指标。理论界对收入分配公平的基本判断,定性研究较多,很少涉及收入分配公平的测度方法。本书基于马克思主义的收入分配理论,从起点公平、过程公平与结果公平三个方面构建初次分配公平的评价指标体系,从税负公平、社会保障公平与转移支付公平三个方面构建再分配公平的评价指标体系,由此构成宏观层面的评价指标体系;从起点公平满意度、过程公平满意度与结果公平满意度三个方面构建初次分配公平满意度的评价指标体系,从税负公平满意度、社会保障公平满意度与转移支付公平满意度三个方面构建再分配公平的评价指标体系,由此构成微观层面的评价指标体系。基于基尼系数法和综合评价法探讨收入分配公平度的测度方法;基于量表法和综合评价法探讨分配公平满意度的测度方法。评价指标体系是根据收入分配公平的内涵与层次设计的,评价方法是依据分配不公平的度量方法与现代统计方法提出的,具有一定的科学性、系统性和可操作性。

第三,从明确警情、寻找警源、分析警兆、划分警限、预报警度、排除警患几大环节,构建了收入分配公平的预警机制。理论界对收入分配公平预警的研究主要针对分配结果不平等,多数采用单指标(如基尼系数)预警,没有涉及初次分配公平中的起点公平预警与过程公平预警,没有涉及再分配公平(税负公平、社会保障公平、转移支付公平)预警。现有相关研究没有涉及收入分配公平预警指标体系,很少涉及收入分配公平的预警方法,从警源角度分析警情与警兆较少,采用综合指数预警较少。本研究从起点不平等预警指标、过程不平等预警指标、结果不平等预警指标、税负不平等预警指标、社会保障不平等预警指标、转移支付不平等预警指标等方面构建了收入分配公平预警指标体系,提出了收入分配公平定性预警方法和定量预警方法,设计了收入分配公平单指标预警和综合指数预警系统。对于单指标预警,选择收入分配公平度作为警情指标,利用警限划分方法确定警限,通过构建预测模型来判断未来警度的变化态势。对于综合指数预警,主要从明确警情、寻找警源、分析警兆、划分警限、预报警度、排除警患几大环节提出收入分配公平的预警方法。预警机制是根据经济预警理论精心设计的，比较系统与规范，具有一定的科学性和可行性。

在实证研究方面，本书与现有相关研究相比，主要贡献有以下两点。

第一，基于宏观层面，对我国及东部、中部、西部三大地区收入分配公平状况进行统计测度与监测预警分析；提出研究假设，对收入分配公平度的决定因素进行计量检验，为政府部门制定科学合理的收入分配政策提供实证依据。理论界对我国收入分配不平等的度量及其决定因素的探讨，往往局限于分配结果不平等，很少涉及对我国起点公平与过程公平方面的初次分配公平的测度及其决定因素分析，没有涉及对我国再分配公平的测度及其决定因素的分析，没有涉及对我国收入分配公平（初次分配公平、再分配公平）状况的监测预警分析。本书基于宏观层面，对我国及东部、中部、西部三大地区的收入分配公平（初次分配公平、再分配公平）状况进行统计测度与比较分析；从单指标预警和综合指数预警两大方面，对我国及三大地区的收入分配公平（初次分配公平、再分配公平）状况进行单指标监测预警和综合指数监测预警分析；从起点不平等、过程不平等与结果不平等，税负不平等、社会保障不平等与转移支付不平等，经济增长、对外开放、政策偏向、地区差异与城乡差异及它们之间的交互作用，对收入分配公平度（初次分配公平度和再分配公平度）的决定因素进行多元计量模型分析，得出了具有启发意义的研究结论，为政府部门制定科学合理的收入分配政策提供实证依据。

第二，基于微观层面，对我国收入分配公平满意度进行问卷调查分析；提出研究假设，对收入分配公平满意度的决定因素进行多元选择模型分析，得出了具有启发意义的研究结论。从微观视角对我国现阶段初次分配公平满意度和再分配公平满意度进行问卷调查分析，这在相关经验研究中是没有涉及的。在探讨初次分配公平满意度的决定因素时，增加了起点公平、过程公平与户籍、性别、地区的交互作用对初次分配公平满意度的影响；增加了收入与付出相比满意度、物价上涨的可承受程度、同工不同酬的认可程度等评价指标，分析了结果公平及其与户籍、性别、收入等级的交互作用对初次分配公平满意度的影响。在探讨再分配公平满意度的决定因素时，不仅考虑了税负公平认知对再分配公平满意度的影响，而且增加了各种税费负担满意度、个人税负满意度、投资税负满意度及其交互作用对再分配公平满意度的影响；不仅考虑社会保障公平认知对再分配公平满意度的影响，而且增加了最低生活保障线下人均转移支付满意度、个人转移支付满意度、企业转移支付满意度及其交互作用对再分配公平满意度的影响。在探讨资本异质性对收入分配公平满意度的影响时，增加了受教育年限、工作经验、技能培训、健康状况等人力资本的交互作用，增加了物质资本与收入等级的交互作用，增加了职务等级与政治资本、户籍的交互作用,实证分析了人力资本、物质资本、政治资本、社会资本及其交互作用对收入分配公平满意度的影响。在探讨社会流动对收入分配公平满意度的影响时,增加了户籍、户籍流动与受教育年限的交互作用,增加了收入流动、教育流动与户籍、收入等级的交互作用,增加了职业(职务)和职业(职务)向上流动与户籍、性别的交互作用,实证研究了户籍流动、收入流动、教育流动、职业(职务)流动及其交互作用对收入分配公平满意度的影响,得出了具有启发意义的研究结论。这些在现有相关研究中是没有涉及的,是对现有研究的补充与完善。

当然,本书的研究也存在一些不足之处。

本书在实证分析中使用的各种宏观数据与中观数据,由于使用的指标与变量较多,有的指标所用数据在统计年鉴中不可查,为了统一时间,本书使用了1985—2017年的统计数据,而对于少数指标个别年度数据的缺失,本书利用线性外推的方式拟合出缺失年份数据,这是本书的不足之处。如果使用的统计数据时间跨度更长、样本容量更多,则模型估计的结果更可靠,研究结论更有说服力。本书实证分析中使用的各种微观数据,主要来自2017年本课题组对我国28个省份的城镇居民和农村居民的问卷调查,调查共发放问卷6000份,实际回收问卷5056份,删除数据异常或信息不全的样本,最终得到有效样本3109份。其中东部地区样本容量较多,西部地区样本容量相对较少;城镇样本容量较多,农村样本容量相对较少,样本容量在28个省份之间分布不均匀、在城镇与农村之间分布不均匀,这也是本书的不足之处。如果有足够的财力、物力、人力和时间去扩大样本容量,且样本容量覆盖全国31个省份,各省份样本分布相对均匀,城镇与农村样本分布相对均匀,则样本更具有代表性,研究结论更加可信,政策建议也更具有针对性。

目前,理论界关于收入分配公平评价体系与预警机制的研究缺少一个完整的理论框架,本书在吸收和借鉴国内外学者相关研究成果的基础上进行了有益的探索,但由于笔者研究能力有限,在收入分配公平的内涵、层次与基本原则,收入分配公平的评价指标体系与测度方法,收入分配公平的预警指标、预警方法与预警机制等方面的探讨可能还存在一些问题与不足之处,有待在今后的研究中进一步补充、丰富与完善。

目 录 Contents

收入分配对国民经济的发展具有举足轻重的作用,收入分配是否公平不仅是一个经济问题,而且是一个关系到社会和谐与稳定的政治问题和社会问题。世界上没有一个通用的收入分配公平模式,人类对收入分配公平的追求却一刻也没有停止过。从中华人民共和国成立一直到改革开放之前,我国实行的是计划经济体制。这一经济体制下的收入分配制度是以平均主义为特征的,这种分配的结果,抑制了劳动者的生产积极性,损害了经济效率,导致了社会的普遍贫穷。平均主义的分配方式既牺牲了效率,又牺牲了公平,严重制约了社会生产力的发展。改革开放之后,我国从计划经济体制转向市场经济体制,分配制度也从计划经济体制下的平均主义转向按劳分配为主体、多种分配方式并存的分配制度,极大地调动了劳动者的工作积极性,国民经济持续快速发展,居民生活水平显著提高。但是,由于社会历史因素、市场经济自身的缺陷、体制改革不到位等多种原因,出现了城乡之间、地区之间收入分配不公平等问题。理论界从不同视角、不同层面对我国收入分配公平相关问题进行了深入探讨,取得了一系列研究成果,并为解决我国收入分配不平等问题、促进收入分配公平做出了有益贡献。不可否认,无论是在理论上还是在实践上,对我国收入分配公平问题的探讨都还是一个全新的课题。有鉴于此,本书尝试对我国收入分配公平问题进行多学科、多角度、多层次的全方位研究,以期拓展收入分配公平相关的理论与方法研究,为政府部门制定科学合理的收入分配调控措施提供实证依据与政策参考。

第一节　研究背景与意义

一、研究背景

改革开放以来,我国的经济实力和综合国力大幅度增强,居民收入水平显著提高,经济社会发展取得了举世瞩目的成就。然而,社会不平等问题、收入分配不公问题也日益凸显[1][2],已影响到经济社会和谐发展。根据国家统计局统计,2000—2018 年,全国居民收入基尼系数在 0.40—0.49 之间,居民收入不平等程度已经超过警戒线。古人云:"不患寡而患不均。"如果不能有效地解决收入分配不平等问题,则势必会影响社会和谐稳定,造成一系列严重后果。比如,经济方面,会降低劳动者的积极性,扰乱经济秩序;政治方面,会降低人民群众对党和政府的信任程度,助长腐败行为;社会方面,会败坏社会风气,影响社会和谐与稳定。可见,实现收入分配公平已经成为构建社会主义和谐社会的必然要求。如何改革收入分配制度、解决收入分配不公平问题已成为摆在政策制定者和理论界面前的重大现实问题。为此,党的十七大首次明确指出初次分配也要注重公平。党的十八大再一次重申:"初次分配和再分配都要兼顾效率和公平,再分配更加注重公平。"[3]党的十九大进一步提出,要"努力实现更高质量、更有效率、更加公平、更可持续的发展"![4] 这是中国经济增长由注重速度向注重质量、注重效率、注重公平转变的必然要求。

学术界在收入分配公平问题的研究方面取得了一些成果,但是,研究收入分配公平问题不仅要回答现阶段收入分配是否公平及未来收入分配公平趋势如何等问题,更重要的是研究应该采取哪些有效措施进行提前预警和及时防范等问题。当前我国收入分配状况所面临的问题不仅仅在于初次分配不平等,而且与再分配不平等有一定关系。初次分配不平等并不完全在于分配结果不平等,更重要的是分配起点不平等与分配过程不平等。而现有相关研究很少涉及初次分配公平(起点公平、过程公平与结果公平)与再分配公平(税负公平、社会保障公平与转移支付公平)问题。因此,深入探讨收入分配公平的内涵与层次、收入分配公平的

---

① 李实,2015.中国收入分配格局的变化与改革[J].北京工商大学学报(社会科学版),30(4):1-6.

② STORESLETTEN K, ZILIBOTTI F, 2014. China's great convergence and beyond[J]. Annual Review of Economics(6):333-362.

③ 中央文献研究室,2014.十八大以来重要文献选编:上册[G].北京:中央文献出版社:11-12.

④ 习近平,决胜全面建成小康社会 夺取新时代中国特色社会主义伟大胜利——在中国共产党第十九次全国代表大会上的报告[N].人民日报,2017-10-19.

评价指标体系、收入分配公平的测度方法与收入分配公平的预警机制,对于拓展收入分配理论研究,科学评价与监测我国现阶段收入分配公平状况及未来发展态势,对于政府部门制定科学合理的收入分配政策,促进收入分配公平,维护社会和谐与稳定,具有十分重要的理论意义与现实意义。

二、研究意义

(一)拓展收入分配公平理论研究

现有相关研究在探讨收入分配公平的内涵与决定因素时,往往局限于初次分配中的结果公平,很少涉及起点公平(如权利公平与机会公平),也很少涉及过程公平(或规则公平、程序公平、市场公平)。就起点公平而言,现有相关研究很少考虑教育公平、就业公平、公共医疗卫生公平、社会公共资源公平;没有涉及再分配公平(如税负公平、社会保障公平、转移支付公平)及其决定因素;很少涉及收入分配公平的层次与收入分配公平的基本原则;没有涉及收入分配公平的预警机制。因此,如何界定收入分配公平的内涵与层次,如何揭示收入分配公平的基本原则及收入分配公平的决定因素,如何设计收入分配公平的评价指标体系,如何构建收入分配公平的预警机制,对于拓展收入分配公平理论研究具有一定的理论价值。本书基于马克思主义的收入分配理论,界定了收入分配公平的内涵,提出了收入分配公平的层次,论述了收入分配公平的基本原则;从宏观层面与微观层面设计了收入分配公平的评价指标体系;从明确警情、寻找警源、分析警兆、划分警限、预报警度、排除警患几大环节构建了收入分配公平的预警机制,以期拓展收入分配公平的理论研究。

(二)拓展收入分配公平方法研究

现有相关研究在探讨收入分配公平的测度方法时,主要针对分配结果不平等,通常采用基尼系数、泰尔指数作为评价指标,这些指标用来衡量收入不平等(或结果公平)有一定的合理性,但用来度量起点公平(权利公平与机会公平)、过程公平(规则公平)、再分配公平显然不太合适。现有相关研究很少涉及初次分配公平(起点公平、过程公平与结果公平)与再分配公平(税负公平、社会保障公平与转移支付公平)的测度方法。对收入分配公平预警的研究也主要针对结果不平等预警(如基尼系数预警),没有涉及收入分配公平(初次分配公平与再分配公平)的预警机制。本书运用基尼系数法和综合评价法,探讨收入分配公平度(宏观层面)的测度方法;运用量表法和综合评价法,探讨收入分配公平满意度(微观层面)的测度方法;从单指标预警和综合指数预警两大方面提出收入分配公平的预警方法,以期拓展收入分配公平的方法研究,这也是将现代统计分析方法应用于本研究的一个新尝试。

(三)为政府部门制定科学合理的政策方案提供实证依据

现有相关研究对我国收入分配不平等的度量及其决定因素的探讨,往往局限于分配结果不平等,很少涉及我国起点公平与过程公平方面的初次分配公平的测度及其决定因素分析,没有涉及我国再分配公平的统计测度及其决定因素分析;没有涉及对我国收入分配公平(初次分配公平、再分配公平)状况的监测预警分析。本书对我国以及东部、中部、西部三大地区的初次分配公平(起点公平、过程公平与结果公平)和再分配公平(税负公平、社会保障公平与转移支付公平)现状进行统计测度与比较分析,有助于客观分析我国以及东部、中部、西部三大地区的收入分配公平状况与公平程度;对收入分配公平满意度进行问卷调查分析,有助于考察居民对收入分配公平程度的心理认知与主观评价;对收入分配公平度的决定因素与分配公平满意度的决定因素进行实证研究,有助于发现我国现阶段收入分配公平与不公平问题产生的原因,以及居民对收入分配公平满意与不满意的原因,提出具有一定针对性的政策建议;对我国以及东部、中部、西部三大地区的初次分配公平(起点公平、过程公平与结果公平)与再分配公平(税负公平、社会保障公平与转移支付公平)进行监测预警分析,有助于把握我国收入分配公平的未来变化态势,为政府部门及时采取调控与防范措施提供实证依据。

(四)为政府部门制定科学合理的调控措施提供政策参考

现有相关研究很少涉及从促进起点公平(如权利公平与机会公平)、过程公平(规则公平)和结果公平等方面的初次分配公平,从促进税负公平、社会保障公平与转移支付公平等方面的再分配公平提出相应的政策方案;很少涉及从提高初次分配公平满意度和再分配公平满意度方面提出相应的政策建议,不利于为政府部门制定科学合理的调控措施提供政策参考。本书在理论与实证研究的基础上,从初次分配公平(起点公平、过程公平与结果公平)的制度机制设计、再分配公平(税负公平、社会保障公平与转移支付公平)的公共政策选择方面,提出具有一定针对性的促进收入分配公平、提高分配公平满意度的政策建议,为政府部门制定科学合理的收入分配政策提供参考依据。这对于合理调整我国收入分配格局,规范初次分配秩序,加大再分配调节力度,构建和谐社会具有一定的现实意义。

第二节　国内外相关研究动态

收入分配是否公平是直接关系国计民生的大事,历来受到经济学、哲学、政治学等方面学者的高度重视。理论界对收入分配公平相关问题进行了深入探讨,取得了一系列研究成果。

一、收入分配公平思想的演变

现代收入分配公平由古代分配正义演变而来,经历了一个漫长的历史发展过程。早在公元前 400—300 年,柏拉图、苏格拉底、亚里士多德等古希腊先哲就提出了分配正义的思想。柏拉图在其《理想国》一书中认为:"正义能给予那些属于国家法制的其他的美德——节制、勇敢、智慧——及那些被统摄在这一普遍的观点之下的德性已存在和继续存在的力量。"[①]一个平安合理的国家,也就是符合正义的国家。亚里士多德关于分配正义原则的论证是建立在价值论基础之上的。他指出,社会财富的分配应遵循"分配的公正"和"交往的矫正性的公正"原则,分配的公正是"按照一定的比例关系分配公物"[②]。所谓比例平等或比值平等,实际上是指相同的劳动或贡献应当获得相同的社会回报。

在 200 多年前,以边沁为代表的功利主义分配公平观,认为无论是私人的每项行动,还是政府的每项措施,"实现社会经济福利(效用)总量最大化"是其基本原则。[③] 分配的正义标准是看它能否增加全社会的幸福总量,一种分配虽然侵犯了一部分人的利益,但只要它能够增加整个社会的幸福总量,那么就是可取的。以斯密和李嘉图为代表的古典经济学家提出了功能性收入分配公平观,其依据生产要素对产品生产所做的贡献大小进行分配。[④][⑤] 新古典经济学以自由竞争为条件,提出按照边际生产率决定生产过程中各要素收入的分配原则,其创始人马歇尔在萨伊的"三位一体"公式的基础上,提出了"生产四要素论",即"劳动—工资、土地—地租、资本—利息、组织—利润",确立了按生产要素分配的理论。[⑥] 福利经济学家的分配公平观主张收入均等化。庇古认为,富人收入多,其货币收入的边际效用小;穷人收入少,其货币收入的边际效用大。所以,当货币收入从富人手中转移到穷人手中时,社会福利(效用)总量就增加了。因此,要提高一个社会的经济福利水平,就必须实现收入分配均等化。[⑦] 新福利经济学家的分配公平观把帕累托最优、补偿原则等作为分配方案优劣的评判标准。新福利经济学认为,如果至少有一个人的境况(福利)好起来,而没有一个人的境况(福利)坏下去,那么

① 黑格尔,2013.哲学史讲演录(第 2 卷)[M].贺麟,王太庆,译.上海:上海人民出版社:255.
② 亚里士多德,2007.尼各马可伦理学[M].王旭凤,陈晓旭,译.北京:中国社会科学出版社:234.
③ 边沁,2000.道德与立法原理导论[M].时殷弘,译.北京:商务印书馆:58.
④ 亚当·斯密,2013.国富论[M].郭大力,王亚南,译.北京:北京联合出版公司:56-159.
⑤ 大卫·李嘉图,1962.政治经济学及赋税原理[M].郭大力,王亚南,译.北京:商务印书馆:55-107.
⑥ 阿弗雷德·马歇尔,2012.经济学原理[M].廉运杰,译.北京:华夏出版社:421-524.
⑦ A.C.庇古,2017.福利经济学[M].朱泱,张胜纪,吴良健,译.北京:商务印书馆:770-785.

整个社会福利就增加了。补偿原则坚持效率至上,如果某项变革(如再分配政策)使受损者从受益者那里得到充分的补偿,从社会总体上看受益大于受损,则证明总的社会福利增加了。[1][2]

进入 20 世纪 70 年代,当代西方分配公平(正义)理论取得了重要进展。民主自由主义正义思想是在反对功利主义的基础上建立起来的,代表人物有罗尔斯、德沃金等人。自由主义的分配正义思想是对古典分配正义思想的继承与发展。罗尔斯的公平正义观建立在个人"平等的权利"基础之上,他提出了分配正义的两条基本原则:一是每个人都应享有一种平等的权利,即保障公民平等的基本自由与政治权利(权利公平);二是使"社会上状况最差的人的福利最大化",使所有的职位和地位向所有人开放(机会平等)。罗尔斯的两条公平原则,有三个要点:一是权利公平;二是机会公平;三是兼顾公平与效率的分配正义。罗尔斯认为,一个正义的分配制度,不应以牺牲一部分人的利益来增加另一部分人的利益以实现所谓的社会福利最大化,而是在市场竞争与收入分配中保护弱者的利益,即"对处于最不利地位上的人最有利"。[3] 德沃金提出了按资源平等分配的分配正义思想,认为真正的平等是资源分配公正平等。[4]

自由主义的权利持有正义观,坚信市场内在机制对社会资源分配产生了最佳分配结果,倡导个人绝对权利、自由市场和"最弱意义国家",认为收入分配是一个自发的市场过程,其分配结果是无法预见的,竞争性市场分配也并不是人们有意安排的结果。市场机制是实现分配公平的保证,反对国家利用再分配制度实现所谓的"结果公平"。自由主义的权利持有正义观认为,如果分配公平原则一旦被采用,那么,在这个社会中,权力机构将决定个人所应当做的事情及个人处理这种事情应当采取的方式,这样会导致市场在资源配置方面无法发挥决定性作用,破坏市场内在机制的分配原则方式。[5] 因此,把法律上平等对待原则运用到市场分配领域,不仅不能实现分配公平,而且会威胁到市场自由制度本身。诺齐克认为,"通过税收的再分配是对人们权利的侵犯,因此它在本质上是错误的"[6]。诺齐克

---

① KALDOR N,1939. Welfare propositions of economics and interpersonal comparisons of utility[J]. The Economic Journal,49(195):549-552.

② HICKS J R,1939. The foundations of welfare economics[J]. The Economic Journal,49(196):696-712.

③ 约翰·罗尔斯,1988. 正义论[M]. 何怀宏,何包钢,廖申白,译. 北京:中国社会科学出版社:292-303.

④ DWORKIN R M,2000. Sovereign Virtue:the theory and practice of equality [M]. Cambridge:Harvard UniVersity Press:67.

⑤ 弗里德利希·冯·哈耶克,1997. 自由秩序原理[M]. 邓正来,译. 北京:生活·读书·新知三联书店:121-122.

⑥ 罗伯特·诺齐克,1991. 无政府、国家与乌托邦[M]. 何怀宏,等,译. 北京:中国社会科学出版社:189.

等人持有的自由主义的权利正义观与罗尔斯的公平正义观都赞成基本权利、基本自由优先于物质利益与经济福利;其争论要点主要集中在经济利益分配领域,是更强调自由与个人权利,还是更强调平等与普遍福利。

社群主义是 20 世纪 80 年代在批评自由主义正义理论的基础上兴起的一种多元正义观。社群主义的多元正义观追求一种复合的、多元的平等,试图由复杂的社群来达成多元正义理想。沃尔泽作为社群主义的主要代表人物,其多元主义正义观是要构建复合平等的社会,认为不同的社群拥有不同的分配模式,应该遵循不同的原则进行分配。其主要原则有:商品的市场交换领域应遵循的自由交换原则,个人能力与其所在共同体的贡献相一致的应得原则,以及分配正义中最为重要的需要原则,即"根据其成员集体理解的需要来致力于满足其成员的需要"。①

多元正义理论的重要代表人物米勒认为,"团结性的社群(solidaristic community)"主要基于人们共同的民族精神、文化信仰及民族认同,对于普通民众来说,团结性的关系主要存在于家庭之中。在团结性社群的内部,实行的都是按需分配的正义原则。"工具性联合体(instrumental association)"主要强调基于功利方式联系在一起的人们,这种关系模式主要依赖于经济关系,"当其所得与其贡献相等时,正义就得到实现了"。"公民身份(citizenship)"是现代社会中由法律正式规定的对每个个体公民资格的认定和公民地位的确认,在公民身份社会里,"首要的分配原则是平等"。②

19 世纪中后期,马克思吸收了前人的理论成果,以劳动价值论为基础,提出了按劳分配理论。按劳分配就是在生产资料公有制条件下,在对社会总产品做了各项必要扣除之后,将剩下的劳动者创造的总产品作为个人消费品,依据劳动者所付出的劳动数量和劳动质量进行分配。在马克思设想的未来社会里,个人消费品的分配方式要经历按劳分配与按需分配两个阶段。

生产资料公有制是实行按劳分配的前提,在此前提和条件下,生产者"除了自己的劳动,谁都不能提供其他任何东西,另外,除了个人的消费资料,没有任何东西可以转为个人的财产"。马克思认为,共产主义社会的第一阶段的生产力水平还不是很高,产品还不是很丰富,脑力劳动和体力劳动的差别仍然存在,劳动依然是谋生的手段,这就意味着个人消费品的分配方式只能是以劳动为尺度,实行按劳分配,而不可能实行按需分配。马克思进一步明确了按劳分配的标准,"即一种形式的劳动量同另一种形式的同量劳动相交换",也就是说,按劳分配就是按等量

① 迈克尔·沃尔泽,2002.正义诸领域:为多元主义与平等一辩[M].褚松燕,译.南京:译林出版社:27-105.

② 戴维·米勒,2001.社会正义原则[M].应奇,译.南京:江苏人民出版社:28-32.

劳动领取消费品,多劳多得,少劳少得。①

马克思的收入分配理论继承和发展了斯密、李嘉图等人关于人类财富主要来源于劳动的理论,从生产关系的深度对价值及整个价值论理论体系进行了阐述,其最大的优越性就是明显地突出了劳动的作用,从而为世界各国倡导解放劳动、保护劳动、不断提高劳动者素质提供了理论依据。

通过对收入分配公平的思想演变进行梳理可知,收入分配公平(正义)学说经过历年的发展,在分配公平(正义)的内涵、原则及实现途径上,涌现了许多闪光的思想,有一定的参考价值与借鉴意义。然而这些学说对分配公平内涵的探讨不够系统与全面,很少涉及起点公平、过程公平等初次分配公平,也很少涉及税负公平、社会保障公平、转移支付公平等再分配公平,没有涉及分配公平的评价体系与预警机制等相关问题。

二、关于收入分配公平的内涵

关于分配公平的内涵,理论界存在分歧。分配公平是基于公平的立场和视角对社会利益关系进行的伦理反思和价值追问,其核心内涵随着社会生产关系的变化而变化,人们对分配公平的理解也存在着不同的学科视野和价值立场。"在最初的亚里士多德的含义上,'分配正义'指的是确保应该得到回报的人按他们的美德得到利益的原则,尤其是考虑到他们的政治地位。"亚里士多德认为,"分配的公正在于成比例,不公正则在于违反比例",所谓比例平等,实际上是指相同的劳动或贡献应当获得相同的回报。② 从古到今,分配正义的内涵发生了很大的变化。

罗尔斯提出的分配正义是现代西方社会政治观念中的主流思想,他倡导对社会弱势群体进行必要的关注。在罗尔斯看来,所有的社会财富和收入都应该尽量平等分配,尽管完全的平等不可能实现。他认为,分配公平应该是通过各种分配制度来最大限度地改善"最少受惠者"的处境,缩小"最少受惠者"与其他群体之间的收入不平等。罗尔斯认为,分配正义能够成立必须满足三个条件:一是分配作为一种制度安排,得到所有社会成员的认可,并具有可靠性;二是必须有能力消除导致分配不公正的不可控因素;三是在对分配的物品上,社会成员达成共识。③

在收入分配问题上,诺齐克反对罗尔斯的分配正义学说,他认为可以通过市场手段实现分配正义,"如果每一个人对该分配中所拥有的持有都是有资格的,那么一种分配就是正义的"④。阿马蒂亚·森的分配正义论介于罗尔斯和诺齐克之

① 马克思,1997.哥达纲领批判[M].中央编译局,译.北京:人民出版社:14.

② 亚里士多德,2007.尼各马可伦理学[M].王旭凤,陈晓旭,译.北京:中国社会科学出版社:1-20.

③ 约翰·罗尔斯,2002.作为公平的正义:正义新论[M].姚大志,译.上海:上海三联书店:1-511.

④ 罗伯特·诺齐克,1991.无政府、国家与乌托邦[M].何怀宏,等,译.北京:中国社会科学出版社:181.

间,更加关注人的实质自由,并认为应该保护每个人的经济发展能力;要保证个人选择自身生活的自由,关键是保护个人发展机会的平等。再分配政策不是要拉平每个人基于自身禀赋差异而造成的权益差异,而是要给予每个人平等的机会,使每个人都能够发挥自己的禀赋追求自己的经济权益。

马克思认为,收入分配是否公平取决于生产条件的分配是否公平。丁伯根认为,分配公平是个人所获得的收入与他对国民生产总值所做的贡献相等。[①] Roemer 认为,机会公平是结果公平的前提,公平的原则不是要求每个人获得的最终结果平等,而是给每个人提供获得某一结果的相同的机会。[②] 孙敬水等认为,起点公平是指社会成员在参与经济活动时,依法享有平等的权利、平等的机会。[③] Nozick 认为,不应该过于关注结果的正义,而应该更多地关注产生结果的程序正义,关注分配财富和收入的机制公平,即过程公平。[④] 哈耶克主张规则公平。[⑤] 福利经济学之父 Pigou 在 *The Economics of Welfare* 中提到,随着货币收入的增加,货币的边际效用不断减少,所以他认为收入均等化会提高社会总体经济福利,主张结果意义上的分配公平。[⑥] Rawls 认为,社会财富的分配应"有利于社会之最不利成员的最大利益"[⑦],分配公平重在"结果的平等"。在分配领域,收入结果的公平指的是社会成员在起点公平和过程公平的情况下获得的与个人贡献相应的收入状况。[⑧] 孙敬水等认为,结果公平是指社会成员在参与经济活动、平等竞争之后获得正当的利益,付出与所得相符、贡献与收益相称。[⑨]

当初次分配出现收入差距扩大时,政府需要运用再分配政策进行调节。收入再分配是实现分配公平的重要工具和手段。再分配公平是指政府通过税收、转移支付、社会保障等再分配手段,保障弱势群体的基本生存条件,保持社会成员之间的收入差距适度。[⑩] 税负公平是再分配公平的主要内容之一,要实现税负公平,必须在社会成员之间合理地分配税收负担。税负公平是一种使税收与纳税人的

① J·丁伯根,1991.生产、收入与福利[M].何宝玉,刘铧,译.北京:北京经济学院出版社:117-118.

② ROEMER J.公平促进效率:对《2006 年世界发展报告》的评论[J].刘英,译.经济社会体制比较,2006(3):1-9.

③ 孙敬水,蔡培培,2020.起点公平的统计测度与监测预警研究[J].浙江工商大学学报(1):89-102.

④ NOZICK R A,1974. State and utopoia[M]. New York: Basic Books·162.

⑤ 弗里德利希·冯·哈耶克,1997.自由秩序原理[M].邓正来,译.北京:生活·读书·新知三联书店:61-124.

⑥ PIGOU A,1920. The Economics of welfare[M].London:Macmillan Company:111.

⑦ RAWLS J,1976. A theory of justice [M]. Cambridge:Harvard University Press:262,292.

⑧ 王筱欣,江华,2012.基于劳勒-卢卡斯原理的城乡社会保障公平实证研究[J].重庆理工大学学报:社会科学,26(1):47-52.

⑨ 孙敬水,程芳芳,2017.初次分配公平与再分配公平满意度研究——基于浙江省 11 个地区 958 份居民家庭问卷调查分析[J].江西财经大学学报(2):11-23.

⑩ 孙敬水,赵倩倩,2017.中国收入分配公平测度研究——基于东中西部地区面板数据的比较分析[J].财经论丛(2):18-27.

经济状况相协调,确保不同纳税人之间税负均衡的公平状态。[①] 税负公平主要指横向公平、纵向公平和交换公平。横向公平是指如果纳税人的纳税能力相同,则其税收负担应该相同。纵向公平是指如果纳税人的纳税能力不同,则其税收负担应有所不同。交换公平作为另一维度上的税收公平,意为政府与纳税人之间的交换关系,纳税人缴纳了税款,就应该享受相应的公共产品和服务。社会保障体系作为一种收入再分配机制,主要包括三种类型:面向劳动者的社会保险、面向社会低收入者的社会救助、面向全体社会成员的社会福利。[②] 社会保障公平以保持社会成员之间收入差距适度为基本原则,既发挥收入再分配的积极作用,以确保社会成员获得最基本的生存权为底线,又不至于损害相对富裕人群的积极性,还能避免"失业陷阱""福利陷阱",过或不及,都不利于社会公平的实现。[③] 转移支付是收入再分配的重要手段,可以起到调节收入不平等并实现收入流动的积极作用。[④] 转移支付对于减少贫困,保障低收入群体利益,缩小收入分配不平等,促进地区协调发展,实现公共服务均等化有重要意义。Caminada et al. 通过对 20 个国家的宏观数据进行分析,发现多数国家的政府转移性支出对缩小收入不平等有较为明显的促进作用。[⑤] Vandyck et al. 研究发现,当财政收入被用于增加家庭的福利转移支出时,改革对低收入群体有利。[⑥]

收入分配是否公平是相对于某一衡量尺度而言的。衡量收入分配是否公平的尺度有科学尺度、经验尺度等。科学尺度主要是基尼系数,将基尼系数作为度量收入分配公平的尺度具有较大的实用性和可操作性,但也存在缺陷。经验尺度主要是通过民意调查,考察社会成员满意与否、满意程度如何,以此来判断收入分配公平的程度。满意程度越高,说明分配越公平;反之,则说明分配越不公平。[⑦] 事实上,收入分配是否公平及一国的收入分配政策是否合理,并非完全取决于收入分配的客观状况,更多的是基于社会成员对收入分配的主观评价与判断[⑧][⑨],即

① 刘鹏,2017.税收公平与个人劳动所得税前扣除设计[J].地方财政研究(1):50-56.

② DIAMOND P A,1977. A framework for social security analysis[J].Journal of Public Economics,8 (3):275-298.

③ 权衡,2017.收入分配经济学[M].上海:上海人民出版社:184.

④ 权衡,2006.收入分配与社会和谐[M].上海:上海社会科学院出版社:297.

⑤ CAMINADA K, GOUDSWAARD K, WANG C, 2012. Disentangling income inequality and the redistributive effect of taxes and transfers in 20 LIS countries over time[R]. LIS Working Paper No. 581.

⑥ VANDYCK T, REGEMORTER D V,2014.Distributional and regional economic impact of energy taxes in Belgium[J].Energy Policy(72):190-203.

⑦ 杜帮云,2013.分配公平论[M].北京:人民出版社:45-48.

⑧ GUILLERMO C, RICARDO P, MARTIN T, 2013. Biased perceptions of income distribution and preferences for redistribution: evidence from a survey experiment [J]. Journal of Public Economics(98):100-112.

⑨ 李骏,吴晓刚,2012.收入不平等与公平分配:对转型时期中国城镇居民公平观的一项实证分析 [J].中国社会科学(3):114-128.

分配公平满意度。分配公平满意度或分配公平感是人们对收入(或社会公共资源)分配状况是否公平的主观判断与评价。[①②③] 再分配偏好是人们对收入再分配的支持和倾向程度。虽然这些概念各有侧重,但可以作为分配公平满意度的一个层次。

需要进一步探讨的问题:现有相关研究对收入分配公平内涵的界定,往往局限于分配结果是否公平,很少涉及起点公平(权利公平、机会公平)、过程公平(规则公平)等初次分配公平问题,没有涉及社会保障公平和转移支付公平等再分配公平问题。就起点公平而言,现有相关研究很少考虑教育公平、就业公平、公共医疗卫生公平、社会公共资源公平(如公共基础设施公平与公共自然资源公平)等相关问题。

三、关于收入分配公平的决定因素

(一)基于宏观视角的收入分配公平的决定因素

现有相关研究主要针对收入分配不平等(或收入分配不公)的决定因素,很少涉及收入分配公平(初次分配公平、再分配公平)的决定因素,因此本节主要阐述前者的相关研究。收入分配不平等分为初次分配不平等和再分配不平等。初次分配不平等的主要表现形式为分配结果不平等,而起点不平等和过程不平等直接导致了分配结果不平等。再分配不平等主要表现为社会保障不平等、税负不平等和转移支付不平等。

由于人们的禀赋不同、所处地区的自然环境条件与经济条件不同,因此人们从事社会经济活动的起点存在差异是社会常态。当前收入分配领域的不平等不仅在于收入的结果不平等,还在于收入的起点不平等,即机会不平等与权利不平等。机会不平等是指由个人无法左右的因素导致的收入不平等,是公平正义理论中最受关注的问题之一。[④⑤] 分配公平的原则是使人们获得某一结果的机会平均分布,给每个人提供相同的机会,而不是要求每个人获得的最终结果平等。[⑥] 权

① JASSO G,WEGENER B,1997. Methods for empirical justice analysis:part 1. framework,models, and quantities[J]. Social Justice Research,10(4):393-430.

② 孙计领,2016. 收入不平等、分配公平感与幸福[J]. 经济学家(1):42-49.

③ 孙敬水,程芳芳,2017. 初次分配公平与再分配公平满意度研究——基于浙江省 11 个地区 958 份居民家庭问卷调查分析[J]. 江西财经大学学报(2):11-23.

④ FERREIRA F,GIGNOUX J,2011. The measurement of inequality of opportunity:theory and an application to Latin America[J]. Review of Income and Wealth,57(4):622-657.

⑤ CHECCHI D,PERAGINE V,2010. Inequality of opportunity in Italy[J]. Journal of Economic Inequality,8(4):429-450.

⑥ ROEMER J E,1998. Equality of opportunity[M]. Cambridge:Harvard University Press:36-43.

利不平等意味着社会成员不能平等地参与各种经济社会活动,不能平等地享受各种社会公共资源。贫困是权利不公平分配的结果,也是下一轮不公平竞争的开始。教育、就业、公共医疗卫生等机会不平等与权利不平等是导致起点不平等进而引起分配结果不平等的最重要原因。

人们在判断社会经济资源的分配是否公平时,不仅要考虑分配结果,还要考虑分配过程。[①] 过程不公平(规则不公平)意味着某些社会群体或个人在参与经济活动的过程中,不需要依据公开、公正、公认的规则平等竞争,存在某些"特权"和"潜规则"。过程不平等对分配结果也会产生重要影响。市场歧视、垄断、腐败等现象的存在,导致了过程不平等,由此对收入分配公平产生消极影响。土地市场扭曲、城乡之间的劳动力市场扭曲是引起中国城乡收入不平等程度扩大的主要因素。[②] 如在各国的劳动市场上,都存在一定的性别歧视与性别工资差距,女性的工资水平显著低于男性。[③④⑤] Nickell、刘浩等认为,行业垄断是造成行业收入不平等扩大的主要或直接原因。[⑥⑦]

一般来说,直接税主要是对分配主体的所得和财产进行征收,不易转嫁,有利于收入分配公平。而间接税(如增值税、消费税、关税)主要是对流通领域进行征收,这类税通常容易转嫁,具有累退性,因而间接税往往会加剧收入分配不公。Wagstaff et al.对经济与合作组织国家的个人所得税再分配效应进行了测算,结果发现,个人所得税缩小了居民收入分配不平等程度。[⑧] 何辉等研究发现,个人所得税的平均税率具有累进性,具有调节居民收入差距的作用。[⑨] 刘怡等研究发现,流转税扩大了收入分配不平等。[⑩] 万莹的实证研究结果也证实了流转税扩大

① WEGENER B, 2000. Political culture and post-comnunist transition: a social justice approach: introdution[J]. Social Justice Research, 13(2): 75-82.

② HERTEL T, FAN Z, 2006. Labor market distortions, rural-urban inequality and the opening of China's economy[J]. Economic Modelling, 23(1): 76-109.

③ BLAU F D, KAHN L M, 2007. The gender pay gap: have women gone as far as they can? [J]. Academy of Management Perspectives, 21(1): 7-23.

④ GOLDIN C, 2014. A grand gender convergence: its last chapter [J]. The American Economic Review, 104(4): 1091-1119.

⑤ 孙敬水,丁宁,2019.企业异质性、出口对工资溢价的影响——基于中国工业企业微观数据的经验证据[J].经济理论与经济管理(5): 33-47.

⑥ NICKELL S, 1996. Competition and corporate performance[J]. Journal of Political Economy, 104 (4): 724-746.

⑦ 刘浩,李香菊,2014.垄断、所有制结构与我国行业收入差距[J].当代财经(11): 5-13.

⑧ WAGSTAFF A, DOORSLAER E, BURG H, et al. 1999. Redistributive, progressivity and differential tax treatment: personal income taxes in twelves OECD countries [J]. Journal of Public Economics, 72(1): 73-78.

⑨ 何辉,李玲,张清,2014.个人所得税的收入再分配效应研究——基于1995—2011年中国城镇居民调查数据[J].财经论丛(2): 36-43.

⑩ 刘怡,聂海峰,2004.间接税负担对收入分配的影响分析[J].经济研究(5): 22-30.

了收入分配不平等,对收入分配具有逆向调节作用。[1] 储德银等研究发现,商品税在一定程度上扩大了城乡居民收入不平等,具有累退性,所得税能显著降低城乡居民收入不平等,但企业所得税比个人所得税有效。[2]

政府社会保障支出的增加,有利于增加低收入者福利,降低社会收入差距。[3] Jesuit et al. 的实证研究表明,社会保障的再分配效应能明显缩小收入分配不平等,拉美 15 个经济体基尼系数下降,社会保障制度的贡献率在 15% 左右。[4] He et al. 对 1980—2000 年间美国和德国等 13 个发达国家进行研究,发现社会保障可以有效缩小收入分配不平等,贡献度为 74.6%。[5] 中国的社会保障制度对城乡收入分配不平等的正向调节效应已经显现。[6] 但也有一些学者的研究指出,社会保障并没有降低居民收入不平等,反而扩大了居民收入不平等。[7][8][9]

国内外多数学者研究发现,政府转移性支出能够显著降低收入不平等。Harding 通过比较转移性支出前后和征税前后的居民收入基尼系数发现,税收和转移性支出能够明显缩小居民收入不平等。[10] Emmanuel et al. 通过对国别数据的研究分析后发现,政府转移支付对缓解贫困的效果显著。[11] Kim et al. 的研究结果显示,在缩小由初次分配引起的收入不平等方面,政府转移性支出可以减少约 20%。[12] Campos-Vazquez et al. 也研究发现,政府转移支付促进了收入不平等程度的下降。[13] 同时,一些研究对比了转移支付与税收政策的再分配效应,认为转

① 万莹,2012.我国流转税收入分配效应的实证分析[J].当代财经(7):21-30.

② 储德银,迟淑娴,2017.中国税制结构变迁有利于降低收入不平等吗?[J].经济与管理研究,38(10):114-124.

③ 彭定赟,王磊,2013.财政调节、福利均等化与地区收入差距——基于泰尔指数的实证分析[J].经济学家(5):21-28.

④ JESUIT D,MAHLER V,2004. State redistribution in comparative perspective:a cross-national analysis of the developed countries[R]. Luxembourg Income Study(LIS) Working Paper Series,No. 392.

⑤ HE L,SATO H,2011. Income redistribution in urban china by social security system:an empirical analysis based on annual and life time income[J]. Contemporary Economics Policy,31(2):314-331.

⑥ 丁煜,朱火云,2013.我国社会保障水平对城乡收入差距的影响[J].人口与发展,19(5):23-29.

⑦ MOENE K,WALLERSTEIN M,2001. Inequality,social insurance,and redistribution[J]. American Political Science Association,95(4):859-874.

⑧ 朱德云,董迎迎,2017.财政社会保障支出对城乡居民收入差距的影响研究[J].宏观经济研究(1):74-81.

⑨ 李实,吴珊珊,孟凡强,2019.五险一金扩大了城镇职工收入不平等吗[J].社会科学辑刊(2):78-87.

⑩ HARDING A,1997. The suffering middle:trends in income inequality in australia,1982 to 1993-94[J]. Australian Economic Review,30(4):341-358.

⑪ EMMANUEL S,MARO V,2008. Conditional cash transfers,adult work incentives,and poverty[J]. Journal of Development Studies,44(7):935-960.

⑫ KIM K,LAMBERT P J,2009. Redistributive effect of U. S. taxes and public transfers,1994—2004[J]Public Finance Review,37(1):3-26.

⑬ CAMPOS-VAZQUEZ R,ESQUIVEL G,LUSTIG N,2012. The rise and fall of income inequality in Mexico,1989—2010[R]. UNU-WIDER Working Paper,January.

移支付的再分配政策效果比税收的再分配政策效果更好。[①] 但也有一些研究认为，政府转移性支出对收入再分配的效果并不明显，甚至认为政府转移支付扩大了收入不平等，即存在逆向效应。[②]

现有相关研究还探讨了经济增长、对外开放、政府偏向、二元经济结构、地区差异对收入分配不平等的影响，观点分歧较大。

需要进一步探讨的问题：在收入分配公平的决定因素上，现有相关研究主要针对分配结果不平等或收入分配差距的决定因素进行探讨，很少涉及起点不平等（教育不平等、就业不平等、公共医疗卫生不平等）、过程不平等（规则不平等）与结果不平等的交互作用对收入分配公平的影响，也很少涉及起点不平等、过程不平等与经济增长、对外开放、政策偏向、城乡差异、地区差异的交互作用对收入分配公平的影响。一般而言，社会保障、转移支付具有社会政策托底功能，有利于缩小收入分配不平等。政府对居民个人的转移支付，企业对非营利组织、社会慈善事业的赠款或捐助等，这方面的转移支付主要针对低收入群体，因此，转移支付越多，越有助于缓解贫困和缩小收入不平等。相关研究在探讨收入分配公平的决定因素时，很少涉及税负不平等、社会保障不平等、转移支付不平等与经济增长、对外开放、政策偏向、城乡差异、地区差异的交互作用对收入分配公平的影响。

（二）基于微观视角的收入分配公平的决定因素

收入分配是否公平并不完全取决于客观的收入分配结果，而是更多地取决于居民个体对收入分配状况的主观评价，即收入分配公平满意度或分配公平感。分配公平满意度受很多因素的影响。有的学者研究发现，肯定起点公平、否定过程公平、对结果公平有分歧是我国居民收入分配公平感的主要特征[③]；有的学者的研究结果表明，起点公平、过程公平与结果公平对收入分配公平满意度有显著的正向影响[④]。有研究发现，如果社会成员的收入主要取决于个体的能力与努力程度等内在因素，则认为收入分配状况是公平的；如果社会成员的收入主要取决于

① DOERRENBERG P，PEICHL A，2014. The impact of redistributive policies on inequality in OECD countries[J]. Applied Economics，46(17)：2066-2086.

② JOYCE R，SIBIETA L，2013. An assessment of labour's record on income inequality and poverty [J]. Oxford Review of Economic Policy，29(1)：178-202.

③ 李培林，陈光金，张翼，2013. 2014 年中国社会形势分析与预测[M]. 北京：社会科学文献出版社：106-129.

④ 孙敬水，程芳芳，2016. 起点公平、过程公平、结果公平与分配公平满意度[J]. 经济理论与经济管理 (10)：25-41.

环境、家境、关系等外在因素,则认为收入分配状况是不合理的。[1][2][3] 陈晓东等的研究表明,机会不平等对社会公平感有显著的负向影响,而努力不平等对社会公平感的影响不显著。[4] Arunima et al. 指出,公平是一种主观上的情感认知,如果居民个体在经济活动过程中得到过不公正的对待,则其会产生不满情绪,进而对分配结果公平满意度产生负面影响。[5] 孙敬水等的研究结果表明,人们对取缔非法非正常收入的满意程度、市场竞争环境的满意程度、公职人员廉洁的满意程度对分配公平满意度有显著的正向影响。[6]

一般而言,个体的客观社会经济地位(如教育水平、财产、职业与职务等级)反映了个体在社会经济环境中所处的实际社会经济地位状况,而主观社会经济地位反映了个体对自己在社会阶层结构中所占据的位置的主观认知(如未来几年个体的教育水平、财产、职业与职务等级状况)。Schneider et al. 的研究表明,居民的客观社会经济地位越高,越认为当前的收入分配状况是公平的[7];孙敬水等的研究结果表明,个体的客观社会经济地位和主观社会经济地位越高,则越认为当前的收入分配状况是公平的;反之则相反。[8] 有的学者认为,个人分配公平感不仅仅取决于自己社会经济地位的高低,而且与人们的相对收入、预期收入有关。分配公平感与个人相对收入、预期收入呈正相关关系。[9][10][11] 个体的绝对收入和相对

① FONG C,2001. Social preferences,self-interest,and the demand for redistribution[J]. Journal of Public Economics,82(2):225-246.

② ALESINA A, ANGELETOS G,2005. Fairness and redistribution[J]. The American Economic Review,95(4):960-980.

③ WU X,2009. Income inequality and distributive justice:a comparative analysis of mainland China and Hong Kong[J]. The China Quarterly(200):1033-1052.

④ 陈晓东,张卫东,2017.机会不平等如何作用于社会公平感——基于 CGSS 数据的实证分析[J]. 华中科技大学学报(社会科学版),31(2):34-44.

⑤ ARUNIMA S,POOJA P,2016. Performance appraisal fairness & its outcomes:a study of indian banks[J]. The Indian Journal of Industrial Relations,51(4):660-674.

⑥ 孙敬水,林晓炜,2016.城镇居民分配公平满意度影响因素实证研究[J].浙江社会科学(9):133-143.

⑦ SCHNEIDER S,SHAMON H,2015. How others' earnings influence our justice perceptions. studying the effects of income distribution and social position on reflexive justice evaluations among German employee [R/OL]. SFB 882 Working Paper Series, No. 44, https://pub. uni-bielefeld. de/publication/ 2768330,12-26.

⑧ JINGSHUI SUN, LINGJIE HUANG, 2019. Socioeconomic status and inequality of residents' income[C]. Earth and Environmental Science (5th International Conference on Advances in Energy Resources and Environment Engineering), Volume 237:1-12.

⑨ CLARK A E,FRIJTERS P,SHIELDS M A,2008. Relative income, happiness, and utility: an explanation for the Easterlin paradox and other puzzles[J]. Journal of Economic Literature,46(1):95-144.

⑩ SCHYNS P,2002. Wealth of nations individual income and life satisfaction in 42 countries:a multilevel approach[J]. Social Indicators Research,60(1-3):5-40.

⑪ BECCHETTI L,PELLONI A,2013. What are we learning from the life satisfaction literature [J]. International Review of Economics,60(2):113-155.

收入水平越高,其分配公平满意度越高。①②

有的研究发现,那些认为税收负担是公平的居民,其再分配偏好较弱,对当前的收入分配状况比较认同;而那些认为税负不公平的居民,其再分配偏好较强,对当前的收入分配状况不认同。③ Jaeger 的研究结果表明,社会保障支出对居民的分配公平满意度或再分配偏好具有显著的正向影响。④⑤⑥ 栗治强等的研究表明,居民的收入分配公平满意度与社会保障程度按同方向变化。⑦ 有些研究结果表明,物质资本的积累有利于降低基尼系数,缩小居民收入差距,提高人们的收入分配公平满意度。⑧⑨ 而对于人力资本与分配公平满意度之间的关系,学术界存在不同的看法。一些学者研究发现,受教育程度对人们的主观幸福感或满意度有显著的正向影响⑩⑪;而有的学者发现,受教育程度对收入满意度有显著的负向影响⑫;还有学者的研究表明,受教育程度与人们的满意度之间并不存在显著的关系。⑬ 有研究结果显示,政治资本能够显著地提高人们的满意度,社会资本的增

① TREMBLAY M, VANDENBERGHE C, DOUCET O, 2013. Relationships between leader-contingent and non-contingent reward and punishment behaviors and subordinates' perceptions of justice and satisfaction, and evaluation of the moderating influence of trust propensity, pay level, and role ambiguity [J]. Journal of Business and Psychology,28(2): 233-249.

② DUMLUDAG D,2014. Satisfaction and comparison income in transition and developed economies [J]. International Review of Economics,61(2):127-152.

③ 徐建斌,刘华,2014.税负公平收入差距与再分配:一个微观层面的分析[J].经济管理(3):159-168.

④ JAEGER M M,2006a. What makes people support public responsibility for welfare provision: self-interest or political ideology? a longitudinal approach[J]. Acta Sociohgica, 49(3):321-338.

⑤ JAEGER M M,2006b. Welfare regimes and attitudes towards redistribution:the regime hypothesis revisited[J]. European Sociological Review, 22(2):157-170.

⑥ JAEGER M M, 2013. The effect of macroeconomic and social conditions on the demand for redistribution[J]. Journal of European Social Policy,23(2):149-163.

⑦ 栗治强,王毅杰,2014.转型期中国民众公平感的影响因素分析[J].学术论坛(8):99-105.

⑧ SHAHPARI G, DAVOUDI P,2014. Studying effects of human capital on income inequality in Iran [J]. Procedia-Social and Behavioral Sciences,109(2):1386-1389.

⑨ 孙敬水,程芳芳,2017.初次分配公平与再分配公平满意度研究——基于浙江省 11 个地区 958 份居民家庭问卷调查分析[J].江西财经大学学报(2):11-23.

⑩ PEROVIC L M,2010. Life satisfaction in Croatia[J]. Croatian Economic Survey,12(1):45-81.

⑪ BOTHA F, 2014. Life satisfaction and education in South Africa: investigating the role of attainment and the likelihood of education as a positional good[J]. Social Indicators Research,118(2):555-578.

⑫ THEODOSSIOU I,1998. The effects of low-pay and unemployment on psychological well-being: a logistic regression approach[J]. Journal of Health Economics,17(1):85-104.

⑬ POWDTHAVEE N, 2003. Is the structure of happiness equations the same in poor and rich countries? the case of south Africa[R]. Warwick Economics Research Paper, The University of Warwick, NO. 675.

加能够显著缩小收入不平等,提高人们的满意度。[1][2] 但也有学者研究表明,社会资本对人们的满意度存在负向影响[3]。

王甫勤的研究结果表明,代际职业流动与居民收入分配公平感存在显著的正相关关系,职业向上流动的居民,对当前的收入分配公平状况比较认可。[4] 研究发现,那些预期收入较高、具有向上流动性机会的居民,则较少支持再分配[5];那些具有向下流动性经历的居民、具有向下流动性预期的居民、具有预期收入降低的居民则更加支持再分配[6][7]。起点公平、过程公平与结果公平对分配公平满意度具有显著的正向影响;人力资本、物质资本与社会保障对分配公平满意度具有显著的正向影响。[8]

除此之外,居民个体基本特征(如性别、民族、年龄、健康状况等)对初次分配公平满意度也会产生一定的影响。研究表明,城镇居民、汉族居民、男性居民的收入分配公平满意度依次低于农村居民、少数民族居民和女性居民[9][10],个人年龄与收入分配公平满意度之间呈现倒“U”形关系[11]。

需要进一步探讨的问题:对于收入分配公平满意度的决定因素,学术界主要从社会经济地位、预期收入、流动性、家庭基本特征等方面进行理论与实证研究,很少从起点公平(如教育公平、就业公平、公共医疗卫生公平、公共基础设施公平等)、过程公平(规则公平)、税负公平、转移支付与社会保障公平满意度等方面进行探讨。理论界在探讨起点公平与初次分配公平满意度之间的关系时,没有涉及起点公平与户籍、性别、地区的交互作用;在探讨过程公平与分配公平满意度之间

① ABDALLAH S, THOMPSON S, MARKS N, 2008. Estimating worldwide life satisfaction[J]. Ecological Economics,65(1):35-47.

② RAM R,2013. Social capital and income inequality in the United States[J]. Atlantic Economic Journal,41(1): 89-91.

③ YIP W, SUBRAMANIAN S V, MITCHELL A D, et al. 2007. Does social capital enhance health and well-being? evidence from rural China[J]. Social Science & Medicine,64(1):35-49.

④ 王甫勤,2010.社会流动与分配公平感研究[D].上海:复旦大学社会发展与公共政策学院:90.

⑤ PAGE L,GOLDSTEIN D G,2016. Subjective beliefs about the income distribution and preferences for redistribution[J]. Social Choice and Welfare,47(1):25-61.

⑥ 陈宗胜,李清彬,2011.再分配倾向决定框架模型及经验验证[J].经济社会体制比较(4):35-46.

⑦ 徐建斌,刘华,2014.税负公平、收入差距与再分配:一个微观层面的分析[J].经济管理(3):159-168.

⑧ 孙敬水,程芳芳,2017.初次分配公平与再分配公平满意度研究——基于浙江省11个地区958份居民家庭问卷调查分析[J].江西财经大学学报(2):11-23.

⑨ KEAVENY T J, INDERRIEDEN E J, 2000. Gender differences in pay satisfaction and pay expectations[J].Journal of Managerial Issues,12(3):363-379.

⑩ 方学梅,2017.不平等归因、社会比较对社会公平感的影响[J].华东理工大学学报(社会科学版)(2):72-90.

⑪ DEATON A,2008. Income, health, and well-being around the world: evidence from the Gallup World Poll[J]. The Journal of Economic Perspectives,22(2):53-72.

的关系时,没有涉及过程公平与地区、性别的交互作用。在探讨收入流动与分配公平满意度之间的关系时,很少涉及代内收入流动对收入分配公平满意度的影响;没有涉及收入、收入流动与户籍、收入等级的交互作用;在探讨教育流动与分配公平满意度之间的关系时,主要分析子辈与父辈的受教育年限、代际教育流动对子辈收入分配公平满意度的影响,很少涉及代内教育流动对收入分配公平满意度的影响,也很少涉及教育流动与户籍、收入等级的交互作用;在探讨职业流动与分配公平满意度之间的关系时,主要分析子辈的职业等级、代内职业向上流动对子辈收入分配公平满意度的影响,很少涉及父辈的职业等级、代际职业向上流动对子辈收入分配公平满意度的影响,没有涉及职业等级与职业向上流动与户籍、性别的交互作用,以及职务流动与收入分配公平满意度之间的关系。[①]

四、关于收入分配公平的评价体系

现有相关研究很少涉及收入分配公平的评价指标与测度方法,评价指标主要针对分配结果不平等,一般采用变异系数、泰尔指数、基尼系数等收入不平等指标来表示。基尼系数在实际操作中常采用 Sen 提出的计算公式。[②] Theil 最早将熵概念运用到收入不平等测度中,Shorrocks 在此基础上提出了可加可分解的收入不平等指标度量方法——广义熵指数[③]。Guglielmo et al. 构建了人口动态 Theil 熵指数测度收入不平等情况。[④] 由于基尼系数、熵指数等存在一些缺陷,阿马蒂亚·森提出了能力指数[⑤],Almås et al. 提出采用广义基尼系数度量收入分配不公情况。[⑥] Otto 运用随机过程来回归模拟收入函数得到收入的方差,再使用方差来衡量收入不平等程度。[⑦] Amarante 利用个体家庭收入不平等、生产要素收入份额、个人收入和财产税等指标综合体现收入分配公平程度。[⑧] 马秀贞利用每小时劳工成本中的福利开支、劳动者报酬占 GDP 的比重、社会保障税与个人所得税占

① 孙敬水,蔡培培,2019.社会流动与居民收入分配公平满意度[J].北京工商大学学报,34(3):107-116.

② SEN A K,1977. On economic inequality [M].Oxford:Clarendon Press:274.

③ SHORROCKS A F, 1980. The class of additively decomposable inequality measures [J]. Econometrica,48(3):613-625.

④ GUGLIELMO D, GIUSEPPE D B, RAIMONDO M, 2015. Measuring income inequality:an application of the population dynamic Theil's enthopy[J]. Accounting & Taxation,7(1):103-114.

⑤ 阿马蒂亚·森,2004.能力、贫困和不平等:我们面临的挑战[M]//姚洋,译.转轨中国:审视社会公正和平等,北京:中国人民大学出版社:49-76.

⑥ ALMåS I,CAPPELEN A W,LIND J T,et al. 2011. Measuring unfair (in)equality[J]. Journal of Public Economics,95(7-8):488-499.

⑦ OTTO K,2014. Earnings dynamics of men and women in Finland:permanent inequality versus earnings instability[J].Empirical Economics,46(2):451-477.

⑧ AMARANTE V,2014. Income inequality in Latin America:data challenges and availability[J]. Social Indicators Research,119(3):1467-1483.

政府税收的比重等指标来衡量初次分配的公平性。[①] 李宝瑜等认为,可以选用基尼系数,并将基尼系数转换为收入公平度,以此来度量收入分配是否公平。[②]

机会不平等的测度方法通常有"参数法"和"非参数法"。[③] 参数法估计一般采取对数线性模型[④];非参数法估计以环境类型为依据,将总的不平等分解为组间不平等与组内不平等[⑤]。Zhang et al. 采用参数估计法,对中国 9 个省的机会不平等情况进行测算,结果发现,利用基尼系数度量的机会不平等占收入不平等的比例达到一半左右[⑥];马占利等利用泰尔零阶指数测算了个体收入分配中的机会不平等,运用非参数法、参数法进行估计,结果表明,2007—2013 年中国的机会不平等越来越严重[⑦]。龚锋等利用泰尔指数及其分解技术和非参数法测度居民收入分配的机会不平等指数,结果发现,机会不平等占收入不平等的比重达到35%—43%。[⑧]

现有相关研究很少涉及税负公平、社会保障公平与转移支付公平等再分配公平的评价指标与评价方法。一般认为,累进的(所得税)税率结构能改善收入分配不平等程度,通过计算税制的累进性指标来衡量税收政策促进收入分配公平的程度。[⑨] Suit 利用基尼系数法,提出了一个广泛使用的累进性税收指标计算收入及税收负担,并应用该指数测算出 1970 年美国税收最具累进性的是联邦企业所得税。[⑩] 田双全等设计了收入分配公平的指标体系,对中国收入分配公平度进行了测算。[⑪] 孙敬水从初次分配公平和再分配公平两大方面构建了收入分配公平的

---

①　马秀贞,2008.论初次分配公平的评价标准与实现机制[J].理论前沿(22):32-33.

②　李宝瑜,刘雪晨,2016.中国收入分配的公平与效率关系测度及评价[J].统计与信息论坛,31(5):8-13.

③　FERREIRA F,GIGNOUX J,2011. The measurement of inequality of opportunity:theory and an application to Latin America[J]. Review of Income and Wealth,57(4):622-657.

④　BOURGUIGNON F, FERREIRA F,MENENDEZ M,2007. Inequality of opportunity in Brazil: a corrigendum[J]. Review of Income and Wealth,59(3):551-555.

⑤　CHECCHI D,PERAGINE V,2010. Inequality of opportunity in Italy[J]. Journal of Economic Inequality,8(4):429-450.

⑥　ZHANG Y,ERIKSSON T,2010. Inequality of opportunity and income inequality in nine Chinese provinces,1989—2006[J]. China Economic Review,21(4):607-616.

⑦　马占利,邹薇,2018.中国机会不平等的测算与分解——基于"反事实"收入分布方法[J].经济问题探索(11):1-9.

⑧　龚锋,李智,雷欣,2017.努力对机会不平等的影响:测度与比较[J].经济研究(3):76-90.

⑨　王志刚,2008.中国税制的累进性分析[J].税务研究(9):16-20.

⑩　SUIT D B,1997. Measurement of tax progressivity[J]. The American Economic Review,67(4):747-752.

⑪　田双全,黄应绘,2013.中国收入分配公平度的统计研究[J].华中师范大学学报(人文社会科学版)(6):34-41.

评价指标体系,利用基尼系数和加权平均法,提出了收入分配公平的测度方法①。

Hülle et al. 认为,对社会公平的研究不仅依赖于客观指标,还依赖于主观指标。② 对于分配公平满意度,其评价方法有以下几种:一是指数法③;二是主观评估法④;三是量表法⑤。

需要进一步探讨的问题:理论界对收入分配公平的评价指标与测度方法主要针对分配结果是否公平,通常采用基尼系数、泰尔指数等,很少涉及起点公平(如权利公平、机会公平)、过程公平(规则公平或程序公平)与再分配公平(税负公平、社会保障公平和转移支付公平)的评价指标与测度方法。对分配公平满意度的评价指标,主要针对分配结果公平满意度,很少涉及起点公平、过程公平、再分配公平满意度的评价指标。因此,如何从宏观层面与微观层面设计科学合理的收入分配公平的评价指标体系,提出收入分配公平的测度方法,以便对我国现阶段收入分配公平状况进行宏观测度与微观评价有待进一步研究。

五、关于收入分配公平的预警机制

预警,顾名思义,就是预先警告,对预警对象可能发生的不良状态或危险情况预先发出警报、告诫或戒备,保持警觉。国外进行经济预警方法研究较早,早在20世纪20年代,美国学者就开展了经济预警方法研究。Kaminsky et al. 提出了KLR信号分析法及监测货币危机的预警系统,该预警系统现在几乎成为经济预警中的标准系统了。⑥ 国外产业经济预警研究主要集中在银行业。Sarkar et al. 对银行破产问题进行了预警研究⑦,Yang et al. 构建了贷款风险预警模型并提出了财务风险预警管理对策⑧。Kuo et al. 开发了一个基于模糊神经网络的智能预

---

① 孙敬水,赵倩倩,2017.中国收入分配公平测度研究——基于东中西部地区面板数据的比较分析[J].财经论丛(2):18-27.

② HüLLE S,LIEBIG S,MAY M J,2018. Measuring attitudes toward distributive justice:the basic social justice orientations scale [J]. Social Indicators Research,36(5):1-30.

③ JASSO G. A,1980. New theory of distributive justice[J]. American Sociological Review,45(1):3-32.

④ 怀默霆,2009.中国民众如何看待当前的社会不平等[J].社会学研究(1):96-119.

⑤ OBRIEN M U,INGELS S J,1987. The economics values inventory[J]. The Journal of Economic Education,18(1):7-17.

⑥ KAMINSKY G,LIZONDO S,REINHART C M,1998. Leading indicators of currency crises[J]. IMF Economic Review,45(1):1-48.

⑦ SARKAR S,SRIRAM R,2001. Bayesian models for early warnings of bank failures [J]. Management Science,47(10):1457-1475.

⑧ YANG B,LI L X,JI H,XU J,2001. An early warning system for loan risk assessment using artificial neural networks[J]. Knowledge-Based Systems,14(5):303-306.

测系统。[1] Koyuncugil et al. 构建了基于数据挖掘的针对金融风险的预警模型。[2] Yoon et al. 提出了利用市场的不稳定指数和分级的风险预警水平。[3] Cumperayot et al. 运用极值理论对 3 种货币危机度量指标与 18 种常用的危机预测指标的尾部依赖性进行了评估,并以此作为预警机制。[4] 我国预警理论研究起步较晚,经济预警起源于 20 世纪 80 年代中期,源于对经济周期问题的研究,沿用了西方的经济监测预警方法。经济预警是以国民经济运行中出现的重大问题为实际背景,为满足经济发展需要而进行的。我国早期研究经济预警的是吉林大学系统工程研究所,其研究报告《我国经济循环的测定和预测》中提出将先导指标、同步指标、滞后指标作为预警的指标体系,并于 1988 年初步建立宏观经济监测系统,由此形成我国景气信号灯的雏形。此后,我国宏观经济景气预警系统逐步形成并完善。张泽厚构建了我国宏观经济监测预警系统。[5] 顾海兵等从确定警情、寻找警兆、预报警度等环节,构建了粮食生产预警系统,并对我国粮食生产进行了监测预警。[6] 顾海兵还提出了经济预警的几个阶段,即明确警义、寻找警源、分析警兆并预报警度。[7] 杭斌等认为,VAR 模型系统适用于经济预警研究,并对山西的宏观经济预警模型进行实证研究。[8] 宋林飞连续多年对社会发展风险系统进行预警分析。[9] 赵彦云等则对中国的生活质量进行统计分析,并对其进行预测。[10] 张霞等从短期基础监测指标体系、长期基础监测指标体系和景气指标预警体系三大方面,构建了工业经济运行预警指标体系。[11] 薛永鹏等构建了城市化与生态环境协调发展预警系统,对中国城市化与生态环境的协调发展状况进行了监测预警。[12] 李秋峰等构建了区域 3E 系统协调发展预警指标体系,利用层次分析法确

① KUO R J, WU P C, WANG C P, 2002. An intelligent sales forecasting system through integration of artificial neural networks and fuzzy neural networks with fuzzy weight-elimination[J]. Neural Networks, 15(7):909-925.

② KOYUNCUGIL A S, OZGULBAS N, 2012. Financial early warning system model and data mining application for risk detection[J]. Expert Systems with Applications, 39(6):6238-6253.

③ YOON W J, PARK K S. 2014. A study on the market instability index and risk warning levels in early warning system for economic crisis[J]. Digital Signal Processing, 29(6):35-44.

④ CUMPERAYOT P, KOUWENBERG R, 2013. Early warning systems for currency crises: a multivariate extreme value approach[J]. Journal of International Money and Finance(36):151-171.

⑤ 张泽厚,1992.中国经济波动与监测预警[M].北京:中国统计出版社:56-62.

⑥ 顾海兵,刘明,1994.我国粮食生产预警系统的探讨[J].经济理论与经济管理(1):37-39.

⑦ 顾海兵,1997.宏观经济预警研究:理论、方法、历史[J].经济理论与经济管理(4):1-7.

⑧ 杭斌,赵俊康,1997.VAR 系统——一种宏观经济预警的新方法[J].统计研究(4):49-52.

⑨ 宋林飞,1995.社会风险指标体系与社会波动机制[J].社会学研究(6):90-95.

⑩ 赵彦云,李静萍,2000.中国生活质量评价、分析和预测[J].管理世界(3):32-40.

⑪ 张霞,陈晓亮,刘晓敏,2006.四川工业经济运行预警指标体系的构建[J].经济体制改革(6):147-150.

⑫ 薛永鹏,张梅,2009.中国城市化与生态环境协调发展预警系统研究[J].统计教育(8):7-12.

定了指标的权重,并基于向量夹角思想建立了区域 3E 系统协调发展警度测度模型。[①] 李文明构建了粮食安全预警机制,提出了新型粮食安全战略的实现路径。[②] 张安军分析了中国金融安全现状与影响因素,对国家总体金融安全和区域金融安全进行了监测预警。[③] 李孟刚构建了产业安全预警系统,对中国产业安全预警进行了实证研究。[④] 石峻驿提出了宏观经济增长、波动与预警的统计方法。[⑤] 唐升等利用熵值法结合临界点与风险安全区间,对中国的系统性金融风险进行评分,在此基础上利用 GARCH-VAR 方法对金融风险进行测量,最后通过输出预警信号指示灯构建中国金融安全预警系统。[⑥]

理论界将经济预警方法运用到收入分配领域,其相关研究文献较少。庞智强从指标体系与监测方法两个方面构建了城乡发展差距统计监测体系的基本框架。[⑦] 梁纪尧利用二次函数模型,以基尼系数为被解释变量,以人均 GDP 为解释变量,利用模型预警方法测算了我国收入分配差距的"警戒线"。[⑧] 陆铭等选择基尼系数作为预警基础指标,将 0.38 的基尼系数值作为收入差距的警戒线,在此基础上设计预警信号,构建了收入差距预警体系。[⑨] 梁纪尧等设计了指标预警体系,对我国城乡收入分配差距进行预警,结果表明,我国城乡居民收入分配差距不断扩大,警度由无警变为有警并提升到中警。[⑩] 顾海兵等以中国城乡居民收入差异系数为基础,采用了系统化方法对中国城乡居民收入差距的安全区间与警度区间进行划分,研究结果表明,1978—2007 年,中国城乡居民收入差距有近 2/3 的年份处于有警区间。[⑪] 孙敬水等构建了行业收入差距预警体系,对浙江省行业收入差距进行了监测预警分析。[⑫] 杨灿明等从预警体系、警情分工、警情应对三个方面构建了我国居民收入监测系统。[⑬] 穆怀中等提出"构建收入非均等贫困指数的风险预警机制"的设想。[⑭] 孙敬水利用单指标预警和综合指数预警方法,构建

① 李秋峰,党耀国,2012.区域 3E 系统协调发展预警体系及其应用[J].现代经济探讨(9):70-74.

② 李文明,2014.大国粮食安全的底线思维:预警机制与实现路径[M].北京:中国农业出版社:1-217.

③ 张安军,2015.中国金融安全监测预警研究[M].北京:中国社会科学出版社:1-226.

④ 李孟刚,2016.产业安全预警研究[M].北京:北京交通大学出版社:1-173.

⑤ 石峻驿,2017.宏观经济增长、波动与预警的统计方法及其实现[M].北京:经济科学出版社:1-194.

⑥ 唐升,周新苗,2018.中国系统性金融风险与安全预警实证研究[J].宏观经济研究(3):48-61.

⑦ 庞智强,2005.试论城乡发展差距的统计监测[J].兰州商学院学报(6):89-91.

⑧ 梁纪尧,2006.我国收入分配差异预警分析[J].财经科学(6):66-75.

⑨ 陆铭,田士超,2007.收入差距的负面影响及预警体系构建[J].学习与探索(2):9-13.

⑩ 梁纪尧,宋青梅,2008.我国城乡居民收入差距双重评价研究[J].山东财政学院学报(3):53-58.

⑪ 顾海兵,王亚红,2009.中国城乡居民收入差距的警度警情分析[J].学习与探索(1):129-132.

⑫ 孙敬水,顾晶晶,2010.行业收入差距监测预警研究——以浙江省为例[J].财经论丛(5):6-11.

⑬ 杨灿明,曹润林,2012.建立健全我国居民收入监测系统初探[J].地方财政研究(8):21-28.

⑭ 穆怀中,陈曦,李栗,2014.收入非均等贫困指数及其社会秩序风险测度研究[J].中国人口科学(4):14-26.

了收入差距适度性的预警机制,对中国收入差距适度性进行监测预警分析。[①] 任毅等从单指标和综合指标两个方面对重庆市行业收入差距进行了监测预警分析。[②] 王培暄等利用因子分析法提出了江苏省居民收入差距的预警系统及控制机制。[③]

需要进一步探讨的问题:我国经济监测相关研究起步较晚,对收入分配不平等预警的研究一般采用西方监测预警的理论和方法。由于统计工作系统不完善,在研究我国的实际情况时,很多国外常用的指标往往无法利用,给指标体系的遴选和预警信号灯的建立带来了一定的困难,并影响到监测预警的精度。特别是我国处于经济结构转型过程中,经济发展模式不及发达国家稳定,产业结构变化、增长来源转变、潜在增长率下降等特殊的经济环境进一步增加了收入分配不平等监测预警的难度,也对预警理论方法提出了更高的要求。理论界对收入分配公平预警的相关研究主要针对分配结果不平等,多数采用单指标预警(如基尼系数预警),很少考虑警源指标体系,很少采用综合指数预警,以收入分配公平为研究对象的预警机制还没有建立起来。现有相关研究没有涉及起点公平预警、过程公平预警、再分配公平(税负公平、社会保障公平与转移支付公平)预警。因此,如何构建收入分配公平的预警机制,以便对我国收入分配公平状况进行监测预警分析有待进一步研究。

综上所述,现有相关研究为本研究奠定了良好的基础,但总体上还存在一些尚未解决的问题有待进一步探讨:如何从初次分配公平(起点公平、过程公平与结果公平)与再分配公平(税负公平、社会保障公平与转移支付公平)两大方面界定收入分配公平的内涵与收入分配公平的层次,揭示收入分配公平度与分配公平满意度的决定因素? 如何从宏观层面与微观层面设计收入分配公平的评价指标体系,并提出收入分配公平的测度方法,以便对我国现阶段收入分配公平状况进行宏观测度与微观评价? 如何从明确警情、寻找警源、分析警兆、划分警限、预报警度等环节构建收入分配公平的预警机制,以便对我国收入分配公平状况进行监测预警分析? 如何从初次分配公平的制度机制设计、再分配公平的公共政策选择方面,提出促进收入分配公平、提高分配公平满意度的政策建议,为政府部门制定科学合理的收入分配政策提供参考依据? 这些尚未解决的主要问题正是本书需要进一步研究的主题。

---

① 孙敬水,2014.居民收入差距适度性测度与预警研究[M].北京:中国社会科学出版社:431-435.

② 任毅,任雪,2015.重庆市行业收入差距预警分析[J].现代经济信息(21):470-474.

③ 王培暄,刘芳,2017.江苏省居民收入差距的预警系统及控制机制[J].苏州大学学报(哲学社会科学版)(2):112-119.

第三节　研究内容与研究目标

一、研究内容

本书在理论上界定了收入分配公平的内涵与层次,论述了收入分配公平的基本原则;从初次分配公平(起点公平、过程公平、结果公平)和再分配公平(税负公平、社会保障公平、转移支付公平)两大方面构建了收入分配公平的评价指标体系;提出了收入分配公平的测度方法;从明确警情、寻找警源、分析警兆、划分警限、预报警度等环节,构建了收入分配公平的预警机制。在此基础上,从宏观视角对我国以及东部、中部、西部三大地区的收入分配公平(初次分配公平、再分配公平)状况进行统计测度与比较分析;提出研究假设,构建多元计量经济模型,对收入分配公平度的决定因素进行计量检验;从单指标预警和综合指数预警两大方面,对我国以及东部、中部、西部三大地区的收入分配公平状况进行监测预警分析。从微观视角对我国收入分配公平满意度进行问卷调查分析;提出研究假设,构建 Ordered Logit 模型,对收入分配公平满意度的决定因素进行实证研究,得出具有启发意义的研究结论。从初次分配公平的制度机制设计、再分配公平的公共政策选择等方面提出促进收入分配公平、提高分配公平满意度的政策建议,为政府部门制定科学合理的收入分配政策提供参考依据。

全书共十章。第一章是导论。首先阐述研究背景与意义、国内外相关研究动态。其次提出研究内容与研究目标、研究方法与技术路线。最后论述可能的创新与贡献。

第二章是收入分配公平的理论基础。首先从收入分配的对象、收入分配的主体、收入分配的方式、收入分配的层次、收入分配的政策等方面阐述收入分配的基本问题。其次阐述了公平、平等、正义与公正等相关概念的基本含义、区别与联系,从宏观视角和微观视角界定了收入分配公平的内涵,阐述了收入分配公平的衡量尺度。然后论述了收入分配公平的意义、收入分配公平的层次。最后论述了收入分配公平的基本原则。

第三章是收入分配公平的评价体系研究。首先从系统性与代表性、科学性与通用性、可操作性与可比性等三个方面阐述了收入分配公平的评价原则。其次根据收入分配公平的内涵,从初次分配公平和再分配公平两大方面构建了收入分配公平的评价指标体系。前者由起点公平、过程公平、结果公平的评价指标体系构成;后者由税负公平、社会保障公平、转移支付公平的评价指标体系构成。最后基于基尼系数法和综合评价法,提出了收入分配公平的测度方法。

第四章是中国收入分配公平的综合评价分析。根据收入分配公平的测度方法,基于1985—2017年全国及东部、中部、西部三大地区的面板数据,对我国收入分配公平(初次分配公平和再分配公平)状况进行了统计测算,对东部、中部、西部三大地区的收入分配公平状况进行纵向与横向比较,得到了基本的研究结论。

第五章是收入分配公平度的决定因素分析。提出研究假设,构建多元计量经济模型,基于全国31个省面板数据,对收入分配公平度(初次分配公平度、再分配公平度)的决定因素进行实证分析,得到了相应的研究结论。

第六章是收入分配公平满意度问卷调查分析。基于问卷调查数据,对现阶段收入分配公平满意度(初次分配公平满意度、再分配公平满意度)的相关问题进行问卷调查分析,得到了具有启发意义的研究结论。

第七章是收入分配公平满意度的决定因素分析。提出研究假设,构建多元选择模型,对起点公平、过程公平、结果公平与初次分配公平满意度之间的关系进行计量检验;对税负公平、社会保障公平、转移支付公平与再分配公平满意度之间的关系进行计量检验;基于人力资本、物质资本、政治资本和社会资本的微观视角,对资本异质性与收入分配公平满意度间的关系进行了多元选择模型分析;基于户籍流动、收入流动、教育流动、职业流动和职务流动的微观视角,对社会流动与收入分配公平满意度间的关系进行多元选择模型分析,得到了相应的研究结论。

第八章是收入分配公平的预警机制研究。首先阐述了预警的含义、经济预警与收入分配公平预警的发展历程,介绍了预警的类型与经济预警的基本流程。其次论述了收入分配公平定性预警方法(专家评分法、专家会议法、德尔菲法等)和定量预警方法(线性多属性综合预警方法、非线性多属性综合预警方法、信号预警方法、模型预警方法等),阐述了收入分配公平预警模型与收入分配公平预警警限确定方法。然后构建了收入分配公平预警指标体系。最后阐述了收入分配公平预警系统的基本功能、建立收入分配公平预警系统的准备工作和主要步骤,从单指标预警和综合指数预警两大方面论述了收入分配公平预警系统。

第九章是中国收入分配公平的监测预警分析。利用收入分配公平预警方法,对全国及东部、中部、西部三大地区的收入分配公平状况进行监测预警分析。首先,依据单指标预警方法,对全国及东部、中部、西部三大地区的收入分配公平状况进行监测预警分析。其次,依据综合指数预警方法,对全国及东部、中部与西部三大地区的收入分配公平状况进行监测预警分析,得到了相应的研究结论。

第十章是结论、建议与展望。首先归纳与总结全书的研究结论。其次从初次分配公平的制度机制设计、再分配公平的公共政策选择方面提出促进收入分配公平、提高分配公平满意度的政策建议。最后提出本书的不足之处,并对未来的研究方向进行展望。

根据以上研究内容,全书的框架结构如图 1-1 所示。

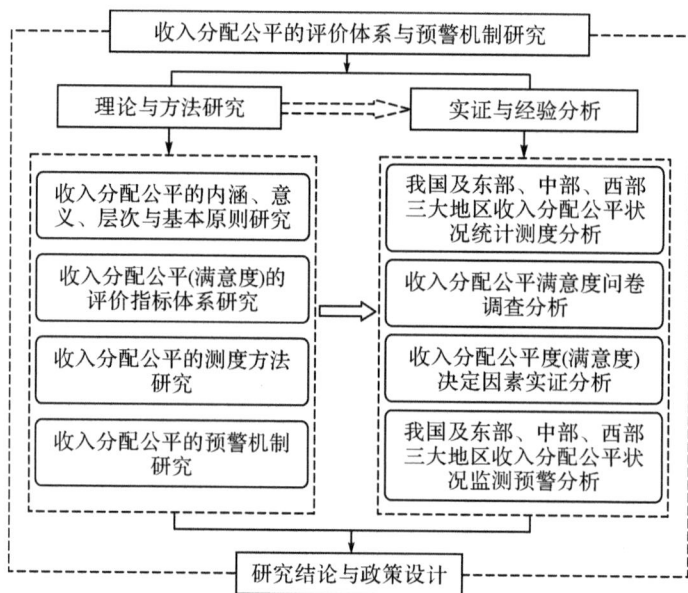

图 1-1　本市的框架结构

二、重点、难点

1.重点。一是如何设计收入分配公平的评价指标体系。现有相关研究注重分配结果公平的评价指标,很少涉及起点公平与过程公平的评价指标,没有涉及再分配公平(税负公平、社会保障公平与转移支付公平)的评价指标,很少涉及初次分配公平满意度和再分配公平满意度的评价指标。如何从宏观层面与微观层面设计科学合理的分配公平评价指标体系,这是本书需要进一步探讨的重点问题。二是如何建立收入分配公平的测度方法。现有相关研究很少涉及初次分配公平、再分配公平的测度方法。如何从宏观视角与微观视角,探讨收入分配公平的测度方法,以便对我国现阶段收入分配公平状况进行宏观测度与微观评价,这是本书需要进一步探讨的重点问题。三是如何构建收入分配公平的预警机制。目前理论界对收入分配公平的预警研究主要涉及分配结果预警,多数采用单指标(如基尼系数)预警,没有涉及起点公平与过程公平预警,也没有涉及再分配公平预警,很少考虑科学合理的警源指标体系,采用综合指数预警较少,运用统计分析或计量经济模型等定量技术进行监测预警分析较少。如何从明确警情、寻找警源、分析警兆、划分警限、预报警度、排除警患等环节构建收入分配公平预警机制,以便对我国收入分配公平状况进行监测预警分析,这也是本书需要进一步探讨的重点问题。

2.难点。如何设计收入分配公平的三级评价指标及对应的四级指标是本书面临的难点问题(比如教育公平、就业公平、公共医疗卫生公平,具体应设计哪些次级指标,需要仔细推敲)。由于本书设计的宏观评价指标与微观评价指标较多,在数据的掌握上,有些指标可能缺乏翔实的面板数据与微观评价数据,这给实证分析带来不少困难。特别是对不同地区的城乡居民进行实地调查,其工作量大,要想得到真实、可信的调查数据是非常困难的,这也是本书面临的难点问题。

三、主要目标

主要目标有两个:

第一,拓展理论研究与方法研究。本书基于马克思主义收入分配理论,界定了收入分配公平的内涵,论述了收入分配公平的层次,提出了收入分配公平的基本原则;从初次分配公平(起点公平、过程公平、结果公平)和再分配公平(税负公平、社会保障公平、转移支付公平)两大方面构建了收入分配公平的评价指标体系;基于基尼系数法和综合评价法,提出了收入分配公平的测度方法,基于量表法和综合评价法,提出了分配公平满意度的测度方法;从明确警情、寻找警源、分析警兆、划分警限、预报警度、排除警患等环节,构建了收入分配公平的预警机制,以期拓展收入分配公平理论与方法研究。

第二,为政府部门制定科学合理的收入分配政策提供实证依据与政策参考。在理论与方法研究的基础上,对我国以及东部、中部、西部三大地区的收入分配公平(初次分配公平、再分配公平)状况进行统计测度与比较分析,有助于客观分析我国现阶段初次分配公平与再分配公平的状态;对收入分配公平满意度进行问卷调查,有助于考察我国现阶段居民对收入分配公平状况的心理认知、主观判断与评价;提出研究假设,基于宏观视角对收入分配公平度的决定因素进行计量检验,基于微观视角对收入分配公平满意度的决定因素进行实证研究,有助于发现我国现阶段收入分配公平与不公平产生的原因及居民对收入分配公平状况满意与不满意的原因,并提出具有一定针对性的政策建议;对我国收入分配公平状况进行监测预警分析,有助于把握初次分配公平与再分配公平的未来变动态势,以便为政府部门采取防范措施提供实证依据;从初次分配公平的制度机制设计、再分配公平的公共政策选择方面,提出促进收入分配公平、提高分配公平满意度的政策建议,以便为政府部门制定科学合理的调控措施提供政策参考。

第四节　研究方法与技术路线

一、研究方法

根据研究内容,本书将采取以下研究方法。

(一)实地调查和资料分析相结合

利用政策文件、现有公开发表的研究成果、文献资料、统计年鉴等公开资料获取客观数据,非公开发表的资料数据通过协作、咨询等方式获得。资料分析法主要是利用现有相关研究成果和统计数据,对我国收入分配公平状况进行客观评价与监测预警。由于分配公平满意度涉及较多主观评价指标,其数据无法从统计年鉴中获得,因此只能采用问卷调查法获得个体微观数据。实地调查法主要是选取我国 28 个省区市城乡居民(6000 个家庭样本)进行问卷调查与实地访谈,解决从统计年鉴中无法获得主观评价数据的问题,在此基础上对收入分配公平状况与满意程度进行主观判断与评价。

(二)规范研究和实证研究相结合

规范研究注重揭示收入分配公平的内涵,论述收入分配公平的层次,提出收入分配的基本原则,设计收入分配公平的评价指标,提出收入分配公平的测度方法,构建收入分配公平的预警机制。实证研究强调数据可靠、方法科学、结论可信。具体的实证研究方法如下。

1.基尼系数法、综合评价法、量表法。基尼系数法可因资料不同而异,不受样本容量的影响,避免了人为的福利判断标准,克服了其他方法的不足,成为度量收入分配不平等的常用指标,得到普遍采用。综合评价法是指运用各种统计综合指标来反映和研究经济现象总体的一般特征和数量关系的研究方法。该方法的优点在于指标权重的确定比较客观,受人为因素影响较小。本书利用基尼系数法计算出各指标的基尼系数,再利用综合评价法得到收入分配公平度(宏观综合评价指数);基于量表法和综合评价法得到收入分配公平满意度(微观综合评价指数)。

2.计量经济模型分析法。利用计量经济模型分析法,从宏观层面和微观层面实证分析收入分配公平的决定因素。宏观层面主要基于国家年度统计数据,构建多元计量经济模型,对收入分配公平度的决定因素进行实证研究;微观层面主要采用全国 28 个省区市城乡家庭住户的微观调查数据,构建多元 Ordered Logit 模型,对收入分配公平满意度的决定因素进行实证研究。

3.经济预警方法。主要包括:①时差相关分析法。时差相关分析法是通过计算变量与变量之间的相关系数来确定时间序列变量之间先行、一致、滞后关系的一种方法。本书运用时差相关分析法分析了各警源指标,选择反映警情指标变化的先行指标作为收入分配公平的警兆指标。②主成分分析法。主成分分析法的主要思路是通过降维把较多的变量简化为少数几个综合变量(主成分),其保留了原变量的大部分信息。本书运用主成分分析法确定各警兆指标的权重,根据权重计算初次分配公平综合预警指数和再分配公平综合预警指数,从而进行监测预警分析。③ARIMA 模型预测法。ARIMA 模型适用的范围比较广泛,对于经济系统的预测具有比较好的效果。本书使用该方法来预测各预警指标未来五年的变化态势。④$3\sigma$ 法。σ 即标准差,表示经济变量数据相对于期望值的波动或离散程度,标准差越小,波动或离散程度越低。本书利用 3σ 法对警限进行划分,同时应用单指标预警法与综合指数预警法对我国收入分配公平状况进行监测预警分析。

二、技术路线

第一,文献研究与数据收集。查阅与研读国内外相关文献资料,把握收入分配公平相关研究的前沿成果,将研究方案进一步细化,构建理论框架,设计问卷调查表,选择不同地区城乡居民进行问卷调查与实地访谈,收集本研究所需要的各种宏观数据和微观数据。

第二,理论研究与方法探讨。在理论上界定了收入分配公平的内涵,论述了收入分配公平的层次,提出了收入分配公平的基本原则;从初次分配公平、再分配公平方面构建了收入分配公平的评价指标体系;基于基尼系数法和综合评价法,得到了收入分配公平度(宏观评价指数),基于量表法和综合评价法得到了分配公平满意度(微观评价指数);从明确警情、寻找警源、分析警兆、划分警限、预报警度、排除警患等环节构建了收入分配公平的预警机制。

第三,实证研究与经验分析。对我国及东部、中部、西部三大地区的收入分配公平(初次分配公平、再分配公平)状况进行统计测度与比较分析;对我国收入分配公平满意度进行问卷调查;提出研究假设,从宏观视角对收入分配公平度的决定因素进行计量检验;构建 Ordered Logit 模型,从微观视角对收入分配公平满意度的决定因素进行实证研究;应用单指标预警法和综合指数预警法对我国及东部、中部、西部三大地区的收入分配公平(初次分配公平与再分配公平)进行监测预警分析,为政府部门制定科学合理的收入分配政策提供实证依据。

第四,研究结论与政策设计。总结全文,得出具有启发意义的研究结论,并对未来的研究方向进行展望;从初次分配公平的制度机制设计、再分配公平的公共政策选择方面,提出促进收入分配公平、提高分配公平满意度的政策建议,为政府部门制定科学合理的调控措施提供政策参考。具体技术路线如图 1-2 所示。

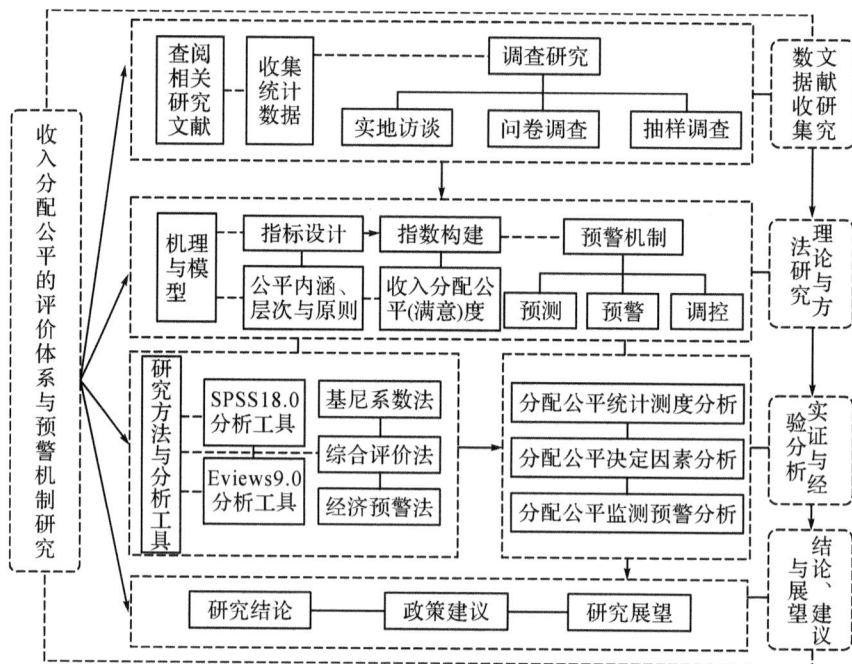

图 1-2　技术路线

第五节　可能的创新与贡献

在理论研究方面,本书与现有相关研究相比,主要创新之处有以下几点。

第一,界定了收入分配公平的内涵,论述了收入分配公平的层次,提出了实现收入分配公平的基本原则。理论界探讨的收入分配公平的内涵,往往局限于结果公平或仅涉及某一方面,很少包括起点公平(权利公平、机会公平)、过程公平(规则公平)、再分配公平(税负公平、社会保障公平、转移支付公平);很少涉及收入分配公平的层次与收入分配公平的基本原则。本书基于马克思主义的收入分配理论,将收入分配公平界定为在一定的时空范围内,在一定的社会成员之间公正、平等地分配被分配对象,保持社会成员之间收入差距适度、地区(城乡)之间基本公共产品(服务)均等化。收入分配公平主要包括初次分配公平和再分配公平。初次分配公平是指在初次分配领域,按劳分配与生产要素(劳动、资本、土地、技术、管理等)按贡献分配相结合,在一定的社会成员之间公正、平等地分配被分配对象,保持社会成员之间收入差距适度。初次分配公平包括起点公平、过程公平和结果公平 3 个层次。再分配公平是指在再分配领域,运用税收、社会保障、转移支付等政策工具,通过国民收入再分配,满足社会成员的基本生活需要,保持社会成员之间收入差距适度和地区(城乡)之间基本公共产品(服务)均等化。再分配公平包括税负公平、社会保障公平与转移支付公平 3 个层次。基于收入分配公平的主观衡量尺度,将分配公平满意度界定为社会成员对收入分配公平状况的心理认知、主观判断与评价。分配公平满意度包括初次分配公平满意度和再分配公平满意度。初次分配公平满意度主要包括起点公平满意度、过程公平满意度、结果公平满意度;再分配公平满意度主要包括税负公平满意度、社会保障公平满意度、转移支付公平满意度等。收入分配公平的基本原则主要包括自由与平等相统一的原则、效率与公平相协调的原则、先富与共富相统一的原则、按劳分配与按贡献分配相结合的原则等。本书论述的收入分配公平的内涵、层次与原则比较系统与全面,符合共享发展理念,具有一定的科学性与合理性。

第二,设计了收入分配公平的评价指标体系,提出了收入分配公平的测度方法。理论界对宏观层面收入分配公平的评价主要针对分配结果是否公平,通常采用基尼系数、泰尔指数等指标,这些指标用来衡量收入分配不平等(或分配结果不平等)有一定的合理性,但用来度量起点公平、过程公平及再分配公平显然不太合适。理论界还没有涉及起点公平(权利公平、机会公平)、过程公平(规则公平)的评价指标,也很少涉及再分配公平的评价指标。理论界对收入分配公平的基本判断,定性研究较多,很少涉及收入分配公平的测度方法。本书基于马克思主义的收入分配理论,从起点公平、过程公平与结果公平 3 个方面构建初次分配公平的评价指标体系,从税负公平、社会保障公平与转移支付公平 3 个方面构建再分配公平的评价指标体系,由此构成宏观层面的评价指标体系;从起点公平满意度、过程公平满意度与结果公平满意度 3 个方面构建初次分配公平满意度的评价指标体系,从税负公平满意度、社会保障公平满意度与转移支付公平满意度 3 个方面构建再分配公平的评价指标体系,由此构成微观层面的评价指标体系。基于基尼系数法和综合评价法探讨收入分配公平度的测度方法;基于量表法和综合评价法探讨分配公平满意度的测度方法。评价指标体系是根据收入分配公平的内涵与层次设计的,评价方法是依据分配不公平的度量方法与现代统计方法提出的,具有一定的科学性、系统性和可操作性。

第三,从明确警情、寻找警源、分析警兆、划分警限、预报警度等环节,构建了收入分配公平的预警机制。理论界对收入分配公平预警的研究主要针对分配结果不平等,多数采用单指标(如基尼系数)预警,没有涉及初次分配公平中的起点公平预警与过程公平预警,也没有涉及再分配公平(税负公平、社会保障公平、转移支付公平)预警。现有相关研究没有涉及收入分配公平预警指标体系,很少涉及收入分配公平的预警方法,从警源角度分析警情与警兆较少,采用综合指数预警较少。本研究从起点不平等预警指标、过程不平等预警指标、结果不平等预警指标、税负不平等预警指标、社会保障不平等预警指标、转移支付不平等预警指标等方面构建了收入分配公平预警指标体系，提出了收入分配公平定性预警方法和定量预警方法，设计了收入分配公平单指标预警和综合指数预警系统。对于单指标预警，选择收入分配公平度作为警情指标，利用警限划分方法确定警限，通过构建预测模型来判断未来警度的变化态势。对于综合指数预警，主要从明确警情、寻找警源、分析警兆、划分警限、预报警度、排除警患等环节提出收入分配公平的预警方法。预警机制是根据经济预警理论精心设计的，比较系统与规范，具有一定的科学性和可行性。

在实证研究方面，本书与现有相关研究相比，主要贡献有以下 2 点。

第一，基于宏观层面，对我国以及东部、中部、西部三大地区的收入分配公平状况进行统计测度与监测预警分析；提出研究假设，对收入分配公平度的决定因素进行计量检验，为政府部门制定科学合理的收入分配政策提供实证依据。理论界对我国收入分配不平等的度量及其决定因素的探讨，往往局限于分配结果不平等，很少涉及对我国起点公平与过程公平方面的初次分配公平的测度及其决定因素分析，没有涉及对我国再分配公平的测度及其决定因素分析；也没有对我国收入分配公平（初次分配公平、再分配公平）状况进行监测预警分析。本书基于宏观层面，对我国以及三大地区的收入分配公平（初次分配公平、再分配公平）状况进行统计测度与比较分析；从单指标预警和综合指数预警两大方面，对我国以及三大地区的收入分配公平（初次分配公平、再分配公平）状况进行单指标监测预警和综合指数监测预警分析；从起点不平等、过程不平等与结果不平等，税负不平等、社会保障不平等与转移支付不平等，经济增长、对外开放、政策偏向、地区差异与城乡差异及它们之间的交互作用，对收入分配公平度（初次分配公平度和再分配公平度）的决定因素进行多元计量模型分析，得出了具有启发意义的研究结论，为政府部门制定科学合理的收入分配政策提供实证依据。

第二，基于微观层面，对我国收入分配公平满意度进行问卷调查分析；提出研究假设，对收入分配公平满意度的决定因素进行多元选择模型分析，得出了具有启发意义的研究结论。从微观视角对我国现阶段初次分配公平满意度和再分配公平满意度进行问卷调查分析，这在相关经验研究中是没有涉及的。在探讨初次分配公平满意度的决定因素时，增加了起点公平、过程公平与户籍、性别、地区的交互作用对初次分配公平满意度的影响；增加了收入与付出相比满意度、物价上涨的可承受程度、同工不同酬的认可程度等评价指标，分析了结果公平及其与户籍、性别、收入等级的交互作用对初次分配公平满意度的影响。在探讨再分配公平满意度的决定因素时，不仅考虑税负公平认知对再分配公平满意度的影响，而且增加了各种税费负担满意度、个人税负满意度、投资税负满意度及其交互作用对再分配公平满意度的影响;不仅考虑社会保障公平认知对再分配公平满意度的影响,而且增加了最低生活保障线下人均转移支付满意度、个人转移支付满意度、企业转移支付满意度及其交互作用对再分配公平满意度的影响。在探讨资本异质性对收入分配公平满意度的影响时,增加了受教育年限、工作经验、技能培训、健康状况等人力资本的交互作用,增加了物质资本与收入等级的交互作用,增加了职务等级与政治资本、户籍的交互作用,实证分析了人力资本、物质资本、政治资本、社会资本及其交互作用对收入分配公平满意度的影响。在探讨社会流动对收入分配公平满意度的影响时,增加了户籍、户籍流动与受教育年限的交互作用,增加了收入流动、教育流动与户籍、收入等级的交互作用,增加了职业(职务)和职业(职务)向上流动与户籍、性别的交互作用,实证研究了户籍流动、收入流动、教育流动、职业(职务)流动及其交互作用对收入分配公平满意度的影响,得出了具有启发意义的研究结论。这些在现有相关研究中是没有涉及的,是对现有研究的补充与完善。

国民收入分配是否公平是直接关系国计民生的大事，是任何社会都要面对的核心问题，它关系到社会的和谐稳定与人们的幸福。自古以来，中外学者对分配公平(正义)问题进行了深入的思考，并根据当时社会发展的实际情况与未来走向提出了各种相关的理论，为人们留下了许多宝贵的理论财富。

第一节　收入分配的基本问题

经济学领域的收入分配有广义和狭义之分。狭义的分配是指经济活动中收入和物质财富在经济主体之间的分配。经济主体主要包括政府、企业和居民，政府分配来源于税收，企业分配来源于企业未分配利润，居民分配来源于居民提供的劳动或者资本等要素获得的报酬。马克思和恩格斯把这种意义上的分配视为"生产"决定分配的一个重要环节："分配的结构完全决定于生产的结构。分配本身是生产的产物，不仅就对象说是如此，而且就形式说也是如此。就对象说，能分配的只是生产的成果，就形式说，参与生产的一定方式决定分配的特殊形式，决定参与分配的形式。"[①]广义的分配是指所有社会发展成果(或社会资源)在社会主体之间的分配。罗尔斯、桑德尔、德沃金等许多当代西方哲学家倾向于广义的分配。例如，桑德尔认为："看一个社会是否公正，就要看它如何分配我们看重的物品——收入与财富、义务与权利、权利与机会、公共职务与荣誉等等。一个公正的社会以正当的方式分配这些物品，它给予每个人应得的东西。"[②]因此，广义的分配涵盖人类物质财富和精神财富。它包括政治、经济、文化、社会诸领域中权利、

---

① 马克思,恩格斯,2009.马克思恩格斯文集(第 8 卷)[M].中央编译局,译.北京:人民出版社:19.
② 迈克尔·桑德尔,2011.公正:该如何做是好? [M].朱慧玲,译.北京:中信出版社:20.

收入、财富、资源、机会、职位、职责等方面的分配。本书所讨论的分配主要指狭义的分配,即经济活动中的收入和财富分配。当然,经济活动中的分配与政治、经济、文化、社会活动中的分配密不可分,因为在我们生活的共同体中,收入分配与政治、经济、文化、社会活动之间有着千丝万缕的联系。

一、收入分配的对象

关于分配什么的问题,不同的思想家有不同的认识。恩德勒认为,被分配的对象主要是收益(收入、财产、福利、生活质量等),或负担(债务、负载、牺牲等)。[①]在当代中国,分配的对象是收入、物质财富还是社会价值、精神财富,理论界在认识上并没有完全统一。一般认为,在市场经济条件下,被分配的对象主要是社会成员创造的收入和物质财富(具体表现为各种实物性财产和金融资产)。物质财富是人类通过经济活动创造的各种物质性社会资源的总称。

收入和财富,两者既有区别又有联系。收入指的是一个人或一个家庭在一定时期(通常为一年)内的全部进账和现金收入。收入包括劳动收入(如工资、福利等)和非劳动收入(如租金、利息等)。而“财富是人们在某一时点所拥有资产的货币净值”[②],即一定时点上占有的货币和有形资产的净存量。财富是存量,收入是流量。财富比收入的外延要宽,财富包括获取的收入。收入和财富可以相互转化:当收入变成存量时,就成为财富;财富用于投资可以取得更多的收入。收入分配主要指收入和物质财富的分配。当物质财富归国家、集体或个人所有时又称为财产。因此,收入和物质财富的分配也是收入与财产的分配。在自由、平等、民主等政治性社会资源得到公正分配的前提下,一个分配公平的社会应该进一步确保经济性社会资源即物质财富在社会成员中得到公平分配。

物质财富对于人类来说仅仅具有工具价值,而且是人类社会生活的物质基础。物质财富分配的过程实际上是一个社会对物质财富进行人际调配和再调配的过程。能否实现物质财富的公平分配是一个社会能否实现分配公平的重要表现。物质财富的分配是一个复杂问题,其复杂性至少体现在以下几个方面。

第一,物质财富分配不仅与人类经济活动中的分配环节有关,而且涉及人类经济活动的生产、交换和消费环节。物质财富分配的理想状态是公平,即达到分配公平的状态,但这种状态并不仅仅依靠“分配”来实现。由于物质财富必须通过一定的生产环节来创造,生产者或劳动者的劳动付出必须成为衡量物质财富分配

---

① 乔治·恩德勒,卡尔·霍曼,马丁·昂纳克,等,2001.经济伦理学大辞典[M].李兆雄,陈泽环,译.上海:上海人民出版社:561.

② 保罗·萨缪尔森,威谦·诺德豪斯,1999.微观经济学[M].16版.萧琛,译.北京:华夏出版社:171-173.

是否公平的最重要标准。确保物质财富达到公平分配的最重要原则是"按劳分配"。这一原则充分肯定了物质财富分配与生产环节之间的直接关系,把物质财富的公平分配建立在充分尊重生产者或劳动者劳动付出量的基础上。这体现了一种"多劳多得,少劳少得"的分配正义观。不过,由于按劳分配原则是以承认社会成员具有劳动能力差异、劳动方式差异、劳动量差异等事实为前提的,它不可避免地导致物质财富分配的人际差异性。按照按劳分配原则来分配物质财富,分配的结果必然是有些人多得,有些人少得,有些人甚至一无所获。最严重的情况是,按劳分配原则在劳动者中间造成了贫富悬殊的问题。一旦出现这种情况,物质财富分配就会出现新的不公平现象。这是指,按劳分配原则在体现分配公平的同时也可能造成另外一种不公平——物质财富分配的实际不平等。这样一来,如何进一步解决按劳分配造成的实际不平等问题又被提了出来,物质财富分配问题也因此而变得复杂起来。

第二,一旦物质财富分配因为按劳分配出现了新的不公平或不平等,社会就必须通过诉诸税收制度、财政支出制度、福利制度等多种方式来对物质财富进行再分配,物质财富分配问题就会变成一个庞大的社会系统工程。事实上,诉诸积极有效的税收制度、财政支出制度、福利制度等也不一定能够完全解决按劳分配导致的收入差距问题。因此,为了使物质财富分配进一步缩小人际差距,还必须对物质财富进行进一步分配。在一个分配公平的社会里,物质财富往往需要通过多次分配才能达到相对公平的程度。

第三,既然物质财富需要经过多次分配才能达到相对公平的程度,这就使得物质财富分配的协调过程变得异常复杂。这不仅涉及政府如何对分配制度进行合理设计和安排的问题,而且涉及个人如何用道德的眼光看待物质财富多次分配的问题。以个人所得税制度为例,一个社会之所以要实行个人所得税制度,一方面是为了促使个人用其在社会合作基础之上得到的部分物质财富来回报社会,另一方面是为了对按劳分配原则在物质财富分配方面所造成的收入差距进行有效的协调。个人所得税制度的实行能够在一定程度上缩小收入差距,但它的推行需要社会成员从道德上予以理解和支持。在现实生活中,由于无法从道德上理解和支持个人所得税制度,个人偷税漏税的现象并不少见。一个社会能否用合理公平的个人所得税制度协调收入差距,是一个制度伦理问题;个人能否用合理的道德态度对待个人所得税,是个人道德修养问题。如何使社会制度和个人道德修养都能够在促进物质财富达到公平分配方面发挥积极作用,则是一个非常重要也非常复杂的问题。

如何实现物质财富的公平分配是一个复杂问题,它的解决对分配公平社会的建构具有特别重要的伦理意义。物质财富分配涉及每一个社会成员的经济利益。

虽然经济利益并不是人类社会生活的全部内容,但是它在人类社会生活中的基础性地位和作用是不容置疑的。要成为名副其实的社会成员,人类不仅需要自由、平等、民主等政治性社会资源,而且需要由物质财富构成的经济性社会资源。如果一个社会不自由、不平等、不民主,则人与人之间很容易产生政治矛盾;如果一个社会的物质财富不能在社会成员中间得到公平分配,则人与人之间很容易产生经济矛盾。政治矛盾和经济矛盾往往导致一个社会动荡不安。正因为如此,分配公平社会的建构不能不重视如何实现物质财富公平分配的问题。

实现物质财富公平分配的关键是要把收入差距控制在一个合理的范围内。一个分配公平的社会绝对不是一个任凭收入差距越拉越大的社会。如果一个社会存在收入差距不断拉大的问题,说明该社会并没有很好地解决物质财富分配问题。它说明要么该社会协调物质财富分配的社会制度不到位或不得力,要么该社会的国民缺乏促进物质财富公平分配的道德修养,要么该社会支配物质财富分配的社会制度和个人道德修养都不到位。实现物质财富的公平分配是一个社会成为分配公平社会的重要标志,它应该受到应有的重视(向玉乔,2014)。[①] 本书中的收入分配对象如不特别说明,则是指收入与物质财富(或财产)。

二、收入分配的主体

收入分配的主体即由谁来分配。在市场经济体制下,分配的主体主要包括市场、国家、企业和居民个人。市场作为收入分配的主体,不是实体性的,而是功能性的。

在市场经济条件下,所有参与市场经济活动的行为主体和收入分配的行为主体都是收入分配的主体。一般来说,市场可以合理地配置资源、调动人们的主动性和积极性、激发人们的创造活力,从而提高生产效率,促进社会财富总量的增加。但是,市场天生不具备缩小收入差距的功能,而且,市场的逐利特性和竞争机制还决定着它会自发地产生分配上的不平等,产生贫者愈贫富者愈富的经济现象。这就需要充分发挥国家在收入分配中的调节作用。国家作为国有资产所有者和宏观调控者,通过财政收入与财政支出的形式参与国民收入的分配,理所当然是分配主体。企业以法人财产所有者和生产经营者的身份,在市场经济活动中参与国民收入的分配,这是收入分配中绝对不能缺少的分配主体。居民个人以要素所有者的身份,以市场交易的行为主体参与国民收入分配,因此收入分配主体更不能缺少居民个人。

国家作为收入分配的主体,代表全体社会成员的利益,以国有资产所有者和

---

① 向玉乔,2014.分配正义[M].北京:中国社会科学出版社:1-20.

宏观调控者的身份,通过财政收入与财政支出参与国民收入分配与再分配。政府的责任在于:一方面,规范市场行为,维护市场秩序;另一方面,维护社会和谐、稳定、公平,保障全体社会成员的利益,尤其是弱势群体的基本权利。社会主义以共同富裕为价值追求,因此,社会主义国家的政府更应该关注和缩小由市场配置资源形成的收入差距的扩大和分配的不公平程度,防止强势群体侵犯弱势群体的正当权益,为保障丧失劳动能力的、失去工作机会的社会成员的基本生活权利,增进弱势群体的利益和促进全社会福利水平的提升,建立全方位的、多层次的社会保障体系。企业作为收入分配的主体,一般是指以营利为目的,运用各种生产要素(土地、劳动、资本、技术和企业家才能等),向市场提供商品或服务,实行自主经营、自负盈亏、独立核算的法人。在国民收入初次分配中,企业主要以利润形式参与分配。利润是企业在一定会计期间的经营成果,它集中反映了企业生产经营活动的经济效益,是衡量企业生产经营管理水平的综合性指标。居民个人是收入分配的重要主体,本书中的居民个人指所有的社会成员,其中包括个体劳动者。居民个人是社会之本,在国民收入分配中占有重要地位。居民个人作为劳动者主要是获得劳动报酬,以工资形式参与国民收入初次分配。对于一部分丧失劳动能力或出于某种原因失去工作机会的个人,则需要国家通过收入再分配形式提供帮助与救济,给予其用以维持基本生活需要的个人收入。

三、收入分配的方式

分配作为社会经济活动的一个重要方式,也是随着社会生产的不断发展而发展的。总体来看,人类社会在不同历史发展阶段,分配方式各不相同。在原始社会,由于生产力极不发达,社会分工主要体现在部落外部事务和部落内部事务两个方面,原始社会条件下的分配活动相对简单,其分配对象主要表现为满足部落或氏族内部成员之间的基本生存需求的食物,其分配方式主要是平均主义的分配方式。在原始社会之后的漫长时期(包括奴隶社会和封建社会),社会主要分配方式均是按等级分配,依据身份、等级、权力进行分配。比如,奴隶主凭借对奴隶人身权的占有或封建地主凭借对土地的占有,向奴隶或佃农掠取剩余劳动。在资本主义社会,生产方式的基础是生产资料由资本家私人占有,劳动者与生产资料相分离,资本家占有生产资料,在生产中具有绝对优势,劳动者除了自己的劳动力之外没有生产资料,在生产中处于绝对劣势,因而资本主义社会的分配方式是按资本分配。[①] 马克思把资本主义生产方式中工人的自身劳动与其劳动成果脱节的不合理性归结为资本主义占有关系的私有性,从而提出了变革社会制度,建立社

---

① 杜帮云,2013.分配公平论[M].北京:人民出版社:10-15.

会主义公有制,实行按劳分配的制度。马克思认为,共产主义社会初级阶段的物质财富并不是极大丰富,劳动还没有成为人们生活的第一需要,因而消费资料的分配只能以劳动为尺度,等量劳动领取等量报酬,多劳多得,少劳少得,不劳不得,即实行按劳分配。到了共产主义高级阶段,物质财富极大丰富,劳动成为人们生活的第一需要,则消费资料的分配实行各尽所能、按需分配。在社会主义市场经济条件下,中国既不能实行单一的按劳分配,更不能实行单一的按资分配,也没有条件实行按需分配,而应该实行按劳分配与按贡献分配相结合,在此基础上进行必要的社会调剂与托底,不断满足人们的基本生存需要和发展需要。

四、收入分配的层次

社会主义国民收入的分配有哪些层次(或阶段)?对此,学术界意见不一。国民收入的分配有二分法、三分法、四分法等层次划分方法。[①②] 一般认为,市场经济条件下的收入分配层次(收入分配的过程或阶段)包括初次分配和再次分配两个层次。但也有不少学者提出国民收入的"三次分配",即在初次分配和再次分配的基础上增加了"第三次分配"。[③④⑤] 笔者认为,以慈善事业、人道支援、社会捐赠等为主要形式的第三次分配并不能完全代表国民收入第三次分配的意义,其本质上是一种转移支付。因此,本书将收入分配层次分为初次分配与再分配两个层次,而将帮助社会弱势群体改善生存和生活状况的所有企业、组织和个人通过慈善事业、社会互助和社会捐赠等所谓的"第三次分配"纳入转移支付的范畴。

收入分配在很大程度上取决于初次分配。在我国,初次分配一般是在市场自我调整机制的作用下,实现生产要素使用者与消费者的转换。所谓生产要素,是指对国民收入形成发挥实际作用的各种经济资源,主要包括劳动、资本、土地、技术和管理才能等。经济活动中所要耗费的生产要素并不是无偿使用的,人们要想获得生产要素的使用权,就必须向生产要素所有者支付报酬,这些报酬则构成生产要素所有者的收入。国民收入初次分配对于整体收入分配情况的重大影响,迫使政府不得不以整体掌控者的身份出现并加以宏观调控,而市场机制在初次分配中的关键地位,奠定了政府在初次分配中所要扮演的角色,即间接调控。

初次分配是指在生产过程中所创造的增加值在参与生产过程各要素之间进行的分配和因生产而向政府做出的支付,主要反映出各种生产要素所有者之间的基本利益关系。初次分配的实质是国民收入在投入生产的各要素之间进行的分

---

① 潘石,1986.社会主义国民收入分配层次的划分[J].经济纵横(9):26-29.

② 白伊宏,1984.国民收入分配的渠道和层次[J].财政研究(3):45-54.

③ 田应奎,2010.国民收入分配制度的创新建议[J].中共云南省委党校学报(5):100-106.

④ 张积良,海敬,2010.对我国国民收入三次分配问题的思考[J].甘肃社会科学(2):129-131.

⑤ 吴练达,2012.从三次分配看中国分配问题的严重性[J].河北经贸大学学报(2):33-39.

配。这个环节反映了各收入分配主体对国民收入贡献程度的大小,对主体分配格局和规模分配格局的形成起到了决定性作用。

初次分配不仅仅是国家、企业、居民个人之间的分配关系,还存在着不同企业之间、企业内部的资本所有者之间、管理者与劳动者之间及劳动者自身之间的利益分配关系。经过初次分配,国民收入主要分成了三部分,即政府收入、企业收入和居民个人收入。这三部分的利益与国民收入密切相关,三部分收入比例的均衡和协调在一定程度上决定着收入分配的公平状况。

在市场经济条件下,初次分配由市场机制形成,生产要素的市场供求状况决定其价格。但在现实的市场经济活动中,由于市场价值规律的自我调节机制效果有限,并不能实现初次分配的公平,也必然带来地区之间、城乡之间、行业之间的收入分配不平等。如劳动者之间存在的文化、技能和能力等方面的差异,造成了劳动收入的差距,而社会上还存在一些由于年龄问题无法劳动及因病丧失劳动能力的人,他们没有办法获取初次分配的收入。市场由于自身机制的限制,当面对这样一系列问题时,无法进行自我调整,要改善现状,便需要政府运用经济、行政和法律手段,调整市场失灵所带来的不良后果,缩小收入分配差距,维护社会稳定与和谐。

再分配是指国民收入在初次分配的基础上,各收入主体之间通过各种渠道实现现金或者实物转移的一种收入再次分配的过程,即把国民收入中的一部分拿出来通过税收、社会保障和转移支付等方式进行重新分配,构成了初次分配之后的二次收入分配。再分配有如下特点:首先,再分配是在初次分配的基础上进行的再分配,目标是实现收入分配公平。与初次分配相比,再分配主要着重于发挥政府的主体作用,在初次分配的基础上进行调节和再分配,以调节各市场经济主体之间的收入差距,保持社会稳定,维护社会公正。其次,在再分配过程中,政府不再扮演间接调控的角色,而是直接参与国民收入分配。在初次分配政策中,政府的作用在于维护市场的健康、正常运行,为维护社会经济正常发展提供制度和法律保障,间接调控初次分配的过程。在再分配中,政府取代市场作为第二次收入分配的主体,依靠其特殊的权力性、强制性介入国民收入分配当中,与市场调节相比,再分配调节的力度更强、更有成效。

对于一个国家来说,在不同的经济发展阶段会采取截然不同的再分配政策。如果处于物资紧缺的基础建设时期,再分配可以由政府强制投入物质生产部门的扩大再生产之中;如果处于已有一定经济基础的时期,大多数国家的再分配是通过税收、社会保障和转移支付来对要素收入进行再次调节,调节的重点对象往往是那些不能完全由市场形成的交易关系所产生的收益分配。讨论收入分配公平问题,也需要从整体上进行系统考虑。

五、收入分配政策

长期以来,西方经济学者认为,市场机制在资源配置中是最有效率的,市场机制本身能够自动调节生产与分配,反对政府出台收入分配政策干预分配,认为经济增长了,贫富差距会自发缩小,分配公平问题会自然得到解决,而现实情况并非如此。市场经济的竞争机制确实可以提高生产效率,促进经济增长。但是,生产效率的提高,经济的增长无法自然而然地解决收入不平等和底层社会成员的贫困问题。社会总产品增加了,可能绝大部分产品被少数人占有,而大多数人的生活仍然处于贫穷状态。由于存在资源分配不均、地理条件不同、个人能力不等等诸多客观因素,按照市场经济的自然逻辑,任其自由发展,地区之间、城乡之间、社会成员之间的收入差距会不断扩大,不能指望市场自身来缩小这种收入不平等。不平等和贫困问题的解决必须依靠市场之外的强力,这种强力来自政府。政府制定的收入分配政策对维护和实现收入分配公平具有重要意义。

收入分配政策是政府为实现既定的宏观调控目标和任务,针对不同经济主体或群体的收入水平、收入不平等程度在收入分配方面制定的政策与措施的总和。在市场经济条件下,市场在资源配置方面发挥决定性作用,在促进经济效率的同时,也会出现市场失灵,导致收入差距过大的现象,出现垄断、信息不对称等情况,从而影响市场经济的正常发展,影响社会和谐与稳定。这就需要政府从中干预,通过一系列政策手段降低市场失灵所带来的消极影响,将收入差距控制在一个合理的范围内,完善市场信息的获取渠道,对垄断行为进行规制,维护公平的市场运营环境。

初次分配是国民收入在各个经济主体之间的第一次分配,起到了维护市场的良性正常发展,确保市场主体地位,维护各级主体公平竞争的作用。初次分配政策倾向于政府的间接调控。在以市场经济为主导的情况下,政府必须承认并支持市场机制在初次分配领域中的主体作用,同时注重调整和减轻由市场失灵导致的不良后果。因此,间接调控是初次分配政策的重点,而不是直接干预。初次分配政策的制定与实施,在保证市场经济效益的前提下,维持市场公平竞争秩序,将收入差距控制在一定的限度内,维护社会和谐与稳定,保证正常的经济运行效率,促进经济平稳发展。具体包括以下几个方面。

首先,建立健全法律法规制度,约束市场主体行为,完善资源配置方式,为市场经济的正常公平运行保驾护航。现行的主要分配机制都是通过市场的自我调节机制实现的,要素所有者在市场经济中通过提供一定的生产要素来换取对应的收入和利润。市场经济体制能够提高经济效益,提高劳动者的生产积极性。市场经济的独特运行机制能够将社会资源进行合理的分配和充分的利用,但受限于市场失灵等因素,不能使资源的配置达到最佳的效果。初次分配政策的制定,能够有效地缓解和规避市场缺陷引发的一系列负面问题和影响,维护市场公平竞争,营造积极的市场发展态势和良好的营商环境,促进资源的有效配置。

其次,提高劳动者在初次分配中的劳动报酬所占比例。中国作为世界上人口最多的国家,能够充分享受人口红利带来的优势,但劳动力供给过盛,使劳动报酬处于一个相对较低的水平,这种不健康现象,不仅影响劳动者工作的积极性,还对扩大内需和经济增长造成消极的影响,这是社会稳定和谐发展中的一大隐患。与高收入人群相比,低收入人群在能力、知识、技术等方面都存在较大差异,其收入渠道仅仅限于劳动收入,而对于高收入人群而言,除了劳动收入之外,可以通过多种渠道获取非劳动收入,这导致收入不平等程度扩大,影响社会稳定。因此,政府在制定初次分配政策的过程中,会向低收入的劳动者倾斜,加大对低收入劳动者的知识技能培训,提高低收入劳动者在初次分配中的劳动报酬,形成合理的劳动报酬增长机制。

再次,设置最低生活保障,改善劳动报酬集体协商机制。随着社会的发展、生活水平的提高,居民收入也处在合理增长的状态下,但地区之间、城乡之间存在较大差异,致使居民收入不平等程度在逐步扩大,除了通过再分配政策缩小收入差距之外,还可以合理设计最低工资标准,保护在初次分配中处于弱势地位的低收入人群。同时,建立完善的工会组织制度,建立有效的劳工报酬谈判与协商机制,维护劳动者的基本权益。

最后,提高市场参与者自身的技能和文化水平,增强其自身的软实力。在公平、平等的市场经济秩序下,劳动者个体之间存在知识、能力和技术熟练度上的差异,就会导致一定的收入差距。因此,初次分配政策制度应倾向于劳动者自身的发展,加大对劳动者的文化知识的教育,增加对劳动者的劳动技能的培训,为劳动者提供公平、平等的竞争环境。

初次分配政策作为政府在维护市场秩序、弥补市场缺陷问题上的维稳器,其主要作用就是尊重并维护市场主体地位,充分发挥市场本身的价值调节作用,通过一系列的法律规章制度,维护市场经济的健康发展态势,在促进资源有效配置的同时,积极维护市场经济秩序,维护社会的稳定与和谐。

再分配政策是在初次分配政策的基础上制定的,政府是再分配过程中的主体。缩小社会成员间的收入分配差距,促进收入分配公平,保障低收入阶层和弱势群体的基本生活条件,维护社会和谐与稳定,是实行再分配政策的首要目标。再分配政策的实现手段和机制,概括起来大致分为以下几种:

首先是税收制度。税收制度是政府调节收入分配差距的重要政策和手段。筹集财政收入、调控经济运行、调节收入分配是税收的基本功能。市场经济参与者由于其自身知识、能力、技术熟练程度等的差异,在初次分配过程中的收入不平等程度扩大。政府通过税收的调节功能,通过对高收入人群征税,对低收入或者无收入人群少收税或者不征税,从而在一定程度上调整各收入主体之间的收入差距,实现市场机制难以达到的收入分配公平的目标。

其次是转移支付制度。转移支付是收入再分配的重要手段之一,主要指政府之间的转移支付和政府对居民个人的转移支付(狭义的转移支付)。政府转移支付的资金来自国民收入初次分配中政府的各项财政收入,其资金流向一般限于低收入地区和低收入居民,直接提高低收入地区和低收入居民的收入水平,提高低收入地区的基本公共服务水平,缩小其与高收入地区或高收入居民之间的收入差距和基本公共服务差距,促进社会和谐发展。通过转移支付,减少贫困,保障低收入群体利益,改变业已形成的初次分配格局,尽可能改善市场机制不可避免的收入分配不平等问题,提升民生福祉,促进地区间基本公共服务均等化,体现了对公平正义价值的追求。

最后是社会保障制度。社会保障是政府依据法律法规对公民给予特定的现金或实物补助,以保障国民基本生活,维持劳动力再生产,维护社会稳定,并逐步提高国民福利水平的公共措施及制度安排。社会保障主要包括面向劳动者的社会保险,面向社会低收入者或贫困人口的社会救助,面向全体社会成员的社会福利。社会保障是经济发展的"稳定器",有助于改善贫困群体的生活处境,缓和贫富差距带来的社会矛盾。同时,随着社会经济的发展,综合国力的不断提升,政府将提高社会保障水平,提升人民生活质量,满足人民的物质文化需求,维护社会的和谐与稳定。为了保障收入分配的公平性,维护社会稳定,政府可以通过行使公共权力,制定切实可行的政策,如反贫困计划、就业援助、最低工资立法等政策措施,这些都会对收入分配的公平性产生积极影响。保障国民基本生活、缩小收入差距、提高社会福利水平、实现社会公平是社会保障和收入再分配的共同目标。

与初次分配相比,再分配政策作为国家调节收入分配、维护社会和谐与稳定的重要手段,在制定时要综合考虑效率与公平的关系,注重运用各种政策工具体现分配公平的同时,避免因过度公平而挫伤劳动者的积极性,给经济增长带来不良影响。

第二节　收入分配公平的内涵

公平是人类社会在发展过程中始终绕不开的重要现实问题,也是历代学者所面临并高度关注的永恒的理论问题。从古希腊起至今两千多年的时间里,人们对这一问题的讨论几乎从未停止过。但究竟什么是公平？不同的领域有不同的阐释，从道德领域扩展到哲学、政治学、社会学乃至经济学、法学、心理学等领域。同样，对于收入分配公平的基本内涵，在理论界也没有一个准确的定义得到学者普遍认可。

一、公平、平等、正义与公正

公平、平等、正义与公正之间存在着相互交叉、重叠的关系。因为相互交叉，所以公平与平等、正义、公正有一定的区别，在一些场合不宜相互替代；因为部分重叠，公平又可以通过与平等、正义、公正的维系得到阐释和说明。

(一)平等的含义

在现代汉语中，"平等"一词的含义：①指人们在社会、政治、经济和法律等方面享有相等待遇；②泛指地位相等。① 在西方语境中，"平等"(equality)一词，有两种基本用法：一是指本质上的平等，即"人或事物处于相同的标准或水平并被同样地对待"②；二是指分配上的平等，即人与人之间应在财产分配、社会机会和政治权力的分配上较为平等③。平等的一般意义，指的是一种无差别的结果或状态。平等有多种形式，如经济上的平等、政治上的平等、社会上的平等。政治上的平等是指政治权利(权力)在人与人之间能够得到平等分配。经济上的平等是指经济利益、物质财富能够在人与人之间得到平等分配。社会上的平等是指人与人之间在社会地位上是平等的，其要义在于机会平等、种族平等、性别平等。

由此可以看出，平等是指社会成员处于相同的社会地位、享有相同的权利、承担相同的责任和义务。其含义在古今中外几乎都是相同的，但平等的具体内容在不同条件下存在一定差异，不同的群体、不同的民族、不同的国家、不同的时代，各有自己不同的平等观。

就人类社会的发展历史看，平等的内容在增加，平等的对象在扩大，平等的程度也在不断提高。氏族社会的平等要求食物均等分配；起义奴隶的平等要求等贵贱，封建社会佃农的平等要求分田地、均贫富；资本主义社会的平等要求"人生而平等""法律面前人人平等"。其实，历史上从未实现过完全、绝对的平等。从政治平等、经济平等，再到社会平等，平等的层次依次递进。现代的平等应当是人们拥有"社会必需品"(如人格尊严、基本人权、最低社会福利和必需资源)的平等。这

---

① 《汉语大词典》编辑委员会,2003.汉语大词典[M].北京:商务印书馆:843.
② 戴维·M.沃克,2003.牛津法律大辞典[M].李双元,等,译.北京:法律出版社:383.
③ 戴维·米勒,韦农·波格丹诺,1992.布莱克维尔政治学百科全书[M].邓正来,译.北京:中国政法大学出版社:230.

是一种综合的平等,既包括政治平等、经济平等,也包括社会平等。[①]

(二)公平的含义

在经济社会的现实状况下,由于人们的家庭禀赋不同、所依存的经济条件不同、所处的自然条件与环境不同,人们之间可能存在较大差异,不平等(特别是收入与财富不平等)是社会的常态。如何缩小不平等程度,避免新的不平等?这个问题涉及另一个基本概念,即"公平"或"公正"。

在古汉语中,狭义的"公平"与"公正",其意义相近。"公"指公共、共同、无私(如公共利益);"平"指平等、不偏颇、不倾斜、没有高低之分;"正"指正直、正当、纯正,亦指不偏不斜。《古今汉语词典》对"公平"一词的解释是"公正合理,不偏一方"[②]。《汉语大词典》的解释是"处理事情合情合理,不偏袒哪一方面"[③],不歧视任何一方。英文中的"fairness"(公平)指一种平等的条件和状态、不偏不倚的公正态度或品质。与"fairness"意义相近的"impartiality",则主要指不偏不倚或不存在偏见。如果平等是一个状态和结果的概念,那么公平不仅仅是结果的概念,更是一个程序和过程的概念。

社会经济现象公平与否是一种价值评价。到底"什么是公平? 对这个基本概念可以有多种解释,但其核心要义必然是避免评价中可能产生的偏见,兼顾他人的利益与关注点,尤其要避免受到自身既得利益、偏好、习惯或偏见的干扰。这可以广义地理解为需要具有中立性"[④]。公平是对任何人、任何事情不偏不倚,都要运用同样的标准、程序和规则。

(三)正义的含义

在现代汉语中,"正义"有两重含义:一是"公正的、有利于人民的道理",二是"正当的或正确的意义"。[⑤] 正义的英文是"justice"(又译为"公正""公道"等),其基本意义就是"做应当做的事情","得到应当得到的事物"。对于正义的含义,学术界有不同的看法。经济学界认为,正义是机会平等、分配有度;法学界认为,正义是人权有保障、违法受追究;伦理学界认为,正义是关怀弱者、抚平矛盾。

人们通常将正义理解为一种美德,一种制度性标准,前者将正义理解为个人在日常生活中的正当行为,后者将正义作为对社会的政治、经济和社会机构进行

---

① 俞可平,2017.重新思考平等、公平和正义[J].学术月刊,49(4):5-14.
② 商务印书馆辞书研究中心,2004.古今汉语词典[M].北京:商务印书馆:473.
③ 《汉语大词典》编辑委员会,2003.汉语大词典[M].北京:商务印书馆:352.
④ 阿马蒂亚·森,2012.正义的理念[M].王磊,李航,译.北京:中国人民大学出版社:49.
⑤ 中国社会科学院语言研究所词典编辑室,1996.现代汉语词典(修订本)[M].北京:商务印书馆:1607.

基本评价的标准。[①] 亚里士多德所说的"人间至善",儒家的"舍生取义",墨家的"天下莫贵于义"就属于第一层面的含义。正义具有庄严性、神圣性和崇高性。

社会主义市场经济条件下"得其所得""做其所做"的标准主要是劳动,分配正义要求劳动者的贡献与报酬相称。由于地区之间、城乡之间、行业之间及劳动者个体之间均存在各种各样的差异,分配正义自然也就允许收入差距存在,但这种差距应该控制在合理的、适度的范围内。

从内涵上讲,正义比公平更宽泛,正义包含公平。正义代表一切美好的东西,公平代表无偏私、平等。除了公平之外,正义还包括美德、平等、自由与权利等。公平不涉及道德评价,正义则必然涉及。正义的适用范围比公平大得多。

(四)公正的含义

一般情况下,人们将公平与正义结合起来,通称为"公平正义",即"公正"。公正既包含了公平也包含了正义。公正有广义和狭义之分。广义的公正即公平正义,其英文为"justice";狭义的"公正"类似于"公平",指的是没有偏见、公平正直,对应于英文的"fairness"和"impartiality"。因此,为了公正地分配社会资源和公共权利,既要遵循公平原则,又要遵循正义原则。

公正与公平存在差异,公正是公平的,不公正是不公平的,然而公平的不一定就是公正的。例如,按劳分配原则,这项制度设计对于占社会成员绝大多数的有劳动能力的人来说是公平的,但按劳分配对于丧失劳动能力的老、弱、病、残等弱势群体来说是有失公正的。

公平、正义、公正均是人类社会共同的道德信条、价值观念和行为准则,它们相互联系,有时互相替代使用,但它们在语义方面存在细微的差别,反映着各自不同层面的内涵与属性。本书如不做特别说明,一般将公平、公正、正义互通使用。

二、收入分配公平的基本内涵

从中华人民共和国成立一直到改革开放之前,我国计划经济体制下的收入分配制度是平均主义的分配方式。分配结果既牺牲了效率,又牺牲了公平,严重制约了生产力的发展,导致了社会的普遍贫穷。改革开放以后,我国从计划经济体制转向市场经济体制,分配制度也从计划经济体制下的平均主义转向按劳分配为主体、多种分配方式并存的分配制度,极大地调动了劳动者的工作积极性,国民经济持续快速发展,居民生活水平显著提高,但随之而来的是收入分配不平等不断拉大,分配不平等问题比较突出。如何处理公平与效率的关系已成为摆在政策制定者和理论界面前的重大现实问题,成为收入分配制度改革的核心主题。

---

① 周辅成,2001.西方伦理学名著选集(下册)[M].上海:商务印书馆:164.

（一）改革开放以来公平与效率关系的演变

公平与效率的关系既是处理国民收入分配关系的基本问题,也是核心问题。我国自1978年以来,在如何处理效率与公平两者之间的关系方面,大致经历了以下3个阶段。一是"兼顾效率与公平"。改革开放初期,我国经济发展比较落后,居民收入比较低,为了调动劳动者的积极性,必须大力发展生产力,提高经济效益。党的十三大提出"在促进效率的前提下体现社会公平"[①]。党的十四大进一步指出"以按劳分配为主体,其他分配方式为补充,兼顾效率与公平"[②]。由此可以看出,效率与公平两者并无主次之分,两者之间的地位是平等的。从长期来看,就是要实现共同富裕。二是"效率优先、兼顾公平"。党的十五大、十六大提出,坚持"按劳分配为主体、多种分配方式并存的分配制度。坚持效率优先、兼顾公平"[③④]。在效率与公平之间的关系中,效率是第一位的,公平次之。这表明,党和政府对如何完善收入分配制度有了进一步的认识。三是"初次分配和再分配都要处理好效率与公平的关系,再分配更加注重公平","更有效率、更加公平"。20世纪90年代后期,我国收入不平等日益扩大,分配不公问题比较突出。如何改革收入分配制度、缩小收入分配不公问题已成为摆在政策制定者和理论界面前的重大现实问题。为此,党的十七大提出"初次分配和再分配都要处理好效率和公平的关系,再分配更加注重公平"[⑤],首次明确指出初次分配也要注重公平。这是认识上的一个重大突破。党的十八大进一步重申"初次分配和再分配都要兼顾效率和公平,再分配更加注重公平"[⑥],明确了国民收入分配要兼顾公平和效率的基本原则,这是有关国民收入分配中公平和效率关系处理原则的新的重要发展。党的十九大报告进一步提出:要"努力实现更高质量、更有效率、更加公平、更可持续的发展!"[⑦]这是中国经济增长由注重速度向注重质量、注重效率、注重公平转变的必然要求。

党和政府有关如何处理分配中公平与效率关系的政策原则决定着收入分配制度改革的方向,决定着收入分配制度的性质,决定着国民收入初次分配和再分配结构,也决定着政府资源的分配结构,最终也会对经济发展和社会稳定产生至关重要的影响。回顾党和政府所制定的有关如何处理分配中公平与效率关系的

---

① 中央文献研究室,1991.十三大以来重要文献选编:上册[G].北京:人民出版社:32.
② 中央文献研究室,1996.十四大以来重要文献选编:上册[G].北京:人民出版社:19.
③ 中央文献研究室,2000.十五大以来重要文献选编:上册[G].北京:人民出版社:430.
④ 中央文献研究室,2000.十五大以来重要文献选编:上册[G].北京:人民出版社:21.
⑤ 中央文献研究室,2009.十七大以来重要文献选编:上册[G].北京:中央文献出版社:30.
⑥ 中央文献研究室,2014.十八大以来重要文献选编:上册[G].北京:中央文献出版社:11-12.
⑦ 习近平.决胜全面建成小康社会 夺取新时代中国特色社会主义伟大胜利——在中国共产党第十九次全国代表大会上的报告[N].人民日报,2017-10-19.

政策原则的历史演变过程,不仅有助于我们深化对公平与效率的本源关系的认识,更重要的是有助于我们检视历史演变过程中所提出和推行的处理分配中公平与效率关系的政策原则的得失,为我们确定更合理的处理两者关系的政策原则提供有利条件。从上述党和政府有关处理公平与效率的政策原则的演变过程来看,一方面反映了党和政府对如何处理公平与效率的关系的认识是在不断深化的,从最初的比较朴素的反对平均主义,到后来的在效率优先的条件下体现公平,发展到初次分配注重效率、再分配注重公平,再到后来进一步发展到初次分配和再分配都要兼顾效率和公平、再分配更加注重公平,这反映了党和政府对于如何处理两者关系的认识并不僵化,并不是停留在某一个认识状态,而是根据实践过程中的经验教训和理论研究的深化不断形成更深入更成熟的认识;另一方面反映了党和政府所提出的处理公平与效率关系的政策原则不断发展和完善。[①]

(二)收入分配公平的基本内涵

改革开放以来,随着社会主义市场经济体制的确立,我国的收入分配制度也发生了深刻变革,即从主张实行单一的按劳分配原则到逐步建立起生产要素按贡献分配的制度。实践证明,党和政府在新时期正确处理公平与效率的关系,坚持按劳分配为主体、多种分配方式并存的收入分配制度是行之有效的,促进了国民经济持续健康发展,提高了社会成员的收入水平,保持了社会和谐稳定,在新时代应该继续坚持下去。现阶段,我国经济发展已由高速增长向高质量发展转型,追求更高质量、更有效率、更加公平、更可持续的发展是未来若干年的发展方向与目标。缩小收入不平等,追求全体社会成员共同富裕,共享改革发展成果,进一步处理好公平与效率的关系将是新时代推进收入分配理论研究和收入分配实践的一条主线。在新时代,需要进一步丰富收入分配公平的内涵,以回应社会的关切,以"权利公平、机会公平、规则公平"为基本准则,以"起点公平、过程公平与结果公平,税负公平、社会保障公平与转移支付公平"为关键着力点,将公平内嵌于社会主义市场经济体制之中,奠定全体社会成员美好生活的坚实基础。

综上所述,本书中的收入分配公平是指在一定的时空范围内,在一定的社会成员之间公正、平等地分配被分配对象,保持社会成员之间收入差距适度、地区(城乡)之间基本公共产品(服务)均等化。收入分配公平主要包括初次分配公平和再分配公平[②]。

初次分配公平反映的是经济主体在初次分配领域中权利与义务、作用与地

---

① 曾国安,胡晶晶,2013.国民收入分配中的公平与效率政策演进与理论发展[M].北京:人民出版社:67-68.

② 孙敬水,赵倩倩,2017.中国收入分配公平测度研究——基于东中西部地区面板数据的比较分析[J].财经论丛(2):18-27.

位、付出与所得、贡献与收益之间的平等关系。初次分配公平是指在初次分配领域,按劳分配与生产要素(劳动、资本、土地、技术、管理等)按贡献分配相结合,在一定的社会成员之间公正、平等地分配被分配对象,保持社会成员之间收入差距适度。初次分配公平包括起点公平、过程公平与结果公平。[①]起点公平是指社会成员在参与社会经济活动的过程中,依法享有平等的权利(如生存权、受教育权、就业与择业权、选举权与被选举权等),享有平等的机会(如参与机会、发展机会与共享机会),即权利公平和机会公平。过程公平或规则公平是指社会成员在参与社会经济活动的过程中,能够按照公开、公正、公认的规则平等竞争,在规则面前一律平等。结果公平是指社会成员在起点公平和过程公平的前提下,在参与经济活动后,获得正当的利益,付出与所得相符、贡献与收益相称,社会成员之间收入差距适度。[②]起点公平是初次分配公平的前提,过程公平是初次分配公平的条件和保障,结果公平是初次分配公平的目标。

再分配公平是指在再分配领域,运用税收、社会保障、转移支付等政策工具,通过国民收入再分配,满足社会成员的基本生活需要,保持社会成员之间收入差距适度和地区(城乡)之间基本公共产品(服务)均等化。再分配公平包括税负公平、社会保障公平与转移支付公平。税负公平界定为纳税人承受的税收负担与其纳税能力(或经济条件)及获得的公共产品(服务)相协调,政府筹集的税收总量与其所提供的符合社会成员需要的公共产品(服务)总量相匹配。税负公平主要包括横向公平、纵向公平和交换公平。社会保障公平是指政府通过制定科学合理的社会保障制度确保社会成员获得最基本的生存权与发展权,社会保障待遇能根据参保者履行的义务、做出的贡献进行公正的分配。这种公平性体现在两个方面:一是底线保障实行完全平等的原则,二是非底线保障实行相对平等(或贡献平等)的原则。转移支付公平是指政府通过制定科学合理的转移支付制度确保社会成员获得最基本的生存条件,保持社会成员之间收入差距适度,确保政府之间财力与事权相匹配、地区(城乡)之间基本公共产品(服务)均等化。这种公平性体现在经过政府间转移支付后,政府掌握的财政收入应该与其提供的公共产品(服务)供给总量相一致。

三、收入分配公平的衡量尺度

在改革开放的进程中,人们经历了巨大的社会经济变革,如何评价改革开放

---

① SUN J S, WU P P, 2020. Research on statistical measurement, monitoring and alerting of initial distributive fairness[C]. Business & Management(2nd International Conference on Business, Economics, Management Science), 1:49-65.

② 孙敬水,蔡培培,2020.起点公平的统计测度与监测预警研究[J].浙江工商大学学报(1):89-102.

以来的收入分配公平状况,不仅影响到社会成员对政府各项改革措施与成效的认可度,也关系到具体的公共政策的设计。收入分配是否公平不仅取决于主观评价,更取决于分配的现实状态。收入分配是否公平,总是相对于某一尺度而言的。衡量分配公平的尺度有历史尺度、主体尺度、科学尺度、经验尺度等几种。对收入分配公平状况进行客观判断,目前一般的测量方法是变异系数、基尼系数、泰尔指数等。喻登科等通过比较分析和算例研究,对变异系数、基尼系数、泰尔指数等测量工具做了一个比较全面的系统比较,发现基尼系数相对于其他测量工具具有一定优势,在公平指数测量中能够准确反映收入分配公平(或收入分配不平等)程度,应该作为公平指数测量的最主要工具。[①] 科学尺度主要有基尼系数、收入分配公平度,它们作为衡量分配公平的尺度有较大的实用性和可操作性。[②③]

作为衡量分配公平的科学尺度(或客观衡量尺度)——收入分配公平度,其测度方法是以基尼系数和综合评价法为基础的,这将在本书第三章进行详细探讨。收入分配公平度包括初次分配公平度和再分配公平度,初次分配公平度包括起点公平度、过程公平度与结果公平度,再分配公平度包括税负公平度、社会保障公平度与转移支付公平度。

衡量收入分配公平的经验尺度(或主观衡量尺度),即通过民意测验、民意调查,看民众满意不满意、满意程度如何,以此来判断分配公平与否与分配公平的程度。满意度越高越公平,满意度越低越不公平。[④] 事实上,一个国家的收入分配政策并非完全基于收入分配的客观状况,而是更多地基于经济活动中个体所感知的收入分配的主观评价[⑤],即收入分配公平满意度(或分配公平感)。收入分配公平满意度是社会成员对收入分配公平状况的心理认知、主观判断与评价。收入分配公平满意度包括初次分配公平满意度和再分配公平满意度。[⑥⑦]

初次分配公平满意度主要包括起点公平满意度、过程公平满意度、结果公平满意度。起点公平满意度由基础教育公平满意度、就业公平满意度、公共医疗卫生公平满意度、公共基础设施公平满意度、公共自然资源公平满意度等指标构成;

① 喻登科,陈华,郎益夫,2012.基尼系数和熵在公平指数测量中的比较[J].统计与决策(3):95-96.

② 杜帮云,2013.分配公平论[M].北京:人民出版社:45-50.

③ 孙敬水,赵倩倩,2017.中国收入分配公平测度研究——基于东中西部地区面板数据的比较分析[J].财经论丛(2):18-27.

④ 杜帮云,2013.分配公平论[M].北京:人民出版社:48-49.

⑤ GUILLERMO C,RICARDO P,MARTIN T,2013. Biased perceptions of income distribution and preferences for redistribution:evidence from a survey experiment [J]. Journal of Public Economics(98):100-112.

⑥ JASSO G,WEGENER B,1997. Methods for empirical justice analysis:part 1. framework,models, and quantities[J]. Social Justice Research,10(4):393-430.

⑦ 孙敬水,林晓炜,2016.城镇居民分配公平满意度影响因素实证研究[J].浙江社会科学(9):133-143.

过程公平满意度由市场竞争环境满意度、工资集体协商制度满意度、公职人员廉洁满意度、政府公共信息公开满意度、政府效能满意度、劳动者权益保护满意度等指标构成;结果公平满意度由收入与付出相比满意度、收入与过去五年相比满意度、收入与同职业人员收入相比满意度、收入与其他职业人员收入相比满意度等指标构成。[1]

再分配公平满意度主要包括税负公平满意度、社会保障公平满意度、转移支付公平满意度等。其中税负公平满意度由各种税费负担满意度、个人税负满意度、投资税负满意度等指标构成;社会保障公平满意度由社会保险(养老、医疗、工伤、生育、失业保险)满意度,社会救助、社会优抚、社会福利满意度,帮扶弱势群体状况满意度等指标构成;转移支付公平满意度由最低生活保障线下人均转移支付满意度、个人转移支付满意度、企业转移支付(主要指对各种公益、社会慈善事业的捐助)满意度等指标构成。[2]

在人类历史上,从来就不存在固定不变、超越历史阶段的收入分配公平标准,收入分配公平是相对的。在不同的历史发展阶段、不同的国家(地区),收入分配公平的内容和标准是不同的,即使在同一社会制度中,不同的社会历史时期,伴随着生产方式主要是生产力的变化,其分配公平的内容和标准都会发生相应变化。

第三节 收入分配公平的意义

分配是由生产方式决定的,但分配也会反作用于生产方式。公平是由经济基础决定的,但公平也能反作用于经济基础。收入分配公平,既可以促进社会生产力的发展,巩固生产关系,使生产关系更加和谐、完善,也是社会稳定与和谐的基础和前提。

一、分配公平有利于扩大消费需求,提高经济增长质量

从宏观经济增长的角度来看,良好的收入分配格局是经济持续平稳增长的必要条件。在经济发展初期,拉动经济增长的主要动力是扩大投资和增加出口;当经济发展到一定阶段后,拉动经济增长的主要动力是扩大消费水平,这一点对于一个经济大国来说尤其重要。在投资、消费和出口3个因素中,消费的拉动作用

① 孙敬水,吴娉娉,2019.初次分配公平满意度研究——基于起点公平、过程公平、结果公平的微观证据[J].浙江大学学报(人文社会科学版)(4):88-104.
② 孙敬水,吴娉娉,2019.再分配公平满意度研究——基于税负公平、社会保障公平、转移支付公平的微观证据[J].财经论丛(7):102-112.

要远远高于投资和出口,其持续性较长。就高收入与低收入群体比较而言,高收入群体的消费倾向低、边际消费效用低,但支付能力强;而中低收入群体的消费倾向高、边际消费效用高,但支付能力弱。因此,构建一个两头小(即高收入群体和低收入群体占少数)、中间大(即中等收入群体占多数)的"橄榄"形社会结构对于扩大消费,促进经济增长具有重要意义。由于我国存在较大的收入分配差距,高收入阶层所占人口比重很小,但拥有大量的社会财富,其消费倾向偏低,总体消费需求有限。而广大的低收入阶层占有的社会财富较少,虽然消费的愿望很强,但由于收入水平较低,消费占比偏低。随着收入不平等程度的扩大,高收入群体收入占比不断增加,低收入群体的收入占比就会不断下降,造成社会平均消费倾向下降。收入分配差距的扩大,将导致社会总需求不足,引起生产过剩,经济下行压力增大,经济发展减速或者停滞,甚至会引发经济危机。国民收入在分配过程中向低收入群体倾斜,不断扩大中等收入群体规模,将促进中低收入群体将潜在的购买力转化为现实消费需求,从而促进经济持续增长。公平的收入分配能够充分调动劳动者的生产积极性和创造性,能够有效提升低收入群体的收入水平,有利于缩小收入分配不平等,这对于消费需求的扩大和消费结构的升级,提高资源配置效率和经济增长质量都具有十分重要的政策意义。

二、分配公平有利于促进人的自由全面发展

"人的全面发展的本质,是指社会对人的潜在才能的发展、对人的个性的发挥、对人的整体素质的优化、对人的专业的变换提供最有利的条件。"[①]发展生产力,提高生产效率,是为了实现人的自由全面发展。"人的全面发展既指人的潜能不断得到实现和拓展;又指人的多方面的需求得到满足,不仅是经济的,而且是政治的、思想的、文化的和道德的。"[②]人的自由全面发展以经济增长为基础,除此之外,还取决于制度安排,包括收入分配制度。

我国仍然处于社会主义初级阶段,生产力水平不够先进,地区之间与城乡之间发展不平衡不充分,这决定了现阶段的分配制度只能是"按劳分配为主体、多种分配方式并存"。按劳分配要求按劳动者付出的劳动量进行分配,多劳者多得,少劳者少得,不劳者不得。实行按劳分配,能够激发人们的积极性和创造性,使人们充分发挥其潜能,为社会创造尽可能多的物质财富,同时促使劳动者的体能和智能得到锻炼和发展。实行按劳分配为主体、多种分配方式并存,也有助于社会财富的创造和人的自由全面发展。比如,一定范围的按资分配,能够激发投资者的

---

① 陈先达,2004.处在夹缝中的哲学——走向 21 世纪的马克思主义哲学[M].北京:北京师范大学出版社:248.

② 余源培,1998.对公平和效率宜作多向度的审视[J].复旦学报(社会科学版)(1):51-57.

投资热情,促进经济发展,有助于为人的自由全面发展创造条件。又如,一定范围的按需分配和社会保障制度的确立,能够改善弱势群体的生存和发展条件,提高他们的竞争起点,增强他们奋发图强的信心,从而使弱势的个体和社会生产力同时得到发展和进步。再如,在全社会倡导平等、互助等观念,鼓励富人济贫扶弱,大力开展第三次分配,不仅有助于缩小贫富差距,而且有利于消解拜金主义、享乐主义、极端个人主义等腐朽思想,形成良好的社会风气,促进人的自由全面发展,包括人的道德境界的提高。

生产、分配与人的自由全面发展相互影响、相互促进,相辅相成。首先,生产决定分配,分配对生产有反作用。生产力水平越高,可供分配的产品就越丰富。分配制度越完善,分配越合理,下一轮竞争的起点越公平,就越能促进生产的发展。其次,人的发展与分配相互作用。合理的分配为人直接提供生存和发展的条件,促进人的自由全面发展。人的发展愈加自由全面,分配的困难就越小。比如,执政者、管理者的素质越高,他们所确立的分配制度越容易趋向合理。再如,社会成员的思想、道德、文化素质的提高,也有助于维护和实现合理的分配制度。再次,生产和人的发展相互作用。生产出来的物质财富越丰裕,就越能促进人的全面发展。人的发展越全面,生产出来的物质财富也就越丰裕。因此,在大力发展生产力的同时,要以各种方式,包括努力实现分配公平,来促进人的自由全面发展。

三、分配公平有利于保护弱势群体利益,促进社会成员共同富裕

在任何一个社会,人都可以区分为两种:强者和弱者。社会中的强者是指那些因为个人智力、体力、能力等方面比较强而在社会经济生活中处于相对优势地位的社会成员。由于强者各方面条件比其他社会成员优秀,这种人在社会生活竞争中往往处于优势或有利地位,他们更容易在社会生活的某个领域获得较大的成功。社会生活各个领域的领军人物和精英分子多属于这种人。社会中的弱者是指那些因为个人智力、体力、能力等比较弱而在社会经济生活中处于劣势地位的社会成员。弱者在社会生活竞争中往往处于劣势或不利的地位,他们不容易在社会生活竞争中获得成功。这些人在现实社会中并不少见。有些人因为身体残疾,缺乏劳动能力,参与社会生活竞争的能力受到了严重限制。有些人因为所受教育不够,不能胜任绝大多数职位和岗位,在职业竞争中获得成功的机会明显少于那些受到良好教育的人。在现实生活中,无论人们愿意或不愿意把人划分为两个不同的群体,强势群体和弱势群体之间的区分都是确实存在的。

社会中的强势群体占有社会资源的能力较强,弱势群体占有社会资源的能力较弱。由于占有社会资源的能力不同,社会中的强势群体和弱势群体对社会资源

分配的公正性也有不同的理解。对于强势群体来说,占有较多的社会资源是一种荣耀,也是合乎分配公平要求的。强势群体往往更容易掌握更多的政治权力、物质财富和发展机会。如果是在遵纪守法的前提下占有了更多的社会资源,强势群体会让社会资源较多地流向他们所认为的理所当然的事情,即体现分配公平的事情。对于弱势群体来说,占有较少的社会资源是一种"无奈"或"不幸"。由于在智力、体力、教育程度等方面不可与强势群体相比,弱势群体往往只能掌握较少的政治权力、物质财富和发展机会。在绝大多数情况下,弱势群体不会把他们掌握较少社会资源的事实看成是公正的。他们往往会把社会资源较少地流向他们或较多地流向强势群体看成分配不公。在强势群体和弱势群体中间,弱势群体对分配公平的要求往往高于强势群体。一个社会中的弱势群体往往是对分配公平呼声最高的人群。他们普遍希望借助于分配公平的实现来改善他们的生活状况。

由于强势群体和弱势群体对分配公平有不同的要求,分配公平的天平应该向哪一个人群倾斜呢?这是一个有争议的问题。如果分配公平的天平向强势群体倾斜,这意味着会出现强势群体更强、弱势群体更弱的状况。以物质财富的分配为例。如果一个社会完全按照市场自由分配的方式来分配物质财富,那么该社会的物质财富不可避免地会更多地流向社会中的强势群体,贫富悬殊现象在所难免。如果一个社会不完全按照市场自由分配的方式来分配物质财富,而是采取市场分配和政府分配相结合的方式,则该社会避免贫富悬殊的可能性就会提高,因为政府对物质财富分配进行宏观调控能够在一定程度上减少强势群体掌握的物质财富,并通过实行公共福利制度的方式使弱势群体分享强势群体的物质财富。如果一个社会的弱势群体无法得到政府和强势群体的帮助,那么,该社会既不是一个公正社会,也不可能是一个和谐与稳定的社会。一个真正公正的社会不仅应该保护强势群体的分配利益,更应该保护弱势群体的分配利益,改善弱势群体的生存状况,以提高整个社会的分配公平状况。

"社会主义的本质,是解放生产力,发展生产力,消灭剥削,消除两极分化,最终达到共同富裕。"[①]保护社会弱势群体的分配利益是社会主义制度优越于资本主义制度的一个重要标志。邓小平同志明确指出,我国社会主义制度与资本主义制度的主要区别在于两个方面:一是以社会主义公有制经济为主体;二是强调共同富裕。"鼓励一部分地区、一部分人先富裕起来",但最终目的是要"带动越来越多的人富裕起来,达到共同富裕"。"贫穷不是社会主义,更不是共产主义"[②],实现"共同富裕"是社会主义制度优越于资本主义制度的一个根本性标志。党的十八报告明确指出,"必须坚持走共同富裕道路"。要达到共同富裕,必须"坚持按劳

---

① 邓小平,1993.邓小平文选(第3卷)[M].北京:人民出版社:373.
② 邓小平,1993.邓小平文选(第3卷)[M].北京:人民出版社:64,142.

分配为主体、多种分配方式并存。坚持多劳多得,着重保护劳动所得,增加劳动者特别是一线劳动者劳动报酬,提高劳动报酬在初次分配中的比重""健全以税收、社会保障、转移支付等为主要手段的再分配调节机制",使改革发展成果更多更公平地惠及全体人民,[①]实现共同富裕,这是党和政府自改革开放以来所追求的首要价值目标。

四、分配公平有利于促进社会稳定与和谐

中国的发展经验表明,稳定压倒一切,稳定是改革开放和经济社会发展的前提。虽然中国社会主义制度的优越性保障了社会稳定,但收入差距过大、收入分配不公会阻碍改革与发展,阻碍社会进步,引起社会不稳定、不和谐。分配不公平,收入差距过大,过低收入者就可能为了生存而不择手段。分配不公平,还会影响有效需求的正常增长,进而影响经济增长。分配不公平的实质是人们之间的利益关系不协调或不平衡。无论社会发达与否,无论社会总产品丰富与否,只要利益关系错乱或失衡,都有可能导致各种斗争和冲突。常言道,"事不公则心不平,心不平则气不顺,气不顺则难和谐",分配不公平,是社会生活秩序的最大威胁。分配不公正,肯定有人不满,进而对不公正的分配制度和分配行为奋起反抗;收入过于悬殊,两极分化,穷人不幸福,富人也难以安宁。着力解决分配公平问题,是缓解社会矛盾、构建和谐社会的有效途径。只有公平分配,才能确保社会成员的生存权、发展权等基本权利得到实现,才能确保社会各群体、各阶层利益的平衡,才能确保社会稳定与和谐。

分配公平有利于推动社会进步,促进社会稳定与和谐。分配公平具有重要的激励作用。分配公平能够激发和调动绝大多数社会成员的积极性和创造力,促进社会生产力和生产效率的提高;分配公平会增强弱势群体奋发向上、奋起直追的信心。分配公平也有明显的调节作用,通过分配上的调节,保持分配适度平等,可以保障社会成员的基本权利,可以促进社会的稳定、协调与均衡发展。分配公平还有无形的凝聚作用。公平是维持社会成员团结、信任的黏合剂。分配公平,大多数成员自然会心往一处想,力往一处使。分配公平,秩序正义,民心一致,社会方可和谐完美。

---

① 中共中央关于坚持和完善中国特色社会主义制度推进国家治理体系和治理能力现代化若干重大问题的决定［R/OL］.（2019-11-05）［2019-12-22］http://https://news. china. com/zwnews13000776/20191105/37354178. html.

第四节　收入分配公平的层次

由于市场经济下的收入分配(或收入分配阶段)包括初次分配和再分配两个层次,本书将收入分配公平的层次划分为初次分配公平和再分配公平两大层次。

一、初次分配公平①

初次分配是按照各生产要素对国民收入贡献的大小而进行的分配,反映出各种生产要素所有者之间的基本利益关系。在整个国民收入分配体系中,初次分配是基础。初次分配是否公平是直接关系国计民生的大事,历来受到学者和政界的高度重视。

初次分配公平是指在初次分配领域,按劳分配与生产要素(劳动、资本、土地、技术、管理等)按贡献分配相结合,在一定的社会成员之间公正、平等地分配被分配对象,保持社会成员之间收入差距适度。它反映的是经济主体在初次分配领域中权利与义务、作用与地位、付出与所得、贡献与收益之间的平等关系。

初次分配公平包括起点公平、过程公平与结果公平3个层次。

(一)起点公平

收入分配不平等并不完全在于分配结果的不平等,主要在于分配起点不公平,即权利不公平与机会不公平。起点公平已引起政策制定者和学术界的高度重视,党的十八大报告明确提出要建立以权利公平、机会公平、规则公平为主要内容的社会公平保障体系。

起点公平是"使每一个成员都能够完全自由地发展和发挥他的全部力量和才能"②,旨在使所有人一开始就能享有必需的社会公共资源,以便与同等条件下的其他人获得同等的竞争能力。起点公平强调的是尽管社会成员的先天差异很大,但在享有初始资源、权利和发展机会等方面是平等的。在现实社会经济生活中,人们的先天禀赋不同、所处地区的自然条件不同,人们所依存的社会条件也有所不同,这些人生起点的差异使人们不可能处于同一起跑线上。在经济社会生活中,人们从事经济社会活动的起点存在差异是社会的常态。起点公平旨在减少外在因素对社会成员经济生活前景的影响,给那些具有相类似能力的社会成员提供

---

① SUN J S, WU P P, 2020. Research on statistical measurement, monitoring and alerting of initial distributive fairness[C]. Business & Management(2nd International Conference on Business, Economics, Management Science),1:49-65.

② 马克思,恩格斯,1977.马克思恩格斯选集(第1卷)[M].中央编译局,译.北京:人民出版社:217.

大致相同的权利与发展机会。因此,起点公平要求政府积极作为,对于自然偶然性所导致的不利因素给予补偿,通过适度的政策倾斜保障每个人的能力获得充分的发展,给人们提供相类似的初始资源、权利和发展机会,使具有相同天赋的人获得大致相同的结果。应该说,起点公平是结果公平的前提。

本书中的起点公平是指社会成员在参与社会经济活动的过程中,依法享有平等的权利(如生存权、受教育权、就业与择业权、选举权与被选举权等),享有平等的机会(如参与机会、发展机会与共享机会),即权利公平和机会公平。

1.权利公平。权利是社会成员在社会经济活动中赖以生存的基本条件。权利有广义和狭义之分。广义的权利是一种由社会习俗、公共舆论、道德原则、法律法规等认定为合理、正当的利益、资格和自由。狭义的权利是指社会利益关系的约定或制度规定,一般指法律赋予人们实现其利益的某种资格或从事某种行为的自由。根据主体、内容、对象及权利与义务的关系等,权利有多种分类。如个人权利与集体权利,私人权利与公共权利,经济权利、政治权利、文化权利与社会权利,基本权利与非基本权利,等等。本书将权利分为基本权利和非基本权利两大类。国家必须对社会成员的基本权利予以保障,这是对人的尊严的肯定。而在非基本权利的分配上,应根据"比例公平"的原则进行分配,谁的贡献大、谁付出多,谁就应该享有较大的或较多的非基本权利。在基本权利和非基本权利的关系方面,基本权利优先于非基本权利。当基本权利与非基本权利发生冲突时,要优先保障基本权利。

权利公平,首先要求基本权利同一平等。所谓基本权利,指的是满足全体社会成员政治生活、经济生活、文化生活和社会生活需要的必要的、起码的、最低的权利。一个人,只要具有社会共同体成员的身份或资格,不论其出身如何、社会地位如何、才智如何、对人类贡献大小如何,社会都应该赋予并保障他与其他社会成员大致相同或相等的基本权利。这就是基本权利的同一平等。在现代文明社会,每个个体就其国家公民身份而言,只有职业分工的差异,并无高低贵贱之别,在基本权利上没有与他人不平等的理由。基本权利的同一平等大体上可分为政治权利的同一平等(包括法律权利的同一平等)、道德权利的同一平等(包括人格尊严权的同一平等)和社会权利的同一平等(包括基本经济权利的同一平等)。基本权利是相对于非基本权利而言的,非基本权利主要指的是精英教育、高档消费、高级娱乐等。在现有条件下,非基本权利不可能达到同一平等,只能尽量缩小差距,做到相对平等。

在现代社会,社会成员所拥有的基本权利主要有三项:基本政治权利、基本生存权利和基本发展权利。政治权利是指公民依法享有的参与国家政治生活的权利,基本政治权利主要有选举权、被选举权、言论自由权等。基本生存权利是指人们应当享有的维持正常生活所必需的基本条件的权利,主要包括可维系生存的必要物质条件、健康水平及人身安全保障等。基本发展权利是个体或集体基于持续发展需要而获取的发展机会均等和发展利益共享的权利,主要包括享受义务教育权、劳动权、就业权、收益权、迁徙权、公平竞争权及平等准入权等。我国在尊重和保障人的发展权利方面提出了"发展为了人民、发展依靠人民、发展成果由人民共享"的理念。在现代社会,人的生存权和发展权既不可剥夺,也不可忽视。国家有责任、有义务平等地尊重和保护全体社会成员的生存权和发展权。对于社会中缺乏竞争能力、丧失劳动能力的老弱病残者及遭遇各种灾难的人,国家和社会必须尽最大努力给予帮助、照顾,为其生存、发展提供基本的物质条件。

在现代社会中,起点公平首先意味着权利上的公平。权利公平是社会公平与正义的根本要求。权利公平意味着法律赋予的权利(如生存权、受教育权、就业与择业权、选举权与被选举权等),社会成员都可以平等地享有,不因出身、性别、年龄、民族、家庭背景、职业、财富、宗教信仰、地区、文化等方面的不同而受到歧视。

本书中的权利公平是指人们平等地享有参与社会经济活动、平等地享受社会公共资源的权利。权利公平要求政治权利、道德权利、生存权、发展权等基本权利同一平等,要求满足人的比较高级需要的非基本权利相对平等。权利公平是收入分配公平中最为基础的内容。权利公平体现的是权利的正当性、非歧视性、不偏袒性、对等性。它至少有以下5个方面的要求。第一,就权利本身而言,权利公平强调权利的正当性。第二,权利公平注重对每一个社会成员正当权利的维护和尊重。不论社会成员所属阶层、家庭背景、社会地位、职业、种族、性别状况等因素如何,社会都应赋予他们在参与政治、经济、文化等各项社会活动方面依法享有平等的权利,并对其权利予以平等的保护。第三,在个人对待社会的态度上,权利公平强调个人对社会的责任。个人要自觉维护社会和集体的正当权益,要自觉遵守国家的法律、法规,要自觉参与各项政治、经济、文化事务及社会公益活动。第四,在个人对待他人的态度上,权利公平强调权利的互相尊重与平等。个人的行为应该有益于他人,或至少不损害他人的正当权利。第五,在权利和义务的关系上,权利公平强调权利的享有应该同所尽的义务一致。没有无义务的权利,也没有无权利的义务。对某人是权利,对社会和他人就意味着义务;对社会和他人是权利,对自己就是义务。[1]

2.机会公平。机会指的是"社会成员生存与发展的可能性空间和余地"[2],机会是获得资源的可能性,资源包括经济资源、组织资源、文化资源等。[3] 机会也可

以理解为实现目标和获得利益的可能性。^① 机会公平是"从总体上保障每个社会成员享有大致相同的基本发展机会"^②。在现实社会经济生活中,由于个人先天因素或自然因素方面的差异(包括出生地、家庭背景等不同所造成的人的成长过程的差异性,就业部门、单位的差异,所拥有的劳动力供求状况的差异等)及个人努力意愿和程度的差异总是存在的,这些差异必然造成个人所面临的机会总是不同的,其获得收入或积累财富的机会因此也不一样。所以,所有社会成员"处于同一条起跑线上"实际上只能作为社会尽最大努力实现的目标,而不可能是现实状态。在承认人与人之间存在客观差异的前提下,创造条件努力缩小人与人之间的机会不平等,政府与社会责无旁贷。^③

机会公平主要表现在以下几个方面。

第一,每个个体都有平等地参与社会经济活动的机会,主要体现在职业自由选择、职务地位升迁、公共资源利用等方面,这是参与机会的平等。凡是具有同样潜能的社会成员应当拥有同样的参与社会活动的起点,不受家庭背景、种族、性别等因素的限制和影响。社会对那些智力和劳动能力大致处于同一水平的行为主体在占有、使用生产资料上应赋予大致同等的权利和机会。参与机会的平等,主要表现在以下几个方面。一是就业机会平等。在招聘与选拔方面,需要公开、公正,不存在出身、户籍、性别、学历、地域等方面的歧视。二是通过劳动获取社会资源的机会平等。所有具有劳动能力的人,均享有平等的权利进入各种领域,凭借其自身的能力按照公开、公正、公认的规则平等竞争,获得其相应的回报。三是市场竞争条件的平等,不存在垄断现象。

第二,社会要赋予每个个体平等的机会去发展个体潜能,这是发展机会的平等。社会要为全体成员提供同等的发展机会,发展机会不因城乡差异、地区差异、行业差异、贫富差异等受到影响和限制,这就是发展机会的平等。社会要毫不偏袒地为所有人提供同等的发展机会,不论是来自城市还是农村,不论是怎样的家庭背景,只要通过自身的努力,就可以取得应有的回报(比如职务、地位、权力和财富)。

第三,社会赋予个人生存、生活和发展所必需的、最低的基本权利的机会公平,具有普遍性和共享性,即每一个社会成员不论先天禀赋、家庭出身、社会地位如何,都应该拥有同样的机会,这是共享机会的平等。机会公平还要求社会制度的安排保证所有机会的均等。特别是对心理、身体和能力方面具有先天缺陷的个

① GOLDMAN A H,1987. The justification of equal opportunity[J]. Social Philosophy and Policy,5(1):88-103.
② 吴忠民.促进社会公平和正义[N].人民日报,2004-11-30.
③ 曾国安,胡晶晶,2013.国民收入分配中的公平与效率:政策演进与理论发展[M].北京:人民出版社:104.

体,社会应该优先向他们提供发展与共享的机会,这种看似"不公"的倾斜,实质上是机会公平的内在要求。

本书中的机会公平是指一切能使个体自主活动能力得到充分发挥并由此取得成就与回报的机会(主要指参与机会、发展机会与共享机会)。机会公平意味着所有社会成员都在同一条起跑线上,它排除了先天差异,是一种起点公平。与权利公平一样,机会公平是起点公平的重要组成部分,是实现结果公平的基础与前提条件。如何实现机会公平,营造机会公平的政策环境,促进社会成员的自由全面发展,是政府必须高度重视的现实问题。

(二)过程公平(规则公平或程序公平)

如果说要求所有运动员站在同一条起跑线上是起点公平的话,那么要求所有运动员都遵守同样的比赛规则就是规则公平或过程公平了。过程公平即"社会上各经济主体以平等的身份参与经济活动,并且在经济活动中只能凭借经济权力(即要素所有权)获得与其要素贡献相对应的报酬,任何人不能以超经济的强权手段获得额外收益"[①]。

过程公平是指各社会成员按照共同认可的统一规则进行平等竞争,以获得与其努力程度和能力相称的社会资源。过程公平的核心是规则公平。规则是指"规定出来供大家共同遵守的制度和章程"[②]。从这种解释可以看出,规则不是天生就有的,它是人们为了维护秩序、保持和谐、统一标准等而制定的一种规矩、章法,它所回答的是人在某种条件下应该怎样行动的问题。规则主要体现为三个层次:国家的法律法规;国家机关或政党组织的政策;行业部门的行规。经济主体参与社会经济活动,首先必须保证规则是公平的。由社会制度、政策、机制及运行等方面因素所构成的社会规则,一方面要顺应社会发展规律,另一方面要符合社会成员的要求和愿望。规则公平,即社会要有一套由社会成员共同协商制定认可的、公平合理的制度和规章,这套制度和规章对每个社会成员都一视同仁,没有任何社会成员可以凌驾其上。

无规则的社会活动是不公平的,有规则但规则不公正也是不公平的,而有了公平的规则却不被遵守同样也是不公平的。规则公平是对这三个方面的综合要求。只有制定出符合社会成员要求和愿望的公平规则,并且按公平的规则行事,才能保证劳动者的贡献和所得相称,才能维护劳动者的基本权益,保持社会的稳定与和谐。只有在规则公平的前提下,权利公平和机会公平才能得到保证。规则公平是初次分配公平的重要组成部分。

---

① 王家新,许成安,2006.公平的实质及"效率—公平双赢"目标的实现[J].财政研究(8):20-23.
② 中国社会科学院语言研究所词典编辑室,1983.现代汉语词典[M].北京:商务印书馆:416.

本书中的过程公平或规则公平是指社会成员在参与社会经济活动过程中,能够按照公开、公正、公认的规则平等竞争,在规则面前一律平等。规则公平主要表现为以下几个方面:①规则公开。即法律法规、政策政令、制度规章等规则的制定、告知、实施都应当以规则主体和社会公众听得着、看得见的方式进行,即规则是开放的、透明的、民主的、人所共知的。规则公开是规则程序公平的重要体现。规则公开既可以有效地防止和杜绝规则制定和执行过程中的"暗箱操作",也可以有力地保障社会成员的知情权、参与权、监督权。②规则公正。即面向社会经济主体所制定的行为规范和行动准则要正确地、真实地反映经济和社会发展趋势,体现社会成员的愿望和要求,规则要合理、科学、合法。③规则公认。即规则是由全体社会成员共同商定,并得到社会成员认可的。国家的法律、法规、政策要得到广大人民群众的认可,要贴近民情、合乎民意、顺乎民心。竞争中的规则,要得到竞争的各方,至少是多数竞争方的认可。④规则面前人人平等。在规则面前,每个社会成员一视同仁,受到相同规则的约束,没有特权和例外,没有区别对待。不论职位高低与贫富差别,规则面前人人平等,尤其是规则的制定者和执行者要严格地遵守规则。任何社会成员违反规则,都要受到处罚。在国家治理层面,规则公平要求在社会经济生活中,任何组织和个人不得有超越规则(如宪法和法律)的特权,不得有各种"潜规则""暗箱操作"等破坏规则的现象。

(三)结果公平

在现实社会经济生活中,社会成员即使在起点公平的基础上参与到公平的竞争过程之中,由于先天禀赋或自然因素、对机遇的把握及主观能动性等方面的不同,在市场机制的作用下,这些差异又往往被放大或缩小,使得市场竞争被各种偶然因素、随机因素所扭曲。因此,其竞争的结果存在很大差异,可能会出现收入分配差距悬殊的现象,比如,富者愈富,贫者愈贫;也可能由于外在的干预而出现收入分配平均化现象。不管是收入差距悬殊,还是收入分配平均化,均不是真正的收入分配公平。只有在保证起点公平和规则公平的前提下,才可能有结果公平。分配结果公平要求在国民收入初次分配中,经济发展成果(收入和财富)必须公正地分配给参与经济活动的经济主体。结果公平不是收入分配结果绝对平均,而是存在一定的差距,收入差距是客观存在的,但这个差距必须保持在适度的范围内,保持在社会成员能够认可和接受的程度内。现实中,对于平等竞争、诚实劳动、合法经营所取得的高收入以及由此产生的收入不平等,绝大多数社会成员是认可的和接受的。社会成员最不满的和最痛恨的,是那些通过不正当竞争、以权谋私、投机钻营等破坏规则公平的方式和手段牟取暴利而造成收入分配差距悬殊的人。分配公平的基本要求是让所有社会成员共享社会改革和经济发展的成果,不能出现富者愈富、贫者愈贫的状况。这就要求加强政府在分配中的调节作用,缩小收入差距,使收入差距保持在合理与适度的范围内。

在机会公平、规则公平或过程公平的情况下,由于个体拥有的资源与天赋的不同,素质、知识、能力等存在差异,努力程度不同,所获得的结果必然存在一定的差别。如果分配结果是由个体努力程度而非资源禀赋与环境造成的,则这种分配结果是公平合理的。为了缩小由先天因素或自然因素而非个体努力程度形成的收入分配差距,政府可以运用收入分配政策缩小收入不平等,而不是否认收入差距的存在。

本书中的分配结果公平是指社会成员在起点公平和过程公平的前提下,在参与经济活动后,获得正当的利益,付出与所得相符、贡献与收益相称,社会成员之间收入差距适度。分配结果公平不是要求分配结果平等。在市场经济条件下,分配结果不平等是客观存在的,也是不可能消除的。收入分配不合理有2个极端:一是平均分配,二是两极分化。实行平均主义的分配方式,会挫伤劳动者的积极性和创造性,不利于经济增长,不利于提高资源配置效率。两极分化,会影响社会稳定,阻碍经济增长,也不利于提高资源配置效率。平均分配和两极分化的中道,就是收入差距要"适度"。在市场经济条件下,收入差距是肯定存在的,收入差距不是越大越好,也不是越小越好,收入分配公平与否,不取决于收入差距的大小,关键在于"适度"。笼统地说,所谓适度的居民收入差距,就是与经济增长、资源配置效率、社会稳定与公平相协调的居民收入差距。其主要体现在3个方面:一是居民收入差距与经济增长相协调。适度的居民收入差距应该有利于促进经济持续增长。二是居民收入差距与资源配置效率相协调。适度的居民收入差距应该有利于促进资源配置效率的提高。三是居民收入差距与社会稳定和公平相协调。适度的居民收入差距应该有利于促进社会稳定与公平。[1]

在现实社会经济生活中,起点公平、过程公平与结果公平是一个不可分割的整体。起点公平和过程公平是结果公平的前提,结果公平是起点公平与过程公平的目的,又构成下一轮社会经济生活中起点公平和过程公平的起点,即任何终点同时即为起点。

二、再分配公平[2]

收入分配公平一直是各国政府制定公共政策时关注的重要的社会公共问题。再分配是在以市场为主导的初次分配的基础上,政府以管理者身份通过各种渠道

---

① 孙敬水,2014.居民收入差距适度性测度与预警研究[M].北京:中国社会科学出版社:48.

② SUN J S, CAI P P,2019. Research on the measurement and early warning of redistribution equity [C]. Advances in Economics, Business and Management Research(International Conference on Economic Management and Cultural Industry),109:39-53.

在各收入主体之间所实现的现金或实物转移的一种收入再次分配过程,即把国民收入中的一部分拿出来通过税收、社会保障和转移支付等方式进行重新分配,改善业已形成的初次分配格局,矫正初次分配的不公平,从而使收入分配最终的整体结果更具公平性。再分配作为缩小收入不平等的主要政策,多年来一直是学术界研究的热点,也是各国实现收入分配公平的重要手段。再分配公平是指在再分配领域,运用税收、社会保障、转移支付等政策工具,通过国民收入再分配,满足社会成员的基本生活需要,保持社会成员之间收入差距适度和地区(城乡)之间基本公共产品(服务)均等化。

再分配公平包括税负公平、社会保障公平与转移支付公平 3 个层次。

(一)税负公平

税收是政府作为权力机关,为满足社会公共需要,根据法律所规定的标准和程序,对居民个人或组织强制地无偿征收实物或货币,获取财政收入加以集中使用的一种方式。税收是调节居民收入不平等的主要工具之一。公平是税收的首要原则,而要实现税收公平就必须在社会成员之间合理地分配税收负担,政府在市场的基础上通过税收制度的合理设计介入并主导收入再分配过程,税收也因此成为政府调节收入分配、改善初次分配格局的重要工具。

理论界对税负公平的研究主要体现在 2 个方面:一是税收负担能力原则,即税收负担本身如何公平分配的问题;二是受益原则,即纳税人从政府提供的公共产品或公共服务中获得的受益程度与其纳税比例的问题。[①] 威廉·配第最早提出税收公平原则,认为平等对待纳税人,根据纳税人的能力征收不同数量的税,也就是平常所说的量能征收。瓦格纳认为,通过征税可以调节社会财富分配不均、贫富差距扩大的现象,主张税负应根据税收能力平等地分配于全体国民,并根据纳税能力采取累进税。[②] 马歇尔和凯恩斯均强调税收的累进性,凯恩斯还特别提出调节收入分配应采取以直接税为主体的税制结构。哈耶克则反对通过累进税制进行收入再分配,认为比例税更能促进收入分配公平。林达尔提出了"税收价格论",即纳税人所支付的税收份额等于每个纳税人所获得的公共产品(或服务)的边际效用价值,提出了纵向公平和横向公平的原则。[③] 穆斯格雷夫主张,每个人应支付"合理的份额",利用受益原则和纳税能力原则进行公平的税收结构设计。[④]

① 曾康华,2011.当代西方税收理论与税制改革研究[M].北京:中国税务出版社:256.
② 曾康华,2007.西方财税理论研究[M].北京:中国财政经济出版社:268.
③ 张馨,杨志勇,郝联峰,等. 2000.当代财政与财政学主流[M].大连:东北财经大学出版社:133.
④ 理查·A.穆斯格雷夫,皮吉·B.穆斯格雷夫.1987.美国财政理论与实践[M].邓子基,邓力平,译.北京:中国财政经济出版社:188.

1.横向公平和纵向公平——从纳税人之间的关系进行考察。所谓横向公平和纵向公平,主要是指税收负担在纳税人之间的分配应做到"同等情况,同等对待;不同情况,不同对待"。一般依据两大原则来判断税收负担是否公平:一是受益原则。即受益程度相同,税收负担相同;受益程度不同,税收负担不同。或者说,纳税人从政府提供的公共产品或公共服务中受益越多,则纳税越多;从政府提供的公共产品或公共服务中受益越少,则纳税越少。二是支付能力原则。该原则强调根据纳税人支付能力的大小来安排其应承受的税收负担,即纳税人支付能力越强,则纳税越多;纳税人支付能力越弱,则纳税越少。或者说,纳税人支付能力相同,则税收负担应该相同;纳税人支付能力不同,则税收负担应该不同。

2.交换公平——从政府与纳税人之间的关系进行考察。一般而言,政府、企业与作为纳税人的居民个人在地位上是平等的。政府作为公共权力机关,依据法律规定拥有征税的权力,但与此同时,政府负有提供保质保量的公共产品(服务)的责任与义务;当然,企业与居民个人负有纳税的义务,但与此同时,纳税人拥有要求、监督政府提供保质保量的公共产品(服务)的权利。如果政府征集的税收总量能够真正用来提供满足社会成员需要的公共产品(服务),那么政府、企业与作为纳税人的居民个人均履行了相应的权利与义务,税负公平得以实现。如果政府征集的税收总量不能够提供满足社会成员需要的公共产品(服务),存在以税收作为表现形式的不等价交换,那么政府、企业与作为纳税人的居民个人之间存在税负不公平。在现实经济生活中,由于政府拥有政治权力,而这种政治权力往往凌驾于经济权利之上,税负不公平往往体现为政府对税收的使用不合理,使纳税人在承受税收负担后却得不到需要的公共产品(服务)。

只有将支付能力原则和受益原则结合起来,才能正确理解税负公平的真正含义。因此,本书将税负公平界定为纳税人承受的税收负担与其纳税能力(或经济条件)相一致,税收负担与获得的公共产品(服务)相协调,政府筹集的税收总量与其所提供的符合社会成员需要的公共产品(服务)总量相匹配。税负公平包括横向公平、纵向公平和交换公平。横向公平是指具有相同纳税能力、获得相同的公共产品(服务)的纳税人应缴纳相同份额的税款;纵向公平是指具有不同纳税能力、获得不同的公共产品(服务)的纳税人应缴纳不同份额的税款;交换公平是指政府筹集的税收总量应与其所提供的满足社会成员需要的公共产品(服务)总量相匹配。横向公平、纵向公平和交换公平体现了纳税人之间、政府与纳税人之间、私人产品与公共产品之间配置与交换关系的公平性。

(二)社会保障公平

作为公共政策的重要内容,以政府为主导的社会保障既是保证居民基本生活、调节社会分配不可或缺的手段,也是收入再分配制度的关键组成部分。如果说税收像"劫富",政府转移支付像"济贫",那么社会保障就像合二为一的"劫富济贫"。社会保障作为国民收入再分配的基本形式之一,是促进经济发展、政治稳定、社会和谐的重要协调与保障机制。社会保障制度是由国家和社会依法建立的,通过强制手段对国民收入进行再分配,保障社会成员(特别是丧失劳动能力或生活特别困难的居民)基本生活水平、维持劳动力再生产、维护社会安定、实现分配公平的一种公共措施及制度安排。在我国,社会保障主要包括社会保险、社会福利、社会救济等内容。社会保障是收入再分配的重要方式、手段和内容。政府是社会保障的供给主体,而公民是社会保障的需求主体,作为社会保障资金的法定支付对象,低收入、无收入群体是其最为主要的受益者。这也意味着通过强制性的社会保障,富裕阶层的部分收入转移到需要帮助的贫困阶层,社会成员的收入得到相应的再分配,这不但能够保障国民的基本生活,而且对缩小贫富差距、缓和社会矛盾起到积极作用,体现出社会保障收入再分配的公平原则。社会保障作为再分配政策的重要组成部分,具有社会政策托底功能,社会保障体系是国家实现分配公平的良好政策工具。

本书中的社会保障公平是指政府通过制定科学合理的社会保障制度确保社会成员获得最基本的生存权与发展权,社会保障待遇能根据参保者履行的义务、做出的贡献进行公平的分配。这种公平性体现在 2 个方面:一是底线保障实行完全平等的原则,二是非底线保障实行贡献平等(或相对平等)的原则。这是由社会保障的层次性所决定的。社会保障的层次有底线保障和非底线保障之分。例如,生活保障,有饭吃属于底线保障,吃得好则属于非底线保障。底线保障体现社会成员在社会保障中的同质性和一致性,是全体社会成员在社会保障中的"最大公约数"(如最基本的生存权);非底线保障反映社会成员在社会保障中的异质性和差异性(如社会保障金缴纳得越多,享受的待遇就越高)。底线保障就是每个社会成员生存生活所必需的基本保障,离开了这种基本保障就无法保证社会成员的生存,无法保障社会成员的健康,也无法保障社会成员谋生所必需的基本条件。非底线保障就是在底线保障之上,个人获得超越基本生存需要的保障,获得发展与享受生活的保障。这种非底线保障需要依靠个人能力,充分发挥个人的聪明才智来实现,为社会也为自己创造财富。区分底线保障和非底线保障具有重要的实践意义:在满足社会成员的不同社会保障需求时,务必优先保障社会成员的底线保障,然后才是非底线保障。底线保障实行完全平等的原则,旨在维护每个人的基本尊严,为人们的生存提供底线保障。底线保障完全平等原则要求人人享有社会底线保障,所有的社会成员受到同等对待,所有的社会成员在底线保障方面同等地享有权利,不受任何形式的歧视。国家不应根据人们的籍贯、性别、年龄、民族、职业、阶层、身份等在底线保障制度上区别对待公民,而应当对所有的公民一视同仁。没有底线保障,就没有社会保障公平。底线保障公平已成为政府不可推卸的法律责任、政治责任、经济责任和道义责任。非底线保障实行贡献平等原则,即多一份投入,就得到多一份保障,社会保障金缴纳得越多,享受的待遇就越高。非底线保障实行相对平等原则也说明社会保障公平是相对的公平,允许城乡之间、地区之间、行业之间、居民个人之间存在一定的差异。

(三)转移支付公平

转移支付对于减少贫困、保障低收入群体的基本生活水平,尽可能改善市场主导带来的不可避免的收入分配不平等,实现地区之间基本公共服务均等化等方面具有重要作用。转移支付是收入再分配的重要手段,主要包括狭义的转移支付和广义的转移支付。狭义的转移支付主要指政府之间的转移支付和政府对居民个人的转移支付。广义的转移支付是指除了狭义的转移支付之外,政府对企业的转移支付(主要指各种补贴),以及企业、社会团体、居民家庭之间的各种转移支付(如不同形式的捐赠)等。转移支付的目的是缩小地区之间、城乡之间的差距及居民个人之间的贫富差距,维护社会稳定,实现分配公平。

地区之间经济发展的不均衡是世界各国普遍存在的现象。作为政府实施宏观调控的重要工具,政府间转移支付正是基于各级政府间存在的财政能力差异,着眼于社会公平,以财政资金在各级政府之间的再分配为实质内容;通过促进地区间财政能力的合理再分配和公共服务水平的均等化,推动经济的相对均衡发展,实现收入分配公平。根据公共经济学理论,政府间转移支付的基本目标主要包括弥补财政缺口,即谋求政府间财政能力的纵向公平;均等化,即谋求政府间财政能力的横向公平,纠正外部性。一方面,分税制财政体制使中央政府拥有更多的税收和融资权,而地方政府承担更多公共产品的支出安排,后者面对的自有财政收入与支出责任不对称带来的财政收支不平衡问题,需要前者通过转移支付加以解决;另一方面,自然资源条件、经济发展程度、公共服务有效需求水平的差异使国家内部的财源分布、地方政府之间所拥有的财政能力并不平衡,中央政府需要通过转移支付缩小富裕地区与贫困地区的财政收入差距,帮助落后地区更好地将相关资金用于特定的公共服务,从而使每一个地方政府都能够提供大致相等的最低公共服务水平。[1] 比如,在我国,各地区经济发展水平存在较大差异,经济发展水平较高的东部地区,其财政收入和基本公共产品(服务)的供给水平较高。而西部地区经济发展水平较低,其财政收入和基本公共产品(服务)的供给水平也较低,再加上自然因素和历史因素的影响,其基本公共产品(服务)供给成本偏高,加剧了其与东部地区基本公共产品(服务)供给水平的差距。这就需要中央政府对

---

[1] 权衡,2017.收入分配经济学[M].上海:上海人民出版社:170.

西部地区(特别是财政收入与支出缺口较大的省份)进行无偿转移,以平衡地区之间的基本公共产品(服务)供给水平差距。

政府间转移支付主要基于各级政府收入能力与支出需求不一致的状况,按照均等化原则在政府间进行资金的再分配,是政府为了弥补市场自身的不足,促进整体经济的均衡发展,实现基本公共产品(服务)均等化的一种财政政策工具。政府间转移支付制度主要有两种:一是纵向转移支付制度,即不同级别政府之间财政资金的无偿转移,由上级政府根据因素法及财力与事权客观差异来确定转移支付数额,弥补下级地方政府财力缺口,使下级地方政府的财力与事权相匹配,有效调节、激励和引导资源配置,实现基本公共产品(服务)均等化。二是横向转移支付制度,即同级政府之间财政资金的无偿转移。由财力充裕的地方政府向同级的财力紧张的地方政府无偿转移财政资金,提供支援,缩小地区间差距,促进地区间基本公共产品(服务)均衡发展。政府对居民的转移支付也是缩小居民收入差距、促进收入分配公平、维护社会稳定的重要手段。通过财政转移支付以均衡地方财政和调节阶层收入差距,促进地区间基本公共产品(服务)均等化,体现了对公平正义价值的追求。

因此,本书中的转移支付公平是指政府通过制定科学合理的转移支付制度,确保社会成员获得最基本的生存条件、居民个体之间收入差距适度,确保政府之间财力与事权相匹配、地区间城乡间基本公共产品(服务)均等化。这种公平性体现在经过政府间转移支付后,中央政府掌握的收入应该与其提供的全国性公共产品供给总量相一致,而每个地方政府掌握的收入应该与其提供的地方性公共产品的供给总量相对应。

初次分配公平与再分配公平都是经济公平的重要组成部分。初次分配不公平,将对再分配公平造成负面影响;再分配不公平,也会对初次分配公平造成不利影响。两者作为公平的本质要求都是相同的,都对经济发展、社会稳定、政治稳定等有着重要的影响。

第五节 收入分配公平的基本原则

收入分配公平的原则是收入分配公平中最核心的内容,是引导人类追求和实现分配公平的行动准则或价值标准。可以说有什么样的原则决定了什么样的公平标准。一般来说,存在 2 种分配公平原则:一种是作为个人行为准则而存在的分配公平原则,另一种是作为社会制度设计和安排的原则依据而存在的分配公平原则。[①] 在借鉴马克思主义的分配公平思想和西方分配公平思想的基础上,我们认为,自由与平等相统一的原则、效率与公平相协调的原则、先富与共富相统一的原则、按劳分配与按贡献分配相结合的原则可以作为我国转型社会收入分配公平的基本原则。这些原则以社会整体利益为理论基础,体现初次分配公平(起点公平、过程公平与结果公平)和再分配公平(税负公平、社会保障公平与转移支付公平)的内涵。

一、自由与平等相统一的原则

自由与平等是人类社会永恒的价值追求。自由原则是市场自由主义分配公平模式的一个主要原则。这种分配机制或者说分配公平标准的特点是以自由作为分配原则,强调个人自由至上,主张效率优先,反对国家实行再分配。自由主义与个人主义可以说是一对孪生兄弟,个人主义者一般都是自由主义者。个人主义主张个人自由至上,为了维护个人利益和自由,他们都反对国家对个人自由和权利进行干预,都认为国家仅是一种"守夜人"的角色。他们的理由是权利不是国家赋予的,而是来自国家产生的自然状态,如果国家实行干预则会侵犯个人的自由和权利。平等原则是民主自由主义者的一个重要分配公平标准。他们认为,市场的作用并非万能的,主张国家对经济活动进行干预。这种分配公平模式也可以说是一种福利主义模式。福利经济学在经济伦理思想方面以庇古为代表人物,"实现社会经济福利(效用)总量最大化"是其基本原则。庇古认为,由于货币的边际效用递减,穷人的货币收入少,其货币边际效用大;而富人的货币收入多,其货币边际效用小。因此,货币收入从富人转移到穷人,一定会增加社会福利总量。收入分配愈均等化,则社会福利愈大。因此,从收入分配角度来说,要增加一个国家的社会经济福利总量,就必须实现收入分配均等化。[②] 新福利经济学提出了福利的 2 个基本原理。一是自由市场竞争是有效率的,能达到帕累托最优。二是市场有失灵的地方,国家应实行各种再分配手段调节市场失灵现象。由此可以看出,不管是旧福利经济学还是新福利经济学,都只是对自由至上主义的一种调节。新福利主义更加重视国家的再分配作用。新福利主义认为,国家的再分配是一种补偿原则。在进行一项分配政策变革的时候,往往会出现这样的情况:一部分人的社会福利得到了改善,但另一部分人的社会福利可能会受到损害,反之亦然。为了社会的公平,就需要对受损害的那一部分人进行补偿。一个公平合理的收入分配制度,不能以牺牲一部分人的利益来增加另一部分人的利益,而应该在市场竞争和收入分配中保护弱势群体的利益。

---

① 向玉乔,2013. 社会制度实现分配正义的基本原则及价值维度[J]. 中国社会科学(3):106-124.

② A. C. 庇古,2017. 福利经济学[M]. 朱泱,张胜纪,吴良健,译. 北京:商务印书馆:770-785.

　　无论是市场自由主义的分配公平模式还是民主自由主义的福利式分配公平原则都是为资本主义制度做辩护,因此在自由与平等之间不可避免地存在着一种悖论或者说矛盾。因为,市场自由主义的分配原则主张市场自由分配,反对国家再分配,而福利平等分配原则主张实行国家的再分配,反对市场优先原则。这就在自由与平等原则之间形成一种张力,即强调自由就难以实现平等,反之亦然。那么,怎样消除这种张力,解决这个悖论呢?学者们对此提出了自己的方案,最有名的是罗尔斯理论。罗尔斯在《正义论》中提出两个正义原则,即自由原则与差别原则。罗尔斯也看到了自由与平等的矛盾,他的目的是调和这种矛盾,但他并没有成功,而且遭受到左派与右派的攻击。左派攻击他的理论是半截子自由主义,右派攻击他的理论是一种个人主义的乌托邦式的理论。根本原因并不是罗尔斯理论存在缺陷,而在于罗尔斯所处的西方社会没有实现自由与平等统一的社会基础。西方资产阶级虽然在反对封建制度时提出了令人向往的"自由、平等、博爱"口号,但也仅仅是口号而已,没有真正实现自由与平等,更不用说解决自由与平等之间的矛盾。这是因为不管是市场自由主义的分配公平模式还是民主自由主义的分配公平模式,都是为资本主义制度服务的,这两种模式的所有制前提都是私有制。这种私有制所产生的社会财富不会为全体社会成员所共享,而是由资本家所独占。

　　我国建立的社会主义市场经济制度,也同样具有一般市场经济的追求个人自由、权利平等的现实基础。所以自由原则在我国现阶段是需要的甚至是必需的。比如我们建立的按劳分配与生产要素按贡献分配相结合的分配制度就体现了自由原则。同时,我国的所有制还不是全民公有制,而是以公有制为主体,多种所有制共存的所有制形式。在多种所有制下,分配制度还不能实行马克思所设想的"各尽所能、按需分配"。在现阶段只能实行按劳分配为主体、多种分配方式并存,按劳分配与生产要素按贡献分配相结合的分配制度。这一分配制度也体现了分配公平的自由原则要求。按劳分配原则可以这样理解,社会总产品在进行必要的扣除之后,依据个人劳动量的多少实行个人消费品的分配。对有劳动能力的人,依据个人提供的劳动数量和质量,等量劳动获得等量报酬,多劳多得,少劳少得,不劳不得。当然,在计划经济时期,这一分配原则并没有真正体现。真正体现按劳分配原则是在改革开放以后。转型时期的分配制度是由计划经济时期的按劳分配制度发展而来的。转型时期分配制度改革的主要特点之一是生产要素按贡献分配。分配的主体是生产要素的所有者;分配的对象是生产要素在生产中所产生的价值,包括工资、租金、利息、分红、奖金;分配的原则是按生产要素在经济活动中所产生的贡献。但这种分配只承认要素的贡献,否认了血统、特权、地位等非生产要素在分配中的作用。所以说也是一种自由的分配公平原则。自由原则虽然体现了分配公平的内涵,但它还是一种形式平等,没有实现结果的平等。因此,要实现结果的实质平等还需要平等原则。在市场分配的基础上,我国实行国家再分配。国家再分配是实行平等原则的一个重要方式。因为市场分配以贡献作为准则,追求的是效率优先,这必然会导致收入差距的扩大,这就需要国家实行再分配。我国实行的再分配制度与西方一些福利国家为了弥补资本家和工人之间的贫富差距所实行的再分配制度是不一样的。西方福利国家的再分配是一种补偿原则,是在发生经济危机的时候为了维护资本家的长远利益而采取的一种权宜之计,具有摇摆性,经济危机一过,这些原则就被放弃。我国实行国家再分配的目的是补充市场分配,和市场分配一起解决贫富差距,实现全民的共同富裕。社会主义国家为实现自由、平等,解决自由与平等这一悖论提供了制度基础。按劳分配的标准是按劳动贡献进行分配,不同于资本主义社会把劳动当作一种商品。社会主义制度下的生产要素按贡献分配与资本主义制度下的生产要素按贡献分配也有本质的区别。在资本主义制度下,资本家凭借资本占有了工人所创造的所有剩余价值。在社会主义制度下,分配的最终目标是共同富裕。在西方,不管是市场自由主义国家还是福利主义国家,其分配的最终目标都是为了资本家的利益。因此,在资本主义国家实行市场优先的原则,因为市场分配的一个最大因素是根据资本进行分配,而资本的所有者是资本家,因此这种市场自由分配的制度有利于资本家而不利于没有资本的工人。同时工人的主要收入——工资也是由资本家决定的,这样在市场分配中工人处于最不利的境况。我国社会财富分配的最终目标是实现共同富裕,这就需要自由与平等分配、市场分配与国家再分配的统一。这是因为共同富裕不是共同贫穷,需要高度发达的生产力,而市场分配有利于经济的发展。同时,共同富裕的一个最显著的特点是"共同"。这就需要国家实行再分配,以弥补在市场自由分配中处于最不利地位的人们的福利。

二、效率与公平相协调的原则

效率与公平是人类社会历来所追求的最基本的价值目标,追求效率与公平也是人类社会不断发展的内在动力。效率是指投入与产出的比率。投入越少,产出越多就越有效率,反之就是低效率或没效率。效率原则是指在进行资源和社会产品分配时以追求效率作为标准来进行分配。公平这个概念比较复杂,简单地说是指公正、平等地分配社会产品。公平原则指公正地分配社会财富的原则。对效率与公平的关系,主要有两种不同的观点。一种观点是坚持效率优先,兼顾公平。坚持这种观点的学者认为,我国经济发展首先是效率问题,要把"蛋糕"做大。另一种观点坚持公平优先,兼顾效率。持这种观点的学者认为,在我国经济发展的初期以效率优先把"蛋糕"做大,但在经济发展到一定程度就面临怎样分"蛋糕"的问题。其实这两种观点的实质都是认为效率与公平是一个悖论,要么坚持效率优先,要么坚持公平优先,二者没有调和的可能。这两种不同的观点认为,如果以效率优先,这虽然能促进经济增长和社会发展,但是也不可避免地导致贫富差距的产生和扩大,同时贫富差距的扩大也会导致经济的衰退,从而影响效率;如果以公平优先,就会缩小贫富差距,甚至趋于平均主义,这也会影响经济效率,最终会导致共同贫困。

市场自由主义追求效率优先,认为市场能够自发地调节收入分配,再分配是把一部分人的收入转移给另一部分人,这样会挫伤人们的积极性,破坏激励机制,从而降低经济效率。民主自由主义追求公平优先,认为一味地追求效率会造成贫富差距扩大和分配不公。市场自由主义和民主自由主义的分配公平模式虽然在看待效率与公平原则问题上似乎相反,但其实质是一样的,都认为效率与公平是冲突的,要么效率优先,要么公平优先,二者是不可能统一的。效率与公平的统一需要一定的社会制度条件。在资本主义市场经济国家中,不管是市场自由主义分配公平模式还是民主自由主义分配公平模式,都难以实现效率与公平的统一。如何在收入分配过程中既体现效率又体现公平,是理论与实践中的一个难题。效率提供了公平存在及发展的物质基础,只有不断提高效率,增加社会财富,公平分配才具有坚实的物质基础。公平是实现效率的保障,如果分配不公平,人们的劳动积极性就会受到挫伤,也就难以提高效率。

只有在社会主义市场经济条件下才能实现效率与公平的统一。这种统一主要表现在以下 3 个方面。

第一,效率与起点公平的统一。从效率的角度来看,社会主义公有制比资本主义私有制具有更高的生产效率。邓小平指出:"社会主义优越性归根到底要体现在它的生产力比资本主义发展得更快一些,更高一些。"[1]从公平的角度来看,在公有制条件下,劳动者占有生产资料,劳动成果归劳动者所有,而不是被资本家无偿占有。这就体现了起点的公平。人们在生产资料分配的起点上得到了公平,成为自己劳动的主人,这无疑使之产生更大的劳动激情,从而提高生产效率。

第二,效率与规则公平(程序公平)的统一。这种统一的基础是我国转型时期的收入分配制度。转型时期的收入分配制度是按劳分配与生产要素按贡献分配相结合的分配制度。按劳分配的标准是按劳动的贡献进行分配。多劳多得,少劳少得,不劳不得。这种分配方式不是计划经济时期的平均主义分配方式,这种重视物质利益的分配方式对生产效率的提高有很大的促进作用。如邓小平所说的那样:"不讲多劳多得,不重视物质利益,对少数积极分子可以,对广大群众不

---

① 邓小平,1993.邓小平文选(第 3 卷)[M].北京:人民出版社:64.

行。"[①]生产要素按贡献分配体现的也是一种规则公平(程序公平)。

第三,效率与结果公平的统一。发展生产力,消除两极分化,达到共同富裕是社会主义的本质要求。这一本质要求也体现了效率与公平的统一。发展生产力的目的是提高效率,增加物质财富。消除两极分化,达到共同富裕,体现的是分配结果公平。发展生产力是消除两极分化,达到共同富裕的前提和保证。先富也体现了效率与公平的统一。我们可以这样理解,先富是追求效率,共富体现的是公平。从正义的角度来看,效率体现的是起点公平和过程公平,是一种形式正义。公平体现的是结果正义,这是一种实质正义。只有效率与公平的统一才能实现形式正义与实质正义的统一。

自由主义者坚持效率优先,忽视公平,这不可避免地导致贫富差距和两极分化,从而影响效率。民主自由主义坚持公平优先,忽视效率,最终也会失去公平。因此,把效率与公平割裂开来不可能实现分配公平。我国计划经济时期那种不重视效率,片面强调公平,甚至追求绝对公平的平均主义分配方式既没有实现公平,又导致无效率。这些问题的产生都是没有真正理解效率与公平的关系的体现。在实践上也各执一端。改革开放初期,我们的分配原则是效率优先,兼顾公平。在当时我国经济不发达的情况下,这一分配原则是合理的。其目的是克服计划经济时期的平均主义分配,适当拉开差距,促进经济发展。但现在社会经济情况发生了巨大的变化,我国的生产力得到了大力发展,社会财富大大增加,贫富不均现象突出,在这一阶段工作的重点应由生产转向分配。可以说,在现阶段公平正义问题更加突出。虽然效率优先与兼顾公平这一原则也体现了公平,但因为在整个社会分配中初次分配的比例占绝大部分,仅靠对剩下的较少部分进行再分配对缩小贫富差距的作用不大。因此,这一分配原则并没有真正体现公平正义,也与现阶段的经济发展状况不相适应。因此,初次分配与再分配都要兼顾效率与公平,再分配更加注重公平。这一新的表述最突出的一点是在初次分配中也注入了公平因素。这样就更有利于公正分配的实现。一般而言,在初次分配中,按劳分配主要体现为劳动者的工资收入,因此,增加劳动收入报酬在国民收入中所占的比例有利于缩小收入差距,扩大社会消费需求,促进经济增长。因为低收入者的边际消费倾向要大于高收入者的边际消费倾向。另外,低收入者收入增加,使他们有能力在教育、医疗、健康等方面进行人力资本投资,而人力资本不仅对经济增长有促进作用,而且能够提高低收入者的收入水平。

从"兼顾效率与公平""效率优先、兼顾公平"到"初次分配与再分配都要兼顾效率与公平,再分配更加注重公平",正是政府对收入分配调节的具体政策体现,

---

① 邓小平,1993.邓小平文选(第3卷)[M].北京:人民出版社:136.

体现了社会主义制度的本质要求。只有正确处理公平与效率的关系,才能保持经济与社会的可持续发展。反之,必然会对经济与社会的发展造成损害。如果只强调效率,无视公平,则会引发和激化社会矛盾,社会稳定的基础会遭到破坏,也有违改革和发展的根本目标;如果只强调公平,无视效率,则会挫伤生产者的积极性,损害经济增长,最终的结果是居民收入水平下降,社会稳定的基础同样会遭到破坏。特别地,如果只强调结果的公平,那必然会严重损害经济社会发展的动力机制,经济社会发展将缺乏活力,最终使得国民经济丧失竞争力。因此,在现阶段,必须坚持效率与公平并重的原则,必须坚持效率与公平相协调的原则。一方面,分配公平与否及分配公平程度的高低对经济效率的高低有着重要甚至是决定性的影响,其可以制约或者促进经济效率的提高;另一方面,经济效率的高低也影响着分配公平,可以制约或者促进分配公平。分配公平既是人类社会最基本的价值追求,也是人们应该享有的最基本的权利。分配起点公平和分配规则(分配过程)公平决定着经济效率的高低,没有分配起点公平和分配规则(分配过程)公平,就不可能有高效率。国民收入的初次分配和再分配公平程度的高低依赖于效率水平,没有效率水平的提高,初次分配公平和再分配公平的实现要受到根本的限制,提高经济效益有利于实现分配公平。

三、先富与共富相统一的原则

党的十八大指出必须坚持走共同富裕的道路。共同富裕指社会中的大多数人和大部分地区富裕起来。先富与共富相统一的原则是指在社会财富的分配中,应以共同富裕作为目标,但共同富裕不是同等富裕,不是同时富裕,而是一部分人和一部分地区通过辛勤努力先富裕起来,然后通过示范引领作用带动大家走共同富裕之路,最终达到共同富裕。这种先富与共富相统一的思想是邓小平提出的,他认为"没有贫穷的社会主义,社会主义的特点不是穷而是富,但这种富是人民共同富裕"[1];"社会主义的目的就是要使全国人民共同富裕,而不是两极分化"[2]。他认为,在经济政策上,要允许一部分地区、一部分人,由于辛勤努力生活先好起来、先富裕起来,然后影响左邻右舍、带动其他地区富裕起来。[3] 让一部分人、一部分地区先富起来是邓小平在改革开放时期提出的一个重要的经济发展思想和收入分配思想。这一思想纠正了当时根深蒂固的平均主义思想,为改革分配制度扫清了理论障碍。"先富"只是手段,"共富"才是目标。"先富后富"与"共同富裕"的思想在逻辑上是一致的。他认为,共同富裕是社会主义的本质要求,并第一次

① 邓小平,1993.邓小平文选(第3卷)[M].北京:人民出版社:264-265.
② 邓小平,1993.邓小平文选(第3卷)[M].北京:人民出版社:111.
③ 邓小平,1993.邓小平文选(第3卷)[M].北京:人民出版社:155.

把社会主义的特点归结为"富"而不是"穷",是共同富裕。他把共同富裕提高到了社会主义的根本原则和本质规定上来。这是对马克思分配思想的继承与发展。

在此基础上,邓小平又提出了"两个大局思想"作为"先富后富论"的补充和发展。"沿海地区要加快对外开放,使这个拥有两亿人口的广大地带较快地先发展起来,从而带动内地更好地发展,这是一个事关大局的问题。内地要顾全这个大局。反过来,发展到一定的时候,又要求沿海拿出更多力量来帮助内地发展,这也是个大局。那时沿海也要服从这个大局。"①这一重要的分配思想具有鲜明的公平正义内涵。首先,让一部人、一部分地区先富起来的前提是"辛勤努力成绩大"。这就体现了这一分配的原则是根据个人的劳动贡献。这一按贡献分配的原则有利于打破平均主义分配方式,也有利于经济发展,更有利于实现共同富裕。其次,让一部人和一部分地区先富起来,并不会导致两极分化。"对于一部分先富裕起来的个人,也要有一些限制,例如,征收所得税,提倡有的人富裕起来后自愿拿出钱来办教育,修路。"②这些思想体现了国家对初次分配的再分配,比如,征收所得税,个人自愿拿出钱来办教育,修路,等等。这就体现了国家对先富起来的人的规范和引导作用。最后,这一思想体现了罗尔斯的差别原则。在初次分配中默认由于具有先天有利因素而在分配中处于有利的地位,但这些先天因素在罗尔斯看来并不是个人所单独具有的,而是一种社会的共同资源。比如沿海地区所处的优良环境,这是老天赐予的,是属于全国人民的共同资源。所以这些地方在先富裕起来的情况下,有责任、有义务帮助落后地区,特别是环境恶劣的西部地区。而且这不是一种施舍,因为西部地区有权利得到这些再分配的财富。邓小平也多次说到这个意思,认为沿海地区帮助内地发展是一种义务。在我国经济转型时期,先富是实现共富的一个必经阶段。因为每个人的先天条件不一样,每个地区的自然环境也不相同,如果不拉开差距,只能导致计划经济时期的共同贫困。但与西方国家分配公平的目标不一样,在我国先富并不是目的,而是共同富裕的一种手段。邓小平在1986年接见美国记者迈克·华莱士时指出:"我们讲的致富不是你们讲的致富。社会主义财富属于人民,社会主义的致富是全民共同富裕。"③共同富裕是社会中绝大多数人的富裕,是以社会整体利益为目标,与西方资本主义国家、资本家追求个人利益的最大化的致富目的是完全不同的。共同富裕的价值主体是广大的人民群众,强调的是大多数人的利益;共同富裕是价值创造者与价值享有者的统一,而不像资本主义社会那样,是价值创造者与价值享用者之间的分

---

① 邓小平,1993.邓小平文选(第3卷)[M].北京:人民出版社:364.
② 邓小平,1993.邓小平文选(第3卷)[M].北京:人民出版社:111.
③ 邓小平,1993.邓小平文选(第3卷)[M].北京:人民出版社:171-172.

离。[①] 从这个角度看,可以说我国的共同富裕思想体现了手段与目的的统一。历史的经验证明:先富是共富的起点,共富是先富的目标,没有大多数人和大部分地区富裕起来,先富也就失去了本来的意义,强调先富与强调共富的目标是一致的,都是为了提高全体社会成员的物质生活水平和精神生活水平。

四、按劳分配与按贡献分配相结合的原则

在市场经济条件下,按劳分配与按贡献分配相结合的原则是初次分配公平的基本原则。按劳分配就是在生产资料公有制条件下,在对社会总产品做了各项必要的扣除之后,将剩下的劳动者创造的总产品作为个人消费品,依据劳动者所付出的劳动数量和劳动质量进行分配。马克思指出,分配正义的方式要经历按劳分配与按需分配两个阶段。在生产力还没有发展到很高水平,劳动还是谋生手段的历史阶段,只能实行按劳分配。首先,他确立了按劳分配的适用范围,即在生产资料共同所有的条件下,对社会总产品进行必要的扣除之后再进行分配。其次,马克思明确了按劳分配的标准,"即一种形式的劳动量同另一种形式的同量劳动相交换"[②],也就是说,按劳分配就是按等量劳动领取消费品,多劳多得,少劳少得。在生产资料公有制背景下,度量财富分配的唯一标准是劳动,它调动了劳动者的积极性,既防止了贫富分化,又杜绝了平均主义。这是社会主义分配原则的优越性所在。马克思的"能者多劳,按劳分配"原则,是权利平等的一种实现方式,"每一个生产者在作了各项扣除之后,从社会方面正好领回他所给予社会的一切。他所给予社会的,就是他个人的劳动量"[③]。由此可见,按劳分配与按劳动贡献分配具有等同含义。

按贡献分配原则,指在整个社会范围内各种生产要素(劳动、土地、资本、技术、管理)以其对社会财富的创造所做出的实际贡献而获取相应报酬的方式。按贡献分配使得各生产要素获得了平等的地位与收益,同时也确立了各生产要素参与分配的统一标准——对创造社会财富的贡献。在社会经济活动或生产过程中,哪种生产要素贡献大,哪种生产要素获得的报酬就多;反之获得的报酬就少。

在全民所有制或国家所有制企业中,如国有独资企业,国家代表全体社会成员占有生产资料,劳动者使用属于自己的生产要素进行生产,除了劳动者劳动之外,不存在非劳动要素参与收益分配的问题。其根据劳动者在社会财富创造中的贡献进行分配,即按劳分配或按劳动贡献分配。在生产资料或生产要素属于不同所有者的情况下,经济成果是由不同的生产要素共同创造的,必然存在多种生产

---

① 唐莉,2007.中国贫富分化的价值阐释[M].北京:中国社会科学出版社:38.

② 马克思,1997.哥达纲领批判[M].中央编译局,译.北京:人民出版社:14.

③ 马克思,恩格斯,1972.马克思恩格斯选集(第3卷)[M].中央编译局,译.北京:人民出版社:10-11.

要素参与收益分配的问题,其分配方式是生产要素按贡献分配。如果将管理看作复杂劳动,劳动、资本、土地、技术与管理按贡献分配就是劳动与技术按劳分配,资本与土地按贡献分配,既存在按劳分配,又存在按贡献分配。

党的十六大报告首次提出"确立劳动、资本、技术、管理等生产要素按贡献参与分配的原则",党的十七大、十八大重申生产要素按贡献参与分配的制度,党的十九届四中全会通过的《中共中央关于坚持和完善中国特色社会主义制度 推进国家治理体系和治理能力现代化若干重大问题的决定》进一步提出"健全劳动、资本、土地、知识、技术、管理、数据等生产要素由市场评价贡献、按贡献决定报酬的机制",党的一系列文件都明确了各生产要素参与国民收入分配及按贡献分配的合法性与合理性。在初次分配领域,当产品的价值做必要的扣除后,如何在各生产要素所有者之间进行分配,其分配份额如何确定?是凭借其在财富创造中的实际贡献,还是按照其所有者的社会地位、行政权力或其他因素?从政策设计层面来看,党和政府主张按其对于价值生产的实际贡献而不是凭借其他因素确定分配份额。因此,采用科学合理的标准来确定各生产要素对于财富创造的贡献大小,并实事求是地依据其贡献进行国民收入的分配,对于实现国民收入初次分配公平非常关键。在进行国民财富初次分配时,如果各市场主体的生产要素投入与其最终的实际报酬差距太大,或者有的过多、有的过少,或者不论投入多少,最终报酬都一样,都会影响初次分配领域的公平,直接伤害相关市场主体对生产要素投入的积极性,从而影响生产效率的提高。为了克服上述弊病,必须确立各生产要素所有者按其对于财富创造的实际贡献大小确定分配权益的原则。按照这个原则,不论是否直接参与生产劳动,只要对财富创造发挥了作用、有贡献,付出了有效的代价,劳动者、资本所有者、土地所有者、技术所有者及经营管理者的国民收入分配机会和权益都应该受到尊重和保护。生产要素按贡献参与分配的原则,不仅在理论上是对社会主义分配理论的重大丰富与发展,在实践中也有利于调动社会成员的积极性和创造性,有利于更好地发挥市场在资源配置中的决定性作用,有利于生产效率的提高,有利于促进社会的和谐与稳定。[①]

第六节 本章小结

本章第一节阐述了收入分配的基本问题,主要包括收入分配的对象(收入与财富)、收入分配的主体(国家、企业和居民个人)、收入分配的方式(按劳分配与按

---

① 汪荣有.2017.初次分配公正论[M].北京:人民出版社:167.

贡献分配相结合)、收入分配的层次(初次分配与再分配两大层次)和收入分配政策(初次分配政策与再分配政策)。第二节界定了收入分配公平的内涵。首先阐述了公平、平等、正义与公正等相关概念的基本含义、区别与联系;其次从宏观视角和微观视角界定了收入分配公平(满意度)的内涵;最后阐述了收入分配公平的衡量尺度。第三节从 4 个方面阐述了收入分配公平的意义。第四节论述了收入分配公平的层次,主要包括初次分配公平和再分配公平两大层次。初次分配公平包括起点公平(权利公平与机会公平)、过程公平(规则公平或程序公平)与结果公平 3 个层次;再分配公平主要包括税负公平(横向公平、纵向公平与交换公平)、社会保障公平与转移支付公平 3 个层次。第五节从 4 个方面论述了收入分配公平的基本原则,主要包括自由与平等相统一的原则、效率与公平相协调的原则、先富与共富相统一的原则、按劳分配与按贡献分配相结合的原则。本章论述的收入分配公平的基本理论,是以后各章研究内容的理论基础。

第三章

收入分配公平的评价体系研究

收入分配公平的评价体系是收入分配公平统计测度与监测预警的基础,直接影响评价结果的准确性和科学性。根据第二章论述的收入分配公平的内涵、收入分配公平的层次,本章将从 3 个方面阐述收入分配公平的评价原则;从初次分配公平和再分配公平两大方面构建收入分配公平的评价指标体系;基于基尼系数法和综合评价法,提出收入分配公平的测度方法,这是全书的重要理论基础之一。

第一节 收入分配公平的评价原则

为了准确、及时、全面、客观地对收入分配公平状况进行统计测度,同时为收入分配公平的监测预警分析提供理论基础,在设计收入分配公平的评价指标体系时,应遵循如下几条基本原则。

一、系统性与代表性原则

由于收入分配公平是一个复杂的系统,涉及初次分配公平和再分配公平,而初次分配公平包括起点公平、过程公平与结果公平 3 个层次,再分配公平包括税负公平、社会保障公平与转移支付公平 3 个层次。对收入分配公平的评价还涉及宏观测度与微观评价,宏观测度是指对国民收入分配(初次分配与再分配)公平状况与公平程度进行统计测算,其衡量指标为收入分配公平度(包括初次分配公平度和再分配公平度);微观评价是利用民意测验、民意调查,考察社会成员满意不满意、满意程度如何,其衡量指标为收入分配公平满意度(包括初次分配公平满意度和再分配公平满意度)。因此,收入分配公平状况与公平程度很难用少数几个指标去评价,必须遵循系统性原则。系统性(或整体性)原则是指在具体设计收入分配公平评价指标时,要把初次分配公平和再分配公平视为一个整体系统,只要与收入分配公平密切相关的指标都要考虑进来,有较大的覆盖面,能够从不同角度反映收入分配公平的状况,绝对不能"扬长避短"。否则评价结论是不可靠的。系统性(或整体性)是保证无偏的前提。值得注意的是,不能机械地理解评价指标体系的"系统性",不能简单将之理解为指标越多越好。系统性原则的核心是所设计的指标体系能够反映评价目标的各个方面。其实,代表性也是不容忽视的,必须保证评价对象的每一个侧面都有"若干个代表性指标"来衬托,这就要求我们在设计指标体系时要避免"泛而全"。其实简洁性也很重要,要防止面面俱到,避免指标过于繁杂,应选取最能够反映收入分配公平的本质特征或有代表性的指标。

二、科学性与通用性原则

整个综合评价指标体系(初次分配公平评价指标体系与再分配公平评价指标体系)的构成必须紧紧围绕综合评价的目的(能够如实反映收入分配公平状况)层层展开,保证最终的评价结论能够正确反映评价主体的评价意图。只有这样才能避免过多无关因素的干扰。科学性原则是指收入分配公平评价指标的选择、指标权重的确定等必须以马克思主义收入分配理论为依据,要求评价指标的设计必须符合我国收入分配的实际情况,概念确切,含义清楚,计算方法科学、合理、准确。通用性原则是指收入分配公平评价指标的选择要充分考虑到现阶段国内外学术界公认的具有通用性、权威性特征的评价标准,以提高评价结果的可靠性、可比性。收入分配公平评价指标体系的设计是否科学、能否通用,直接关系到对收入分配公平的统计测度和收入分配公平的监测预警效果。

三、可操作性与可比性原则

可操作性原则是指在建立收入分配公平的评价指标体系时,选取的每一个指标都必须是易于获取数据的指标,能够通过一定的方法及时收集到准确的原始数据。考虑到我国的统计基础比较薄弱,对于一些重要的在现实情况下不易收集数据的指标,可以用替代指标,不能"一删了之",否则将影响收入分配公平状况的评价结果。再科学合理的指标,如果无法获取数据,也形同虚设。因而评价指标的设计要突出可操作性。在设计收入分配公平的评价指标体系时,除了考虑指标的可操作性之外,还要考虑指标的可比性原则。可比性原则是指在设计收入分配公平的评价指标时,每一个评价对象必须是可比的。如指标范围、计量单位、计算公式等方面的可比性。评价指标体系的设计要借鉴国际通行的统计标准和规范并与之衔接,能够进行国际比较,设计的评价指标不仅要具有纵向可比性,而且应当具有横向可比性。所谓纵向可比性,即与历史数据可比,评价指标应该相对稳定。

所谓横向可比性,即评价指标在空间或各地区之间、在同一时间断面可比。收入分配公平的评价指标如果不具备可比性,其评价结果也就没有什么意义了。[①]

第二节　收入分配公平的评价指标

评价指标是收入分配公平统计测度与监测预警的基础与前提,直接影响到评价结果的准确性。由于收入分配公平包含的层次较多,所以衡量收入分配公平不是单一指标而是一个相互联系的指标体系。只有建立起科学、合理、系统的评价指标体系,才能对收入分配公平状况做出正确的判断与评价,为政府部门制定科学合理的收入分配政策、有效调控居民收入不平等提供参考依据。根据收入分配公平的内涵与层次,本节设计的收入分配公平的评价指标体系由初次分配公平的评价指标体系和再分配公平的评价指标体系两大方面构成。

一、初次分配公平的评价指标体系[②]

初次分配公平是指在初次分配领域,按劳分配与生产要素(劳动、资本、土地、技术、管理等)按贡献分配相结合,在一定的社会成员之间公正、平等地分配被分配对象,保持社会成员之间收入差距适度。初次分配公平的评价指标体系由起点公平的评价指标、过程公平的评价指标和结果公平的评价指标等 3 个二级指标构成。

(一)起点公平的评价指标[③]

起点公平即权利公平和机会公平。起点公平的评价指标由教育公平、就业公平、公共医疗卫生公平、公共基础设施公平与公共自然资源公平等 5 个三级指标构成。

教育公平包括教育权利平等与教育机会均等两个基本方面。[④] 教育公平指标由九年义务教育普及率、适龄儿童入学率、小学入学率、初中入学率、小学生均教育经费、初中生均教育经费、教育预算占公共财政支出比例、小学与初中在校学

---

① 苏为华,2005.综合评价学[M].北京:中国市场出版社:12-13.

② SUN J S, WU P P,2020. Research on statistical measurement,monitoring and alerting of initial distributive fairness[C]. Business & Economics(2nd International Conference on Business, Economics, Management Science):49-65.

③ SUN J S, WU P P,2019. A research on the evaluation system and determinants of starting point fairness[C]. Advances in Economics, Business and Management Research(Fourth International Conference on Economic and Business Management), 106:162-173.

④ 杨东平,周金燕,2003.我国教育公平评价指标初探[J].教育研究(11):30-33.

生性别比等八个四级指标构成。[①] 就业是民生之本,对于经济社会发展具有重要作用。就业公平是指在就业过程中,每个人都有公平参与竞争的机会。就业公平的评价指标由就业率、每千人求职人员职业介绍机构数、每千人求职人员职业培训机构数、城乡比较就业率、男女比较就业率等 5 个四级指标构成。

公共医疗卫生、公共基础设施、公共自然资源等社会公共资源是收入分配中最基本的公平对象,在社会成员之间发挥着同一"起跑线"的重要作用。一个起点公平的社会应当是社会公共资源的分配优先于竞争的社会。因此,本节将公共基础设施公平、公共医疗卫生公平与公共自然资源公平纳入起点公平的范围。公共医疗卫生公平的评价指标由每千人医疗机构床位数、每千人卫生技术人员数、每千人卫生技术人员城乡比、人均公共医疗卫生费用、公共医疗卫生支出占 GDP 百分比、人均期望寿命(即出生人口预计的平均寿命)等六个四级指标构成。[②] 对于公共基础设施公平,大多学者认为可从公共交通基础设施和公共通信基础设施两个方面来反映[③][④],本书中的公共基础设施公平的评价指标由人均每平方千米公路面积、公路铁路密度、每万人拥有公共交通车辆、人均通信基础设施(用每万人长途光缆线路长度、每万人邮路总长度代替)等四个四级指标构成[⑤];公共自然资源公平的评价指标由人均土地(耕地、林地、草地)面积、人均水资源拥有量、人均绿地面积(用城市人均公园绿地面积代替)等三个四级指标构成。

起点公平评价指标的名称、性质、单位、含义与计算公式如表 3-1 所示。

① 王善迈.2008.教育公平的分析框架和评价指标[J].北京师范大学学报(社会科学版)(3):93-97.

② 孙德超,2013.地区医疗卫生服务均等化评价指标体系的构建[J].中国行政管理(9):47-50.

③ 刘晓光,张勋,方文全,2015.基础设施的城乡收入分配效应:基于劳动力转移的视角[J].世界经济,38(3):145-170.

④ 周春平,董梦寒,2019.交通基础设施建设缩小收入差距了吗?——基于省际面板数据的实证分析[J].天津商业大学学报,39(3):59-65.

⑤ 张雷宝,2009.公共基础设施服务均等化的理论辨析与实证考察[J].财贸经济(2):35-39.

表 3-1　起点公平评价指标的名称、单位与含义

指标名称		指标性质	指标单位	指标含义与计算公式
教育公平	九年义务教育普及率	+	％	初中毕业生数/小学学龄儿童总数,该指标表示受九年义务教育的人口覆盖率
	适龄儿童入学率	+	％	小学学龄儿童数/校内外小学学龄儿童总数
	小学入学率	+	％	该指标表示接受小学教育的覆盖率(用小学升学率=初中招生数/小学毕业生数代替)
	初中入学率	+	％	该指标表示接受初中教育的覆盖率(用初中升学率=高中招生数/初中毕业生数代替)
	小学生均教育经费	+	元	小学教育经费投入/小学在校生人数
	初中生均教育经费	+	元	初中教育经费投入/初中在校生人数
	教育预算占公共财政支出比例	+	％	公共财政预算教育经费/公共财政支出,该指标越大说明教育受重视程度越高
	小学与初中在校学生性别比	⊙		小学与初中在校学生中男生人数除以女生人数
就业公平	就业率	+	％	就业人员总数/经济活动人口
	城乡比较就业率	⊙	％	城镇就业率与农村就业率之比,反映城乡就业公平程度
	男女比较就业率	⊙	％	男性就业率与女性就业率之比,反映性别就业公平程度
	每千人求职人员职业介绍机构数	+		职业介绍机构数/求职人员/1000
	每千人求职人员职业培训机构数	+		职业培训机构数/求职人员/1000
公共医疗卫生公平	人均公共医疗卫生费用	+	元	采用人均卫生费用指标
	公共医疗卫生支出占 GDP 的百分比	+	％	采用卫生费用占 GDP 的比重指标
	每千人卫生技术人员数	+	人	卫生技术人员数/常住人口数/1000
	每千人医疗机构床位数	+		医疗机构床位数/常住人口数/1000
	每千人卫生技术人员城乡比	+		城镇与农村每千人卫生技术人员之比
	人均期望寿命	+	岁	根据出生人口预计的平均寿命,评价居民健康水平的指标

指标名称		指标性质	指标单位	指标含义与计算公式
公共基础设施公平	人均每平方千米公路面积	＋	平方公里	用城市人均每平方千米公路面积代替
	公路铁路密度	＋		每平方千米内的公路铁路公里数
	每万人拥有公共交通车辆	＋	辆	用城市"每万人拥有公共交通车辆"代替
	人均通信基础设施	＋	公里	用"每万人长途光缆线路长度、每万人邮路总长度"代替
公共自然资源公平	人均土地面积	＋	亩	土地(耕地、林地、草地)面积总量/人口总量
	人均水资源拥有量	＋	立方米	水资源总量/人口总量
	人均绿地面积	＋	平方米	用城市人均公园绿地面积代替

注:＋表示正指标,－表示逆指标,⊙表示适度指标(后文同此)。城乡比较就业率为城镇就业率与农村就业率之比,其中:城镇就业率＝1－城镇失业率,农村就业率＝农村就业人员/农村劳动力。

(二)过程公平的评价指标

过程公平(或规则公平)是指社会成员在参与社会经济活动的过程中,能够按照公开、公正、公认的规则平等竞争,在规则面前一律平等。过程公平的评价指标由行业集中度、投资市场化程度、参加工会职工占比、公共资源交易中公开招投标比例[1]、万人贪污贿赂和渎职立案件数、廉洁指数[2]、政府公共信息公开率、违反反不正当竞争法规的案件立案查处率等8个三级指标构成。

垄断往往排斥市场竞争,扰乱正常的市场秩序,损害消费者利益,导致收入分配不公。为方便起见,本书用行业集中度这一指标来反映垄断程度。[3] 为简化起见,依据数据可得性,本书设置"投资市场化程度(用固定资产投资中非国有经济比重代替)"指标反映非国有经济比重。腐败是世界各国均面临的最突出的问题之一。反腐败非政府组织"透明国际"开发的清廉指数(Corruption Perception Index)是目前世界上公认的量化腐败权威指标,被学术界和政府广泛采用。政府公共信息公开程度是衡量政府公信力的指标。信息公开主要在以下几个方面:一是公开政府的重大决策;二是公开法律法规;三是公开行政标准;四是公开办事程序;五是公开办事结果。[4]

---

① 过勇,宋伟,2016.腐败测量:基于腐败、反腐败与风险的视角[J].公共行政评论(3):73-88.

② 吕青,2011.反腐败形势评估的指标体系研究[J].理论探讨(11):146-148.

③ 徐海成,白鹏锐,2015.行政垄断程度评价指标体系构建及衡量——以中国收费公路行业为例[J].技术经济与管理研究(8):3-7.

④ 舒小庆,2008.政府公信力:价值、指标体系及其实现途径:兼论我国诚信政府建设[J].南昌大学学报(人文社会科学版),39(6):25-35.

过程公平评价指标的名称、性质、单位、含义与计算公式如表 3-2 所示。

表 3-2　过程公平（规则公平）评价指标的名称、单位与含义

指标名称	指标性质	指标单位	指标含义与计算公式
行业集中度	－	%	用增加值排名前 5 位的行业增加值占 GDP 的比重代替
投资市场化程度	＋	%	用固定资产投资中非国有经济比重代替
公共资源交易中公开招投标比例	－	%	公共资源交易中公开招投标数/公共资源交易招投标总数
参加工会职工占比	＋	%	工会会员人数/职工总数
廉洁指数	＋		反映一个国家政府官员的廉洁程度（采用 10 分制）
万人贪污贿赂和渎职立案件数	－	件	贪污贿赂和渎职案件数/总人口/万人，是反映政府廉政状况的指标
政府公共信息公开率	＋	%	实际公开的政府公共信息/应该公开的政府公共信息
违反反不正当竞争法规的案件立案查处率	＋	%	违反反不正当竞争法规查处案件数与立案件数之比

（三）结果公平的评价指标

结果公平是指社会成员在起点公平和过程公平的前提下，在参与经济活动后，获得正当的利益，付出与所得相符、贡献与收益相称，社会成员之间收入差距适度。国内外学者主要选取劳动报酬占 GDP 的比重、居民收入不平等、居民收入弹性、财政收入占 GDP 的比重等构建结果公平的评价指标体系。[1][2][3] 在此基础上，本书的结果公平的评价指标由居民收入公平度[用(1－居民人均收入基尼系数)代替][4]、居民收入弹性（居民人均收入增长率/GDP 增长率）、城乡居民人均收入比、劳动报酬在初次分配中的比重、中等收入阶层所占比重、政府公共财政收入占 GDP 的比重、农村居民人均纯收入增长率、城镇居民人均可支配收入增长率、行业职工工资泰尔指数、贫困人口比率、失业率、通货膨胀率、老龄化率（老年人口

① AMARANTE V, 2014. Income inequality in Latin America: data challenges and availability[J]. Social Indicators Research, 119(3): 1467-1483.

② 张慎霞, 周国宝, 张术环, 2015. 贯彻按劳分配的主体地位是实现初次分配公平的关键[J]. 中国劳动(24): 4-8.

③ 王巍, 窦以鑫, 符建华, 2017. 收入分配理论与实证[M]. 北京: 科学出版社: 131-136.

④ 钱爱民, 郁智, 步丹璐, 2014. 结果公平还是过程公平？——基于薪酬激励对员工离职的实证分析[J]. 经济与管理研究(9): 101-109.

增长率与总人口增长率之比)等 13 个三级指标构成。

结果公平评价指标的名称、性质、单位、含义与计算公式如表 3-3 所示。

表 3-3　结果公平评价指标的名称、单位与含义

指标名称	指标性质	指标单位	指标含义与计算公式
居民收入公平度	⊙	％	用(1－居民人均收入基尼系数)代替
居民收入弹性	⊙		居民人均收入增长率/GDP 增长率
劳动报酬在初次分配中的比重	＋	％	用人均劳动报酬占人均 GDP 的比重代替
城乡居民人均收入比	⊙		指城镇居民人均可支配收入与农村居民人均纯收入之比
行业职工工资泰尔指数	⊙		计算公式为 $\frac{1}{n}\sum_{i=1}^{n}\frac{y_i}{\mu}\ln\left(\frac{y_i}{\mu}\right)$，反映行业收入分配差距
中等收入阶层所占比重	＋	％	中等收入阶层人口数/总人口
政府公共财政收入占 GDP 的比重	－	％	政府公共财政收入/GDP,指标越大说明分配结果越不公平
农村居民人均纯收入增长率	＋	％	本期农村居民人均纯收入相对于上期增长率
城镇居民人均可支配收入增长率	＋	％	本期城镇居民人均可支配收入相对于上期增长率
贫困人口比率	－	％	贫困人口/总人口,采用(农村贫困人口数＋城镇低保人数)/总人口
通货膨胀率	⊙	％	用居民消费价格指数代替
失业率	－	％	用城镇登记失业率代替
老龄化率	⊙		老年人口增长率与总人口增长率之比

由起点公平的评价指标、过程公平的评价指标、结果公平的评价指标等 3 个二级评价指标得到初次分配公平评价指标体系,如表 3-4 所示。

表 3-4　初次分配公平的评价指标体系

一级指标	二级指标	三级指标
初次分配公平的评价指标体系	起点公平评价指标	教育公平(九年义务教育普及率*、适龄儿童入学率、小学入学率、初中入学率、小学生均教育经费、初中生均教育经费、教育预算占公共财政支出比例、小学与初中在校学生性别比),就业公平(就业率、城乡比较就业率*、男女比较就业率*、每千人求职人员职业介绍机构数*、每千人求职人员职业培训机构数*),公共医疗卫生公平(人均公共医疗卫生费用*、公共医疗卫生支出占 GDP 的百分比*、每千人卫生技术人员数、每千人医疗机构床位数、每千人卫生技术人员城乡比*、人均期望寿命*),公共基础设施公平(人均每平方千米公路面积、公路铁路密度、每万人拥有公共交通车辆、人均通信基础设施),公共自然资源公平(人均土地面积*、人均水资源拥有量、人均绿地面积)
	过程公平评价指标	行业集中度*,投资市场化程度,公共资源交易中公开招投标比例*,参加工会职工占比,廉洁指数*,万人贪污贿赂和渎职立案数*,政府公共信息公开率*,违反反不正当竞争法规的案件立案查处率*
	结果公平评价指标	居民收入公平度,居民收入弹性,劳动报酬在初次分配中的比重,城乡居民人均收入比,行业职工工资泰尔指数,中等收入阶层所占比重*,政府公共财政收入占 GDP 的比重,农村居民人均纯收入增长率,城镇居民人均可支配收入增长率,贫困人口比率*,通货膨胀率,失业率,老龄化率

注:带"＊"的指标数据缺失。

二、再分配公平的评价指标体系[①]

再分配公平是指在再分配领域,运用税收、社会保障、转移支付等政策工具,通过国民收入再分配,满足社会成员的基本生活需要,保持社会成员之间收入差距适度和地区(城乡)之间基本公共产品(服务)均等化。再分配公平主要包括税负公平、社会保障公平与转移支付公平 3 个层次。因此,再分配公平的评价指标包括税负公平评价指标、社会保障公平评价指标与转移支付公平评价指标等 3 个方面。

(一)税负公平的评价指标

税负公平是指纳税人承受的税收负担与其纳税能力(或经济条件)及获得的公共产品(服务)相协调,政府筹集的税收总量与其所提供的符合社会成员需要的公共产品(服务)总量相匹配。税负公平主要包括横向公平、纵向公平和交换公

---

① SUN J S, CAI P P,2019. Research on the measurement and early warning of redistribution equity [C]. Advances in Economics, Business and Management Research(International Conference on Economic Management and Cultural Industry),109:39-53.

平。横向公平设置个人所得税占税收比重、投资所得税占税收比重、个人所得税弹性、投资所得税弹性等4个代理指标。纵向公平设置高收入与中等收入税负差异、高收入与低收入税负差异、中等收入与低收入税负差异等3个代理指标。交换公平设置公共服务(公共基础设施、社会福利)与税收之比作为代理指标。考虑到我国财政收入的实际情况,本书还设置政府收入占GDP的比重作为宏观税收负担的代理指标。

税负公平评价指标的名称、性质、单位、含义与计算公式如表3-5所示。

表3-5 税负公平评价指标的名称、单位与含义

指标名称	指标性质	指标单位	指标含义与计算公式
个人所得税占税收比重	⊙	%	个人所得税/税收总额
投资所得税占税收比重	⊙	%	用企业所得税/税收总额代替
个人所得税弹性	⊙		个人所得税增长率与居民收入增长率之比
投资所得税弹性	⊙		用企业所得税增长率与企业收入增长率之比代替
高收入与中等收入税负差异	⊙		高收入阶层税负与中等收入阶层税负之比
高收入与低收入税负差异	⊙		高收入阶层税负与低收入阶层税负之比
中等收入与低收入税负差异	⊙		中等收入阶层税负与低收入阶层税负之比
公共服务(公共基础设施、社会福利)与税收之比	+	%	用公共预算支出与税收总额之比代替
宏观税负	-	%	用政府公共财政收入占GDP的比例代替

(二)社会保障公平的评价指标

社会保障作为再分配政策的重要组成部分,具有社会政策托底功能,社会保障体系是国家实现分配公平的良好政策工具。中国社会保障制度主要包括社会保险、社会救助、社会福利和社会优抚等内容。社会保障公平是指政府通过制定科学合理的社会保障制度确保社会成员获得最基本的生存权与发展权,社会保障待遇能根据参保者履行的义务、做出的贡献进行公正的分配。这种公平性体现在2个方面:一是底线保障实行完全平等的原则,二是非底线保障实行相对平等(贡献平等)的原则。社会保障公平的评价指标主要由社会保险公平指标、社会救助与社会福利公平指标构成。社会保险公平评价指标下设失业保险覆盖率、养老保

险覆盖率、医疗保险覆盖率、生育保险覆盖率、工伤保险覆盖率等 5 个四级指标[1]；社会救助、社会福利和社会优抚公平的评价指标下设社会保障支出占财政支出的财政支出比重、人均社会保障支出、人均退休离休金与职工平均工资之比、最低生活保障线下人口比重、每万人口社会福利机构数、城乡低保人员相对比率、低保标准的城乡之比、低保标准的地区之比等 8 个四级指标。[2]

社会保障公平评价指标的名称、性质、单位、含义与计算公式如表 3-6 所示。

表 3-6 社会保障公平评价指标的名称、单位与含义

指标名称	指标性质	指标单位	指标含义与计算公式
养老保险覆盖率	+	%	用城镇职工基本养老保险人数/城镇职工和离退休人员总数代替
医疗保险覆盖率	+	%	医疗保险参保人数/总人口
失业保险覆盖率	+	%	失业保险参保人数/职工总人数
工伤保险覆盖率	+	%	工伤保险参保人数/职工总人口
生育保险覆盖率	+	%	生育保险参保人数/职工总人数
社会保障支出占 GDP 的财政支出比重	+	%	用社会保障和就业支出/财政支出代替
人均社会保障支出	+	元/人	用社会保障和就业支出/总人口代替
人均退休离休金与职工平均工资之比	+	%	人均退休离休金/城镇职工平均工资
最低生活保障线下人口比重	+	%	最低生活保障线下人口/总人口
每万人口社会福利机构数	+		社会福利机构数/总人口/10 000
城乡低保人员相对比率	⊙		城市低保人员比重/农村低保人员比重，该指标越接近 1,则说明公平度越高
低保标准的城乡之比	⊙		农村低保标准与城市低保标准之比,该指标反映低保标准的城乡公平性
低保标准的地区之比	⊙		最低低保标准地区内低保标准平均值与最高低保标准地区内低保标准平均值之比,该指标反映低保标准的地区公平性

① 周长城,吴青鹏,2012.社会保障绩效评估指标体系思考[J].社会保障研究(6):68-74.

② 景天魁,2013.底线公平概念和指标体系——关于社会保障基础理论的探讨[J].哈尔滨工业大学学报(社会科学版),15(1):21-34.

(三)转移支付公平的评价指标

转移支付是一种收入再分配形式,主要包括:政府的转移支付,如政府对居民个人的转移支付、政府对企业的转移支付(主要指政府给予企业的各种补贴)、农产品价格补贴等,政府的转移支付是调节收入分配的重要手段;企业的转移支付(如企业对非营利组织的赠款或捐款);政府间转移支付(上级与下级政府之间的纵向转移支付、同级地方政府之间的横向转移支付)。[①] 转移支付公平是指政府通过制定科学合理的转移支付制度确保社会成员获得最基本的生存条件,保持社会成员之间收入差距适度,确保政府之间财力与事权相匹配、地区(城乡)之间基本公共产品(服务)均等化。这种公平性体现在经过政府间转移支付后,政府掌握的财政收入应该与其提供的公共产品供给总量相一致。转移支付公平的评价指标由最低生活保障线下人均转移支付、政府对企业转移支付(补贴)占比、政府对个人转移支付占比、企业转移支付(主要指企业对各种公益社会慈善事业的捐助额)占比、财力性转移支付与专项转移支付占地方财政收入的比重、农产品价格补贴占比等 6 个三级指标构成。

转移支付公平评价指标的名称、性质、单位、含义与计算公式如表 3-7 所示。

表 3-7　转移支付公平评价指标的名称、单位与含义

指标名称	指标性质	指标单位	指标含义与计算公式
最低生活保障线下人均转移支付	+	元	最低生活保障线下转移支付总额/最低生活保障线下人口数
政府对个人转移支付占比	+	%	个人转移支付总额/转移支付总额
政府对企业转移支付(补贴)占比	⊙	%	政府对企业转移支付(补贴)总额/转移支付总额
企业转移支付占比	⊙	%	企业对各种公益社会慈善事业捐助额/转移支付总额
财力性转移支付与专项转移支付占地方财政收入的比重	⊙	%	财力性转移支付与专项转移支付总额/地方财政收入总额
农产品价格补贴占比	+	%	农产品价格补贴总额/转移支付总额

由税负公平评价指标、社会保障公平评价指标、转移支付公平评价指标等 3 个二级评价指标得到再分配公平的评价指标体系,如表 3-8 所示。

---

① 金双华,2013.财政转移支付制度对收入分配公平作用的研究[J].经济社会体制比较(5):44-53.

表 3-8　再分配公平的评价指标体系

一级指标	二级指标	三级指标含义与计算公式
再分配公平评价指标体系	税负公平评价指标	宏观税负(政府公共财政收入占 GDP 的比例),个人所得税弹性,投资所得税弹性*,个人所得税占税收比重,投资所得税占税收比重,高收入与中等收入税负差异*,高收入与低收入税负差异*,中等收入与低收入税负差异*,公共服务(公共基础设施、社会福利)与税收之比*
	社会保障公平评价指标	社会保险公平(养老保险覆盖率、医疗保险覆盖率、失业保险覆盖率、工伤保险覆盖率、生育保险覆盖率),社会救助与社会福利公平(社会保障支出占 GDP 的财政支出比重、人均社会保障支出、人均退休离休金与职工平均工资之比、最低生活保障线下人口比重、每万人口社会福利机构数*、城乡低保人员相对比率、低保标准的城乡之比、低保标准的地区之比*)
	转移支付公平评价指标	最低生活保障线下人均转移支付*,政府对个人转移支付占比,政府对企业转移支付(补贴)占比*,企业转移支付占比(企业对各种公益社会慈善事业捐助额/转移支付总额)*,财力性转移支付与专项转移支付占地方财政收入的比重*,农产品价格补贴占比*

注:带"*"的指标数据缺失。

第三节　收入分配公平的评价方法

本节主要阐述综合评价的基本方法,收入分配不平等的测度方法,分析几种主要测度方法的优点与缺陷,并在此基础上,提出收入分配公平的测度方法。

一、综合评价方法概述

在系统评价中,将一项指标与相应的评价标准进行比较,称为简单评价。在社会经济活动中,由于评价对象越来越复杂,评价指标越来越多,简单评价的缺陷越来越明显。因此,理论界通过对实践活动的总结,逐步形成了一系列运用多指标对参评对象进行评价的方法,即综合评价方法。利用多指标综合评价方法从不同的角度全面考察一个国家或地区的收入分配公平状况,需要对它的初次分配公平状况和再分配公平状况进行全面、系统的评价,这种评价方法避免了简单评价方法的片面性和不一致性。因此,对多指标综合评价方法的研究具有一定的理论意义。

(一)综合评价模型

综合评价模型是利用数学模型将多个评价指标值"合成"为一个综合评价值,对被评价对象进行客观、公正、合理、全面的整体评估。本节涉及的向量、变量符号或参数定义如下:设有 m 个系统(被评价对象),每个系统有 n 个指标,每个指标取 T 个观测值(时期期数或截面个数)。a_{ijt} 为 t 时期子系统 i 第 j 个指标的无纲量实际值;a_{ijt}^{*} 为 t 时期子系统 i 第 j 个指标的无纲量理想值,w_{ij} 为子系统 i 第 j 个指标权重,其中 $i=1,2,\cdots,m$,$j=1,2,\cdots,n$,$t=1,2,\cdots,T$。为了全面地分析、评价 m 个系统的运行状况,在已经获得 m 个状态向量 $\boldsymbol{X}_{it}=\{a_{i1t},a_{i2t},\cdots,a_{int}\}'$ ($i=1,2,\cdots,m$; $t=1,2,\cdots,T$)的基础上,构造系统状态在某种意义上的综合评价模型:

$$y_{it}=F(\boldsymbol{W}_i,\boldsymbol{X}_{it})(i=1,2,\cdots,m;t=1,2,\cdots,T) \tag{3-1}$$

其中,n 表示系统状态的分量个数(指标数),$\boldsymbol{W}_i=\{w_{i1},w_{i2},\cdots,w_{in}\}(i=1,2,\cdots,m)$ 为指标权重向量。式(3-1)也称为 t 时期子系统 i 的发展度。

评价模型的值域一般是实数集。由评价模型求出各系统的函数值或发展度 $y_{it}=F(\boldsymbol{W}_i,\boldsymbol{X}_{it})$,并根据 y_{it} 值的大小将 m 个系统进行比较和排序。由综合评价模型 $y_{it}=F(\boldsymbol{W}_i,\boldsymbol{X}_{it})$ 可知,计算 t 时期子系统 i 的综合评价值或发展度 y_{it} 必须知道权重向量和状态向量。

子系统综合评价值或发展度、系统综合评价值或发展度模型通常采用以下三种评价模型。

1.线性加权型评价模型。线性加权型评价模型用线性函数来进行系统评价。t 时期子系统 i 的综合评价值或发展度如下:

$$y_{it}=F(\boldsymbol{W}_i,\boldsymbol{X}_{it})=\sum_{j=1}^{n}w_{ij}a_{ijt}(0\leqslant w_{ij}\leqslant 1,\sum_{j=1}^{n}w_{ij}=1) \tag{3-2}$$

t 时期系统综合发展度为:

$$y_t=F(\boldsymbol{W},\boldsymbol{X}_t)=\sum_{i=1}^{m}w_iy_{it}(0\leqslant w_i\leqslant 1,\sum_{i=1}^{m}w_i=1) \tag{3-3}$$

其中,权重向量 $\boldsymbol{W}=\{w_1,w_2,\cdots,w_m\}$,$\boldsymbol{X}_t=\{y_{1t},y_{2t},\cdots,y_{mt}\}'$。

线性加权型评价模型的主要特点:适用于各评价指标之间相互独立的场合,对于(无量纲)指标数据没有什么特定要求,容易计算;指标数值大的指标,对评价结果的作用较大。

2.几何加权型评价模型。几何加权型评价模型用非线性函数来进行系统评价。t 时期子系统 i 的发展度(即系统 i 评价指标的度量值)为:

$$y_{it}=F(\boldsymbol{W}_i,\boldsymbol{X}_{it})=\prod_{j=1}^{n}a_{ijt}^{w_{ij}}\ (\ 0\leqslant w_{ij}\leqslant 1\ ,\ \sum_{j=1}^{n}w_{ij}=1\ ) \tag{3-4}$$

t 时期系统综合发展度(即系统联合度量值)为:

$$y_t=F(\boldsymbol{W},\boldsymbol{X}_t)=\prod_{i=1}^{m}y_{it}^{w_i}\ (\ 0\leqslant w_i\leqslant 1\ ,\ \sum_{i=1}^{m}w_i=1\ ) \tag{3-5}$$

其中,权重向量 $\boldsymbol{W}=\{w_1,w_2,\cdots,w_m\}$,$\boldsymbol{X}_t=\{y_{1t},y_{2t},\cdots,y_{mt}\}'$。

几何加权型评价模型的主要特点:对于指标数据要求较高,一般要求无量纲指标大于或等于1。计算上比线性加权型评价模型要复杂一些;指标数值小的指标,对评价结果的作用较大,具有"一丑遮百俊"的特征。

3.距离加权型评价模型(理想点型评价模型)。距离加权型评价模型反映的是区间型指标的综合评价问题。设定一个理想(最差)的系统状态或样本点为 $(a_{i1t}^*, a_{i2t}^*, \cdots, a_{int}^*)$,如果被评价对象 $(a_{i1t}, a_{i2t}, \cdots, a_{int})$ 与理想状态在某种"距离"下非常接近(远),则可以认为该评价对象是最优(最差)的。基于这种思想的系统评价方法,称为理想点的排序方法,简称理想点法。

设 a_{ijt}^* 为 t 时期子系统 i 第 j 个指标 a_{ijt} 的无纲量理想值,y_{it} 为 t 时期子系统 i 的发展度:

$$y_{it} = F(\boldsymbol{W}_i, \boldsymbol{X}_{it}) = \sum_{j=1}^{n} w_{ij} s(a_{ijt}, a_{ijt}^*)\ (\ 0 \leqslant w_{ij} \leqslant 1\ ,\ \sum_{j=1}^{n} w_{ij} = 1\ )\quad (3\text{-}6)$$

其中,$s(a_{ijt}, a_{ijt}^*)$ 为 a_{ijt} 与 a_{ijt}^* 的距离,通常取欧氏距离,即:

$$y_{it} = F(\boldsymbol{W}_i, \boldsymbol{X}_{it}) = \sum_{j=1}^{n} w_{ij}(a_{ijt} - a_{ijt}^*)^2 \quad\quad\quad (3\text{-}7)$$

t 时期系统综合发展度为:

$$y_t = F(W, X_t) = \sum_{i=1}^{m} w_i(y_{it} - \bar{y}_t)^2\ (\ 0 \leqslant w_i \leqslant 1\ ,\ \sum_{i=1}^{m} w_i = 1\ )\quad (3\text{-}8)$$

其中,$\bar{y}_t = \sum_{i=1}^{m} w_i y_{it}$ 为 y_{1t},y_{2t},$\cdots$,y_{it} 的均值,权重向量 $\boldsymbol{W} = \{w_1, w_2, \cdots, w_m\}$,$\boldsymbol{X}_t = \{(y_{1t} - \bar{y}_t)^2, (y_{2t} - \bar{y}_t)^2, \cdots, (y_{mt} - \bar{y}_t)^2\}'$。显然,$y_{it}$ 或 y_t 的值越小越好。比如,y_t 越小,则系统综合发展度越高。特别地,若 y_{it} 或 y_t 的值等于0,则评价对象就是理想系统。

(二)评价模型的权重确定方法与指标的无量纲化

评价模型的权重确定方法很多,主要有主观赋权法和客观赋权法。主观赋权法是指根据专家主观上的判断对各评价指标的重视程度来确定权重系数的一种方法。主观赋权法的过程是运用专家的专业知识、经验阅历和主观判断能力,对受经济、政治、社会等因素影响的评价对象进行分析和判断。尤其是在缺乏翔实的统计数据的情况下,可依据专家做出的分析和估测进行判断。主观赋权法在具体操作上可采用专家会议法、专家函询法、专家委员会法,比较常用的德尔菲法,是通过对专家的几轮匿名函询调查,逐步把结果收敛于某个数值(平均数、众数或中位数)。客观赋权法是依据客观统计数据和理论研究指标之间的关系进行赋权。客观赋权法常用的有变异系数法、熵信息法、主成分分析法、因子分析法、最优权重法等。对于主观赋权法和客观赋权法,因篇幅所限,本节不再一一介绍。

评价指标有偏大型(正向指标如效益型指标,指标数值越大,评价值越高)、偏小型(负向指标如成本型指标,指标数值越大,评价值越低)、中间型(指标数值越居中,评价值越高;反之则越低)。指标无量纲化是利用数学变换来消除原指标量纲的一种方法。指标无量纲化主要有直线型无量纲法、折线型无量纲法、曲线型无量纲法等 3 种方法。一般而言,无量纲化方法的选择,应该遵循客观性原则、简易性原则和可操作性原则。

一个完整的综合评价系统,其逻辑框架如图 3-1 所示。[1]

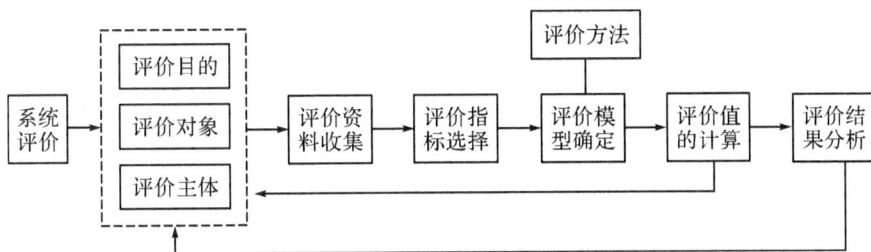

图 3-1　综合评价系统逻辑框架

二、收入分配不平等的测度方法

收入分配不平等是相对于收入分配平等而言的。收入分配平等指每个社会成员的收入水平完全一样,而收入分配不平等则是指对这种状态的偏离,收入分配不平等的测度是对平等状态偏离程度的测定。理论界提出了许多衡量收入分配不平等的测度指标,如变异系数、基尼系数、泰尔指数、极差、相对平均差、方差及标准差、库兹涅茨比率、阿特金森指数等,这些指标各有特色,在实际应用中各有侧重。在满足庇古-道尔顿公理、收入规模不变性公理、转移敏感性公理、人口无关性公理、标准化公理的基础上,目前比较常用的指标有变异系数、基尼系数、泰尔指数。[2]

(一)变异系数

变异系数(Coefficient of Variation)是标准差与算术平均数的商,反映收入偏离均值的相对差距。其计算公式为:

$$CV = \sqrt{\frac{1}{n}\sum_{i=1}^{n}(y_i - \mu)^2}/\mu = \sigma/\mu \qquad (3-9)$$

其中,n 为样本容量,y_i 为第 i 个样本个体的收入,$\mu = \frac{1}{n}\sum_{i=1}^{n}y_i$ 为全部样本的

---

① 郝海,踪家峰,2007.系统分析与评价方法[M].北京:经济科学出版社:23-101.
② 洪兴建,2010.居民收入分配失衡的测度方法研究[M].北京:经济科学出版社:32-35.

平均收入, $\sigma = \sqrt{\dfrac{1}{n}\sum\limits_{i=1}^{n}(y_i - \mu)^2}$ 为标准差。

如果每个样本是一个组,则需要对每个组的人口份额进行加权,计算公式为:

$$CV = \sqrt{\sum_{k=1}^{s} p_k (y_k - \mu)^2} / \mu \tag{3-10}$$

其中, p_k 为第 k 组人口份额, y_k 为第 k 组平均收入($k = 1, 2, \cdots, s$), s 为组数, μ 为全部样本以人口份额加权的均值。

(二)基尼系数

基尼系数(Gini Coefficient)是度量收入不平等最常用的指标。由于在实际应用中处理的数据往往是离散的个体,在实际计算中常采用 Sen 提出的计算方法[①]:

$$G = 1 + \frac{1}{n} - \frac{2}{n^2 \mu} \sum_{i=1}^{n} (n - i + 1) y_i \tag{3-11}$$

或其等价形式:

$$G = \frac{2}{n^2 \mu} \sum_{i=1}^{n} \left(i - \frac{n+1}{2} \right) y_i \tag{3-12}$$

其中, n 为样本容量, y_i 表示第 i 个样本收入(从低到高进行排列), μ 表示样本收入均值。虽然式(3-11)和式(3-12)表现形式不同,但计算结果是相同的。

对于分组情况来说,当第 i 组的收入平均水平为 $y_i(i = 1, 2, \cdots, n)$,第 i 组的人口占比为 p_i,总体均值为 μ,则基尼系数的计算公式为:

$$G = \frac{1}{\mu} \sum_{i=2}^{n} \sum_{j=1}^{i-1} |y_i - y_j| p_i p_j \tag{3-13}$$

特别地,当分组为等分,即每组人口占总体的比重相同时,基尼系数计算公式为[②]:

$$G = \frac{1}{2n^2 \mu} \sum_{i=1}^{n} \sum_{j=1}^{n} |y_i - y_j| \tag{3-14}$$

基尼系数介于0—1之间,基尼系数越大,表示收入分配不平等程度越大,否则越小。一般将 0.4 作为收入分配不平等的警戒线。基尼系数计算方法可因资料不同而异,不受样本容量的影响,这避免了人为的福利判断标准的缺陷,克服了其他方法的不足,因此成为度量收入分配不平等的常用指标,得到普遍采用。虽然基尼系数给出了一个测度与判断收入分配不平等的标准,但也存在一些缺陷。一是基尼系数与洛伦兹曲线之间并不存在着严格的一一对应关系,当洛伦兹曲线

① SEN A K, 1977. On economic inequality [M]. Oxford: Clarendon Press: 274.
② 洪兴建, 2010. 居民收入分配失衡的测度方法研究[M]. 北京: 经济科学出版社: 28.

不满足下凸函数等性质时,由此计算的基尼系数是不合适的。二是基尼系数本身不能反映个别阶层的收入分配变动情况。三是基尼系数计算方法较多,对于同一研究对象,由于资料分类不同,采用不同的计算方法,可能会出现不同的计算结果,一般而言,分组越细则基尼系数越大。

(三)广义熵指数

泰尔最早将熵概念运用到收入不平等测度中,Shorrocks 在此基础上,提出了著名的一般熵指数或广义熵指数(简称 GE 指数)[①],广义熵指数的计算公式为:

$$
GE(\alpha) = \begin{cases} \dfrac{1}{\alpha(\alpha-1)} \cdot \dfrac{1}{n} \sum_{i=1}^{n} p_i \left[\left(\dfrac{y_i}{\mu} \right)^{\alpha} - 1 \right] & \alpha \neq 0,1 \\[3mm] \lim_{\alpha \to 1} \dfrac{1}{\alpha(\alpha-1)} \cdot \dfrac{1}{n} \sum_{i=1}^{n} p_i \left[\left(\dfrac{y_i}{\mu} \right)^{\alpha} - 1 \right] = \dfrac{1}{n} \sum_{i=1}^{n} p_i \dfrac{y_i}{\mu} \cdot \ln \left(\dfrac{y_i}{\mu} \right) & \alpha = 1 \\[3mm] \lim_{\alpha \to 0} \dfrac{1}{\alpha(\alpha-1)} \cdot \dfrac{1}{n} \sum_{i=1}^{n} p_i \left[\left(\dfrac{y_i}{\mu} \right)^{\alpha} - 1 \right] = \dfrac{1}{n} \sum_{i=1}^{n} p_i \ln \left(\dfrac{y_i}{\mu} \right) & \alpha = 0 \end{cases}
$$

$$(3\text{-}15)$$

其中,n 为样本容量,p_i 为第 i 组人口份额,y_i 为第 i 组样本平均收入,μ 表示总体均值,α 是不同阶层的权重。当 $\alpha \to 0$ 时,广义熵指数称为泰尔第二指数,用 $GE(0)$ 表示;当 $\alpha \to 1$ 时,广义熵指数转化为泰尔指数,又称泰尔第一指数,用 $GE(1)$ 表示;当 $\alpha \to 2$ 时,广义熵指数是变异系数的平方根。

泰尔指数的优点在于可分解性,但其结果受样本大小的影响较大,计算比较复杂。

三、收入分配公平的测度方法

目前,一般测量公平指数的方法有变异系数、基尼系数、泰尔指数等,每种收入分配不平等的测度方法都有它自己的优势和局限性,但一些学者对变异系数、基尼系数、泰尔指数等进行了一个比较全面系统的比较,发现基尼系数与变异系数、泰尔指数等其他测量工具相比具有明显的优势,能够准确反映分配公平程度,可以作为公平指数测量的最主要工具。[②][③]

在实践中,与其他公平指数相比,基尼系数的使用更普遍一些。[④] 李宝瑜等

① SHORROCKS A F, 1980. The class of additively decomposable inequality measures [J]. Econometrica,48(3):613-625.

② 杜帮云,2013.分配公平论[M].北京:人民出版社:47.

③ 喻登科,陈华,郎益夫,2012.基尼系数和熵在公平指数测量中的比较[J].统计与决策(3):96.

④ 龚志民,熊唯伊,2016.收入不平等测度方法选择研究与基于中国数据的检验[J].湘潭大学学报(哲学社会科学版),40(4):64-76.

认为,可以选用基尼系数,并将基尼系数转换为收入公平度,以此来度量收入分配是否公平。[1] 在此基础上,本研究基于基尼系数法和综合评价法探讨收入分配公平度的测度方法,该方法的优点在于指标权重的确定比较客观,人为影响因素较小。对构成起点公平、过程公平和结果公平每个子系统的三级指标,计算其基尼系数,得到该指标的公平度,以标准差贡献率为权重,利用综合评价法属于同一个子系统的公平度指标进行加权综合,再通过逐级加权得到初次分配公平度和再分配公平度,然后利用几何加权法得到收入分配公平度。[2]

首先通过计算基尼系数得出各指标的公平度,基尼系数采用 Sen 提出的计算方法[3],具体计算过程如下:

$$G_{ijt} = \frac{2}{p^2 \mu} \sum_{k=1}^{p} \left(1 - \frac{p+1}{2}\right) a_{ijkt} \tag{3-16}$$

$$DJ_{ijt} = 1 - G_{ijt} \tag{3-17}$$

式(3-16)中,a_{ijkt} 表示第 i 个二级指标、第 j 个三级指标中第 k 个省份在 t 年的观测值(从低到高进行排列)。其中 $i = 1, 2, \cdots, m, j = 1, 2, \cdots, n, k = 1, 2, \cdots, p$, $t = 1, 2, \cdots, T$。$\mu = \frac{1}{p} \sum_{k=1}^{p} a_{ijkt}$ 为均值。G_{ijt} 表示第 i 个二级指标、第 j 个三级指标在 t 年的基尼系数。DJ_{ijt} 表示对应的三级指标公平度。以三级指标教育公平度为例,在计算出九年义务教育普及率等四级指标的公平度后利用线性加权型评价函数法计算出教育公平度。

由于线性加权型评价函数对于指标数值大的指标,对评价结果的作用较大,而几何加权型评价函数对于指标数值小的指标,对评价结果的作用较大,因此,为了减少线性加权型评价函数与几何加权型评价函数对评价结果的不利影响,本书中的二级、三级指标公平度通过线性加权型评价函数法来确定,一级指标公平度通过几何加权型评价函数法来确定。

二级指标公平度可以通过线性加权型评价函数法来确定[4],即:

$$DJ_{ijt} = \sum_{k=1}^{p} w_{ijk} DJ_{ijkt} \tag{3-18}$$

其中,$w_{ijk} = \dfrac{\sigma_{ijk}}{\sum\limits_{k=1}^{p} \sigma_{ijk}}$,$\sigma_{ijk} = \sqrt{\dfrac{1}{T-1} \sum\limits_{t=1}^{T} (DJ_{ijkt} - D\bar{J}_{ijk})^2}$,$D\bar{J}_{ijk} = \dfrac{1}{T} \sum\limits_{t=1}^{T} DJ_{ijkt}$。

[1] 李宝瑜,刘雪晨,2016.中国收入分配的公平与效率关系测度及评价[J].统计与信息论坛,31(5):8-13.

[2] 孙敬水,赵倩倩,2017.中国收入分配公平测度研究——基于东中西部地区面板数据的比较分析[J].财经论丛(2):18-27.

[3] SEN A K,1977. On economic inequality [M].Oxford:Clarendon Press:274.

[4] 郝海,踪家峰,2007.系统分析与评价方法[M].北京:经济科学出版社:23-101.

第 t 年的收入分配公平度(收入分配公平的客观衡量尺度或科学尺度)可以通过几何加权型评价函数法来确定,即:

$$DJ_t = \prod_{i=1}^{m} DJ_{it}^{w_i} \tag{3-19}$$

其中,一级指标的分配公平度(初次分配公平度、再分配公平度)为 $DJ_{it} = \prod_{j=1}^{n} DJ_{ijt}^{w_{ij}}$, w_{ij} 和 w_i 的计算方法与 w_{ijk} 类似。分配公平度 $DJ_t \in [0,1]$, DJ_t 越接近 1,说明收入分配越公平; DJ_t 越接近 0,说明收入分配越不公平。参照基尼系数对收入分配不平等程度的划分方法,笔者对收入分配公平度的类型做如下划分:当 $0 < DJ_t \leqslant 0.5$ 时,收入分配处于非常不公平状态;当 $0.5 < DJ_t \leqslant 0.6$ 时,收入分配处于比较不公平状态;当 $0.6 < DJ_t \leqslant 0.7$ 时,收入分配处于相对公平状态;当 $0.7 < DJ_t \leqslant 0.8$ 时,收入分配处于比较公平状态;当 $0.8 < DJ_t \leqslant 1$ 时,收入分配处于非常公平状态。收入分配公平度的测算过程如图 3-2 所示。

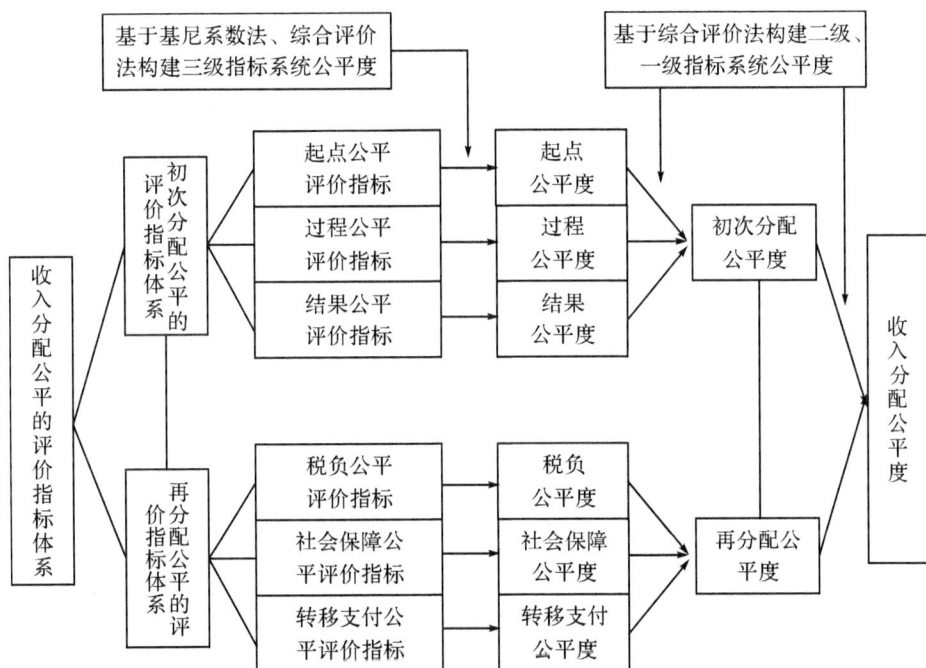

图 3-2　收入分配公平度的测算过程

利用基尼系数法、综合评价法确定初次分配公平度、再分配公平度及收入分配公平度具有一定的科学性和可行性,有助于对我国收入分配公平状况进行客观性评价。

第四节　本章小结

本章第一节从系统性与代表性、科学性与通用性、可操作性与可比性 3 个方面阐述了收入分配公平的评价原则。

第二节根据收入分配公平的内涵,从初次分配公平和再分配公平两大方面构建了收入分配公平的评价指标体系。对于初次分配公平的评价指标体系,本节设计起点公平、过程公平、结果公平等 3 个二级评价指标。其中,起点公平评价指标由教育公平、就业公平、公共医疗卫生公平、公共基础设施公平与公共自然资源公平等 5 个三级评价指标构成。过程公平评价指标由行业集中度、投资市场化程度、公共资源交易中公开招投标比例、参加工会职工占比、廉洁指数、万人贪污贿赂和渎职立案件数、政府公共信息公开率、违反反不正当竞争法规的案件立案查处率等 8 个三级指标构成。结果公平评价指标由居民收入公平度、居民收入弹性、劳动报酬在初次分配中的比重、城乡居民人均收入比、行业职工工资泰尔指数、中等收入阶层所占比重、政府公共财政收入占 GDP 的比重、农村居民人均纯收入增长率、城镇居民人均可支配收入增长率、贫困人口比率、通货膨胀率、失业率、老龄化率等 13 个三级指标构成。对于再分配公平评价指标体系,本节设计税负公平、社会保障公平、转移支付公平等 3 个二级评价指标。其中,税负公平评价指标由个人所得税占税收比重、投资所得税占税收比重、个人所得税弹性、投资所得税弹性、高收入与中等收入税负差异、高收入与低收入税负差异、中等收入与低收入税负差异、公共服务与税收之比、宏观税负等 9 个三级指标构成。社会保障公平评价指标由社会保险公平(下设养老保险覆盖率、失业保险覆盖率、医疗保险覆盖率、工伤保险覆盖率、生育保险覆盖率等 5 个四级指标),社会救助与社会福利公平(下设每万人口社会福利机构数、社会保障支出占财政支出的比重、人均社会保障支出、人均退休离休金与职工平均工资之比、最低生活保障线下人口比重、城乡低保人员相对比率、低保标准的城乡之比、低保标准的地区之比等 8 个四级指标)2 个三级指标构成。转移支付公平评价指标由最低生活保障线下人均转移支付、政府对企业转移支付(补贴)占比、政府对个人转移支付占比、企业转移支付占比、财力性转移支付与专项转移支付占地方财政收入的比重、农产品价格补贴占比等 6 个三级指标构成。

第三节在比较基尼系数、泰尔指数、变异系数等几种收入分配不平等的测度方法的优点与缺陷的基础上,提出了收入分配公平的测度方法。首先依据每个三级指标(或三级指标下的次级指标)的性质对其进行正向化处理,计算其基尼系数,由此得到每个三级指标(或三级指标下的次级指标)的公平度(公平度＝1－基尼系数,根据公平度大小可对其进行分类)。其次,利用综合评价法,对属于同一个子系统即三级指标的公平度进行加权综合,构建6个二级指标的公平度(起点公平度、过程公平度、结果公平度、税负公平度、社会保障公平度、转移支付公平度),基于6个二级指标公平度,通过综合评价法构建2个一级指标的公平度,即初次分配公平度和再分配公平度。最后再利用综合评价法将初次分配公平度和再分配公平度合成为收入分配公平度。基于基尼系数法和综合评价法构建收入分配公平度具有一定的科学性和可行性,有助于对我国收入分配公平进行客观性评价。

第四章

中国收入分配公平的综合评价分析

根据收入分配公平评价指标体系和测度方法,基于 1985—2017 年我国及 31 个省份(除港澳台)的面板数据,对我国现阶段收入分配公平(初次分配公平、再分配公平)状况进行统计测度,对东部、中部、西部三大地区的收入分配公平状况进行比较分析,得出了相应的研究结论。

第一节　收入分配公平的综合评价[①]

一、数据来源与说明

本章评价指标数据主要来源于历年《中国统计年鉴》《新中国六十年统计资料汇编》《中国农村统计年鉴》及我国 31 个省份历年统计年鉴等。其中,教育公平指标数据主要来源于《中国教育经费统计年鉴》《中国教育统计年鉴》,就业公平指标数据主要来源于《中国人口和就业统计年鉴》《中国劳动统计年鉴》,公共医疗卫生公平指标数据主要来源于《中国卫生统计年鉴》,公共基础设施公平与公共自然资源公平指标数据主要来源于《中国通信年鉴》《中国国土资源统计年鉴》《中国交通年鉴》等。

二、全国收入分配公平的综合评价

根据收入分配公平的评价指标和测度方法,基于 1985—2017 年 31 个省份的面板数据,对全国及东部、中部、西部三大地区的收入分配公平状况进行统计测度与比较分析。中国收入分配公平状况的测算结果如表 4-1 所示。由表 4-1 可知,

---

　　① 孙敬水,赵倩倩,2017.中国收入分配公平测度研究——基于东中西部地区面板数据的比较分析[J].财经论丛(2):18-27.

1985—2017 年,我国收入分配公平度均值为 0.7500,表明我国收入分配公平度总体上处于比较公平的状态。收入分配公平度从 1985 年的 0.5786 提高到 2017 年的 0.8233,即由比较不公平状态提高到非常公平状态,总体上处于上升态势。但在不同的时期表现出不同的特点:1985—1986 年,收入分配公平度处于比较不公平状态(原因在于这两年再分配公平度较低,如社会保障公平度处于非常不公平状态,税负公平度处于比较不公平状态);1987—1992 年处于相对公平状态;1993—2004 年处于比较公平状态;2005—2017 年处于非常公平状态。但从 2010 年开始,分配公平度呈现小幅下降态势(原因在于过程公平度、结果公平度等初次分配公平度有所下降,税负公平度与转移支付公平度等再分配公平度也呈现小幅下降态势)。

表 4-1　全国收入分配公平度测算结果

年份	分配公平度	初次分配公平度	起点公平度	过程公平度	结果公平度	再分配公平度	税负公平度	社会保障公平度	转移支付公平度
1985	0.5786	0.6517	0.5650	0.7149	0.7219	0.5330	0.5869	0.4587	0.5823
1986	0.5969	0.6628	0.5790	0.7310	0.7213	0.5553	0.5988	0.4734	0.6280
1987	0.6167	0.6831	0.5905	0.7453	0.7644	0.5748	0.6132	0.4878	0.6618
1988	0.6352	0.7020	0.6026	0.7585	0.8027	0.5928	0.6266	0.5009	0.6935
1989	0.6499	0.7066	0.6146	0.7708	0.7836	0.6134	0.6449	0.5136	0.7306
1990	0.6622	0.7129	0.6256	0.7824	0.7750	0.6294	0.6585	0.5251	0.7569
1991	0.6724	0.7164	0.6369	0.7933	0.7562	0.6437	0.6764	0.5361	0.7722
1992	0.6862	0.7286	0.6486	0.7712	0.8092	0.6583	0.6908	0.5468	0.7939
1993	0.7041	0.7474	0.6585	0.8048	0.8261	0.6756	0.7053	0.5582	0.8248
1994	0.7141	0.7612	0.6695	0.8131	0.8511	0.6834	0.7153	0.570	0.8218
1995	0.7242	0.7713	0.6847	0.8410	0.8309	0.6934	0.7314	0.5820	0.8201
1996	0.7270	0.7665	0.6868	0.8385	0.8114	0.7009	0.7404	0.5929	0.8193
1997	0.7300	0.7625	0.6920	0.8493	0.7759	0.7083	0.7601	0.6053	0.8032
1998	0.7346	0.7605	0.7062	0.8341	0.7616	0.7172	0.7746	0.6165	0.8013
1999	0.7425	0.7765	0.7079	0.8580	0.7924	0.7199	0.7769	0.6202	0.8028
2000	0.7491	0.7876	0.7307	0.8816	0.7716	0.7236	0.7916	0.6204	0.7997
2001	0.7637	0.8024	0.7331	0.8808	0.8222	0.7381	0.8311	0.6289	0.7967
2002	0.7642	0.7993	0.7329	0.8814	0.8106	0.7408	0.8313	0.6371	0.7934

年份	分配公平度	初次分配公平度	起点公平度	过程公平度	结果公平度	再分配公平度	税负公平度	社会保障公平度	转移支付公平度
2003	0.7790	0.8129	0.7483	0.8778	0.8397	0.7563	0.8393	0.6616	0.8019
2004	0.7865	0.8227	0.7502	0.8897	0.8604	0.7625	0.8288	0.6848	0.7993
2005	0.8065	0.8286	0.7607	0.8929	0.8611	0.7916	0.8520	0.7005	0.8552
2006	0.8163	0.8391	0.7709	0.8994	0.8767	0.8010	0.8557	0.7096	0.8712
2007	0.8297	0.8430	0.7818	0.8945	0.8790	0.8206	0.8744	0.7416	0.8723
2008	0.8333	0.8471	0.7829	0.8977	0.8889	0.8239	0.8703	0.7474	0.8800
2009	0.8353	0.8443	0.7801	0.8886	0.8934	0.8292	0.8675	0.7557	0.8897
2010	0.8313	0.8456	0.7792	0.8916	0.8965	0.8216	0.8557	0.7446	0.8924
2011	0.8292	0.8480	0.7839	0.8967	0.8920	0.8164	0.8300	0.7518	0.8919
2012	0.8309	0.8515	0.7856	0.9030	0.8954	0.8169	0.8202	0.7582	0.8956
2013	0.8250	0.8396	0.7910	0.8994	0.8462	0.8151	0.7895	0.7716	0.9061
2014	0.8271	0.8454	0.7965	0.8978	0.8604	0.8147	0.8139	0.7711	0.8755
2015	0.8265	0.8444	0.7985	0.9017	0.8493	0.8143	0.8179	0.7675	0.8748
2016	0.8199	0.8437	0.7965	0.8966	0.8554	0.8040	0.8000	0.7565	0.8746
2017	0.8233	0.8382	0.8017	0.8899	0.8349	0.8131	0.8164	0.7652	0.8756
均值	0.7500	0.7846	0.7143	0.8475	0.8248	0.7274	0.7662	0.6413	0.8109

1985—2017 年,中国初次分配公平度一直高于再分配公平度,但两者相差越来越小。1985 年初次分配公平度与再分配公平度相差 0.1187,2009 年两者缩小至 0.0151,2017 年两者差距小幅扩大至 0.0251。如图 4-1 所示。

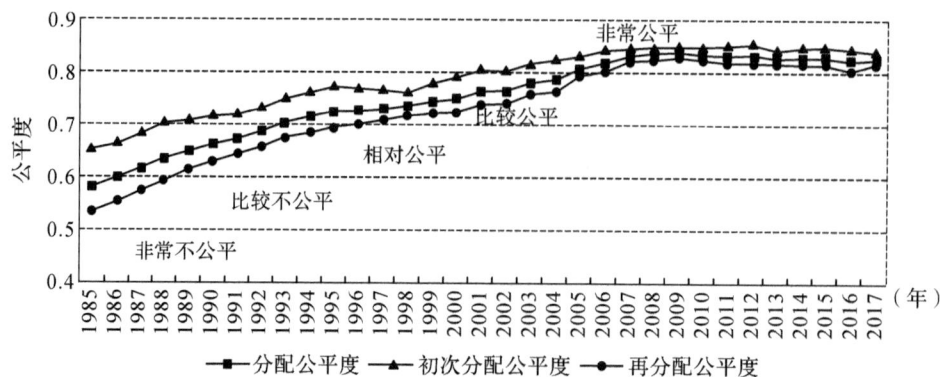

图 4-1　分配公平度:初次分配公平度与再分配公平度

第二节　初次分配公平的综合评价[①]

　　1985—2017 年,我国初次分配公平度均值为 0.7846,表明我国初次分配总体上处于比较公平状态。初次分配公平度从 1985 年的 0.6517 提高到 2017 年的 0.8382,即由相对公平提高到非常公平状态,总体上处于上升态势。但在不同的时期表现出不同的特点:1985—1987 年,初次分配公平度处于相对公平状态(与这几年起点公平度较低有关),1988—2002 年处于比较公平状态,2003—2017 年处于非常公平状态,2013 年以后有所下降(主要原因在于结果公平度下降),如表4-1 所示。

　　从初次分配公平度的 3 个二级指标来看,1985—2017 年,我国起点公平度、过程公平度、结果公平度的均值依次为 0.7143,0.8475 和 0.8248,表明起点、过程与结果公平度总体上依次处于比较公平和非常公平状态,且过程公平度相对较高,结果公平度次之(个别年份除外),起点公平度相对较低(主要原因在于1985—2017 年起点公平度的 5 个三级指标中就业公平度偏低),如图 4-2 所示。

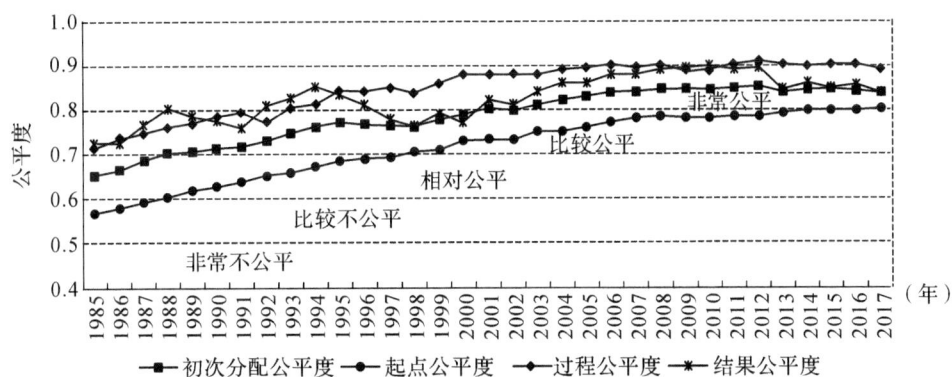

图 4-2　初次分配公平度:起点公平度、过程公平度与结果公平度

一、起点公平的综合评价[②]

　　1985—2017 年,我国起点公平度均值为 0.7143,表明我国起点公平度总体上处于比较公平状态。起点公平度从 1985 年的 0.5650 提高到 2017 年的 0.8017,

　　①　SUN J S,WU P P,2020. Research on statistical measurement,monitoring and alerting of initial distributive fairness[C]. Business & Management(2nd International Conference on Business,Economics,Management Science),1:49-65.

　　②　孙敬水,蔡培培,2020.起点公平的统计测度与监测预警研究[J].浙江工商大学学报(1):89-102.

即由比较不公平提高到非常公平状态,总体处于上升态势。但在不同的时期表现出不同的特点:1985—1987 年,起点公平度处于比较不公平状态(原因在于这几年公共自然资源公平度、公共基础设施公平度、就业公平度偏低),1988—1997 年处于相对公平状态,1998—2016 年处于比较公平状态,2017 年处于非常公平状态(这一年公共医疗卫生公平度、教育公平度较高)。如表 4-2 所示。

表 4-2　起点公平度测算结果

年份	起点公平度	教育公平度	就业公平度	公共医疗卫生公平度	公共基础设施公平度	公共自然资源公平度
1985	0.5650	0.7337	0.5518	0.7877	0.5288	0.4548
1986	0.5790	0.7410	0.5533	0.7939	0.5486	0.4738
1987	0.5905	0.7484	0.5422	0.8001	0.5646	0.4921
1988	0.6026	0.7558	0.5446	0.8031	0.5807	0.5092
1989	0.6146	0.7623	0.5464	0.8071	0.5970	0.5261
1990	0.6256	0.7676	0.5493	0.8077	0.6124	0.5422
1991	0.6369	0.7748	0.5517	0.8084	0.6288	0.55770
1992	0.6486	0.7878	0.5543	0.8095	0.6438	0.5728
1993	0.6585	0.7911	0.5570	0.8106	0.6577	0.5875
1994	0.6695	0.8005	0.5613	0.8127	0.6719	0.6019
1995	0.6847	0.8457	0.5625	0.81781	0.6849	0.6155
1996	0.6868	0.8342	0.5682	0.8177	0.7187	0.5986
1997	0.6920	0.8331	0.5708	0.8160	0.7139	0.6169
1998	0.7062	0.8317	0.5756	0.8188	0.7390	0.6357
1999	0.7079	0.8250	0.5790	0.8214	0.7367	0.6425
2000	0.7307	0.8255	0.5885	0.8243	0.7367	0.7020
2001	0.7331	0.8259	0.5863	0.8264	0.7350	0.7097
2002	0.7329	0.8308	0.5959	0.8208	0.7310	0.7095
2003	0.7483	0.8215	0.6085	0.8434	0.7391	0.7379
2004	0.7502	0.8194	0.5996	0.8430	0.7424	0.7443
2005	0.7607	0.8244	0.6066	0.8313	0.7770	0.7478
2006	0.7709	0.8212	0.6131	0.8314	0.7705	0.7803
2007	0.7818	0.8396	0.6323	0.8364	0.7756	0.7921

年份	起点公平度	教育公平度	就业公平度	公共医疗卫生公平度	公共基础设施公平度	公共自然资源公平度
2008	0.7829	0.8505	0.5937	0.8473	0.7912	0.7877
2009	0.7801	0.8523	0.5829	0.8576	0.7920	0.7784
2010	0.7792	0.8497	0.6091	0.8516	0.7937	0.7693
2011	0.7839	0.8539	0.6032	0.8584	0.7941	0.7802
2012	0.7856	0.8654	0.6060	0.8822	0.7881	0.7758
2013	0.7910	0.8673	0.6085	0.9024	0.7935	0.7781
2014	0.7965	0.8689	0.6210	0.9182	0.7895	0.7863
2015	0.7985	0.8759	0.6381	0.9207	0.7929	0.7807
2016	0.7965	0.8722	0.6531	0.9197	0.7897	0.7745
2017	0.8017	0.8701	0.6856	0.9203	0.8033	0.7693
均值	0.7143	0.8202	0.5879	0.8384	0.7140	0.6706

　　从起点公平度的 5 个三级指标看,1985—2017 年,我国教育公平度、就业公平度、公共医疗卫生公平度、公共基础设施公平度与公共自然资源公平度的均值依次为 0.8202,0.5879,0.8384,0.7140 和 0.6706,表明我国教育公平度、就业公平度、公共医疗卫生公平度、公共基础设施公平度与公共自然资源公平度总体上依次处于非常公平、比较不公平、非常公平、比较公平和相对公平状态,且公共医疗卫生公平度、教育公平度较高,公共基础设施公平度、公共自然资源公平度次之,就业公平度最低(主要原因在于每千人求职人员职业培训机构数公平度偏低)。其中:1985—1994 年,教育公平度低于公共医疗卫生公平度;1995—2000年,教育公平度略高于公共医疗卫生公平度;2001—2011 年,两者大致相等;2012—2017 年,公共医疗卫生公平度明显高于教育公平度。1985—2017 年,公共医疗卫生公平度、教育公平度一直高于公共基础设施公平度和公共自然资源公平度。1985—2002 年,公共基础设施公平度高于公共自然资源公平度,2003—2017年两者相差较小。与其他公平度相比,就业公平度明显偏低。如图 4-3 所示。

　　由表 4-2 和图 4-3 可知,教育公平度从 1985 年的 0.7337 提高到 2017 年的0.8701,即由比较公平提高到非常公平状态,总体处于稳步上升态势。其中,1985—1993 年处于比较公平状态,1994—2017 年处于非常公平状态。就业公平度从 1985 年的 0.5518 提高到 2017 年 0.6856,即由比较不公平提高到相对公平状态,总体处于上升态势。其中,1985—2002 年、2004 年、2008—2009 年处于比较不公平状态(主要原因在于每千人求职人员职业培训机构数公平度较低),其他

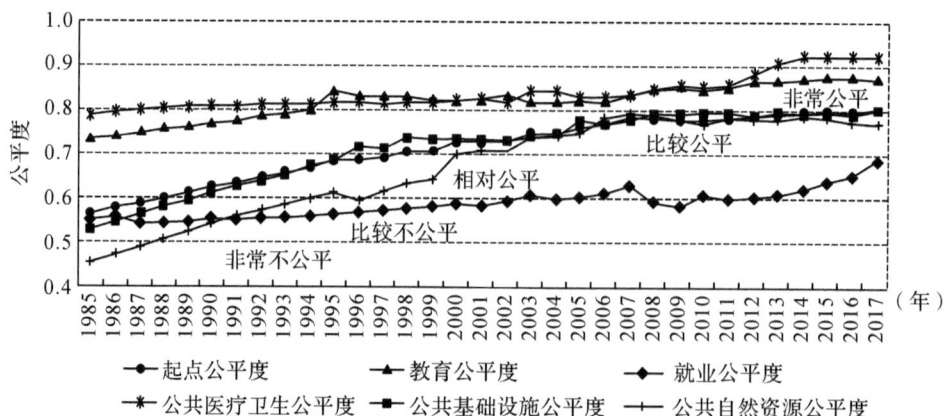

图 4-3　1985—2017 年我国起点公平度趋势图

年份处于相对公平状态。公共医疗卫生公平度从 1985 年的 0.7877 提高到 2017 年的 0.9203,即由比较公平提高到非常公平状态,处于稳步上升态势。公共基础设施公平度从 1985 年的 0.5288 提高到 2017 年的 0.8033,即由比较不公平提高到非常公平状态,总体处于稳步上升态势。其中,1985—1989 年处于比较不公平状态(主要原因在于每万人拥有公共交通车辆、人均通信基础设施公平度较低),1990—1995 年处于相对公平状态,1996—2016 年处于比较公平状态,2017 年处于非常公平状态。公共自然资源公平度从 1985 年的 0.4548 提高到 2017 年的0.7693,即由非常不公平提高到比较公平状态,总体处于稳步上升态势。其中,1985—1987 年处于非常不公平状态,1988—1993 年、1996 年处于比较不公平状态(主要原因在于这些年份的人均水资源量公平度较低),1994—1995 年、1997—1999 年处于相对公平状态,2000—2017 年处于比较公平状态。

二、过程公平的综合评价

1985—2017 年,我国过程公平度均值为 0.8475,表明我国过程公平度总体上处于非常公平状态。过程公平度从 1985 年的 0.7149 提高到 2017 年的 0.8899,即由比较公平提高到非常公平状态,处于上升态势。其中,1985—1992 年,过程公平度处于比较公平状态,1993—2017 年处于非常公平状态(2016—2017 年略有下降)。具体如表 4-3、图 4-4 所示。

表 4-3　过程公平度测算结果

年份	过程公平度	投资市场化程度公平度	参加工会职工占比公平度	结果公平度	居民收入公平度	居民收入弹性公平度	劳动报酬在初次分配中的比重公平度
1985	0.7149	0.6840	0.7916	0.7217	0.6151	0.7695	0.8359
1986	0.7340	0.7018	0.8035	0.7213	0.6613	0.7289	0.8429
1987	0.7453	0.7173	0.8150	0.7644	0.7055	0.7137	0.8428
1988	0.7585	0.7311	0.8265	0.8027	0.7473	0.8349	0.8508
1989	0.7708	0.7438	0.8376	0.7836	0.7795	0.8275	0.8556
1990	0.7824	0.7556	0.8489	0.7750	0.7965	0.7353	0.8622
1991	0.7933	0.7666	0.8595	0.7562	0.8018	0.5863	0.8724
1992	0.7712	0.7315	0.8699	0.8092	0.8012	0.8532	0.8892
1993	0.8048	0.7746	0.8800	0.8261	0.7731	0.8615	0.8862
1994	0.8131	0.7822	0.8897	0.8511	0.7704	0.8836	0.8899
1995	0.8410	0.8163	0.9023	0.8309	0.7553	0.8223	0.8951
1996	0.8385	0.8078	0.9148	0.8114	0.7683	0.7773	0.8946
1997	0.8493	0.8233	0.9138	0.7759	0.7397	0.6778	0.8994
1998	0.8341	0.8103	0.8934	0.7616	0.7732	0.7193	0.9006
1999	0.8580	0.8341	0.9175	0.7924	0.7735	0.7844	0.9034
2000	0.8816	0.8672	0.9175	0.7716	0.7663	0.6615	0.9064
2001	0.8808	0.8740	0.8977	0.8222	0.7518	0.8237	0.8975
2002	0.8814	0.8787	0.8880	0.8106	0.7500	0.7065	0.8990
2003	0.8778	0.8821	0.8671	0.8397	0.7498	0.8427	0.9058
2004	0.8897	0.8961	0.8737	0.8604	0.7553	0.8596	0.9059
2005	0.8929	0.8993	0.8771	0.8611	0.7610	0.8356	0.8947
2006	0.8994	0.9091	0.8752	0.8767	0.7600	0.8736	0.8949
2007	0.8945	0.9156	0.8421	0.8790	0.7709	0.8858	0.8941
2008	0.8977	0.9102	0.8668	0.8889	0.7736	0.8987	0.9036
2009	0.8886	0.8976	0.8660	0.8934	0.7759	0.9010	0.9079
2010	0.8916	0.9010	0.8682	0.8965	0.7800	0.9033	0.9132
2011	0.8967	0.9081	0.8685	0.8920	0.7864	0.8869	0.9155

年份	过程公平度	投资市场化程度公平度	参加工会职工占比公平度	结果公平度	居民收入公平度	居民收入弹性公平度	劳动报酬在初次分配中的比重公平度
2012	0.9030	0.9157	0.8714	0.8954	0.7943	0.8482	0.9159
2013	0.8994	0.9115	0.8694	0.8462	0.7618	0.6133	0.9146
2014	0.8978	0.9109	0.8651	0.8604	0.7667	0.6728	0.9144
2015	0.9017	0.9175	0.86244	0.8493	0.7713	0.6754	0.9174
2016	0.8966	0.9120	0.8584	0.8554	0.7735	0.6781	0.9183
2017	0.8899	0.9026	0.8585	0.8349	0.7764	0.5472	0.9250
均值	0.8475	0.8391	0.8684	0.8248	0.7602	0.7785	0.8929

从过程公平度的 2 个三级指标看,1985—2017 年,我国投资市场化程度公平度、参加工会职工占比公平度的均值依次为 0.8391 和 0.8684,表明投资市场化程度公平度、参加工会职工占比公平度均处于非常公平状态,且参加工会职工占比公平度略高于投资市场化程度公平度。其中:1985—2002 年,投资市场化程度公平度低于参加工会职工占比公平度;2003—2017 年,投资市场化程度公平度高于参加工会职工占比公平度。如图 4-4 所示。

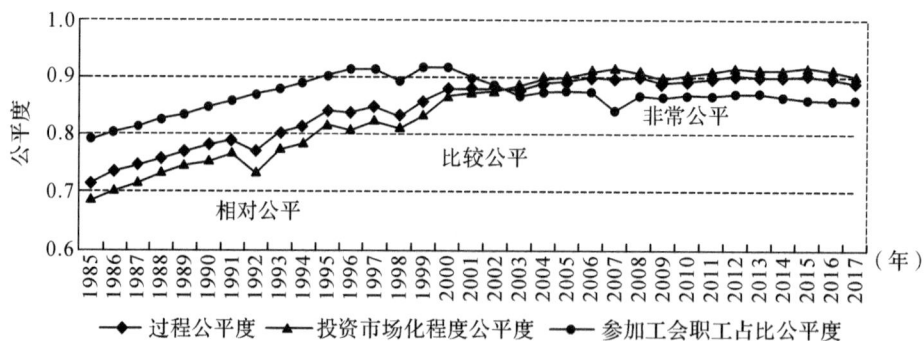

图 4-4　1985—2017 年我国过程公平度趋势图

由表 4-3 和图 4-4 可知,投资市场化程度公平度从 1985 年的 0.6840 提高到 2017 年的 0.9026,即由相对公平提高到非常公平状态,总体处于稳步上升态势。其中,1985 年处于相对公平状态,1986—1994 年处于比较公平状态,1995—2017 年处于非常公平状态(2016—2017 年略有下降)。参加工会职工占比公平度从 1985 年的 0.7916 提高到 2017 年的 0.8585,即由比较公平提高到非常公平状态,总体处于稳步上升态势。其中,1985 年处于比较公平状态,1986—2017 年处于非常公平状态。

三、结果公平的综合评价

1985—2017 年,我国结果公平度均值为 0.8248,表明我国结果公平度总体上处于非常公平状态。结果公平度从 1985 年的 0.7219 提高到 2017 年的 0.8349,即由比较公平提高到非常公平状态,处于上升趋势,但波动幅度较大。其中,1985—1991 年、1992—1998 年、1999—2017 年呈现 3 个不同时期的倒"U"形变化,1988 年、1994 年、2010 年的结果公平度依次为 3 个不同时期的倒"U"形阶段性高点。2013—2017 年下降幅度较大,原因在于这几年居民收入弹性、城乡居民人均收入比、城镇居民人均可支配收入增长率、失业率等三级指标公平度下降。

从结果公平度的三级指标看(见表 4-3、表 4-4),1985—2017 年,居民收入、居民收入弹性、劳动报酬在初次分配中的比重、城乡居民人均收入比、行业职工工资泰尔指数、政府公共财政收入占 GDP 的比重、农村居民人均纯收入增长率、城镇居民人均可支配收入增长率、通货膨胀率、失业率和老龄化率的公平度均值依次为 0.7602,0.7785,0.8929,0.8686,0.8784,0.8436,0.8016,0.8605,0.9910,0.8359 和 0.8759,表明这些指标处于比较公平与非常公平状态,且通货膨胀率、劳动报酬在初次分配中的比重、老龄化率的公平度相对较高;城乡居民人均收入比、行业职工工资泰尔指数、政府公共财政收入占 GDP 比重、农村居民人均纯收入增长率、城镇居民人均可支配收入增长率、失业率的公平度次之;居民收入、居民收入弹性的公平度相对较低。

表 4-4　结果公平度测算结果

年份	结果公平度	城乡居民人均收入比公平度	行业职工工资泰尔指数公平度	政府公共财政收入占GDP的比重公平度	农村居民人均纯收入增长率公平度	城镇居民人均可支配收入增长率公平度	通货膨胀率公平度	失业率公平度	老龄化率公平度
1985	0.7219	0.8382	0.9073	0.7537	0.5741	0.8214	0.9790	0.6317	0.8261
1986	0.7213	0.8594	0.9123	0.7612	0.5342	0.8308	0.9891	0.6805	0.8394
1987	0.7644	0.8586	0.9093	0.7802	0.7349	0.8423	0.9882	0.6772	0.8514
1988	0.8027	0.8579	0.9125	0.8081	0.8098	0.8270	0.9753	0.6743	0.8628
1989	0.7836	0.8645	0.9129	0.8179	0.6469	0.8373	0.9798	0.7413	0.8823
1990	0.7750	0.8597	0.9159	0.8267	0.6778	0.7890	0.9867	0.7705	0.8798
1991	0.7562	0.8623	0.9129	0.8190	0.6842	0.8465	0.9839	0.7554	0.8810

年份	结果公平度	城乡居民人均收入比公平度	行业职工工资泰尔指数公平度	政府公共财政收入占GDP的比重公平度	农村居民人均纯收入增长率公平度	城镇居民人均可支配收入增长率公平度	通货膨胀率公平度	失业率公平度	老龄化率公平度
1992	0.8092	0.8607	0.9103	0.8427	0.6906	0.8418	0.9870	0.7895	0.8735
1993	0.8261	0.8664	0.8893	0.8350	0.7680	0.8572	0.9767	0.8036	0.8716
1994	0.8511	0.8612	0.8784	0.8100	0.8595	0.9274	0.9795	0.7739	0.8697
1995	0.8309	0.8521	0.8783	0.8347	0.8379	0.8940	0.9816	0.7598	0.8656
1996	0.8114	0.8430	0.8635	0.8474	0.8308	0.7901	0.9895	0.7677	0.8751
1997	0.7759	0.8521	0.8637	0.8446	0.7835	0.7220	0.9928	0.7748	0.8647
1998	0.7616	0.8556	0.8615	0.8689	0.6162	0.7024	0.9928	0.8477	0.8732
1999	0.7924	0.8622	0.8539	0.8734	0.6476	0.7914	0.9939	0.8660	0.8594
2000	0.7716	0.8690	0.8467	0.8780	0.6791	0.7198	0.9919	0.8838	0.8733
2001	0.8222	0.8656	0.8383	0.8668	0.7106	0.8508	0.9924	0.9033	0.8756
2002	0.8106	0.8676	0.8364	0.8656	0.8249	0.7387	0.9962	0.8919	0.8809
2003	0.8397	0.8740	0.8373	0.8715	0.7887	0.8402	0.9964	0.8951	0.8687
2004	0.8604	0.8725	0.8418	0.8673	0.8456	0.8766	0.9945	0.9024	0.8819
2005	0.8611	0.8803	0.8552	0.8599	0.8793	0.8451	0.9977	0.9136	0.8967
2006	0.8767	0.8825	0.8603	0.8547	0.8788	0.9139	0.9979	0.9212	0.8868
2007	0.8790	0.8853	0.8606	0.8567	0.8790	0.8994	0.9952	0.9233	0.8928
2008	0.8889	0.8911	0.8647	0.8551	0.9052	0.9056	0.9937	0.9276	0.8944
2009	0.8934	0.8972	0.8761	0.8567	0.9092	0.9257	0.9940	0.9260	0.8958
2010	0.8965	0.9005	0.8785	0.8530	0.9133	0.9458	0.9966	0.9165	0.9027
2011	0.8920	0.8998	0.8844	0.8535	0.9231	0.9226	0.9980	0.9080	0.8803
2012	0.8954	0.9017	0.8917	0.8606	0.9466	0.9559	0.9978	0.9005	0.8959
2013	0.8462	0.8613	0.8903	0.8673	0.9322	0.9630	0.9974	0.8947	0.8893
2014	0.8604	0.8649	0.8904	0.8648	0.9427	0.9701	0.9976	0.8957	0.8882
2015	0.8493	0.8653	0.8831	0.8529	0.9248	0.9198	0.9963	0.8884	0.8793
2016	0.8554	0.8665	0.8836	0.8716	0.9352	0.9408	0.9962	0.8873	0.8728
2017	0.8349	0.8662	0.8868	0.8606	0.9396	0.9409	0.9979	0.8903	0.8739
均值	0.8248	0.8686	0.8784	0.8436	0.8016	0.8605	0.9910	0.8359	0.8759

第三节　再分配公平的综合评价[①]

1985—2017 年,我国再分配公平的测算结果如表 4-1 所示。由表 4-1 可知,再分配公平度均值为 0.7274,表明我国再分配公平度总体处于比较公平状态。再分配公平度从 1985 年的 0.5330 提高到 2017 年的 0.8131,即由比较不公平提高到非常公平状态,总体处于上升态势。但在不同的时期,其表现出不同的特点:1985—1988 年,再分配公平度处于比较不公平状态(原因在于这几年社会保障公平度处于非常不公平状态),1989—1995 年处于相对公平状态,1996—2005 年处于比较公平状态,2006—2017 年处于非常公平状态(2009 年以后略有下降)。

从再分配公平度的 3 个二级指标看,1985—2017 年,我国税负公平度、社会保障公平度与转移支付公平度的均值依次为 0.7662,0.6413 和 0.8109,表明我国税负公平度、社会保障公平度、转移支付公平度总体上依次处于比较公平、相对公平和非常公平状态,且转移支付公平度较高,税负公平度次之(少数年份除外),社会保障公平度较低(原因在于最低生活保障线下人口比重、医疗保险覆盖率、工伤保险覆盖率、生育保险覆盖率的公平度较低)。如图 4-5 所示。

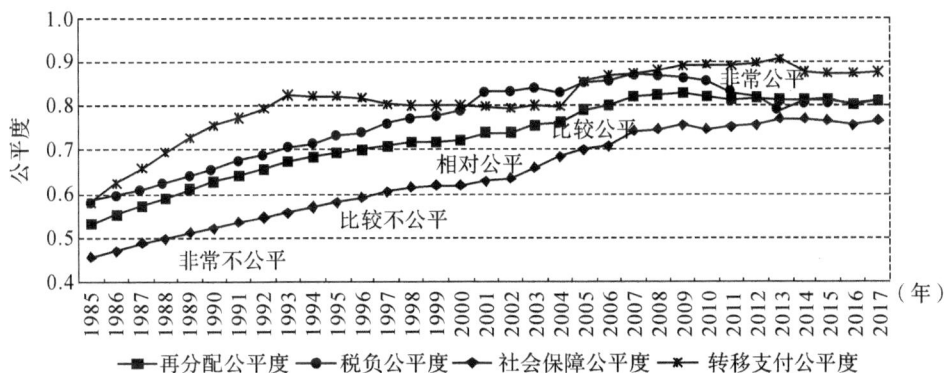

图 4-5　再分配公平度:税负公平度、社会保障公平度与转移支付公平度

一、税负公平的综合评价

由表 4-1 可知,1985—2017 年,我国税负公平度均值为 0.7662,表明我国税负公平度总体上处于比较公平状态。税负公平度从 1985 年的 0.5869 提高到

---

① SUN J S, CAI P P, 2019. Research on the measurement and early warning of redistribuation equity [C]. Advances in Economics, Business and Management Research(International Conference on Economic Management and Cultural Industry), 109:39-53.

2017 年的 0.8164,即由比较不公平提高到非常公平状态,总体处于稳步上升态势。其中,1985—1986 年,税负公平度处于比较不公平状态;1987—1992 年处于相对公平状态,原因在于这些年份的个人所得税占税收比重公平度较低;1993—2000 年、2013 年处于比较公平状态,其他年份处于非常公平状态;从 2007 年开始,税负公平度从 0.8744 降至 0.8164,呈现下降态势(与这些年份的个人所得税占税收比重公平度下降有关)。

从税负公平度的 2 个三级指标来看,1985—2017 年,我国个人所得税占税收比重公平度、投资所得税占税收比重公平度均值依次为 0.7589 和 0.7756,表明个人所得税占税收比重公平度、投资所得税占税收比重公平度均处于比较公平状态,且两者相差较小。其中:1985—1995 年、1999 年、2001 年、2009—2017 年,个人所得税占税收比重公平度低于投资所得税占税收比重公平度;在其他年份,个人所得税占税收比重公平度高于投资所得税占税收比重公平度。具体如图 4-6 所示。

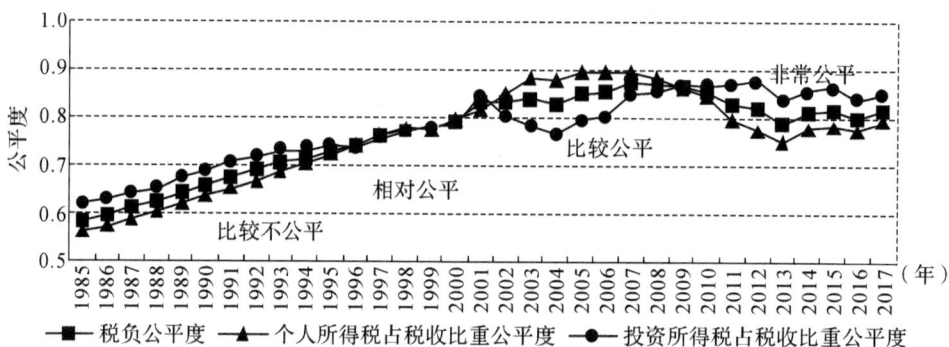

图 4-6 1985—2017 年我国税负公平度趋势图

由表 4-5 可知,个人所得税占税收比重公平度从 1985 年的 0.5611 提高到 2017 年的 0.7916,即由比较不公平提高到比较公平状态,总体处于上升态势。其中,1985—1987 年处于比较不公平状态,1988—1993 年处于相对公平状态,1994—2000 年、2011—2017 年处于比较公平状态,其他年份均处于非常公平状态,个人所得税占税收比重公平度从 2006 年开始呈现下降趋势。投资所得税占税收比重公平度从 1985 年的 0.6199 提高到 2017 年的 0.8482,即由相对公平提高到非常公平状态,总体处于上升态势。其中,1985—1990 年处于相对公平状态,1991—2000 年处于比较公平状态,2001—2017 年处于非常公平状态。

二、社会保障公平的综合评价

1985—2017 年,我国社会保障公平度均值为 0.6413,表明我国社会保障公平度总体上处于相对公平状态。社会保障公平度从 1985 年的 0.4587 提高到 2017

年的 0.7652,即由非常不公平提高到比较公平状态,总体处于上升趋势。其中,1985—1987 年,社会保障公平度处于非常不公平状态,1988—1996 年处于比较不公平状态(原因在于人均社会保障支出、最低生活保障线下人口比重、医疗保险覆盖率、工伤保险覆盖率、生育保险覆盖率的公平度处于比较不公平和非常不公平的状态),1997—2004 年处于相对公平状态,2005—2017 年处于比较公平状态。如表 4-5 所示。

从社会保障公平度的 9 个三级指标看(如表 4-5、表 4-6 所示),1985—2017年,我国社会保障支出占财政支出比重、人均社会保障支出、人均退休离休金与职工平均工资之比、最低生活保障线下人口比重、养老保险覆盖率、医疗保险覆盖率、失业保险覆盖率、工伤保险覆盖率与生育保险覆盖率的公平度均值依次为0.7102,0.6015,0.8480,0.5768,0.8082,0.6246,0.8478,0.5499 和 0.5768,表明最低生活保障线下人口比重、工伤保险覆盖率与生育保险覆盖率的公平度处于比较不公平状态;人均社会保障支出与医疗保险覆盖率的公平度处于相对公平状态;社会保障支出占财政支出比重公平度处于比较公平状态;人均退休离休金与职工平均工资之比、养老保险覆盖率与失业保险覆盖率的公平度处于非常公平状态。人均退休离休金与职工平均工资之比、养老保险覆盖率与失业保险覆盖率的公平度较高,社会保障支出占财政支出比重、最低生活保障线下人口比重、工伤保险覆盖率与生育保险覆盖率的公平度次之,最低生活保障线下人口比重、工伤保险覆盖率与生育保险覆盖率的公平度较低。

表 4-5　税负公平度、社会保障公平度测算结果

年份	税负公平度	个人所得税占税收比重公平度	投资所得税占税收比重公平度	社会保障公平度	社会保障支出占财政支出比重公平度	人均社会保障支出公平度	人均退休离休金与职工平均工资之比公平度
1985	0.5869	0.5611	0.6199	0.4587	0.4971	0.3601	0.8167
1986	0.5988	0.5761	0.6280	0.4734	0.5190	0.3773	0.8247
1987	0.6132	0.5911	0.6415	0.4878	0.5379	0.3950	0.8323
1988	0.6266	0.6062	0.6527	0.5009	0.5558	0.4131	0.8397
1989	0.6449	0.6216	0.6747	0.5136	0.5727	0.4311	0.8466
1990	0.6585	0.6373	0.6857	0.5251	0.5869	0.4490	0.8533
1991	0.6764	0.6533	0.7061	0.5361	0.5987	0.4669	0.8597
1992	0.6908	0.6698	0.7177	0.5468	0.6099	0.4843	0.8658

年份	税负公平度	个人所得税占税收比重公平度	投资所得税占税收比重公平度	社会保障公平度	社会保障支出占财政支出比重公平度	人均社会保障支出公平度	人均退休离休金与职工平均工资之比公平度
1993	0.7053	0.6868	0.7290	0.5582	0.6209	0.5009	0.8716
1994	0.7153	0.7047	0.7288	0.570	0.6319	0.5176	0.8772
1995	0.7314	0.7233	0.7419	0.5820	0.6432	0.5335	0.8825
1996	0.7404	0.7429	0.7372	0.5929	0.6549	0.5485	0.8870
1997	0.7601	0.7634	0.7558	0.6053	0.6670	0.5628	0.9084
1998	0.7746	0.7779	0.7704	0.6165	0.6562	0.6221	0.8912
1999	0.7769	0.7722	0.7829	0.6202	0.6711	0.6075	0.8910
2000	0.7916	0.7987	0.7825	0.6204	0.6751	0.5986	0.8915
2001	0.8311	0.8180	0.8479	0.6289	0.6960	0.6202	0.8893
2002	0.8313	0.8533	0.8032	0.6371	0.6879	0.6110	0.8925
2003	0.8393	0.8825	0.7840	0.6616	0.7149	0.6471	0.9009
2004	0.8288	0.8788	0.7648	0.6848	0.7155	0.6374	0.9007
2005	0.8520	0.8957	0.7961	0.7005	0.7044	0.6261	0.8974
2006	0.8557	0.8963	0.8038	0.7096	0.7166	0.6483	0.8928
2007	0.8744	0.8955	0.8474	0.7416	0.8424	0.7206	0.8866
2008	0.8703	0.8818	0.8557	0.7474	0.8489	0.7302	0.8785
2009	0.8675	0.8644	0.8716	0.7557	0.8492	0.7440	0.8678
2010	0.8557	0.8456	0.8686	0.7446	0.8367	0.7105	0.8547
2011	0.8300	0.7987	0.8701	0.7518	0.8733	0.7370	0.8376
2012	0.8202	0.7752	0.8779	0.7582	0.8846	0.7399	0.8161
2013	0.7895	0.7517	0.8378	0.7716	0.8818	0.7660	0.7888
2014	0.8139	0.7778	0.8602	0.7711	0.8720	0.7734	0.7643
2015	0.8179	0.7801	0.8662	0.7675	0.8629	0.7751	0.7327
2016	0.8000	0.7716	0.8364	0.7565	0.8783	0.7298	0.6946
2017	0.8164	0.7916	0.8482	0.7652	0.8715	0.7653	0.6495
均值	0.7662	0.7589	0.7756	0.6413	0.7102	0.6015	0.8480

　　由表4-5、表4-6可知,社会保障支出占财政支出比重公平度从1985年的

0.4971 提高到 2017 年的 0.8715,即由非常不公平提高到非常公平状态,总体处于稳步上升态势。其中,1985 年处于非常不公平状态,1986—1991 年处于比较不公平状态,1992—2002 年处于相对公平状态,2003—2006 年处于比较公平状态,2007—2017 年处于非常公平状态。人均社会保障支出公平度从 1985 年的 0.3601 提高到 2017 年的 0.7653,即由非常不公平提高到比较公平状态,总体处于稳步上升态势。其中,1985—1992 年处于非常不公平状态,1993—1997 年、2000 年处于比较不公平状态,1998—1999 年、2001—2006 年处于相对公平状态,2007—2017 年处于比较公平状态。医疗保险覆盖率公平度从 1985 年的 0.4685 提高到 2017 年的 0.8263,即由非常不公平提高到非常公平状态,总体处于稳步上升态势。其中,1985—1987 年处于非常不公平状态,1988—1996 年处于比较不公平状态,1997—2010 年处于相对公平状态,2011—2016 年处于比较公平状态,2017 年处于非常公平状态。生育保险覆盖率公平度从 1985 年的 0.3344 提高到 2017 年的 0.8513,即由非常不公平提高到非常公平状态,总体处于稳步上升态势。其中,1985—2000 年处于非常不公平状态,2001—2004 年处于比较不公平状态,2005 年处于相对公平状态,2006—2012 年处于比较公平状态,2013—2017 年处于非常公平状态。人均退休离休金与职工平均工资之比公平度在 1985—2012 年处于非常公平状态,之后呈现下降趋势,2016—2017 年处于相对公平状态。1985—2017 年,工伤保险覆盖率公平度呈现"U"形变化;而最低生活保障线下人口比重公平度与养老保险覆盖率公平度则呈现倒"U"形变化。失业保险覆盖率公平度(除个别年份)一直处于非常公平状态。

表 4-6 社会保障公平度测算结果

年份	社会保障公平度	最低生活保障线下人口比重公平度	养老保险覆盖率公平度	医疗保险覆盖率公平度	失业保险覆盖率公平度	工伤保险覆盖率公平度	生育保险覆盖率公平度
1985	0.4587	0.3014	0.6725	0.4685	0.7943	0.5404	0.3344
1986	0.4734	0.3200	0.7122	0.4789	0.8006	0.5440	0.3431
1987	0.4878	0.3395	0.7470	0.4896	0.8068	0.5463	0.3536
1988	0.5009	0.3599	0.7737	0.5005	0.8131	0.5443	0.3622
1989	0.5136	0.3814	0.7950	0.5115	0.8192	0.5375	0.3732
1990	0.5251	0.4038	0.8118	0.5227	0.8253	0.5274	0.3831
1991	0.5361	0.4269	0.8250	0.5340	0.8314	0.5138	0.3945
1992	0.5468	0.4510	0.8369	0.5454	0.8375	0.5019	0.4040

年份	社会保障公平度	最低生活保障线下人口比重公平度	养老保险覆盖率公平度	医疗保险覆盖率公平度	失业保险覆盖率公平度	工伤保险覆盖率公平度	生育保险覆盖率公平度
1993	0.5582	0.4756	0.8453	0.5568	0.8435	0.4956	0.4155
1994	0.570	0.5008	0.8536	0.5681	0.8494	0.4929	0.4270
1995	0.5820	0.5260	0.8579	0.5791	0.8552	0.4911	0.4406
1996	0.5929	0.5514	0.8621	0.5898	0.8394	0.4853	0.4547
1997	0.6053	0.5775	0.8692	0.6000	0.8680	0.4686	0.4693
1998	0.6165	0.6030	0.8880	0.6086	0.8307	0.4424	0.4861
1999	0.6202	0.6285	0.9062	0.6229	0.8637	0.4125	0.4849
2000	0.6204	0.6530	0.8574	0.6163	0.8773	0.3978	0.4964
2001	0.6289	0.6773	0.8672	0.6097	0.8821	0.3793	0.5016
2002	0.6371	0.6973	0.8597	0.6254	0.8951	0.3867	0.5268
2003	0.6616	0.7353	0.8562	0.6502	0.8770	0.4112	0.5522
2004	0.6848	0.7210	0.8541	0.6772	0.8682	0.5641	0.5890
2005	0.7005	0.7193	0.8581	0.6924	0.8700	0.5991	0.6556
2006	0.7096	0.7172	0.8366	0.6739	0.8739	0.5754	0.7072
2007	0.7416	0.7188	0.8264	0.6826	0.8756	0.5811	0.7270
2008	0.7474	0.6978	0.8156	0.6906	0.8710	0.5988	0.7531
2009	0.7557	0.7074	0.8044	0.6945	0.8676	0.6205	0.7703
2010	0.7446	0.6734	0.7926	0.6964	0.8595	0.6340	0.7740
2011	0.7518	0.6394	0.7799	0.7007	0.8523	0.6584	0.7863
2012	0.7582	0.6528	0.7668	0.7050	0.8439	0.6793	0.7980
2013	0.7716	0.6486	0.7531	0.7288	0.8431	0.6891	0.8471
2014	0.7711	0.6434	0.7442	0.7237	0.8460	0.7009	0.8564
2015	0.7675	0.6413	0.7308	0.7178	0.8423	0.7068	0.8599
2016	0.7565	0.6255	0.7149	0.7240	0.8288	0.7089	0.8544
2017	0.7652	0.6202	0.6961	0.8263	0.8269	0.7124	0.8513
均值	0.6413	0.5768	0.8082	0.6246	0.8478	0.5499	0.5768

三、转移支付公平的综合评价

由表 4-1 可知,1985—2017 年,我国转移支付公平度均值为 0.8109,表明我国转移支付公平度总体上处于非常公平状态。转移支付公平度从 1985 年的 0.5823 提高到 2017 年的 0.8756,即由比较不公平提高到非常公平状态,总体处于上升趋势。其中,1985 年,转移支付公平度处于比较不公平状态,1986—1988 年处于相对公平状态(原因在于这些年份政府对个人转移支付占比公平度较低),1989—1992 年、2000—2002 年、2004 年处于比较公平状态,其他年份处于非常公平状态。但在 2013 年以后,转移支付公平度呈现小幅下降态势。

第四节　三大地区收入分配公平的综合评价与比较

一、东部地区收入分配公平的综合评价

根据收入分配公平的评价指标和测度方法,利用 1985—2017 年东部地区 11 个省份的面板数据,得到表 4-7 的测算结果。由表 4-7 可知,东部地区收入分配公平度的均值为 0.7542,表明东部地区收入分配公平度总体上处于比较公平状态。1985—2017 年,收入分配公平度从 0.5934 提高到 0.8427,即由比较不公平提高到非常公平状态,总体处于上升趋势。其中,1985 年处于比较不公平状态,1986—1992 年处于相对公平状态,1993—2004 年处于比较公平状态,2005—2017 年处于非常公平状态。如图 4-7 所示。

表 4-7　东部地区收入分配公平度测算结果

年份	分配公平度	初次分配公平度	起点公平度	过程公平度	结果公平度	再分配公平度	税负公平度	社会保障公平度	转移支付公平度
1985	0.5934	0.6933	0.6107	0.7464	0.7517	0.5417	0.6554	0.4496	0.6258
1986	0.6114	0.7113	0.6216	0.7622	0.7869	0.5596	0.6712	0.4623	0.6570
1987	0.6241	0.7254	0.6291	0.7770	0.8128	0.5715	0.6826	0.4749	0.6670
1988	0.6390	0.7397	0.6382	0.7909	0.8377	0.5866	0.7025	0.4865	0.6853
1989	0.6538	0.7459	0.6467	0.8041	0.8275	0.6053	0.7210	0.4983	0.7196
1990	0.6662	0.7558	0.6550	0.8166	0.8359	0.6187	0.7310	0.5092	0.7418

续　表

年份	分配公平度	初次分配公平度	起点公平度	过程公平度	结果公平度	再分配公平度	税负公平度	社会保障公平度	转移支付公平度
1991	0.6750	0.7603	0.6639	0.8278	0.8210	0.6296	0.7475	0.5201	0.7467
1992	0.6888	0.7722	0.6727	0.8342	0.8474	0.6443	0.7688	0.5313	0.7628
1993	0.7053	0.7798	0.6826	0.8406	0.8523	0.6650	0.7802	0.5431	0.8135
1994	0.7118	0.7904	0.6928	0.8465	0.8710	0.6694	0.7928	0.5555	0.7894
1995	0.7246	0.8073	0.7082	0.8874	0.8522	0.6802	0.8153	0.5693	0.7814
1996	0.7340	0.8156	0.7207	0.9003	0.8453	0.6901	0.8299	0.5832	0.7770
1997	0.7391	0.8042	0.7113	0.8988	0.8159	0.7035	0.8373	0.5963	0.7955
1998	0.7417	0.8080	0.7340	0.9013	0.7937	0.7054	0.8605	0.6093	0.7540
1999	0.7487	0.8160	0.7381	0.9037	0.8112	0.7119	0.8410	0.6224	0.7683
2000	0.7492	0.8282	0.7419	0.9289	0.8191	0.7065	0.8470	0.6116	0.7646
2001	0.7577	0.8357	0.7472	0.9215	0.8518	0.7154	0.8590	0.6244	0.7624
2002	0.7750	0.8411	0.7544	0.9420	0.8322	0.7387	0.8775	0.6465	0.7913
2003	0.7852	0.8429	0.7437	0.9369	0.8659	0.7533	0.8748	0.6687	0.8046
2004	0.7925	0.8530	0.7523	0.9492	0.8755	0.7591	0.8714	0.6901	0.7862
2005	0.8071	0.8510	0.7687	0.9298	0.8676	0.7824	0.8879	0.6999	0.8428
2006	0.8078	0.8556	0.7600	0.9358	0.8927	0.7810	0.8811	0.6993	0.8444
2007	0.8261	0.8522	0.7651	0.9267	0.8825	0.8112	0.8849	0.7504	0.8558
2008	0.8264	0.8506	0.7630	0.9165	0.8951	0.8126	0.8611	0.7646	0.8551
2009	0.8267	0.8456	0.7579	0.9066	0.8982	0.8158	0.8471	0.7734	0.8640
2010	0.8304	0.8576	0.7720	0.9223	0.9001	0.8149	0.8346	0.7763	0.8668
2011	0.8298	0.8555	0.7705	0.9252	0.8893	0.8151	0.8315	0.7794	0.8647
2012	0.8316	0.8662	0.7904	0.9272	0.8968	0.8120	0.7949	0.7873	0.8745
2013	0.8423	0.8663	0.7876	0.9351	0.8900	0.8286	0.7888	0.8092	0.9050
2014	0.8357	0.8749	0.7992	0.9429	0.8946	0.8136	0.7964	0.8049	0.8460
2015	0.8338	0.8685	0.8096	0.9278	0.8722	0.8141	0.8076	0.7992	0.8470
2016	0.8330	0.8705	0.8078	0.9297	0.8808	0.8118	0.8048	0.7947	0.8496
2017	0.8427	0.8823	0.8150	0.9492	0.8892	0.8203	0.8249	0.8006	0.8514
均值	0.7542	0.8158	0.7282	0.8876	0.8532	0.7209	0.8064	0.6452	0.7928

由表 4-7 和图 4-7 可知,1985—2017 年,东部地区初次分配公平度一直高于再分配公平度,但两者相差越来越小。1985 年,初次分配公平度与再分配公平度相差 0.1516,2017 年两者相差缩小至 0.0620。

(一)东部地区初次分配公平的测算结果

由表 4-7 可知,初次分配公平度均值为 0.8158,表明东部地区初次分配公平度总体处于非常公平状态。1985—2017 年,初次分配公平度从 0.6933 提高到 0.8823,即由相对公平提高到非常公平状态,总体处于上升趋势。其中,1985 年,初次分配公平度处于相对公平状态,1986—1994 年处于比较公平状态,1995—2017 年处于非常公平状态。如图 4-7 所示。

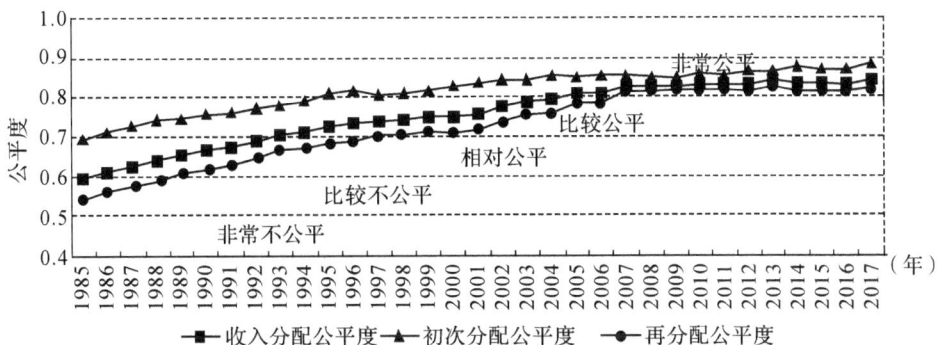

图 4-7　东部地区收入分配公平度:初次分配公平度与再分配公平度

从初次分配公平度的 3 个二级指标看,1985—2017 年,东部地区起点公平度、过程公平度、结果公平度的均值依次为 0.7282,0.8876 和 0.8532,表明东部地区起点公平度、过程公平度、结果公平度总体上依次处于比较公平、非常公平和非常公平状态,且过程公平度相对较高,结果公平度次之(1985—1990 年、1992—1994 年除外),起点公平度相对较低。1985—2017 年,过程公平度与起点公平度两者相差在 0.11—0.20 之间。具体如图 4-8 所示。

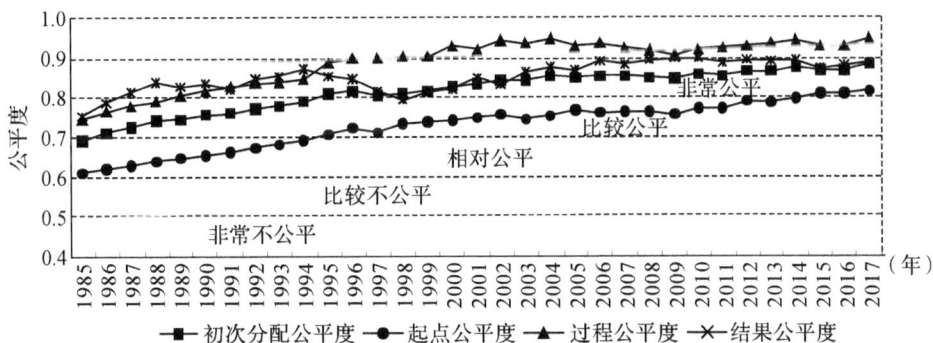

图 4-8　东部地区初次分配公平度:起点公平度、过程公平度与结果公平度

1.起点公平度。由表 4-8 可知,东部地区起点公平度的均值为 0.7282,表明东部地区起点公平度总体上处于比较公平状态。1985—2017 年,起点公平度从 0.6107 提高到 0.8150,即起点公平度由相对公平提高到非常公平状态,总体处于上升趋势。其中,1985—1994 年处于相对公平状态,1995—2014 年处于比较公平状态,2015—2017 年处于非常公平状态。

表 4-8　东部起点公平度测算结果

年份	起点公平度	教育公平度	就业公平度	公共医疗卫生公平度	公共基础设施公平度	公共自然资源公平度
1985	0.6107	0.7601	0.5568	0.7735	0.5205	0.6176
1986	0.6216	0.7678	0.5673	0.7820	0.5348	0.6218
1987	0.6291	0.7732	0.5678	0.7853	0.5485	0.6255
1988	0.6382	0.7805	0.5739	0.7887	0.5629	0.6288
1989	0.6467	0.7857	0.5784	0.7920	0.5776	0.6313
1990	0.6550	0.7880	0.5861	0.7911	0.5929	0.6338
1991	0.6639	0.7976	0.5939	0.7872	0.6082	0.6364
1992	0.6727	0.8063	0.5984	0.7858	0.6241	0.6395
1993	0.6826	0.8130	0.6079	0.7856	0.6406	0.6427
1994	0.6928	0.8219	0.6167	0.7850	0.6576	0.6454
1995	0.7082	0.8694	0.6207	0.7918	0.6737	0.6471
1996	0.7207	0.8622	0.6319	0.7888	0.7033	0.6412
1997	0.7113	0.8450	0.6407	0.7867	0.6802	0.6502
1998	0.7340	0.8406	0.6382	0.7891	0.7292	0.6527
1999	0.7381	0.8350	0.6520	0.7903	0.7414	0.6529
2000	0.7419	0.8362	0.6598	0.7938	0.7435	0.6618
2001	0.7472	0.8334	0.6451	0.7970	0.7594	0.6731
2002	0.7544	0.8391	0.6596	0.7990	0.7657	0.6815
2003	0.7437	0.8323	0.6530	0.8149	0.7404	0.6773
2004	0.7523	0.8200	0.6709	0.8173	0.7535	0.6887
2005	0.7687	0.8298	0.7006	0.8061	0.7903	0.6443
2006	0.7600	0.8171	0.6831	0.8155	0.7847	0.6123
2007	0.7651	0.8433	0.6372	0.8220	0.7974	0.6481

年份	起点公平度	教育公平度	就业公平度	公共医疗卫生公平度	公共基础设施公平度	公共自然资源公平度
2008	0.7630	0.8529	0.6023	0.8318	0.8052	0.6264
2009	0.7579	0.8574	0.5657	0.8336	0.810	0.6092
2010	0.7720	0.8618	0.5236	0.8334	0.8609	0.6064
2011	0.7705	0.8669	0.5347	0.8419	0.8472	0.6083
2012	0.7904	0.8750	0.6265	0.8427	0.8452	0.6396
2013	0.7876	0.8746	0.6431	0.8477	0.8370	0.6060
2014	0.7992	0.8738	0.6428	0.9121	0.8417	0.5978
2015	0.8096	0.8815	0.6625	0.9138	0.8475	0.6301
2016	0.8078	0.8733	0.6700	0.9121	0.8477	0.6104
2017	0.8150	0.8728	0.6968	0.9117	0.8527	0.6140
均值	0.7282	0.8330	0.6215	0.8166	0.7250	0.6364

从起点公平度的 5 个三级指标看(见表 4-8),1985—2017 年,东部地区教育公平度、就业公平度、公共医疗卫生公平度、公共基础设施公平度和公共自然资源公平度的均值依次为 0.8330,0.6215,0.8166,0.7250 和 0.6364,表明东部地区教育公平度、就业公平度、公共医疗卫生公平度、公共基础设施公平度、公共自然资源公平度总体上依次处于非常公平、相对公平、非常公平、比较公平和相对公平状态,且教育公平度、公共医疗卫生公平度相对较高,公共基础设施公平度次之,就业公平度与公共自然资源公平度相对较低。1985—2017 年,教育公平度、公共医疗卫生公平度、公共基础设施公平度总体处于上升趋势,且就业公平度、公共自然资源公平度波动幅度较大。其中:1985—2005 年,教育公平度处于上升趋势,2006—2017 年,就业公平度呈倒"U"形变化;1985—2004 年,公共自然资源公平度处于上升趋势,但 2005—2017 年,公共自然资源公平度总体处于下降趋势。就业公平度、公共自然资源公平度与其他公平度相比明显偏低。如图 4-9 所示。

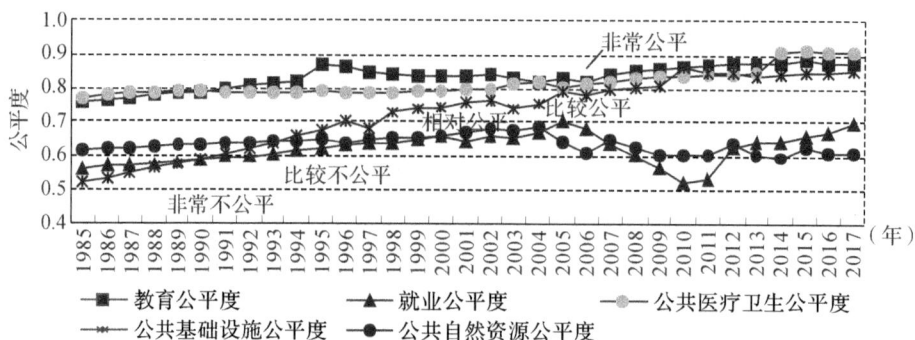

图 4-9　1985—2017 年我国东部地区起点公平度趋势图

2.过程公平度。由表 4-7 可知,东部地区过程公平度的均值为 0.8876,表明东部地区过程公平度总体处于非常公平状态。从 1985—2017 年,过程公平度从 0.7464 提高到 0.9492,即由比较公平提高到非常公平状态,总体处于上升趋势。其中,1985—1988 年,过程公平度处于比较公平状态,1999—2017 年处于非常公平状态。如图 4-8 所示。

3.结果公平度。由表 4-7 可知,东部地区结果公平度的均值为 0.8532,表明东部地区结果公平度总体处于非常公平状态。1985—2017 年,结果公平度波动幅度较大。其中,1985—1998 年呈现倒"U"形变化,1999—2017 年结果公平度总体上处于上升趋势。如图 4-8 所示。

（二）东部地区再分配公平的测算结果

由表 4-7 可知,东部地区再分配公平度均值为 0.7209,表明东部地区再分配公平度总体处于比较公平状态。1985—2017 年,再分配公平度由 0.5417 提高到 0.8203,即由比较不公平提高到非常公平状态,呈上升趋势,如图 4-10 所示。1985—1988 年,再分配公平度处于比较不公平状态,1989—1996 年处于相对公平状态,1997—2006 年处于比较公平状态,2007—2017 年处于非常公平状态,但 2014—2017 年再分配公平度略有下降。

从再分配公平度的 3 个二级指标看,1985—2017 年,东部地区税负公平度、社会保障公平度与转移支付公平度的均值依次为 0.8064,0.6452 和 0.7928,表明东部地区税负公平度、社会保障公平度、转移支付公平度总体上依次处于非常公平、相对公平和比较公平状态,且税负公平度与转移支付公平度相对较高,社会保障公平度相对较低。

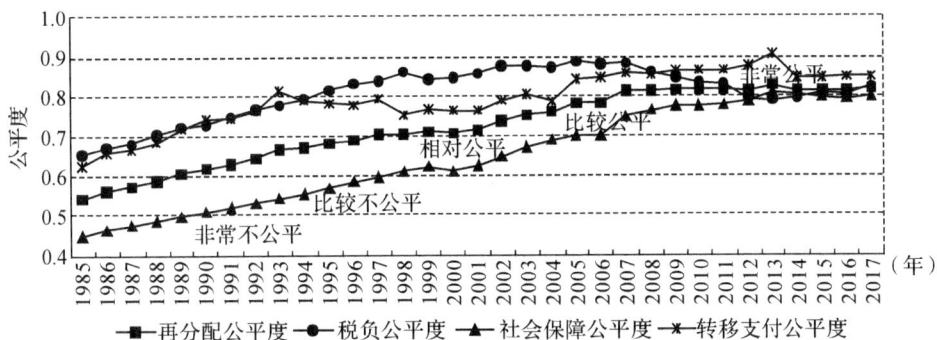

图 4-10　1985—2017 年我国东部地区再分配公平度趋势图

1.税负公平度。由表 4-7 可知,东部地区税负公平度的均值为 0.8064,表明东部地区税负公平度总体处于非常公平状态。1985—2017 年,税负公平度从 0.6554 提高到 0.8249,即由相对公平提高到非常公平状态,总体处于上升趋势。其中,1985—1987 年,税负公平度处于相对公平状态,1988—1994 年、2012—2014 年处于比较公平状态,1995—2011 年、2015—2017 年处于非常公平状态。从 2008—2017 年呈现下降态势。如图 4-10 所示。

2.社会保障公平度。由表 4-7 可知,东部地区社会保障公平度的均值为 0.6452,表明东部地区社会保障公平度总体处于相对公平状态。1985—2017 年,社会保障公平度从 0.4496 提高到 0.8006,即由非常不公平提高到非常公平状态,总体处于上升趋势。其中,1985—1989 年处于非常不公平状态,1990—1997 年处于比较不公平状态,1998—2006 年处于相对公平状态,2007—2012 年、2015—2016 年处于比较公平状态,2013—2014 年、2017 年处于非常公平状态。如图 4-10 所示。

3.转移支付公平度。由表 4-7 可知,东部地区转移支付公平度的均值为 0.7928,表明东部地区转移支付公平度总体处于比较公平状态。1985—2017 年,转移支付公平度从 0.6258 提高到 0.8514,即由相对公平提高到非常公平状态,总体处于上升趋势。其中,1985—1988 年,转移支付公平度处于相对公平状态,1989—1992 年、1994—2002 年、2004 年处于比较公平状态,1993 年、2003 年、2005—2017 年处于非常公平状态。如图 4-10 所示。

二、中部地区收入分配公平的综合评价

根据收入分配公平的评价指标和测度方法,基于 1985—2017 年中部地区 8 个省份的面板数据,得到表 4-9 的测算结果。由表 4-9 可知,中部地区收入分配公平度的均值为 0.8348,表明中部地区收入分配公平度总体处于非常公平状态。1985—2017 年,收入分配公平度从 0.6995 提高到 0.8899,即由相对公平提高到

非常公平状态,总体处于上升趋势。其中,1985 年,收入分配公平度处于相对公平状态,1986—1993 年处于比较公平状态,1994—2017 年处于非常公平状态。如图 4-11 所示。

表 4-9 中部地区收入分配公平度测算结果

年份	分配公平度	初次分配公平度	起点公平度	过程公平度	结果公平度	再分配公平度	税负公平度	社会保障公平度	转移支付公平度
1985	0.6995	0.7310	0.6462	0.7621	0.8102	0.6774	0.7185	0.6133	0.7474
1986	0.7199	0.7455	0.6539	0.7802	0.8304	0.7019	0.7297	0.6268	0.8136
1987	0.7363	0.7536	0.6601	0.7957	0.8295	0.7239	0.7470	0.6385	0.8655
1988	0.7495	0.7645	0.6660	0.8096	0.8441	0.7387	0.7490	0.6502	0.9064
1989	0.7635	0.7765	0.6718	0.8216	0.8663	0.7542	0.7615	0.6608	0.9380
1990	0.7714	0.7769	0.6773	0.8329	0.8407	0.7675	0.7788	0.6714	0.9512
1991	0.7800	0.7865	0.6828	0.8434	0.8555	0.7753	0.7871	0.6811	0.9531
1992	0.7846	0.7869	0.6888	0.8304	0.8678	0.7830	0.7932	0.6919	0.9555
1993	0.7917	0.7990	0.6949	0.8474	0.8822	0.7865	0.8041	0.6991	0.9405
1994	0.8060	0.8142	0.7001	0.8703	0.9018	0.8001	0.8122	0.7167	0.9511
1995	0.8109	0.8292	0.7063	0.9046	0.9015	0.7979	0.8124	0.7332	0.9035
1996	0.8093	0.8225	0.7105	0.8937	0.8827	0.7998	0.8119	0.7433	0.8915
1997	0.8094	0.8086	0.7175	0.8717	0.8471	0.8100	0.8375	0.7584	0.8710
1998	0.8160	0.8205	0.7272	0.8798	0.8680	0.8127	0.8447	0.7618	0.8662
1999	0.8220	0.8367	0.7261	0.9116	0.8887	0.8114	0.8472	0.7607	0.8594
2000	0.8330	0.8555	0.7287	0.9550	0.8975	0.8170	0.8280	0.7911	0.8497
2001	0.8315	0.8509	0.7392	0.9342	0.8918	0.8176	0.8404	0.7891	0.8400
2002	0.8409	0.8630	0.7553	0.9578	0.8806	0.8252	0.8727	0.7995	0.8119
2003	0.8673	0.8721	0.7603	0.9547	0.9139	0.8638	0.9208	0.8133	0.8847
2004	0.8678	0.8772	0.7644	0.9554	0.9269	0.8610	0.9171	0.8186	0.8678
2005	0.8763	0.8779	0.7776	0.9488	0.9183	0.8752	0.9138	0.8194	0.9294
2006	0.8901	0.8851	0.7894	0.9474	0.9308	0.8937	0.9177	0.8533	0.9356
2007	0.8989	0.8910	0.7971	0.9442	0.9477	0.9047	0.9080	0.8848	0.9361
2008	0.8962	0.8802	0.7764	0.9371	0.9478	0.9081	0.9160	0.8921	0.9264

年份	分配公平度	初次分配公平度	起点公平度	过程公平度	结果公平度	再分配公平度	税负公平度	社会保障公平度	转移支付公平度
2009	0.8987	0.8809	0.7883	0.9303	0.9415	0.9118	0.9162	0.8918	0.9420
2010	0.8974	0.8827	0.7900	0.9321	0.9434	0.9082	0.9096	0.8884	0.9418
2011	0.9005	0.8889	0.7918	0.9452	0.9459	0.9090	0.9248	0.8778	0.9451
2012	0.9017	0.8916	0.7936	0.9510	0.9453	0.9091	0.9052	0.8900	0.9486
2013	0.8986	0.8886	0.7939	0.9506	0.9332	0.9059	0.9013	0.8890	0.9422
2014	0.9014	0.8884	0.8019	0.9487	0.9227	0.9110	0.9172	0.8830	0.9539
2015	0.8942	0.8758	0.7963	0.9395	0.8941	0.9078	0.9193	0.8710	0.9602
2016	0.8946	0.8849	0.8195	0.9428	0.8906	0.9018	0.9159	0.8645	0.9518
2017	0.8899	0.8824	0.8065	0.9585	0.8776	0.8954	0.9154	0.8526	0.9482
均值	0.8348	0.8385	0.7394	0.8996	0.8929	0.8323	0.8513	0.7811	0.9069

（一）中部地区初次分配公平的测算结果

由表4-9可知，初次分配公平度的均值为0.8385，表明中部地区初次分配公平度总体处于非常公平状态。1985—2017年，初次分配公平度从0.7310提高到0.8824，即由比较公平提高到非常公平状态，总体处于上升趋势。其中，1985—1993年处于比较公平状态，1994—2017年处于非常公平状态。如图4-11所示。

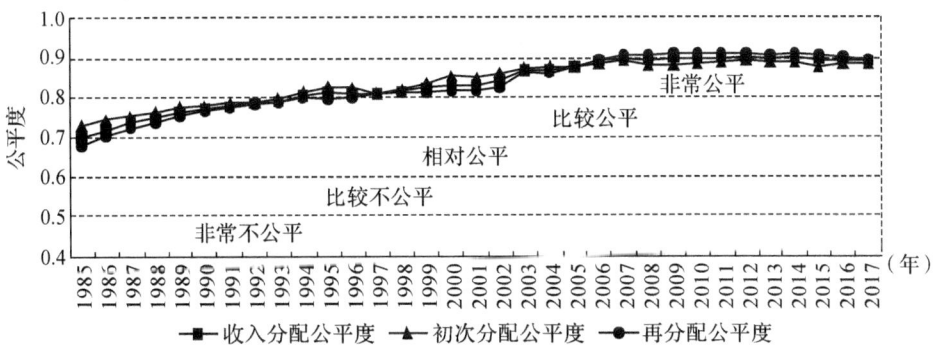

图4-11　中部地区收入分配公平度：初次分配公平度与再分配公平度

从初次分配公平度的3个二级指标看，1985—2017年，中部地区起点公平度、过程公平度、结果公平度的均值依次为0.7394，0.8996和0.8929，表明中部地区起点公平度、过程公平度、结果公平公平度总体上依次处于比较公平、非常公平和非常公平状态,且过程公平度和结果公平度相对较高,起点公平度相对较低。如图 4-12 所示。

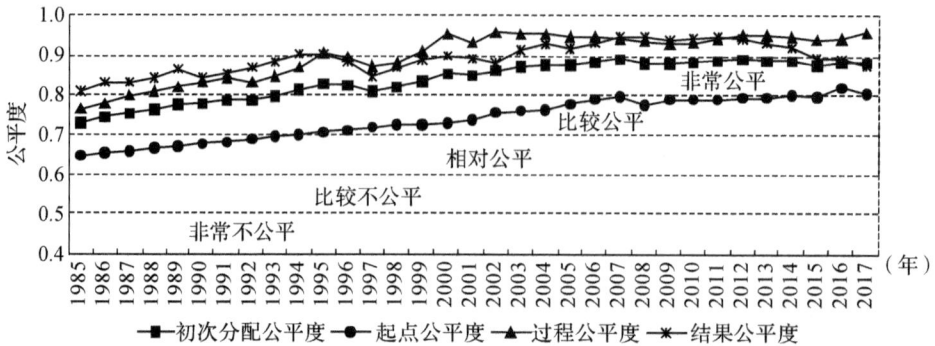

图 4-12 中部地区初次分配公平度:起点公平度、过程公平度与结果公平度

1.起点公平度。由表 4-9 可知,中部地区起点公平度的均值为 0.7394,表明中部地区起点公平度总体处于比较公平状态。1985—2017 年,起点公平度从 0.6462 提高到 0.8065,即由相对公平提高到非常公平状态,总体处于上升趋势。其中,1985—1993 年,起点公平度处于相对公平状态,1994—2013 年、2015 年处于比较公平状态,2014 年、2016—2017 年处于非常公平状态。如图 4-12 所示。

从起点公平度的 5 个三级指标看(见表 4-10),1985—2017 年,中部地区教育公平度、就业公平度、公共医疗卫生公平度、公共基础设施公平度和公共自然资源公平度的均值依次为 0.9038,0.5036,0.8859,0.8246 和 0.8070,表明中部地区教育公平度、就业公平度、公共医疗卫生公平度、公共基础设施公平度和公共自然资源公平度总体依次处于非常公平、比较不公平、非常公平、非常公平和非常公平状态,且教育公平度、公共医疗卫生公平度较高,公共基础设施公平度和公共自然资源公平度次之,就业公平度最低,其与其他四个公平度相差较大。1985—2017 年,教育公平度、就业公平度、公共医疗卫生公平度、公共基础设施公平度、公共自然资源公平度总体处于上升趋势,其中教育公平度波动幅度相对较大。如图 4-13 所示。

表 4-10 中部地区起点公平度测算结果

年份	起点公平度	教育公平度	就业公平度	公共医疗卫生公平度	公共基础设施公平度	公共自然资源公平度
1985	0.6462	0.8467	0.4122	0.8357	0.7248	0.6802
1986	0.6539	0.8544	0.4150	0.8386	0.7383	0.6919

年份	起点公平度	教育公平度	就业公平度	公共医疗卫生公平度	公共基础设施公平度	公共自然资源公平度
1987	0.6601	0.8605	0.4180	0.8430	0.7458	0.7018
1988	0.6660	0.8655	0.4213	0.8461	0.7543	0.7107
1989	0.6718	0.8704	0.4247	0.8477	0.7635	0.7195
1990	0.6773	0.8707	0.4282	0.8508	0.7726	0.7281
1991	0.6828	0.8767	0.4318	0.8513	0.7813	0.7358
1992	0.6888	0.8833	0.4357	0.8544	0.7902	0.7434
1993	0.6949	0.8889	0.4398	0.8607	0.7978	0.7510
1994	0.7001	0.8909	0.4443	0.8628	0.8044	0.7590
1995	0.7063	0.9012	0.4489	0.8660	0.8109	0.7666
1996	0.7105	0.9061	0.4545	0.8691	0.8094	0.7736
1997	0.7175	0.9082	0.4597	0.8709	0.8179	0.7859
1998	0.7272	0.9088	0.4663	0.8735	0.8267	0.8071
1999	0.7261	0.9065	0.4717	0.8740	0.8209	0.8014
2000	0.7287	0.9107	0.4789	0.8762	0.8168	0.8030
2001	0.7392	0.9113	0.4818	0.8768	0.8384	0.8233
2002	0.7553	0.9126	0.4881	0.8738	0.8662	0.8580
2003	0.7603	0.9140	0.4855	0.9150	0.8708	0.8541
2004	0.7644	0.9190	0.4878	0.9154	0.8706	0.8646
2005	0.7776	0.9168	0.5299	0.8905	0.8664	0.8830
2006	0.7894	0.9137	0.5881	0.8852	0.8560	0.8727
2007	0.7971	0.9258	0.5904	0.8901	0.8568	0.8906
2008	0.7764	0.9223	0.5330	0.8965	0.8648	0.8709
2009	0.7883	0.9226	0.5607	0.9204	0.8669	0.8701
2010	0.7900	0.9237	0.5883	0.8925	0.8684	0.8587
2011	0.7918	0.9267	0.5842	0.9028	0.8653	0.8656
2012	0.7936	0.9301	0.5909	0.9446	0.8659	0.8409
2013	0.7939	0.9312	0.5964	0.9345	0.8539	0.8488
2014	0.8019	0.9321	0.6019	0.9470	0.8560	0.8638
2015	0.7963	0.9255	0.5907	0.9424	0.8552	0.8612

年份	起点公平度	教育 公平度	就业 公平度	公共医疗 卫生公平度	公共基础 设施公平度	公共自然 资源公平度
2016	0.8195	0.9265	0.6589	0.9413	0.8524	0.8729
2017	0.8065	0.9216	0.6104	0.9453	0.8612	0.8730
均值	0.7394	0.9038	0.5036	0.8859	0.8246	0.8070

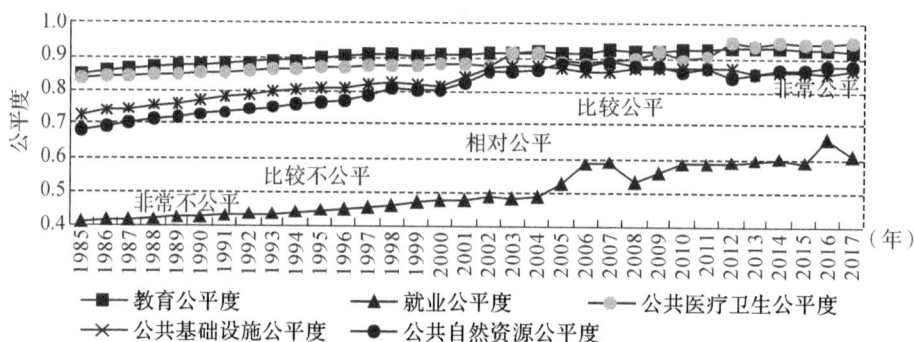

图 4-13　1985—2017 年我国中部地区起点公平度趋势图

2.过程公平度。由表 4-9 可知,中部地区过程公平度的均值为 0.8996,表明中部地区过程公平度总体处于非常公平状态。1985—2017 年,过程公平度从 0.7621 提高到 0.9585,即由比较公平提高到非常公平状态,总体处于上升趋势。其中,1985—1987 年,过程公平度处于比较公平状态,1988—2017 年处于非常公平状态。如图 4-12 所示。

3.结果公平度。由表 4-9 可知,中部地区结果公平度的均值为 0.8929,表明中部地区结果公平度总体处于非常公平状态。但在 1985—2017 年,结果公平度的波动幅度较大。1985—1994 年,结果公平度处于上升阶段,1995—1997 年处于下降阶段,1998—2008 年呈现上升趋势,2009—2017 年又呈现下降趋势。如图 4-12 所示。

（二）中部地区再分配公平的测算结果

由表 4-9 可知,中部地区再分配公平度的均值为 0.8323,表明中部地区再分配公平度总体处于非常公平状态。1985—2017 年,再分配公平度由 0.6774 提高到 0.8954,即由相对公平提高到非常公平状态,呈上升趋势,如图 4-14 所示。1985 年,再分配公平度处于相对公平状态,1986—1993 年、1995—1996 年处于比较公平状态,1994 年、1997—2017 年处于非常公平状态,但 2015—2017 年的再分配公平度略有下降。

从再分配公平度的 3 个二级指标看,1985—2017 年,中部地区税负公平度、社会保障公平度与转移支付公平度的均值依次为 0.8513,0.7811 和 0.9069,表明中部地区税负公平度、社会保障公平度和转移支付公平度总体依次处于非常公平、比较公平和非常公平状态,且税负公平度与转移支付公平度相对较高,社会保障公平度相对较低。如图 4-14 所示。

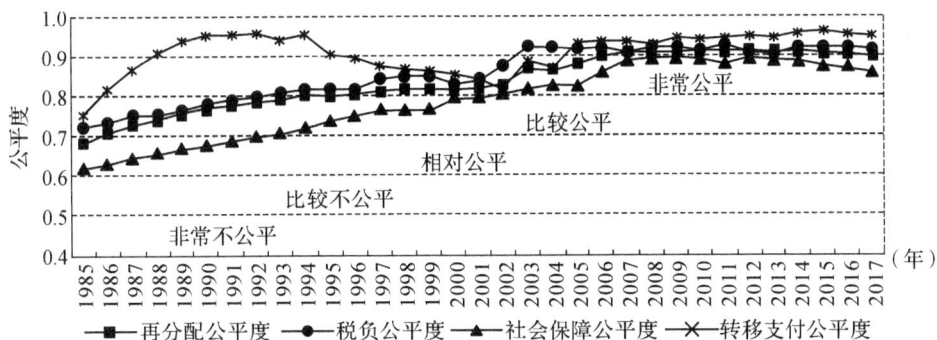

图 4-14　1985—2017 年我国中部地区再分配公平度趋势图

1.税负公平度。由表 4-9 可知,中部地区税负公平度的均值为 0.8513,表明中部地区税负公平度总体处于非常公平状态。1985—2017 年,税负公平度从 0.7185 提高到 0.9154,即税负公平度由比较公平提高到非常公平状态,总体处于上升趋势。其中,1985—1992 年,税负公平度处于比较公平状态,1993—2017 年处于非常公平状态,但 2016—2017 年略有下降。如图 4-14 所示。

2.社会保障公平度。由表 4-9 可知,中部地区社会保障公平度的均值为 0.7811,表明中部地区社会保障公平度总体处于比较公平状态。1985—2017 年,社会保障公平度从 0.6133 提高到 0.8526,即由相对公平提高到非常公平状态,总体处于上升趋势。其中,1985—1993 年,社会保障公平度处于相对公平状态,1994—2002 年处于比较公平状态,2003—2017 年处于非常公平状态。如图 4-14 所示。

3.转移支付公平度。由表 4-9 可知,中部地区转移支付公平度的均值为 0.9069,表明转移支付公平度总体处于非常公平状态。1985—2017 年,转移支付公平度从 0.7474 提高到 0.9482,即由比较公平提高到非常公平状态,总体处于上升趋势。其中:1985 年,转移支付公平度处于比较公平状态,1986—2017 年处于非常公平状态;1985—2002 年,移支付公平度呈现倒"U"形变化,2003—2017 年呈上升趋势。如图 4-14 所示。

三、西部地区收入分配公平的综合评价

根据收入分配公平的评价指标和测度方法,利用 1985—2017 年西部地区 12

个省份的面板数据,得到表4-11所示的测算结果。由表4-11可知,西部地区收入分配公平度的均值为0.7679,表明西部地区收入分配公平度总体处于比较公平状态。1985—2017年,收入分配公平度从0.5718提高到0.8521,即由比较不公平提高到非常公平状态,总体处于上升趋势。其中,1985—1986年,收入分配公平度处于比较不公平状态,1987—1993年处于相对公平状态,1994—2000年处于比较公平状态,2001—2017年处于非常公平状态。由表4-11和图4-15可知,1985—2017年,西部地区初次分配公平度整体略高于再分配公平度。

表 4-11 西部地区收入分配公平度测算结果

年份	分配公平度	初次分配公平度	起点公平度	过程公平度	结果公平度	再分配公平度	税负公平度	社会保障公平度	转移支付公平度
1985	0.5718	0.6001	0.4994	0.7399	0.7497	0.5486	0.5316	0.5383	0.5890
1986	0.5865	0.6111	0.5133	0.7528	0.7484	0.5662	0.5417	0.5472	0.6316
1987	0.6030	0.6241	0.5257	0.7653	0.7626	0.5855	0.5573	0.5565	0.6723
1988	0.6210	0.6456	0.5397	0.7770	0.8167	0.6007	0.5695	0.5658	0.7020
1989	0.6341	0.6515	0.5553	0.7885	0.7846	0.6196	0.5904	0.5746	0.7334
1990	0.6475	0.6628	0.5703	0.7994	0.7838	0.6347	0.6071	0.5827	0.7567
1991	0.6615	0.6738	0.5854	0.8102	0.7818	0.6512	0.6306	0.5904	0.7742
1992	0.6782	0.6922	0.6035	0.8033	0.8230	0.6664	0.6456	0.5992	0.8006
1993	0.6947	0.7089	0.6200	0.8093	0.8495	0.6827	0.6692	0.6078	0.8165
1994	0.7091	0.7263	0.6361	0.8187	0.8777	0.6947	0.6826	0.6170	0.8302
1995	0.7228	0.7406	0.6589	0.8319	0.8673	0.7079	0.7044	0.6279	0.8317
1996	0.7258	0.7297	0.6541	0.8249	0.8347	0.7225	0.7190	0.6367	0.8557
1997	0.7337	0.7405	0.6719	0.8431	0.8188	0.7279	0.7503	0.6517	0.8017
1998	0.7563	0.7537	0.6883	0.8364	0.8408	0.7585	0.7804	0.6622	0.8652
1999	0.7672	0.7641	0.6970	0.8517	0.8514	0.7699	0.8042	0.6745	0.8549
2000	0.7894	0.8100	0.7666	0.8820	0.8486	0.7721	0.8191	0.6695	0.8490
2001	0.8056	0.8051	0.7561	0.8929	0.8439	0.8061	0.8608	0.6970	0.8810
2002	0.8039	0.8065	0.7550	0.8712	0.8720	0.8017	0.8795	0.6958	0.8377
2003	0.8173	0.8243	0.7838	0.8695	0.8793	0.8114	0.8920	0.7298	0.8075
2004	0.8299	0.8337	0.7925	0.8842	0.8855	0.8267	0.8881	0.7553	0.8345

年份	分配公平度	初次分配公平度	起点公平度	过程公平度	结果公平度	再分配公平度	税负公平度	社会保障公平度	转移支付公平度
2005	0.8440	0.8411	0.7985	0.8946	0.8938	0.8465	0.8928	0.7864	0.8596
2006	0.8608	0.8596	0.8275	0.8965	0.9014	0.8619	0.8969	0.8000	0.8939
2007	0.8692	0.8626	0.8371	0.8750	0.9111	0.8748	0.9051	0.8334	0.8849
2008	0.8793	0.8717	0.8421	0.8984	0.9165	0.8858	0.9271	0.8333	0.8953
2009	0.8809	0.8682	0.8384	0.8864	0.9217	0.8920	0.9213	0.8464	0.9094
2010	0.8636	0.8527	0.8112	0.8854	0.9226	0.8730	0.8973	0.8194	0.9090
2011	0.8541	0.8653	0.8345	0.8858	0.9190	0.8447	0.8213	0.8295	0.9016
2012	0.8565	0.8676	0.8331	0.8922	0.9268	0.8472	0.8278	0.8323	0.8972
2013	0.8431	0.8575	0.8358	0.8858	0.8821	0.8309	0.7992	0.8240	0.8899
2014	0.8621	0.8719	0.8478	0.8896	0.9119	0.8538	0.8355	0.8295	0.9151
2015	0.8651	0.8688	0.8433	0.9091	0.8917	0.8620	0.8600	0.8300	0.9089
2016	0.8515	0.8582	0.8321	0.8930	0.8870	0.8459	0.8229	0.8239	0.9116
2017	0.8521	0.8432	0.8334	0.8639	0.8466	0.8597	0.8476	0.8329	0.9144
均值	0.7679	0.7755	0.7178	0.8487	0.8561	0.7616	0.7690	0.7061	0.8308

（一）西部地区初次分配公平的测算结果

由表4-11可知,西部地区初次分配公平度均值为0.7755,表明初次分配公平度总体处于比较公平状态。1985—2017年,初次分配公平度从0.6001提高到0.8432,即由相对公平提高到非常公平状态,总体处于上升趋势,但从2009年开始有所下降。其中,1985—1992年,初次分配公平度处于相对公平状态,1993—1999年处于比较公平状态,2000—2017年处于非常公平状态。如图4-15所示。

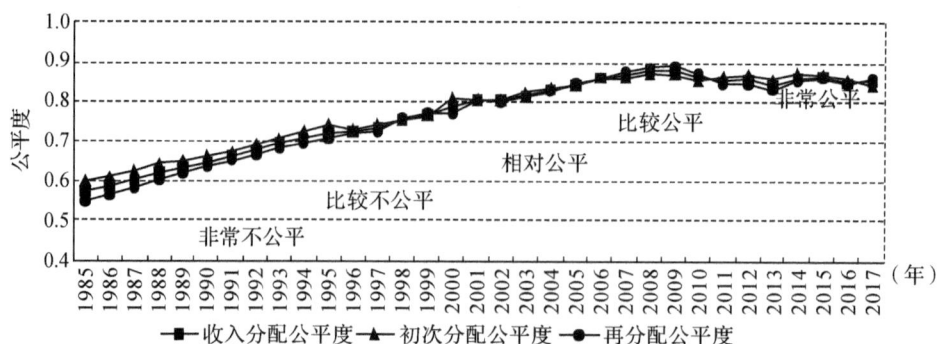

图 4-15 西部地区收入分配公平度:初次分配公平度与再分配公平度

从初次分配公平度的 3 个二级指标看,1985—2017 年,西部地区起点公平度、过程公平度、结果公平度的均值依次为 0.7178,0.8487 和 0.8561,表明西部地区起点公平度、过程公平度、结果公平度总体上依次处于比较公平、非常公平和非常公平状态,且过程公平度与结果公平度相对较高(两者相差较小),起点公平度相对较低。如图 4-16 所示。

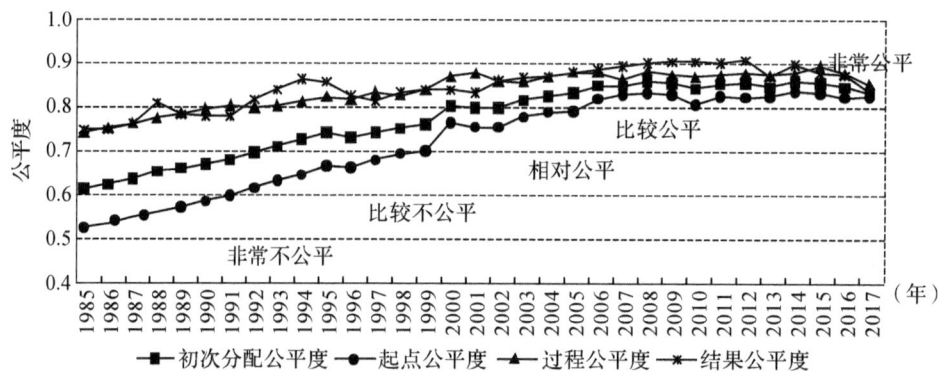

图 4-16 西部地区初次分配公平度:起点公平度、过程公平度与结果公平度

1.起点公平度。由表 4-12 可知,西部地区起点公平度的均值为 0.7178,表明起点公平总体处于比较公平状态。1985—2017 年,起点公平度从 0.4994 提高到 0.8334,即由非常不公平提高到非常公平状态,总体处于上升趋势。其中,1985 年处于非常不公平状态,1986—1991 年处于比较不公平状态,1992—1999 年处于相对公平状态,2000—2005 年处于比较公平状态,2006—2017 年处于非常公平状态。如图 4-16 所示。

表 4-12　西部起点公平度测算结果

年份	起点公平度	教育公平度	就业公平度	公共医疗卫生公平度	公共基础设施公平度	公共自然资源公平度
1985	0.4994	0.7463	0.7212	0.8078	0.5164	0.3387
1986	0.5133	0.7512	0.7220	0.8114	0.5360	0.3554
1987	0.5257	0.7498	0.7234	0.8174	0.5505	0.3730
1988	0.5397	0.7612	0.7243	0.8186	0.5639	0.3917
1989	0.5553	0.7735	0.7257	0.8221	0.5802	0.4113
1990	0.5703	0.7836	0.7268	0.8259	0.5934	0.4320
1991	0.5854	0.7825	0.7280	0.8309	0.6113	0.4536
1992	0.6035	0.8045	0.7294	0.8358	0.6262	0.4760
1993	0.6200	0.8154	0.7304	0.8400	0.6396	0.4993
1994	0.6361	0.8142	0.7322	0.8482	0.6552	0.5235
1995	0.6589	0.8612	0.7330	0.8555	0.6687	0.5484
1996	0.6541	0.8332	0.7355	0.8609	0.7165	0.5219
1997	0.6719	0.8438	0.7359	0.8653	0.7354	0.5454
1998	0.6883	0.8537	0.7402	0.8701	0.7385	0.5736
1999	0.6970	0.8511	0.7402	0.8751	0.7331	0.5937
2000	0.7666	0.8638	0.7488	0.8796	0.7308	0.7334
2001	0.7561	0.8574	0.7478	0.8815	0.7045	0.7261
2002	0.7550	0.8731	0.7366	0.8761	0.7123	0.7174
2003	0.7838	0.8636	0.7453	0.8856	0.7295	0.7686
2004	0.7925	0.8732	0.7571	0.8875	0.7383	0.7781
2005	0.7985	0.8792	0.7378	0.8848	0.7647	0.7776
2006	0.8275	0.8873	0.7272	0.8834	0.7548	0.8409
2007	0.8371	0.8918	0.7279	0.8887	0.7711	0.8503
2008	0.8421	0.9042	0.6996	0.8960	0.7939	0.8463
2009	0.8384	0.8997	0.7195	0.9088	0.8019	0.8320
2010	0.8112	0.8280	0.7449	0.9011	0.7723	0.8106
2011	0.8345	0.8939	0.7395	0.9024	0.7943	0.8292
2012	0.8331	0.8986	0.7282	0.9094	0.7861	0.8284

年份	起点公平度	教育 公平度	就业 公平度	公共医疗 卫生公平度	公共基础 设施公平度	公共自然 资源公平度
2013	0.8358	0.9042	0.7403	0.9208	0.7970	0.8237
2014	0.8478	0.8993	0.7295	0.9266	0.7906	0.8525
2015	0.8433	0.8995	0.7648	0.9330	0.7908	0.8393
2016	0.8321	0.9094	0.7264	0.9325	0.7883	0.8174
2017	0.8334	0.9148	0.7106	0.9362	0.8113	0.8074
均值	0.7178	0.8475	0.7327	0.8733	0.7060	0.6520

从起点公平度的5个三级指标看(见表4-12),1985—2017年,西部地区教育公平度、就业公平度、公共医疗卫生公平度、公共基础设施公平度、公共自然资源公平度的均值依次为0.8475,0.7327,0.8733,0.7060和0.6520,表明西部地区教育公平度、就业公平度、公共医疗卫生公平度、公共基础设施公平度、公共自然资源公平度总体依次处于非常公平、比较公平、非常公平、比较公平和相对公平状态,其中教育公平度、公共医疗卫生公平度相对较高,就业公平度、公共基础设施公平度与公共自然资源公平度相对较低,且公共基础设施公平度与公共自然资源公平度的波动幅度较大。1985—2017年,教育公平度、公共医疗卫生公平度、公共基础设施公平度、公共自然资源公平度总体处于上升趋势,且教育公平度的波动幅度较小。其中:1985—1999年、2017年,公共基础设施公平度大于公共自然资源公平度;2000—2016年,公共基础设施公平度小于公共自然资源公平度。如图4-17所示。

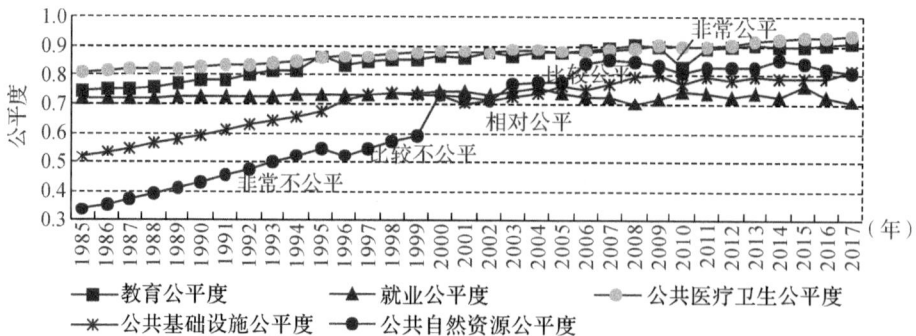

图4-17　1985—2017年我国西部地区起点公平度趋势图

2.过程公平度。由表4-11可知,西部地区过程公平度的均值为0.8487,表明过程公平度总体处于非常公平状态。1985—2017年,过程公平度从0.7399提高

到 0.8639,即由比较公平提高到非常公平状态,总体处于上升趋势。其中:
1985—1990 年,过程公平度处于比较公平状态,1991—2017 年处于非常公平状态,但最近几年有下降趋势。具体如图 4-16 示。

3.结果公平度。由表 4-11 可知,西部地区结果公平度的均值为 0.8561,表明结果公平度总体处于非常公平状态。1985—2017 年,结果公平度的波动幅度较大,其中 1985—1997 年呈现倒"U"形变化,1998—2012 年总体处于上升趋势,但 2012 年以后下降趋势明显。如图 4-16 所示。

(二)西部地区再分配公平的测算结果

由表 4-11 可知,西部地区再分配公平度的均值为 0.7616,表明再分配公平度总体处于比较公平状态。1985—2017 年,再分配公平度由 0.5486 提高到 0.8597,即由比较不公平提高到非常公平状态,呈上升趋势,如图 4-18 所示。1985—1987 年,再分配公平度处于比较不公平状态,1988—1994 年处于相对公平状态,1995—2000 年处于比较公平状态,2001—2017 年处于非常公平状态,但从 2010 年开始呈现下降趋势。

从再分配公平度的 3 个二级指标看,1985—2017 年,西部地区税负公平度、社会保障公平度与转移支付公平度的均值依次为 0.7690,0.7061 和 0.8308,表明西部地区税负公平度、社会保障公平度、转移支付公平度总体上依次处于比较公平、比较公平和非常公平状态,且税负公平度与转移支付公平度相对较高,社会保障公平度相对较低。如图 4-18 所示。

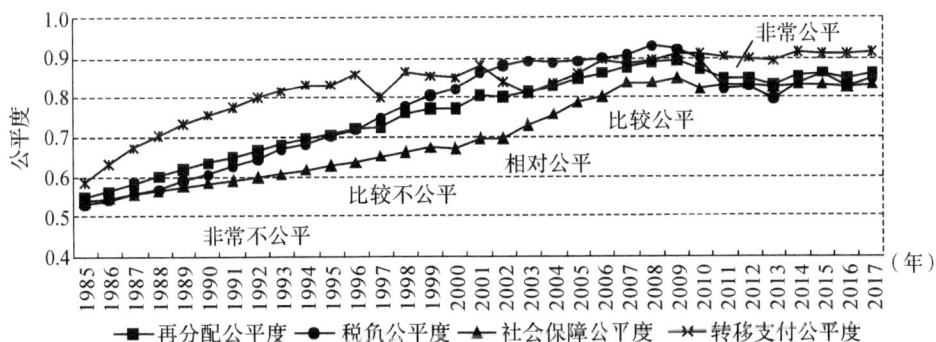

图 4-18　1985—2017 年我国西部地区再分配公平度趋势图

1.税负公平度。由表 4-11 可知,西部地区税负公平度的均值为 0.7690,表明税负公平度总体处于比较公平状态。1985—2017 年,税负公平度从 0.5316 提高到 0.8476,即由比较不公平提高到非常公平状态,总体处于上升趋势。其中,1985—1989 年,税负公平度处于比较不公平状态,1990—1994 年处于相对公平状态,1995—1998 年、2013 年处于比较公平状态,1999—2012 年、2014—2017 年处于非常公平状态。2010—2017 年,税负公平度呈现下降态势。如图 4-18 所示。

2.社会保障公平度。由表 4-11 可知,西部地区社会保障公平度的均值为 0.7061,表明社会保障公平度总体处于比较公平状态。1985—2017 年,社会保障 公平度从 0.5383 提高到 0.8329,即由比较不公平提高到非常公平状态,总体处 于上升趋势。其中,1985—1992 年,社会保障公平度处于比较不公平状态, 1993—2002 年处于相对公平状态,2003—2005 年处于比较公平状态,2006—2017 年处于非常公平状态。如图 4-18 所示。

3.转移支付公平度。由表 4-11 可知,西部地区转移支付公平度的均值为 0.8308,表明转移支付公平度总体处于非常公平状态。1985—2017 年,转移支付 公平度从 0.5890 提高到 0.9144,即由比较不公平提高到非常公平状态,总体处 于上升趋势。其中,1985 年,转移支付公平度处于比较不公平状态,1986—1987 年处于相对公平状态,1988—1991 年处于比较公平状态,1992—2017 年处于非常 公平状态。如图 4-18 所示。

四、三大地区收入分配公平度比较

(一)东部、中部与西部三大地区收入分配公平度比较

由表 4-7、表 4-9 和表 4-11 可知,1985—2017 年,我国东部、中部与西部地区 收入分配公平度的均值依次为 0.7542,0.8348 和 0.7679,表明中部地区收入分 配公平度高于东部与西部地区。其中:1985—1997 年,东部地区收入分配公平度 高于西部地区;1998—2017 年,东部地区收入分配公平度低于西部地区,但两者 相差较小;1985—2017 年,中部地区收入分配公平度均值高出东部地区 0.08 左 右,两者存在一定差异。如图 4-19 所示。

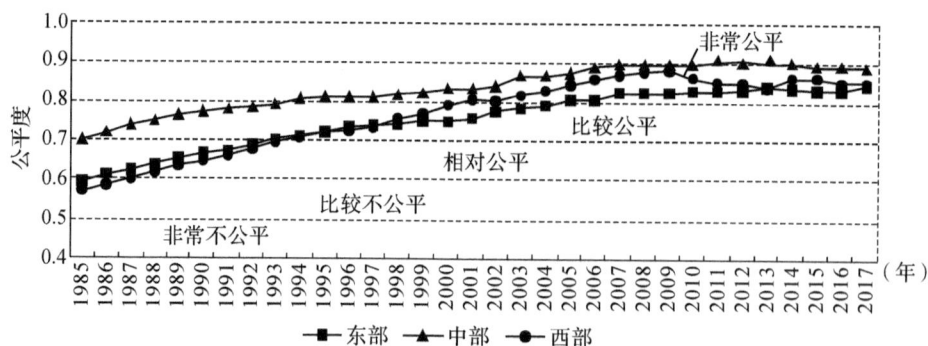

图 4-19　东部、中部与西部地区收入分配公平度比较

(二)东部、中部与西部三大地区初次分配公平度比较

由表 4-7、表 4-9 和表 4-11 可知,1985—2017 年,我国东部、中部与西部地区初次分配公平度的均值依次为 0.8158,0.8385 和 0.7755,表明:中部地区初次分配公平度略高于东部,两者相差较小;东部地区总体上略高于西部。其中,1985—2005 年、2010 年、2013—2014 年、2016—2017 年,东部地区初次分配公平度高于西部地区;在其他年份,东部地区初次分配公平度低于西部地区。如图 4-20 所示。

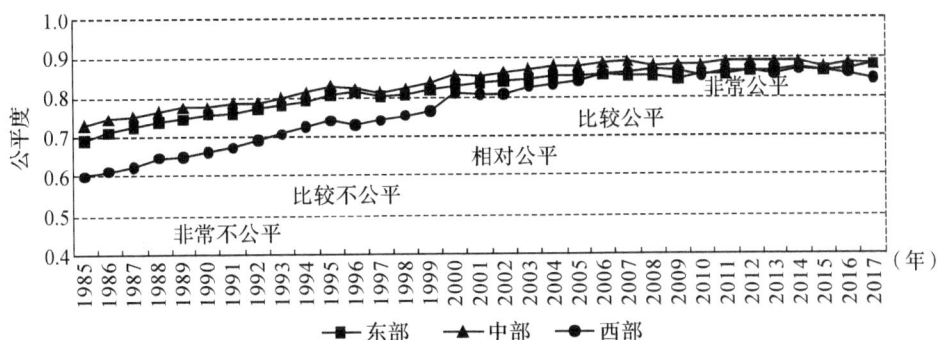

图 4-20　东部、中部与西部地区初次分配公平度比较

1.东部、中部与西部地区起点公平度比较。由表 4-7、表 4-9 和表 4-11 可知,1985—2017 年,我国东部、中部与西部地区起点公平度的均值依次为 0.7282,0.7394 和 0.7178,表明东部、中部与西部地区起点公平度总体上相差较小。其中:1985—1999 年,西部地区起点公平度低于中部、东部地区,中部地区起点公平度略高于东部;2000—2017 年,西部地区起点公平度高于中部、东部地区,中部与东部地区相差较小。如图 4-21 所示。

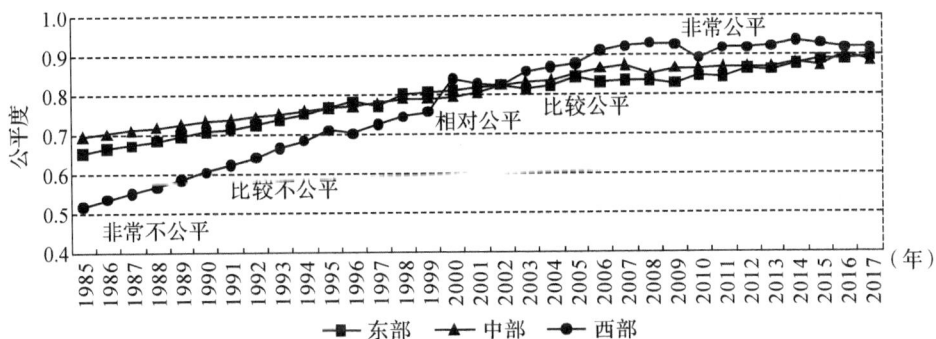

图 4-21　东部、中部与西部地区起点公平度比较

2.东部、中部与西部地区过程公平度比较。由表 4-7、表 4-9 和表 4-11 可知,1985—2017 年,我国东部、中部与西部地区过程公平度的均值依次为 0.8876,

0.8996 和 0.8487,三者相差较小。总体而言(个别年份除外),中部地区过程公平度略高于东部,东部地区过程公平度略高于西部。如图 4-22 所示。

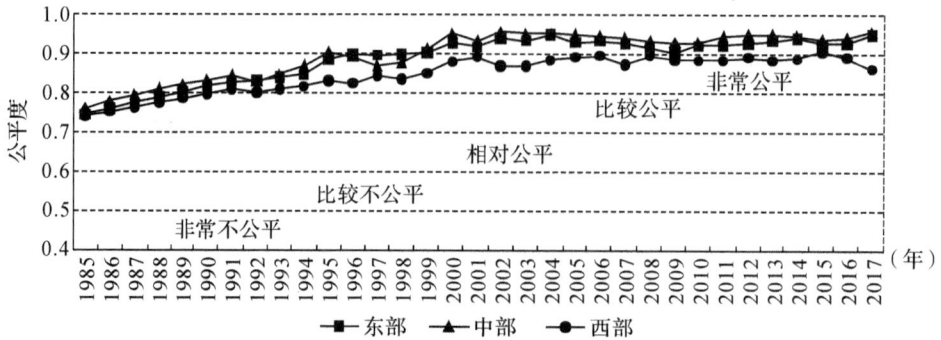

图 4-22 东部、中部与西部地区过程公平度比较

3.东部、中部与西部地区结果公平度比较。由表 4-7、表 4-9 和表 4-11 可知,1985—2017 年,我国东部、中部与西部地区结果公平度的均值依次为 0.8532,0.8929 和 0.8561,表明中部地区结果公平度略高于东部和西部地区,东部与西部地区总体上相差较小。其中:1985—1993 年、1996 年、2001 年、2017 年,东部地区结果公平度略高于西部;在其他年份,西部地区结果公平度略高于东部。如图 4-23所示。

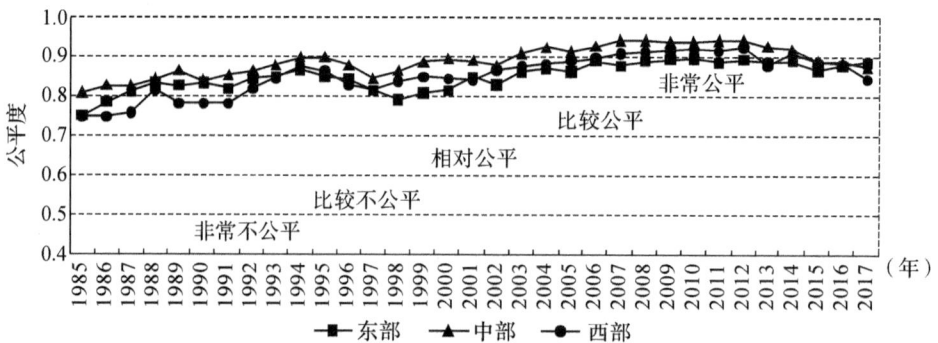

图 4-23 东部、中部与西部地区结果公平度比较

(三)东部、中部与西部三大地区再分配公平度比较

由表 4-7、表 4-9 和表 4-11 可知,1985—2017 年,我国东部、中部与西部地区再分配公平度的均值依次为 0.7209,0.8323 和 0.7616,表明中部地区再分配公平度高于西部地区,西部地区再分配公平度略高于东部地区。其中,1985—1997年,东部地区与西部地区相差较小,1998—2009 年两者逐渐扩大,2010—2017 年又逐渐缩小;1985—2017 年,中部地区再分配公平度高出东部地区 0.11 左右,两者相差较大。如图 4-24 所示。

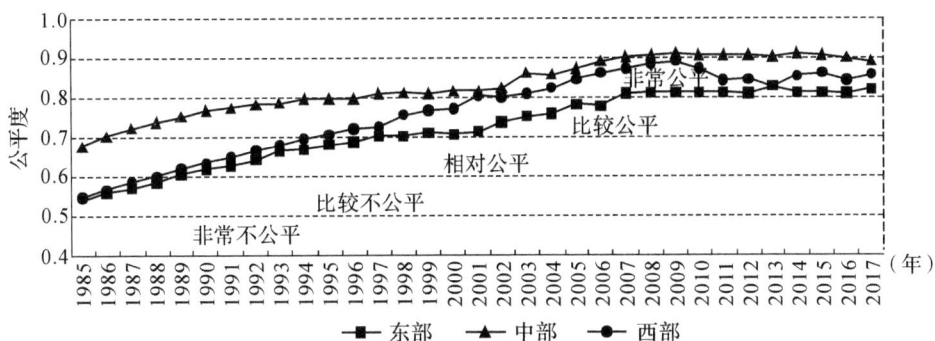

图 4-24 东部、中部与西部地区再分配公平度比较

1. 东部、中部与西部地区税负公平度比较。由表 4-7、表 4-9 和表 4-11 可知，1985—2017 年，我国东部、中部与西部地区税负公平度的均值依次为 0.8064，0.8513 和 0.7690，表明中部地区税负公平度高于东部地区，东部地区高于西部地区(个别年份除外)。其中：1985—1999 年，中部地区税负公平度与西部地区相差较大，与东部地区相差较小；2000—2007 年，东部、中部与西部地区的税负公平度相差较小，2008—2017 年三者差距又逐渐扩大。如图 4-25 所示。

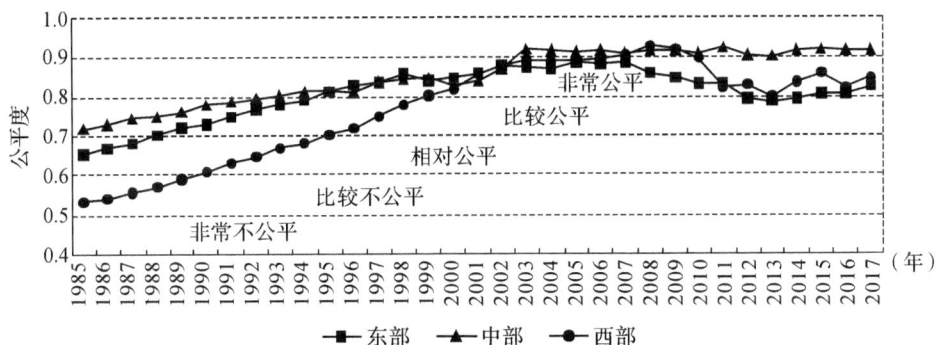

图 4-25 东部、中部与西部地区税负公平度比较

2. 东部、中部与西部地区社会保障公平度比较。由表 4-7、表 4-9 和表 4-11 可知，1985—2017 年，我国东部、中部与西部地区社会保障公平度的均值依次为 0.6452、0.7811 和 0.7061，表明中部地区社会保障公平度高于西部地区，西部地区高于东部地区。其中，1985—2002 年，中部地区社会保障公平度与东部地区相差较大，在 0.15—0.17 之间，之后逐年缩小，至 2017 年，两者相差约为 0.05。西部地区社会保障公平度与东部地区相差较小，在 0.01—0.09 之间。2014—2017 年，东部、中部与西部地区社会保障公平度差距逐年缩小。如图 4-26 所示。

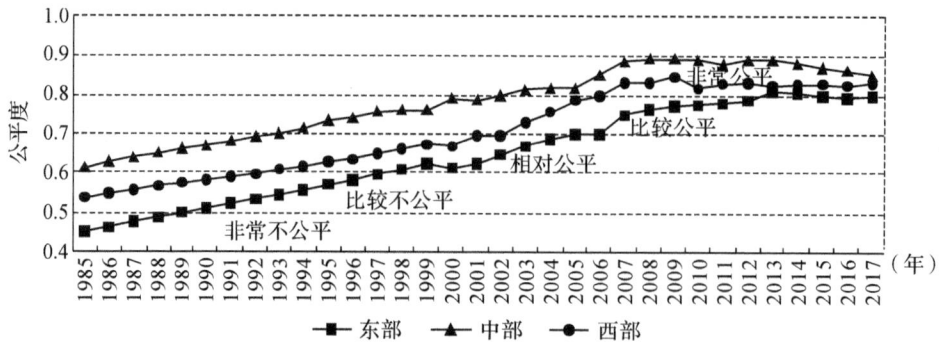

图 4-26　东部、中部与西部地区社会保障公平度比较

3.东部、中部与西部地区转移支付公平度比较。由表 4-7、表 4-9 和表 4-11 可知,1985—2017 年,我国东部、中部与西部地区转移支付公平度的均值依次为 0.7928,0.9069 和 0.8308,表明中部地区转移支付公平度高于西部地区,西部地区高于东部地区(个别年份除外)。其中,1985—1995 年,中部地区转移支付公平度与东部地区相差较大,在 0.12—0.22 之间,以后逐年缩小,2014—2017 年又呈现扩大趋势。西部地区转移支付公平度与东部地区在 1985—1997 年、2002—2013 年相差较小,在 1998—2001 年、2014—2017 年相差较大。如图 4-27 所示。

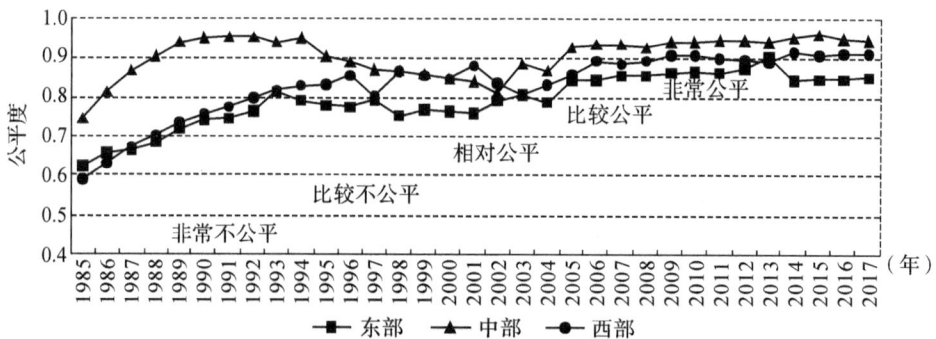

图 4-27　东部、中部与西部地区转移支付公平度比较

第五节　本章小结

本章根据收入分配公平的内涵、收入分配公平的测度方法,对我国及东部、中部、西部三大地区收入分配公平状况进行了统计测算与比较分析,得到如下研究结论。

结论一:我国收入分配公平度总体处于比较公平状态,呈现上升趋势。其中,初次分配公平度略高于再分配公平度,两者相差越来越小。研究结果表明,从1985年至2017年,我国收入分配公平度由0.5786提高到0.8233,即由比较不公平提高到非常公平状态,总体处于上升趋势。但在不同时期表现出不同的特点:1985—1986年,收入分配公平度处于比较不公平状态(原因在于这两年再分配公平度较低,如社会保障公平度处于非常不公平状态,税负公平度处于比较不公平状态),1987—1992年处于相对公平状态,1993—2004年处于比较公平状态,2005—2017年处于非常公平状态。但从2010年开始有下降趋势(原因在于过程公平度、结果公平度等初次分配公平度有所下降,税负公平度与转移支付公平度等再分配公平度也呈现小幅下降态势)。1985—2017年,我国初次分配公平度略高于再分配公平度,但两者相差较小。

结论二:我国初次分配公平度总体处于比较公平状态,呈现上升趋势。其中,起点公平度处于比较公平状态,过程公平度和结果公平度处于非常公平状态,但结果公平度波动幅度较大。研究结果表明,我国初次分配公平度从1985年的0.6517提高到2017年的0.8382,即由相对公平提高到非常公平状态,总体处于上升态势。其中,1985—1987年,初次分配公平度处于相对公平状态(与这几年起点公平度较低有关),1988—2000年处于比较公平状态,2001—2017年处于非常公平状态(2013年以后有所下降,主要原因在于结果公平度下降幅度较大)。研究结果表明,1985—2017年,起点公平度、过程公平度、结果公平度的均值依次为0.7143,0.8475和0.8248,过程公平度和结果公平度相对较高,处于非常公平状态;起点公平度相对较低(主要原因在于就业公平度偏低),处于比较公平状态。其中,起点公平度在1985—1987年处于比较不公平状态,1988—1997处于相对公平状态,1998—2016年处于比较公平状态,2017年处于非常公平状态。过程公平度在1985—1992年处于比较公平状态,1993—2017年处于非常公平状态(2016—2017年略有下降)。结果公平度在1985—1991年、1992—1998年、1999—2017年三个不同时期呈现倒"U"形变化(2015—2017年下降幅度较大,主要原因在于这几年居民收入弹性、城乡居民人均收入比、城镇居民人均可支配收入增长率、失业率等三级指标的公平度下降)。从起点公平度的5个三级指标看,1985—2017年,我国就业公平度处于比较不公平状态(主要原因在于每千人求职人员职业培训机构数公平度偏低),公共自然资源公平度处于相对公平状态,公共基础设施公平度处于比较公平状态,教育公平度和公共医疗卫生公平度处于非常公平状态,且总体呈现上升趋势。教育公平度与公共医疗卫生公平度相对较高,公共基础设施公平度与公共自然资源公平度次之,就业公平度最低。

结论三:我国再分配公平度总体处于比较公平状态,呈现上升趋势。其中社会保障公平度处于相对公平状态,税负公平度处于比较公平状态,转移支付公平度处于非常公平状态,均呈现上升趋势。研究结果表明,我国再分配公平度从1985年的0.5330提高到2017年的0.8131,即由比较不公平提高到非常公平状态,总体处于上升态势。其中,1985—1988年,再分配公平度处于比较不公平状态(原因在于这几年社会保障公平度处于非常不公平状态),1989—1995年处于相对公平状态,1996—2005年处于比较公平状态,2006—2017年处于非常公平状态(2009年以后略有下降,主要原因在于税负公平度和社会保障公平度下降)。从研究结果可知,1985—2017年,我国税负公平度、社会保障公平度与转移支付公平度的均值依次为0.7662,0.6413和0.8109,表明转移支付公平度较高,处于非常公平状态;税负公平度次之,处于比较公平状态;社会保障公平度最低,处于相对公平状态(主要原因在于人均社会保障支出、最低生活保障线下人口比重、医疗保险覆盖率、工伤保险覆盖率、生育保险覆盖率的公平度较低)。其中,税负公平度在1985—1986年处于比较不公平状态,1987—1992年处于相对公平状态(原因在于这些年份的个人所得税占税收比重公平度较低),1993—2000年、2013年处于比较公平状态,其他年份处于非常公平状态(但从2007年开始,税负公平度呈现小幅下降态势,与这些年份的个人所得税占税收比重公平度下降有关)。社会保障公平度在1985—1987年处于非常不公平状态,1988—1996年处于比较不公平状态(主要原因在于这些年份的人均社会保障支出、最低生活保障线下人口比重、医疗保险覆盖率、工伤保险覆盖率、生育保险覆盖率的公平度处于比较不公平和非常不公平状态),1997—2004年处于相对公平状态,2005—2017年处于比较公平状态。转移支付公平度在1985年处于比较不公平状态,1986—1988年处于相对公平状态(原因在于这几年政府对个人转移支付占比公平度较低),1989—1992年、2000—2002年、2004年处于比较公平状态,其他年份处于非常公平状态,2013年以后转移支付公平度呈现小幅下降态势。

结论四:东部地区收入分配公平度总体处于比较公平状态,呈现上升趋势。其中:初次公平度处于非常公平状态(起点公平度处于比较公平状态,过程公平度和结果公平度处于非常公平状态);再分配公平度处于比较公平状态(税负公平度、社会保障公平度与转移支付公平度依次处于非常公平、相对公平和比较公平状态);初次分配公平度高于再分配公平度。研究结果表明,1985—2017年,东部地区收入分配公平度由比较不公平提高到非常公平状态,呈上升趋势。其中,1985年处于比较不公平状态,1986—1992年处于相对公平状态,1993—2004年处于比较公平状态,2005—2017年处于非常公平状态。1985—2017年,东部地区初次分配公平度一直高于再分配公平度,但两者相差较小。研究结果显示,东部地区初次分配公平度总体处于非常公平状态,呈现上升趋势。其中,1985年处于相对公平状态,1986—1994年处于比较公平状态,1995—2017年处于非常公平状态。从初次分配公平的3个二级指标看,1985—2017年,东部地区起点公平度处于比较公平状态,过程公平度和结果公平度总体处于非常公平状态,呈现上升趋势。并且过程公平度和结果公平度相对较高,起点公平度相对较低。起点公平度在1985—1994年处于相对公平状态,1995—2014年处于比较公平状态,2015—2017年处于非常公平状态。过程公平度在1985—1988年处于比较公平状态,1989—2017年处于非常公平状态。结果公平度波动幅度较大,1985—1998年呈现倒"U"形变化,1999—2017年总体处于上升趋势。研究结果显示,东部地区再分配公平度总体处于比较公平状态,呈上升趋势。其中,1985—1988年处于比较不公平状态,1989—1996年处于相对公平状态,1997—2006年处于比较公平状态,2007—2017年处于非常公平状态(2014—2017年略有下降)。从再分配公平的3个二级指标看,东部地区税负公平度、社会保障公平度与转移支付公平度总体上依次处于非常公平、相对公平和比较公平状态,三者均呈现上升趋势,且税负公平度与转移支付公平度相对较高,社会保障公平度相对较低。税负公平度在1985—1987年处于相对公平状态,1988—1994年处于比较公平状态,1995—2017年处于非常公平状态(2018—2017年略有下降)。社会保障公平度在1985—1989年处于非常不公平状态,1990—1997年处于比较不公平状态,1998—2006年处于相对公平状态,2007—2016年处于比较公平状态,2017年处于非常公平状态。转移支付公平度在1985—1988年处于相对公平状态,1989—2004年处于比较公平状态(其中1993年、2003年处于非常公平状态),2005—2017年处于非常公平状态。

结论五:中部地区收入分配公平度总体处于非常公平状态,呈现上升趋势。其中:初次分配公平度处于非常公平状态(起点公平度处于比较公平状态,过程公平度和结果公平度处于非常公平状态);再分配公平度处于非常公平状态(税负公平度、转移支付公平度处于非常公平状态,社会保障公平度处于比较公平状态);初次分配公平度高于再分配公平度,但相差较小。研究结果表明,1985—2017年,中部地区收入分配公平度由相对公平提高到非常公平状态,呈现上升趋势。其中,1985年,收入分配公平度处于相对公平状态,1986—1993年处于比较公平状态,1994—2017年处于非常公平状态。研究结果显示,中部地区初次分配公平度总体上处于非常公平状态,呈现上升趋势。其中,1985—1993年处于比较公平状态,1994—2017年处于非常公平状态。从初次分配公平度的3个二级指标看,1985—2017年,中部地区起点公平度、过程公平度、结果公平度总体上依次处于比较公平、非常公平和非常公平状态,且过程公平度和结果公平度相对较高,起点公平度相对较低。起点公平度在 1985—1993 年处于相对公平状态,1994—2013 年、2015 年处于比较公平状态,2014 年、2016—2017 年处于非常公平状态。过程公平度在 1985—1987 年处于比较公平状态,1988—2017 年处于非常公平状态。结果公平度波动幅度较大。研究结果显示,1985—2017 年,中部地区再分配公平度由相对公平提高到非常公平状态,呈上升趋势。其中,1985 年处于相对公平状态,1986—1996 年处于比较公平状态,1997—2017 年处于非常公平状态(2015—2017 年略有下降)。从再分配公平度的 3 个二级指标看,1985—2017 年,中部地区税负公平度、社会保障公平度与转移支付公平度总体上依次处于非常公平、比较公平、非常公平状态,且税负公平度与转移支付公平度相对较高,社会保障公平度相对较低。税负公平度在 1985—1992 年处于比较公平状态,1993—2017 年处于非常公平状态(2016—2017 年略有下降)。社会保障公平度在 1985—1993 年处于相对公平状态,1994—2002 年处于比较公平状态,2003—2017 年处于非常公平状态。转移支付公平度波动幅度较大,1985—2002 年呈现倒 "U" 形趋势,2003—2017 年呈上升趋势。

结论六:西部地区收入分配公平度总体上处于比较公平状态,呈现上升趋势。其中:初次分配公平度处于比较公平状态(起点公平度处于比较公平状态,过程公平度和结果公平度处于非常公平状态);再分配公平度处于比较公平状态(税负公平度、社会保障公平度处于比较公平状态,转移支付公平度处于非常公平状态);初次分配公平度高于再分配公平度,但两者相差较小。研究结果表明,1985—2017 年,西部地区收入分配公平度由比较不公平提高到非常公平状态,呈现上升趋势。其中,1985—1986 年,收入分配公平度处于比较不公平状态,1987—1993 年处于相对公平状态,1994—2000 年处于比较公平状态,2001—2017 年处于非常公平状态。研究结果显示,西部地区初次分配公平度总体上处于比较公平状态。1985—2017 年,初次分配公平度由相对公平提高到非常公平状态,呈现上升趋势。其中,1985—1992 年处于相对公平状态,1993—1999 年处于比较公平状态,2000—2017 年处于非常公平状态(2009 年以后有所下降)。从初次分配公平度的 3 个二级指标看,1985—2017 年,西部地区起点公平度、过程公平度、结果公平度总体上依次处于比较公平、非常公平和非常公平状态,且过程公平度与结果公平度相对较高,起点公平度相对较低。起点公平度在 1985 年处于非常不公平状态,1986—1991 年处于比较不公平状态,1992—1999 年处于相对公平状态,2000—2005 年处于比较公平状态,2006—2017 年处于非常公平状态(2015—2017 年略有下降)。过程公平度在 1985—1990 年处于比较公平状态,1991—2017 年处于非常公平状态,2016—2017 年有所下降。结果公平度波动幅度较大。研究结果显示,西部地区再分配公平度总体上处于比较公平状态。1985—2017 年,再分配公平度由比较不公平提高到非常公平状态,呈上升趋势。其中,1985—1987 年处于比较不公平状态,1988—1994 年处于相对公平状态,1995—2000 年处于比较公平状态,2001—2017 年处于非常公平状态(2010 年以后呈下降趋势)。从再分配公平的 3 个二级指标看,1985—2017 年,西部地区社会保障公平度、税负公平度与转移支付公平度总体上依次处于比较公平、比较公平和非常公平状态,且税负公平度与转移支付公平度相对较高,社会保障公平度相对较低。税负公平度在1985—1989 年处于比较不公平状态,1990—1994 年处于相对公平状态,1995—1998 年处于比较公平状态,1999—2017 年处于非常公平状态(2010—2017 年呈现下降态势)。社会保障公平度在 1985—1992 年处于比较不公平状态,1993—2002 年处于相对公平状态,2003—2005 年处于比较公平状态,2006—2017 年处于非常公平状态。转移支付公平度在 1985 年处于比较不公平状态,1986—1987年处于相对公平状态,1988—1991 年处于比较公平状态,1992—2017 年处于非常公平状态。

结论七:从我国三大地区的比较情况看,中部地区收入分配公平度相对较高,东部与西部地区相对较低。其中:在初次分配公平度和再分配公平度方面,中部地区相对较高,东部和西部地区相对较低;在起点公平度、过程公平度与结果公平度方面,三大地区相差较小;在税负公平度方面,中部相对较高,东部次之,西部相对较低;在社会保障公平度与转移支付公平度方面,中部相对较高,西部次之,东部相对较低。研究结果表明,1985—2017 年,我国东部、中部与西部地区的收入分配公平度均值依次为 0.7542,0.8348 和 0.7679,表明中部地区收入分配公平度相对较高,东部和西部地区相对较低(两者相差较小)。其中,1985—2017 年,我国东部、中部与西部地区的初次分配公平度均值依次为 0.8158,0.8385 和0.7755,表明中部地区初次分配公平度略高于东部地区,东部地区高于西部地区。1985—2017 年,我国东部、中部与西部地区再分配公平度均值依次为 0.7209,0.8323 和 0.7616,表明中部地区再分配公平度高于西部地区,西部地区略高于东部地区。从初次分配公平度的 3 个二级指标看,1985—2017 年,我国东部、中部与西部地区起点公平度总体上相差较小。其中,1985—1999 年,西部地区起点公平度低于中部与东部地区,中部地区略高于东部地区;2000—2017 年,西部地区起点公平度高于中部与东部地区,中部与东部地区两者相差较小。1985—2017年,我国东部、中部与西部地区过程公平度三者相差较小,中部地区略高于东部地区,东部地区略高于西部地区。1985—2017 年,我国中部地区结果公平度略高于东部和西部地区,东部与西部地区相差较小。从再分配公平度的 3 个二级指标看,1985—2017 年,我国中部地区税负公平度高于东部地区,东部地区高于西部地区。1985—2017 年,我国中部地区社会保障公平度高于西部地区,西部地区高于东部地区。其中,1985—2002 年,中部地区与东部地区社会保障公平度相差较大,之后逐年缩小。1985—2017 年,我国中部地区转移支付公平度高于西部地区,西部地区略高于东部地区。其中,1985—1995 年,中部地区与东部地区转移支付公平度相差较大,之后逐年缩小,2014—2017 年又呈现扩大趋势。

第五章

收入分配公平度的决定因素分析

探讨收入分配公平(初次分配公平、再分配公平)的决定因素,是研究收入分配公平预警机制的基础与前提,对于揭示收入分配公平的本质,提出具有一定针对性的促进收入分配公平的政策建议具有重要的意义。从影响收入分配公平的途径和因素来看,存在两个方面的研究视角,即对收入分配公平决定因素的宏观分析和微观分析。宏观分析主要基于国家年度统计数据,构建多元计量经济模型,对收入分配公平度的决定因素进行实证研究。微观分析主要利用全国不同地区家庭住户的微观调查数据,构建多元有序选择模型(如 Ordered Logit 模型),对收入分配公平满意度的决定因素进行实证研究(在第七章进行探讨)。

第一节　机理分析与研究假设

现有相关研究主要针对收入分配不平等(或收入分配不公)的决定因素,很少涉及收入分配公平度(初次分配公平度、再分配公平度)的决定因素,因此本节主要阐述前者的相关研究。初次分配不平等的主要表现形式为分配结果不平等,而起点不平等和过程不平等则直接导致了分配结果不平等。再分配不平等的主要表现形式为税负不平等、社会保障不平等和转移支付不平等。

一、起点不平等与收入分配公平

在现实社会经济状况下,由于人们的禀赋不同,所依存的社会经济条件不同,所处地区的自然环境条件存在差别,人们从事社会经济活动的起点存在差异是社会的常态。一般而言,分配的起点不平等(权利不平等与机会不平等)会导致分配结果不平等。机会是获得资源(如经济资源、组织资源、文化资源等)的可能性。

机会不平等是指由个人无法左右的因素导致的收入不平等,是公正理论关注的焦点问题。[1][2] 分配公平的原则不是要求每个人获得的最终结果平等,而是使人们获得某一结果的机会平均分布,给每个人提供相同的机会。[3] 研究发现,机会不平等在我国城镇居民收入差距中的贡献较大,劳动者性别、所处地区、行业等机会不平等因素对收入差距的贡献超过 40%。[4] 权利不平等意味着社会成员不能平等地参与各种社会经济活动,不能平等地享受各种社会公共资源。一系列制度导致的权利配置不合理是引起居民收入分配不公的根本性原因。[5] 而教育、就业、公共医疗卫生等权利不平等与机会不平等是导致起点不平等的最重要原因。

(一)教育不平等与收入分配公平

在探讨起点不平等的影响因素时,教育是众多影响因素中被关注较多的一个变量,教育不平等将对居民收入不平等产生重要影响。Schultz et al. ,Mincer 等通过构建关于收入分配的人力资本模型进行研究,结果表明,教育分布情况和教育扩展是影响收入分配不平等的主要因素。[6][7][8] 从公共教育的利益归属来看,公共教育比私人教育更能促进经济增长,更能改善收入分配状况,降低收入不平等程度。[9]

教育公平是指每个社会成员都有平等接受教育的权利,即不受性别、民族、家庭背景、财产状况、宗教信仰等因素的影响。Bound et al. 认为,美国工资差距扩大的主要原因是教育水平的差异。[10] Park 采用 59 个国家的截面数据进行实证研

① FERREIRA F,GIGNOUX J,2011. The measurement of inequality of opportunity:theory and an application to Latin America[J]. Review of Income and Wealth,57(4):622-657.

② CHECCHI D,PERAGINE V,2010. Inequality of opportunity in Italy[J]. Journal of Economic Inequality,8(4):429-450.

③ ROEMER J E,1998. Equality of opportunity[M]. Cambridge:Harvard University Press:36-53.

④ 徐晓红,2012.机会不平等与收入差距——对城市住户收入调查数据的实证研究[J].经济学家(1):15-20.

⑤ 刘长庚,韩雷,2012.市场经济的性质[J].湘潭大学学报(哲学社会科学版)(6):68-72.

⑥ SCHULTZ T W,1960. Capital formation by education[J]. Journal of Political Economy,68(9):571-583.

⑦ BECKER G S,CHISWICK B R. Education and the distribution of earnings[J]. The American Economic Review,56(1/2):358-369.

⑧ MINCER J,1974. Schooling experience and earnings[M]. Cambridge:National Bureau of Economic Research:41-63.

⑨ KNIGHT B,SABOT R H,1983. Educational expansion and the Kuznets effect[J]. The American Economic Review,73(5):1132-1136.

⑩ BOUND J,JOHNSON G,1992. Changes in the structure of wages in the 1980's:an evaluation of alternative explanations[J]. The American Economic Review,82(3):371-392.

究,结果发现,教育不平等程度的加深将加剧收入不平等程度。[①] Gregorio et al.研究发现,教育不平等越大,收入不平等也越大,提高平均教育水平则会缩小收入差距。[②] Sicular et al. 从个人和家庭禀赋的角度出发,提出教育程度不同是城乡收入不平等的重要原因。[③] 吕炜等的实证研究表明,城乡教育不平等将会加剧城乡收入差距,城乡收入差距也会促使城乡教育不平等的程度进一步加剧。[④] 实证研究发现,缩小城乡初中教育经费的差距可以明显缩小城乡教育差距和城乡收入不平等,发展农村职业技术培训则有助于缩小农村收入差异。[⑤] 石大千等研究表明,教育机会不平等显著扩大了收入差距。[⑥] 而有的学者则提出了不同的观点。Sylwester 的研究结果表明,公共教育并不能必然缩小收入分配不平等,有可能还会扩大收入分配不平等。[⑦] 孙敬水等的研究结果表明,受教育年限越长,技能型员工与技术型员工占比越高,技能工资差距越大;知识型员工与非知识型员工之间存在明显的技能工资溢价。[⑧]

在我国,城乡之间、地区之间的居民接受教育的水平存在很大差距,这与居民的收入水平、接受教育的意识、政府对教育的投资力度等密切相关。在我国大中城市地区、东部发达地区,居民的收入水平高,政府对教育的支持力度大,居民接受教育的机会多。而在农村贫困地区、欠发达地区,居民接受教育的机会相对而言比较少。教育可以有效提高个人技能和收入水平,从而减少先天、家庭背景等因素对收入分配不平等产生的影响。较高的教育水平可以提高居民的个人素质和技能水平,从而使居民能够获得较高的收入水平。因此,教育资源的分配不公平,损害了收入分配公平。

(二)就业不平等与收入分配公平

就业是获得收入的前提条件,当劳动力资源被充分利用,即就业人员数量维

①　PARK K H,1996. Education expansion and educational inequality on income distribution[J]. Economics of Education Review (15):51-58.

②　GREGORIO J D,LEE J W,2002. Education and income inequality new evidence from cross country data[J]. Review of Income and Wealth,48(3):395-416.

③　SICULAR T,YUE X,GUSTAFSSON B, et al. 2007. The urban rural income gap and inequality in China[J]. Review of Income and Wealth,53(1):93-126.

④　吕炜,杨沫.王岩,2015.城乡收入差距、城乡教育不平等与政府教育投入[J].经济社会体制比较(3):20-33.

⑤　魏万青,2015.中等职业教育对农民工收入的影响——基于珠三角和长三角农民工的调查[J].中国农村观察(2):33-43,996.

⑥　石大千,张哲诚,2018.教育不平等与收入差距关系再检验——基于教育不平等分解的视角[J].教育与经济,34(5):48-56.

⑦　SYLWESTER K A,2002. Model of public education and income inequality with a subsistence constraint[J]. Southern Economic Journal,69(5):144-158.

⑧　孙敬水,丁宁,2019.企业异质性、劳动力异质性与技能工资差距[J].商业经济与管理(8):41-57.

持在较高水平时,整个社会的经济规模就会比较大,所创造的财富总量也会比较多,居民的收入水平会越高。反之,在劳动力资源大量闲置、就业极不充分的社会中,一般难以创造出充足的可分配财富,居民的收入水平也会因此偏低。随着就业不平等程度的加深,收入分配不平等的程度也会加深。在就业的过程中,人们之所以"看重就业是因为它能够提供收入和福利,同时,就业有助于增强自尊和幸福感"①。就业不平等意味着劳动者在就业和自主择业方面不能享有平等的权利、受到各种歧视。在中国,对于不同户籍的劳动者存在就业机会上的不平等,农村户籍劳动力没有享受到城镇户籍劳动力的同等权利。原新等研究发现,与城镇居民(无论是本地市民,还是外来市民)相比,农民工在就业和工资上均受到不同程度的歧视。② 对于务工农民来说,高层职业存在高学历进入门槛,而低层职业存在城镇户籍门槛。③ 谭艳娴等的研究结果表明,就业对收入不平等有显著的正向影响。④ 叶光研究发现,就业机会不平等是造成城乡教育回报差异和工资差距的主要原因。⑤ 孙敬水等的研究结果表明,城乡劳动者的教育回报率存在显著差异,户籍流动导致教育回报率差异扩大,进一步加剧了城乡收入不平等。与农村居民相比,父辈户口为城镇户口的居民,其受教育年限越长,子辈收入水平越高,城乡收入不平等程度越高;劳动力市场对农村劳动者存在职业歧视,职业等级加剧了城乡居民收入不平等。⑥ 在劳动力市场,信息不对称也是造成收入差距的因素之一。劳动力市场信息不对称是指用人企业和劳动力之间因信息不对称而不能顺利实现劳动力供需平衡。特别是在低收入群体的就业问题上,低收入群体获取劳动力市场信息的渠道非常有限,结果造成了"用工荒"与"求职难"并存的社会问题。低收入群体就业无门直接导致了其收入下降,在进城务工人员最低生活保障制度缺失的情况下,城市内部收入不平等被进一步拉大。

(三)公共医疗卫生不平等与收入分配公平

社会公共资源在人民幸福、社会发展、国家长治久安等方面具有举足轻重的作用,但是受政策、地理位置等方面的影响,社会公共资源的供给出现了非均衡现象。由于社会公共资源是人类社会经济发展的基础条件,无论是对个人还是对某

---

① 世界银行,2013.2013 年世界发展报告:就业[M].胡光宇,译.北京:清华大学出版社:25.

② 原新,韩靓,2009.多重分割视角下外来人口就业与收入歧视分析[J].人口研究,33(1):62-71.

③ 周世军,周勤,2012.户籍制度、非农就业"双重门槛"与城乡户籍工资不平等——基于 CHNS 微观数据的实证研究[J].金融研究(9):101-114.

④ 谭艳娴,丁元,周树高,2015.基于联立方程模型的广东就业与收入分配动态研究[J].广东技术师范学院学报(自然科学),5(8):40-46.

⑤ 叶光,2015.就业机会不平等、教育回报差异与城乡工资差距[J].经济经纬(4):25-30.

⑥ 孙敬水,支帅帅,2019.社会流动与居民收入不平等——基于户籍流动、教育流动、职业流动与职务流动的微观证据[J].现代财经(4):62-77.

个地区,享受的社会公共资源越多,对其发展越有利,直接表现为个人收入增加、地区经济发展水平提高,因此,社会公共资源的非均衡供给会导致居民收入分配不平等。社会公共资源在开发、利用和配置阶段必须以社会公平正义为依托和支撑,方能实现全民收益均衡和成果共享。

公共医疗卫生资源是一种特殊的公共资源,它关乎每个人的健康和生命质量。公共医疗卫生公平是指每一个社会成员在享受公共医疗卫生资源时受到公正和平等的对待,具有相对一致的健康起点,而不因其所拥有的社会特权不同被差别对待。在现代文明社会,穷人不该因贫困而享受不到基本医疗卫生服务,富人也不能通过经济手段霸占有限的医疗资源。Horev et al. 研究发现,社会经济因素的不均等引起了收入的不均等,导致就业和卫生投资的不均等,从而影响了卫生资源分配的公平性。[①] 田艳芳的研究结果显示,城乡个人医疗保健支出比例增大,城乡居民收入差距也会扩大,而公共卫生支出的增加有助于缩小城乡收入差距。[②] 吴怡频等发现,公共医疗卫生投入可以有效、直接地缩小收入不平等。[③] 马超等的研究结果表明,医疗的城乡歧视和城乡收入差距是造成机会不平等的重要原因。[④]

笔者认为,教育(特别是基础教育)公平、就业公平、公共医疗卫生公平是每个社会成员应依法享有接受教育、参与就业、基本生存的权利与机会,是起点公平的基础,是收入分配中最基本的公平对象。只有实现教育公平、就业公平、公共医疗卫生公平,才能保证社会成员拥有平等的参与机会、发展机会和共享机会。教育不平等、就业不平等、公共医疗卫生不平等将直接引起起点不平等,导致分配结果不平等。现有相关研究很少涉及起点不平等对收入分配公平的影响,没有涉及起点不平等(教育不平等、就业不平等、公共医疗卫生不平等)与分配结果不平等、经济增长、对外开放、政策偏向、城乡差异、地区差异等方面的交互作用对收入分配公平的影响。为此提出如下假设:

假设 1:教育不平等、就业不平等、公共医疗卫生不平等对收入分配公平度(初次分配公平度、再分配公平度)有显著的负向影响,反之则相反;起点不平等与分配结果不平等、经济增长、对外开放、政策偏向、城乡差异、地区差异等方面的交互作用对收入分配公平度(初次分配公平度、再分配公平度)有显著的影响。

---

① HOREV T,PESIS-KATZ I,MUKAMEL D B,2003. Trends in geographic disparities in allocation of health care resources in the US[J]. Health Policy,68(2):223-232.

② 田艳芳,2014.个人和公共卫生支出对城乡居民收入差距的影响[J].卫生经济研究(3):28-34.

③ 吴怡频,陆简,2015.收入不平等与公共政策干预:教育、医疗、城市化[J].公共管理与政策评论,4(4):64-77.

④ 马超,顾海,宋泽,2017.补偿原则下的城乡医疗服务利用机会不平等[J].经济学(季刊),16(4):1261-1288.

二、过程不平等与收入分配公平

人们在判断资源分配是否公平时不仅要考虑分配结果,而且还要考虑分配过程。[①] 过程不平等(或规则不公平)意味着某些社会成员在参与经济活动的过程中,不按照公开、公正、公认的规则平等竞争,在规则面前不能一视同仁,存在某些"特权"和"潜规则"。过程不平等对分配结果也会产生重要影响。市场歧视、垄断、腐败等现象的存在,导致了过程不平等,由此对收入分配公平产生负向影响。

(一)市场扭曲、歧视与收入分配公平

市场歧视问题一直是世界上各个国家共同面临的难题,主要包括户籍歧视、性别歧视、年龄歧视、地域歧视等。市场歧视违背机会均等的原则,降低了社会效率,破坏了社会公平,不仅会造成被歧视者就业困难,而且会造成劳动者之间的收入分配不平等。

在城镇的劳动力市场上,存在各种户籍歧视,农民工不能享有就业机会公平、社会保障公平和同工同酬,受到了不公平对待,就业不平等扩大了农民工与城镇职工的收入差距。造成中国城乡收入差距扩大的主要原因是城乡之间的劳动力市场和土地市场扭曲。[②] Shi et al.,将不能得到解释的城乡收入差距的 42% 归结为劳动力市场扭曲。[③] Ravallion et al. 认为,中国正在经历着严重的收入不平等,城乡分割已经成为工资不平等的重要特征。[④] 薛进军等的研究表明,2005 年,非正规就业已占中国城镇就业的 58.85%,正规与非正规就业者之间的小时收入差距达到 1.65 倍,其中约有 1/4 是由劳动力市场歧视造成的。[⑤] 一些学者认为,区域经济水平、地貌特点所带来地区歧视的影响较大,地区歧视是造成地区工资差异的原因。[⑥⑦] 中国劳动力市场在所有制结构上存在市场分割,国有部门根据非

---

① WEGENER B, 2000. Political culture and post-comnunist transition: a social justice approach: introdution[J]. Social Justice Research,13(2):75-82.

② HERTEL T, FAN Z, 2006. Labor market distortions, rural-urban inequality and the opening of China's economy[J]. Economic Modelling,23(1):76-109.

③ SHI X,SICULAR T,ZHAO Y,2002. Analyzing urban-rural income inequality in China[J]. Equity and Social Justice,6(1):11-12.

④ RAVALLION M, CHEN S, 2007. China's (uneven) progress against poverty [J]. Journal of Development Economics,82(1):1-42.

⑤ 薛进军,高文书,2012.中国城镇非正规就业:规模、特征和收入差距[J].经济社会体制比较(6):59-69.

⑥ 万广华,陆铭,陈钊,2005.全球化与地区间收入差距:来自中国的证据[J].中国社会科学(3):17-26.

⑦ 王睿,黄森,2010.农村资金投入与农村区域间居民收入差异[J].数量经济技术经济研究(1):44-53.

市场因素来确定工资。[1][2]郭震的研究结果表明,在不同类型单位、不同行业,对农民工存在不同程度的就业歧视。公有制部门、政府机关、金融保险行业对农民工的就业歧视比较严重,其他行业就业歧视行为较少。[3]

劳动力市场歧视、教育代际固化等能够影响不同性别的个体收入,导致女性收入水平总体上低于男性。女性在劳动市场遭遇性别歧视主要表现为两种形式:一种是工资的性别歧视,在从事同样工作的情况下,女性得到的工资低于男性,也就是"同工不同酬";另一种是就业的性别歧视,因为雇主的歧视,女性难以从事一些工资较高的职业,也难以晋升高层的职位,所以女性工资低于男性。在各国的劳动市场上,都存在着明显的性别工资差距,女性的工资水平显著低于男性。[4][5]Meng在研究乡镇企业的性别收入差距时发现,市场化程度越低的企业,工资性别歧视越严重。[6]张冬平等的研究表明,经济越发达的区域,女性在年龄上受到歧视、流动人口在教育上受到歧视的现象越明显。[7]孙敬水等的研究结果表明,劳动力市场存在户籍歧视,城乡劳动者的人力资本回报率存在显著差异,户籍制度加剧了城乡收入不平等;劳动力市场存在性别歧视,人力资本积累加剧了性别收入不平等。[8]

(二)垄断与收入分配公平

垄断是指某个经济主体对其生产或经营的产品具有足够的控制权,能够有效地决定市场上的消费者获得该产品的价格。经济学理论告诉人们,垄断会导致效率损失、资源不合理分配,造成有利于垄断者而不利于消费者的收入分配。垄断是收入分配不公的主要原因之一。Pugel,Nickell认为,垄断是造成行业收入不

---

① 张车伟,薛欣欣,2008.国有部门与非国有部门工资差异及人力资本贡献[J].经济研究(4):17-27,67.

② 刘瑶,2012.我国居民工资的所有制差异研究[J].数量经济技术经济研究(11):85-101.

③ 郭震,2015.中国城镇劳动力市场不平等探析——来自农民工就业歧视的证据[J].华东经济管理(7):97-101.

④ BLAU F D,KAHN L M,2007. The gender pay gap:have women gone as far as they can? [J]. Academy of Management Perspectives,21(1):7-23.

⑤ GOLDIN C,2014. A grand gender convergence:its last chapter [J]. The American Economic Review,104(4):1091-1119.

⑥ MENG X,1998. Male-female wage determination and gender wage discrimination in China's rural industrial sector [J]. Labor Economics,5(1):67-89.

⑦ 张冬平,郭震,2013.我国工资水平差距分析:歧视性工资现象[J].华南农业大学学报(社会科学版)(4):95-104.

⑧ SUN J S, WANG X M,2019. Capital heterogeneity and inequality of residents' income[C]. Advances in Social Science, Education and Humanities Research(4th International Conference on Social Sciences and Economic Development),314:663-675.

平等程度提高的主要原因,且行业集中率对行业工资产生较大影响。[1][2] 目前中国的行业垄断主要为行政性垄断,行政性垄断主要指政府及其相关部门通过行政权力来限制市场竞争,刻意造成垄断的行为,主要表现为地区行政性市场垄断,行政强制交易,行政部门干预企业经营行为,行政性公司滥用优势行为,给予一些国有企业特许经营权,设置行政审批来提高市场进入壁垒,等等。我国收入不平等扩大的主要原因之一就是行政性垄断。傅娟的研究表明,中国垄断行业高收入中相当大的部分是行政垄断造成的。[3] 岳希明等研究发现,垄断行业与竞争行业之间收入差距的50%以上是不合理的,主要由行政垄断造成。[4] 余东华等的研究表明,行政性垄断是我国行业收入不平等程度提高的主要影响因素。[5] 褚敏等的研究结果表明,地方政府与国有企业垄断的结合体即行政垄断是收入差距扩大的深层次体制原因。[6] 刘浩等通过选取2003—2012年间19个主要行业的相关数据,分营利性行业和非营利性行业进行的研究显示,行业的垄断程度差异是行业收入差距产生的重要因素之一。[7] 聂海峰的研究结果表明,垄断行业高收入的不公正性及垄断产品高价所导致的广大消费者的福利减少是当前中国行业垄断收入分配效应的重要组成部分。[8]

(三)腐败与收入分配公平

腐败与寻租已经成为一些国家收入分配不公最重要的非市场因素之一。如果政府掌握大量资源并在资源配置中发挥作用,就会使政府官员利益固化、强化,腐败与寻租就出现了。腐败除了形成官员的非法收入,还会影响要素投入的相对报酬,从而影响国民收入的初次分配。在腐败的社会环境下,高收入居民为了逃避高额税收向腐败官员行贿,从而弱化政府的税收职能,加剧居民之间的收入不平等状况。腐败行为不仅损害社会的公平正义,还削弱了制度基础和扭曲了法律规则,降低了资源配置效率,造成整个社会的福利损失,阻碍了社会经济的发展。腐败造成竞争的不公平和机会不平等,加剧收入不平等。Gupta et al. 的研究结果表明,腐败每提高一个标准差单位,基尼系数将提高11个百分点,腐败显著地

---

① PUGEL T,1980. Profitability,concentration and the inter-industry variation in wage[J]. Review of Economics and Statistics(62):248-253.

② NICKELL S,1996. Competition and corporate performance[J]. Journal of Political Economy,104(4):724-746.

③ 傅娟,2008. 中国垄断行业的高收入及其原因[J]. 世界经济(7):67-77.

④ 岳西明,李实,史泰丽,2010. 垄断行业高收入问题探讨[J]. 中国社会科学(3):77-93.

⑤ 余东华,陈晓丹,2013. 行政性垄断对行业收入差距的影响研究[J]. 经济社会体制比较(5):54-61.

⑥ 褚敏,靳涛,2013. 政府悖论、国有企业垄断与收入差距——基于中国转型特征的一个实证检验[J]. 中国工业经济(2):18-30.

⑦ 刘浩,李香菊,2014. 垄断、所有制结构与我国行业收入差距[J]. 当代财经(11):5-13.

⑧ 聂海峰,2016. 行业垄断对收入不平等影响程度的估计[J]. 中国工业经济(2):5-20.

恶化了全球的收入分配。[①] Blackburn et al. 研究发现，为了避税，高收入居民向腐败官员行贿，扩大了居民间的收入不平等。[②] Glaeser et al. 同样发现，腐败是导致美国收入不平等的一个重要因素。腐败产生的非法收入或灰色收入是收入分配不平等程度提高的重要原因[③]，美国也会因为腐败带来收入不平等[④]。张璇等研究发现，行政腐败显著扩大了我国城乡居民收入差距。[⑤] 张璇研究发现，不论是在城镇还是在农村，不论是收入高的群体还是收入低的群体，行政腐败从总体上都减少了居民的收入。[⑥] 黄玖立等基于世界银行中国企业的调查数据研究发现，劳动者报酬在企业增加值中所占的份额随着腐败支出的增加而下降。[⑦]

（四）工会组织与收入分配公平

工会是工人权益的保护者，在工资谈判中发挥着重要作用，对工资分配产生一定影响。在市场经济体制下，雇佣劳动制依然发挥重要作用，但是由于分散的被雇用的劳动者个人力量薄弱，他们往往很难与资方抗衡，或者在与资方的较量过程中失利。若想改变"资强劳弱"的局面，只有依靠工会组织壮大职工的力量以代表劳动者维权，才可能保障劳动者的合法劳动权益。但是，当前我国的工会组织体系很不健全，工会组织依赖于企业管理层，在劳资对抗中难以发挥应有的作用，造成无组织的劳动者的议价能力较弱。因此，提升参与工会组织，对提高劳动者收入水平具有一定的积极影响。

Freeman 研究发现，在工会部门内部，工会显著地降低了工资的不平等性，这个结论在制造行业尤其突出。工会化从整体上降低了工人收入不平等程度 2—3

　①　GUPTA S,DAVOODI H,ALONSO-TERME R,2002. Does corruption affect income inequality and poverty[J]. Economics of Governance,3(1):23-45.

　②　BLACKBURN K,FORGUES-PUCCIOA G F,2007. Distribution and development in a model of misgovernance[J]. European Economic Review,51(6):1534-1563.

　③　GLAESER E L,SAKS R E,2006. Corruption in America[J]. Journal of Public Economics,90(6):1053-1072.

　④　APERGIS N,DINCER O C,PAYNE J E,2010. The relationship between corruption and income inequality in U.S. States: evidence from a panel cointegration and error correction model[J]. Public Choice, 45(1/2):125-135.

　⑤　张璇,杨灿明,2015.行政腐败与城乡居民收入差距——来自中国 120 个地级市的证据[J].财贸经济(1):77-89.

　⑥　张璇,2015.行政腐败对居民收入的影响——基于中国居民微观调查的证据[J].南方经济(1):18-36.

　⑦　黄玖立,吴敏,2017.腐败影响劳动收入份额吗——来自中国企业的微观证据[J].经济学报,4(4):113-137.

个百分点[①];Hirsch 指出,工会覆盖率每提高 1%,收入对数的方差减少 0.015。[②] Metcalf 指出,工会能够缩小职业和种族内的工资差距。[③] Freeman 进一步证实了工会降低了工资的不平等程度。[④] Card 的研究结果表明,20 世纪 80 年代工资不平等程度上升部分的 20% 是由工会密度下降引起的。[⑤] Machin 也得出类似的结论:在 1980—1990 年期间,英国半技术工人中男性劳动者工资的不平等程度上升部分的 15% 是由工会密度下降造成的。[⑥] Lemieux et al. 的研究结论也表明,1983—1998 年,工会衰退导致了英美两国工资不平等程度的上升。[⑦] Wessels 对工会影响工资的作用机理提出不同看法,认为工会组织化程度高的企业更能吸引优秀的工人,工资水平也会因此提高。[⑧] Eren 也赞同工会组织工人同资方进行集体谈判导致工会成员与非工会成员工资存在差异的观点。[⑨] 孙敬水等的研究结果表明,有工会组织的企业与无工会组织的企业之间存在明显的工资溢价。[⑩] 袁青川采用 2008 年中国社会综合调查数据,运用 RIF-OLS 估计方法,研究了中国工会对工资收入不平等的影响,结果表明工会降低了工会会员的工资不平等程度,且工会会员和非工会会员之间的工资差距主要是由资源禀赋的差异引起的。[⑪]

一般而言,在参与经济活动过程中,如果各个经济主体能够按照公开、公正、公认的规则进行平等竞争,则分配过程或规则是公平的,否则是不公平的。而在

① FREEMAN R B,1980. Unionism and the dispersion of wages[J]. Industrial and Labor Relations Review,34(1):3-23.

② HIRSCH B T,1982. The interindustry structure of unionism, earnings, and earnings dispersion [J]. Industrial and Labor Relations Review,36(1):22-39.

③ METCALF D,1982. Unions and the distribution of earnings[J]. British Journal of Industrial Relations,20(2):163-169.

④ FREEMAN R B,1993. How much has de-unionisation contributed to the rise in male earnings inequality? [R]. NBRE Working paper.

⑤ CARD D,1996. The effect of unions on the structure of wages: a longitudinal analysis[J]. Econometrica,64(4):957-979.

⑥ MACHIN S,1997. The decline of labour market institutions and the rise in wage inequality in Britain[J]. European Economic Review,41(3-5):647-657.

⑦ LEMIEUX T,GOSLING A,2001. Labour market reforms and changes in wage inequality in the United Kingdom and the United States[R]. National Bureau of Economic Research(NBER)Working Papers.

⑧ WESSELS W J,1994. Do unionized firms hire better workers? [J]. Economic Inquiry,32(4):616-629.

⑨ EREN O,2007. Measuring the union-nonunion wage gap using propensity score matching[J]. Industrial Relations: A Journal of Economy and Society,46(4):766-780.

⑩ 孙敬水,丁宁,2019.企业异质性、出口对工资溢价的影响——基于中国工业企业微观数据的经验证据[J].经济理论与经济管理(5):33-47.

⑪ 袁青川,2017.中国工会对工资收入分配不平等影响的实证分析——基于基尼系数的 RIF-OLS 估计的 Blinder-Oaxaca 分解[J].中国劳动关系学院学报(5):106-116.

我国市场竞争过程中,存在各种"潜规则""暗箱操作"等破坏规则公平的现象,在劳动力市场普遍存在性别歧视、户籍歧视、学历歧视、身份歧视、地域歧视等现象;在市场准入方面、在竞争性和非竞争性投资领域,国有企业(特别是中央国有企业)与非国有企业、外资企业和内资企业存在一定差别。

过程不平等直接导致了结果不平等。现有相关研究很少涉及过程不平等对收入分配公平的影响,没有涉及过程不平等或规则不平等与分配结果不平等、经济增长、对外开放、政策偏向、城乡差异、地区差异等方面的交互作用对收入分配公平的影响。为此提出如下假设:

假设2:过程不平等对收入分配公平度(初次分配公平度、再分配公平度)有显著的负向影响,反之则相反;过程不平等与分配结果不平等、经济增长、对外开放、政策偏向、城乡差异、地区差异等方面的交互作用对收入分配公平度(初次分配公平度、再分配公平度)有显著的影响。

三、税负不平等与收入分配公平

税负公平是一种使税收与纳税人的经济状况相协调,确保不同纳税人之间税负保持均衡的公平状态。[1] 以税负是否易于转嫁为标准,税收分为直接税与间接税。直接税主要包括所得税、财产税、遗产税、赠与税等。一般说来,直接税对所得和财产进行征收,使不同负担能力的纳税人负担与其能力相适应的税收,直接税(特别是个人所得税)难以转嫁,被认为有利于收入分配公平。比如,个人所得税以个人所得额为税基,税收负担不能转嫁,个人收入水平因缴纳所得税而降低。由于个人所得税采用累进税率,收入越高税率越高,高收入者税收负担要远大于低收入者,征税后两者收入差距缩小,有利于促进收入分配公平。再比如,财产税不能转嫁,由于采用累进税率,个人或家庭财产越多,则缴纳的税收越多;财产较少的低收入者不缴或少缴财产税,不仅相对缩小了同代社会成员间的财富差距,而且也相对缩小了因代际转移而产生的财富差距,有利于促进收入分配公平。Wagstaff et al.研究发现,个人所得税降低了居民收入分配不平等,测算结果在各国之间具有可比性。[2] 岳希明等的研究结果表明,个人所得税有助于降低我国收入不平等。[3] 何辉等研究发现,个人所得税的平均税率具有累进性,个人所得税

① 刘鹏,2017.税收公平与个人劳动所得税前扣除设计[J].地方财政研究(1):50-56.

② WAGSTAFF A, DOORSLAER E, BURG H, et al. 1999. Redistributive, progressivity and differential tax treatment: personal income taxes in twelves OECD countries [J]. Journal of Public Economics,72(1):73-78.

③ 岳希明,徐静,刘谦,2012.我国个人所得税的居民收入分配效应[J].经济研究(6):16-25.

的税后基尼系数比税前小,缩小了居民收入差距。[①] 田志伟研究发现,在收入分配方面,企业所得税具有一定的累进性,能够缩少城乡之间、城乡不同收入群体之间的收入分配差距。[②] 但也有学者认为个人所得税对调节收入差距的作用较小或几乎不存在。程莹等认为,个人所得税不具有缩小居民收入差距的作用。[③]

间接税(如增值税、消费税、关税)主要是对商品和劳务的流转额的一定比例征税,采用的是税负与收入保持等比例关系的比例税率,这类税通常容易转嫁,具有累退性,因而间接税往往会加剧收入分配不平等。王乔等研究发现,增值税和消费税扩大了居民的收入差距,个人所得税对缩小居民收入差距有良好的促进作用。[④] 刘怡等研究发现,流转税扩大了收入分配差距。[⑤] 万莹的研究结果也证实了流转税对收入分配具有逆向调节作用。[⑥] 还有一部分学者从综合角度分析税收的再分配效应。张卫航等的研究结果表明,宏观税负的上升会扩大城乡收入差距,在保持税负水平不变的情况下,提高所得税比例的同时降低流转税的比例有助于缩小城乡收入差距。[⑦] 白仲林等研究发现,财政收入政策方面,消费和劳动减税具有优化消费结构、刺激就业和改善收入分配格局的作用,而资本减税对于缩小收入差距起到了"反作用"。[⑧]

改革开放之初至 1993 年,我国经济特区、经济技术开发、沿海经济开放区、一般地区等实行不同的税收政策,地区之间、行业之间,内资企业与外资企业、国有企业与非国有企业之间税负不平等,对收入分配公平产生了一定的负向影响。1994 年以后,特别是 2008 年以后,我国实施了新的企业所得税法和个人所得税法,明确内资企业与外资企业适用统一的企业所得税税率,为各类企业创造了一个公平竞争的税收环境。2019 年,我国又实施了新个税法,个人所得税、企业所得税的再分配效应逐渐显现。尽管如此,纳税人之间的税收负担仍然存在不平等现象,我国在纳税人之间、政府与纳税人之间,税收负担还存在横向不公平、纵向不公平和交换不公平,导致收入分配不公平。现有相关研究很少涉及税负不平等对收入分配公平的影响,没有涉及税负不平等与对外开放、政策偏向、城乡差异、地区差异等方面的交互作用对收入分配公平的影响,也很少涉及初次分配不平等

① 何辉,李玲,张清,2014.个人所得税的收入再分配效应研究——基于 1995—2011 年中国城镇居民调查数据[J].财经论丛(2):36-43.
② 田志伟,2018.企业所得税税负归宿与收入分配[J].财经论丛(7):27-36.
③ 程莹,吴建,2012.现阶段我国个人所得税三大功能定位研究[J].财经论丛(5):34-40.
④ 王乔,汪柱旺,2008.我国现行税制结构影响居民收入分配差距的实证分析[J].当代财经(2):37-38.
⑤ 刘怡,聂海峰,2009.增值税与营业税对收入分配的不同影响研究[J].财贸经济(6):63-68.
⑥ 万莹,2012.我国流转税收入分配效应的实证分析[J].当代财经(7):21-30.
⑦ 张卫航,黄汝婷,2018.税收结构对城乡收入差距的影响[J].西安交通大学学报(社会科学版),38(2):86-92.
⑧ 白仲林,尹彦辉,缪言,2019.财政政策的收入分配效应:发展不平衡视角[J].经济学动态(2):91-101.

(起点不平等、过程不平等、结果不平等)对再分配公平的影响,为此提出如下假设:

假设 3:税负不平等(个人税负不平等、企业税负不平等)对收入分配公平度有显著的负向影响,反之则相反;税负不平等与对外开放、政策偏向、城乡差异、地区差异等方面的交互作用对再分配公平度有显著的影响。初次分配不平等(起点不平等、过程不平等、结果不平等)对再分配公平度有显著的负向影响,反之则相反。

四、社会保障不平等与收入分配公平

作为公共政策的重要内容,以政府为主导的社会保障既是保证社会成员基本生活、调节收入分配不可或缺的手段,也是收入再分配制度的关键组成部分。保障国民基本生活、缩小收入差距、实现社会公平是社会保障和收入再分配的共同目标。一般情况下,社会保障水平与居民收入差距呈负相关关系。社会保障也因此成为收入再分配的重要方式、手段和内容,在矫正注重效率的初次分配所带来的特定人群因特殊情况无力维持基本生活水平问题、实现社会公平正义的过程中发挥着不可替代的作用。一方面,政府是社会保障的供给主体,作为依法强制性形成的社会保障资金的重要来源,在财政拨款中,依据公平原则,高收入群体按照累进税制所缴纳的税收占很大比重;而公民是社会保障的需求主体,作为社会保障资金的法定支付对象,低收入、无收入群体却是其最为主要的受益者。这也意味着通过强制性的社会保障,富裕阶层的部分收入转移到的确需要帮助的贫困阶层,社会成员的收入得到相应的再分配,不但能够保障社会成员的基本生活,而且对缩小收入分配不平等差距、缓和社会矛盾起到积极作用,体现出社会保障收入再分配的公平原则。另一方面,尽管对收入再分配的作用程度不同,作用机制也存在一定的差异,但无论是社会保险还是社会救助或社会福利,都能够通过对社会保障对象代际、代内的收入调节,尽可能地为社会成员的起点公平、过程公平创造条件,有助于实现收入再分配的纵向公平与横向公平。立足于保障公民的基本生活,适度向以低收入群体为主要对象的社会救济与社会福利倾斜,保护与激励相统一,是社会保障能够有效调节收入再分配的重要条件。[①]

政府社会保障支出增加,有利于增加低收入者福利,缩小社会收入差距。[②] Glomm et al. 的实证研究表明,增加社会保障支出有利于缩小居民收入差距。[③]

---

① 权衡,2017.收入分配经济学[M].上海:上海人民出版社:178.

② 彭定赟,王磊,2013.财政调节、福利均等化与地区收入差距[J].经济学家(5):21-28.

③ GLOMM G,KAGANOVICH M,2007. Social security, public education and the growth-inequality relationship[J]. European Economic Review,52(6):1009-1034.

Wang et al. 研究发现,社会保障支出缩小了城乡收入差距。[①] He et al. 的研究结果表明,社会保障能够明显降低收入不平等程度,其贡献度高达 74.6％。[②] 丁煜等表示,中国的社会保障制度能够明显缩小城乡收入差距。[③]

但也有一部分学者认为,社会保障不仅没有缩小居民收入分配不平等,反而进一步拉大了居民收入分配不平等。Moene et al. 认为,社会保障支出对地区收入差距的作用非常有限,甚至于会扩大收入差距。[④] Moene et al. 研究发现,社会保障在内的再分配存在"逆向转移",其扩大了居民收入差距。[⑤] 胡宝娣等的研究表明,以国企职工与城镇居民为主要对象的社会保障支出扩大了城乡收入差距。[⑥] 朱德云等的研究表明,增加社会保障支出将进一步扩大城乡收入差距。[⑦] 李实等的研究表明,"五险一金"的缴纳金额逐年增加,且缴纳和获益群体往往是高收入人群,并且受益群体集中在社会认可的政府部门、事业单位等"好单位"和企事业单位负责人、高级技术工人等,扩大了城镇职工之间的收入差距。[⑧]

还有一种观点认为,社会保障与收入分配不平等之间存在不确定性关系。黄文正等认为,短期内社会保障水平的提高对缩小城乡收入差距有正向作用,但长期的作用方向却向相反趋势发展。[⑨] 吕承超的研究表明,中国社会保障支出缩小了城乡收入差距,在非线性条件下,社会保障支出与城乡收入差距呈现"U"形变动关系。[⑩]

一般而言,社会保障作为再分配政策的重要组成部分,正是体现了公平正义原则的分配形式,具有国民收入再分配效应。社会保障具有社会政策托底功能,有利于缩小收入分配不平等。现有相关研究很少涉及社会保障不平等对收入分

① WANG C,CAMINAD K,2011. Disentangling income inequality and the re-distributive effect of social transfers and taxes in 36 LIS countries[R]. LIS Working Paper Series,No. 567.

② HE L,SATO H,2011. Income redistribution in urban china by social security system:an empirical analysis based on annual and life time income[J]. Contemporary Economics Policy,31(2):314-331.

③ 丁煜,朱火云,2013.我国社会保障水平对城乡收入差距的影响[J].人口与发展,19(5):23-29.

④ MOENE K,WALLERSTEIN M,2003. Earnings inequality and welfare spending:a disaggregated analysis[J]. World Politics, 55(4):485-516.

⑤ MOENE K,WALLERSTEIN M,2001. Inequality,social insurance,and redistribution[J]. American Political Science Association,95(4):859-874.

⑥ 胡宝娣,刘伟,刘新,2011.社会保障支出对城乡居民收入差距影响的实证分析——来自中国的经验证据[J]江西财经大学学报(2):49-54.

⑦ 朱德云,董迎迎,2017.财政社会保障支出对城乡居民收入差距的影响研究[J].宏观经济研究(1):74-81.

⑧ 李实,吴珊珊,孟凡强,2019.五险一金扩大了城镇职工收入不平等吗[J].社会科学辑刊(2):78-87.

⑨ 黄文正,何亦名,李宏,2014.社会保障城乡收入差距调节效应的实证研究[J].经济体制改革(6):19-22.

⑩ 吕承超,2017.中国社会保障支出缩小了城乡收入差距吗——基于规模与结构的动态面板模型分析[J].农业技术经济(5):98-110.

配公平的影响,没有涉及社会保障不平等与经济增长、对外开放、政策偏向、城乡差异、地区差异等方面的交互作用对收入分配公平的影响。为此提出如下假设:

假设 4:社会保障不平等对再分配公平度有显著的负向影响,反之则相反;社会保障不平等与经济增长、对外开放、政策偏向、城乡差异、地区差异等方面的交互作用对再分配公平度有显著的影响。

五、转移支付不平等与收入分配公平

转移支付是收入再分配的重要手段,对调节收入不平等有积极作用。以政府为主体的转移支付,是不以商品或劳务的获取作为补偿的政府的无偿财政拨款,既包括一国各级政府间的转移支付,也包括政府对居民与企业的转移支付。无论是以政府为对象还是以居民为对象,政府转移支付的资金均来自国民收入初次分配中政府的各种财政收入,但其流向一般仅限于贫困的地区、低收入居民,从而使富裕的地区、高收入居民的一部分收入能够转移给贫困地区、低收入居民,直接提高后者的收入水平,缩小后者与前者的收入差距,进而改变业已形成的收入分配格局,使其在结构上趋于合理。因此,减少贫困、保障低收入群体利益,尽可能改善市场主导带来的不可避免的收入分配不平等,也就成为政府转移支付收入再分配效应的重要体现。

地区间经济发展的不均衡是世界各国普遍存在的现象。由于自然资源条件、经济发展程度、公共服务有效需求水平的差异,国家内部的财源分布、地方政府相互之间所拥有的财政能力并不平衡,作为政府实施宏观调控的重要工具,政府间转移支付正是基于各级政府间存在的财政能力差异,着眼于社会公平,以财政资金在各级政府之间的再分配为实质内容,通过转移支付缩小富裕地区与贫困地区的财政收入差距,帮助落后地区更好地将相关资金用于特定的公共服务,从而每一个地方政府都能够提供大致相等的最低公共服务,推动经济的相对均衡发展,促进收入分配公平。[①]

Pigou-Dalton 的“转移支付法则”在再分配研究文献中处于核心地位。该法则认为,从高收入者向低收入者转移收入的这种累进性转移具有减少不平等和增进社会福利之功效。Caminada et al. 的研究结果表明,多数国家的政府转移性支出明显降低了收入分配不平等程度。[②] Campos-vazquez et al. 的研究也发现,政府转移支付推动了收入不平等程度的下降。[③] 同时,一些研究对比了转移支付与

① 权衡,2017.收入分配经济学[M].上海:上海人民出版社:169-170.

② CAMINADA K, GOUDSWAARD K, WANG C, 2012. Disentangling income inequality and the redistributive effect of taxes and transfers in 20 LIS countries over time[R]. LIS Working Paper No. 581.

③ CAMPOS-VAZQUEZ R, ESQUIVEL G, LUSTIG N, 2012. The Rise and Fall of Income Inequality in Mexico, 1989—2010[R]. WIDER Working Paper, January.

税收政策的再分配效应,并指出转移支付政策的再分配效果更好。[1][2]

国内学者王德文等根据城市调查资料研究发现,收入转移,尤其是公共收入转移对减缓城市贫困和收入不平等有明显的积极作用。[3] 金双华研究发现,转移支付遵从均等化原则,转移支付对农村收入分配公平的作用比较大。[4] 刘柏惠等的研究结果显示,政府净转移收支改善了城镇居民收入不平等,其中转移支付和税收都起到正向的调节作用,前者贡献相对更大。[5] 郭庆旺等的测算结果表明,政府转移性支出可使整体居民、城镇居民和农村居民的收入不平等程度分别降低10.53%、21.1%和2.37%,公平收入分配效果远大于个人所得税。[6] 丁海燕等研究发现,无论是根据地区、所有制还是产业进行区域分解,公共转移收入都对降低城镇居民收入不平等程度起到了重要作用。[7]

另有一些研究认为,政府转移支付对收入再分配的效果并不明显,甚至认为政府转移支付扩大了收入不平等差距,即存在逆向效应。Kathy et al. 的研究发现,政府转移支付对缩小居民收入不平等差距的作用有限。[8] Joyce et al. 研究发现,政府转移支付政策客观上造成了收入不平等程度的上升。[9] 国内学者马拴友等采用增长回归法检验分析了我国转移支付与地区经济收敛的关系,发现政府转移支付不仅没有达到缩小地区经济差距的作用,反而扩大了地区经济差距。[10] 杨天宇的研究结果表明,政府转移支付扩大了居民收入不平等差距。[11] 刘晨等也得出类似结论,认为中央政府通过地方政府转移支付的财政手段并不能有效缩小贫富差距。[12] 但也有学者认为转移支付对于减轻贫困的作用是不确定的。Hwang研究发现,政府救济缩小了老年收入不平等差距,而公共养老金反而扩大了收入

① JOUMARD I,MAURO P, DEBBIE B,2012. Tackling income inequality:the role of taxes and transfers[J]. OECD Journal:Economic Studies,2(1):37-70.

② DOERRENBERG P,PEICHL A,2014. The impact of redistributive policies on inequality in OECD countries[J]. Applied Economics,46(17):2066-2086.

③ 王德文,蔡昉,2005.收入转移对中国城市贫困与收入分配的影响[J].开放导报(6):5-14.

④ 金双华,2013.财政转移支付制度对收入分配公平作用的研究[J].经济社会体制比较(5):44-53.

⑤ 刘柏惠,寇恩惠,2014.政府各项转移收支对城镇居民收入再分配的影响[J].财贸经济(9):36-50.

⑥ 郭庆旺,陈志刚,温新新,等.2016.中国政府转移性支出的收入再分配效应[J].世界经济(8):50-68.

⑦ 丁海燕,朱东明,2017.公共转移对中国城镇收入不平等的影响[J].财经问题研究(5):123-129.

⑧ KATHY L,SKOUFIAS E,SHAPIRO S,2006. Redistributing Income to the poor and the rich:public transfers in Latin America and the Caribbean[R]. Washington,DC,World Bank Discussion Paper,No. 0605.

⑨ JOYCE R,SIBIETA L,2013. An assessment of labour's record on income inequality and poverty[J]. Oxford Review of Economic Policy,29(1):178-202.

⑩ 马拴友,于红霞,2003.转移支付地区经济收敛[J].经济研究,2003(3):26-66.

⑪ 杨天宇,2009.中国居民收入再分配过程中的"逆向转移"问题研究[J].统计研究(4):19-24.

⑫ 刘晨,刘晓璐,2010.中国政府间转移支付制度对改善收入分配效果探析[J].当代经济科学(4):105-108.

不平等差距。[①] 任志安等的研究结果表明,我国公共转移支付对于减贫具有非线性空间效应。短期看,公共转移支付有利于地区农村贫困减缓,但长期看,则不利于地区农村贫困减缓。[②]

本研究中的转移支付主要指政府对居民个人的转移支付、企业转移支付(对各种公益、社会慈善事业捐助)等,这方面的转移支付主要针对贫困人口、低收入群体,因此转移支付越多,越有助于缓解贫困和收入分配不平等。现有相关研究很少涉及转移支付不平等对再分配公平的影响,没有涉及转移支付不平等与地区差异的交互作用对再分配公平的影响。为此提出如下假设:

假设5:转移支付不平等对再分配公平度有显著的负向影响,反之则相反;转移支付不平等与地区差异的交互作用对再分配公平度有显著的影响。

六、经济增长与收入分配公平

经济增长是收入分配和收入增长的基础和条件,没有经济增长,就不会有收入增长,更谈不上收入分配。在不同的经济发展时期,经济增长对收入分配不平等的影响是不同的。当社会生产力水平很低,经济增长处在初始阶段时,人们收入的份额较少,仅能满足基本生存需要,收入不平等程度非常低。比如原始社会,在生产力发展水平很低的状况下,人们只能通过实行平均主义的分配方式来满足原始部落成员的基本需求,因而收入分配差距非常小。但随着私有制的产生和社会分工的发展,社会生产力水平有了较大提高,产生了经济剩余,收入不平等开始加剧。进入工业化阶段以后,生产力发展水平和经济效率进一步提高,此时经济增长与收入不平等程度的关系大致呈现倒"U"形曲线。Kuznets提出了著名的收入分配不平等与经济增长呈倒"U"形关系的假说,即在经济发展初期,收入分配不平等程度随着经济增长而提高;但当经济发展到一定阶段后,收入分配不平等状况得到改善,收入分配越来越公平。[③] 在经济增长的初期,经济发展水平比较低,人们更多地关注生产,经济发展的重心在生产效率高的现代工业部门,但生产效率越高,工资水平越高,导致收入不平等不断加剧。随着经济发展水平的不断提高,产业结构发生了改变,就业结构逐渐向第二、第三产业转移,就业需求不断增加,从而增加了低收入者的就业机会,提高了低收入者的收入水平,从而缩小收

---

① HWANG S J, 2016. Public pensions as the great equalizer? decomposition of old-age income inequality in South Korea, 1998—2010[J]. Journal of Aging & Social Policy, 28(2):81-97.

② 任志安,朱康凤,2018.我国公共转移支付的减贫效应研究[J].东北农业大学学报(社会科学版),16(6):1-8.

③ KUZNETS S, 1955. Economic growth and income inequality[J]. The American Economic Review, 45(1):1-28.

入不平等。一些学者验证了经济增长与收入不平等呈倒"U"形关系的假说。[1][2][3]但也有一些学者认为,由于各国国情差别较大,倒"U"形关系的假说不一定成立。[4][5][6] 国内学者对库兹涅茨的倒"U"形假说也进行了深入探讨。[7][8][9] 还有一些学者探讨了全要素生产率与收入分配不平等之间的关系。William et al. 研究发现,对经济体的收入差距起着决定性作用的是全要素生产率而不是投入要素。[10] 彭国华研究发现,地区收入差距是由全要素生产率而不是由投入要素在起主导作用。[11]

现有相关研究很少涉及经济增长对收入分配公平的影响,没有涉及经济增长与起点不平等、过程不平等、城乡二元经济结构、地区差异的交互作用对收入分配公平的影响。为此提出如下假设:

假设 6:经济增长对收入分配公平度有显著的影响,两者呈现"U"形关系;经济增长与起点不平等、过程不平等、城乡二元经济结构、地区差异的交互作用对收入分配公平度有显著的影响。

七、对外开放与收入分配公平

对外开放对收入不平等的影响主要取决于要素禀赋,在劳动力或资本充裕的国家,对外开放降低了收入不平等;而在技术先进的国家,对外开放会加剧收入不平等。[12] 因此,对外开放对收入分配公平的影响机制是比较复杂的。一方面,对

① LINDERT P H, WILLAMSON J G, 1985. Growth, equality and history[J]. Explorations in Economic History,22(4): 341-377.

② SUMMERS R, KRAVIS I B, HESTON A, 1984. Changes in the world income distribution[J]. Journal of Policy Modeling, 6(2):237-69.

③ GALOR G, TSIDON J, 1996. Income distribution and growth: the Kuznets hypothesis revisited [J]. Economica,250(63):103-117.

④ MURPHY K M, WELCH F, 1992. The structure of wages [J]. The Quarterly Journal of Economics,107(1):285-326.

⑤ JUHN C,MURPHY, K M,PIERCE B,1993. Wage inequality and the rise in return to skill[J]. The Journal of Political Economy,101(3):410-442.

⑥ GOTTSCHALK P,SMEEDING T M,1997. Cross-national comparisons of earning s and income inequality[J]. Journal of Economic Literature,35(2): 633-687.

⑦ 陈宗胜,1991.经济发展中的收入分配[M].上海:上海三联书店:42-262.

⑧ 郭熙保,2002.从发展经济学观点看待库兹涅茨假说——兼论中国收入不平等扩大的原因[J].管理世界(3):66-73.

⑨ 李实,李婷,2010.库兹涅茨假说可以解释中国的收入分配差距吗?[J].经济理论与经济管理(3):5-10.

⑩ WILLIAM E,LEVINE R,2001. It's not factor accumulation stylized facts and growth model[J]. World Bank Economic Review,15(2):177-219.

⑪ 彭国华,2009.全要素生产率与中国地区收入差距[M].北京:经济科学出版社:32-50.

⑫ 赵莹,2003.中国的对外开放和收入差距[J].世界经济文汇(4):55-70.

外开放对收入分配公平具有积极影响。由于我国在劳动密集型产品上具有比较优势,对外贸易会增加对劳动密集型产品的出口,出口增加会增加劳动者收入,提高非技术工人的相对工资,从而能够降低收入不平等的程度。另一方面,对外开放对初次分配公平具有负向影响。对外开放引入了大量的外商直接投资,出于盈利目的,外商会选择区位条件优越、基础设施建设相对较好的地区进行投资,对我国而言,外商更倾向于对东部地区进行投资,由此会扩大我国地区之间的经济发展差距。

对外开放是否有助于降低收入不平等程度,学术界一直存在争议,代表性观点有以下 3 种。①对外开放加剧了收入分配不平等。Egger et al. 研究发现,贸易开放加剧了贸易部门与其他部门之间的收入不平等。[1] 一些学者认为,贸易开放加剧了中国收入分配不平等。[2][3] Verhoogen 认为,对外开放导致技术与非技术劳动力的收入不平等。[4] Taiji et al. 的研究表明,国际贸易使生产高质量产品的企业获益,使生产低质量产品的企业遭受损失,因此,高能力与低能力劳动者的工资差距变大。[5] 梅冬州等研究发现,资本账户开放提高了收入不平等程度,这在非 OECD 国家中表现得尤为显著。[6] ②对外开放缓和了收入分配不平等。Kumar et al. 研究发现,贸易自由化提高了企业生产率,贸易自由化降低了熟练工人和非熟练工人之间的工资不平等程度。[7] Mitchener et al. 考察了 20 世纪初国际贸易对中国工资差距的影响,认为出口缩小了中国的工资差距。[8] Tsai et al. 研究发现,全球化发展有助于降低国内的收入分配不平等程度。[9] Wu et al. 的研究结果显示,贸易能够降低收入不平等程度。[10] Chen et al. 的研究结果表明,在中

① EGGER H,ETZEL D,2012. The impact of trade on employment,welfare,and income distribution in unionized general oligopolistic equilibrium[J]. European Economic Review,56(6):1119-1135.

② 李磊,刘斌,胡博,等. 2011. 贸易开放对城镇居民收入及分配的影响[J]. 经济学(季刊)(1):309-326.

③ ZAKARIA M,FIDA B A,2016. Trade openness and income inequality in China and the SAARC region[J]. Asian-Pacific Economic Literature,30(2):33-44.

④ VERHOOGEN E A,2008. Trade,quality upgrading and wage inequality in the Mexican manufacturing sector[J]. The Quarterly Journal of Economics,123(2):489-530.

⑤ TAIJI F,HIDEO K,2013. International trade and income inequality[R]. Boston College Working Papers in Economics,August 28.

⑥ 梅冬州,王思卿,雷文妮,2019. 资本账户开放会扩大收入不平等吗——基于跨国面板数据的研究[J]. 国际金融研究(4):45-54.

⑦ KUMAR U,MISHRA P,2008. Trade liberalization and wage inequality:evidence from India[J]. Review of Development Economics,12(2):291-311.

⑧ MITCHENER K, SE Y,2010. Globalization,trade & wages:what does history tells us about China? [R]. National Bureau of Economic Research(NBER) Working Paper,No. 15679.

⑨ TSAI P,HUANG C,YANG C,2012. Impact of globalization on income distribution inequality in 60 countries:comments[J]. Global Economy Journal,12(3):1-16.

⑩ WU Y,YAO H,2012. Economic openness and income inequality:Chinese provincial evidence in the 1990s[J]. China Economic Policy Review,1(2):125-146.

国劳动力市场,经济全球化有利于鼓励女性就业,缩小性别工资差距。[①] ③对外开放与收入分配不平等呈现不确定性关系。Jaumotte et al. 研究发现,贸易开放缩小了收入差距,而金融开放扩大了收入差距。[②] 国内学者也得出了类似的研究结论。夏龙等的研究结果表明,中国经济开放与收入差距之间的关系是非线性的,两者之间存在明显的体制转换动态特征。在 1985 年以前,经济开放对收入差距的效应为负;在 1985 年以后,经济开放对收入差距的效应为正。[③]

现有相关研究很少涉及对外开放对收入分配公平的影响,没有涉及对外开放与起点不平等、过程不平等、税负不平等、社会保障不平等、政策偏向、城乡差异、地区差异的交互作用对收入分配公平的影响。为此提出如下假设:

假设 7:对外开放对收入分配公平度(初级分配公平度、再分配公平度)有显著的影响,两者呈现"U"形关系;对外开放与起点不平等、过程不平等、税负不平等、社会保障不平等、政策偏向、城乡差异、地区差异的交互作用对收入分配公平度有显著的影响。

八、政策偏向与收入分配公平

政策偏向主要指政府在农村发展与城市发展上有偏的政策安排。收入不平等是由资源配置不合理造成的,造成这种不合理配置的原因在于经济建设过程中的政策偏向。为了发展经济,实现自身的经济增长目标,政府在财政分配、投资取向、土地利用等政策制定方面均向城市倾斜。城市偏向政策在一定程度上加快了我国的城市化进程,促进了经济发展,但同时又制约了农村的发展和农民收入水平的提高,不仅影响了农民对城市商品的购买力,也阻碍了农村劳动力向城市转移。工业化和城市化进程中的农村土地征用制度也存在明显的城市偏向,造成失地农民的利益严重受损。城市偏向的政策还表现为城市偏向的财政支出政策和税收政策,而城市偏向的财政政策导致城乡居民收入不平等扩大的机制强化了二元经济结构,拉大了城乡积累差距,拉大了城乡教育差距,扩大了城乡基础设施差距,导致农村居民税外费用负担加重。

改革开放后的非均衡发展战略、二元户籍政策、国家免税让利的特殊政策、各地优惠政策差异造成居民之间、地区之间、行业之间收入分配的不均衡。Nguyen

---

① CHEN Z H,GE Y,LAI H W. et al. 2013. Globalization and gender wage inequality in China[J]. World Development,44(4):256-266.

② JAUMOTTE F, LALL S, PAPAGEORGIOU C,2013. Rising income inequality:technology, or trade and financial globalization[J]. IMF Economic Review,61(2):271-309.

③ 夏龙,冯涛,2012.经济开放与收入差距——基于 STR 模型的分析[J].财贸研究(5):16-23.

认为,户籍歧视是工资不平等程度提升的重要原因。[1] 如果政府制定的政策偏向城市,则会引起城乡收入不平等程度提升,反之,则有利于降低城乡收入不平等程度。[2][3] 蔡昉认为,城市偏向政策阻碍了农村劳动力的永久转移,造成城乡收入差距扩大。[4] Acemoglu进一步明确政策偏向是收入不平等与财政再分配互动机制的决定因素。[5] 周世军等的研究结果表明,政策偏向阻碍了城乡统筹发展,导致收入偏移并使得城乡转移性收入差距扩大,进而促使城乡收入差距明显扩大。[6] 侯新烁等的研究结果表明,政策偏向能否发挥弥合差距的作用依赖于具体的"行动"及人口配置条件,人口并非趋于流向城乡差距较小的省份,这种流动对输出地和输入地城乡收入差距的作用存在显著差异。[7]

现有相关研究很少涉及政策偏向对收入分配公平的影响,没有涉及政策偏向与起点不平等、过程不平等、税负不平等、社会保障不平等、城乡差异、地区差异的交互作用对收入分配公平的影响。为此提出如下假设:

假设8:政策偏向对收入分配公平度有显著的负向影响,反之则相反;政策偏向与起点不平等、过程不平等、税负不平等、社会保障不平等、城乡差异、地区差异的交互作用对收入分配公平度有显著的影响。

九、城乡差异与收入分配公平

城乡差异主要是通过城乡二元结构、城乡人力资本差异、城乡金融发展差异影响初次分配公平。最早提出城乡二元结构理论的是刘易斯,他认为在发展中国家有两类经济体系并存,分别是传统的农业经济体系和城市现代工业体系,二者的劳动生产率存在很大的差别。[8] Harris et al. 认为,城市劳动力市场中存在着两个部门,即非正规部门和正规部门,农村剩余劳动力进入城市后并不能立即进入正规部门,而是先在非正规部门里工作一段时间后,才有机会进入正规部门。从这个角度出发,我们可以推断,随着发展中国家城市化的推进,越来越多的农村劳动力进入城市非正规部门,而拥有更高人力资本和技能的城镇劳动力更有可能进

① NGUYEN B T, ALBRECHT J W, VROMAN S B, et al. 2006. A quantile regression decomposition of urban-rural inequality in Vietnam[J]. Journal of Development Economics, 83(2): 466-490.

② 陆铭,陈钊,2004.城市化、城市倾向的经济政策与城乡收入差距[J].经济研究(6):50-58.

③ 陈安平,杜金沛,2010.中国的财政支出与城乡收入差距[J].统计研究,27(11):34-39.

④ 蔡昉,2009.为什么劳动力流动没有缩小城乡收入差距[J].理论前沿(8):4-10.

⑤ ACEMOGLU D, ROBINSON J A, 2006. Economic origins of dictatorship and democracy[M]. Cambridge: Cambridge University Press: 81-104.

⑥ 周世军,周勤,2011.政策偏向、收入偏移与中国城乡收入差距扩大[J].财贸经济(7):29-37.

⑦ 侯新烁,杨汝岱,2017.政策偏向、人口流动与省域城乡收入差距——基于空间异质互动效应的研究[J].南开经济研究(6):59-74.

⑧ LEWIS A, 1954. Economic development with unlimited supplies of labour[J]. The Manchester School of Economic and Social Studies, 22(2):139-191.

入正规部门就业,因此,这会扩大城市内部收入差距。[①] 城乡劳动生产率的极大差别导致城乡居民收入水平高低悬殊,因此城乡二元结构导致了城乡收入不平等加剧。金融发展意味着金融部门效率的提高、资本配置效率的提高和利率管制的放松,金融发展的城乡非均衡效应影响着农业部门和工业部门的储蓄率、生产性资本投资收益率和储蓄投资转化效率等,而这些因素影响着城乡收入差距的对比关系。人力资本对增加居民收入具有积极影响,由于城市的经济发展水平高于农村,城市居民在受教育水平、就业状况、医疗卫生等方面均优于农村居民,城乡之间存在的人力资本差异必然导致城乡收入不平等加剧。

关于城乡居民收入不平等的形成原因,一些学者把它看成工业化进程中的二元结构的产物。[②③] 胡晶晶研究发现,中国的二元结构扩大了城乡居民收入不平等,二元结构对西部地区城乡居民收入差距的正向影响程度远大于东部地区和中部地区。[④] 有的学者研究发现,在影响城乡收入不平等的各种因素中,户籍制度能解释整体收入不平等程度的一半以上,是最重要的影响因素。[⑤] 如果消除户籍制度,劳动力实现自由流动,则居民收入不平等将不复存在。[⑥] Golley et al. 研究发现,户籍因素对教育不平等中的机会不平等影响程度和贡献最大。[⑦]

现有相关研究很少涉及城乡差异(城乡二元结构)对收入分配公平的影响,没有涉及城乡二元结构与起点不平等、过程不平等、税负不平等、社会保障不平等的交互作用对收入分配公平的影响。为此提出如下假设:

假设9:城乡差异(城乡二元结构)对收入分配公平度有显著的负向影响,反之则相反;城乡差异与起点不平等、过程不平等、税负不平等、社会保障不平等的交互作用对收入分配公平度有显著的影响。

十、地区差异与收入分配公平

地区差异主要包括基础设施建设差异、自然资源禀赋差异、地理位置差异和

---

① HARRIS J R,TODARO M,1970. Migration unemployment and development:a two sector analysis [J]. The American Economic Review,60(1):126-142.

② 陈宗胜,1991. 经济发展中的收入分配[M]. 上海:上海三联书店:309-358.

③ 陶然,刘明兴,2007. 中国城乡收入差距地方政府开支及财政自主[J]. 世界经济文汇(2):1-27.

④ 胡晶晶,2013. 二元经济结构与城乡居民收入差距的相关性研究——基于中国统计数据的实证分析[J]. 山东社会科学(3):35-41.

⑤ SICULAR T,YUE X,GUSTAFSSON B, et al. ,2007. The urban-rural income gap and inequality in China[J]. Review of Income and Wealth,53(1):93-126.

⑥ WHALLEY J, ZHANG S,2004. Inequality change in China and (HUKOU) labour mobility restrictions[R]. NBER Working Papers,No. 10638.

⑦ GOLLEY J,KONG S T,2016. Inequality of opportunity in China's educational outcomes[J]. China Economic Review(51):116-128.

人力资本差异等,地区差异是居民收入不平等的重要影响因素。[1][2] 中国东部、中部与西部三大地区的资源禀赋、基础设施和人力资本方面差异较大,与中部和西部地区相比,东部地区市场化、工业化和农业现代化水平比较高,在吸引人才、外商投资、拓展国内外市场、技术创新等方面优势明显,经济基础较好。改革开放以后,中国所采用的试点政策导致最早开放的东部地区与较晚开放的中、西部地区之间逐渐拉大了收入差距,而早期中国的工业布局过度集中于沿海地区又扩大了这一差距。为此,中国政府先后出台了西部大开发战略、促进中部地区崛起战略,然而中、西部地区由于受自然条件、基础设施、人才与技术等相关因素的制约,与东部地区相比,经济发展水平、居民收入依然存在较大差距。

(一)基础设施不平等与收入分配公平

一个国家或地区的基础设施(如交通、邮电、通信、供水供电等),特别是公共基础设施是否完善是其经济发展的基础,基础设施建设具有"乘数效应",能够显著地拉动社会总需求和国民收入。Getachew 的研究结果显示,公共基础设施投资不仅能够促进经济增长,而且提高了低收入群体的收入水平,缓和了收入不平等。[3] Donaldson 也得到类似结论:基础设施投资加快了经济发展,扩大了就业需求,缩小了城乡收入差距。[4] Seneviratne et al. 的实证分析表明,无论是在数量上还是在质量上,更好的基础设施都有助于提升收入分配公平。[5] 交通和通信基础设施能够缩小城乡收入差距,但是交通基础设施对城乡收入差距的影响的边际效应会随着时间与交通基础设施存量的增加而下降。[6] 但也有部分学者认为,基础设施和人力资本之间存在一定的互补特征,为获取基础设施投入的高回报,而倾向于在富裕地区修建基础设施,会造成收入差距进一步扩大。[7]

---

① LI B,LI T, YU M, et al. 2017 Can equalization of public services narrow the regional disparities in China? a spatial econometrics approach [J]. China Economic Review(44):67-78.

② LEE W C, CHEONG T S, WU Y,2017. The impacts of financial development, urbanization, and globalization on income inequality: a regression-based decomposition approach [J]. Asian Economic Papers, 18(2):126-141.

③ GETACHEW Y Y,2010. Public capital and distributional dynamics in a two-sector growth model [J]. Journal of Macroeconomics,32(2):606-616.

④ DONALDSON D,2018. Railroads of the Raj:estimating the impact of transportation infrastructure [J]. The American Economic Review,108(4/5):899-934.

⑤ SENEVIRATNE D, SUN Y,2013. Infrastructure and income distribution in ASEAN-5: what are the links? [R]. IMF Working Papers.

⑥ 罗能生,彭郁,2016.交通基础设施建设有助于改善城乡收入公平吗? ——基于省级空间面板数据的实证检验[J].产业经济研究(4):100-110.

⑦ CALDERóN C, CHONG A, 2004. Volume and quality of infrastructure and the distribution of income: an empirical investigation[J]. Review of income and wealth,50(1):87-106.

（二）自然资源不平等与收入分配公平

自然资源禀赋是一把"双刃剑"，既能给社会带来福利，又能给社会带来诅咒。Sakamoto 的研究显示，资源禀赋差异是城乡收入差距产生的原因之一。[①] Davis et al. 认为，矿产资源同其他形式的资产和资本一样，是一种财富。[②] 姚毓春等对我国 14 个资源富集地区 1992—2011 年的省际层面面板数据进行分析，结果发现，当前我国资源富集地区的自然资源有利于区域经济增长。[③] 而另外一些学者提出"资源诅咒"现象，即自然资源禀赋丰裕的地区，反而会对当地经济增长起到负面作用。Papyrakis et al. 对"资源诅咒"现象进行检验，结果发现区域的自然资源和经济发展之间依然呈现出负相关性，证明存在"资源诅咒"现象。[④] 张菲菲等研究证明我国西部和东北诸省份是遭遇"资源诅咒"的主要省份，资源丰度与地区经济发展水平负相关，其负相关程度由高到低依次是：耕地资源、矿产资源、能源资源、森林资源。[⑤] 张彤等研究发现，对资源贫乏的地区而言，耕地数量与城乡居民收入差距成正比，建设用地数量与城乡居民收入差距成反比；对资源富裕的地区而言，两者均与城乡居民收入差距成反比。[⑥]

（三）地理位置与收入分配公平

地理位置往往与自然资源、基础设施、国家政策和发展战略相关联，因此地理位置也是形成地区收入差距的重要原因之一。Fleisher et al. 的研究结论表明，中国东部、中部与西部三大地区在自然条件、市场化程度、经济发展水平等方面存在较大差异，其造成的二元结构和城乡居民收入不平等也存在较大的地区差异。[⑦] Wan et al. 研究发现，地理位置是影响收入不平等的突出因素。[⑧] Li et al. 认为，区域经济发展不平衡是造成我国地区收入差距存在的主要因素。[⑨]

① SAKAMOTO A, 1988. Labor market structure, human capital, and earnings inequality in metropolitan areas [J]. Social Forces, 67(1):86-107.

② DAVIS G A, TILTON J E, 2005. The resource curse[J]. Natural Resources Forum, 29(3):233-242.

③ 姚毓春, 范欣, 张舒婷, 2014. 资源富集地区：资源禀赋与区域经济增长[J]. 管理世界(7):172-173.

④ PAPYRAKIS E, GERLAGH R, 2004. The resource curse hypothesis and its transmission channels [J]. Journal of Comparative Economics, 32(1):181-193.

⑤ 张菲菲, 刘刚, 沈镭, 2007. 中国区域经济与资源丰度相关性研究[J]. 中国人口·资源与环境, 17(4):19-24.

⑥ 张彤, 蔡银莺, 2018. 土地资源丰裕度对城乡居民收入差距的影响[J]. 资源开发与市场, 34(5):629-632.

⑦ FLEISHER B M, CHEN J, 1997. The coast-noncoast income, productivity, and regional economic policy in China[J]. Journal of Comparative Economics, 25(2):220-236.

⑧ WAN G H, ZHOU Z Y, 2005. Income inequality in rural China: regression-based decomposition using household data[J]. Review of Development Economics, 9(1):107-120.

⑨ LI C, GIBSON J, 2013. Rising regional inequality in China: fact or artifact? [J]. World Development, 47(7):16-29.

Meng,Cai et al. 的研究结果表明,地区差异是中国城镇居民收入不平等的主要影响因素之一。[①][②] 齐亚强等的分析结果显示,地区差异和行业差异都是导致中国居民收入不平等的重要来源。[③] 雷欣等的研究结果表明,机会不平等占收入不平等的比例平均达到 29% 左右,家庭教育背景差异、区域差距、城乡差距和性别歧视构成了现阶段我国居民机会不平等的主要来源。[④]

中国东部地区、沿海开放地区较早享受优惠政策,地区之间在地理与自然条件、经济发展水平、公共基础设施、市场化程度等方面都存在着较大的差异,从而导致了地区收入分配存在较大差异。现有相关研究很少涉及地区差异对收入分配公平的影响,没有涉及地区差异与起点不平等、过程不平等、社会保障不平等、转移支付不平等、城乡二元结构的交互作用对收入分配公平的影响。为此提出如下假设:

假设 10:地区差异对收入分配公平度有显著的负向影响,反之则相反;地区差异与起点不平等、过程不平等、社会保障不平等、转移支付不平等、城乡二元结构的交互作用对收入分配公平度有显著的影响。

综上所述,理论界在研究收入分配不平等的决定因素时,往往局限于分配结果不平等,很少涉及初次分配公平度的决定因素,没有涉及再分配公平度的决定因素。现有相关研究很少涉及起点不平等、过程不平等对收入分配公平度的影响;没有涉及起点不平等(教育不平等、就业不平等、公共医疗卫生不平等)、过程不平等或规则不平等与分配结果不平等、经济增长、对外开放、政策偏向、城乡差异、地区差异等方面的交互作用对收入分配公平度的影响。现有相关研究很少涉及税负不平等、社会保障不平等、转移支付不平等对收入分配公平度的影响,很少涉及初次分配不平等(起点不平等、过程不平等、结果不平等)对再分配公平度的影响;没有涉及税负不平等、社会保障不平等与对外开放、政策偏向、城乡差异、地区差异等方面的交互作用对收入分配公平度的影响,没有涉及转移支付不平等与地区差异的交互作用对收入分配公平度的影响。现有相关研究很少涉及经济增长、对外开放、政策偏向、城乡差异与地区差异对收入分配公平度的影响;没有涉及经济增长与起点不平等、过程不平等、城乡二元经济结构、地区差异的交互作用对收入分配公平度的影响,没有涉及对外开放、政

① MENG X,2004. Economic restructuring and income inequality in urban China[J]. Review of Income and Wealth,50(3):357-379.

② CAI H,CHEN Y,ZHOU L,2010. Income and consumption inequality in urban China [J]. Economic Development and Cultural Change,58(3):385-413.

③ 齐亚强,梁童心,2016.地区差异还是行业差异——双重劳动力市场分割与收入不平等[J].社会学研究(1):169-190.

④ 雷欣,贾亚丽,龚锋,2018.机会不平等的衡量:参数测度法的应用与改进[J].统计研究,35(4):73-85.

策偏向与起点不平等、过程不平等、税负不平等、社会保障不平等、城乡差异、地区差异的交互作用对收入分配公平度的影响,没有涉及城乡二元经济结构与起点不平等、过程不平等、税负不平等、社会保障不平等的交互作用对收入分配公平度的影响,没有涉及地区差异与起点不平等、过程不平等、社会保障不平等、转移支付不平等、城乡二元结构的交互作用对收入分配公平度的影响。与现有相关研究相比,本研究的主要贡献体现在:从起点不平等(教育不平等、就业不平等、公共医疗卫生不平等)、过程不平等与结果不平等,税负不平等、社会保障不平等与转移支付不平等,经济增长、对外开放、政策偏向、地区差异与城乡差异,以及变量之间的交互作用等方面,实证研究了收入分配公平度(初次分配公平度、再分配公平度)的决定因素,得出了具有启发意义的研究结论,为政府部门制定科学合理的调控措施提供实证依据。

第二节 收入分配公平度的决定因素分析

根据上一节的机理分析与研究假设,基于1985—2017年31个省份的面板数据,本节对中国收入分配公平度的决定因素进行计量模型检验。

一、数据来源

本章各指标的数据来源为:教育公平指标数据来源于《中国教育统计年鉴》和《中国教育经费统计年鉴》,公共医疗卫生公平指标数据来源于《中国卫生统计年鉴》,其余指标数据来源于《中国统计年鉴》《新中国六十年统计资料汇编》及各省份历年官方统计年鉴。时间跨度为1985—2017年,鉴于部分指标在个别年度数据缺失,本研究利用线性外推的方式拟合出缺失年份的数据。

二、变量与模型

本节计量经济模型中的被解释变量为收入分配公平度(用符号 DF 表示),解释变量主要有两类。一是影响收入分配公平度的核心变量,主要包括 6 个变量:①起点不平等 start,下设 3 个代理指标变量,即教育不平等 start1、就业不平等 start2、公共医疗卫生不平等 start3;②过程不平等 proce,由于指标数据缺失,因此下设 2 个代理指标变量,即投资市场化程度 proce1、参加工会职工占比 proce2;③结果不平等 outcome,下设 3 个代理指标变量,即居民人均收入 outcome1、城乡居民人均收入比 outcome2、劳动报酬在初次分配中的比重 outcome3;④税负不平等 tax,下设 2 个代理指标变量,即个人税负不平等 tax1、企业税负不平等 tax2;⑤

社会保障不平等 socise，下设 2 个代理指标变量，即人均社会保障支出 socise1、社会保险覆盖率（养老保险覆盖率、医疗保险覆盖率、失业保险覆盖率）socise2；⑥转移支付不平等 transpay，由于数据缺失，选择"政府对个人转移支付占比"作为代理变量。二是影响收入分配公平度的非核心变量或基础变量，主要包括 5 个变量：①经济增长 eco，下设 3 个代理指标变量，即经济规模（人均国内生产总值、人均固定资产投资）eco1、经济结构（第三产业增加值比重、第三产业就业人员比重）eco2、经济效率（劳动生产率、资本生产率、全要素生产率）eco3；②对外开放 open，下设 2 个代理指标变量，即贸易依存度（货物出口依存度、货物进口依存度）open1、实际关税率 open2；③政策偏向 poli，下设 4 个代理指标变量，即非国有经济投资比重 poli1、非国有经济就业比重 poli2、农村固定资产投资比重 poli3、支农支出比重 poli4；④城乡差异 ur，下设 2 个代理指标变量，即城乡二元结构 ur1、城乡人力资本 ur2；⑤地区差异 reg，下设 2 个代理指标变量，即自然资源禀赋 reg1、基础设施建设 reg2。根据收入分配公平度的决定因素与研究假设，构建计量经济模型如下：

$$DF_t = \beta_0 + \beta_1 \text{start}_t + \beta_2 \text{proce}_t + \beta_3 \text{outcome}_t + \beta_4 \text{tax}_t + \beta_5 \text{socise}_t + \beta_6 \text{transpay}_t$$
$$+ \beta_7 \text{eco}_t + \beta_8 \text{eco}_t^2 + \beta_9 \text{open}_t + \beta_{10} \text{open}_t^2 + \beta_{11} \text{poli}_t + \beta_{12} \text{ur}_t + \beta_{13} \text{reg}_t +$$
$$\sum \beta_j \text{interaction}_{jt} + \varepsilon_t \tag{5-1}$$

式中，β 为回归系数，interaction 为变量间的交互项，ε 为随机误差项。模型中各变量的符号、含义与计算说明如表 5-1 所示。

表 5-1 模型中的变量、符号及含义

变量	符号	含义与计算说明
被解释变量：收入分配公平度	DF	见第三章第三节
解释变量：(1)起点不平等	start	见注①
教育不平等	start1	见注①
就业不平等	start2	见注①
公共医疗卫生不平等	start3	见注①
(2)过程不平等	proce	见注②
投资市场化程度	proce1	用固定资产投资中非国有经济比重基尼系数代替，反映过程不平等
参加工会职工占比	procc2	采用参加工会职工占比基尼系数，反映过程不平等
(3)结果不平等	outcome	见注①
居民人均收入	outcome1	采用居民人均收入基尼系数，反映结果不平等

变量	符号	含义与计算说明
城乡居民人均收入之比	outcome2	采用城乡居民人均收入之比基尼系数,反映结果不平等
劳动报酬在初次分配中的比重	outcome3	采用劳动报酬占比基尼系数,反映结果不平等
(4)税负不平等	tax	见注①
个人税负不平等	tax1	采用个人所得税占税收比重基尼系数,反映税负不平等
企业税负不平等	tax2	采用企业所得税占税收比重基尼系数,反映税负不平等
(5)社会保障不平等	socise	见注①
人均社会保障支出	socise1	采用人均社会保障支出基尼系数,反映社会保障不平等
社会保险覆盖率	socise2	采用社会保险覆盖率基尼系数,反映社会保障不平等
(6)转移支付不平等	transpay	采用政府对个人转移支付占比基尼系数,反映转移支付不平等
(7)经济增长	eco	对 eco1,eco2,eco3 求均值即得 eco
经济规模	eco1	经济规模指标:人均国内生产总值、人均固定资产投资,见注②
经济结构	eco2	经济结构指标:第三产业增加值比重、第三产业就业人员比重,见注②
经济效率	eco3	经济效率指标:劳动生产率、资本生产率、全要素生产率,见注②
(8)对外开放	open	对 open1,open2 求均值即得 open
贸易依存度	open1	贸易依存度＝货物进出口总额/第一、二产业增加值,计算其基尼系数,反映对外开放差异
实际关税率	open2	实际关税率＝关税额/进口总额,计算其基尼系数,反映对外开放差异
(9)政策偏向	poli	对 poli1,poli2,poli3,poli4 求均值即得 poli
非国有经济投资比重	poli1	用非国有经济固定资产投资比重代替,计算其基尼系数,反映政策偏向
非国有经济就业比重	poli2	采用非国有经济就业比重基尼系数,反映政策偏向
农村固定资产投资比重	poli3	采用农村固定资产投资比重基尼系数,反映政策偏向

变量	符号	含义与计算说明
支农支出比重	poli4	支农支出比重＝财政用于农业的支出/财政支出，计算其基尼系数，反映政策偏向
(10)城乡差异	ur	对 ur1、ur2 求均值即得 ur
城乡二元结构	ur1	见注③
城乡人力资本	ur2	见注④
(11)地区差异	reg	对 reg1、reg2 求均值即得 reg
自然资源禀赋	reg1	见注①
基础设施建设	reg2	见注①

注：①核心变量中的代理指标，以起点不平等为例，利用第三章表 3-1 中起点公平的每个三级指标，先计算其基尼系数（四级指标类似），然后采用加权平均法逐级合成（权重为其标准差贡献率），即得起点不平等指标（基尼系数）。②对于非核心变量，先计算其代理指标的基尼系数，然后采用加权平均逐级合成求得非核心变量指标的基尼系数。以经济增长变量中的代理指标经济规模（人均国内生产总值、人均固定资产投资）为例，先计算人均国内生产总值、人均固定资产投资的基尼系数，以其标准差贡献率为权重求其均值，即得经济规模指标（基尼系数）。③城乡二元结构用城乡比较劳动生产率代替，城乡比较劳动生产率＝非农比较劳动生产率/农业比较劳动生产率，其中非农比较劳动生产率＝非农生产总值/非农从业人口，而农业比较劳动生产率＝农业生产总值/农业从业人口。通过计算城乡比较劳动生产率基尼系数，反映城乡差异。④城乡人力资本用"城镇居民的文教、医疗保健支出占总支出比重/农村居民的文教、医疗保健支出占总支出的比重"代替，通过计算其基尼系数，反映城乡差异。

三、回归结果

根据收入分配公平度的决定因素计量模型(5-1)，借助 EViews9.0 软件，应用 GLS 估计法，得到表 5-2 至表 5-4 的回归结果。模型 1 为核心变量与收入分配公平度的回归结果，模型 2 为非核心变量及其与核心变量交互项与收入分配公平度的回归结果，模型 3 为非核心变量之间交互项与收入分配公平度的回归结果（剔除了不显著的交互项）。回归结果表明，调整后的决定系数 adj-R^2 接近于 1，说明解释变量对收入分配公平度的解释能力较强、拟合优度较高，F 统计量对应的显著性水平较高，回归模型显著成立（模型不存在一阶、二阶自相关）。

(一)核心变量及其交互项与收入分配公平度

表 5-2 中的模型 1 反映了起点不平等 start、过程不平等 proce、结果不平等 outcome、税负不平等 tax、社会保障不平等 socise、转移支付不平等 transpay 等核心变量及其交互项对收入分配公平度 DF 的影响。

1.起点不平等与收入分配公平度。模型 1-1 的回归结果显示，起点不平等 start 对收入分配公平度 DF 有显著的负向影响，说明起点不平等程度越高，则收入分配公平度越低，反之则相反。模型 1-2 的回归结果显示，教育不平等 start1、

表 5-2　收入分配公平度决定因素回归结果之一

解释变量	模型 1-1（基本模型）	模型 1-2（起点不平等）	模型 1-3（过程不平等）	模型 1-4（结果不平等）	模型 1-5（税负不平等）	模型 1-6（社会保障不平等）	模型 1-7（起点不平等交互项）	模型 1-8（过程不平等交互项）
c	1.1824***	1.3802***	1.1287***	1.2708***	1.1786***	1.1872***	1.1210***	1.1278***
start	-0.3890***		-0.3357***	-0.3541***	-0.3950***	-0.3681***	-0.3741***	-0.3817***
proce	-0.1680***	-0.1544***		-0.1624***	-0.1675***	-0.1683***	-0.1654***	-0.1586***
outcome	-0.1602***	-0.1466***	-0.1518***		-0.1577*	-0.1555**	-0.1688***	-0.1608***
tax	-0.1211***	-0.1221***	-0.1275***	-0.1279***		-0.1234***	-0.1146***	-0.1152***
socise	-0.1263***	-0.1202***	-0.1167**	-0.1166**	-0.1172***		-0.1253***	-0.1278***
transpay	-0.2028***	-0.2186***	-0.1943***	-0.2043***	-0.1983***	-0.2039***	-0.2040***	-0.2102***
eco	-2.8285***	-3.0255***	-2.8675***	-3.1757***	-2.7602***	-3.0069***	-3.1464***	-3.0822***
eco^2	12.7815***	15.8340***	12.4830***	13.7086***	13.3468***	12.9550***	13.1125***	13.1113***
start1		-0.0694**						
start2		-0.1565***						
start3		-0.0943***						
proce1			-0.1593***					
proce2			-0.0688*					
outcome1				-0.066 003**				
outcome2				-0.123 548***				

续 表

解释变量	模型 1-1（基本模型）	模型 1-2（起点不平等）	模型 1-3（过程不平等）	模型 1-4（结果不平等）	模型 1-5（税负不平等）	模型 1-6（社会保障不平等）	模型 1-7（起点不平等交互项）	模型 1-8（过程不平等交互项）
outcome3				-0.045 593**				
tax1					-0.0257**			
tax2					-0.1208***			
socise1						-0.0796***		
socise2						-0.1111***		
start×outcome							-0.0873**	
proce×outcome								-0.052 33***
adj-R²	0.9993	0.9986	0.9996	0.9982	0.9992	0.9993	0.9995	0.9994
Prob-F	0.0000***	0.0000***	0.0000***	0.0000***	0.0000***	0.0000***	0.0000***	0.0000***

注：上标***、**、* 分别表示回归系数在1%、5%和10%的水平上显著。

就业不平等 start2、公共医疗卫生不平等 start3 对收入分配公平度 DF 有显著的负向影响,说明教育不平等、就业不平等、公共医疗卫生不平等程度越高,则收入分配公平度越低,反之则相反。从模型 1-2 回归系数的绝对值大小可以看出,就业不平等对收入分配公平度的负向影响程度较高,公共医疗卫生不平等对收入分配公平度的负向影响程度次之,教育不平等对收入分配公平度的负向影响程度相对较低。这一研究结果部分验证了假设 1。

2.过程不平等与收入分配公平度。模型 1-1 的回归结果显示,过程不平等 proce 对收入分配公平度 DF 有显著的负向影响,说明过程不平等程度越高,则收入分配公平度越低,反之则相反。模型 1-3 的回归结果显示,投资市场化程度 proce1、参加工会职工占比 proce2 对收入分配公平度 DF 有显著的负向影响,说明投资市场化程度、参加工会职工占比越高,则收入分配公平度越低,反之则相反。从模型 1-3 回归系数的绝对值大小可以看出,投资市场化程度对收入分配公平度的负向影响程度较高,参加工会职工占比对收入分配公平度的负向影响程度相对较低。这一研究结果部分验证了假设 2。

3.结果不平等与收入分配公平度。模型 1-1 的回归结果显示,结果不平等 outcome 对收入分配公平度 DF 有显著的负向影响,说明结果不平等程度越高,则收入分配公平度越低,反之则相反。模型 1-4 的回归结果显示,居民人均收入 outcome1、城乡居民人均收入之比 outcome2、劳动报酬在初次分配中的比重 outcome3 对收入分配公平度 DF 有显著的负向影响,说明居民人均收入不平等程度、城乡居民人均收入之比与劳动报酬在初次分配中的比重越高,则收入分配公平度越低,反之则相反。从模型 1-4 回归系数的绝对值大小可以看出,城乡居民人均收入之比对收入分配公平度的负向影响程度较高,居民人均收入、劳动报酬在初次分配中的比重对收入分配公平度的负向影响程度相对较高。

从表 5-2 中的模型 1 的核心变量回归系数的绝对值大小可以看出,起点不平等对收入分配公平度的负向影响程度较高,过程不平等与结果不平等相对较低。

4.税负不平等与收入分配公平度。模型 1-1 的回归结果显示,税负不平等 tax 对收入分配公平度 DF 有显著的负向影响,说明税负不平等程度越高,则收入分配公平度越低,反之则相反。模型 1-5 的回归结果显示,个人税负不平等 tax1、企业税负不平等 tax2 对收入分配公平度 DF 有显著的负向影响,说明个人税负不平等、企业税负不平等程度越高,则收入分配公平度越低,反之则相反。从模型 1-5 的回归系数的绝对值大小可以看出,企业税负不平等对收入分配公平度的负向影响程度较高,个人税负不平等对收入分配公平度的负向影响程度较低。这一研究结果部分验证了假设 3。

5.社会保障不平等、转移支付不平等与收入分配公平度。模型 1-1 的回归结果显示,社会保障不平等 socise、转移支付不平等 transpay 对收入分配公平度 DF 有显著的负向影响,说明社会保障不平等、转移支付不平等程度越高,则收入分配公平度越低,反之则相反。模型 1-6 的回归结果显示,人均社会保障支出与社会保险覆盖率对收入分配公平度 DF 有显著的负向影响,说明人均社会保障支出、社会保险覆盖率不平等程度越高,则收入分配公平度越低,反之则相反。从模型 1-6 的回归系数的绝对值大小可以看出,社会保险覆盖率对收入分配公平度的负向影响程度相对较高,而人均社会保障支出对收入分配公平度的负向影响程度相对较低。

表 5-2 中的模型 1-7、模型 1-8 的回归结果显示,起点不平等 start、过程不平等 proce 与结果不平等 outcome 交互作用对收入分配公平度 DF 有显著的负向影响,表明起点不平等、过程不平等进一步扩大了结果不平等对收入分配公平度的负向影响。以上研究结果部分验证了假设 4 和假设 5。

从表 5-2 中的模型 1 的核心变量回归系数的绝对值大小还可以看出,转移支付不平等对收入分配公平度的负向影响程度较高,税负不平等与社会保障不平等相对较高。

(二)非核心变量及其与核心变量交互项与收入分配公平度

表 5-3、表 5-4 中的模型 2 反映了经济增长 eco、对外开放 open、政策偏向 poli、城乡差异 ur、地区差异 reg 等非核心变量及其与核心变量交互项对收入分配公平度 DF 的影响。

1. 经济增长及其交互项与收入分配公平度。表 5-3 中模型 2-1、模型 2-2 的回归结果显示,经济增长 eco 与收入分配公平度 DF 呈显著的"U"形关系,这表明,随着我国地区经济增长,收入分配公平度逐渐降低,达到最小值后,收入分配公平度又逐渐提高。模型 2-1、模型 2-2 的回归结果显示,经济增长 eco 与起点不平等 start、过程不平等 proce 的交互项对收入分配公平度 DF 有显著的负向影响,表明经济增长进一步扩大了起点不平等与过程不平等对收入分配公平度的负向影响;或者说,起点不平等、过程不平等进一步扩大了经济增长对收入分配公平度的负向影响。这一研究结果部分验证了假设 6。

2. 对外开放及其交互项与收入分配公平度。表 5-3 中模型 2-3、模型 2-4 的回归结果显示,对外开放 open 与收入分配公平度 DF 呈显著的"U"形关系,这表明,随着我国地区对外开放程度的提高,收入分配公平度逐渐降低,达到最小值后,收入分配公平度又逐渐提高。模型 2-3、模型 2-4 的回归结果显示,对外开放 open 与起点不平等 start、过程不平等 proce 的交互项对收入分配公平度 DF 有显著的负向影响,表明对外开放进一步扩大了起点不平等与过程不平等对收入分配公平度的负向影响;或者说,起点不平等、过程不平等进一步扩大了对外开放对收入分

表 5-3 收入分配公平度决定因素回归结果之二

解释变量	模型 2-1（经济增长）	模型 2-2（经济增长）	模型 2-3（对外开放）	模型 2-4（对外开放）	模型 2-5（政策偏向）	模型 2-6（政策偏向）	模型 2-7（城乡差异）	模型 2-8（城乡差异）
c	1.2152***	1.4602***	1.4871***	1.5140***	1.2635***	1.18696***	1.2953***	0.9269***
start	−0.3333***	−0.3337***	−0.3896***	−0.3851***	−0.3792***	−0.3265***	−0.3270***	−0.3216***
proce	−0.1679***	−0.1605***	−0.1614***	−0.1638***	−0.1524***	−0.1529***	−0.1593***	−0.1565***
outcome	−0.1695***	−0.1592***	−0.1564***	−0.1579***	−0.1541***	−0.1511***	−0.1593***	−0.1411***
tax	−0.1269***	−0.1255***	−0.1229***	−0.1260***	−0.1274***	−0.1343***	−0.1327***	−0.1249***
socise	−0.1271***	−0.1257***	−0.1307***	−0.1361***	−0.1222***	−0.1262***	−0.1399***	−0.1327***
transpay	−0.2101***	−0.2216***	−0.2033***	−0.1977***	−0.2320***	−0.2195***	−0.2372***	−0.2254***
eco	−2.9146***	−2.8096***	−2.7264***	−2.6896***	−2.5433***	−2.7106***	−2.9396***	−2.8210***
eco^2	12.5625***	12.4664***	12.054***	11.8795***	11.1672***	11.8936***	13.2346***	12.7623***
eco×start	−0.0725**							
eco×socise		−0.0330**						
open			−1.2978***	−1.2647***				
open^2			1.1032***	1.0867***				
open×start			−0.1249***					
open×proce				−0.0746***				
poli					−0.1210***	−0.1174***		
poli×start					−0.0647***			

续 表

解释变量	模型 2-1 （经济增长）	模型 2-2 （经济增长）	模型 2-3 （对外开放）	模型 2-4 （对外开放）	模型 2-5 （政策偏向）	模型 2-6 （政策偏向）	模型 2-7 （城乡差异）	模型 2-8 （城乡差异）
poli×proce						-0.0591***		
ur							-0.2858***	-0.2920***
ur×start							-0.0984***	
ur×proce								-0.0888**
adj-R²	0.9996	0.9995	0.9996	0.9994	0.9997	0.9769	0.9995	0.9996
Prob-F	0.0000***	0.0000***	0.0000***	0.0000***	0.0000***	0.0000***	0.0000***	0.0000***

注：上标 ***、**、* 分别表示回归系数在 1%、5% 和 10% 的水平上显著。

配公平度的负向影响。这一研究结果部分验证了假设7。

3.政策偏向及其交互项与收入分配公平度。表5-3中模型2-5、模型2-6的回归结果显示,政策偏向poli对收入分配公平度DF有显著的负向影响,说明政策偏向程度越高,收入分配公平度越低。模型2-5、模型2-6的回归结果显示,政策偏向poli与起点不平等start、过程不平等proce的交互项对收入分配公平度DF有显著的负向影响,表明政策偏向进一步扩大了起点不平等与过程不平等对收入分配公平度的负向影响;或者说,起点不平等、过程不平等进一步扩大了政策偏向对收入分配公平度的负向影响。这一研究结果部分验证了假设8。

4.城乡差异及其交互项与收入分配公平度。表5-3中模型2-7、模型2-8的回归结果显示,城乡差异ur对收入分配公平度DF有显著的负向影响,说明城乡差异程度越高,收入分配公平度越低。模型2-7、模型2-8的回归结果显示,城乡差异ur与起点不平等start、过程不平等proce的交互项对收入分配公平度DF有显著的负向影响,表明城乡差异进一步扩大了起点不平等与过程不平等对收入分配公平度的负向影响;或者说,起点不平等、过程不平等进一步扩大了城乡差异对收入分配公平度的负向影响。这一研究结果部分验证了假设9。

5.地区差异及其交互项与收入分配公平度。表5-4中模型2-9、模型2-10的回归结果显示,地区差异reg对收入分配公平度DF有显著的负向影响,说明地区差异程度越高,收入分配公平度越低。同时,模型2-9、模型2-10的回归结果显示,地区差异reg与起点不平等start、过程不平等proce的交互项对收入分配公平度DF有显著的负向影响,表明地区差异进一步扩大了起点不平等与过程不平等对收入分配公平度的负向影响;或者说,起点不平等、过程不平等进一步扩大了地区差异对收入分配公平度的负向影响。这一研究结果部分验证了假设10。

经济增长、对外开放、政策偏向、城乡差异、地区差异等非核心变量与起点不平等、过程不平等等核心变量的交互作用对收入分配公平度的影响结果也部分验证了假设1和假设2。

(三)非核心变量交互项与收入分配公平度

表5-4中的模型3反映了非核心变量经济增长eco、对外开放open、政策偏向poli与城乡差异ur、地区差异reg的交互作用对收入分配公平度的影响。

表5-4中的模型3-1、模型3-2的回归结果显示,经济增长eco与城乡差异ur、地区差异reg的交互作用对收入分配公平度DF有显著的负向影响,说明经济增长进一步扩大了城乡差异、地区差异对收入分配公平度的负向影响;或者说城乡差异、地区差异进一步扩大了经济增长对收入分配公平度的负向影响。模型3-3、模型3-4的回归结果显示,对外开放open与城乡差异ur、地区差异reg的交互项对收入分配公平度DF有显著的负向影响,说明对外开放进一步扩大了城乡差

表 5-4 收入分配公平度决定因素回归结果之三

解释变量	模型2-9（地区差异）	模型2-10（地区差异）	模型3-1（经济增长交互项）	模型3-2（经济增长交互项）	模型3-3（对外开放交互项）	模型3-4（对外开放交互项）	模型3-5（政策偏向交互项）	模型3-6（政策偏向交互项）
c	1.0662***	1.0832***	1.1744***	1.0065***	1.1847***	0.9563***	0.9237***	0.9584***
start	-0.3002***	-0.3441***	-0.3809***	-0.3916***	-0.3921**	-0.3484***	-0.3192***	-0.3418***
proce	-0.1506***	-0.1509***	-0.1653***	-0.1590***	-0.1683***	-0.1619***	-0.1598***	-0.1572***
outcome	-0.1496***	-0.1423***	-0.1607***	-0.1593***	-0.1596**	-0.1677***	-0.1595***	-0.1569***
tax	-0.1412***	-0.1302***	-0.1217***	-0.1191***	-0.1217***	-0.1202***	-0.1235***	-0.1278***
socise	-0.1395***	-0.1276***	-0.1282***	-0.1268***	-0.1255***	-0.1263***	-0.1122***	-0.1173***
transpay	-0.2237***	-0.2293***	-0.2037***	-0.1947***	-0.2029***	-0.1933***	-0.1935***	-0.1922***
eco	-2.8929**	-2.6419**	-2.9880***	-2.4722***	-2.8751***	-2.6430***	-2.7108***	-2.9285***
eco^2	12.9723**	11.3036**	12.2567***	11.1092**	12.2817***	12.0430***	12.2153***	12.7395***
reg	-0.1479***	-0.1420***						
reg×start	-0.0900**							
reg×proce		-0.0826**						
eco×ur			-0.1066**					
eco×reg				-0.0529*				
open×ur					-0.0376**			
open×reg						-0.0820**		

续 表

解释变量	模型 2-9 (地区差异)	模型 2-10 (地区差异)	模型 3-1 (经济增长交互项)	模型 3-2 (经济增长交互项)	模型 3-3 (对外开放交互项)	模型 3-4 (对外开放交互项)	模型 3-5 (政策偏向交互项)	模型 3-6 (政策偏向交互项)
poli×ur							−0.0404**	
poli×reg								−0.0520**
adj-R²	0.9997	0.9753	0.9993	0.9997	0.9992	0.9996	0.9994	0.9996
Prob-F	0.0000***	0.0000***	0.0000***	0.0000***	0.0000***	0.0000***	0.0000***	0.0000***

注：上标***、**、*分别表示回归系数在1%、5%和10%的水平上显著。

异、地区差异对收入分配公平度的负向影响程度。模型 3-5、模型 3-6 的回归结果显示,政策偏向 poli 与城乡差异 ur、地区差异 reg 的交互项对收入分配公平度 DF 有显著的负向影响,说明政策偏向进一步扩大了城乡差异、地区差异对收入分配公平度的负向影响。经济增长、对外开放、政策偏向与城乡差异、地区差异的交互作用对收入分配公平度的影响结果也部分验证了假设 6、假设 7 和假设 8。

四、基本结论

根据以上实证研究结果,得到以下基本结论:

1. 起点不平等(教育不平等、就业不平等、公共医疗卫生不平等)、过程不平等(投资市场化程度与参加工会职工占比差异)、结果不平等(居民人均收入、城乡居民人均收入之比与劳动报酬在初次分配中的比重差异)对收入分配公平度有显著的负向影响。其中,起点不平等对收入分配公平度的负向影响程度较高,过程不平等与结果不平等对收入分配公平度的负向影响程度相对较低;起点不平等、过程不平等进一步扩大了结果不平等对收入分配公平度的负向影响。研究结果表明,起点不平等(教育不平等、就业不平等、公共医疗卫生不平等)程度越高,则收入分配公平度越低,反之则相反。其中,就业不平等对收入分配公平度的负向影响程度较高,公共医疗卫生不平等次之,教育不平等相对较低。过程不平等(投资市场化程度与参加工会职工占比差异)程度越高,则收入分配公平度越低,反之则相反。其中,投资市场化程度对收入分配公平度的负向影响程度较高,参加工会职工占比的影响程度相对较低。结果不平等(居民人均收入、城乡居民人均收入之比与劳动报酬在初次分配中的比重差异)程度越高,则收入分配公平度越低,反之则相反。其中,城乡居民人均收入之比对收入分配公平度的负向影响程度较高,居民人均收入、劳动报酬在初次分配中的比重的影响程度相对较低。研究结果还表明,起点不平等对收入分配公平度的负向影响程度较高,过程不平等与结果不平等对收入分配公平度的负向影响程度相对较低。起点不平等、过程不平等与结果不平等的交互作用对收入分配公平度有显著的负向影响,表明起点不平等、过程不平等进一步扩大了结果不平等对收入分配公平度的负向影响。

2. 税负不平等(个人税负不平等、企业税负不平等)、社会保障不平等(人均社会保障支出与社会保险覆盖率差异)、转移支付不平等对收入分配公平度有显著的负向影响。其中,转移支付不平等对收入分配公平度的负向影响程度较高,税负不平等与社会保障不平等对收入分配公平度的负向影响程度相对较低。研究结果表明,税负不平等(个人税负不平等、企业税负不平等)程度越高,则收入分配公平度越低,反之则相反。其中,企业税负不平等对收入分配公平度的负向影响程度较高,个人税负不平等的影响程度较低。社会保障不平等(人均社会保障支出与社会保险覆盖率差异)、转移支付不平等程度越高,则收入分配公平度越低,反之则相反。其中,社会保险覆盖率对收入分配公平度的负向影响程度相对较高,而人均社会保障支出的影响程度相对较低。研究结果还表明,转移支付不平等对收入分配公平度的负向影响程度较高,税负不平等与社会保障不平等对收入分配公平度的负向影响程度相对较低。

3.经济增长、对外开放与收入分配公平度呈显著的"U"形关系;政策偏向、城乡差异与地区差异对收入分配公平度有显著的负向影响。经济增长、对外开放、政策偏向、城乡差异与地区差异进一步扩大了起点不平等与过程不平等对收入分配公平度的负向影响;经济增长、对外开放、政策偏向进一步扩大了城乡差异、地区差异对收入分配公平度的负向影响。研究结果表明,随着我国地区经济增长与对外开放程度的提高,收入分配公平度逐渐降低,达到最小值后,收入分配公平度又逐渐提高。政策偏向、城乡差异、地区差异程度越高,收入分配公平度越低,反之则相反。研究结果还表明,经济增长、对外开放、政策偏向、城乡差异、地区差异与起点不平等、过程不平等的交互项对收入分配公平度有显著的负向影响,说明经济增长、对外开放、政策偏向、城乡差异与地区差异进一步扩大了起点不平等与过程不平等对收入分配公平度的负向影响。经济增长、对外开放、政策偏向与城乡差异、地区差异的交互项对收入分配公平度有显著的负向影响,表明经济增长、对外开放、政策偏向进一步扩大了城乡差异、地区差异对收入分配公平度的负向影响。

第三节　初次分配公平度的决定因素分析

一、数据、变量与模型

本节各指标的数据来源与本章第一节相同。被解释变量为初次分配公平度(用符号 IDF 表示),解释变量主要有两类。一是影响初次分配公平度的核心变量,主要包括 3 个变量:①起点不平等 start,下设 3 个代理指标变量,即教育不平等 start1、就业不平等 start2、公共医疗卫生不平等 start3;②过程不平等 proce,下设 2 个代理指标变量,即投资市场化程度 proce1、参加工会职工占比 proce2;③结果不平等 outcome,下设 3 个代理指标变量,即居民人均收入 outcome1、城乡居民人均收入之比 outcome2、劳动报酬在初次分配中的比重 outcome3。二是影响初次分配公平度的非核心变量或基础变量,主要包括 5 个变量:①经济增长 eco,下设 3 个代理指标变量,即经济规模(人均国内生产总值、人均固定资产投资)eco1、经济结构(第三产业增加值比重、第三产业就业人员比重)eco2、经济效率(劳动生产率、资本生产率、全要素生产率)eco3;②对外开放 open,下设 2 个代理指标变量,即贸易依存度(货物出口依存度、货物进口依存度)open1、实际关税率 open2;③政策偏向 poli,下设 4 个代理指标变量,即非国有经济投资比重 poli1、非国有经济就业比重 poli2、农村固定资产投资比重 poli3、支农支出比重 poli4;④城乡差异 ur,下设 2 个代理指标变量,即城乡二元结构 ur1、城乡人力资本 ur2;⑤地区差异 reg,下设 2 个代理指标变量,即自然资源禀赋 reg1、基础设施建设 reg2。根据初次分配公平的决定因素与研究假设,构建计量经济模型如下:

$$IDF_t = \beta_0 + \beta_1 start_t + \beta_2 proce_t + \beta_3 outcome_t + \beta_4 eco_t + \beta_5 eco_t^2 +$$

$$\beta_6 open_t + \beta_7 open_t^2 + \beta_8 poli_t + \beta_9 ur_t + \beta_{10} reg_t + \sum \beta_j interaction_{jt} + \varepsilon_t \quad (5\text{-}2)$$

式中,β 为回归系数,interaction 为变量间交互项,ε 为随机误差项。模型中各变量的符号、含义与计算说明如表 5-1 所示。

二、回归结果

根据初次分配公平度的决定因素计量模型(5-2),借助 EViews9.0 软件,应用 GLS 估计法,得到表 5-5 至表 5-7 的回归结果。模型 1 为核心变量与初次分配公平度的回归结果,模型 2 为核心变量交互项与初次分配公平度的回归结果,模型 3 为非核心变量及其交互项与初次分配公平度的回归结果,模型 4 为非核心变量之间交互项与初次分配公平度的回归结果。回归结果显示,调整后的决定系数 adj-R^2 接近于 1,说明解释变量对初次分配公平度的解释能力较强、拟合优度较高,F 统计量对应的显著性水平较高,回归模型显著成立(模型不存在一阶、二阶自相关)。

(一)核心变量及其交互项与初次分配公平度

表 5-5 中的模型 1、模型 2 反映了起点不平等 start、过程不平等 proce、结果不平等 outcome 等核心变量及其交互项对初次分配公平度 IDF 的影响。

1.起点不平等与初次分配公平度。表 5-5 中模型 1-1 回归结果显示,起点不平等 start 对初次分配公平度 IDF 有显著的负向影响,说明起点不平等程度越高,则初次分配公平度越低,反之则相反。模型 1-2 的回归结果显示,教育不平等 start1、就业不平等 start2、公共医疗卫生不平等 start3 对初次分配公平度 IDF 有显著的负向影响,说明教育不平等、就业不平等、公共医疗卫生不平等程度越高,则初次分配公平度越低,反之则相反。从模型 1-2 的回归系数的绝对值大小可以看出,就业不平等对初次分配公平度的负向影响程度较高,公共医疗卫生不平等对初次分配公平度的负向影响程度次之,教育不平等对初次分配公平度的负向影

表5-5 初次分配公平度决定因素回归结果之一

解释变量	模型1-1（基本模型）	模型1-2（起点不平等）	模型1-3（过程不平等）	模型1-4（结果不平等）	模型2-1（起点不平等交互项）	模型2-2（起点不平等交互项）	模型2-3（起点不平等交互项）	模型2-4（过程不平等交互项）	模型2-5（过程不平等交互项）
c	1.0094***	0.9621***	1.0110***	1.1213***	0.9796***	0.9965***	1.0634***	0.9991***	1.0054***
start	-0.4376***		-0.4385***	-0.4285***				-0.4368***	-0.4381***
proce	-0.3037***	-0.3508***		-0.3177***	-0.3081***	-0.3455***	-0.3737***		
outcome	-0.2643***	-0.2732***	-0.2645***		-0.2897***	-0.2188***	-0.2850***	-0.2783***	-0.2766***
eco	-0.1048	-0.1139***	-0.1185***	-0.1233***	-0.1194***	-0.1238***	-0.1172***	-0.1077***	-0.1333***
eco^2	0.4747***	0.4955***	0.4815***	0.5205***	0.4984***	0.5443***	0.5133***	0.5272***	0.5809***
start1		-0.1128**			-0.1170**	-0.1112**	-0.1152**		
start2		-0.3045***			-0.2930***	-0.2808***	-0.2873***		
start3		-0.1634***			-0.1604***	-0.1595***	-0.1592***		
proce1			-0.2559***					-0.2309***	-0.2161***
proce2			-0.1885***					-0.0894***	-0.1058***
outcome1				-0.0826**					
outcome2				-0.1829***					
outcome3				-0.0637**					
start1×outcome					-0.0939**				
start2×outcome						-0.2108**			

续 表

解释变量	模型 1-1 （基本模型）	模型 1-2 （起点不平等）	模型 1-3 （过程不平等）	模型 1-4 （结果不平等）	模型 2-1 （起点不平等 交互项）	模型 2-2 （起点不平等 交互项）	模型 2-3 （起点不平等 交互项）	模型 2-4 （过程不平等 交互项）	模型 2-5 （过程不平等 交互项）
start3×outcome							−0.1347**		
proce1×outcome								−0.1879***	
proce2×outcome									−0.0981***
adj-R²	0.9999	0.9974	0.9999	0.9910	0.9973	0.9968	0.9974	0.9999	0.9998
Prob-F	0.0000***	0.0000***	0.0000***	0.0000***	0.0000***	0.0000***	0.0000***	0.0000***	0.0000***

注：上标***、**、*分别表示回归系数在1%、5%和10%的水平上显著。

响程度相对较低。这一研究结果部分验证了假设1。

2.过程不平等与初次分配公平度。表5-5中模型1-1的回归结果显示,过程不平等 proce 对初次分配公平度 IDF 有显著的负向影响,说明过程不平等程度越高,则初次分配公平度越低,反之则相反。模型1-3的回归结果显示,投资市场化程度与参加工会职工占比对初次分配公平度 IDF 有显著的负向影响,说明投资市场化程度、参加工会职工占比越高,则初次分配公平度越低,反之则相反。从模型1-3的回归系数的绝对值大小可以看出,投资市场化程度对初次分配公平度的负向影响程度较高,参加工会职工占比对初次分配公平度的负向影响程度相对较低。这一研究结果部分验证了假设2。

3.结果不平等与初次分配公平度。表5-5中模型1-1的回归结果显示,结果不平等 outcome 对初次分配公平度 IDF 有显著的负向影响,说明结果不平等程度越高,则初次分配公平度越低,反之则相反。模型1-4的回归结果显示,居民人均收入、城乡居民人均收入之比与劳动报酬在初次分配中的比重对初次分配公平度 IDF 有显著的负向影响,说明居民人均收入、城乡居民人均收入之比与劳动报酬在初次分配中的比重越高,则初次分配公平度越低,反之则相反。从模型1-4的回归系数的绝对值大小可以看出,城乡居民人均收入之比对初次分配公平度的负向影响程度较高,居民人均收入不平等、劳动报酬在初次分配中的比重差异对初次分配公平度的负向影响程度相对较低。

从表5-5中模型1的核心变量回归系数的绝对值大小还可以看出,起点不平等对初次分配公平度的负向影响程度较高,过程不平等对初次分配公平度的负向影响程度次之,结果不平等对初次分配公平度的负向影响程度相对较低。

4.核心变量交互项与初次分配公平度。表5-5中模型2-1至模型2-3的回归结果显示,教育不平等 start1、就业不平等 start2、公共医疗卫生不平等 start3 与结果不平等 outcome 的交互项对初次分配公平度 IDF 有显著的负向影响,说明教育不平等、就业不平等、公共医疗卫生不平等进一步扩大了结果不平等对初次分配公平度的负向影响。表5-5中模型2-4、模型2-5的回归结果显示,投资市场化程度、参加工会职工占比与结果不平等的交互项对初次分配公平度 IDF 有显著的负向影响,说明投资市场化程度与参加工会职工占比进一步扩大了结果不平等对初次分配公平度的负向影响。起点不平等、过程不平等与结果不平等的交互项对初次分配公平度的影响结果也部分验证了假设1和假设2。

(二)非核心变量及其与核心变量交互项与初次分配公平度

表5-6、表5-7中的模型3反映了经济增长 eco、对外开放 open、政策偏向 poli、城乡差异 ur、地区差异 reg 等非核心变量及其与核心变量的交互项对初次分配公平度 IDF 的影响。

1.经济增长及其交互项与初次分配公平度。表5-6中模型3-1、模型3-2的回归结果显示,经济增长eco与初次分配公平度IDF呈显著的"U"形关系,这表明,随着我国地区经济增长程度的提高,初次分配公平度逐渐降低,达到最小值后,初次分配公平度又逐渐提高。模型3-1、模型3-2的回归结果显示,经济增长eco与起点不平等start、过程不平等proce的交互项对初次分配公平度IDF有显著的负向影响,表明经济增长进一步扩大了起点不平等与过程不平等对初次分配公平度的负向影响。这一研究结果部分验证了假设6。

2.对外开放及其交互项与初次分配公平度。表5-6中模型3-3、模型3-4的回归结果显示,对外开放open与初次分配公平度IDF呈显著的"U"形关系,这表明,随着我国地区对外开放程度的提高,初次分配公平度逐渐降低,达到最小值后,初次分配公平度又逐渐增加。模型3-3、模型3-4的回归结果显示,对外开放open与起点不平等start、过程不平等proce的交互项对初次分配公平度IDF有显著的负向影响,表明对外开放进一步扩大了起点不平等与过程不平等对初次分配公平度的负向影响。这一研究结果部分验证了假设7。

3.政策偏向及其交互项与初次分配公平度。表5-6中模型3-5、模型3-6的回归结果显示,政策偏向poli对初次分配公平度IDF有显著的负向影响,说明政策偏向程度越高,初次分配公平度越低。模型3-5、模型3-6的回归结果显示,政策偏向poli与起点不平等start、过程不平等proce的交互项对初次分配公平度IDF有显著的负向影响,表明政策偏向进一步扩大了起点不平等与过程不平等对初次分配公平度的负向影响。这一研究结果部分验证了假设8。

4.城乡差异及其交互项与初次分配公平度。表5-6中模型3-7、模型3-8的回归结果显示,城乡差异ur对初次分配公平度IDF有显著的负向影响,说明城乡差异程度越高,初次分配公平度越低。同时,模型3-7、模型3-8的回归结果显示,城乡差异ur与起点不平等start、过程不平等proce的交互项对初次分配公平度IDF有显著的负向影响,表明城乡差异进一步扩大了起点不平等与过程不平等对初次分配公平度的负向影响。这一研究结果部分验证了假设9。

5.地区差异及其交互项与初次分配公平度。表5-7中模型3-9、模型3-10的回归结果显示,地区差异reg对初次分配公平度IDF有显著的负向影响,说明地区差异程度越高,初次分配公平度越低。模型3-9、模型3-10的回归结果还显示,地区差异reg与起点不平等start、过程不平等proce的交互项对初次分配公平度IDF有显著的负向影响,表明地区差异进一步扩大了起点不平等与过程不平等对初次分配公平度的负向影响。这一研究结果部分验证了假设10。

(三)非核心变量交互项与初次分配公平度

表5-7中的模型4反映了非核心变量经济增长eco、对外开放open、政策偏向

表 5-6　初次分配公平度决定因素回归结果之二

解释变量	模型 3-1（经济增长）	模型 3-2（经济增长）	模型 3-3（对外开放）	模型 3-4（对外开放）	模型 3-5（政策偏向）	模型 3-6（政策偏向）	模型 3-7（城乡差异）	模型 3-8（城乡差异）
c	1.0182***	1.0173***	1.0351***	1.0272***	1.0102***	1.0102***	1.0128***	1.0100***
start	-0.3714***	-0.4387***	-0.3432***	-0.4388***	-0.4345***	-0.4385***	-0.4365***	-0.4381***
proce	-0.3017***	-0.2662***	-0.3017***	-0.2178***	-0.3039***	-0.3034***	-0.3018***	-0.3031***
outcome	-0.2650***	-0.2646***	-0.2649***	-0.2649***	-0.2646***	-0.2645***	-0.2645***	-0.2643***
eco	-0.1193***	-0.1238***	-0.1119**	-0.1271**	-0.1301**	-0.1222**	-0.1378***	-0.1151**
eco^2	0.5297**	0.5426**	0.4837*	0.5265*	0.5448**	0.5205**	0.5315**	0.5164**
eco×start	-0.5844*							
eco×socise		-0.3072**						
open			-0.1249**	-0.1162**				
$open^2$			0.5262**	0.5135**				
open×start			-0.1609**					
open×proce				-0.1401**				
poli					-0.1193***	-0.1232***		
poli×start					-0.0271*			
poli×proce						-0.0264**		
ur							-0.2394***	-0.2509***
ur×start							-0.0288**	

续　表

解释变量	模型 3-1（经济增长）	模型 3-2（经济增长）	模型 3-3（对外开放）	模型 3-4（对外开放）	模型 3-5（政策偏向）	模型 3-6（政策偏向）	模型 3-7（城乡差异）	模型 3-8（城乡差异）
ur×proce								−0.0232**
adj-R^2	0.9977	0.9958	0.9932	0.9957	0.9971	0.9921	0.9956	0.9967
Prob-F	0.0000***	0.0000***	0.0000***	0.0000***	0.0000***	0.0000***	0.0000***	0.0000***

注：上标***、**、*分别表示回归系数在1%、5%和10%的水平上显著。

poli 与城乡差异 ur、地区差异 reg 的交互项对初次分配公平度的影响。

表 5-7 中模型 4-1、模型 4-2 的回归结果显示,经济增长 eco 与城乡二元结构 ur1、地区差异 reg 的交互项对初次分配公平度 IDF 有显著的负向影响,说明经济增长进一步扩大了城乡二元结构、地区差异对初次分配公平度的负向影响,或者说城乡二元结构、地区差异进一步扩大了经济增长对初次分配公平度的负向影响。模型 4-3、模型 4-4 的回归结果显示,对外开放 open 与城乡二元结构 ur1、地区差异 reg 的交互项对初次分配公平度 IDF 有显著的负向影响,说明对外开放进一步扩大了城乡二元结构、地区差异对初次分配公平度的负向影响。模型 4-5、模型 4-6 的回归结果显示,政策偏向 poli 与城乡二元结构 ur1、地区差异 reg 的交互项对初次分配公平度 IDF 有显著的负向影响,说明政策偏向进一步扩大了城乡二元结构、地区差异对初次分配公平度的负向影响。经济增长、对外开放、政策偏向与城乡差异、地区差异的交互项对初次分配公平度的影响结果也部分验证了假设 6、假设 7 和假设 8。

三、基本结论

根据以上实证研究结果,得到以下基本结论:

1. 起点不平等、过程不平等、结果不平等对初次分配公平度有显著的负向影响。其中,起点不平等对初次分配公平度的负向影响程度较高,过程不平等对初次分配公平度的负向影响程度次之,结果不平等对初次分配公平度的负向影响程度相对较低;教育不平等、就业不平等、公共医疗卫生不平等、投资市场化程度与参加工会职工占比进一步扩大了结果不平等对初次分配公平度的负向影响。研究结果表明,起点不平等(教育不平等、就业不平等、公共医疗卫生不平等)程度越高,则初次分配公平度越低,反之则相反。其中,就业不平等对初次分配公平度的负向影响程度较高,公共医疗卫生不平等次之,教育不平等相对较低。过程不平等(投资市场化程度与参加工会职工占比差异)程度越高,则初次分配公平度越低,反之则相反。其中,投资市场化程度对初次分配公平度的负向影响程度较高,参加工会职工占比对初次分配公平度的负向影响程度相对较低。结果不平等(居民人均收入、城乡居民人均收入之比与劳动报酬在初次分配中的比重差异)程度越高,则初次分配公平度越低,反之则相反。其中,城乡居民人均收入之比对初次分配公平度的负向影响程度较高,居民人均收入、劳动报酬在初次分配中的比重对初次分配公平度的负向影响程度相对较低。研究结果还表明,起点不平等对初次分配公平度的负向影响程度较高,过程不平等对初次分配公平度的负向影响程度次之,结果不平等对初次分配公平度的负向影响程度相对较低。教育不平等、就业不平等、公共医疗卫生不平等、投资市场化程度与参加工会职工占比和结果

表 5-7 初次分配公平度决定因素回归结果之三

解释变量	模型 3-9（地区差异）	模型 3-10（地区差异）	模型 4-1（经济增长交互项）	模型 4-2（经济增长交互项）	模型 4-3（对外开放交互项）	模型 4-4（对外开放交互项）	模型 4-5（政策偏向交互项）	模型 4-6（政策偏向交互项）
c	0.9890***	0.9900***	1.0088***	1.0090***	1.0093***	1.0085***	1.0087***	1.0094***
start	-0.4375***	-0.4351***	-0.4370***	-0.4363***	-0.4375***	-0.4386***	-0.4370***	-0.4407***
proce	-0.2975***	-0.3010***	-0.3034***	-0.2987***	-0.3036***	-0.3003***	-0.3031***	-0.3013***
outcome	-0.2624***	-0.2625***	-0.2647***	-0.2632***	-0.2644***	-0.2635***	-0.2644***	-0.2635***
eco	-0.1128***	-0.1128***	-0.0980*	-0.1103*	-0.1116*	-0.1094*	-0.1232*	-0.1186*
eco^2	0.5204**	0.5360**	0.4303**	0.4717**	0.4815**	0.5025**	0.5220**	0.5117**
reg	-0.1602***	-0.1283***						
reg×start	-0.0101**							
reg×proce		-0.0112**						
eco×url			-0.0119***					
eco×reg				-0.0434***				
open×url					-0.0206***			
open×reg						-0.0331***		
poli×url							-0.0447***	
poli×reg								-0.0423***
adj-R^2	0.9999	0.9999	0.9999	0.9997	0.9753	0.9993	0.9992	0.9996
Prob-F	0.0000***	0.0000***	0.0000***	0.0000***	0.0000***	0.0000***	0.0000***	0.0000***

注：上标***，**，*分别表示回归系数在 1%、5%和 10%的水平上显著。

不平等的交互作用对初次分配公平度有显著的负向影响,表明教育不平等、就业不平等、公共医疗卫生不平等、投资市场化程度与参加工会职工占比进一步扩大了结果不平等对初次分配公平度的负向影响。

2. 经济增长、对外开放与初次分配公平度呈显著的"U"形关系;政策偏向、城乡差异与地区差异对初次分配公平度有显著的负向影响。经济增长、对外开放、政策偏向、城乡差异与地区差异进一步扩大了起点不平等与过程不平等对初次分配公平度的负向影响;经济增长、对外开放、政策偏向进一步扩大了城乡二元结构、地区差异对初次分配公平度的负向影响。研究结果表明,随着我国地区经济增长与对外开放程度的提高,初次分配公平度逐渐降低,达到最小值后,初次分配公平度又逐渐提高。政策偏向、城乡差异、地区差异程度越高,初次分配公平度越低,反之则相反。研究结果还表明,经济增长、对外开放、政策偏向、城乡差异、地区差异与起点不平等、过程不平等的交互项对初次分配公平度有显著的负向影响,表明经济增长、对外开放、政策偏向、城乡差异与地区差异进一步扩大了起点不平等与过程不平等对初次分配公平度的负向影响。经济增长、对外开放、政策偏向与城乡二元结构、地区差异的交互项对初次分配公平度有显著的负向影响,说明经济增长、对外开放、政策偏向进一步扩大了城乡二元结构、地区差异对初次分配公平度的负向影响。

第四节 再分配公平度的决定因素分析

一、数据、变量与模型

本节各指标的数据来源与本章第一节相同。被解释变量为再分配公平度(用符号 REDF 表示),解释变量主要有 2 类。一是影响再分配公平度的核心变量,主要包括 6 个变量:①起点不平等 start,下设 3 个代理指标变量,即教育不平等 start1、就业不平等 start2、公共医疗卫生不平等 start3;②过程不平等 proce,下设 2 个代理指标变量,即投资市场化程度 proce1、参加工会职工占比 proce2;③结果不平等 outcome,下设 3 个代理指标变量,即居民人均收入 outcome1、城乡居民人均收入比 outcome2、劳动报酬在初次分配中的比重 outcome3;④税负不平等 tax,下设 2 个代理指标变量,即个人所得税占税收比重 tax1、企业所得税占税收比重 tax2;⑤社会保障不平等 socise,下设 2 个代理指标变量,即人均社会保障支出 socise1、社会保险覆盖率 socise2;⑥转移支付不平等 transpay,由于数据缺失,选择"政府对个人转移支付占比"作为代理变量。二是影响再分配公平度的非核心变量或基础变量,主要包括 5 个变量:①经济增长 eco,下设 3 个代理指标变量,即经济规模 eco1、经济结构 eco2、经济效率 eco3;②对外开放 open,下设 2 个代理指标变量,即贸易依存度 open1、实际关税率 open2;③政策偏向 poli,下设 4 个代理指标变量,即非国有经济投资比重 poli1、非国有经济就业比重 poli2、农村固定资产投资比重 poli3、支农支出比重 poli4;④城乡差异 ur,下设 2 个代理指标变量,即城乡二元结构 ur1、城乡人力资本 ur2;⑤地区差异 reg,下设 2 个代理指标变量,即自然资源禀赋 reg1、基础设施建设 reg2。根据再分配公平的决定因素与研究假设,构建计量经济模型如下:

$$\text{REDF}_t = \beta_0 + \beta_1 \text{start}_t + \beta_2 \text{proce}_t + \beta_3 \text{outcome}_t + \beta_4 \text{tax}_t + \beta_5 \text{socise}_t +$$
$$\beta_6 \text{transpay} + \beta_7 \text{eco}_t + \beta_8 \text{eco}_t^2 + \beta_9 \text{open}_t + \beta_{10} \text{poli}_t + \beta_{11} \text{ur}_t + \beta_{12} \text{reg}_t +$$
$$\sum \beta_j \text{interaction}_{jt} + \varepsilon_t \tag{5-3}$$

式中,β 为回归系数,interaction 为变量间交互项,ε 为随机误差项。模型中各变量的符号、含义与计算说明如表 5-1 所示。

二、回归结果

根据再分配公平度的决定因素计量模型(5-3),借助 EViews9.0 软件,应用 GLS 估计法,得到表 5-8 至表 5-9 的回归结果。模型 1 为核心变量与再分配公平度的回归结果,模型 2 为核心变量及其与非核心变量的交互项与再分配公平度的回归结果,模型 3 为非核心变量之间交互项与再分配公平度的回归结果。回归结果显示,调整后的决定系数 adj-R^2 接近于 1,说明解释变量对再分配公平度的解释能力较强、拟合优度较高,F 统计量对应的显著性水平较高,回归模型显著成立(模型不存在一阶、二阶自相关)。

(一)核心变量及其与非核心变量交互项与再分配公平度

表 5-8 中的模型 1、模型 2 反映了起点不平等 start、过程不平等 proce、结果不平等 outcome、税负不平等 tax、社会保障不平等 socise、转移支付不平等 transpay 等核心变量及其与非核心变量的交互项对再分配公平度 REDF 的影响。

1.核心变量与再分配公平度。模型 1 的回归结果显示,起点不平等 start 对再分配公平度 REDF 有显著的负向影响,说明起点不平等程度越高,则再分配公平度越低,反之则相反。过程不平等 proce 对再分配公平度 REDF 有负向影响,但不显著。结果不平等 outcome 对再分配公平度 REDF 有显著的负向影响,说明结果不平等程度越高,则再分配公平度越低,反之则相反。税负不平等 tax、社会保障不平等 socise、转移支付不平等 transpay 对再分配公平度 REDF 有显著的负向影响,说明税负不平等、社会保障不平等、转移支付不平等程度越高,则再分

表5-8 再分配公平度决定因素回归结果之一

解释变量	模型1 (基本模型)	模型2-1 (经济增长)	模型2-2 (对外开放)	模型2-3 (对外开放)	模型2-4 (政策偏向)	模型2-5 (政策偏向)	模型2-6 (城乡差异)	模型2-7 (城乡差异)	模型2-8 (地区差异)
c	1.2967***	1.3427***	1.6562***	1.4332***	1.3936***	1.4489***	1.4667***	1.4937***	1.0301***
start	−0.3665***	−0.3440***	−0.2519***	−0.3477***	−0.3022***	−0.3405***	−0.3854***	−0.3101***	−0.3843***
proce	−0.0753	−0.0893	0.0849	−0.0781	−0.0789	−0.0732	−0.0654	−0.0946	−0.0827
outcome	−0.0934***	−0.0919***	−0.0929***	−0.0765**	−0.0868***	−0.0807***	0.0858***	−0.0891***	−0.0902***
tax	−0.1938***	−0.2254***	−0.1879***	−0.2154***	−0.1847***	−0.2067***	−0.2118***	−0.2088***	−0.2099***
socise	−0.2078***	−0.0861***	−0.2809***	−0.2530***	−0.2853***	−0.2484***	−0.2660***	−0.2611***	−0.2847***
transpay	−0.3247***	−0.3321***	−0.4414***	−0.3423***	−0.3999***	−0.3843***	−0.3799***	−0.3747***	−0.3611***
eco	−5.0355***	−5.7562***	−5.4546***	−5.1715*	−5.3804***	−5.2871***	−5.4464***	−5.0748***	−5.0054***
eco^2	20.9077***	24.4069***	23.4022***	22.7234*	22.6669***	22.7670***	23.8059***	21.1966***	21.1605***
eco×socise		−0.0789**							
open			−0.2684***	−0.2514*					
open×tax			−0.0463**						
open×socise				−0.0699**					
poli					−0.1202***	−0.1317***			
poli×tax					−0.0353***				
poli×socise						−0.0486***			
ur							−0.2622***	−0.2729***	

续 表

解释变量	模型 1（基本模型）	模型 2-1（经济增长）	模型 2-2（对外开放）	模型 2-3（对外开放）	模型 2-4（政策偏向）	模型 2-5（政策偏向）	模型 2-6（城乡差异）	模型 2-7（城乡差异）	模型 2-8（地区差异）
ur×tax							−0.0128***		
ur×socise								−0.0812***	
reg									−0.1531***
reg×socise									−0.0706***
adj-R²	0.9984	0.9983	0.9987	0.9986	0.9992	0.9991	0.9988	0.9981	0.9993
Prob-F	0.0000***	0.0000***	0.0000***	0.0000***	0.0000***	0.0000***	0.0000***	0.0000***	0.0000***

注：上标***、**、*分别表示回归系数在 1%、5% 和 10% 的水平上显著。

配公平度越低,反之则相反。这一研究结果部分验证了假设3。

从表5-8中模型1的核心变量回归系数的绝对值大小还可以看出,起点不平等、转移支付不平等对再分配公平度的负向影响程度较高,税负不平等、社会保障不平等对再分配公平度的负向影响程度次之,结果不平等对再分配公平度的负向影响程度相对较低。

2.非核心变量及其与核心变量的交互项与再分配公平度。表5-8中模型2-1的回归结果显示,经济增长eco与再分配公平度REDF呈显著的"U"形关系,这表明,随着我国地区经济增长程度的提高,再分配公平度逐渐降低,达到最小值后,再分配公平度又逐渐提高。模型2-1的回归结果显示,经济增长eco与社会保障不平等socise交互项对再分配公平度REDF有显著的负向影响,表明经济增长进一步扩大了社会保障不平等对再分配公平度的负向影响。表5-8中模型2-2的回归结果显示,对外开放open对再分配公平度REDF有显著的负向影响,说明对外开放程度越高,再分配公平度越低。模型2-2、模型2-3的回归结果显示,对外开放open与税负不平等tax、社会保障不平等socise的交互项对再分配公平度REDF有显著的负向影响,表明对外开放进一步扩大了税负不平等与社会保障不平等对再分配公平度的负向影响。表5-8中模型2-4的回归结果显示,政策偏向poli对再分配公平度REDF有显著的负向影响,说明政策偏向程度越高,再分配公平度越低。模型2-4、模型2-5的回归结果显示;政策偏向poli与税负不平等tax、社会保障不平等socise的交互项对再分配公平度REDF有显著的负向影响,表明政策偏向进一步扩大了税负不平等、社会保障不平等对再分配公平度的负向影响。表5-8中模型2-6的回归结果显示,城乡差异ur对再分配公平度REDF有显著的负向影响,说明城乡差异程度越高,再分配公平度越低。模型2-6、模型2-7的回归结果显示,城乡差异ur与税负不平等tax、社会保障不平等socise的交互项对再分配公平度REDF有显著的负向影响,表明城乡差异进一步扩大了税负不平等与社会保障不平等对再分配公平度的负向影响。表5-8中模型2-8、表5-9中模型2-9的回归结果显示,地区差异reg对再分配公平度REDF有显著的负向影响,说明地区差异程度越高,再分配公平度越低。表5-8中模型2-8、表5-9中模型2-9的回归结果还显示,地区差异reg与社会保障不平等socise、转移支付不平等transpay的交互项对再分配公平度REDF有显著的负向影响,表明地区差异进一步扩大了社会保障不平等、转移支付不平等对再分配公平度的负向影响。以上研究结果部分验证了假设3至假设8。

(二)非核心变量交互项与再分配公平度

表5-9中的模型3反映了非核心变量经济增长eco、对外开放open、政策偏向poli与城乡二元结构ur1、地区差异reg的交互项对再分配公平度的影响。

表5-9　再分配公平度决定因素回归结果之一

解释变量	模型2-9（地区差异交互项）	模型3-1（经济增长交互项）	模型3-2（经济增长交互项）	模型3-3（对外开放交互项）	模型3-4（对外开放交互项）	模型3-5（对外开放交互项）	模型3-6（政策偏向交互项）	模型3-7（政策偏向交互项）	模型3-8（地区差异交互项）
c	1.2541***	1.2742***	1.1961***	1.2981***	1.3921***	1.3663***	1.2750***	1.3267***	1.2821***
start	-0.3626***	0.3531***	-0.0354	-0.3671***	-0.3340***	-0.3475***	-0.3646***	-0.3367***	-0.3537***
proce	-0.0934	-0.0766	-0.0760	-0.0753	-0.0708***	-0.0712	-0.0777	-0.0728	-0.0707
outcome	-0.0902***	0.0895***	-0.0913***	-0.0893***	0.0907	-0.0979***	-0.0946***	-0.0935***	-0.0951***
tax	-0.2131***	-0.2880***	-0.3024***	-0.2938***	-0.2868***	-0.3003***	-0.2879***	-0.3012***	-0.2943***
socise	-0.2889***	-0.2118***	-0.2069***	-0.2075***	-0.2092***	-0.2188***	-0.2315***	-0.2224***	-0.1995***
transpay	-0.3831***	-0.3330***	-0.3505***	-0.3250***	-0.3302***	-0.3391***	-0.3462***	-0.3647***	-0.3658***
eco	-5.0665***	-4.8357***	-5.5853***	-5.6615***	-5.2985***	-5.7415***	-5.1257***	-5.0344***	5.3357***
eco^2	21.4700***	20.2764***	24.2555*	23.9201***	22.9423***	24.3155***	21.2463***	21.3127***	22.1269***
reg	-0.2764***								
reg×transpay	-0.0779***								
eco×url		-0.0918**							
eco×reg			-0.0594***						
open×url				-0.0315**					
open×reg					-0.0507**				
open×poli						-0.0371***			

续 表

解释变量	模型 2-9（地区差异交互项）	模型 3-1（经济增长交互项）	模型 3-2（经济增长交互项）	模型 3-3（对外开放交互项）	模型 3-4（对外开放交互项）	模型 3-5（对外开放交互项）	模型 3-6（政策偏向交互项）	模型 3-7（政策偏向交互项）	模型 3-8（地区差异交互项）
poli×url							−0.0437***		
poli×reg								−0.0589***	
reg×url									−0.0457***
adj-R²	0.9982	0.9991	0.9993	0.9983	0.9992	0.9984	0.9991	0.9992	0.9994
Prob-F	0.0000***	0.0000***	0.0000***	0.0000***	0.0000***	0.0000***	0.0000***	0.0000***	0.0000***

注：上标***、**、*分别表示回归系数在1%、5%和10%的水平上显著。

表 5-9 中模型 3-1、模型 3-2 的回归结果显示,经济增长 eco 与城乡二元结构 ur1、地区差异 reg 的交互项对再分配公平度 REDF 有显著的负向影响,说明经济增长进一步扩大了城乡二元结构、地区差异对再分配公平度的负向影响;或者说城乡二元结构、地区差异进一步扩大了经济增长对再分配公平度的负向影响。模型 3-3、模型 3-4、模型 3-5 回归结果显示,对外开放 open 与城乡二元结构 ur1、地区差异 reg、政策偏向 poli 的交互项对再分配公平度 REDF 有显著的负向影响,说明对外开放进一步扩大了城乡二元结构、地区差异、政策偏向对再分配公平度的负向影响。模型 3-6、模型 3-7 的回归结果显示,政策偏向 poli 与城乡二元结构 ur1、地区差异 reg 的交互项对再分配公平度 REDF 有显著的负向影响,说明政策偏向进一步扩大了城乡二元结构、地区差异对再分配公平度的负向影响。模型 3-8 的回归结果显示,地区差异 reg 与城乡二元结构 ur1 的交互项对再分配公平度 REDF 有显著的负向影响,说明地区差异进一步扩大了城乡二元结构对再分配公平度的负向影响。经济增长、对外开放、政策偏向与城乡差异、地区差异的交互项对再分配公平度的影响结果也部分验证了假设 6、假设 7 和假设 8。

三、基本结论

根据以上实证研究结果,得到以下基本结论:

1.起点不平等、结果不平等对再分配公平度有显著的负向影响;税负不平等、社会保障不平等、转移支付不平等对再分配公平度有显著的负向影响。其中,起点不平等、转移支付不平等对再分配公平度的负向影响程度较高,税负不平等、社会保障不平等对再分配公平度的负向影响程度次之,结果不平等对再分配公平度的负向影响程度相对较低。研究结果表明,起点不平等、结果不平等程度越高,则再分配公平度越低,反之则相反;过程不平等对再分配公平度有负向影响,但不显著;税负不平等、社会保障不平等、转移支付不平等程度越高,则再分配公平度越低,反之则相反。研究结果还表明,起点不平等、转移支付不平等对再分配公平度的负向影响程度较高,税负不平等、社会保障不平等对再分配公平度的负向影响程度次之,结果不平等对再分配公平度的负向影响程度相对较低。

2.经济增长与再分配公平度呈显著的"U"形关系;对外开放、政策偏向、城乡差异与地区差异对再分配公平度有显著的负向影响。经济增长、地区差异进一步扩大了社会保障不平等对再分配公平度的负向影响;对外开放、政策偏向、城乡差异进一步扩大了税负不平等与社会保障不平等对再分配公平度的负向影响;经济增长、对外开放、政策偏向进一步扩大了城乡二元结构与地区差异对再分配公平度的负向影响;对外开放进一步扩大了政策偏向对再分配公平度的负向影响;地区差异进一步扩大了转移支付不平等、城乡二元结构对再分配公平度的负向影响。研究结果表明,随着我国地区经济增长程度的提高,再分配公平度逐渐降低,达到最小值后,再分配公平度又逐渐提高。对外开放、政策偏向、城乡差异、地区差异越大,则再分配公平度越小,反之则相反。研究结果还表明,经济增长、地区差异与社会保障不平等的交互项对再分配公平度有显著的负向影响,表明经济增长与地区差异进一步扩大了社会保障不平等对再分配公平度的负向影响;对外开放、政策偏向、城乡差异与税负不平等、社会保障不平等的交互作用对再分配公平度有显著的负向影响,表明对外开放、政策偏向、城乡差异进一步扩大了税负不平等、社会保障不平等对再分配公平度的负向影响。经济增长、对外开放、政策偏向与城乡二元结构、地区差异的交互项对再分配公平度有显著的负向影响,表明经济增长、对外开放、政策偏向进一步扩大了城乡二元结构与地区差异对再分配公平度的负向影响。对外开放与政策偏向的交互作用对再分配公平度有显著的负向影响,表明对外开放进一步扩大了政策偏向对再分配公平度的负向影响。地区差异与转移支付不平等、城乡二元结构的交互项对再分配公平度有显著的负向影响,表明地区差异进一步扩大了转移支付不平等、城乡二元结构对再分配公平度的负向影响。

第五节　本章小结

本章依据收入分配公平度的决定因素,提出研究假设,构建多元计量经济模型,基于我国31个省份的面板数据,对收入分配公平度(初次分配公平度、再分配公平度)的决定因素进行实证分析,得到以下研究结论。

结论一:起点不平等、过程不平等、结果不平等对收入分配公平度有显著的负向影响。其中:起点不平等对收入分配公平度的负向影响程度较高,过程不平等与结果不平等对收入分配公平度的负向影响程度相对较低;起点不平等、过程不平等进一步扩大了结果不平等对收入分配公平度的负向影响。研究结果表明,起点不平等(教育不平等、就业不平等、公共医疗卫生不平等)程度越高,则收入分配公平度越低,反之则相反。过程不平等(投资市场化程度与参加工会职工占比差异)程度越高,则收入分配公平度越低,反之则相反。结果不平等(居民人均收入、城乡居民人均收入之比与劳动报酬在初次分配中的比重差异)程度越高,则收入分配公平度越低,反之则相反。研究结果表明,起点不平等对收入分配公平度的负向影响程度较高,过程不平等与结果不平等对收入分配公平度的负向影响程度相对较低。起点不平等、过程不平等与结果不平等的交互项对收入分配公平度有显著的负向影响,表明起点不平等、过程不平等进一步扩大了结果不平等对收入分配公平度的负向影响。

结论二:税负不平等、社会保障不平等、转移支付不平等对收入分配公平度有显著的负向影响。其中,转移支付不平等对收入分配公平度的负向影响程度较高,税负不平等与社会保障不平等对收入分配公平度的负向影响程度相对较低。研究结果表明,税负不平等(个人税负不平等、企业税负不平等)程度越高,则收入分配公平度越低,反之则相反。社会保障(人均社会保障支出、社会保险覆盖率)不平等、转移支付不平等程度越高,则收入分配公平度越低,反之则相反。研究结果还表明,转移支付不平等对收入分配公平度的负向影响程度较高,税负不平等与社会保障不平等对收入分配公平度的负向影响程度相对较低。

结论三:经济增长、对外开放与收入分配公平度呈显著的"U"形关系;政策偏向、城乡差异与地区差异对收入分配公平度有显著的负向影响。经济增长、对外开放、政策偏向、城乡差异与地区差异进一步扩大了起点不平等与过程不平等对收入分配公平度的负向影响;经济增长、对外开放、政策偏向进一步扩大了城乡差异、地区差异对收入分配公平度的负向影响。研究结果表明,随着我国地区经济增长与对外开放程度的扩大,收入分配公平度逐渐减小,达到最小值后,收入分配公平度又逐渐增加。政策偏向、城乡差异、地区差异程度越高,则收入分配公平度越低,反之则相反。研究结果还表明,经济增长、对外开放、政策偏向、城乡差异、地区差异与起点不平等、过程不平等的交互项对收入分配公平度有显著的负向影响,表明经济增长、对外开放、政策偏向、城乡差异与地区差异进一步扩大了起点不平等与过程不平等对收入分配公平度的负向影响。经济增长、对外开放、政策偏向与城乡差异、地区差异的交互项对收入分配公平度有显著的负向影响,说明经济增长、对外开放、政策偏向进一步扩大了城乡差异、地区差异对收入分配公平度的负向影响。

结论四:起点不平等、过程不平等、结果不平等对初次分配公平度有显著的负向影响。其中,起点不平等对初次分配公平度的负向影响程度较高,过程不平等对初次分配公平度的负向影响程度次之,结果不平等对初次分配公平度的负向影响程度相对较低;教育不平等、就业不平等、公共医疗卫生不平等、投资市场化程度与参加工会职工占比进一步扩大了结果不平等对初次分配公平度的负向影响。研究结果表明,起点不平等(教育不平等、就业不平等、公共医疗卫生不平等)程度越高,则初次分配公平度越低,反之则相反。过程不平等(投资市场化程度与参加工会职工占比差异)程度越高,则初次分配公平度越低,反之则相反。结果不平等(居民人均收入、城乡居民人均收入之比与劳动报酬在初次分配中的比重差异)程度越高,则初次分配公平度越低,反之则相反。研究结果还表明,起点不平等对初次分配公平度的负向影响程度较高,过程不平等对初次分配公平度的负向影响程度次之,结果不平等对初次分配公平度的负向影响程度相对较低。教育不平等、就业不平等、公共医疗卫生不平等、投资市场化程度与参加工会职工占比与结果不平等的交互项对初次分配公平度有显著的负向影响,表明教育不平等、就业不平等、公共医疗卫生不平等、投资市场化程度与参加工会职工占比进一步扩大了结果不平等对初次分配公平度的负向影响。

结论五:经济增长、对外开放与初次分配公平度呈显著的"U"形关系;政策偏向、城乡差异与地区差异对初次分配公平度有显著的负向影响。经济增长、对外开放、政策偏向、城乡差异与地区差异进一步扩大了起点不平等与过程不平等对初次分配公平度的负向影响;经济增长、对外开放、政策偏向进一步扩大了城乡二元结构、地区差异对初次分配公平度的负向影响程度。研究结果表明,随着我国地区经济增长与对外开放程度的提高,初次分配公平度逐渐降低,达到最小值后,初次分配公平度又逐渐增加。政策偏向、城乡差异、地区差异程度越高,则初次分配公平度越低,反之则相反。研究结果还表明,经济增长、对外开放、政策偏向、城乡差异、地区差异与起点不平等、过程不平等的交互项对初次分配公平度有显著的负向影响,表明经济增长、对外开放、政策偏向、城乡差异与地区差异进一步扩大了起点不平等与过程不平等对初次分配公平度的负向影响。经济增长、对外开放、政策偏向与城乡二元结构、地区差异的交互项对初次分配公平度有显著的负向影响,说明经济增长、对外开放、政策偏向进一步扩大了城乡二元结构、地区差异对初次分配公平度的负向影响。

结论六:起点不平等、结果不平等对再分配公平度有显著的负向影响,税负不平等、社会保障不平等、转移支付不平等对再分配公平度有显著的负向影响。其中,起点不平等、转移支付不平等对再分配公平度的负向影响程度较高,税负不平等、社会保障不平等对再分配公平度的负向影响程度次之,结果不平等对再分配公平度的负向影响程度相对较低。研究结果表明,起点不平等、结果不平等程度越高,则再分配公平度越低,反之则相反;过程不平等对再分配公平度有负向影响但不显著;税负不平等、社会保障不平等、转移支付不平等程度越高,则再分配公平度越低,反之则相反。研究结果还表明,起点不平等、转移支付不平等对再分配公平度的负向影响程度较高,税负不平等、社会保障不平等对再分配公平度的负向影响程度次之,结果不平等对再分配公平度的负向影响程度相对较低。

结论七:经济增长与再分配公平度呈显著的"U"形关系;对外开放、政策偏向、城乡差异与地区差异对再分配公平度有显著的负向影响。经济增长、地区差异进一步扩大了社会保障不平等对再分配公平度的负向影响;对外开放、政策偏向、城乡差异进一步扩大了税负不平等与社会保障不平等对再分配公平度的负向影响;经济增长、对外开放、政策偏向进一步扩大了城乡二元结构与地区差异对再分配公平度的负向影响。研究结果表明,随着我国地区经济增长程度的提高,再分配公平度逐渐降低,达到最小值后,再分配公平度又逐渐提高。对外开放、政策偏向、城乡差异、地区差异程度越高,再分配公平度越低,反之则相反。研究结果还表明,经济增长、地区差异与社会保障不平等的交互项对再分配公平度有显著的负向影响,对外开放、政策偏向、城乡差异与税负不平等、社会保障不平等的交互项对再分配公平度有显著的负向影响,经济增长、对外开放、政策偏向与城乡二元结构、地区差异的交互项对再分配公平度有显著的负向影响,对外开放与政策偏向的交互项对再分配公平度有显著的负向影响,地区差异与转移支付不平等、城乡二元结构的交互项对再分配公平度有显著的负向影响。

一个国家的收入分配政策并非完全基于收入分配的客观状况,而是更多地基于经济活动中个体对收入分配的主观评价[1][2],即分配公平满意度(收入分配公平的主观衡量尺度或经验尺度)。对我国居民收入分配公平满意度相关问题进行问卷调查,了解居民对于现阶段收入分配公平状况的心理认知、主观判断与评价,对于政府部门制定科学合理的收入分配政策,缩小收入分配不平等差异,促进收入分配公平,提高居民分配公平满意度,维护社会和谐与稳定具有重要的现实意义。

第一节　评价指标体系与调查样本

一、收入分配公平满意度评价指标体系

收入分配公平满意度是社会成员对收入分配公平程度的心理认知、主观判断与评价。分配公平满意度包括初次分配公平满意度和再分配公平满意度。社会成员对收入分配公平程度的主观判断和评价往往通过一些特定的指标反映出来。根据收入分配公平及其满意度的内涵,本章设计的分配公平满意度评价指标体系由初次分配公平满意度和再分配公平满意度两大方面的评价指标构成。

初次分配公平满意度是社会成员对初次分配公平程度的心理认知、主观判断与评价。初次分配公平满意度主要包括起点公平满意度、过程公平满意度和结果

---

① GUILLERMO C, RICARDO P, MARTIN T,2013. Biased perceptions of income distribution and preferences for redistribution: evidence from a survey experiment [J]. Journal of Public Economics(98):100-112.

② 李骏,吴晓刚,2012.收入不平等与公平分配:对转型时期中国城镇居民公平观的一项实证分析[J].中国社会科学(3):114-128.

公平满意度。其中,起点公平满意度由教育公平满意度、就业公平满意度、公共医疗卫生公平满意度、公共基础设施公平满意度、公共自然资源公平满意度等5个三级指标构成;过程公平满意度由市场竞争环境满意度、工资集体协商制度满意度、公职人员廉洁满意度、政府公共信息公开满意度、政府效能满意度、劳动者权益保护满意度等6个三级指标构成;结果公平满意度由收入与付出相比满意度、收入与过去5年相比满意度、收入与同职业人员收入相比满意度、收入与其他职业人员收入相比满意度等4个三级指标构成。

再分配公平满意度是社会成员对再分配公平程度的心理认知、主观判断与评价。再分配公平满意度主要包括税负公平满意度、社会保障公平满意度和转移支付公平满意度。其中:税负公平满意度由各种税费负担满意度、个人税负满意度、投资税负满意度等3个三级指标构成;社会保障公平满意度由社会保险(养老、医疗、工伤、生育、失业保险)满意度,社会救助、社会优抚、社会福利满意度,帮扶弱势群体状况满意度等3个三级指标构成;转移支付公平满意度由最低生活保障线下人均转移支付满意度、个人转移支付满意度、企业转移支付(主要指对各种公益、社会慈善事业的捐助)满意度等3个三级指标构成。

收入分配公平满意度评价指标体系如表6-1所示。

表 6-1　收入分配公平满意度评价指标体系

一级指标	二级指标	三级指标
初次分配公平满意度	起点公平满意度	教育公平满意度、就业公平满意度、公共医疗卫生公平满意度、公共基础设施公平满意度、公共自然资源公平满意度
	过程公平满意度	市场竞争环境满意度、工资集体协商制度满意度、公职人员廉洁满意度、政府公共信息公开满意度、政府效能满意度、劳动者权益保护满意度
	结果公平满意度	收入与付出相比满意度、收入与过去5年相比满意度、收入与同职业人员收入相比满意度、收入与其他职业人员收入相比满意度
再分配公平满意度	税负公平满意度	各种税费负担满意度、个人税负满意度、投资税负满意度
	社会保障公平满意度	社会保险(养老、医疗、工伤、生育、失业保险)满意度,社会救助、社会优抚、社会福利满意度,帮扶弱势群体状况满意度
	转移支付公平满意度	最低生活保障线下人均转移支付满意度、个人转移支付满意度、企业转移支付(主要指对各种公益、社会慈善事业的捐助)满意度

二、调查样本

由于分配公平满意度涉及较多的主观评价指标,而这些主观评价指标的数据无法从统计年鉴上获得,因此只能采用问卷调查方法获得个体微观数据。问卷设计包括两部分:一是被调查者的个人与家庭基本信息,如性别、民族、年龄、文化程度、家庭人口、健康状况、家庭收入等;二是对被调查者就当前分配公平满意度相关问题的主观判断与评价等方面的调查。本次问卷调查采用随机抽样方法,被调查对象为城镇家庭与农村家庭的主要成员,调查范围涉及除新疆、西藏、青海以外的东部、中部、西部28个省份。2017年7月至12月,国家社会科学基金项目"收入分配公平的评价体系与预警机制研究"课题组通过问卷调查方法在全国范围实施了"收入分配公平满意度调查"。此次调查抽样是分层实施的,即将全国分成东部、中部和西部三大地区,以省份为初级抽样单位,以直辖市、省会城市和地级市所辖区、县为二级抽样单位,以街道和乡镇为三级抽样单位,以居民委员会和村民委员会为四级抽样单位。课题组共发放问卷6000份,回收问卷5056份,去掉信息不全或数据异常的样本,最终得到有效样本3109份(其中东部、中部、西部的有效样本依次为1891、983、235份)。虽然西部地区样本占比较小,但其样本容量仍然属于大样本,一般不会影响到统计研究结果。经过整理后的样本数据满足抽样分布条件,具有一定的可靠性。

在调查收入分配公平满意度时,国内外很多学者使用的方法是让被调查者在一个数字序列(如1—10)或描述序列(如非常不满意到非常满意)中直接选择一个数字,来表示自己满意度的高低。如Ferrer-i-Carbonell et al. 中使用被调查对象对收入满意问题的回答来衡量其收入满意度。[①] 在其所做的调查问卷中,用0—10的数字来表示满意度,其中0表示绝对不满意,10表示绝对满意。本章亦采用这种方法来测量居民收入分配公平满意度。本章研究对象涉及主观判断与评价问题,因此在设计个人分配公平满意度的答案时采用了李克特量表法,用0—5的数字来表示满意度,其中5表示非常满意,4表示比较满意,3表示一般满意,2表示不太满意,1表示非常不满意,被调查者能够很方便地表明自己的态度。

---

① FERRER-I-CARBONELL A, VAN P B M S, 2003. Income satisfaction inequality and its causes [J]. Journal of Economic Inequality, 1(2):107-127.

第二节 收入分配公平满意度问卷调查分析①

一、居民对现阶段收入分配公平满意度的基本判断

全部样本的问卷调查统计结果显示(见表 6-2),居民的收入分配公平满意度的均值为 2.777,这意味着居民对收入分配公平满意度一般。其中,城镇居民、农村居民的收入分配公平满意度的均值依次为 2.746 和 2.804,城镇居民收入分配公平满意度略低于农村居民。

表 6-2 居民收入分配公平满意度问卷调查样本分组统计结果

组 别		全部样本			城镇居民			农村居民		
		样本数	占比(%)	满意度	样本数	占比(%)	满意度	样本数	占比(%)	满意度
全部样本		3109	100.0	2.777	1861	59.9	2.746	1248	40.1	2.804
性别	男	1807	58.1	2.761	986	53.0	2.730	821	65.8	2.791
	女	1302	41.9	2.789	875	47.0	2.755	427	34.2	2.816
民族*	汉族	3038	97.7	2.763	1816	97.6	2.778	1248	97.9	2.792
	少数民族	71	2.3	2.785	45	2.4	2.805	26	2.1	2.811
年龄**	16—30 岁	573	18.4	2.783	383	20.6	2.739	190	15.2	2.752
	31—40 岁	501	16.1	2.684	360	19.3	2.568	141	11.3	2.742
	41—50 岁	1731	55.7	2.743	961	51.6	2.775	770	61.7	2.828
	51 岁以上	304	9.8	2.817	157	8.4	2.735	147	11.8	2.850
健康状况	非常好	749	24.1	2.936	494	26.6	2.925	255	20.4	2.941
	好	1331	42.8	2.818	837	45.0	2.806	494	39.6	2.826
	一般	852	27.4	2.653	454	24.4	2.626	398	31.9	2.665
	不太好	154	5.0	2.461	66	3.5	2.364	88	7.1	2.591
	非常不好	23	0.7	2.174	10	0.5	2.308	13	1.0	2.000

---

① 孙敬水,程芳芳,2017.初次分配公平与再分配公平满意度研究——基于浙江省 11 个地区 958 份居民家庭问卷调查分析[J].江西财经大学学报(2):11-23.

组　别		全部样本			城镇居民			农村居民		
		样本数	占比（％）	满意度	样本数	占比（％）	满意度	样本数	占比（％）	满意度
文化程度	小学及以下	200	6.4	2.605	37	2.0	2.541	163	13.1	2.620
	初中	619	19.9	2.743	172	9.2	2.709	447	35.8	2.831
	高中或中专	707	22.7	2.793	348	18.7	2.753	359	28.8	2.833
	大专	453	14.6	2.779	322	17.3	2.756	131	10.5	2.788
	大学	885	28.5	2.821	753	40.5	2.735	132	10.6	2.837
	研究生	245	7.9	2.792	229	12.3	2.375	16	1.3	2.821
政治面貌	党派成员	764	24.6	2.866	629	33.8	2.837	135	10.8	2.873
	非党派成员	2345	75.4	2.748	1232	66.2	2.724	1113	89.2	2.769
工作单位性质	体制内	971	31.2	2.798	870	46.7	2.792	101	8.1	2.799
	体制外	2138	68.8	2.768	991	53.3	2.731	1147	91.9	2.829
职业等级	农业劳动者	420	13.5	2.610	51	2.7	2.569	365	29.2	2.616
	工人（体力）	657	21.1	2.676	301	16.2	2.674	360	28.8	2.675
	办事员（非体力）	1130	36.4	2.768	829	44.5	2.753	301	24.1	2.762
	专业技术人员	423	13.6	2.842	339	18.2	2.811	84	6.7	2.861
	单位负责人或管理者	479	15.4	3.027	341	18.3	3.023	138	11.1	3.036
职称	无职称	1804	58.0	2.724	848	45.5	2.691	956	76.6	2.716
	初级	452	14.5	2.750	303	16.3	2.761	149	12.0	2.819
	中级	627	20.2	2.850	509	27.4	2.829	117	9.4	2.940
	高级	226	7.3	3.053	201	10.8	3.000	25	2.0	3.060
职务	无职务	1200	38.6	2.637	540	29.0	2.635	660	52.3	2.639
	基层	1090	35.1	2.774	698	37.5	2.765	392	34.1	2.779
	中层	691	22.2	2.931	523	28.1	2.916	168	13.5	2.976
	高层	128	4.1	3.289	100	5.4	3.286	28	2.2	3.291
收入等级	高收入	621	20.0	3.027	372	20.0	2.856	250	20.0	3.065
	中收入	1867	60.0	2.793	1117	60.0	2.739	748	60.0	2.792
	低收入	621	20.0	2.478	372	20.0	2.581	250	20.0	2.608

组　别		全部样本			城镇居民			农村居民		
		样本数	占比（%）	满意度	样本数	占比（%）	满意度	样本数	占比（%）	满意度
地区	东部	1891	60.8	2.822	1208	64.9	2.814	683	54.7	2.826
	中部	983	31.6	2.753	515	27.7	2.671	468	37.5	2.720
	西部	235	7.6	2.697	404	7.4	2.505	97	7.8	2.928

注：＊对少数民族样本偏少的说明。本部分调查范围涉及除新疆、西藏、青海以外的东部、中部、西部28个省份,所获得的样本数据是随机的。我国少数民族人口较少,而且分布不均匀,根据第六次全国人口普查情况统计,少数民族人口占我国总人口的8.5%,加之本研究样本不包括新疆、西藏、青海,这是少数民族有效样本相对偏少的原因。＊＊对年龄分布不均匀的说明。本研究主要针对分配公平满意度的问卷调查,被调查对象为城镇家庭主要成员、农村家庭主要成员(退休、不在工作年龄范围的不纳入调查范围),以中年居民为主,他们对现阶段收入分配公平状况有切身体会。在民族和年龄变量上,尽管样本年龄分布不均匀,少数民族样本较少,但这不会影响最终的分析结果。以少数民族样本为例,如果这些少数样本对分配公平满意度等问题的回答与其他多数样本有明显的差异或与众不同的选择,这将在研究结果中反映出来。当然,样本容量越大,少数民族样本越多,年龄分布越均匀,则研究结果的说服力越强。

从被调查者选择5个不同层次的收入分配公平满意度所占比例来看,居民选择非常满意、比较满意、一般满意、不太满意、非常不满意的占全部样本的比例依次为3.7%,20.8%,50.4%,20.3%,4.8%(见图6-1)。将非常满意、比较满意、一般满意列为满意,不太满意与非常不满意列为不满意,得到全部样本的满意度所占比例为74.9%,不满意度所占比例为25.1%。可见,居民选择收入分配公平满意度所占比例相对较高。其中,城镇居民选择收入分配公平满意度所占比例(74.4%)略低于农村居民(75.2%)。

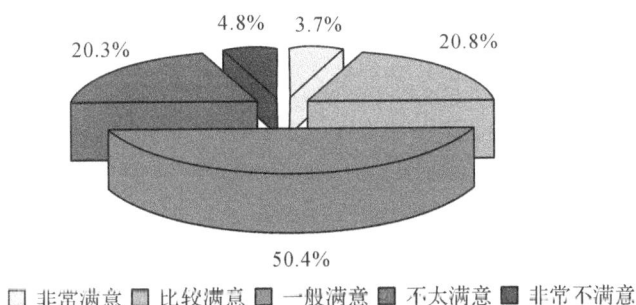

□ 非常满意　■ 比较满意　■ 一般满意　■ 不太满意　■ 非常不满意

图 6-1　被调查者选择 5 个不同层次的收入分配公平满意度所占比例

二、收入分配公平满意度样本分组统计分析

将 3109 份样本进行分组,计算不同组别的收入分配公平满意度,各分组样本数及所占比例如表 6-2 所示。

（一）个体基本特征与居民收入分配公平满意度

不论是全部样本,还是城镇居民与农村居民分组样本,男性居民的收入分配公平满意度略低于女性居民,汉族居民的收入分配公平满意度略低于少数民族居民,居民年龄与其收入分配公平满意度之间的关系较为复杂。

（二）人力资本、政治资本与收入分配公平满意度

从全部样本看,具有小学及以下文化程度的居民,其收入分配公平满意度最低;具有大学文化程度的居民,其收入分配公平满意度最高。从城镇样本看,具有研究生文化程度的居民,其收入分配公平满意度最低;具有大专文化程度的居民,其收入分配公平满意度略高于具有其他文化程度的居民。从农村样本看,具有大学文化程度的居民,其收入分配公平满意度最高,其次是具有初中和高中文化程度的居民,而具有小学及以下文化程度的居民,其收入分配公平满意度最低。这一研究结果表明:并不是文化程度越高,收入分配公平满意度越高;在拥有不同层次的文化程度的居民中,城镇居民与农村居民的收入分配公平满意度存在一定的差异。

就健康状况而言,不论是全部样本,还是城镇居民与农村居民分组样本,居民的健康状况越好,其收入分配公平满意度越高。从政治面貌看,身份为党派成员的居民,其收入分配公平满意度高于非党派成员的居民。就职称和职务而言,不论是全部样本,还是城镇居民与农村居民样本,居民的职称和职务等级越高,其收入分配公平满意度越高,其中具有高级职称和高层职务的居民,其收入分配公平满意度均值在3以上,呈比较满意状态。

（三）工作单位性质、职业等级与收入分配公平满意度

从工作单位性质看,体制内(党政机关、事业单位、国有企业)的居民,其收入分配公平满意度高于体制外的居民。从职业等级看,职业等级越高,其收入分配公平满意度越高,其中单位负责人或管理者的收入分配公平满意度均值大于3,呈比较满意状态。

（四）收入等级、地区与收入分配公平满意度

问卷调查统计结果显示,收入等级越高,其收入分配公平满意度越高。从三大地区样本看,东部地区居民的收入分配公平满意度高于中部地区,中部地区居民收入分配公平满意度高于西部地区。但是,三大地区城镇居民与农村居民的收入分配公平满意度存在一定的差异。其中,东部与中部地区城镇居民收入分配公平满意度高于西部地区,东部与西部地区农村居民收入分配公平满意度高于中部地区。

第三节 初次分配公平满意度问卷调查分析[①]

初次分配公平满意度主要包括起点公平满意度、过程公平满意度和结果公平满意度。

一、居民对现阶段初次分配公平满意度的基本判断

问卷调查统计结果显示(见表6-3),被调查者初次分配公平满意度均值为2.780,这意味着居民对初次收入分配公平满意度一般。其中:城镇居民和农村居民初次分配公平满意度均值依次为2.735和2.848,城镇居民初次分配公平满意度低于农村居民;东部、中部、西部地区居民初次分配公平满意度均值依次为2.846,2.760和2.768,东部地区居民初级分配公平满意度高于西部,西部地区居民初级分配公平满意度略高于中部。

表6-3 初次分配公平满意度问卷调查统计结果之一

初次分配公平满意度	全部样本	城镇居民	农村居民	东部	中部	西部
基本判断	2.780	2.735	2.848	2.846	2.760	2.768
1.起点公平满意度	2.742	2.716	2.782	2.885	2.738	2.682
教育公平满意度	2.690	2.666	2.727	2.836	2.663	2.628
就业公平满意度	2.663	2.598	2.760	2.769	2.647	2.572
公共医疗卫生公平满意度	2.762	2.766	2.757	2.910	2.768	2.679
公共基础设施公平满意度	2.789	2.846	2.750	2.973	2.809	2.721
公共自然资源公平满意度	2.810	2.802	2.821	2.937	2.803	2.811
2.过程公平满意度	2.783	2.775	2.794	2.852	2.820	2.855
市场竞争环境满意度	2.739	2.734	2.746	2.863	2.810	2.743
工资集体协商制度满意度	2.793	2.786	2.803	2.857	2.860	2.887
公职人员廉洁满意度	2.678	2.662	2.703	2.718	2.683	2.819
政府公共信息公开满意度	2.797	2.798	2.795	2.870	2.842	2.930
政府效能满意度	2.778	2.770	2.789	2.875	2.856	2.828
劳动者权益保护满意度	2.910	2.898	2.929	2.927	2.866	2.921

[①] 孙敬水,程芳芳,2017.初次分配公平与再分配公平满意度研究——基于浙江省11个地区958份居民家庭问卷调查分析[J].江西财经大学学报(2):11-23.

续　表

初次分配公平满意度	全部样本	城镇居民	农村居民	东部	中部	西部
3.结果公平满意度	2.817	2.715	2.968	2.801	2.721	2.767
收入与付出相比满意度	2.712	2.630	2.835	2.760	2.614	2.645
收入与过去五年相比满意度	3.019	2.938	3.139	2.870	2.834	2.943
收入与同职业人员收入相比满意度	2.816	2.686	3.010	2.827	2.794	2.798
收入与其他职业人员收入相比满意度	2.720	2.606	2.889	2.748	2.643	2.683

注:其中5表示非常满意,4表示比较满意,3表示一般满意,2表示不太满意,1表示非常不满意。

从被调查者选择5个不同层次的初次分配公平满意度所占比例来看,居民选择非常满意、比较满意、一般满意、不太满意、非常不满意的占全部样本的比例依次为3.0%,21.1%,46.9%,23.2%和5.8%(见图6-2)。将非常满意、比较满意、一般满意列为满意,不太满意与非常不满意列为不满意,得到全部样本的满意度所占比例为71.0%,不满意所占比例为29.0%。可见,居民选择初次分配公平满意度所占比例相对较高。

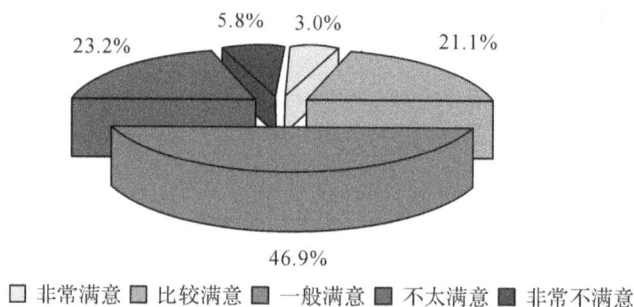

图6-2　被调查者选择5个不同层次的初次分配公平满意度所占比例

二、起点公平满意度问卷调查分析

问卷调查统计结果显示(见表6-3),被调查者对目前起点公平的满意度均值为2.742,表明居民对起点公平满意度一般。其中:城镇居民和农村居民对起点公平的满意度均值依次为2.716和2.782,可见城镇居民满意度略低于农村居民;东部、中部、西部地区居民起点公平满意度的均值依次为2.885,2.738和2.682,东部地区居民的起点公平满意度略高于中部地区,中部地区居民的起点公平满意度略高于西部地区。

从被调查者选择5个不同层次的起点公平满意度所占比例来看,居民选择非常满意、比较满意、一般满意、不太满意、非常不满意的占全部样本的比例依次为3.2%,24.7%,42.4%,23.5%和6.2%(见图6-3)。全部样本的满意度所占比例为 70.3％,不满意度所占比例为 29.7 ％。可见,居民选择起点公平满意度所占比例相对较高。

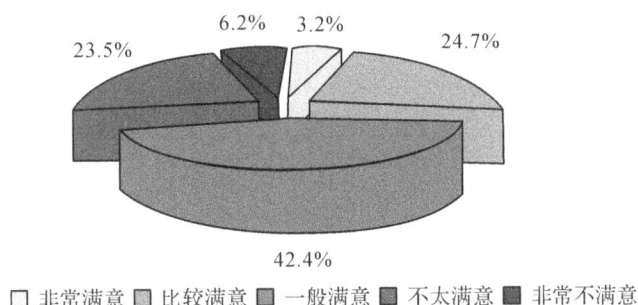

图 6-3　被调查者选择 5 个不同层次的起点公平满意度所占比例

(一)教育公平满意度

问卷调查统计结果显示(见表 6-3),被调查者对目前教育公平的满意度均值为 2.690,表明居民对教育公平的满意度一般。其中:城镇居民和农村居民教育公平满意度均值依次为 2.666 和 2.727,可见城镇居民教育公平满意度略低于农村居民;东部、中部、西部地区居民对教育公平的满意度均值依次为 2.836,2.663 和 2.628,东部地区居民基础教育公平满意度高于中部地区,中部地区居民基础教育公平满意度略高于西部地区。

从被调查者选择 5 个不同层次的教育公平满意度所占比例来看,居民选择非常满意、比较满意、一般满意、不太满意、非常不满意的占全部样本的比例依次为 3.6％,21.4 ％,41.0％,25.9％和 8.1％(如表 6-4 所示)。全部样本的满意度所占比例为 66.0％,不满意度所占比例为 34.0％。可见,居民选择教育公平满意度所占比例相对不高。

表 6-4　初次分配公平满意度问卷调查统计结果之二

您对目前收入分配公平相关问题的满意度		全国		城镇居民		农村居民	
		样本数	占比(%)	样本数	占比(%)	样本数	占比(%)
初次分配公平满意度	非常满意	93	3.0	56	3.0	37	3.0
	比较满意	657	21.1	389	20.9	238	19.1
	一般满意	1457	46.9	896	48.1	590	47.3
	不太满意	722	23.2	415	22.3	308	24.6
	非常不满意	180	5.8	105	5.7	75	6.0

您对目前收入分配公平相关问题的满意度		全国		城镇居民		农村居民	
		样本数	占比（%）	样本数	占比（%）	样本数	占比（%）
1. 起点公平满意度	非常满意	100	3.2	60	3.3	40	3.2
	比较满意	768	24.7	421	22.6	256	20.5
	一般满意	1318	42.4	862	46.3	546	43.8
	不太满意	731	23.5	419	22.5	313	25.1
	非常不满意	192	6.2	99	5.3	93	7.4
教育公平满意度	非常满意	111	3.6	68	3.7	43	3.4
	比较满意	667	21.4	410	22.0	257	20.6
	一般满意	1275	41.0	792	42.6	483	38.7
	不太满意	805	25.9	468	25.1	338	27.1
	非常不满意	251	8.1	123	6.6	127	10.2
就业公平满意度	非常满意	73	2.3	47	2.5	27	2.2
	比较满意	979	31.5	344	18.5	184	14.7
	一般满意	1013	32.6	890	47.8	573	45.9
	不太满意	838	27.0	471	25.3	367	29.4
	非常不满意	206	6.6	109	5.9	97	7.8
公共医疗卫生公平满意度	非常满意	98	3.2	61	3.3	37	3.0
	比较满意	742	23.9	436	23.4	306	24.5
	一般满意	1360	43.7	843	45.3	517	41.4
	不太满意	716	23.0	411	22.1	305	24.4
	非常不满意	193	6.2	110	5.9	83	6.7
公共基础设施公平满意度	非常满意	116	3.7	71	3.8	45	3.6
	比较满意	769	24.7	477	25.6	291	23.3
	一般满意	1394	44.8	861	46.3	534	42.8
	不太满意	667	21.5	372	20.0	295	23.6
	非常不满意	163	5.3	80	4.3	83	6.7
公共自然资源公平满意度	非常满意	100	3.2	51	2.7	48	3.8
	比较满意	681	21.9	439	23.6	243	19.5
	一般满意	1548	49.8	923	49.6	625	50.1
	不太满意	633	20.4	374	20.1	259	20.8
	非常不满意	147	4.7	74	4.0	73	5.8

您对目前收入分配公平相关问题的满意度		全国		城镇居民		农村居民	
		样本数	占比（%）	样本数	占比（%）	样本数	占比（%）
2.过程公平满意度	非常满意	112	3.6	67	3.6	45	3.6
	比较满意	596	19.2	368	19.8	228	18.3
	一般满意	1565	50.3	945	50.8	620	49.7
	不太满意	672	21.6	384	20.6	288	23.1
	非常不满意	164	5.3	97	5.2	67	5.3
市场竞争环境满意度	非常满意	84	2.7	52	2.8	32	2.6
	比较满意	515	16.6	334	17.9	181	14.5
	一般满意	1730	55.6	1058	56.9	672	53.8
	不太满意	682	21.9	362	19.4	319	25.6
	非常不满意	98	3.2	55	3.0	44	3.5
工资集体协商制度满意度	非常满意	94	3.0	62	3.3	32	2.6
	比较满意	573	18.4	340	18.3	233	18.7
	一般满意	1702	54.8	1012	54.4	690	55.3
	不太满意	595	19.1	350	18.8	245	19.6
	非常不满意	145	4.7	97	5.2	48	3.8
公职人员廉洁满意度	非常满意	96	3.1	61	3.3	35	2.8
	比较满意	509	16.4	315	16.9	194	15.6
	一般满意	1468	47.2	889	47.8	579	46.4
	不太满意	795	25.6	464	24.9	331	26.5
	非常不满意	241	7.7	132	7.1	109	8.7
政府公共信息公开满意度	非常满意	137	4.4	78	4.2	59	4.7
	比较满意	676	21.7	400	21.5	276	22.1
	一般满意	1432	46.1	868	46.6	564	45.2
	不太满意	671	21.6	390	21.0	281	22.5
	非常不满意	193	6.2	125	6.7	68	5.5
政府效能满意度	非常满意	136	4.4	78	4.2	58	4.7
	比较满意	640	20.6	404	21.7	236	18.9
	一般满意	1477	47.5	875	47.0	602	48.2
	不太满意	693	22.3	406	21.8	287	23.0
	非常不满意	163	5.2	98	5.3	65	5.2

续　表

您对目前收入分配公平相关问题的满意度		全国		城镇居民		农村居民	
		样本数	占比（%）	样本数	占比（%）	样本数	占比（%）
劳动者权益保护满意度	非常满意	124	4.0	72	3.9	52	4.2
	比较满意	661	21.3	415	22.3	246	19.7
	一般满意	1584	50.9	967	52.0	617	49.4
	不太满意	595	19.1	330	17.7	265	21.2
	非常不满意	145	4.7	77	4.1	68	5.5
3.结果公平满意度	非常满意	66	2.1	40	2.1	25	2.0
	比较满意	608	19.6	377	20.3	230	18.4
	一般满意	1487	47.8	883	47.4	605	48.5
	不太满意	764	24.6	442	23.8	322	25.8
	非常不满意	184	5.9	119	6.4	66	5.3
收入与付出相比满意度	非常满意	53	1.7	32	1.7	21	1.7
	比较满意	529	17.0	322	17.3	207	16.6
	一般满意	1501	48.3	908	48.8	594	47.6
	不太满意	811	26.1	472	25.4	338	27.1
	非常不满意	215	6.9	127	6.8	88	7.0
收入与过去五年相比满意度	非常满意	83	2.7	50	2.7	33	2.7
	比较满意	757	24.3	447	24.0	310	24.8
	一般满意	1414	45.5	841	45.2	573	45.9
	不太满意	675	21.7	397	21.3	278	22.3
	非常不满意	180	5.8	126	6.8	54	4.3
收入与同职业人员收入相比满意度	非常满意	63	2.0	37	2.0	26	2.1
	比较满意	606	19.5	385	20.7	221	17.7
	一般满意	1577	50.7	913	49.1	664	53.2
	不太满意	728	23.4	431	23.1	297	23.8
	非常不满意	135	4.4	95	5.1	40	3.2
收入与其他职业人员收入相比满意度	非常满意	63	2.0	42	2.3	21	1.7
	比较满意	539	17.3	355	19.1	184	14.7
	一般满意	1458	46.9	870	46.7	588	47.1
	不太满意	842	27.1	468	25.1	374	30.0
	非常不满意	207	6.7	126	6.8	81	6.5

(二)就业公平满意度

问卷调查统计结果显示(见表6-3),被调查者目前就业公平的满意度均值为2.663,表明居民对就业公平满意度一般。其中,城镇居民和农村居民就业公平满意度均值依次为2.598和2.760,农村居民满意度相对较高;东部、中部、西部地区居民就业公平满意度均值依次为2.769,2.647和2.572,东部地区满意度相对较高,西部地区满意度相对较低。

从被调查者选择5个不同层次的就业公平满意度所占比例来看,居民选择非常满意、比较满意、一般满意、不太满意、非常不满意的占全部样本的比例依次为2.3%,31.5%,32.6%,27.0和6.6%(如表6-4所示)。全部样本的满意度所占比例为66.4%,不满意度所占比例为33.6%。可见,居民选择就业公平满意度所占比例相对不高。

(三)公共医疗卫生公平满意度

问卷调查统计结果显示(见表6-3),被调查者对目前公共医疗卫生公平的满意度均值为2.762,表明居民对公共医疗卫生公平满意度一般。其中,城镇居民和农村居民对公共医疗卫生公平满意度均值依次为2.766和2.757,两者相差较小;东部、中部、西部地区居民公共医疗卫生公平满意度均值依次为2.910,2.768和2.679,东部地区居民公共医疗卫生公平满意度相对较高,西部地区相对较低。

从被调查者选择5个不同层次的公共医疗卫生公平满意度所占比例来看,居民选择非常满意、比较满意、一般满意、不太满意、非常不满意的占全部样本的比例依次为3.2%,23.9%,43.7%,23.0%和6.2%(如表6-4所示)。全部样本的满意度所占比例为70.8%,不满意度所占比例为29.2%。可见,居民选择公共医疗卫生公平满意度所占比例相对较高。

(四)公共基础设施公平满意度

问卷调查统计结果显示(见表6-3),被调查者对目前公共基础设施公平的满意度均值为2.789,表明居民对公共基础设施公平满意度一般。其中,城镇居民和农村居民公共基础设施公平的满意度均值依次为2.846和2.750,可见城镇居民公共基础设施满意度略高于农村居民;东部、中部、西部地区居民公共基础设施公平满意度均值依次为2.973,2.809和2.721,东部地区满意度相对较高,西部地区相对较低。

从被调查者选择5个不同层次的公共基础设施公平满意度所占比例来看,居民选择非常满意、比较满意、一般满意、不太满意、非常不满意的占全部样本的比例依次为3.7%,24.7%,44.8%,21.5%和5.3%(如表6-4所示)。全部样本的满意度所占比例为 73.2%,不满意度所占比例为 26.8%。可见,居民选择公共基础设施公平满意度所占比例相对较高。

(五)公共自然资源公平满意度

问卷调查统计结果显示(见表 6-3),被调查者对目前公共自然资源公平的满意度均值为 2.810,表明居民对公共自然资源公平满意度一般。其中:城镇居民和农村居民对公共自然资源公平的满意度均值依次为 2.802 和 2.821,可见城镇居民与农村居民相关满意度相差较小;东部、中部、西部地区居民公共自然资源公平满意度均值依次为 2.937,2.803 和 2.811,东部地区满意度相对较高,中、西部地区相对较低。

从被调查者选择 5 个不同层次的公共自然资源公平满意度所占比例来看,居民选择非常满意、比较满意、一般满意、不太满意、非常不满意的占全部样本的比例依次为 3.2%,21.9%,49.8%,20.4% 和 4.7%(如表 6-4 所示)。全部样本的满意度所占比例为 74.9%,不满意度所占比例为 25.1%。可见,居民选择公共自然资源公平满意度所占比例相对较高。

三、过程公平满意度问卷调查分析

问卷调查统计结果显示(见表 6-3),被调查者对目前过程公平的满意度均值为 2.783,表明居民对过程公平满意度一般。其中,城镇居民和农村居民对过程公平的满意度均值依次为 2.775 和 2.794,可见城镇居民与农村居民相差较小;东、中部、西部地区居民对过程公平的满意度均值依次为 2.852,2.820 和 2.855,东部、西部地区满意度略高于中部地区。

从被调查者选择 5 个不同层次的过程公平满意度所占比例看,居民选择非常满意、比较满意、一般满意、不太满意、非常不满意的占全部样本的比例依次为 3.6%,19.2%,50.3%,21.6% 和 5.3%(见图 6-4)。全部样本的满意度所占比例为 73.1%,不满意度所占比例为 26.9%。可见,居民选择过程公平满意度所占比例相对较高。

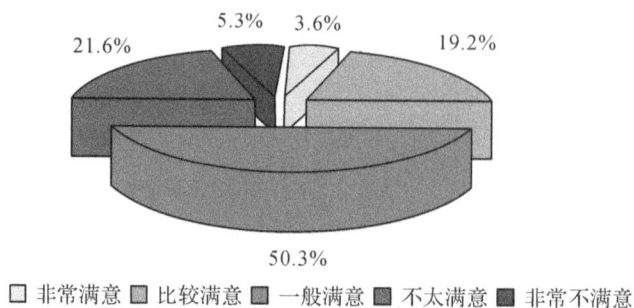

图 6-4 被调查者选择 5 个不同层次的过程公平满意度所占比例

（一）市场竞争环境满意度

问卷调查统计结果显示（见表6-3），被调查者对目前市场竞争环境的满意度均值为2.739，表明居民对市场竞争环境满意度一般。其中，城镇居民和农村居民对市场竞争环境的满意度均值依次为2.734和2.746，可见城镇居民与农村居民相差较小；东部、中部、西部地区居民市场竞争环境满意度均值依次为2.863，2.810和2.743，东部、中部地区满意度略高于西部地区。

从被调查者选择5个不同层次的市场竞争环境满意度所占比例来看，居民选择非常满意、比较满意、一般满意、不太满意、非常不满意的占全部样本的比例依次为2.7％，16.6％，55.6％，21.9％和3.2％（如表6-4所示）。全部样本的满意度所占比例为74.9％，不满意度所占比例为25.1％。可见，居民选择市场竞争环境满意度所占比例相对较高。

（二）工资集体协商制度满意度

问卷调查统计结果显示（见表6-3），被调查者目前工资集体协商制度的满意度均值为2.793，表明居民对工资集体协商制度满意度一般。其中，城镇居民和农村居民工资集体协商制度的满意度均值依次为2.786和2.803，可见城镇居民满意度略低于农村居民；东部、中部、西部地区居民对工资集体协商制度的满意度均值依次为2.857，2.860和2.887，三大地区相差较小。

从被调查者选择5个不同层次的工资集体协商制度满意度所占比例来看，居民选择非常满意、比较满意、一般满意、不太满意、非常不满意的占全部样本的比例依次为3.0％，18.4％，54.8％，19.1％和4.7％（如表6-4所示）。全部样本的满意度所占比例为76.2％，不满意度所占比例为23.8％。可见，居民选择工资集体协商制度满意度所占的比例较高。

（三）公职人员廉洁满意度

问卷调查统计结果显示（见表6-3），被调查者目前公职人员廉洁的满意度均值为2.678，表明居民对公职人员廉洁满意度一般。其中：城镇居民和农村居民对公职人员廉洁的满意度均值依次为2.662和2.703，可见城镇居民的公职人员廉洁满意度略低于农村居民；东部、中部、西部地区居民对公职人员廉洁的满意度均值依次为2.718，2.683和2.819，西部地区相对较高，东部地区次之，中部地区相对较低。

从被调查者选择5个不同层次的公职人员廉洁满意度所占比例来看，居民选择非常满意、比较满意、一般满意、不太满意、非常不满意的占全部样本的比例依次为3.1％，16.4％，47.2％，25.6％和7.7％（如表6-4所示）。全部样本的满意度所占比例为66.7％，不满意度所占比例为33.3％。可见，居民选择公职人员廉洁满意度所占比例相对不高。

(四)政府公共信息公开满意度

问卷调查统计结果显示(见表 6-3),被调查者对目前政府公共信息公开的满意度均值为 2.797,表明居民对政府公共信息公开满意度一般。其中,城镇居民和农村居民对政府公共信息公开满意度的均值依次为 2.798 和 2.795,两者相差较小;东部、中部、西部地区居民对政府公共信息公开的满意度均值依次为 2.870,2.842 和 2.930,西部地区略高于东部和中部地区。

从被调查者选择 5 个不同层次的政府公共信息公开满意度所占比例来看,居民选择非常满意、比较满意、一般满意、不太满意、非常不满意的占全部样本的比例依次为 4.4%,21.7%,46.1%,21.6% 和 6.2%(如表 6-4 所示)。全部样本的满意度所占比例为 72.2%,不满意度所占比例为 27.8%。可见,居民选择政府公共信息公开满意度所占的比例相对较高。

(五)政府效能满意度

问卷调查统计结果显示(见表 6-3),被调查者对目前政府效能的满意度均值为 2.778,表明居民对政府效能满意度一般。其中:城镇居民和农村居民对政府效能满意度均值依次为 2.770 和 2.789,两者相差较小;东部、中部、西部地区居民对政府效能满意度均值依次为 2.875,2.856 和 2.828,三大地区相差较小。

从被调查者选择 5 个不同层次的政府效能满意度所占比例来看,居民选择非常满意、比较满意、一般满意、不太满意、非常不满意的占全部样本的比例依次为 4.4%,20.6%,47.5%,22.3%,5.2%(如表 6-4 所示)。全部样本的满意度所占比例为 72.5%,不满意度所占比例为 27.5%。可见,居民选择政府效能满意度所占比例相对较高。

(六)劳动者权益保护满意度

问卷调查统计结果显示(见表 6-3),被调查者对目前劳动者权益保护的满意度均值为 2.910,表明居民对劳动者权益保护满意度一般。其中:城镇居民和农村居民对劳动者权益保护的满意度均值依次为 2.898 和 2.929,两者相差较小;东部、中部、西部地区居民劳动者权益保护满意度均值依次为 2.927,2.866 和 2.921,东部、西部地区满意度略高于中部地区。

从被调查者选择 5 个不同层次的劳动者权益保护满意度所占比例来看,居民选择非常满意、比较满意、一般满意、不太满意、非常不满意的占全部样本的比例依次为 4.0%,21.3%,50.9%,19.1% 和 4.7%(如表 6-4 所示)。全部样本的满意度所占比例为 76.2%,不满意度所占比例为 23.8%。可见,居民选择劳动者权益保护满意度所占比例较高。

四、结果公平满意度问卷调查分析

问卷调查统计结果显示(见表6-3),被调查者对目前结果公平的满意度均值为2.817,表明居民对结果公平满意度一般。其中:城镇居民和农村居民结果公平满意度均值依次为2.715和2.968,可见农村居民满意度高于城镇居民;东部、中部、西部地区居民结果公平满意度均值依次为2.801,2.721和2.767,东部、西部地区满意度略高于中部地区。

从被调查者选择5个不同层次的结果公平满意度所占比例来看,居民选择非常满意、比较满意、一般满意、不太满意、非常不满意的占全部样本的比例依次为2.1%,19.6%,47.8%,24.6%,5.9%(见图6-5)。全部样本的满意度所占比例为69.5%,不满意度所占比例为30.5%。可见,居民选择结果公平满意度所占比例相对不高。

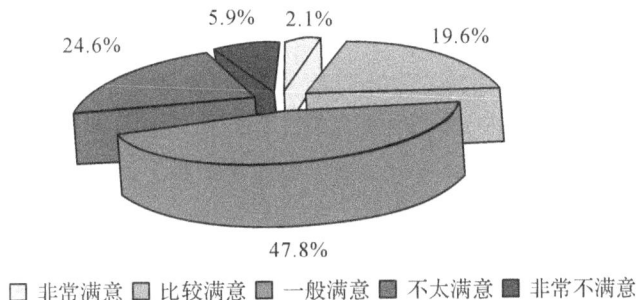

图 6-5 被调查者选择五个不同层次的结果公平满意度所占比例

(一)收入与付出相比满意度

问卷调查统计结果显示(见表6-3),被调查者对目前收入与付出相比的满意度均值为2.712,表明居民对收入与付出相比满意度一般。其中,城镇居民和农村居民对收入与付出相比满意度均值依次为2.630和2.835,可见农村满意度高于城镇居民;东部、中部、西部地区居民对收入与付出相比的满意度均值依次为2.760,2.614和2.645,东部地区满意度高丁中部和西部地区。

从被调查者选择5个不同层次的收入与付出相比满意度所占比例来看,居民选择非常满意、比较满意、一般满意、不太满意、非常不满意的占全部样本的比例依次为1.7%,17.0%,48.3%,26.1%和6.9%(如表6-4所示)。全部样本的满意度所占比例为67.0%,不满意度所占比例为33.0%。可见,居民选择收入与付出相比满意度所占比例相对不高。

(二)收入与过去5年相比满意度

问卷调查统计结果显示(见表6-3),被调查者对目前收入与过去5年相比的满意度均值为 3.019,表明居民对收入与过去 5 年相比比较满意。其中,城镇居民和农村居民对收入与过去 5 年相比的满意度均值依次为 2.938 和 3.139,农村居民满意度高于城镇居民;东部、中部、西部地区居民对收入与过去 5 年相比的满意度均值依次为 2.870、2.834 和 2.943,西部地区满意度略高于中东部地区。

从被调查者选择 5 个不同层次的收入与过去 5 年相比满意度所占比例来看,居民选择非常满意、比较满意、一般满意、不太满意、非常不满意的占全部样本的比例依次为 2.7%、24.3%、45.5%、21.7% 和 5.8%(如表 6-4 所示)。全部样本的满意度所占比例为 72.5%,不满意度所占比例为 27.5%。可见,居民选择收入与过去 5 年相比满意度所占比例相对较高。

(三)收入与同职业人员收入相比满意度

问卷调查统计结果显示(见表 6-3),被调查者对目前收入与同职业人员收入相比的满意度均值为 2.816,表明居民对收入与同职业人员收入相比满意度一般。其中:城镇居民和农村居民对收入与同职业人员收入相比满意度均值依次为 2.686 和 3.010,可见农村居民处于比较满意状态,城镇居民处于一般满意状态;东部、中部、西部地区居民对收入与同职业人员收入相比的满意度均值依次为 2.827、2.794 和 2.798,东部地区略高于中部和西部地区。

从被调查者选择 5 个不同层次的收入与同职业人员收入相比满意度所占比例来看,居民选择非常满意、比较满意、一般满意、不太满意、非常不满意的占全部样本的比例依次为 2.0%、19.5%、50.7%、23.4%、4.4%(如表 6-4 所示)。全部样本的满意度所占比例为 72.2%,不满意度所占比例为 27.8%。可见,居民选择收入与同职业人员收入相比满意度所占比例相对较高。

(四)收入与其他职业人员收入相比满意度

问卷调查统计结果显示(见表 6-3),被调查者对目前收入与其他职业人员收入相比的满意度均值为 2.720,表明居民对收入与其他职业人员收入相比满意度一般。其中:城镇居民和农村居民对收入与其他职业人员收入相比的满意度均值依次为 2.606 和 2.889,可见农村居民满意度高于城镇居民;东部、中部、西部地区居民对收入与其他职业人员收入相比满意度均值依次为 2.748、2.643 和 2.683,东部地区高于中部和西部地区。

从被调查者选择 5 个不同层次的收入与其他职业人员收入相比满意度所占比例来看,居民选择非常满意、比较满意、一般满意、不太满意、非常不满意的占全部样本的比例依次为 2.0%、17.3%、46.9%、27.1% 和 6.7%(如表 6-4 所示)。全部样本的满意度所占比例为 66.2%,不满意度所占比例为 33.8%。可见,居民选择收入与其他职业人员收入相比满意度所占比例相对不高。

第四节　再分配公平满意度问卷调查分析[①]

再分配公平满意度主要包括税负公平满意度、社会保障公平满意度与转移支付公平满意度。

一、居民对现阶段再分配公平满意度的基本判断

问卷调查统计结果显示(见表6-5),被调查者再分配公平满意度均值为2.818,这意味着居民对再分配公平满意度一般。其中:城镇居民和农村居民再分配公平满意度均值依次为2.810和2.827,城镇居民满意度略低于农村居民;东部、中部、西部地区居民再分配公平满意度均值依次为2.861,2.905和2.896,东部地区略低于中部和西部地区。

表 6-5　再分配公平满意度问卷调查统计结果之一

再分配公平满意度	全部样本	城镇居民	农村居民	东部	中部	西部
基本判断	2.818	2.810	2.827	2.861	2.905	2.896
1.税负公平满意度	2.647	2.584	2.690	2.711	2.762	2.773
各种税费负担满意度	2.600	2.525	2.650	2.650	2.721	2.740
个人税负满意度	2.619	2.549	2.666	2.700	2.745	2.783
投资税负满意度	2.723	2.678	2.754	2.783	2.820	2.796
2.社会保障公平满意度	2.849	2.882	2.800	2.911	2.952	2.915
社会保险满意度	2.933	2.970	2.877	2.960	3.001	3.000
社会救助、社会优抚、社会福利满意度	2.862	2.910	2.790	2.914	2.972	2.928
帮扶弱势群体状况满意度	2.752	2.766	2.732	2.858	2.883	2.817
3.转移支付公平满意度	2.791	2.795	2.786	2.883	2.859	2.882
最低生活保障线下人均转移支付满意度	2.756	2.750	2.764	2.859	2.861	2.906
个人转移支付满意度	2.866	2.882	2.842	2.942	2.911	2.953
企业转移支付满意度	2.753	2.754	2.751	2.847	2.806	2.787

注:其中5表示非常满意,4表示比较满意,3表示一般满意,2表示不太满意,1表示非常不满意。

[①]　孙敬水,程芳芳,2017.初次分配公平与再分配公平满意度研究——基于浙江省11个地区958份居民家庭问卷调查分析[J].江西财经大学学报(2):11-23.

从被调查者选择 5 个不同层次的再分配公平满意度所占比例来看,居民选择非常满意、比较满意、一般满意、不太满意、非常不满意的占全部样本的比例依次为 4.4%,20.5%,53.9%,17.4%和3.8%(见图 6-6)。全部样本的满意度所占比例为 78.8%,不满意度所占比例为 21.2%。可见,居民选择再分配公平满意度所占比例较高。

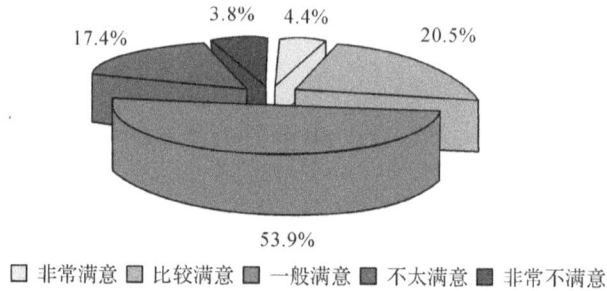

图 6-6　被调查者选择五个不同层次的再分配公平满意度所占比例

二、税负公平满意度问卷调查分析

问卷调查统计结果显示(见表 6-5),被调查者对目前税负公平的满意度均值为 2.647,表明居民对税负公平满意度一般。其中:城镇居民和农村居民对税负公平满意度均值依次为 2.584 和 2.690,可见城镇居民满意度低于农村居民;东部、中部、西部地区居民税负公平满意度均值依次为 2.711,2.762 和 2.773,三大地区相差较小。

从被调查者选择 5 个不同层次的税负公平满意度所占比例来看,居民选择非常满意、比较满意、一般满意、不太满意、非常不满意的占全部样本的比例依次为 3.5%,16.5%,54.4%,20.8%和4.8%(见图 6-7)。全部样本的满意度所占比例为 74.4%,不满意度所占比例为 25.6%。可见,居民选择税负公平满意度所占比例相对较高。

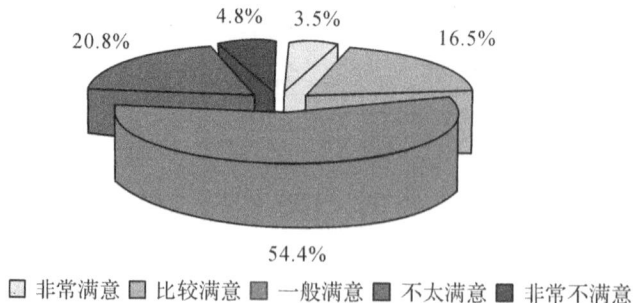

图 6-7　被调查者选择 5 个不同层次的税负公平满意度所占比例

(一)各种税费负担满意度

问卷调查统计结果显示(见表6-5),被调查者对目前各种税费负担的满意度均值为2.600,表明居民对各种税费负担满意度一般。其中:城镇居民和农村居民各种税费负担满意度均值依次为2.525和2.650,可见城镇居民对各种税费负担的满意度略低于农村居民;东部、中部、西部地区居民对各种税费负担的满意度均值依次为2.650,2.721和2.740,东部地区略低于中部和西部地区。

从被调查者选择5个不同层次的各种税费负担满意度所占比例来看,居民选择非常满意、比较满意、一般满意、不太满意、非常不满意的占全部样本的比例依次为3.4%,15.9%,51.9%,23.0%,5.8%(见表6-6)。全部样本的满意度所占比例为71.2%,不满意度所占比例为28.8%。可见,居民选择各种税费负担满意度所占比例相对较高。

表6-6　再分配公平满意度问卷调查统计结果之二

您对目前收入分配公平相关问题的满意度		全国		城镇居民		农村居民	
		样本数	占比(%)	样本数	占比(%)	样本数	占比(%)
再分配公平满意度	非常满意	137	4.4	79	4.3	59	4.7
	比较满意	638	20.5	376	20.2	262	21.0
	一般满意	1676	53.9	1004	53.9	672	53.9
	不太满意	541	17.4	330	17.7	210	16.8
	非常不满意	117	3.8	72	3.9	45	3.6
1.税负公平满意度	非常满意	110	3.5	66	3.6	44	3.5
	比较满意	514	16.5	309	16.6	205	16.4
	一般满意	1690	54.4	984	52.9	706	56.6
	不太满意	646	20.8	410	22.0	236	18.9
	非常不满意	149	4.8	92	4.9	57	4.6
各种税费负担满意度	非常满意	105	3.4	63	3.4	42	3.4
	比较满意	494	15.9	298	16.0	196	15.7
	一般满意	1613	51.9	940	50.5	673	53.9
	不太满意	715	23.0	453	24.3	262	21.0
	非常不满意	182	5.8	107	5.8	75	6.0

您对目前收入分配公平相关问题的满意度		全国		城镇居民		农村居民	
		样本数	占比（%）	样本数	占比（%）	样本数	占比（%）
个人税负满意度	非常满意	114	3.7	70	3.8	44	3.5
	比较满意	503	16.2	305	16.4	198	15.9
	一般满意	1678	54.0	964	51.8	714	57.2
	不太满意	649	20.8	414	22.2	235	18.8
	非常不满意	165	5.3	108	5.8	57	4.6
投资税负满意度	非常满意	110	3.5	65	3.5	45	3.6
	比较满意	544	17.5	322	17.3	222	17.8
	一般满意	1779	57.2	1048	56.3	731	58.6
	不太满意	575	18.5	364	19.6	211	16.9
	非常不满意	101	3.3	62	3.3	39	3.1
2.社会保障公平满意度	非常满意	171	5.5	97	5.2	75	6.0
	比较满意	792	25.5	453	24.3	339	27.2
	一般满意	1507	48.5	923	49.6	584	46.8
	不太满意	528	17.0	319	17.2	208	16.7
	非常不满意	111	3.5	69	3.7	42	3.3
社会保险满意度	非常满意	196	6.3	113	6.1	83	6.7
	比较满意	881	28.3	503	27.0	378	30.3
	一般满意	1412	45.4	860	46.2	552	44.2
	不太满意	514	16.5	312	16.8	202	16.2
	非常不满意	106	3.5	73	3.9	33	2.6
社会救助、社会优抚、社会福利满意度	非常满意	175	5.6	94	5.1	81	6.5
	比较满意	788	25.4	442	23.8	346	27.7
	一般满意	1534	49.3	942	50.6	592	47.4
	不太满意	501	16.1	317	17.0	184	14.8
	非常不满意	111	3.6	66	3.5	45	3.6
帮扶弱势群体状况满意度	非常满意	143	4.6	83	4.4	60	4.8
	比较满意	708	22.8	415	22.3	293	23.5
	一般满意	1574	50.6	967	52.0	607	48.6
	不太满意	569	18.3	329	17.7	240	19.2
	非常不满意	115	3.7	67	3.6	48	3.9

您对目前收入分配公平相关问题的满意度		全国		城镇居民		农村居民	
		样本数	占比（％）	样本数	占比（％）	样本数	占比（％）
3.转移支付公平满意度	非常满意	128	4.1	72	3.9	57	4.5
	比较满意	609	19.6	366	19.7	243	19.5
	一般满意	1832	58.9	1106	59.4	725	58.1
	不太满意	448	14.4	261	14.0	187	15.0
	非常不满意	92	3.0	56	3.0	36	2.9
最低生活保障线下人均转移支付满意度	非常满意	138	4.4	80	4.3	58	4.6
	比较满意	653	21.0	392	21.1	261	20.9
	一般满意	1685	54.2	1019	54.8	666	53.4
	不太满意	534	17.2	314	16.8	220	17.6
	非常不满意	99	3.2	56	3.0	43	3.5
个人转移支付满意度	非常满意	134	4.3	73	3.9	61	4.9
	比较满意	648	20.9	389	20.9	259	20.7
	一般满意	1898	61.0	1155	62.1	743	59.5
	不太满意	355	11.4	197	10.6	158	12.7
	非常不满意	74	2.4	47	2.5	27	2.2
企业转移支付满意度	非常满意	113	3.6	61	3.3	52	4.2
	比较满意	526	16.9	318	17.1	209	16.7
	一般满意	1912	61.5	1144	61.5	767	61.5
	不太满意	456	14.7	273	14.6	183	14.7
	非常不满意	102	3.3	65	3.5	37	2.9

（二）个人税负满意度

问卷调查统计结果显示（见表6-5），被调查者对目前个人税负的满意度均值为2.619，表明居民对个人税负满意度一般。其中：城镇居民和农村居民个人税负的满意度均值依次为2.549和2.666，可见城镇居民满意度低于农村居民；东部、中部、西部地区居民对个人税负的满意度均值依次为2.700,2.745和2.783，西部地区略高于东部和中部地区。

从被调查者选择5个不同层次的个人税负满意度所占比例来看，居民选择非常满意、比较满意、一般满意、不太满意、非常不满意的占全部样本的比例依次为3.7％,16.2％,54.0％,20.8％和5.3％（见表6-6）。全部样本的满意度所占比例为 73.9％,不满意度所占比例为 26.1％。可见,居民选择个人税负满意度所占比例相对较高。

(三)投资税负满意度

问卷调查统计结果显示(见表 6-5),被调查者对目前投资税负的满意度均值为 2.723,表明居民对投资税负满意度一般。其中,城镇居民和农村居民投资税负的满意度均值依次为 2.678 和 2.754,可见城镇居民投资税负满意度低于农村居民;东部、中部、西部地区居民对投资税负的满意度均值依次为 2.783,2.820 和 2.796,中部地区略高于东部和西部地区。

从被调查者选择 5 个不同层次的投资税负满意度所占比例来看,居民选择非常满意、比较满意、一般满意、不太满意、非常不满意的占全部样本的比例依次为 3.5％,17.5％,57.2％,18.5％和 3.3％(见表 6-6)。全部样本的满意度所占比例为 78.2％,不满意度所占比例为 21.8％。可见,居民选择投资税负满意度所占比例较高。

三、社会保障公平满意度问卷调查分析

问卷调查统计结果显示(见表 6-5),被调查者对目前社会保障公平的满意度均值为 2.849,表明居民对社会保障公平满意度一般。其中,城镇居民和农村居民对社会保障公平满意度均值依次为 2.882 和 2.800,可见城镇居民对社会保障公平的满意度略高于农村居民;东部、中部、西部地区居民对社会保障公平的满意度均值依次为 2.911,2.952 和 2.915,三者相差不大。

从被调查者选择 5 个不同层次的社会保障公平满意度所占比例来看,居民选择非常满意、比较满意、一般满意、不太满意、非常不满意的占全部样本的比例依次为 5.5％,25.5％,48.5％,17.0％和 3.5％(见图 6-8)。全部样本的满意度所占比例为 79.5％,不满意度所占比例为 20.5％。可见,居民选择社会保障公平满意度所占比例相对较高。

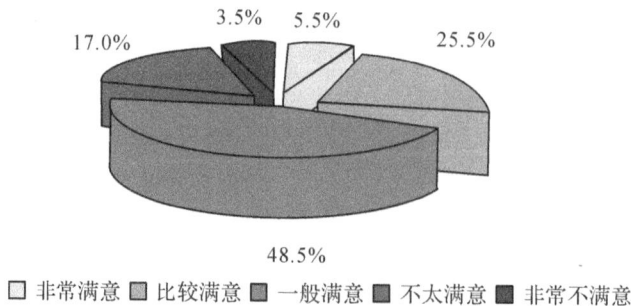

图 6-8 被调查者选择 5 个不同层次的社会保障公平满意度所占比例

（一）社会保险满意度

问卷调查统计结果显示（见表 6-5），被调查者对目前社会保险的满意度均值为 2.933，表明居民对社会保险满意度一般。其中，城镇居民和农村居民对社会保险的满意度均值依次为 2.970 和 2.877，可见城镇居民社会保险满意度略高于农村居民。东部、中部、西部地区居民社会保险满意度均值依次为 2.960，3.001 和 3.000，东部、中部和西部地区相差较小。

从被调查者选择 5 个不同层次的社会保险满意度所占比例来看，居民选择非常满意、比较满意、一般满意、不太满意、非常不满意的占全部样本的比例依次为 6.3％，28.3％，45.4％，16.5％和 3.5％（见表 6-6）。全部样本的满意度所占比例为 80.0％，不满意度所占比例为 20.0％。可见，居民选择社会保险满意度所占比例较高。

（二）社会救助、社会优抚、社会福利满意度

问卷调查统计结果显示（见表 6-5），被调查者对目前社会救助、社会优抚、社会福利的满意度均值为 2.862，表明居民对社会救助、社会优抚、社会福利满意度一般。其中：城镇居民和农村居民对社会救助、社会优抚、社会福利的满意度均值依次为 2.910 和 2.790，可见城镇居民对社会救助、社会优抚、社会福利的满意度高于农村居民；东部、中部、西部地区居民对社会救助、社会优抚、社会福利的满意度均值依次为 2.914，2.972 和 2.928，东部、中部和西部地区满意度相差较小。

从被调查者选择 5 个不同层次的社会救助、社会优抚、社会福利满意度所占比例来看，居民选择非常满意、比较满意、一般满意、不太满意、非常不满意的占全部样本的比例依次为 5.6％，25.4％，49.3％，16.1％和 3.6％（见表 6-6）。全部样本的满意度所占比例为 80.3％，不满意度所占比例为 19.7％。可见，居民选择社会救助、社会优抚、社会福利满意度所占比例较高。

（三）帮扶弱势群体状况满意度

问卷调查统计结果显示（见表 6-5），被调查者对目前帮扶弱势群体状况的满意度均值为 2.752，表明居民对帮扶弱势群体状况满意度一般。其中：城镇居民和农村居民对帮扶弱势群体状况的满意度均值依次为 2.766 和 2.732，可见城镇居民帮扶弱势群体状况满意度略高于农村居民；东部、中部、西部地区居民对帮扶弱势群体状况的满意度均值依次为 2.858，2.883 和 2.817，东部、中部和西部地区相差较小。

从被调查者选择 5 个不同层次的帮扶弱势群体状况满意度所占比例来看，居民选择非常满意、比较满意、一般满意、不太满意、非常不满意的占全部样本的比例依次为 4.6％，22.8％，50.6％，18.3％和 3.7％（见表 6-6）。全部样本的满意度

所占比例为78.0%,不满意度所占比例为22.0%。可见,居民选择帮扶弱势群体状况满意度所占比例较高。

四、转移支付公平满意度问卷调查分析

问卷调查统计结果显示(见表6-5),被调查者对目前转移支付公平的满意度均值为2.791,表明居民对转移支付公平满意度一般。其中:城镇居民和农村居民对转移支付公平的满意度均值依次为2.795和2.786,可见城镇居民转移支付公平满意度略高于农村居民;东部、中部、西部地区居民转移支付公平满意度均值依次为2.883,2.859和2.882,东部地区略高于中部和西部地区。

从被调查者选择5个不同层次的转移支付公平满意度所占比例看,居民选择非常满意、比较满意、一般满意、不太满意、非常不满意的占全部样本的比例依次为4.1%,19.6%,58.9%,14.4%,3.0%(见图6-9)。全部样本的满意度所占比例为82.6%,不满意度所占比例为17.4%。可见,居民选择转移支付公平满意度所占比例较高。

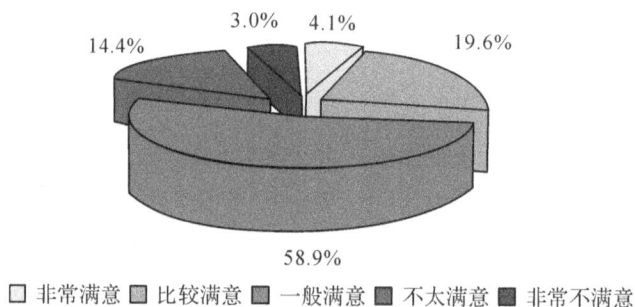

图 6-9　被调查者选择 5 个不同层次的转移支付公平满意度所占比例

(一)最低生活保障线下人均转移支付满意度

问卷调查统计结果显示(见表6-5),被调查者对目前最低生活保障线下人均转移支付的满意度均值为2.756,表明居民对最低生活保障线下人均转移支付满意度一般。其中:城镇居民和农村居民对最低生活保障线下人均转移支付的满意度均值依次为2.750和2.764,两者相差较小。东部、中部、西部地区居民对最低生活保障线下人均转移支付的满意度均值依次为2.859,2.861和2.906,西部地区略高于东部和中部地区。

从被调查者选择5个不同层次的最低生活保障线下人均转移支付满意度所占比例来看,居民选择非常满意、比较满意、一般满意、不太满意、非常不满意的占全部样本的比例依次为4.4%,21.0%,54.2%,17.2%和3.2%(见表6-6)。全部样本的满意度所占比例为79.6%,不满意度所占比例为20.4%。可见,居民选择

最低生活保障线下人均转移支付满意度所占比例较高。

(二)个人转移支付满意度

问卷调查统计结果显示(见表6-5),被调查者对目前个人转移支付的满意度均值为2.866,表明居民对个人转移支付满意度一般。其中:城镇居民和农村居民对个人转移支付的满意度均值依次为2.882和2.842,可见城镇居民个人转移支付满意度略高于农村居民;东部、中部、西部地区居民对个人转移支付的满意度均值依次为2.942,2.911和2.953,西部地区略高于东部和中部地区。

从被调查者选择5个不同层次的个人转移支付满意度所占比例来看,居民选择非常满意、比较满意、一般满意、不太满意、非常不满意的占全部样本的比例依次为4.3%,20.9%,61.0%,11.4%和2.4%(见表6-6)。全部样本的满意度所占比例为86.2%,不满意度所占比例为13.8%。可见,居民选择个人转移支付满意度所占比例较高。

(三)企业转移支付满意度

问卷调查统计结果显示(见表6-5),被调查者对目前企业转移支付的满意度均值为2.753,表明居民对企业转移支付满意度一般。其中:城镇居民和农村居民对企业转移支付的满意度均值依次为2.754和2.751,两者相差较小;东部、中部、西部地区居民对企业转移支付的满意度均值依次为2.847,2.806和2.787,东部地区略高于中部和西部地区。

从被调查者选择5个不同层次的企业转移支付满意度所占比例来看,居民选择非常满意、比较满意、一般满意、不太满意、非常不满意的占全部样本的比例依次为3.6%,16.9%,61.5%,14.7%和3.3%(见表6-6)。全部样本的满意度所占比例为82.0%,不满意度所占比例为18.0%。可见,居民选择企业转移支付满意度所占比例较高。

第五节　本章小结

本章基于我国28个省份的3109份居民家庭问卷调查数据,对现阶段居民收入分配公平满意度(初次分配公平满意度、再分配公平满意度)的相关问题进行问卷调查,得到以下研究结论。

结论一:居民对现阶段收入分配公平满意度相对较高,其中城镇居民、男性居民、汉族居民的收入分配公平满意度分别略低于农村居民、女性居民和少数民族居民;居民的健康状况越好、职称和职务等级越高、收入等级越高,其收入分配公平满意度越高;居民的再分配公平满意度大于初次分配公平满意度。研究结果显示,居民收入分配公平满意度均值为2.777,其中城镇居民、农村居民收入分配公平满意度均值依次为2.746和2.804,这意味着居民对收入分配公平满意度一般,且城镇居民满意度略低于农村居民。居民选择收入分配公平满意度(非常满意、比较满意、一般满意列为满意)所占比例为74.9%,可见居民选择收入分配公平满意度所占比例相对较高。研究结果还显示,居民选择初次分配公平满意度和再分配公平满意度所占比例依次为71.0%和78.8%,可见,居民选择再分配公平满意度所占比例大于初次分配公平满意度所占比例。

其中,男性居民、汉族居民收入分配公平满意度分别略低于女性居民和少数民族居民。具有小学及以下文化程度的居民,其收入分配公平满意度最低;具有大学文化程度的居民,其收入分配公平满意度最高;对于不同层次的文化程度的居民,城镇居民与农村居民的收入分配公平满意度存在一定差异。居民的健康状况越好,其收入分配公平满意度越高。身份为党派成员的居民,其收入分配公平满意度高于非党派成员。居民的职称和职务等级越高,其收入分配公平满意度越高。体制内(党政机关、事业单位、国有企业)的居民,其收入分配公平满意度高于体制外的居民。居民的职业等级越高,其收入分配公平满意度越高。居民的收入等级越高,其收入分配公平满意度越高。

东部地区居民收入分配公平满意度高于中部地区,中部地区居民收入分配公平满意度高于西部地区。三大地区城镇居民与农村居民的收入分配公平满意度存在一定差异,东部与中部地区城镇居民收入分配公平满意度高于西部地区,东部与西部地区农村居民收入分配公平满意度高于中部地区。

结论二:居民对现阶段初次分配公平满意度相对较高。其中,城镇居民的初次分配公平满意度低于农村居民;居民对过程公平的满意度相对较高,对起点公平的满意度和结果公平的满意度相对较低。研究结果显示,居民初次分配公平满意度均值为2.780。其中,城镇居民、农村居民初次分配公平满意度均值依次为2.735和2.848,这意味着居民对初次分配公平满意度一般,城镇居民初次分配公平满意度低于农村居民。居民选择初次分配公平满意度所占比例为71.0%,可见居民初次分配公平满意度相对较高;东部地区初次分配公平满意度高于西部地区,西部地区初次分配公平满意度略高于中部地区。从初次分配公平满意度的三个层次看,居民选择起点公平满意度、过程公平满意度、结果公平满意度所占比例依次为70.3%,73.1%和69.5%。可见,居民对过程公平的满意度相对较高,对起点公平满意度和结果公平满意度相对较低。

在起点公平满意度的5个评价指标中,居民选择教育满意度、就业满意度、公共医疗卫生满意度、公共基础设施满意度、公共自然资源公平满意度所占比例依次为 66.0％,66.4％,70.8％,73.2％和 74.9％。可见,居民对公共自然资源公平的满意度相对较高,对公共基础设施公平的满意度次之,公共医疗卫生公平满意度居中,教育公平满意度和就业公平满意度相对较低。在起点公平满意度的 5 个评价指标中:东部地区相对较高,中、西部地区相对较低;城镇居民与农村居民存在一定差异。

在过程公平的 6 个评价指标中,居民选择市场竞争环境满意度、工资集体协商制度满意度、公职人员廉洁满意度、政府公共信息公开满意度、政府效能满意度、劳动者权益保护满意度所占比例依次为 74.9％,76.2％,66.7％,72.2％,72.5％和 76.2％。可见,居民对工资集体协商制度的满意度和劳动者权益保护的满意度相对较高,对市场竞争环境的满意度、政府公共信息公开的满意度和政府效能的满意度次之,对公职人员廉洁的满意度较低。在过程公平满意度的 6 个评价指标中,城镇居民与农村居民,东部、中部与西部三大地区之间存在一定差异。

在结果公平的 4 个评价指标中,居民选择收入与付出相比满意度、收入与过去 5 年相比满意度、收入与同职业人员收入相比满意度和收入与其他职业人员收入相比满意度所占比例依次为 67.0％,72.5％,72.2％和 66.2％。可见,居民对收入与过去 5 年相比的满意度、收入与同职业人员收入相比满意度相对较高,对收入与付出相比的满意度、收入与其他职业人员收入相比满意度较低。在结果公平满意度的 4 个评价指标中,农村居民高于城镇居民,东部地区高于中部和西部地区。

对于起点公平满意度,城镇居民略低于农村居民,东部地区略高于中部,中部地区略高于西部;对于过程公平满意度,城镇居民与农村居民相差较小,东部、西部地区略高于中部地区;对于结果公平满意度,农村居民高于城镇居民,东部、西部地区略高于中部地区。

结论三:居民对现阶段再分配公平满意度较高。其中:城镇居民的再分配公平满意度略低于农村居民;居民对社会保障公平满意度和转移支付公平满意度相对较高,对税负公平满意度相对较低。研究结果显示,居民再分配公平满意度均值为 2.818,其中城镇居民、农村居民再分配公平满意度均值依次为 2.810 和 2.827,这意味着居民对再分配公平满意度一般,城镇居民再分配公平满意度略低于农村居民。居民选择再分配公平满意度所占比例为 78.8％,可见居民对现阶段再分配公平的满意度较高。东部地区再分配公平满意度略低于中部和西部地区。从再分配公平满意度的 3 个层次看,居民选择税负公平满意度、社会保障公平满意度、转移支付公平满意度所占比例依次为 74.4％,79.5％和 82.6％。可见,居民对社会保障公平满意度和转移支付公平满意度相对较高,对税负公平满意度相对较低。

在税负公平满意度的3个评价指标中,居民选择各种税费负担满意度、个人税负满意度、投资税负满意度所占比例依次为71.2%,73.9%和78.2%。可见,居民对投资税负的满意度相对较高,对个人税负的满意度次之,对各种税费负担的满意度相对较低。在税负公平满意度的3个评价指标中,农村居民均高于城镇居民,东部地区略低于中部和西部地区。

在社会保障公平满意度的3个评价指标中,居民选择社会保险满意度,社会救助、社会优抚、社会福利满意度,帮扶弱势群体状况满意度所占比例依次为80.0%,80.3%和78.0%。可见,居民社会救助、社会优抚、社会福利满意度,社会保险的满意度较高,对帮扶弱势群体状况满意度相对较低。在社会保障公平满意度的3个评价指标中,城镇居民高于农村居民,东部、中部与西部地区相差较小。

在转移支付公平满意度的3个评价指标中,居民选择最低生活保障线下人均转移支付满意度、个人转移支付满意度、企业转移支付满意度所占比例依次为79.6%,86.2%和82.0%。可见,居民对个人转移支付的满意度较高,对企业转移支付的满意度次之,对最低生活保障线下人均转移支付满意度较低。在转移支付公平满意度的3个评价指标中,城镇居民高于农村居民,东部、中部和西部地区存在一定差异。

对于税负公平满意度,城镇居民低于农村居民,东部地区低于中部和西部地区;对于社会保障公平满意度,城镇居民略高于农村居民,西部和中部地区高于东部地区;对于转移支付公平满意度,城镇居民略高于农村居民,东部地区略高于中部和西部地区。

本章提出研究假设,构建 Ordered Logit 模型,基于 3109 份问卷调查数据,对起点公平、过程公平、结果公平与初次分配公平满意度之间的关系进行多元选择模型分析;对税负公平、社会保障公平、转移支付公平与再分配公平满意度之间的关系进行多元选择模型分析;基于人力资本、物质资本、政治资本和社会资本的微观视角,对资本异质性与收入分配公平满意度之间的关系进行实证研究;基于户籍流动、收入流动、教育流动、职业流动与职务流动的微观视角,对社会流动与居民收入分配公平满意度之间的关系进行实证研究,得出了具有启发意义的研究结论。

第一节 初次分配公平满意度的决定因素分析[①]

一、文献回顾与研究假设

在整个国民收入分配体系中,初次分配是基础。初次分配是否公平是直接关系国计民生的大事,因此历来受到学者和政界的高度重视。初次分配公平是个人所得与个人对国民生产总值所做的贡献相符。[②] 初次分配公平反映的是经济主体在参与经济活动中权利与义务、作用与地位、付出与所得、贡献与收益之间的平

[①] 孙敬水,吴娉娉,2019.初次分配公平满意度研究——基于起点公平、过程公平、结果公平的微观证据[J].浙江大学学报:人文社会科学版,49(4):88-104.

[②] 简·丁伯根,1991.生产、收入与福利[M].何宝玉,刘铧,译.北京:经济出版社:117-118.

等关系。初次分配公平包括起点公平、过程公平与结果公平 3 个层次。[1][2] 初次分配是否公平,总是相对于某一尺度而言的。衡量分配公平的尺度有科学尺度、经验尺度等。科学尺度主要是基尼系数,其作为衡量收入分配公平的尺度有较大的实用性和一定的可操作性,但也有明显的缺陷。经验尺度,即通过民意测验、民意调查,看民众满意不满意、满意程度如何,以此来判断分配公平与否与分配公平的程度。满意度越高越公平,满意度越低越不公平。[3] 事实上,一个国家的收入分配政策并非完全基于收入分配的客观状况,而是更多地基于经济活动中个体对收入分配的主观评价[4],即分配公平满意度(或分配公平感)。分配公平满意度是人们对收入分配状况或社会资源分配状况是否公平的主观判断与评价。[5][6] 有的学者研究表明,起点公平、过程公平与结果公平对分配公平满意度有显著的正向影响。[7]

(一)起点公平与收入分配公平满意度

起点公平是指社会成员在参与经济活动的过程中,依法享有平等的权利(如生存权、受教育权、就业与择业权、选举权与被选举权等),享有平等的机会(如参与机会、发展机会与共享机会),即权利公平和机会公平。在社会现实状况下,由于人们的禀赋不同、所依存的社会条件不同、所处地区的自然条件也存在差别,起点存在差异是社会的常态。大家都在同一个起跑线上,它排除了先天差异,是一种起点公平。比如,每一个公民都可以平等地依法享有受教育、就业和自主择业的权利和机会,不因性别、年龄、民族、地区、文化、经济能力及家庭背景的不同而受到歧视。一些学者认为,收入分配状况是否公平的判断标准并不在于结果均

① 刘承礼,2008.近三十年来西方文献关于公平与效率研究的基本观点述要[J].政治经济学评论(1):101-118.

② 孙敬水,赵倩倩,2017.中国收入分配公平测度研究——基于东中西部地区面板数据的比较分析[J].财经论丛(2):18-27.

③ 杜帮云,2013.分配公平论[M].北京:人民出版社:45-48.

④ GUILLERMO C,RICARDO P,MARTIN T,2013. Biased perceptions of income distribution and preferences for redistribution:evidence from a survey experiment [J]. Journal of Public Economics(98):100-112.

⑤ JASSO G,WEGENER B,1997. Methods for empirical justice analysis:part 1. framework,models,and quantities[J]. Social Justice Research,10(4):393-430.

⑥ 孙计领,2016.收入不平等、分配公平感与幸福[J].经济学家(1):42-49.

⑦ 孙敬水,程芳芳,2016.起点公平、过程公平、结果公平与分配公平满意度[J].经济理论与经济管理(10):25-41.

等,而在于机会均等。①②③ 有的研究结果表明,当人们分配社会公共资源面临机会不公平时,则会降低人们的分配公平感。④ 教育对机会公平有独特的影响,为人们提供了社会经济地位向上流动的基本动力。⑤⑥ 研究发现,个体受教育程度越高,则收入满意度越高。⑦⑧ Golley et al. 研究发现,户籍因素对教育不平等中的机会不平等的影响程度最大。⑨ 个体对分配不平等的归因认知也是影响初次分配公平满意度的重要因素。如果个体的收入主要取决于关系、家境、环境、条件等外在因素,则个体认可收入分配是不公平的,而如果个体的收入主要取决于个人的学识、能力、业绩、努力程度等内在因素,则个体认可收入分配是公平的。⑩⑪⑫⑬⑭ 陈晓东等的研究表明,机会不平等对社会公平感有显著的负向影响,而努力不平等对社会公平感的影响不显著。⑮ 孙敬水等的研究结果表明,基础教育、公共医疗卫生、公共基础设施评价满意程度对收入分配公平满意度有显著的正向影响。⑯ 一般而言,如果人们在参与经济活动的过程中,享有平等的参与机会、发展机会、共享机会,享有平等的权利(即机会公平和权利公平),则认为初次

① DWORKIN R,1981a. What is equality. part 1:equality of welfare[J]. Philosophy and Public Affairs,10(3):185-246.

② DWORKIN R,1981b. What is equality. part 2:equality of resources[J]. Philosophy and Public Affairs,10(4):283-345.

③ ARNESON R,1989. Equality and equal opportunity of welfare[J]. Philosophical Studies,56(1):77-93.

④ EISENKOPF G,FISCHBACHER U,FöLLMI-HEUSI F,2013. Unequal opportunities and distributive justice[J]. Journal of Economic Behavior & Organization(93):51-61.

⑤ DEUTSCH M,1985. Distributive justice:a social-psychological perspective[M]. New Haven and London:Yale University Press:208.

⑥ ROEMER J E,1998. Equality of opportunity[M]. Cambridge:Harvard University Press. :54.

⑦ KAPTEYN A,SMITH J P,VAN SOEST A,2013. Are Americans really less happy with their incomes? [J]. Review of Income and Wealth,59(1):44-65.

⑧ 张学敏,张明,2016.教育能带来满意的收入吗——受教育程度影响收入满意度的实证研究[J]. 教育与经济(1):3-10.

⑨ GOLLEY J,KONG S T,2016. Inequality of opportunity in China's educational outcomes[J]. China Economic Review(51):116-128.

⑩ FONG C,2001. Social preferences,self-interest,and the demand for redistribution[J]. Journal of Public Economics,82(2):225-246.

⑪ COMEO G,GRUNER H P,2002. Individual preferences for political redistribution[J]. Journal of Public Economics,83(1):83-107.

⑫ ALESINA A, ANGELETOS G,2005. Fairness and redistribution[J]. The American Economic Review,95(4):960-980.

⑬ WU X,2009. Income inequality and distributive justice:a comparative analysis of mainland China and Hong Kong[J]. The China Quarterly(200):1033-1052.

⑭ CHOI J W,2013. Public perceptions of income inequality and popular distributive justice sentiments in Korea[J]. International Journal of Applied Sociology,3(3):42-58.

⑮ 陈晓东,张卫东,2017.机会不平等如何作用于社会公平感——基于 CGSS 数据的实证分析[J]. 华中科技大学学报:社会科学版,31(2):34-44.

⑯ 孙敬水,林晓炜,2016.城镇居民分配公平满意度影响因素实证研究[J].浙江社会科学(9):133-143.

分配状况是公平的,否则是不公平的。考虑到我国劳动力市场存在一定程度的性别歧视、户籍歧视,而现有相关研究在探讨起点公平与初次分配公平满意度关系时,没有涉及起点公平与户籍、性别、地区的交互作用。为此提出如下假设:

假设1:起点公平(权利公平、机会公平)及其与户籍、地区、性别的交互作用对初次分配公平满意度有显著的影响。

(二)过程公平与分配公平满意度

人们在判断资源分配是否公平时不仅要考虑分配结果,而且要考虑分配过程。[1] 过程公平(规则公平或程序公平)是指所有社会成员参与经济活动的规则、过程必须公平。[2] 过程公平会影响人们的分配公平感。Holcombe 认为,公平的结果是由公平的程序产生的,没有任何理论可以在不检验程序公平性的基础上得出公平结果。[3] 阿马蒂亚·森认为,农民之所以贫困,其根源并不在于农民贫困本身,而在于权利贫困。[4] 研究发现,利用手中的权利(或权力)对收入分配进行干预、权钱交易、官员腐败等现象是影响人们分配不公平感的主要原因。[5] 我国在改革中因权利(或权力)利用不当导致的分配不公增强了居民的分配不公平感。[6] 公正启发理论认为,过程公平会影响到人们对结果公平的判断。[7] Wang et al. 的实证研究发现,过程公平对收入满意度有显著的正向影响,且过程公平通过对结果公平的影响来间接影响收入满意度。[8] Arunima et al. 指出,公平是一种主观上的情感认知,如果个体在社会经济活动过程中受到不公平的对待,则会引发其负面情绪和反应,进而影响对结果公正的满意度。[9] 孙敬水等的研究结果表明,人们对取缔非法非正常收入、市场竞争环境、公职人员廉洁的满意程度对收入分配公平满意度有显著的正向影响[10]。一般而言,在参与经济活动的过程中,如

① WEGENER B, 2000. Political culture and post-comnunist transition: a social justice approach: introdution[J]. Social Justice Research, 13(2): 75-82.

② 权衡, 2017. 收入分配经济学[M]. 上海: 上海人民出版社: 38-39.

③ HOLCOMBE R G, 1983. Applied fairness theory: comment[J]. The American Economic Review, 73(5): 1153-1156.

④ 阿马蒂亚·森, 2017. 贫困与饥荒[M]. 王宇, 王文玉, 译. 北京: 商务印书馆: 182-196.

⑤ 李春玲, 2005. 各阶层的社会不公平感比较分析[J]. 中国党政干部论坛(9): 13-15.

⑥ 文雯, 2017. 收入分配认知与收入分配的二维评价[J]. 经济学家(2): 76-83.

⑦ LIND E A, 2001. Fairness heuristic theory: justice judgments as pivotal cognitions in organizational relations [M]//GREENBERG J, CROPANZANO R. Advances in Organization Justice. Stanford, California: Stanford University Press: 56-88.

⑧ WANG L, XU S, ZHANG Y, et al. 2014. Is process as important as outcome? empirical evidence from the Chinese context[J]. Frontiers of Business Research in China, 8(4): 529-549.

⑨ ARUNIMA S, POOJA P, 2016. Performance appraisal fairness & its outcomes: a study of Indian banks[J]. The Indian Journal of Industrial Relations, 51(4): 660-674.

⑩ 孙敬水, 林晓炜, 2016. 分配公平与经济效率问题研究进展[J]. 经济问题(1): 30-37.

果各个经济主体能够按照公开、公正、公认的规则进行平等竞争,则认为初次分配状况是公平合理的,否则是不公平的。现有相关研究很少涉及对腐败现象可容忍程度、劳动者权益保护与工资集体协商制度满意度对初次分配公平满意度的影响,没有涉及过程公平与地区、性别的交互作用。为此提出如下假设:

假设 2:过程公平(规则公平或程序公平)及其与地区、性别的交互作用对初次分配公平满意度有显著的影响。

(三)结果公平与分配公平满意度

结果公平是指生产成果在分配上的均等,收入差距合理,强调社会成员之间所拥有的收入份额的相对关系。[①] 收入是人们生活的物质基础,也是个人地位、身份的象征,关系到个人的自尊。多数学者研究发现,收入对收入满意度产生重要影响,人们从收入分配中获益越多,越认为当前的收入分配状况是公平的,反之则是不公平的。[②③④] Schneider et al. 的研究结果表明,人们的收入分配公平感随着收入等级的变化而变化,处于不同的收入等级的人们,其分配公平感有明显的区别。[⑤] 当然,收入满意度不仅取决于自己的收入水平,还取决于与他人收入的相对地位。与过去相比的收入增加,即个人收入的增长,能够提高满意度。[⑥⑦] Proto et al. 的研究表明,随着收入的增加,人们的边际收入满意度会不断缩小。[⑧] Bishop et al. 的研究结果表明,个人的实际收入、对前景的预期对分配公平满意度有重要影响。[⑨] 孙敬水等研究发现,居民的绝对收入水平与相对收入水平越高,

① 权衡,2017.收入分配经济学[M].上海:上海人民出版社:38-39.

② SCHYNS P,2001. Income and satisfaction in Russia[J]. Journal of Happiness Studies,2(2):173-204.

③ NG S H,ALLEN M W,2005. Perception of economic distributive justice:exploring leading theories [J]. Social Behavior and Personality,33(5):435-454.

④ TREMBLAY M, VANDENBERGHE C, DOUCET O, 2013. Relationships between leader-contingent and non-contingent reward and punishment behaviors and subordinates' perceptions of justice and satisfaction, and evaluation of the moderating influence of trust propensity, pay level, and role ambiguity [J]. Journal of Business and Psychology,28(2): 233-249.

⑤ SCHNEIDER S,SHAMON H,2015. How others' earnings influence our justice perceptions. studying the effects of income distribution and social position on reflexive justice evaluations among German employee [R/OL]. SFB 882 Working Paper Series, No. 44, https://pub. uni-bielefeld. de/publication/2768330.

⑥ CLARK A E,FRIJTERS P,SHIELDS M A,2008. Relative income, happiness, and utility:an explanation for the Easterlin paradox and other puzzles[J]. Journal of Economic Literature,46(1):95-144.

⑦ SCHYNS P, 2002. Wealth of nations individual income and life satisfaction in 42 countries:a multilevel approach[J]. Social Indicators Research,60(1-3):5-40.

⑧ PROTO E, RUSTICHINI A, 2015. Life satisfaction, income and personality [J]. Journal of Economic Psychology(48):17-32.

⑨ BISHOP J A,LIU H,QU Z,2014. Individual perceptions of distributional fairness in China[J]. Comparative Economic Studies,56(1):25-41.

其收入分配公平满意度越高。[1] 一般而言，人们在生产成果分配上，如果获得了正当的利益，付出与所得相符、贡献与收益相称，则认为初次分配状况是公平的，否则是不公平的。现有相关研究很少涉及收入与付出相比满意度、物价上涨的可承受程度、同工不同酬的认可程度对初次分配公平满意度的影响，没有涉及结果公平与户籍、性别、收入等级的交互作用。为此提出如下假设：

假设3：结果公平及其与户籍、性别、收入等级的交互作用对初次分配公平满意度有显著的影响。

另外，个体的基本特征(如性别、健康状况、年龄、民族等)对初次分配公平满意度也会产生一定的影响。研究表明，男性居民、城镇居民、汉族居民的收入分配公平满意度依次低于女性居民、农村居民、少数民族居民[2][3]，个人年龄与收入分配公平满意度之间呈现倒"U"形关系[4]，家庭规模与收入满意度呈负相关关系[5]。有些研究结果表明，受教育程度对人们的主观幸福感或满意度有显著的正向影响[6][7][8]，个体的受教育年限越长，其收入分配公平感就越强，而有些学者得出了相反的研究结论[9][10]。为此提出如下假设：

假设4：个体基本特征对初次分配公平满意度有显著的影响。

与现有研究相比，本研究的主要贡献如下：第一，理论界很少涉及初次分配公平满意度的研究，且对分配公平满意度影响因素的探讨往往局限于结果公平及其对公平的认知，很少涉及起点公平、过程公平与初次分配公平满意度之间的关系。考虑到我国城乡之间、地区之间在起点公平和过程公平方面存在较大差异，本节构建了包含起点公平、过程公平和结果公平的评价指标体系，较为系统地探讨了起点公平、过程公平和结果公平对初次分配公平满意度的影响，得出了具有启发意义的研究结论，这是对现有相关研究的补充与完善。第二，理论界在探讨起点

---

① 孙敬水，林晓炜，2016.分配公平与经济效率问题研究进展[J].经济问题(1)：30-37.

② KEAVENY T J, INDERRIEDEN E J, 2000. Gender differences in pay satisfaction and pay expectations[J]. Journal of Managerial Issues,12(3):363-379.

③ 方学梅，2017.不平等归因、社会比较对社会公平感的影响[J].华东理工大学学报：社会科学版(2)：72-90.

④ DEATON A,2008. Income, health, and well-being around the world: evidence from the Gallup World Poll[J]. The Journal of Economic Perspectives,22(2):53-72.

⑤ FERRER-I-CARBONELL A, VAN PRAAG B M S, 2003. Income satisfaction inequality and its causes[J]. Journal of Economic Inequality,1(2):107-127.

⑥ CHEN W C,2012. How education enhances happiness: comparison of mediating factors in four east asian countries[J]. Social Indicators Research,106(1):117-131.

⑦ PEROVIC L M,2010. Life satisfaction in Croatia[J]. Croatian Economic Survey,12(1):45-81.

⑧ BOTHA F,2014. Life satisfaction and education in South Africa: investigating the role of attainment and the likelihood of education as a positional good[J]. Social Indicators Research,118(2):555-578.

⑨ 李颖晖，2015.教育程度与分配公平感：结构地位与相对剥夺视角下的双重考察[J].社会(1)：143-160.

⑩ 倪青山，罗楚亮，谢维怡，2015.公正观念与分配公正[J].湖南大学学报：社会科学版(1)：47-55.

公平与初次分配公平满意度的关系时,没有涉及起点公平与户籍、性别、地区的交互作用。本节从受到过歧视、外在因素对个人收入的重要性、内在因素对个人收入的重要性、就业公平满意度、基础教育公平满意度、公共医疗卫生公平满意度、公共基础设施公平满意度等 7 个方面设计起点公平的评价指标,探讨起点公平及其与户籍、性别、地区的交互项对初次分配公平满意度的影响,这在现有相关研究中是很少见的。第三,理论界在探讨过程公平与分配公平满意度的关系时,主要分析受到过工作单位或地方政府不公正对待、公职人员廉洁满意度、政府公共信息公开满意度对分配公平满意度的影响,没有涉及过程公平与地区、性别的交互作用。本节在此基础上增加了对腐败现象可容忍程度、工资集体协商制度满意度、劳动者权益保护满意度等评价指标,探讨了过程公平及其与地区、性别的交互项对初次分配公平满意度的影响,这在现有相关研究中是很少涉及的。第四,本节在探讨结果公平对初次分配公平满意度的影响时,除了考虑绝对收入与相对收入等指标外,还增加了收入与付出相比满意度、物价上涨的可承受程度、同工不同酬的认可程度、拉开收入差距有利于调动人们努力工作积极性等评价指标,探讨了结果公平及其与户籍、性别、收入等级的交互项对初次分配公平满意度的影响,这在现有相关研究中也是没有涉及的。

二、研究设计

(一)数据说明

由于初次分配公平满意度涉及较多主观评价指标,而这些主观评价指标不能直接从统计年鉴和官方网站上获得,本章采用问卷调查的方法获得个体微观数据。2017 年 7 月至 12 月,国家社会科学基金项目"收入分配公平的评价体系与预警机制研究"课题组通过问卷调查方法在全国范围实施了"收入分配公平满意度调查"。本次问卷的调查对象为城镇家庭与农村家庭的主要成员,调查范围涉及除新疆、西藏、青海以外的东部、中部、西部 28 个省份。此次调查抽样是分层实施的,即将全国分成东部、中部和西部三大地区,以省份为初级抽样单位,以直辖市、省会城市和地级市所辖区、县为二级抽样单位,以街道和乡镇为三级抽样单位,以居民委员会和村民委员会为四级抽样单位。课题组共发放问卷 6000 份,回收问卷 5056 份,去掉信息不全或数据异常的样本,最终得到有效样本 3109 份(其中东部、中部、西部有效样本数依次为 1891 份、983 份、235 份)。虽然西部地区样本占比较小,但其样本容量(为 235 份)属于大样本,大样本一般不会影响到统计研究结果。经过整理后的样本数据满足抽样分布条件,具有一定的可靠性。在调查初次分配公平满意度时,笔者采用多数学者常用的方法①,即请被调查者根据自己的实际感受,在描述序列(如非常不满意、不太满意、一般满意、比较满意、非常满意依次取1,2,3,4,5)中直接选择一个数字,来表示自己对初次分配公平满意度的高低。

(二)变量描述

本部分模型中的被解释变量为初次分配公平满意度(用符号 satis 表示),涉及主观判断与评价问题,用1—5的数字来表示满意程度,数值越大,满意度越高。解释变量主要有2类:一是影响初次分配公平满意度的核心变量,二是个体基本特征变量。

1.起点公平的评价指标。起点公平是指社会成员在参与经济活动的过程中,竞争的起点、机会、权利的平等,享有平等的权利、平等的参与机会、平等的发展机会和平等的共享机会。机会公平意味着一切能使个体自主活动能力得到充分发挥并由此取得成就与回报的机会。权利公平意味着法律赋予的权利(生存权、受教育权、就业权、选举权与被选举权等),公民都可以平等地享有,即大家都在同一条起跑线上。机会公平涉及2个主观评价指标:一是外在因素对个人收入的重要性;二是内在因素对个人收入的重要性。Roemer 在机会公平理论中将不公平的产生原因分为2类:一类是个人无法控制的外在因素,即"环境"造成的不公平;另一类是内在因素,即个人的努力因素造成的不公平。② 如果一个人的收入更多是由出生地点、父母的社会经济地位、社会关系等个体无法控制的外在因素决定的,而不是个体努力奋斗的结果,则人们认为初次收入分配是不公平的,此时分配公平满意度较低。在个体努力相同的情况下,其分配结果与其外在因素无关,这就是机会公平。权利公平涉及5个评价指标:一是受到过歧视。如果在日常生活(如就业、医疗、教育等)中,个体因性别、年龄、民族、地区、家庭背景等方面受到过歧视,不能与他人享受同等待遇,这就是权利不公平。如果个体受到过歧视,则显然不会认可当前的收入分配公平状况。二是基础教育公平满意度、就业公平满意度、公共医疗卫生公平满意度、公共基础设施公平满意度等4个涉及社会公共资源的分配是否公平的主观评价指标。社会公共资源是收入分配中最基本的公平对象,在社会成员之间发挥着同一"起跑线"的重要作用。只有社会公共资源的分配公平合理,才能保证社会成员拥有平等的发展机会和平等的共享机会。一个权利公平、机会公平的社会应当是权利和社会公共资源的分配优先于竞争的社会。因此,本节将"基

---

① KAPTEYN A, SMITH J P, VAN SOEST A, 2013. Are Americans really less happy with their incomes? [J]. Review of Income and Wealth, 59(1):44-65.

② ROEMER J E, 1998. Equality of opportunity[M]. Cambridge: Harvard University Press:25.

础教育""就业""公共医疗卫生"和"公共基础设施"公平纳入起点公平的范围。如果被调查者没有受到过歧视,认为内在因素对个体收入比较重要,对基础教育、就业、公共医疗卫生、公共基础设施的公平满意度较高,其收入分配公平满意度较高,则表明起点公平是影响居民初次分配公平满意度的一个重要因素,否则相反。

2.过程公平的评价指标。过程公平(规则公平)是指社会成员在参与经济活动的过程中,能够按照公开、公正、公认的规则平等竞争。过程公平意味着经济主体不论是个体、企业还是政府,在规则面前一视同仁,没有任何组织和个人可以凌驾其上,不存在任何"潜规则"和"特权"。如果每个社会成员都遵守同样的规则,那么分配结果不平等就是由个人能力、努力不同造成的,人们会认为这个分配结果是公平的。为此,过程公平涉及如下 9 个主观评价指标,即受到过工作单位不公正对待①、受到过地方政府不公正对待②、对腐败现象可容忍程度、自己的参政议政能力、市场竞争环境满意度、工资集体协商制度满意度、公职人员廉洁满意度、政府公共信息公开满意度、劳动者权益保护满意度等。如果没有受到过工作单位或地方政府的不公正对待,对腐败现象可容忍程度较高,自己的参政议政能力较强,对市场竞争环境、工资集体协商制度、公职人员廉洁、政府公共信息公开、劳动者权益保护满意度较高,其初次分配公平满意度上升,则说明过程公平是影响居民初次分配公平满意度的一个重要因素,否则相反。

3.结果公平的评价指标。结果公平是指社会成员在生产成果的分配上,付出与所得相符、贡献与收益相称。对于微观个体的收入分配而言,分配结果的公平包括自我公平、内部公平与外部公平。其中:自我公平意指个人根据自己的付出与所得是否公平进行的评判;内部公平指个人在将自身的付出和所得与工作单位内部同职业人员相比较时,是否为多劳多得、高风险高收益;外部公平强调的是个人与其他从事同样工作的人进行收入对比时,是否得到了与其相近的薪酬。③ 为此,结果公平涉及如下八个评价指标,即个人每月税后收入、收入等级④、收入与付出相比满意度、收入与过去 5 年相比满意度、收入与同职业人员收入相比满意度、物价上涨的可承受程度⑤、同工不同酬的认可程度、拉开收入差距有利于调动人们努力工作的积极性等。如果被调查者认为拉开收入差距有利于调动人们努

---

① "受到过工作单位不公正对待"主要指在工作单位,意见建议不受重视、个人权益受到过侵害等。

② "受到过地方政府不公正对待"主要指居民在房产纠纷、土地征用、拆迁、国企改制等方面没有得到地方政府的保护,其权益受到过不公正对待。

③ 权衡,2017.收入分配经济学[M].上海:上海人民出版社:38-39.

④ 主要考察不同"收入等级"的居民对收入分配公平状况的判断是否存在显著差异。

⑤ "物价上涨"对收入分配结果有重要的影响。如果名义收入上升的幅度低于物价上涨的幅度,则居民的实际收入是下降的,其分配公平满意度会下降。反之则相反。设计该指标主要考察"物价上涨"对收入分配结果是否存在显著影响。

力工作的积极性,对物价上涨的可承受程度、同工不同酬的认可程度较高,对收入与付出相比满意度、收入与过去五年相比满意度、收入与同职业人员收入相比满意度较高,其初次分配公平满意度上升,则表明结果公平也是影响居民初次分配公平满意度的一个重要因素,否则相反。

个体基本特征等其他非核心变量选取性别、民族、年龄、健康状况、受教育年限、户籍、地区、生活压力、对同事与朋友的信任程度等指标进行评价。模型中各变量的符号、含义及样本均值如表 7-1 所示。

表 7-1　模型中的变量、符号及含义

变量	符号	含义	样本均值
初次分配公平满意度	satis	见注①	3.389 51
1.个体特征变量			
（1）性别[a]（虚拟变量）	male	男性 male＝1,否则取 0	0.581 22
（2）民族[b]（虚拟变量）	han	汉族 han＝1,否则取 0	0.977 16
（3）年龄	age		41.615 63
（4）家庭人口	pop		3.734 00
（5）家庭劳动力	lab		2.257 961
（6）健康状况	heal	见注②	3.845 61
（7）受教育年限	edu		12.9511
（8）工作年限	expe		18.708 27
（9）户籍	city	城市户口 city＝1,否则取 0	0.598 59
2.起点公平（权利公平、机会公平）			
（1）受到过歧视（虚拟变量）	disc	是 disc＝1,否取 0	0.204 25
（2）外在因素对个人收入的重要性	efact	见注③	3.823 42
（3）内在因素对个人收入的重要性	ifact	见注③	4.015 76
（4）基础教育公平满意度	satis1	见注①	2.865 55
（5）就业公平满意度	satis2	见注①	2.815 38
（6）公共医疗卫生公平满意度	satis3	见注①	2.947 25
（7）公共基础设施公平满意度	satis4	见注①	3.002 25
3.过程公平（规则公平）			
（1）受到过工作单位不公正对待（虚拟变量）	edis	是 edis＝1,否取 0	0.254 42
（2）受到过地方政府不公正对待（虚拟变量）	gdis	是 gdis＝1,否取 0	0.202 32

续　表

变量	符号	含义	样本均值
（3）对腐败现象可容忍程度	corru	见注④	2.044 39
（4）自己的参政议政能力	ppol	见注⑤	2.710 20
（5）市场竞争环境满意度	satis6	见注①	2.937 28
（6）工资集体协商制度满意度	satis7	见注①	2.960 12
（7）公职人员廉洁满意度	satis8	见注①	2.814 73
（8）政府公共信息公开满意度	satis9	见注①	2.965 58
（9）劳动者权益保护满意度	satis11	见注①	3.007 72
4.结果公平			
（1）绝对收入：个人每月税后收入	ln(income)	收入取对数	8.221 88
（2）收入等级c：高收入（虚拟变量）	hincome	高收入 hincome＝1，否则取 0	0.199 74
低收入（虚拟变量）	lincome	低收入 lincome＝1，否则取 0	0.199 74
（3）收入与付出相比满意度	incp	见注①	2.805 08
（4）收入与过去五年相比满意度	rinc1	见注①	2.963 98
（5）收入与同职业人员收入相比满意度	rinc2	见注①	2.914 44
（6）物价上涨的可承受程度	price	见注⑥	2.495 98
（7）同工不同酬的认可程度	epay	见注⑦	2.477 97
（8）拉开收入差距有利于调动人们努力工作的积极性	gap	见注⑧	3.074 30
5.其他解释变量			
（1）地区d：东部地区（虚拟变量）	reg2	东部地区 reg2＝1，否则取 0	0.608 23
中部地区（虚拟变量）	reg1	中部地区 reg1＝1，否则取 0	0.316 18
（2）生活压力	pres	见注⑨	3.290 13
（3）对同事与朋友的信任程度	trust	见注⑩	3.619 17

参照基准：a 女性；b 少数民族；c 中等收入（参照国家统计局对收入五等份分组法，低收入户、中等偏下收入户、中等收入户、中等偏上收入户、高收入户各占 20%，本节将收入从小到大排序，收入最高的 20% 为高收入，收入最低的 20% 为低收入，其余的为中等收入）；d 西部。

注：①非常不满意、不太满意、一般满意、比较满意、非常满意依次取 1，2，3，4，5。②健康状况：很差、较差、一般、较好、很好时 heal 依次取 1，2，3，4，5。③取值 1，2，3，4，5；1 表示非常不重要，5 表示非常重要。④取值 1，2，3，4，5；1 表示完全不容忍，5 表示完全容忍。⑤取值 1，2，3，4，5；1 表示完全无能力，5 表示完全有能力。⑥取值 1，2，3，4，5；1 表示完全不承受，5 表示完全可承受。⑦取值 1，2，3，4，5；1 表示完全不认可，5 表示完全认可。⑧取值 1，2，3，4，5；1 表示非常不同意，5 表示非常同意。⑨取值 1，2，3，4，5；1 表示完全无压力，5 表示压力很大。⑩取值 1，2，3，4，5；1 表示完全不信任，5 表示完全信任。

(三)计量模型

由于本节讨论的主要变量(即初次分配公平满意度)是有序离散选择变量,可以采用多元有序选择模型[1],对起点公平、过程公平、结果公平与初次分配公平满意度进行实证研究。本节构建的 Ordered Logit 模型[2]如下:

$$\text{satis}^* = \boldsymbol{x}'\boldsymbol{B} + \varepsilon \tag{7-1}$$

其中,$\boldsymbol{x}$ 为行向量($\boldsymbol{x}'$ 为 $\boldsymbol{x}$ 的转置列向量),$\boldsymbol{B}$ 为参数列向量。ε 为独立同分布(Logit 分布)的随机变量,设其分布函数为 $F(\cdot)$。satis^* 为初次分配公平满意度(satis)的潜在变量,satis 与 satis^* 满足下列关系:

$$\text{satis} = \begin{cases} 1 & \text{satis}^* \leqslant c_1 \\ 2 & c_1 < \text{satis}^* \leqslant c_2 \\ \cdots \\ m & c_{m-1} < \text{satis}^* \end{cases} \tag{7-2}$$

其中,$c_1, c_2, \cdots, c_{m-1}$ 为 $m-1$ 个未知的临界值分界点,满足 $c_1 < c_2 < \cdots < c_{m-1}$(本文 $m=5$),待估参数为 $\{c_1, c_2, \cdots, c_{m-1}, \boldsymbol{B}\}$。

如果 ε 的概率分布函数为 $F(\cdot)$,则可以得到如下的概率:

$$\begin{cases} P(\text{satis}=1) = F(c_1 - \boldsymbol{x}'\boldsymbol{B}) \\ P(\text{satis}=2) = F(c_2 - \boldsymbol{x}'\boldsymbol{B}) - F(c_1 - \boldsymbol{x}'\boldsymbol{B}) \\ \cdots \\ P(\text{satis}=m) = 1 - F(c_{m-1} - \boldsymbol{x}'\boldsymbol{B}) \end{cases} \tag{7-3}$$

定义 $c_0 = -\infty, c_m = +\infty$,则上式可以统一表示为:

$$P(\text{satis}=j) = F(c_j - \boldsymbol{x}'\boldsymbol{B}) - F(c_{j-1} - \boldsymbol{x}'\boldsymbol{B})(j=1,2,\cdots,m) \tag{7-4}$$

定义 z_{ij}:当 satis $=j$ 时,则 $z_{ij}=1$,否则 $z_{ij}=0$,$i=1,2,\cdots,N$,N 为样本容量,则式(7-4)可以表示为:

$$P(\text{satis}) = \prod_{j=1}^{m} [F(c_j - \boldsymbol{x}'\boldsymbol{B}) - F(c_{j-1} - \boldsymbol{x}'\boldsymbol{B})]^{z_{ij}} (i=1,2,\cdots,N) \tag{7-5}$$

上述 Ordered Logit 模型即式(7-5)的对数似然函数为:

$$\ln L = \sum_{i=1}^{N} \sum_{j=1}^{m} z_{ij} \ln[F(c_j - \boldsymbol{x}'\boldsymbol{B}) - F(c_{j-1} - \boldsymbol{x}'\boldsymbol{B})] \tag{7-6}$$

对于 Ordered Logit 模型,其参数估计方法为极大似然估计法。令对数似然函数的一阶导数为 0,即:

[1] ALESINA A, DI TELLA R, MACCULLOCH R, 2004. Inequality and happiness: are Europeans and Americans different? [J]. Journal of Public Economics, 88(9/10): 2009-2042.

[2] 李雪松, 2008. 高级计量经济学[M]. 北京: 中国科学出版社: 194-198.

$$\begin{cases} \dfrac{\partial \ln L}{\partial \boldsymbol{B}} = 0 & (7\text{-}7) \\[2mm] \dfrac{\partial \ln L}{\partial c_j} = 0 & (7\text{-}8) \end{cases}$$

利用迭代法可以得到式(7-7)、式(7-8)中参数 $\boldsymbol{B}$ 和 c_j 的估计值。

根据研究假设和变量描述,$\boldsymbol{x}'\boldsymbol{B}$ 有如下形式:

$$\boldsymbol{x}'\boldsymbol{B} = \beta_0 + \sum \beta_i \text{startingpoint}_i + \sum \beta_j \text{rule}_j + \sum \beta_k \text{outcome}_k$$
$$+ \sum \beta_l \text{interaction}_l + \sum \beta_m \text{individual}_m \qquad (7\text{-}9)$$

其中,β 为回归参数,startingpoint,rule 和 outcome 依次表示起点公平、过程公平、结果公平变量,interaction 为变量间交互项,individual 为个体基本特征变量等,各变量含义如表 7-1 所示。

三、计量结果

对于 Ordered Logit 模型,借助 EViews9.0 软件,应用极大似然估计法,得到表 7-2 至表 7-5 的回归结果。模型 1 为基本模型,模型 2-1 至模型 2-12 为起点公平及其交互项与初次分配公平满意度的回归结果,模型 3-1 至模型 3-11 为过程公平及其交互项与初次分配公平满意度的回归结果,模型 4-1 至模型 4-7 为结果公平及其交互项与初次分配公平满意度的回归结果,模型 5-1 和模型 5-2 为其他解释变量与初次分配公平满意度的回归结果。回归结果表明,LR statistic 统计量较大,对应的显著性水平较高,Ordered Logit 模型显著成立。

(一)个体基本特征与初次分配公平满意度

表 7-2 中的模型 1 反映了性别、民族、年龄、家庭人口、家庭劳动力、健康状况、受教育年限、工作年限等个体基本特征对初次分配公平满意度的影响。回归结果显示:男性初次分配公平满意度显著低于女性,汉族居民初次分配公平满意度低于少数民族但不显著;居民年龄与初次分配公平满意度呈倒"U"形关系但不太显著;家庭人口数量对初次分配公平满意度有负向影响但不显著;在 1%—10% 的显著性水平上,家庭劳动力数量、工作经验、居民的健康状况对初次分配公平满意度有显著的正向影响,说明家庭劳动力越多、工作经验越丰富、居民的健康状况越好,其初次分配公平满意度越高。居民受教育年限对初次分配公平满意度有正向影响但不显著;居民的绝对收入水平对初次分配公平满意度有显著的正向影响,说明居民的绝对收入水平越高,其初次分配公平满意度越高。东部地区与中部地区居民对初次分配公平满意度有正向影响但不显著。上述结论部分支持了假设 4。

表 7-2 初次分配公平满意度模型估计结果之一

解释变量	模型 1（基本模型）	模型 2-1（起点公平：受到歧视）	模型 2-2（起点公平：外在因素对个人收入的重要性）	模型 2-3（起点公平：内在因素对个人收入的重要性）	模型 2-4（起点公平：基础教育公平满意度）	模型 2-5（起点公平：基础教育公平满意度）	模型 2-6（起点公平：就业公平满意度）	模型 2-7（起点公平：就业公平满意度）
male	−0.183 16**	−0.204 14***	−0.184 41*	−0.178 27**	−0.157 81*	−0.158 85**	−0.074 27	−0.069 90
han	−0.064 81	−0.048 79	−0.033 16	−0.101 12	−0.147 51	−0.144 13	−0.047 51	−0.043 49
age	0.070 96*	0.065 73*	0.069 55*	0.068 75*	0.051 14	0.049 97	0.030 75	0.028 66
age^2	−0.000 53	−0.000 48	−0.000 52	−0.000 50	−0.000 23	−0.000 21	−0.000 14	−0.000 11
pop	−0.050 27	−0.032 98	−0.051 01	−0.050 80	−0.016 27	−0.017 28	−0.051 72	−0.053 76
lab	0.107 15*	0.095 48	0.105 10*	0.115 28*	0.045 39	0.042 70	0.048 07	0.045 31
heal	0.338 77***	0.302 07***	0.344 52***	0.317 25***	0.301 18***	0.301 14***	0.231 46***	0.229 93***
edu	0.018 79	0.023 44*	0.018 66	0.018 32	0.007 90	0.007 66	0.014 89	0.014 31
expe	0.016 39*	0.017 31*	0.015 78	0.017 69*	0.020 51*	0.020 44*	0.006 64	0.006 46
ln(income)	0.280 80**	0.261 10**	0.276 45**	0.289 14**	0.170 25	0.169 37	0.136 35	0.146 81
disc		−0.811 88***						
efact			−0.136 94***					
ifact				0.202 73***				
satis1					1.509 49***	1.391 89***		
satis1×city					0.002 25			
satis1×reg2						0.118 45		

续 表

解释变量	模型1（基本模型）	模型2-1（起点公平：受到过歧视）	模型2-2（起点公平：外在因素对个人收入的重要性）	模型2-3（起点公平：内在因素对个人收入的重要性）	模型2-4（起点公平：基础教育公平满意度）	模型2-5（起点公平：基础教育公平满意度）	模型2-6（起点公平：就业公平满意度）	模型2-7（起点公平：就业公平满意度）
satis1×reg1						0.138 49		
satis2							1.861 66***	1.775 19***
satis2×city							0.007 17	
satis2×reg2								0.022 47
satis2×reg1								0.227 90
reg2	0.019 75	0.048 07	0.011 57	0.009 37	0.238 75	0.571 36	0.264 64*	0.314 37
reg1	0.166 01	0.168 63	0.180 72	0.155 95	0.264 50*	0.652 66	0.337 99**	0.970 31*
LR statistic	111.0956***	182.9298***	126.2679***	141.7208***	1186.369***	1187.069***	1359.363***	1364.045***

注：上标***、**、*分别表示回归系数在1%、5%和10%的水平上显著。

(二)起点公平与初次分配公平满意度

表 7-2、表 7-3 中的模型 2-1 至模型 2-12 反映了起点公平的 7 个指标及其交互项对初次分配公平满意度的影响。模型 2-1、模型 2-2 的回归结果显示：受到过歧视、外在因素对个人收入的重要性对初次分配公平满意度有显著的负向影响。说明：受到过歧视的居民，其初次分配公平满意度显著低于没有受到过歧视的居民；外在因素对个人收入的重要性越大，则居民的初次分配公平满意度越低。模型 2-3 的回归结果显示：内在因素对个人收入的重要性对初次分配公平满意度有显著的正向影响，这说明内在因素对个人收入的重要性越大，则居民的初次分配公平满意度越高。当人们越倾向于将所获成就归因于个人能力、努力程度等内因时，越认为初次分配是公平的；反之，当人们认为个体所获成就主要依靠运气、环境、体制等外因时，越认为初次分配是不公平的。

模型 2-4、模型 2-5 的回归结果显示：基础教育公平满意度越高，则居民的初次分配公平满意度越高。基础教育公平满意度与户籍、与地区的交互项对初次分配公平满意度有正向影响但不显著。模型 2-6、模型 2-7、模型 2-8 的回归结果显示：就业公平满意度对初次分配公平满意度有显著的正向影响，表明就业公平满意度越高，其初次分配公平满意度越高。就业公平满意度与户籍、地区的交互项对初次分配公平满意度有正向影响但不显著；就业公平满意度与性别的交互项对初次分配公平满意度有显著的正向影响，表明相对于女性居民而言，就业公平满意度越高，男性居民初次分配公平满意度越高。这可能与劳动力市场存在性别歧视有关。表 7-3 中的模型 2-9、模型 2-10 的回归结果显示：公共医疗卫生公平满意度对初次分配公平满意度有显著的正向影响，表明公共医疗卫生公平满意度越高，则居民的初次分配公平满意度越高。公共医疗卫生公平满意度与户籍、东部地区的交互项对初次分配公平满意度有正向影响但不显著；公共医疗卫生公平满意度与中部地区的交互项对初次分配公平满意度有显著的正向影响，说明相对于西部地区居民而言，公共医疗卫生公平满意度越高，中部地区居民的初次分配公平满意度越高。表 7-3 中的模型 2-11、模型 2-12 的回归结果显示：公共基础设施公平满意度对初次分配公平满意度有显著的正向影响，说明公共基础设施公平满意度越高，则居民的初次分配公平满意度越高；公共基础设施公平满意度与户籍、地区的交互项对初次分配公平满意度有正向影响但不显著。

以上研究结果表明，受到过歧视、外在因素对个人收入的重要性对初次分配公平满意度有显著的负向影响，内在因素对个人收入的重要性对初次分配公平满意度有显著的正向影响；基础教育、就业、公共医疗卫生和公共基础设施公平满意度越高，其初次分配公平满意度越高。这一研究结论与假设 1 基本相符。

表 7-3　初次分配公平满意度模型估计结果之二

解释变量	模型 2-8（起点公平：就业公平满意度）	模型 2-9（起点公平：公共医疗卫生公平满意度）	模型 2-10（起点公平：公共医疗卫生公平满意度）	模型 2-11（起点公平：公共基础设施公平满意度）	模型 2-12（起点公平：公共基础设施公平满意度）	模型 3-1（过程公平：受到过工作单位不公正对待）	模型 3-2（过程公平：受到过政府不公正对待）	模型 3-3（过程公平：对腐败现象可容忍程度）
male	−0.505 57*	−0.164 29**	−0.152 88*	−0.221 16***	−0.223 49***	−0.199 65***	−0.218 04***	−0.178 81**
han	−0.044 62	−0.545 22**	−0.514 07*	−0.071 34	−0.068 33	−0.095 74	−0.126 32	−0.071 05
age	0.031 79	0.077 50*	0.076 54*	0.071 88*	0.071 24*	0.070 50**	0.068 27*	0.072 01
age^2	−0.000 55	−0.000 76	−0.000 74	−0.000 57	−0.000 56	−0.000 52	−0.000 53	−0.000 54*
pop	−0.052 36	−0.006 65	−0.003 53	−0.012 32	−0.007 45	−0.049 32	−0.023 17	−0.048 51
lab	0.041 45	0.093 30	0.093 98	0.033 56	0.032 40	0.090 58	0.090 88	0.106 67*
heal	0.227 22***	0.332 36***	0.332 50***	0.394 12***	0.394 29***	0.282 47***	0.307 10***	0.337 13***
edu	0.014 74	0.022 93	0.017 50	0.030 13**	0.031 92**	0.025 61**	0.029 34**	0.019 69
expe	0.006 72	0.010 70	0.010 29	0.015 12	0.015 04	0.017 26*	0.014 13	0.015 88
ln(income)	0.143 37	0.352 74***	0.376 45***	0.327 84**	0.318 57**	0.254 95**	0.260 27**	0.272 78**
satis2	1.745 65***							
satis2×male	0.203 17**							
satis3		1.962 41***	1.717 11***					
satis3×city		0.034 76						
satis3×reg2			0.242 01					
satis3×reg1			0.378 92**					

续 表

解释变量	模型 2-8（起点公平：就业公平满意度）	模型 2-9（起点公平：公共医疗卫生公平满意度）	模型 2-10（起点公平：公共医疗卫生公平满意度）	模型 2-11（起点公平：公共基础设施公平满意度）	模型 2-12（起点公平：公共基础设施公平满意度）	模型 3-1（过程公平：受到过工作单位不公正对待）	模型 3-2（过程公平：受到过政府不公正对待）	模型 3-3（过程公平：对腐败现象可容忍程度）
satis4				1.884 834***	1.877 54***			
satis4×city				0.013 848				
satis4×reg2					0.024 99			
satis4×reg1					0.038 10			
edis						−0.857 60***		
gdis							−1.008 20***	
corru								0.087 80***
reg2	0.259 36*	0.310 08*	1.013 61*	0.386 35**	0.304 65	0.007 07	0.00 651	0.008 29
reg1	0.337 16**	0.309 75*	1.411 60***	0.371 52**	0.481 31	0.109 10	0.160 59	0.153 99
LR statistic	1363.954***	1594.041***	1597.965***	1475.082***	1475.314***	206.7266***	220.6910***	118.2797***

注：上标***、**、*分别表示回归系数在1%、5%和10%的水平上显著。

(三)过程公平与初次分配公平满意度

表 7-3、表 7-4 中的模型 3 反映了过程公平的 9 个指标及其交互项对初次分配公平满意度的影响。模型 3-1、模型 3-2 的回归结果显示:受到过工作单位或地方政府不公正对待对初次分配公平满意度有显著的负向影响,说明个体受到过工作单位或地方政府不公正对待程度越高,其初次分配公平满意度越低。模型 3-3 至模型 3-6 的回归结果依次显示:对腐败现象可容忍程度、自己的参政议政能力、市场竞争环境满意度对初次分配公平满意度有显著的正向影响,说明居民对腐败现象可容忍程度越高、自己的参政议政能力越强、市场竞争环境满意度越高,其初次分配公平满意度越高。市场竞争环境满意度与地区的交互项对初次分配公平满意度有正向影响但不显著。模型 3-7、模型 3-8 的回归结果显示:工资集体协商制度满意度对初次分配公平满意度有显著的正向影响,说明个体对工资集体协商制度满意度越高,其初次分配公平满意度越高。工资集体协商制度满意度与户籍、东部地区的交互项对初次分配公平满意度有正向影响但不显著;工资集体协商制度满意度与中部地区的交互项对初次分配公平满意度有显著的正向影响,这表明相对于西部地区居民而言,工资集体协商制度满意度越高,中部地区居民初次分配公平满意度越高。模型 3-9、模型 3-10 的回归结果显示:公职人员廉洁满意度、政府公共信息公开满意度对初次分配公平满意度有显著的正向影响,说明个体对公职人员廉洁满意度、政府公共信息公开满意度越高,其初次分配公平满意度越高。模型 3-11 的回归结果显示:劳动者权益保护满意度对初次分配公平满意度有显著的正向影响,说明个体对劳动者权益保护满意度越高,其初次分配公平满意度越高;劳动者权益保护满意度与户籍的交互项对初次分配公平满意度有正向影响但不显著。

以上研究结果表明,受到过工作单位或地方政府不公正对待,对初次分配公平满意度有显著的负向影响;居民对腐败现象可容忍程度越高、自己的参政议政能力越强、市场竞争环境满意度越高,其初次分配公平满意度越高;居民对工资集体协商制度满意度、公职人员廉洁满意度、政府公共信息公开满意度、劳动者权益保护满意度越高,其初次分配公平满意度越高。上述研究结论与假设 2 基本一致。

(四)结果公平与初次分配公平满意度

表 7-5 中的模型 4 反映了结果公平的 8 个指标及其交互项对初次分配公平满意度的影响。模型 4-1 的回归结果显示:收入与付出相比满意度对初次分配公平满意度有显著的正向影响,说明个体对收入与付出相比满意程度越高,其初次分配公平满意度越高。户籍与个人每月税后收入的交互项对初次分配公平满意

表 7-4 初次分配公平满意度模型估计结果之三

解释变量	模型 3-4（过程公平：参政议政能力）	模型 3-5（过程公平：市场竞争环境满意度）	模型 3-6（过程公平：市场竞争环境满意度）	模型 3-7（过程公平：工资集体协商制度满意度）	模型 3-8（过程公平：工资集体协商制度满意度）	模型 3-9（过程公平：公职人员廉洁满意度）	模型 3-10（过程公平：政府公共信息公开满意度）	模型 3-11（过程公平：劳动者权益保护满意度）
male	$-0.153\ 66^{**}$	$-0.121\ 01$	$-0.124\ 72$	$-0.206\ 63^{***}$	$-0.193\ 18^{**}$	$-0.165\ 78^{**}$	$-0.167\ 68^{**}$	$-0.092\ 62$
han	$-0.078\ 21$	$-0.042\ 94$	$0.036\ 33$	$-0.191\ 28$	$-0.182\ 45$	$-0.050\ 56$	$-0.194\ 73$	$-0.038\ 09$
age	$0.064\ 03^{*}$	$0.076\ 11^{*}$	$0.077\ 10^{*}$	$0.060\ 12$	$0.062\ 78$	$0.084\ 65^{**}$	$0.026\ 71$	$0.049\ 08$
age^2	$-0.000\ 45$	$-0.000\ 50$	$-0.000\ 51$	$-0.000\ 46$	$-0.000\ 49$	$-0.000\ 70$	$-0.000\ 13$	$-0.000\ 28$
pop	$-0.046\ 05$	$0.002\ 16$	$-0.001\ 38$	$-0.014\ 32$	$0.001\ 94$	$-0.007\ 78$	$-0.042\ 52$	$-0.038\ 86$
lab	$0.088\ 08$	$0.101\ 94$	$0.104\ 47$	$0.020\ 65$	$0.024\ 90$	$0.118\ 05^{*}$	$0.145\ 81^{**}$	$0.073\ 52$
heal	$0.322\ 46^{***}$	$0.321\ 86^{***}$	$0.320\ 49^{***}$	$0.318\ 39^{***}$	$0.320\ 50^{***}$	$0.258\ 29^{***}$	$0.282\ 45^{***}$	$0.281\ 79^{***}$
edu	$0.028\ 56^{**}$	$0.042\ 11^{***}$	$0.041\ 63^{***}$	$0.015\ 69$	$0.011\ 32$	$0.028\ 25^{**}$	$0.014\ 30$	$0.009\ 86$
expe	$0.016\ 58^{*}$	$0.021\ 40^{**}$	$0.021\ 30^{*}$	$0.009\ 87$	$0.010\ 25$	$0.011\ 16$	$0.005\ 79$	$0.012\ 01$
ln(income)	$0.271\ 22^{**}$	$0.330\ 07^{***}$	$0.330\ 43^{***}$	$0.342\ 42^{***}$	$0.368\ 94^{***}$	$0.322\ 34^{***}$	$0.407\ 06^{***}$	$0.118\ 99$
ppol	$0.211\ 33^{***}$							
satis6		$1.818\ 72^{***}$	$1.565\ 56^{***}$					
satis6×reg2			$0.284\ 86$					
satis6×reg1			$0.258\ 22$					
satis7				$1.671\ 92^{***}$	$1.397\ 91^{***}$			
satis7×city				$0.037\ 57$				

续 表

解释变量	模型 3-4（过程公平：参政议政能力）	模型 3-5（过程公平：市场竞争环境满意度）	模型 3-6（过程公平：市场竞争环境满意度）	模型 3-7（过程公平：工资集体协商制度满意度）	模型 3-8（过程公平：工资集体协商制度满意度）	模型 3-9（过程公平：公职人员廉洁满意度）	模型 3-10（过程公平：政府公共信息公开满意度）	模型 3-11（过程公平：劳动者权益保护满意度）
satis7×reg2					0.239 05			
satis7×reg1					0.475 33**			
satis8						1.636 24***		
satis9							1.653 86***	
satis11								1.772 62***
satis11×city								0.022 56
reg2	0.002 97	0.118 41	0.948 85	0.115 00	0.630 04	0.247 93	0.080 50	0.078 60
reg1	0.159 11	0.278 80*	1.029 21*	0.116 41	1.563 31***	0.026 98	0.096 16	0.085 60
LR statistic	146.520 7***	1144.304***	1146.348***	1124.393***	1131.271***	1210.130***	1280.988***	1290.020***

注：上标***、**、*分别表示回归系数在1%、5%和10%的水平上显著。

度有显著的负向影响,这表明,与城镇居民相比,农村居民的绝对收入水平越高,其初次分配公平满意度越高。模型4-2的回归结果显示:低收入对初次分配公平满意度有显著的负向影响,高收入对初次分配公平满意度有显著的正向影响。这说明,低收入的居民,其初次分配公平满意度显著低于中等收入的居民,而高收入的居民,其初次分配公平满意度显著高于中等收入的居民。模型4-3的回归结果显示:收入与过去5年相比满意度(纵向相对收入满意度)、收入与同职业人员收入相比满意度(横向相对收入满意度)对初次分配公平满意度有显著的正向影响,即居民的相对收入水平越高,其初次分配公平满意度越高。纵向相对收入与户籍的交互项对初次分配公平满意度有显著的正向影响,这说明,与农村居民相比,城镇居民的纵向相对收入水平越高,其初次分配公平满意度越高;横向相对收入与户籍的交互项对初次分配公平满意度有正向影响但不显著。这表明,农村居民看重的是绝对收入水平,而城镇居民更关心的是相对收入水平,这基本符合局部比较理论的观点。

模型4-4的回归结果显示:物价上涨的可承受程度对初次分配公平满意度有显著的正向影响,说明个体对物价上涨的可承受能力越高,其初次分配公平满意度越高;物价上涨的可承受程度与高收入的交互项对初次分配公平满意度有显著的正向影响,物价上涨的可承受程度与低收入的交互项对初次分配公平满意度有显著的负向影响。这说明:对于高收入的居民而言,对物价上涨的承受能力较强,对初次分配状况的认可程度较高;而对于低收入的居民而言,对物价上涨的承受能力较低,对初次分配公平状况的认可程度较低。模型4-5、模型4-6的回归结果显示:同工不同酬的认可程度对初次分配公平满意度有显著的正向影响,表明个体对同工不同酬的认可程度越高,其初次分配公平满意度越高;同工不同酬的认可程度与户籍、性别的交互项对初次分配公平满意度有正向影响但不显著。模型4-7的回归结果显示:拉开收入差距有利于调动人们努力工作积极性对初次分配公平满意度有显著的正向影响,说明个体对拉开收入差距有利于调动人们努力工作的积极性的认可程度越高,其初次分配公平满意度越高。拉开收入差距有利于调动人们努力工作的积极性与高收入的交互项对初次分配公平满意度有显著的正向影响;其与低收入的交互项对初次分配公平满意度有显著的负向影响。这说明,对于高收入的居民而言,对拉开收入差距有利于调动人们努力工作的积极性的认可程度较高,对初次分配公平状况的认可程度较高;但对于低收入的居民而言,对拉开收入差距有利于调动人们努力工作的积极性的认可程度较低,对初次分配公平状况的认可程度较低。这说明,处于不同收入阶层的居民在初次分配公平认知问题上存在分化。

以上研究结果表明,居民对收入与付出相比满意度越高、纵向相对收入与横

表7-5　初次分配公平满意度模型估计结果之四

解释变量	模型4-1（结果公平:收入与付出相比满意度）	模型4-2（结果公平:收入等级）	模型4-3（结果公平:相对收入满意度）	模型4-4（结果公平:物价上涨的可承受程度）	模型4-5（结果公平:同工不同酬的认可程度）	模型4-6（结果公平:同工同酬度的认可程度）	模型4-7（结果公平:拉开收入差距,有利于调动人们努力工作积极性）	模型5-1（其他解释变量:生活压力）	模型5-2（其他解释变量:对同事与朋友的信任程度）
male	-0.217 38***	-0.167 48**	-0.147 84*	-0.167 28**	-0.156 44**	-0.049 06	-0.173 06**	-0.202 12***	-0.167 80**
han	-0.090 57	-0.043 421	-0.038 05	-0.076 49	-0.091 39	-0.094 03	-0.084 90	-0.046 10	-0.085 77
age	0.074 02*	0.063 01*	0.020 69	0.071 11*	0.070 47*	0.069 66*	0.067 74*	0.082 78**	0.071 21*
age^2	-0.000 43	-0.000 45	-0.000 11	-0.000 50	-0.000 49	-0.000 48	-0.000 50	-0.000 70	-0.000 52
pop	-0.005 98	-0.032 71	-0.006 68	-0.031 36	-0.040 42	-0.044 76	-0.036 93	-0.027 14	-0.052 45
lab	0.072 84	0.083 62	0.083 97	0.086 85	0.097 81*	0.099 83*	0.083 98	0.090 23	0.122 91**
heal	0.168 67***	0.323 47***	0.158 22***	0.312 31***	0.324 92***	0.325 00***	0.313 51***	0.282 01***	0.305 10***
edu	0.009 09	0.030 45**	0.007 78	0.024 95*	0.018 44	0.016 79	0.032 35**	0.017 22	0.026 01**
expe	0.030 94***	0.016 19*	0.025 21**	0.020 10*	0.016 41*	0.016 36*	0.015 40	0.018 18*	0.016 57**
ln(income)	0.015 91	0.763 73**	0.202 39	0.390 63	0.217 43	0.228 25**	-0.533 79**	0.163 08	0.292 42***
ln(income)×city	-0.012 38***								
incp	1.496 72***								
lincome		-1.110 74***							
hincome		0.613 47**							
rinc1			0.869 65***						
rinc2			1.191 25***						

续　表

解释变量	模型 4-1（结果公平:收入与付出相比相应人号满意度）	模型 4-2（结果公平:收入等级）	模型 4-3（结果公平:相对收入满意度）	模型 4-4（结果公平:物价上涨的可承受程度）	模型 4-5（结果公平:同工不同酬的认可程度）	模型 4-6（结果公平:同工不同酬的认可程度）	模型 4-7（结果公平:拉开收入差距,有利于调动人们努力工作积极性）	模型 5-1（其他解释变量:生活压力）	模型 5-2（其他解释变量:对同事与朋友的信任程度）
rinc1×city			0.198 89**						
rinc2×city			0.145 45						
pric				0.491 52***					
price×lincome				-0.262 11***					
price×hincome				0.103 22**					
epay					0.240 51***	0.224 64***			
epay×city					0.016 52				
epay×male						0.041 47			
gap							0.252 24***		
gap×lincome							-0.306 95***		
gap×hincome							0.123 78***		
pres								-0.293 02***	
trust									0.243 04***
reg2	0.078 89	0.061 94	0.089 02	0.021 74	0.004 62	0.002 09	0.085 34	0.067 12	0.065 23
reg1	0.143 75	0.202 52	0.138 59	0.139 10	0.153 36	0.155 32	0.240 65	0.168 43	0.210 71
LR statistic	979.8002***	988.5460***	1329.425***	268.5406***	170.2964***	170.4079***	220.6377***	193.8192***	147.2617***

注:上标 ***,**,* 分别表示回归系数在 1%,5% 和 10% 的水平上显著。

向相对收入越高,其初次分配公平满意度越高。与城镇居民相比,农村居民的绝对收入水平越高,其初次分配公平满意度越高;与农村居民相比,城镇居民的相对收入水平越高,其初次分配公平满意度越高。居民对物价上涨的可承受能力越高、对同工不同酬的认可程度越高、对拉开收入差距有利于调动人们努力工作的积极性认可程度越高,其初次分配公平满意度越高;但对于收入等级不同的居民而言,由于对物价上涨的可承受能力不同、对拉开收入差距有利于调动人们努力工作的积极性的认可程度不同,初次分配公平满意度存在较大差异。上述研究结论与假设 3 基本相符。

除此之外,表 7-5 中的模型 5 还考虑了其他解释变量对初次分配公平满意度的影响。模型 5-1 的回归结果显示,生活压力对初次分配公平满意度有显著的负向影响,说明居民生活压力越大,其初次分配公平满意度越低。模型 5-2 的回归结果显示,对同事与朋友的信任程度对初次分配公平满意度有显著的正向影响,说明个体对同事与朋友的信任程度越高,其初次分配公平满意度越高。

四、基本结论

根据以上实证研究结果,得到以下基本结论:

1.起点公平对初次分配公平满意度有显著的影响。研究结果表明,受到过歧视、外在因素对个人收入的重要性对初次分配公平满意度有显著的负向影响,内在因素对个人收入的重要性对初次分配公平满意度有显著的正向影响;基础教育、就业、公共医疗卫生与公共基础设施公平满意度越高,则居民的初次分配公平满意度越高。研究结果还显示,就业公平满意度与性别的交互项对初次分配公平满意度有显著的正向影响,这可能与劳动力市场存在性别歧视有关。

2.过程公平对初次分配公平满意度有显著的影响。研究结果表明,受到过工作单位或地方政府不公正对待,对初次分配公平满意度有显著的负向影响;居民对腐败现象可容忍程度越高、自己的参政议政能力越强,其初次分配公平满意度越高;居民对市场竞争环境满意度、工资集体协商制度满意度、公职人员廉洁满意度、政府公共信息公开满意度、劳动者权益保护满意度越高,其初次分配公平满意度越高。研究结果还显示,工资集体协商制度满意度与中部地区的交互项对初次分配公平满意度有显著的正向影响。

3.结果公平对初次分配公平满意度有显著的影响。研究结果表明,居民对收入与付出相比满意度越高、纵向相对收入与横向相对收入水平越高,其初次分配公平满意度越高。与城镇居民相比,农村居民的绝对收入水平越高,其初次分配公平满意度越高;与农村居民相比,城镇居民的相对收入水平越高,其初次分配公平满意度越高。居民对物价上涨的可承受能力越高、对同工不同酬的认可程度越高、对拉开收入差距有利于调动人们努力工作的积极性的认可程度越高,其初次分配公平满意度越高;但对于收入等级不同的居民而言,由于对物价上涨的可承受能力不同、对拉开收入差距有利于调动人们努力工作的积极性的认可程度不同,初次分配公平满意度存在较大差异。

研究结果还表明,男性居民的初次分配公平满意度显著低于女性居民;家庭劳动力越多、健康状况越好、工作经验越丰富,则居民的初次分配公平满意度越高;居民的生活压力越小、对同事与朋友的信任程度越高,其初次分配公平满意度越高。

第二节 再分配公平满意度的决定因素分析[①]

一、文献回顾与研究假设

国民收入的再分配是政府对要素收入进行再次调节的过程,也是各国实现收入分配公平的重要手段。一个良好的再分配制度会将初次分配的不公平降到最低限度,增强社会成员的幸福感和对社会的信任感。再分配公平是指在再分配领域,运用税收、社会保障、转移支付等政策工具,通过国民收入的再分配,满足社会成员的基本生活需要,社会成员之间收入差距适度,地区(城乡)之间基本公共产品(服务)均等化。目前,理论界相关研究主要针对客观层面的再分配公平,很少涉及再分配公平满意度的研究。再分配偏好或再分配倾向(即居民对再分配状况的认可程度),在一定程度上反映了居民对收入再分配状况的满意程度,因此在本节均作为与再分配公平满意度类似的概念。

(一)税负公平与再分配公平满意度

税负公平主要包括横向公平和纵向公平,前者是指纳税能力相同的纳税人,其税收负担应相同;后者是指纳税能力不同的纳税人,其税收负担应有所不同。税负公平的重要目标是实现收入分配的公平。[②] 研究发现,与那些认为税负不公平的居民相比,认为税负公平的居民具有更弱的再分配偏好,对当前的收入分配状况更加认同[③],即再分配满意度较高。利己主义者认为,居民支持收入再分配

---

① 孙敬水,吴娉娉,2019.再分配公平满意度研究——基于税负公平、社会保障公平和转移支付公平的微观证据[J].财经论丛(7):102-112.

② 郭宏宝,2013.税负归宿与收入再分配:文献评述与研究展望[J].浙江工商大学学报(3):79-84.

③ 徐建斌,刘华,2014.税负公平、收入差距与再分配:一个微观层面的分析[J].经济管理(3):159-168.

是因为有利可图,低收入者具有支持"劫富济贫"的内在激励。[1] Durante et al. 研究发现,民众倾向于通过税收缩小初始收入不平等,而当效率降低、税收成本上升时,民众的再分配偏好会显著下降。[2] 在衡量居民感知的税负公平的主观指标中,"从富人那里征更多的税来帮助穷人"经常被国内外学者作为问卷指标来使用。Keigo et al. 在研究日本的收入分配偏好时发现,大约有 18% 的被调查者支持在自身收入保持不变的情况下减少富人的收入,此种再分配偏好可以被解释为在行为经济学和跨文化心理学中的一种"深深的嫉妒感"和"脆弱感"。[3] 彭瑞娟等研究发现,2003—2008 年,对于"从富人那里征更多的税来帮助穷人"这一问题,居民选择"同意"和"非常同意"所占的样本比例超过了 80%。[4] 改革开放以来,我国个人所得税制度经历了多次调整,然而,"穷人税负重、富人税负轻"的现象却一直没有太大改变。近几年来,从对"税收痛苦指数"的讨论,到对"个税免征额"等方面的争论,在一定程度上反映了我国民众对税负不公的愤慨。我国居民的收入不平等厌恶程度较高,表现出较为强烈的再分配偏好。因此,可以推断,居民越支持"从富人那里征更多的税来帮助穷人",居民的再分配公平满意度就越低。一般而言,再分配领域中的税负公平认知状况对居民的再分配公平满意度或许有更为重要和直接的影响。现有相关研究在探讨税负公平与再分配公平满意度的关系时,没有涉及税负公平与收入等级、户籍、工作单位性质等变量的交互作用。为此提出如下假设:

假设 1:税负公平及其与收入等级、户籍、工作单位性质的交互作用对再分配公平满意度有显著的影响;税负满意度越高,则居民的再分配公平满意度越高,反之则相反。

(二)社会保障公平与再分配公平满意度

社会保障是国家通过立法并依法采取必要的行政手段对国民收入进行再分配,对暂时或永久丧失劳动能力或因其他各种原因面临生活困难或生存风险的社会成员提供必要的、基本的、经济的保障制度及相关措施。社会保障体系作为一种收入再分配机制[5],主要包括社会保险、社会救助、社会福利、社会优抚等,以养

① MELTZER A H,RICHARD S F,1981. A rational theory of the size of the government[J]. Journal of Political Economy,89(5):914-927.

② DURANTE R,PUTTERMAN L,WEELE J,2013. Preferences for redistribution and perception of fairness:an experimental study[J]. Journal of the European Economic Association,12(4):1059-1086.

③ KEIGO K,MIHO S,2017. Distributional preference in Japan[J]. The Japanese Economic Review,68(3):394-408.

④ 彭瑞娟,徐建斌,2015. 我国居民的再分配偏好:现状、差异与政策启示[J]. 税收经济研究(3):90-95.

⑤ DIAMOND P A,1977. A framework for social security analysis[J]. Journal of Public Economics,8(3):275-298.

老保险、医疗保险、失业保险、工伤保险、生育保险等五大社会保险为核心。国内外有大量的文献研究认为,社会保障体系是国家实现分配公平的良好政策工具。Jaeger 研究发现,社会保障支出对居民的再分配偏好具有显著的正向影响。[1][2][3] Bowles et al. 认为,人们之所以支持政府再分配政策是因为人们主观上愿意帮助穷人,但当发现穷人存在欺骗或不够努力导致合作失败时,人们才会不支持再分配而停止援助。[4] 栗治强等的研究结果表明,享有社会养老保障的居民其分配公平感较高,而享有社会医疗保障的居民其分配公平感较低,社会保障对分配公平感的作用不仅在于是否获得保障,还在于保障水平的高低[5]。但值得注意的是,也有部分学者认为,社会保障加剧了社会分配不公平。罗尔斯认为,分配公平应该是通过各种分配制度性安排来最大限度地改善"最不利者群体"的处境,缩小其与其他群体的收入不平等。[6] 我们认为,社会保障作为再分配政策的重要组成部分,正是体现这种公平正义原则的分配形式。社会保障具有社会政策托底功能,有利于缩小收入不平等,提高居民的再分配公平满意度。现有相关研究在探讨社会保障公平与再分配公平满意度的关系时,没有涉及社会保障公平与收入等级、工作单位性质等变量的交互作用。为此提出如下假设:

假设 2:社会保障公平及其与收入等级、工作单位性质的交互作用对再分配公平满意度有显著的影响;社会保障满意度越高,则居民的再分配公平满意度越高,反之则相反。

(三)转移支付公平与再分配公平满意度

转移支付是收入再分配的重要手段。转移支付主要指政府之间的转移支付和政府对居民个人的转移支付,这是狭义的转移支付。除了狭义的转移支付之外,如果还包括政府对企业的转移支付(主要指对企业的各种补贴),以及企业、社会团体、居民家庭之间的各种转移支付(如不同形式的捐赠)等,这就是广义的转移支付。转移支付的目的是实现公共服务均等化,缩小地区间城乡间差距和居民个人间贫富差距,维护社会稳定,实现分配公平。目前,理论界对于转移支付对分

① JAEGER M M,2006a. What makes people support public responsibility for welfare provision: self-interest or political ideology? a longitudinal approach[J]. Acta Sociohgica, 49(3):321-338.

② JAEGER M M,2006b. Welfare regimes and attitudes towards redistribution: the regime hypothesis revisited[J]. European Sociological Review, 22(2):157-170.

③ JAEGER M M, 2013. The effect of macroeconomic and social conditions on the demand for redistribution[J]. Journal of European Social Policy,23(2):149-163.

④ BOWLES S,GINTIS H,2006. Strong reciprocity and the welfare state[M]//KOLM S,YTHIER J M. Handbook of the economics of giving, altruism and reciprocity. North-Holland:Elsevier:1-31.

⑤ 栗治强,王毅杰,2014.转型期中国民众公平感的影响因素分析[J].学术论坛(8):99-105.

⑥ 罗尔斯,2002.作为公平的正义:正义新论[M].姚大志,译.上海:上海三联书店:65-130.

配公平的影响的研究较多,但研究结论不太一致。Charles et al. 在研究美国1978—1990 年各州收入分配水平变化时发现,更高的现金转移支付与加剧的收入不平等相关。[①] Caminada et al. 通过对 20 个国家的宏观数据进行分析,认为多数国家的政府转移性支出对缩小收入不平等有较为明显的促进作用。[②] Vandyck et al. 在研究比利时的收入分配时发现,当额外的财政收入被用于增加家庭的福利转移支出时,改革对低收入群体有利。[③] Wu et al. 研究发现,我国的收入分配不均是造成贫困的主要原因,针对穷人的政府转移和救济有助于缓解不平等和贫困,但也应注意到生产补贴的不平等分配实际上导致了更高的贫困率。[④] Lei et al. 研究发现,我国西部地区政府转移支付比中部地区多,但西部地区城乡居民收入差距却增加了 20%,且城市居民从转移支付中获得的利益大于农村居民,因此他们提出,转移支付应该更有针对性地投资于农村地区。[⑤] 金双华研究发现,转移支付对农村居民收入分配公平的作用好于城镇居民,一般性转移支付、专项转移支付对收入差距的影响大于税收返还。[⑥] 本章中的转移支付主要指政府对居民个人的转移支付、企业转移支付(对各种公益、社会慈善事业的捐助)等,这方面的转移支付主要针对贫困人口、低收入群体,因此,这方面的转移支付越多,越有助于缓解贫困和收入不平等,低收入居民的再分配公平满意度也会越高。现有相关研究在探讨转移支付公平与再分配公平满意度的关系时,没有涉及转移支付公平与收入等级、户籍等变量的交互作用。为此提出如下假设:

假设 3:转移支付公平及其与收入等级、户籍的交互作用对再分配公平满意度有显著的影响;转移支付满意度越高,则居民的再分配公平满意度越高,反之则相反。

除此之外,个体的基本特征、相对收入、职业等级、信任程度等对再分配公平满意度也有显著的影响。从总体上看,文化程度较低者、农村居民、妇女和老年人

①　CHARLES B,DAVIS B C,2003. Explaining state-level variations in levels and change in the distribution of income in The United States,1978-1990[J]. American Politics Research,31(3):280-300.

②　CAMINADA K,GOUDSWAARD K,WANG C,2012. Disentangling income inequality and the redistributive effect of taxes and transfers in 20 LIS countries over time[R]. MPRA Paper,September..

③　VANDYCK T,REGEMORTER D V,2014. Distributional and regional economic impact of energy taxes in Belgium[J]. Energy Policy(72):190-203.

④　WU H,DING S,WAN G,2015. Income inequality and rural poverty in China:focusing on the role of government transfer payments[J]. China Agricultural Economic Review,7(1):65-85.

⑤　LEI G,HUANG X,XI P,2016. The impact of transfer payments on urban rural income gap:based on fuzzy RD analysis of China's midwestern county data[J]. China Finance and Economic Review(4):1-17.

⑥　金双华,2013. 财政转移支付制度对收入分配公平作用的研究[J]. 经济社会体制比较(5):44-53.

等弱势群体有较强的再分配偏好[1][2][3];个体的受教育年限越长、工作经验越丰富、健康状况越好,则分配公平满意度越高[4]。由于再分配一般是将部分收入从高收入人群向低收入人群转移,因此富人反对再分配,而穷人支持再分配[5];收入等级越高,再分配偏好越弱,反之则相反;相对收入越高,居民的再分配偏好越低[6][7];对于那些预期收入较高、具有向上流动性机会的居民,则较少支持再分配[8][9],而那些具有悲观流动性预期的个体,则加大了对再分配的支持[10]。另外,职业地位、组织信任与公平感之间的相关性也得到了一些研究的证实[11][12][13]。为此提出如下假设:

假设 4:居民的健康状况、受教育年限、相对收入、向上流动、职业等级、信任程度对再分配满意度有显著的正向影响。

与现有相关研究相比,本节的主要贡献体现在以下几个方面:第一,理论界在探讨分配公平满意度问题时,主要聚焦于初次分配领域的公平满意度,很少涉及再分配公平满意度。然而,我国收入分配中的公平认知问题不仅存在于初次分配领域,同时也存在于再分配领域。考虑到我国地区之间、城乡之间、行业之间在税负、社会保障公平与转移支付公平等方面存在较大差异,本节构建了相对完善的税负公平、社会保障公平、转移支付公平指标体系,较为全面地探讨了税负公平、

① DURANTE R,PUTTERMAN L,WEELE J,2013. Preferences for redistribution and perception of fairness:an experimental study[J].Journal of the European Economic Association,12(4):1059-1086.

② GIULIANO P, SPILIMBERGO A, 2014. Growing up in a recession [J]. Review of Economic Studies,81(2):787-817.

③ RAVALLION M,LOKSHIN M,2000. Who wants to redistribute? the tunnel effect in 1990s Russia[J]. Journal of Public Economics,76(1): 87-104.

④ 孙敬水,林晓炜,2016.城镇居民分配公平满意度影响因素实证研究[J].浙江社会科学(9):133-143.

⑤ FONG C,2001. Social preferences,self-interest,and the demand for redistribution[J]. Journal of Public Economics,82(2):225-246.

⑥ DALLINGER U,2010. Public support for redistribution:what explains cross-national differences? [J]. Journal of European Social Policy,20(4):333-349.

⑦ ISAKSSON A, LINDSKOG A, 2009. Preferences for redistribution——a country comparison of fairness judgements[J]. Journal of Economic Behavior & Organization,72(3):884-902.

⑧ 陈宗胜,李清彬,2011.再分配倾向决定框架模型及经验验证[J].经济社会体制比较(4):35-46.

⑨ PAGE L,GOLDSTEIN D G,2016. Subjective beliefs about the income distribution and preferences for redistribution[J]. Social Choice and Welfare,47(1):25-61.

⑩ ALBERTO A,STEFANIE S. EDOARDO T,2018. Intergenerational mobility and preferences for redistribution[J]. The American Economic Review,108(2):521-544.

⑪ GUILLAUD E,2013. Preferences for redistribution:an empirical analysis over 33 countries[J]. The Journal of Economic Inequality,11(1):57-78.

⑫ CHOI J,2008. Event justice perceptions and employees' reactions: perceptions of social entity justice as a moderator[J].Journal of Applied Psychology,93(3):513-528.

⑬ CHIABURU D S, LIM A S, 2008. Manager trustworthiness or interactional justice? predicting organizational citizenship behaviors[J].Journal of Business Ethics,83(3):453-467.

社会保障公平、转移支付公平与再分配公平满意度之间的关系,得出了具有启发意义的研究结论,这是对现有相关研究的补充与完善。第二,本节在探讨税负公平与再分配公平满意度的关系时,不仅考虑了税负公平认知(政府应该向富人征收更多的税来帮助穷人)对再分配公平满意度的影响,而且增加了各种税费负担满意度、个人税负满意度、投资税负满意度及其交互项对再分配公平满意度的影响,这在现有相关研究中是很少涉及的。第三,本节在探讨社会保障公平与再分配公平满意度的关系时,不仅考虑了社会保障公平认知(国家应该保障每个人的基本生活水平)对再分配公平满意度的影响,还考虑了最低生活保障线下人均转移支付满意度、个人转移支付满意度、企业转移支付(主要指对各种公益、社会慈善事业的捐助)满意度及其交互项对再分配公平满意度的影响,这在现有相关研究中是没有涉及的。此外,本节还分析了职业等级、信任程度、社会经济地位、工作单位性质及其交互项对再分配公平满意度的影响,这在现有相关研究中也是很少见的。

二、变量、数据与模型

本节基于 3109 份问卷调查数据,通过构建 Ordered Logit 模型,对居民的再分配公平满意度进行实证研究。模型中的被解释变量为再分配公平满意度(用 redissatis 表示),涉及主观判断与评价问题,用 1—5 的数字来表示满意程度,数值越大,满意度越高。解释变量主要有两类:一是影响再分配公平满意度的核心变量(即税负公平、社会保障公平、转移支付公平),二是个体基本特征与收入等其他变量。税负公平涉及 4 个主观评价指标,即居民的公平认知(政府应该向富人征收更多的税来帮助穷人)、各种税费负担满意度、个人税负满意度、投资税负满意度。社会保障公平涉及 4 个主观评价指标,即居民的公平认知(国家应该保障每个人的基本生活水平),社会保险(养老、医疗、工伤、生育、失业保险)满意度,社会救助、社会优抚、社会福利满意度,帮扶弱势群体状况满意度。转移支付公平涉及 3 个主观评价指标,即最低生活保障线下人均转移支付满意度、个人转移支付满意度、企业转移支付(主要指对各种公益、社会慈善事业的捐助)满意度。个体基本特征与收入等其他变量选取性别、民族、年龄、家庭人口、家庭劳动力、健康状况、受教育年限、工作年限、户籍、收入、社会经济地位、职业等级、信任程度、单位性质、地区等指标。模型中各变量的符号、含义及样本均值如表 7-6 所示。

表 7-6　模型中的变量、符号及含义

变量	符号	含义	样本均值
再分配公平满意度	redissatis	见注①	3.389 51
1.个体特征与收入水平			
（1）性别ª（虚拟变量）	male	男性 male＝1,否则取 0	0.581 22
（2）民族ᵇ（虚拟变量）	han	汉族 han＝1,否则取 0	0.977 16
（3）年龄	age		41.615 63
（4）年龄平方	age²		1809.426
（5）家庭人口	pop		3.7340
（6）家庭劳动力	lab		2.257 961
（7）健康状况	heal	见注②	3.845 61
（8）受教育年限	edu		12.9511
（9）工作年限	expe		18.708 27
（10）个人户籍	city	城镇户口 city＝1,否则取 0	0.598 59
（11）收入：①绝对收入：个人每月税后收入	ln(income)	收入取对数	8.221 88
②相对收入：收入与过去五年相比满意度	rinc1	见注①	2.963 98
收入与同职业人员收入相比满意度	rinc2	见注①	2.914 44
③收入等级ᶜ：高收入（虚拟变量）	hincome	高收入 hincome＝1 否则取 0	0.199 74
低收入（虚拟变量）	lincome	低收入 lincome＝1 否则取 0	0.199 74
2.税负公平			
（1）公平认知:政府应该向富人征收更多的税来帮助穷人	rtax	见注③	3.414 28
（2）各种税费负担满意度	satis1	见注①	2.879 38
（3）个人税负满意度	satis2	见注①	2.920 23
（4）投资税负满意度	satis3	见注①	2.995 82
3.社会保障公平			
（1）公平认知:国家应该保障每个人的基本生活水平	blife	见注③	4.070 76
（2）社会保险满意度	satis4	见注①	3.175 94

续 表

变量	符号	含义	样本均值
（3）社会救助、社会优抚、社会福利满意度	satis5	见注①	3.133 48
（4）帮扶弱势群体状况满意度	satis6	见注①	3.062 72
4.转移支付公平			
（1）最低生活保障线下人均转移支付满意度	satis7	见注①	3.063 36
（2）个人转移支付满意度	satis8	见注①	3.132 84
（3）企业转移支付满意度	satis9	见注①	3.029 59
5.其他解释变量			
（1）社会经济地位：①个人现在的社会经济地位	stat	见注④	2.936 96
②预计未来五年个人的社会经济地位	fusta	见注④	3.377 94
③预期向上流动（虚拟变量）	fustafu	fustafu=fusta-stat,大于 0 取 1	0.353 17
（2）职业等级	prof	见注⑤	2.962 69
（3）信任程度	trust	见注⑥	3.619 17
（4）单位性质（虚拟变量）d	unit	体制内 unit=1, 体制外 unit=0	0.312 32
（5）地区e：①东部地区（虚拟变量）	reg2	东部地区 reg2=1,否则取 0	0.608 23
②中部地区（虚拟变量）	reg1	中部地区 reg1=1,否则取 0	0.316 18

参照基准：a女性；b少数民族；c中等收入（参照国家统计局对收入五等份分组法，低收入户、中等偏下收入户、中等收入户、中等偏上收入户、高收入户各占 20%，本节将收入从小到大排序，收入最高的 20%为高收入，收入最低的 20%为低收入，其余的为中等收入）；d体制外（体制内：指工作单位为党政机关、事业单位、国有企业，其他单位为体制外）；e西部。

注：①非常不满意、不太满意、一般满意、比较满意、非常满意，redissatis 依次取 1,2,3,4,5。②健康状况：很差、较差、一般、较好、很好时，heal 依次取 1,2,3,4,5。③取值 1,2,3,4,5；1 表示非常不同意，5 表示非常同意。④社会经济地位取值 1,2,3,4,5（其中 1 表示低层，5 表示高层）。⑤职业等级：农业劳动者、工人（体力）、办事人员或服务人员（非体力）、专业技术人员、单位负责人或管理者，依次取 1,2,3,4,5。⑥对同事与朋友的信任程度 trust 取值 1,2,3,4,5；1 表示完全不信任，5 表示完全信任。

　　由于税负公平、社会保障公平、转移支付公平等核心变量涉及较多的主观指标，而这些主观指标不能直接从统计年鉴和官方网站上获得，本节采用问卷调查的方法获得个体微观数据（详见本章第一节中的数据来源及说明）。

　　由于本节讨论的主要变量（即再分配公平满意度）是有序离散选择变量，可以采用 Ordered Logit 模型（见本章第一节多元有序选择模型），对税负公平、社会保障公平、转移支付公平与再分配公平满意度进行实证研究。根据研究假设和变量

271

描述，$x'B$ 有如下形式：

$$x'B = \beta_0 + \sum \beta_i \text{tax}_i + \sum \beta_j \text{socialsecurity}_j + \sum \beta_k \text{transferpayment}_k$$
$$+ \sum \beta_l \text{interaction}_l + \sum \beta_m \text{individual}_m \tag{7-10}$$

其中，β 为回归参数，tax，socialsecurity 和 transferpayment 依次为税负公平、社会保障公平、转移支付公平的代理变量，interaction 为变量间交互项，individual 为个体基本特征变量和其他解释变量，各变量含义如表 7-6 所示。

三、计量结果

基于问卷调查数据，本节利用计量软件 EViews9.0，对多元有序选择模型[见式(7-10)]应用极大似然估计法，得到表 7-7 至表 7-8 的回归结果。表 7-7 中的模型 1 为基本模型，反映了个体基本特征、绝对收入和相对收入与再分配公平满意度的回归结果；模型 2-1 至模型 2-4 为税负公平与再分配公平满意度的回归结果；表 7-7、表 7-8 中的模型 3-1 至模型 3-5 为社会保障公平与再分配公平满意度的回归结果；表 7-8 中的模型 4-1 至模型 4-3 为转移支付公平与再分配公平满意度的回归结果；表 7-8 中的模型 5-1 至模型 5-3 为社会经济地位、职业等级、信任程度等其他解释变量与再分配公平满意度的回归结果。回归结果表明，LR statistic 统计量较大，对应的显著性水平较高，Ordered Logit 模型显著成立（容易验证模型中各解释变量之间不存在多重共线性）。

（一）个体基本特征、绝对收入、相对收入与再分配公平满意度

表 7-7 中的模型 1 的回归结果显示：男性居民、汉族居民的再分配公平满意度依次低于女性居民、少数民族居民，居民年龄与再分配公平满意度呈倒"U"形关系，家庭人口数量、劳动力数量对再分配公平满意度依次有负向影响和正向影响，但以上回归结果均不显著。居民的健康状况、受教育年限对再分配公平满意度有显著的正向影响，说明居民的健康状况越好、受教育年限越长，其再分配公平满意度越高。居民的工作年限、实际收入水平对再分配公平满意度有正向影响但不显著。居民的纵向相对收入（收入与过去五年相比满意度）、横向相对收入（收入与同职业人员收入相比满意度）对再分配公平满意度有显著的正向影响，说明居民的相对收入越高，其再分配公平满意度越高。上述结论部分支持了假设 4。

（二）税负公平与再分配公平满意度

表 7-7 中的模型 2-1 的回归结果显示，居民的税负公平认知（政府应该向富人征收更多的税来帮助穷人）对再分配公平满意度有负向影响，但不显著。居民的税负公平认知与高收入、与低收入的交互项对再分配公平满意度依次有显著的负向影响（显著性水平为 10%）和正向影响（显著性水平为 5%）。这说明，与中等收

表7-7　再分配公平满意度模型估计结果之一

解释变量	模型1（基本模型）	模型2-1（税负公平）	模型2-2（税负公平）	模型2-3（税负公平）	模型2-4（税负公平）	模型3-1（社会保障公平）	模型3-2（社会保障公平）	模型3-3（社会保障公平）
male	-0.029 62	-0.021 07	-0.034 78	-0.032 20	-0.077 19	-0.027 40	-0.060 07	-0.055 57
han	-0.057 27	-0.054 06	-0.058 00	-0.046 88	-0.051 26	-0.058 22	-0.055 00	-0.062 21
age	0.003 30	0.003 50	0.007 78	0.026 85	0.005 15	0.005 78	0.008 70	0.033 66
age^2	-0.000 33	-0.000 32	-0.000 33	-0.000 57	-0.000 41	-0.000 35	-0.000 34	-0.000 32
pop	-0.019 96	-0.019 86	-0.027 24	-0.014 69	-0.008 80	-0.019 87	-0.024 56	-0.034 27
lab	0.024 70	0.018 70	0.048 68	0.013 80	0.022 30	0.017 69	0.064 81	0.063 13
heal	0.189 57***	0.173 32***	0.213 87***	0.173 81***	0.189 79***	0.185 25***	0.180 78***	0.189 73***
edu	0.025 72**	0.024 00*	0.021 57*	0.019 89	0.028 97**	0.027 00**	0.028 30**	0.027 89**
expe	0.005 86	0.006 63	0.001 81	0.005 39	0.012 56	0.002 57	0.017 55	0.002 43
ln(income)	0.005 50	0.246 31	0.080 22	0.049 15	0.108 81	0.073 69	0.125 01	0.112 33
rinc1	0.587 99***	0.584 05***	0.491 42***	0.517 01***	0.417 02***	0.592 43***	0.322 84***	0.320 58***
rinc2	0.589 43***	0.594 87***	0.347 30***	0.262 23***	0.431 53***	0.605 34***	0.510 22***	0.504 34***
rtax		-0.037 10						
rtax×lincome		0.078 73**						
rtax×hincome		-0.056 77*						
satis1			1.837 40***					
satis1×city			0.023 78					

续　表

解释变量	模型 1（基本模型）	模型 2-1（税负公平）	模型 2-2（税负公平）	模型 2-3（税负公平）	模型 2-4（税负公平）	模型 3-1（社会保障公平）	模型 3-2（社会保障公平）	模型 3-3（社会保障公平）
satis2				1.946 92***				
satis2×city				0.003 52				
satis3					2.166 59***			
unit					0.782 11***			0.812 13**
satis3×unit					0.192 83**			
blife						0.130 14***		
blife×lincome						0.069 92**		
blife×hincome						0.023 99		
satis4							2.215 29***	2.153 73***
satis4×unit								0.225 68**
reg2	−0.020 44	−0.017 43	−0.156 84	−0.132 84	−0.016 04	−0.016 02	−0.047 74	−0.049 23
reg1	−0.196 13	−0.160 05	−0.257 89	−0.282 65	−0.139 27	−0.156 52	−0.174 17	−0.183 77
LR statistic	571.632 70***	582.353 60***	1695.658 00***	1741.958 00***	1849.708 00***	589.464 10***	2140.188 00***	2146.166 00***

注：上标 ***、**、* 分别表示回归系数在 1%、5% 和 10% 的水平上显著。

入居民相比,低收入居民对"政府应该向富人征收更多的税来帮助穷人"的认可程度越高,再分配公平满意度越高;而高收入居民则相反。模型2-2、模型2-3的回归结果显示:各种税费负担满意度、个人税负满意度对再分配公平满意度有显著的正向影响,表明各种税费负担满意度、个人税负满意度越高,则居民的再分配公平满意度越高,反之则越低。各种税费负担满意度、个人税负满意度与户籍的交互项对再分配公平满意度有正向影响但不显著。模型2-4的回归结果显示,投资税负满意度对再分配公平满意度有显著的正向影响,表明投资税负满意度越高,则再分配公平满意度越高。工作单位性质对再分配公平满意度有显著的正向影响,投资税负满意度与工作单位性质的交互项对再分配公平满意度有显著的正向影响。这表明,在体制内工作单位(党政机关、事业单位、国有企业)工作的居民,其再分配公平满意度高于在体制外工作单位工作的居民;相对于体制外的居民而言,投资税负满意度越高,在体制内工作单位工作的居民的再分配公平满意度越高,则投资税负满意度进一步扩大了体制内居民与体制外居民之间的再分配公平满意度差距。以上研究结论验证了假设1。

(三)社会保障公平与再分配公平满意度

表7-7中的模型3-1的回归结果显示:居民的社会保障公平认知(国家应该保障每个人的基本生活水平)对再分配公平满意度有显著的正向影响,表明居民对"国家应该保障每个人的基本生活水平"的认可程度越高,则再分配公平满意度越高,反之则越低。居民的社会保障公平认知与低收入、高收入的交互项对再分配公平满意度有正向影响,前者显著,后者不显著。这表明,与中等收入居民相比,低收入居民对"国家应该保障每个人的基本生活水平"的认可程度越高,则再分配公平满意度越高。模型3-2的回归结果显示,社会保险满意度对再分配公平满意度有显著的正向影响,表明居民对社会保险满意度越高,则再分配公平满意度越高,反之则越低。模型3-3的回归结果显示,社会保险满意度与单位性质的交互项对再分配公平满意度有显著的正向影响。这表明,相对于体制外的居民而言,体制内的居民的社会保险满意度越高,其再分配公平满意度越高,即社会保险满意度进一步扩大了体制内与体制外居民之间的再分配公平满意度。表7-8中的模型3-4的回归结果显示:居民对"社会救助、社会优抚、社会福利"的满意度越高,则再分配公平满意度越高。社会救助、社会优抚、社会福利满意度与低收入的交互项对再分配公平满意度有显著的正向影响,与高收入的交互项对再分配公平满意度有正向影响但不显著。这表明,与中等收入居民相比,低收入居民对"社会救助、社会优抚、社会福利"的满意度越高,则再分配公平满意度越高。模型3-5的回归结果显示:帮扶弱势群体状况满意度对再分配公平满意度有显著的正向影响,表明居民的帮扶弱势群体状况满意度越高,则再分配公平满意度越高;帮扶弱

势群体状况满意度与收入的交互项对再分配公平满意度有正向影响但不显著。以上研究结论与假设 2 相符。

(四)转移支付公平与再分配公平满意度

表 7-8 中的模型 4-1 的回归结果显示,最低生活保障线下人均转移支付满意度对再分配公平满意度有显著的正向影响,表明居民对最低生活保障线下人均转移支付满意度越高,则再分配公平满意度越高。模型 4-2 的回归结果显示:个人转移支付满意度对再分配公平满意度有显著的正向影响,表明居民对个人转移支付满意度越高,则再分配公平满意度越高。个人转移支付满意度与户籍的交互项对再分配公平满意度有显著的负向影响。这表明,与城镇居民相比,农村居民对个人转移支付满意度越高,则再分配公平满意度越高。个人转移支付满意度与低收入的交互项对再分配公平满意度有显著的正向影响,与高收入的交互项对再分配公平满意度有显著的负向影响。这表明,与中等收入的居民相比,低收入居民对个人转移支付满意度越高,则再分配公平满意度越高,而高收入居民则相反。模型 4-3 的回归结果显示,企业转移支付满意度对再分配公平满意度有显著的正向影响,表明居民对企业转移支付满意度越高,则再分配公平满意度越高。以上研究结论与假设 3 相符。

(五)社会经济地位等其他解释变量与再分配公平满意度

表 7-8 中的模型 5-1 的回归结果显示:个人现在的社会经济地位、预计未来五年个人的社会经济地位对再分配公平满意度有显著的正向影响,表明个人现在的社会经济地位、预计未来 5 年个人的社会经济地位越高,则再分配公平满意度越高;社会经济地位预期向上流动对再分配公平满意度有显著的正向影响,说明预计未来五年个人的社会经济地位越高于现在的社会经济地位,则再分配公平满意度越高。模型 5-2 的回归结果显示,职业等级对再分配公平满意度有显著的正向影响,表明个人职业等级越高,则再分配公平满意度越高。模型 5-3 的回归结果显示,信任程度对再分配公平满意度有显著的正向影响,表明个体对同事与朋友的信任程度越高,其再分配公平满意度越高。在以往研究中,信任对合作或交易过程的作用被广泛认可。[①] "信任"一直以来被普遍认为是除物质资本和人力资本之外决定一个国家或地区经济增长绩效和社会进步的主要社会资本,它甚至被视作一个运行良好的社会秩序最重要的道德基础。[②] 本部分研究结果证实,信任程度还有助于人们认可再分配结果,对同事与朋友的信任程度越高,居民对再分

---

① 弗朗西斯·福山,2016.信任:社会美德与创造经济繁荣[M].郭华,译.桂林:广西师范大学出版社:215-250.

② 张维迎,柯荣柱,2002.信任及其解释:来自中国的跨省调查分析[J].经济研究(10):59-70.

表 7-8 再分配公平满意度模型估计结果之二

解释变量	模型 3-4（社会保障公平）	模型 3-5（社会保障公平）	模型 4-1（转移支付公平）	模型 4-2（转移支付公平）	模型 4-3（转移支付公平）	模型 5-1（社会经济地位）	模型 5-2（职业等级）	模型 5-3（信任程度）
male	−0.033 48	−0.011 34	−0.035 39	−0.035 19	−0.027 24	−0.033 22	−0.031 07	−0.022 97
han	−0.050 68	−0.060 96	−0.028 33	−0.023 20	−0.036 60	−0.060 35	−0.055 83	−0.066 38
age	0.022 83	0.020 02	0.027 63	0.025 00	0.021 76	0.024 86	0.025 33	0.021 84
age^2	−0.000 49	−0.000 20	−0.000 30	−0.000 26	−0.000 21	−0.000 35	−0.000 28	−0.000 33
pop	−0.043 28	−0.030 90	−0.022 21	−0.021 51	−0.024 45	−0.016 61	−0.022 15	−0.021 16
lab	0.067 20	0.057 54***	0.036 02	0.016 18	0.025 70	0.018 07	0.025 58	0.029 73
heal	0.216 41***	0.112 33***	0.189 73***	0.183 10***	0.185 38***	0.225 26***	0.187 26***	0.227 22***
edu	0.021 19*	0.029 34**	0.027 89**	0.022 28*	0.031 28*	0.024 33*	0.017 66*	0.025 87**
expe	0.001 88	0.004 50	0.005 04	0.001 12	0.005 49*	0.010 25	0.010 11	0.005 52
ln(income)	0.145 79	0.152 52	0.257 90**	0.242 92	0.215 56*	0.212 85*	0.141 46	0.184 41
rinc1	0.363 03***	0.433 86***	0.534 27***	0.443 62***	0.431 88***	0.582 40***	0.589 05***	0.584 40***
rinc2	0.442 32***	0.462 62***	0.374 24***	0.326 00***	0.353 50***	0.583 97***	0.593 74***	0.586 67***
satis5	2.441 46***							
satis5×lincome	0.085 95*							
satis5×hincome	0.047 50							
satis6		2.285 78***						
satis6×lincome		0.033 04						

续 表

解释变量	模型 3-4（社会保障公平）	模型 3-5（社会保障公平）	模型 4-1（转移支付公平）	模型 4-2（转移支付公平）	模型 4-3（转移支付公平）	模型 5-1（社会经济地位）	模型 5-2（职业等级）	模型 5-3（信任程度）
satis6×hincome		0.023 69						
satis7			2.167 84***					
satis8				2.430 04***				
satis8×city				−0.024 69***				
satis8×lincome				0.136 13***				
satis8×hincome				−0.090 09**				
satis9					2.024 70***			
stat						0.191 67*		
fusta						0.149 62*		
fustafu						0.310 27**		
prof							0.043 12**	
trust								0.097 70**
reg2	−0.043 94	−0.089 01	−0.069 28	−0.023 74	−0.083 50	−0.022 58	−0.019 70	−0.043 25
reg1	−0.391 98	−0.369 51	−0.353 75**	−0.282 68	−0.201 39	−0.214 52	−0.193 31	−0.179 18
LR statistic	2263.227 00***	2104.186 00***	1931.249 00***	1948.494 00***	1648.208 00***	577.450 001***	573.023 10***	577.411 20***

注：上标***、**、*分别表示回归系数在 1%、5%和 10%的水平上显著。

配公平状况的认可程度越高。上述研究结论部分支持了假设4。

以上的研究结果表明,政府的收入再分配政策在一定程度上保护了弱势群体的利益,缩小了初次分配不平等,提高了居民的社会保障水平,营造了安全的社会环境与和谐的社会氛围,最终提升了居民的再分配公平满意度。

四、基本结论

根据以上实证研究结果,得到以下基本结论:

1. 税负公平对再分配公平满意度有显著的影响。其中,税负(各种税费负担、个人税负、投资税负)满意度越高,则居民对再分配公平满意度越高,反之则越低。与中等收入居民相比,低收入居民对"政府应该向富人征收更多的税来帮助穷人"的认可程度越高,再分配公平满意度越高,而高收入居民则相反。在体制内工作单位(党政机关、事业单位、国有企业)工作的居民,其再分配公平满意度显著高于在体制外工作单位工作的居民。投资税负满意度进一步扩大了体制内与体制外居民之间的再分配公平满意度差距。

2. 社会保障公平对再分配公平满意度有显著的影响。其中,社会保障(社会保险,社会救助、社会优抚、社会福利)满意度越高、帮扶弱势群体状况满意度越高,则居民的再分配公平满意度越高,反之则越低。居民对"国家应该保障每个人的基本生活水平"的认可程度越高,则再分配公平满意度越高;与中等收入居民相比,低收入居民对"国家应该保障每个人的基本生活水平"的认可程度越高,则再分配公平满意度越高。社会保险满意度进一步扩大了体制内与体制外居民之间的再分配公平满意度差距。

3. 转移支付公平对再分配公平满意度有显著的影响。其中,转移支付(最低生活保障线下人均转移支付、个人转移支付、企业转移支付)满意度越高,则居民的再分配公平满意度越高,反之则越低。与城镇居民相比,农村居民对个人转移支付满意度越高,则再分配公平满意度越高;与中等收入居民相比,低收入居民对个人转移支付满意度越高,则再分配公平满意度越高,而高收入居民则相反。

除此之外,本部分研究结果还表明:居民的相对收入越高、健康状况越好、受教育年限越长、职业等级越高、信任程度越高,则其再分配公平满意度越高;社会经济地位预期向上流动对再分配公平满意度有显著的正向影响。

第三节　资本异质性与收入分配公平满意度[①]

一、文献综述与研究假设

异质性是指研究对象的差异性和独特性。本节涉及的资本异质性是指居民个体在人力资本、物质资本、政治资本和社会资本等方面表现出的差异性。在现有的相关文献中,对于收入分配公平满意度概念的使用并不一致,如分配态度、收入满意度、分配公平感、幸福感等概念,在本节均作为与收入分配公平满意度相近的概念加以使用。

(一)人力资本与收入分配公平满意度

关于人力资本与收入分配公平满意度之间的关系,学术界的观点并不一致。有的学者认为,教育作为人力资本的重要组成部分,可以通过改善个体客观条件(如社会经济地位),提高个体的收入满意度,提高个体对收入的主观评价。[②③] 多数研究表明,受教育程度与人们的主观幸福感或满意度之间存在显著的正相关关系。[④⑤⑥] 而有的学者研究发现,受教育程度与人们的满意度之间存在显著的负相

① 孙敬水,蔡培培,2018.资本异质性与收入分配公平满意度——基于人力资本、物质资本、政治资本与社会资本的微观证据[J].商业经济与管理(11):74-87.

② LAYARD R,2006. Happiness and public policy:a challenge to the profession[J]. The Economic Journal,116(510):24-33.

③ 孙明,2009.市场转型与民众的分配公平观[J].社会学研究(3):78-88.

④ CHEN W C,2012. How education enhances happiness: comparison of mediating factors in four east asian countries[J]. Social Indicators Research,106(1):117-131.

⑤ PEROVIC L M,2010. Life satisfaction in Croatia[J]. Croatian Economic Survey,12(1):45-81.

⑥ BOTHA F,2014. Life satisfaction and education in south africa: investigating the role of attainment and the likelihood of education as a positional good[J]. Social Indicators Research,118(2):555-578.

关关系。[①②] 还有学者认为,受教育程度与人们的满意度间并不存在显著的关系。[③④⑤] 还有一些研究结果表明,人力资本与收入分配公平满意度之间存在较为复杂的关系,且受教育程度对人们满意度的影响在不同的收入群体中是不同的;在高收入群体中,受教育程度与人们的满意度之间并不存在显著的关系;然而在低收入群体中,受教育程度仍是人们生活满意度的一个重要指标。[⑥] 且教育程度与分配公平感之间的正向影响是有条件的,教育作为个人地位投资,所激发的预期回报与实际回报会显著影响人们的分配公平感。随着人们的预期回报与实际回报间差距的扩大,这种正向影响会降低,且教育程度越高,降低的幅度越大。[⑦] 此外,还有一些文献则专门研究转型期人力资本与幸福感的关系。Silver et al.研究发现,转型国家在变革前,人力资本与幸福感存在显著的正相关关系,而在变革后,两者存在显著的负相关关系。[⑧] 笔者认为,人力资本对收入分配公平满意度产生影响主要通过两种途径:一是人力资本投入越大,即人们的受教育年限越长、工作经验越丰富、掌握的职业技能越多,人们在劳动力市场上越占有优势,可以获得相对较高的收入,因此人们的收入分配公平满意度越高。二是由于人们在人力资本上的投入越大,其期待的预期回报越多,设定的目标越高,付出的努力也越多,而一旦预期回报或目标未能实现,则人们的收入分配公平满意度会大大降低。因此,人力资本对收入分配公平满意度的影响取决于哪种途径在起主要作用。另外,即使是相同的人力资本,但由于个体在性别、户籍、地区、收入等级等方面存在差异,人们对收入分配公平的认知也是不同的。为此提出如下假设:

假设1:人力资本及其与户籍、性别的交互作用对收入分配公平满意度有显著的影响,但影响方向是不确定的。

① CLARK A E, OSWALD A J,1994. Unhappiness and unemployment[J]. Economic Journal,104(424):648-659.

② THEODOSSIOU I,1998. The effects of low-pay and unemployment on psychological well-being: a logistic regression approach[J]. Journal of Health Economics,17(1):85-104.

③ POWDTHAVEE N,2003. Is the structure of happiness equations the same in poor and rich countries? the case of South Africa[R]. Warwick Economics Research Paper, The University of Warwick, NO. 675.

④ PEIRó A,2006. Happiness, satisfaction and socio-economic conditions: some international evidence[J]. Journal of Socio-Economics,35(2):348-365.

⑤ HELLIWELL J F,2002. How's life? combining individual and national variables to explain subjective well-being[J]. Economic Modelling,20(2):331-360.

⑥ SALINAS-JIMéNEZ M D, ARTéS J, SALINAS-JIMéNEZ J,2011. Education as a positional good: a life satisfaction approach[J]. Social Indicators Research,103(3):409-426.

⑦ 李颖晖,2015. 教育程度与分配公平感:结构地位与相对剥夺视角下的双重考察[J]. 社会(1):143-160.

⑧ SILVER H C, CAUDILL S B, MIXON F G,2017. Human capital and life satisfaction in economic transition[J]. Economics of Transition,25(2):165-184.

(二)物质资本与收入分配公平满意度

一般而言,物质资本是指用于生产商品与劳务的生产物资形式。本节主要指微观个体拥有的物质资本。物质资本的积累能否提高收入分配公平满意度,这在现有相关研究中存在争议。有的学者研究发现:物质资本的增加可以降低基尼系数,提高人们的分配公平感[①];微观个体拥有的物质资本积累越多,选择收入分配公平满意的概率越高[②];增加家庭生产性固定资产积累有利于缩小农村居民收入差距,提高人们的收入分配公平满意度[③]。有的学者利用联合国发布的人类发展指数 HDI 作为人力资本和物质资本的代理变量,进一步研究了不同类型的资本对人们生活满意度的影响,结果表明,物质资本对人们的生活满意度有显著的正向影响,物质资本的增加显著提高了人们在生活标准、人生成就、安全感等方面的生活满意度。[④] 然而,还有一些研究得出了截然不同的结论,认为物质资本的集聚会扩大收入差距,引发人们对收入分配的不满。[⑤⑥] 笔者认为,就微观个体而言,物质资本积累越多,代表个体在收入分配过程中获得的收益越多,也代表个体在社会经济中的地位越高,因此人们的收入分配公平满意度也越高。为此提出如下假设:

假设 2:物质资本及其与收入等级的交互作用对收入分配公平满意度有显著的影响,微观个体拥有的物质资本越多,其收入分配公平满意度越高。

(三)政治资本与收入分配公平满意度

在经济学中,对政治资本并没有一个统一规范的定义,不同的文献关于政治资本的测度也有所不同。干部或党员身份是常被用来衡量政治资本的变量。[⑦⑧⑨]

---

① SHAHPARI G,DAVOUDI P,2014. Studying effects of human capital on income inequality in Iran [J]. Procedia-Social and Behavioral Sciences,109(2):1386-1389.

② 孙敬水,林晓炜,2016.城镇居民分配公平满意度影响因素实证研究[J].浙江社会科学(9):133-143.

③ 孙敬水,程芳芳,2017.初次分配公平与再分配公平满意度研究——基于浙江省 11 个地区 958 份居民家庭问卷调查研究[J].江西财经大学学报(2):11-23.

④ PANASAS E E,2013. Homeorhesis and indication of association between different types of capital on life satisfaction: the case of greeks under crisis[J]. Social Indicators Research,110(1):171-186.

⑤ GALOR O, MOAV O,2004. From physical to human capital accumulation: inequality and the process of development[J]. Review of Economic Studies,71(4):1001-1026.

⑥ BALDI G,2013. Physical and human capital accumulation and the evolution of income and inequality [J]. Journal of Economic Development,38(3):57-83.

⑦ KNIGHT J,YUEH L,2008. The role of social capital in the labor market in China[J]. Economics of Transition,16(3):389-414.

⑧ NEE V,1996. The emergence of a market society: changing mechanisms of stratification in China [J]. American Journal of Sociology,101(4):908-949.

⑨ 罗楚亮,李实,2007.人力资本、行业特征与收入差距——基于第一次全国经济普查资料的经验研究[J].管理世界(10):19-30.

除了党员身份,干部职位、前干部身份也被用作政治资本的代理变量。[①] 多数研究结果表明,个人政治身份与其自身收入之间呈现正相关关系[②],政治资本显著地提高了人们的满意度[③]。毕雅丽等针对官员收入满意度的研究表明,相对于人力资本,政治资本可以显著提高官员的收入回报和收入满意度,而党员身份对收入与收入满意度并未产生影响。[④] Vemuri et al.的研究结果表明,政治资本对人们的生活满意度并没有显著影响。[⑤] 孙敬水等的研究结果表明:家庭政治资本与物质资本越多,人们选择分配公平满意的概率越高;政治资本对分配公平满意度的正向影响程度较大,物质资本的正向影响程度较小。[⑥] 笔者认为,个体的政治资本积累越多,就有更多机会接触到一些有社会经济地位的群体,结交的社会网络会越广,获取的社会信息资源也会越多,这增加了人们选择的机会,从而更容易获得较高的收入水平,因此收入分配公平满意度较高。为此提出如下假设:

假设3:政治资本及其与户籍、职务等级的交互作用对收入分配公平满意度有显著的影响,个体拥有的政治资本越多,其收入分配公平满意度越高。

(四)社会资本与收入分配公平满意度

社会资本是相对于物质资本和人力资本而言的一种无形的资源形式,是指社会结构或社会关系中的各种特征[⑦][⑧],它反映了社会互动和社会相互依赖情况,例如友谊、社会网络、关系、信任、邻里互动和社会参与等[⑨]。社会资本体现在家庭、朋友与邻居的关系中,存在于工作场所、群体组织,甚至是互联网的"虚拟社区"

① 边燕杰,吴晓刚,李路路,2008.社会分层与流动:国外学者对中国研究的新进展[M].北京:中国人民大学出版社:1-29.

② LIU Z,2003. The economic impact and determinants of investment in human and political capital in China[J]. Economic Development and Cultural Change,51(4):823-850.

③ ABDALLAH S,THOMPSON S,MARKS N,2008. Estimating worldwide life satisfaction[J]. Ecological Economics,65(1):35-47.

④ 毕雅丽,贺杰,2015.人力、政治资本对基层公务员收入及其满意度的影响分析[J].统计与决策(21):105-108.

⑤ VEMURI A W,COSTANZA R,2006. The role of human,social,built,and natural capital in explaining life satisfaction at the country level:toward a national well-being index [J]. Ecological Economics,58(1):119-133.

⑥ 孙敬水,丁宁,2016.农村居民收入分配公平满意度构成要素分析[J].社会科学战线(11):66-74.

⑦ LIN N,1999. Social networks and status attainment[J]. Annual Review of Sociology,25(1):467-487.

⑧ SONG L,LIN N,2009. Social capital and health inequality:evidence from Taiwan[J]. Journal of Health & Social Behavior,50(2):149-163.

⑨ LIN N,1999. Social networks and status attainment[J]. Annual Review of Sociology,25(1):467-487.

中。[1] 社会资本通过人们之间的信任、交流、合作进而提高社会效率和社会整合度,是人们幸福感和满意度的重要来源。[2][3][4] 一些研究发现:社会资本有助人们在信息、就业、收入等方面获得优势,取得额外的经济利益,有助于提升个人幸福感[5];社会资本与人们的幸福感间存在显著的正相关关系[6][7][8];以社交网络和社会信任为主要内容的社会资本积累是提高人们幸福感的重要原因[9];Ram 的研究结果表明,社会资本是调节居民收入分配的"均衡器",社会资本的增加显著缓解了收入分配不均等,提高了人们的满意度[10]。而另外一些研究结果表明,社会资本与人们的满意度之间存在负相关关系。[11][12] 还有一些学者认为,社会资本与人们的满意度之间可能存在复杂的关系。Yuan 通过引入社会资本与家庭收入的交互项来探讨家庭收入的不同是否会影响社会资本与满意度之间的关系,研究发现,家庭收入实质上降低了社会网络规模与满意度之间的联系,但增加了社会参与和满意度之间的关系。[13] Rodríguez-Pose et al. 探讨了欧洲国家社会资本与人们幸福感的关系,发现在欧洲不同地区,社会资本与幸福感的相互作用存在显著

① COX A B,2017. Cohorts,"siblings,"and mentors:organizational sstructures and the creation of social capital[J]. Sociology of Education,90(1):47-63.

② BOWLING A, FARQUHAR M, BROWNE P,1991. Life satisfaction and associations with social network and support variables in three samples of elderly people[J]. International Journal of Geriatric Psychiatry,6(8):549-566.

③ LIM C, PUTNAM R D, 2010. Religion, social networks, and life satisfaction[J]. American Sociological Review,75(6):914-933.

④ LITWIN H,SHIOVITZ-EZRA S,2011. Social network type and subjective well-being in a national sample of older Americans[J]. Gerontologist,51(3):379-388.

⑤ POWDTHAVEE N,2008. Putting a price tag on friends, relatives, and neighbours:using surveys of llife satisfaction to value social relationships[J]. Journal of Socio-economics, 37(4):1459-1480.

⑥ BERKMAN L F, SYME S L,1979. Social networks, host resistance, and mortality:a nine-year follow-up study of alameda county residents[J]. American Journal of Epidemiology,109(2):186-204.

⑦ PINQUART M, SORENSEN S, 2000. Influences of socioeconomic status, social network, and competence on subjective well-being in later life:a meta-analysis[J]. Psychology & Aging,15(2):187-224.

⑧ FOWLER J H,CHRISTAKIS N A,2009. Dynamic spread of happiness in a large social network:longitudinal analysis of the framingham heart study social network[J]. British Medical Journal,338(7685):23-27.

⑨ BARTOLINI S, SARRACINO F, 2014. Happy for how long? how social capital and economic growth relate to happiness over time [J]. Ecological Economics,108(12):242-256.

⑩ RAM R,2013. Social capital and income inequality in the United States[J]. Atlantic Economic Journal,41(1): 89-91.

⑪ BJøRNSKOV C,2003. The happy few:cross-country evidence on social capital and life satisfaction [J]. Kyklos,56(1):3-16.

⑫ YIP W, SUBRAMANIAN S V, MITCHELL A D, et al. 2007. Does social capital enhance health and well-being? evidence from rural China[J]. Social Science & Medicine,64(1):35-49.

⑬ YUAN H,2016. Structural social capital,household income and life satisfaction:the evidence from Beijing, Shanghai and Guangdong-province, China[J]. Journal of Happiness Studies,17(2):569-586.

的差异。[1] 史振华等则区分了城市本地户籍居民与外地户籍居民进行研究,发现两者在社会资本和收入满意度上存在显著差异,城市本地户籍居民的社会资本和收入满意度显著高于外地户籍居民。[2] 笔者认为,社会资本反映了人们的社会关系网络、邻里互动、社会信任、社会参与等,社会资本积累得越多,人们的社会关系网络越大,邻里互动与信任程度越高,社会参与度越高,人们可利用的社会资源和信息越多,因此人们的收入分配公平满意度越高。为此提出如下假设:

假设 4:社会资本及其与户籍的交互作用对收入分配公平满意度有显著的影响,个体的社会资本积累越多,其收入分配公平满意度越高。

除此之外,居民的个体基本特征、收入水平、社会保险等对分配公平满意度也会产生一定影响。现有研究结果表明:男性居民的分配公平满意度低于女性居民[3];汉族居民的分配公平满意度低于少数民族居民,城镇居民的分配公平满意度低于农村居民[4];个体的绝对收入和相对收入越高,其分配公平满意度越高[5][6];社会保障程度越高,居民的收入分配公平满意度越高[7]。由于个体在性别、户籍、地区、收入等级等方面存在差异,人们对收入分配公平的认知是不同的。为此提出如下假设:

假设 5:收入、社会保险及其与户籍的交互作用对收入分配公平满意度有显著的影响,个体的绝对收入、相对收入水平越高,其分配公平满意度越高。

与现有相关研究相比,本节主要贡献有以下几点:第一,现有相关研究主要从教育、健康等方面探讨人力资本对收入分配公平满意度的影响,很少涉及人力资本与户籍的交互作用、人力资本与性别的交互作用对收入分配公平满意度的影响。本节探讨了受教育年限、工作经验、技能培训、健康状况及其交互作用对收入分配公平满意度的影响,是对现有相关研究的补充与完善。第二,本节在探讨物质资本对收入分配公平满意度的影响时,增加了物质资本与收入等级的交互作

---

①　RODRiGUEZ-POSE A，BERLEPSCH V V,2014. Social capital and individual happiness in Europe [J]. Journal of Happiness Studies,15(2):357-386.

②　史振华,李树,2014. 户籍、社会资本与收入满意度研究[J].制度经济学研究(2):149-168.

③　KEAVENY T J, INDERRIEDEN E J, 2000. Gender differences in pay satisfaction and pay expectations[J]. Journal of Managerial Issues,12(3):363-379.

④　方学梅,2017. 不平等归因、社会比较对社会公平感的影响[J]. 华东理工大学学报:社会科学版(2):72-90.

⑤　TREMBLAY M, VANDENBERGHE C, DOUCET O, 2013. Relationships between leader-contingent and non-contingent reward and punishment behaviors and subordinates' perceptions of justice and satisfaction, and evaluation of the moderating influence of trust propensity, pay level, and role ambiguity [J]. Journal of Business and Psychology,28(2): 233-249.

⑥　DUMLUDAG D,2014. Satisfaction and comparison income in transition and developed economies [J]. International Review of Economics,61(2):127-152.

⑦　栗治强,王毅杰,2014. 转型期中国民众公平感的影响因素分析[J]. 学术论坛(8):99-105.

用,这在现有相关研究中是没有涉及的。对于政治资本,现有研究一般选择党员身份作为代理变量,考虑到现阶段党员身份对收入等方面的影响越来越小,本节选取党派成员、职务等级、乡村干部和转业军人等作为政治资本的代理变量,指标选取上更加全面、合理,同时增加了职务等级与政治资本、职务等级与户籍的交互作用,这在现有的相关研究中是没有涉及的。第三,本节在在外就餐频率、家庭礼金与通信网络费用、行业协会或其他组织成员(简称组织成员)、对同事与朋友的信任程度等方面设计了社会资本的代理变量,探讨了社会资本及其交互作用对收入分配公平满意度的影响,这在现有的相关研究中也是没有涉及的。

二、变量、数据与模型

本节模型中的被解释变量为收入分配公平满意度 satis,取值为 1,2,3,4,5,其属于有序离散选择变量,数值越大,代表居民的收入分配公平满意度越高。解释变量主要有两类:一是资本异质性特征变量,二是个体基本特征、收入与社会保险等变量。资本异质性特征变量主要包括人力资本、物质资本、政治资本和社会资本等异质性特征变量。其中,选取受教育年限、工作经验、技能培训和健康状况作为人力资本异质性特征变量;选取住房拥有完全产权、农村居民拥有的土地和固定资产作为物质资本异质性特征变量;选取政治面貌(党派成员)、乡村干部、转业军人、职务等级作为政治资本异质性特征变量;选取家庭礼金与通信网络费用、在外就餐频率、组织成员、对同事与朋友的信任程度作为社会资本异质性特征变量。个体基本特征变量选取性别、年龄、民族、家庭人口、家庭劳动力、户籍等指标,收入变量选取绝对收入(个人每月税后收入、收入等级)、相对收入(收入与过去五年相比满意度、收入与同职业人员收入相比满意度),其他变量选取地区、社会保险等指标。模型中各变量的符号、含义及样本均值如表 7-9 所示。

表 7-9 变量、符号含义与样本均值

变量	符号	含义	样本均值
收入分配公平满意度	satis	见注①	2.700 55
1.个体基本特征变量			
(1)性别[a](虚拟变量)	male	男性 male=1,否则取 0	0.581 22
(2)民族[b](虚拟变量)	han	汉族 han=1,否则取 0	0.977 16
(3)年龄	age		41.615 63
(4)家庭人口	pop		3.7340
(5)家庭劳动力	lab		2.257 961
(6)个人户籍(虚拟变量)	city	城镇户口 city=1,否则取 0	0.598 59

续　表

变量	符号	含义	样本均值
2.收入变量			
（1）绝对收入:个人每月税后收入	ln(income)	收入取对数	8.221 88
（2）绝对收入c:高收入（虚拟变量）	hincome	高收入 hincome=1,否则取 0	0.199 74
低收入（虚拟变量）	lincome	低收入 lincome=1,否则取 0	0.199 74
（3）相对收入:收入与过去五年相比满意度	rinc1	见注①	2.963 98
收入与同职业人员收入相比满意度	rinc2	见注①	2.914 44
3.资本异质性特征变量			
人力资本:（1）受教育年限	edu		12.9511
（2）工作经验	expe	用工作（或务农）年限表示	18.708 27
（3）技能培训（虚拟变量）	train	参加技能培训 train=1,否则取 0	0.373 63
（4）健康状况（虚拟变量）	heal	见注②	3.845 61
物质资本:（1）住房拥有完全产权（虚拟变量）	houp	有完全产权 houp=1,否则取 0	0.825 09
（2）农村居民:土地（亩）	land		5.585 43
固定资产（元）	ass		23965.03
政治资本:（1）政治面貌（虚拟变量）	poli	是党派成员 poli=1,否则取 0	0.104 40
（2）农村居民:乡村干部（虚拟变量）	cad	是乡村干部 cad=1,否则取 0	0.054 03
转业军人（虚拟变量）	sold	是转业军人 sold=1,否则取 0	0.036 63
（3）职务等级	post	见注③	1.591 58
社会资本:（1）在外就餐频率	eat	见注④	3.105 31
（2）家庭礼金与通信网络费用	gift		1064.185
（3）组织成员（虚拟变量）	orga	是组织成员 orga=1,否则取 0	0.054 03
（4）对同事与朋友的信任程度	trust	见注⑤	3.619 17
4.其他解释变量			
（1）地区d:东部地区（虚拟变量）	reg2	东部地区 reg2=1,否则取 0	0.608 23
中部地区（虚拟变量）	reg1	中部地区 reg1=1,否则取 0	0.316 18
（2）社会保险（虚拟变量）	insu	有社会保险 insu=1,否则取 0	0.730 77

参照基准:a 女性;b 少数民族;c 中等收入（参照国家统计局对收入五等份分组法,低收入户、中等偏下收入户、中等收入户、中等偏上收入户、高收入户各占 20%,本节将收入从小到大排序,收入最高的 20% 为高收入,收入最低的 20% 为低收入,其余的为中等收入）;d 西部。

注:①satis:非常不满意、不太满意、一般满意、比较满意、非常满意依次取 1,2,3,4,5。②heal:很差、较差、一般、较好、很好依次取 1,2,3,4,5。③post:无职务、基层、中层、高层依次取 1,2,3,4。④eat:1 表示从不,5 表示经常。⑤trust:1 表示完全不信任,5 表示完全信任。

由于人力资本、物质资本、政治资本、社会资本、收入分配公平满意度等涉及较多的主观指标,而这些主观指标不能直接从统计年鉴和官方网站上获得,本节采用问卷调查的方法获得个体微观数据(见本章第一节数据来源)。

由于本节讨论的主要变量(即收入分配公平满意度)是有序离散选择变量,可以采用多元有序模型(见本章第一节多元有序选择模型)对资本异质性与收入分配公平满意度进行实证研究。根据研究假设和变量描述,$x'B$ 有如下形式:

$$x'B = \beta_0 + \sum \beta_i \text{individual}_i + \sum \beta_j \text{income}_j + \sum \beta_k \text{capitalhete}_k$$

$$+ \sum \beta_l \text{interaction}_l + \sum \beta_m \text{control}_m \tag{7-11}$$

其中,β 为回归参数,individual 为个体基本特征变量,income 为收入变量,capitalhete 为资本异质性特征变量,interaction 为变量间交互项,control 为其他解释变量,各变量含义如表 7-9 所示。

三、实证结果

基于问卷调查数据,利用计量软件 EViews9.0,对多元有序选择模型[见公式(7-11)]应用极大似然估计法,得到表 7-10 与表 7-11 的回归结果。表 7-10 中的模型 1 为基本模型,模型 2 和模型 3 为收入(高收入与低收入、绝对收入与相对收入)、社会保险及其交互项与分配公平满意度的回归结果,模型 4 至模型 7 依次为人力资本、物质资本、政治资本、社会资本及其交互项与收入分配公平满意度的回归结果。表 7-10 与表 7-11 中的模型 1 至模型 7,通过了稳健性检验和内生性检验(如 Hausman 检验)。由于模型较多,为节省文章篇幅,没有给出每个回归模型的稳健性检验和内生性检验结果。表 7-10 与表 7-11 的回归结果表明,LR statistic 统计量较大,对应的显著性水平较高,Ordered Logit 模型显著成立。

(一)个体基本特征与居民收入分配公平满意度

表 7-10 中的模型 1 为基本模型,主要反映了性别、民族、年龄、家庭人口、家庭劳动力等个体基本特征对收入分配公平满意度的影响。回归结果显示:男性居民、汉族居民的分配公平满意度依次低于女性居民和少数民族居民,但不显著;年龄与收入分配公平满意度呈倒"U"形关系但不显著;家庭人口数量越少,居民的收入分配公平满意度越高;家庭劳动力数量对收入分配公平满意度有正向影响但不显著;东部地区与中部地区居民对收入分配公平满意度高于西部地区但不显著。

(二)收入、社会保险与居民收入分配公平满意度

表 7-10 中的模型 2、模型 3 反映了收入等级、绝对收入、纵向相对收入、横向

表 7-10 资本异质性与分配公平满意度模型估计结果之一

解释变量	模型 1（基本模型）	模型 2-1（收入）	模型 2-2（收入）	模型 2-3（收入）	模型 3（社会保险）	模型 4-1（人力资本）	模型 4-2（人力资本）	模型 4-3（人力资本）
male	−0.012 58	−0.018 49	−0.017 11	−0.013 95	−0.003 40	−0.012 55	−0.509 41	−0.022 20
han	−0.018 90	−0.013 77	−0.012 89	−0.026 33	−0.027 040	−0.018 88	−0.029 31	−0.011 00
age	0.025 40	0.021 81	0.030 12	0.031 20	0.021 73	0.025 40	0.027 83	0.024 26
age^2	−0.000 23	−0.000 19	−0.000 29	−0.000 29	−0.000 18	−0.000 23	−0.000 25	−0.000 19
pop	−0.131 85***	−0.126 91***	−0.132 21***	−0.131 80***	−0.121 05***	−0.131 80***	−0.134 98***	−0.135 30***
lab	0.095 95	0.086 03	0.097 31	0.099 26*	0.081 77	0.095 94	0.100 47*	0.091 26
heal	0.197 08***	0.193 67***	0.198 16***	0.197 20***	0.186 46***	0.197 08***	0.197 46***	0.195 42***
edu	0.026 46**	0.022 13*	0.027 11**	0.027 676*	0.022 68*	0.026 43*	0.049 56**	0.027 10**
expe	0.000 39	0.000 51	0.000 62	0.000 16	0.000 48	0.000 39	5.57E−05	0.000 84
ln(income)	0.122 16	0.234 43	0.149 44	0.146 90	0.109 24	0.122 07	0.118 62	0.128 20
rinc1	1.014 26***	0.986 45***	0.920 80***	1.007 47***	1.014 80***	1.014 26***	1.015 25***	1.012 06***
rinc2	0.930 61***	0.928 70***	0.924 31***	0.798 26***	0.928 86***	0.930 61***	0.934 73***	0.932 25***
lincome		−0.394 83***						
hincome		0.192 09						
ln(income)×city			−0.056 00*	−0.077 16**				
rinc1×city			0.155 30*					
rinc2×city				0.218 84**				

续 表

解释变量	模型 1（基本模型）	模型 2-1（收入）	模型 2-2（收入）	模型 2-3（收入）	模型 3（社会保险）	模型 4-1（人力资本）	模型 4-2（人力资本）	模型 4-3（人力资本）
insu					0.375 50***			
insu×city					-0.025 46			
edu×city						-0.001 42**		
edu×male							-0.040 00**	
train								0.207 88*
train×city								-0.148 72
reg2	0.202 40	0.185 96	0.213 75	0.226 90	0.183 06	0.202 43	0.196 79	0.191 12
reg1	0.008 23	0.005 65	0.018 88	0.022 30	0.027 70	0.008 25	0.001 97	0.002 86
LR statistic	1384.360***	1393.693***	1387.605***	1389.767***	1395.143*	1384.360***	1389.018***	1388.148***

注：上标 ***、**、* 分别表示回归系数在 1%、5% 和 10% 的水平上显著。

相对收入、社会保险对收入分配公平满意度的影响。模型 2-1 的回归结果显示：绝对收入对居民分配公平满意度有正向影响但不显著；低收入居民，其收入分配公平满意度显著低于中等收入居民，而高收入居民的收入分配公平满意度高于中等收入居民，但不显著。模型 2-2、模型 2-3 的回归结果表明，居民的纵向相对收入水平(收入与过去五年相比满意度)、横向相对收入水平(收入与同职业人员收入相比满意度)对收入分配公平满意度有显著的正向影响，即居民的相对收入水平越高，其收入分配公平满意度越高。个人绝对收入与户籍的交互项对收入分配公平满意度有显著的负向影响，个人相对收入与户籍的交互项对收入分配公平满意度有显著的正向影响。这表明：与城镇居民相比，农村居民的绝对收入水平越高，其收入分配公平满意度越高；与农村居民相比，城镇居民的相对收入水平越高，其收入分配公平满意度越高。这说明城镇居民更关心的是相对收入水平，而不是绝对收入水平，这基本符合局部比较理论的观点。模型 3 的回归结果表明：社会保险对收入分配公平满意度有显著的正向影响，即有社会保险的居民，其收入分配公平满意度显著高于没有社会保险的居民。上述结论支持了假设 5。社会保险与户籍的交互项对收入分配公平满意度有负向影响但不显著。对居民而言，社会保险是一种社会保障，它可以使人们老有所养、病有所医，并且在居民丧失劳动能力或失业时给予必要的物质帮助，提供基本的生活保障，因此有社会保险的居民的收入分配公平满意度较高。

(三)人力资本与居民收入分配公平满意度

表 7-10 中的模型 4-1、模型 4-2、模型 4-3 反映了人力资本异质性特征变量及其与户籍、性别的交互项对收入分配公平满意度的影响。模型 4-1 的回归结果显示：健康状况、受教育年限对收入分配公平满意度有显著的正向影响，说明个人健康状况越好、受教育年限越长，其收入分配公平满意度越高；工作经验对居民的收入分配公平满意度有正向影响但不显著；受教育年限与户籍的交互项对收入分配公平满意度有显著的负向影响，说明与城镇居民相比，农村居民受教育年限越长，其收入分配公平满意度越高。模型 4-2 的回归结果表明，受教育年限与性别的交互项对收入分配公平满意度有显著的负向影响，说明与男性居民相比，女性居民受教育年限越长，其收入分配公平满意度越高。模型 4-3 的回归结果显示，技能培训对收入分配公平满意度有显著的正向影响，技能培训与户籍的交互项对收入分配公平满意度有负向影响但不显著。上述结论为假设 1 提供了实证依据，说明人力资本对收入分配公平满意度的影响主要是通过第一种途径实现的，即人们的人力资本投入越多，如受教育年限越长、健康状况与职业技能越好，人们在劳动力市场上越占优势，同时收入水平越高，对收入分配公平状况的评价越乐观。

（四）物质资本与居民收入分配公平满意度

表 7-11 中的模型 5-1、模型 5-2 反映了物质资本异质性特征变量及其与收入等级的交互项对收入分配公平满意度的影响。模型 5-1 的回归结果表明，住房拥有完全产权的居民的收入分配公平满意度显著高于住房无完全产权的居民，这一结论与假设 2 相符。一方面，房产（拥有完全产权）作为居民长期拥有的物质资本，作为家庭的重要财产，近 20 年来升值较大，因此居民的收入分配公平满意度也较高。另一方面，这可能与中国特殊的国情有关，中国人一向看重房子产权，房子产权直接关系到城市落户问题，能否落户又直接关系到人们的教育、医疗、社会保障等，因此，住房拥有完全产权可以使人们享受到更多的社会福利和社会资源，人们的收入分配公平满意度也较高。住房拥有完全产权与低收入的交互项对收入分配公平满意度有显著的负向影响，与高收入的交互项对收入分配公平满意度有正向影响但不显著。这说明住房拥有完全产权的低收入居民，其收入分配公平满意度较低。由于我国部分城市房价比较高，住房拥有完全产权的低收入居民可能面临的还款压力较大，故收入分配公平满意度相对较低。模型 5-2 的回归结果显示，土地、固定资产等物质资本对农村居民收入分配公平满意度有正向影响但不显著，这可能与土地和固定资产不能完全反映农民的物质资本状况有关。

（五）政治资本与居民收入分配公平满意度

表 7-11 中的模型 6-1、模型 6-2、模型 6-3 反映了政治资本异质性特征变量（政治面貌、乡村干部与转业军人、职务等级）对收入分配公平满意度的影响。模型 6-1 的回归结果表明，政治面貌（党派成员）对收入分配公平满意度有正向影响但不显著，职务等级对收入分配公平满意度有显著的正向影响，政治面貌与职务等级交互项对收入分配公平满意度有显著的正向影响。这表明：个人的职务等级越高，其收入分配公平满意度越高，反之则相反；与非党派成员相比，党派成员的职务等级越高，其收入分配公平满意度越高。模型 6-2 的回归结果表明，职务等级与户籍的交互项对收入分配公平满意度有负向影响但不显著。模型 6-3 的回归结果表明，在 10% 的显著性水平上，乡村干部身份对收入分配公平满意度有显著的正向影响，表明乡村干部的收入分配公平满意度显著高于普通农民，而转业军人对收入分配公平满意度有正向影响但不显著。上述结论部分支持了假设 3，职务等级和乡村干部身份对收入分配公平满意度有显著的正向影响，其原因可能在于：职务等级是直接与人们的收入水平、社会地位挂钩的，职务等级（特别是党派成员的职务等级）比较高的个体，在获取资源、信息、就业或收入等方面具有一定的优势，社会经济地位较高，其收入分配公平满意度也较高；乡村干部拥有一定的政治权利，在某种程度上可以获取更多的社会资源和信息，因此其收入分配公平

表 7-11　资本异质性与分配公平满意度模型估计结果之一

解释变量	模型 5-1（物质资本）	模型 5-2（物质资本）	模型 6-1（政治资本）	模型 6-2（政治资本）	模型 6-3（政治资本）	模型 7-1（社会资本）	模型 7-2（社会资本）	模型 7-3（社会资本）
male	−0.015 96	−0.298 03	−0.023 72	−0.030 89	−0.315 09	−0.017 29	−0.019 22	−0.020 76
han	−0.019 67	−0.543 03	−0.013 50	−0.024 47	−0.516 57	−0.034 76	−0.033 67	−0.012 52
age	0.017 1?	0.069 58	0.005 22	0.005 04	0.070 20	0.022 64	0.027 82	0.027 04
age^2	−0.000 13	−0.000 58	−1.75E−06	−4.51E−06	−0.000 60	−0.000 18	−0.000 24	−0.000 25
pop	−0.126 13***	−0.070 21***	−0.130 20***	−0.141 81***	−0.075 92***	−0.130 33***	−0.132 12***	−0.133 08***
lab	0.082 41	0.110 07	0.096 58	0.097 92*	0.114 10	0.082 54	0.103 27*	0.099 82*
heal	0.184 65***	0.256 20***	0.174 97***	0.174 01***	0.247 00***	0.182 74***	0.177 09***	0.195 35***
edu	0.022 92**	0.031 90*	0.017 38	0.022 78*	0.032 22	0.023 34*	0.022 31*	0.025 53**
expe	0.010 23	0.013 97	0.000 28	0.000 15	0.013 31	0.000 20	4.74E−05	0.000 43
ln(income)	0.109 35	0.045 48	0.016 97	0.007 26	0.059 80	0.272 03	0.129 25	0.108 75
rinc1	0.995 70***	0.961 33***	1.012 46***	1.011 42***	0.969 87***	1.011 11***	1.011 28***	1.012 65***
rinc2	0.929 92***	0.806 65***	0.914 67***	0.915 10***	0.802 29***	0.926 70***	0.926 62***	0.929 66***
houp	0.252 02**							
houp×lincome	−0.408 86***							
houp×hincome	0.044 24							
land		0.002 79						
ass		1.42E−06						

续　表

解释变量	模型5-1（物质资本）	模型5-2（物质资本）	模型6-1（政治资本）	模型6-2（政治资本）	模型6-3（政治资本）	模型7-1（社会资本）	模型7-2（社会资本）	模型7-3（社会资本）
poli			0.038 22					
post			0.223 11***	0.264 81***				
poli×post			0.015 80**					
post×city				−0.055 89				
cad					0.409 47*			
sold					0.073 10			
gift						6.88E−05		
eat						0.086 93***		
trust							0.153 76***	
orga								0.444 65*
orga×city								−0.276 23
reg2	0.179 16	0.552 72**	0.212 44	0.201 05	0.550 84	0.199 67	0.168 84	0.202 14
reg1	0.004 42	0.375 89	0.021 75	0.015 25	0.363 77	0.001 64	0.025 52	0.002 32
LR statistic	1395.899***	418.5208***	1406.990***	1408.459***	418.8456***	1392.447***	1398.723***	1388.584***

注：上标***、**、*分别表示回归系数在1%、5%和10%的水平上显著。

满意度较高;而转业军人回到当地后,并未带来直接的社会资源和政治权利,因此对收入分配公平满意度并未产生直接影响。

(六)社会资本与居民收入分配公平满意度

表7-11中的模型7-1、模型7-2、模型7-3反映了社会资本异质性特征变量及其与户籍的交互项对收入分配公平满意度的影响。模型7-1的回归结果表明:家庭礼金与通信网络费用对收入分配公平满意度有正向影响但不显著;在外就餐频率对收入分配公平满意度有显著的正向影响,说明在外就餐频率越高,人们的收入分配公平满意度越高。模型7-2的回归结果表明,对同事与朋友的信任程度对收入分配公平满意度有显著的正向影响,说明对同事与朋友的信任程度越高,人们的收入分配公平满意度越高。模型7-3的回归结果表明:在10%显著性水平上,组织成员对收入分配公平满意度有显著的正向影响,表明组织成员的收入分配公平满意度显著高于非组织成员;组织成员与户籍的交互项对收入分配公平满意度有负向影响但不显著。上述结论部分支持了假设4。在外就餐频率、对同事与朋友的信任程度和组织成员对收入分配公平满意度有显著的正向影响,而家庭礼金与通信网络费用对收入分配公平满意度的影响并不显著。这可能是由于:在外就餐频率越高,说明人们的社交网络越广,朋友越多,对同事与朋友的信任程度越高,可获取的社会资源和信息也越多,因此人们的收入分配公平满意度相对较高;个体参加行业协会或其他经济组织,有利于促进组织成员共享资源和信息,形成信任与合作,产生积极的溢出效应,有利于提高个体收入水平,提高收入分配公平满意度;而家庭礼金与通信网络费用在人们的收入中占比较小,因此对收入分配公平满意度的影响程度也较小。

四、基本结论

根据以上实证研究结果,得到以下基本结论:

1.人力资本及其与户籍、性别的交互作用对收入分配公平满意度有显著的影响。研究结果显示,受教育年限越长、健康状况与职业技能越好,居民选择收入分配公平满意度的概率越高。工作经验对居民的收入分配公平满意度有正向影响但不显著。受教育年限与户籍的交互项、与性别的交互项对收入分配公平满意度有显著的负向影响,技能培训与户籍的交互项对收入分配公平满意度有负向影响但不显著。这表明,与城镇居民相比,农村居民受教育年限越长,其收入分配公平满意度越高;与男性居民相比,女性居民受教育年限越长,其收入分配公平满意度越高。

2.物质资本及其与收入等级的交互作用对收入分配公平满意度有显著的影响。研究结果显示,住房拥有完全产权对收入分配公平满意度有显著的正向影响。农村居民拥有的土地、固定资产对收入分配公平满意度有正向影响但不显著。研究结果还表明,住房拥有完全产权与低收入的交互项对分配公平满意度有显著的负向影响,与高收入的交互项对分配公平满意度有正向影响但不显著。这说明,住房拥有完全产权的低收入居民,其收入分配公平满意度显著低于中等收入居民,这可能与低收入居民面临的还款压力较大有关。

3.政治资本及其与职务等级的交互作用对收入分配公平满意度有显著的正向影响。研究结果显示,党派成员对收入分配公平满意度有正向影响但不显著,职务等级、乡村干部对收入分配公平满意度有显著的正向影响。这表明:职务等级越高,个人选择收入分配公平满意度的概率越高;乡村干部的收入分配公平满意度显著高于普通农民。而转业军人对收入分配公平满意度有正向影响但不显著。研究结果还表明,党派成员与职务等级的交互项对收入分配公平满意度有显著的正向影响,这表明与非党派成员相比,党派成员的职务等级越高,其收入分配公平满意度越高。

4.社会资本对收入分配公平满意度有显著的正向影响。研究结果显示,家庭礼金与通信网络费用对收入分配公平满意度有正向影响但不显著,在外就餐频率、对同事与朋友的信任程度、组织成员对收入分配公平满意度有显著的正向影响。这表明:人们的就餐频率越高,对同事与朋友的信任程度越高,居民的收入分配公平满意度越高;组织成员的收入分配公平满意度显著高于非组织成员。

5.相对收入、社会保险对收入分配公平满意度有显著的正向影响。研究结果显示:个体基本特征(家庭人口除外)对收入分配公平满意度有影响但不显著,同时家庭的人口越多,居民的收入分配公平满意度越低。居民的相对收入水平越高,其收入分配公平满意度越高。与城镇居民相比,农村居民的绝对收入水平越高,其收入分配公平满意度越高;与农村居民相比,城镇居民的相对收入水平越高,其收入分配公平满意度越高。有社会保险的居民,选择收入分配公平满意度的概率显著高于没有社会保险的居民。

第四节 社会流动与收入分配公平满意度[①]

社会流动是指社会成员从一个社会经济地位向另一个社会经济地位移动的过程,本质上是社会有价值资源的重新分配过程。无论是向上流动还是向下流动,是代内流动还是代际流动,社会流动本身能够给流动者带来全新的体验和感

---

① 孙敬水,蔡培培,2019.社会流动与居民收入分配公平满意度——基于户籍流动、收入流动、教育流动、职业与职务流动的微观证据[J].北京工商大学学报(社会科学版),34(3):107-116.

受。社会流动一直被作为社会开放程度的指标和社会不平等的指示器[①],是改变个人生活机会的重要途径之一[②]。社会流动可以影响一个社会的公平和效率,对一国经济持续发展具有重要作用。社会流动对个人和政策制定者来说都是一个重要的社会目标,它会影响人们对其他社会目标的态度,比如平等和经济增长。[③][④][⑤] 一个社会只有维持较高的社会流动率,才能实现社会资源配置的合理性,实现收入分配公平,提高居民收入分配公平满意度。多年来,社会流动一直是经济学和社会学的研究热点。党的十八届三中全会通过的《中共中央关于全面深化改革若干重大问题的决定》将"促进社会公平正义、增进人民福祉"作为全面深化改革的出发点和落脚点;党的十九大强调要"不断促进社会公平正义,形成有效的社会治理、良好的社会秩序,使人民获得感、幸福感、安全感更加充实"。因此,在我国进入全面建成小康社会决胜阶段的背景下,深入探讨社会流动与居民收入分配公平满意度问题,对于科学设计收入分配政策,促进社会向上有序流动,缩小收入分配不平等,提高分配公平满意度具有一定的理论与现实意义。

本节中的社会流动主要包括户籍流动、收入流动、教育流动、职业流动与职务流动等方面。影响居民收入分配公平满意度的因素较多,理论界观点各异,现有相关研究往往单独地讨论某一因素,如户籍流动、教育流动、职业流动对居民收入分配公平满意度的影响,很少涉及收入流动、职务流动与居民收入分配公平满意度的关系。本节提出理论假设,引入户籍流动、收入流动、教育流动、职业流动与职务流动等核心变量及其交互项,构建 Ordered Logit 模型,基于 3109 份问卷调查数据,对社会流动与居民收入分配公平满意度的关系进行了实证研究,得出了具有启发意义的研究结论,为更好地促进社会向上流动和提高居民收入分配公平满意度提供了新的佐证。

一、文献综述与研究假设

根据社会流动的具体范畴,理论界对户籍流动、收入流动、教育流动、职业流动、职务流动与收入分配公平满意度之间的关系进行了有益探讨,但观点存在一定的差异。

---

① MATRAS J,1980. Comparative social mobility[J]. Annual Review of Sociofogy(6):401-431.

② GAER D,SCHOKKAERT E,MARTINEZ M,2001. Three meanings of intergenerational mobility [J]. Economica,68(272):519-537.

③ PIKETTY T,1995. Social mobility and redistributive politics[J]. Quarterly Journal of Economics,110(3):551-584.

④ BENABOU R,OK E A,2001. Social mobility and the demand for redistribution:the POUM hypothesis [J]. Quarterly Journal of Economics,116(2):447-487.

⑤ CORAK M,2013. Income inequality,equality of opportunity,and intergenerational mobility[J]. Journal of Economic Perspectives,27(3):79-102

(一)户籍流动与收入分配公平满意度

户籍流动是指居民户籍从农业户口向非农业户口转变的过程(在我国很少出现反向流动的情况),主要分为代内户籍流动与代际户籍流动。在我国城乡分割制度下,城镇居民、农村居民和流动人口形成特定的社会群体,对社会经济地位和收入分配公平有不同的认识。有的学者认为,相对于农业户口,获得城镇户口的人将会享有更多的机会,获得更高的职业地位和经济地位,因此户籍流动的居民具有更强的分配公平感。[①] 而有的学者得出了不同的结论,认为户籍流动对人们的分配公平感起到反向作用,那些经历了户籍流动的居民,产生了较强的分配不公平感。原因在于从农业户口转为城镇户口的个体,他们往往以周围城镇人口作为参照群体,从而造成他们"客观地位的向上流动和主观地位的向下流动"。[②] 由于我国长期以来各种资源分配主要向城市倾斜,城镇户口一般比农业户口有着更高的社会经济地位,因此,人们将农业户口转变成为非农户口视为向上流动。户籍流动一方面客观上提高了人们的社会经济地位,使人们享有更多的机会和社会保障;另一方面由于人们的参照对象发生改变,与那些出生时就是城镇户口的人相比,他们显然在家庭背景和社会资源方面都相对欠缺,他们的流动机会相对较少,则收入分配公平满意度就会较低。因此,户籍流动对收入分配公平满意度的影响取决于哪种途径在起主要作用。理论界在探讨户籍流动与收入分配公平满意度的关系时,很少涉及户籍、户籍流动与受教育年限的交互作用,导致研究结论出现偏差。为此提出如下研究假设:

假设1:户籍、户籍流动及其与受教育年限的交互作用对收入分配公平满意度有显著的影响,但其影响方向是不确定的。

(二)收入流动与收入分配公平满意度

收入流动是指社会成员在一定时期内,其收入份额或所在的收入等级发生变动的过程。代际收入流动的强弱直接影响到居民家庭长期收入差距的变化趋势。[③] Fischer 从代际收入弹性的角度来度量社会流动与个人满意度之间的关系,发现两者是正相关的。[④] Clément 研究发现,中国农村地区有很强的收入流动性,

---

① SEARS D O, FUNK C L, 1991. The Role of self-interest in social and political attitudes[J]. Advances in Experimental Social Psychology, 24(1):1-91.

② 王甫勤,2010.社会流动与分配公平感研究[D].上海:复旦大学社会发展与公共政策学院:123.

③ 周兴,张鹏,2013.代际间的收入流动及其对居民收入差距的影响[J].中国人口科学(5):50-59.

④ FISCHER J A,2009. The welfare effects of social mobility:an analysis for OECD countries[R]. MPRA Paper, No.17070.

这在一定程度上降低了农村居民收入不平等。[1] Alesina et al. 使用美国的微观数据进行研究后发现,代际收入流动对美国各政党的再分配偏好的影响是不同的。[2] 一般而言,获益较多的个体或群体更认同现有的收入分配方式是公平的,即个体的绝对收入和相对收入水平越高,其分配公平满意度越高。[3][4] 笔者认为,收入流动是一种机会公平的测度,收入流动性越强,人们凭借自己的努力缩小收入差距的可能性就越大,因此人们的收入分配公平满意度也越高。理论界在探讨收入流动与分配公平满意度的关系时,主要分析收入流动对子辈分配公平满意度的影响,很少涉及代内收入流动对分配公平满意度的影响,没有涉及绝对收入、相对收入、收入流动与户籍、收入等级的交互作用。为此提出如下研究假设:

假设 2:收入与收入向上流动对收入分配公平满意度有显著的正向影响,收入、收入流动与户籍、收入等级的交互作用对收入分配公平满意度有显著的影响。

(三)教育流动与收入分配公平满意度

教育流动一般指向上流动(不会出现反向流动的情况),即个体从较低的受教育程度向较高的受教育程度转变。教育流动是社会流动的重要组成部分。教育流动将改变人们在收入分配过程中的不利地位,给人们带来社会经济地位提升的机会。关于教育流动与收入分配公平满意度的关系,学者们的观点并不一致。有的学者认为代际教育流动有助于提高人们的满意度[5],有的学者认为代际教育流动对人们的分配公平感没有表现出直接效应,但通过归因偏好产生了间接影响[6]。另有一些学者则认为,代际教育流动程度的不同会影响收入不公平与满意度之间的关系。当代际教育流动程度较低时,收入不公平与满意度是负相关的;当代际教育流动程度较高时,收入不公平与满意度是正相关的。[7] 笔者认为,代

---

① CLéMENT M, 2016. Income mobility and income inequality in rural China [J]. Frontiers of Economics in China,11(4):608-634.

② ALESINA A, STANTCHEVA S, TESO E, 2017. Intergenerational mobility and support for redistribution[R]. NBER Working Papers,No. 23027.

③ TREMBLAY M, VANDENBERGHE C, DOUCET O, 2013. Relationships between leader-contingent and non-contingent reward and punishment behaviors and subordinates' perceptions of justice and satisfaction, and evaluation of the moderating influence of trust propensity, pay level, and role ambiguity [J]. Journal of Business and Psychology,28(2): 233-249.

④ DUMLUDAG D,2014. Satisfaction and comparison income in transition and developed economies [J]. International Review of Economics,61(2):127-152.

⑤ FISCHER J A,2009. The welfare effects of social mobility:an analysis for OECD countries[R]. MPRA Paper, No. 17070.

⑥ 王甫勤,2010. 社会流动与分配公平感研究[D]. 上海:复旦大学社会发展与公共政策学院:104.

⑦ BJøRNSKOV C, DREHER A, FISCHER A V, et al. 2009. On the relation between income inequality and happiness:do fairness perceptions matter[J]. Social Science Electronic Publishing,16(495): 42-51.

内教育流动对收入分配公平满意度有正向影响,经历代内教育流动的人们,拥有更多的就业机会,享有更多的社会资源,因此他们的收入分配公平满意度较高。而代际教育流动对收入分配公平满意度的影响可能是不显著的,因为父辈的受教育年限相对来说都比较低,而随着义务教育和高等教育的普及,子辈的受教育年限普遍高于父辈,因此代际教育流动是普遍存在的。现有相关研究在探讨教育流动与收入分配公平满意度的关系时,很少涉及教育流动与户籍、收入等级的交互作用,为此提出如下研究假设:

假设3:代内教育流动有助于提高收入分配公平满意度,代际教育流动对收入分配公平满意度的影响方向是不确定的;代内教育流动与户籍、收入等级的交互作用对收入分配公平满意度有显著的影响。

(四)职业流动与收入分配公平满意度

职业流动一般指劳动者在不同的工作单位之间进行流动的过程。根据职业搜寻理论,职业流动是劳动者提高收入水平或收入等级的重要手段。[①] 王甫勤的研究结果表明,代际职业流动对人们的收入分配公平感有显著的正向影响,那些经历职业向上流动的人们,更加倾向于认为当前的收入分配是公平的。[②] 而Liang et al. 的研究表明,代内职业流动与个人的幸福感是负相关的,那些经历职业向上流动的人们,他们的幸福感和满意度更低。[③] 还有学者发现,代际职业流动对收入分配公平感并未产生显著影响,而是通过与社会地位的交互项共同对收入分配公平感产生影响。[④] 笔者认为,代内职业向上流动提高了人们的职业地位和收入水平,因而人们的收入分配公平满意度也相应提高。代际职业向上流动,即相对于父辈,子辈获得更高的职业等级,个人的努力和付出得到了相应的回报,改变了家庭的社会经济地位,因此他们的收入分配公平满意度也较高。考虑到我国劳动力市场对农村劳动者存在户籍歧视、对女性劳动者存在性别歧视,现有相关研究在探讨职业流动与收入分配公平满意度的关系时,很少涉及职业等级及其向上流动与户籍、性别的交互作用,没有涉及职务流动与收入分配公平满意度的关系,为此提出如下研究假设:

假设4:职业(职务)等级及其向上流动对收入分配公平满意度有显著的正向影响;职业(职务)等级及其向上流动与户籍、性别的交互作用对收入分配公平满

① 吕晓兰,姚先国,2012.职业流动与行业收入决定分析[J].经济学动态(6):85-91.

② 王甫勤,2010.社会流动与分配公平感研究[D].上海:复旦大学社会发展与公共政策学院:90.

③ LIANG Y, LU P, 2014. Effect of occupational mobility and health status on life satisfaction of Chinese residents of different occupations: logistic diagonal mobility models analysis of cross-sectional data on eight Chinese provinces[J]. International Journal for Equity in Health, 13(1):105-131.

④ ONG C, 2012. The Structural determinants of americans' justice perceptions toward inequality in the U. S. [D]. Denton: University of North Texas.

意度有显著的影响。

除此之外,个体基本特征对收入分配公平满意度也会产生重要影响。一般而言,男性居民、汉族居民、城镇居民的收入分配公平满意度依次低于女性居民、少数民族居民、农村居民。[①②] 由于个体在性别、民族、地区等方面存在差异,人们对收入分配公平的认知是不同的,因此提出如下假设:

假设5:个体基本特征对收入分配公平满意度有显著的影响。

与现有相关研究相比,本节主要贡献有以下几点:第一,现有相关文献在探讨户籍流动与分配公平满意度的关系时,主要分析子辈户籍状况、户籍流动对子辈收入分配公平满意度的影响,很少涉及父辈户籍状况对子辈收入分配公平满意度的影响;很少涉及户籍、户籍流动与受教育年限的交互作用。本节从子辈户籍状况、父辈户籍状况、户籍流动等方面设计户籍流动的代理变量,探讨户籍、户籍流动及其与受教育年限的交互项对收入分配公平满意度的影响,这在现有相关研究中是很少涉及的。第二,学术界在探讨收入流动与分配公平满意度的关系时,主要分析收入流动对子辈收入分配公平满意度的影响,很少涉及代内收入流动对收入分配公平满意度的影响,也没有涉及收入、收入流动与户籍、收入等级的交互作用。本节从绝对收入、纵向相对收入与横向相对收入、高收入与低收入、收入向下流动与收入向上流动等方面设计收入流动的代理变量,分析收入、收入流动及其与户籍、收入等级的交互项对收入分配公平满意度的影响,这在现有相关研究中是没有涉及的。第三,理论界在探讨教育流动与分配公平满意度的关系时,主要分析子辈、父辈的受教育年限、代际教育流动对子辈收入分配公平满意度的影响,很少涉及代内教育流动对收入分配公平满意度的影响,也很少涉及教育流动与户籍、收入等级的交互作用。本节从个人现在的受教育年限、刚参加工作时的受教育年限、父辈的受教育年限、代内教育流动、代际教育流动等方面设计教育流动的代理变量,分析代内教育流动对收入分配公平满意度的影响,探讨教育流动与户籍、收入等级的交互项对收入分配公平满意度的影响,这在现有相关研究中是没有涉及的。第四,学术界在探讨职业流动与分配公平满意度的关系时,主要分析子辈的职业等级、代内职业向上流动对子辈收入分配公平满意度的影响,很少涉及父辈的职业等级、代际职业向上流动对子辈收入分配公平满意度的影响,没有涉及职业等级与职业向上流动与户籍、性别的交互作用,也没有涉及职务流动与收入分配公平满意度的关系。本节从个人现在的职业等级、刚参加工作时的职业

---

① KEAVENY T J, INDERRIEDEN E J, 2000. Gender differences in pay satisfaction and pay expectations[J]. Journal of Managerial Issues,12(3):363-379.

② 方学梅,2017.不平等归因、社会比较对社会公平感的影响[J].华东理工大学学报(社会科学版)(2):72-90.

等级、父辈的职业等级、代内职业向上流动、代际职业向上流动等方面设计职业流动的代理变量,分析父辈的职业等级、代际职业向上流动对子辈收入分配公平满意度的影响,探讨职业等级与职业向上流动与户籍、性别的交互项对收入分配公平满意度的影响,这在现有相关研究中是没有涉及的。同时,本部分从个人现在的职务等级、刚参加工作时的职务等级、职务向上流动等方面设计职务流动的代理变量,分析职务等级、职务向上流动及其与户籍、性别的交互项对收入分配公平满意度的影响,这在现有相关研究中也是没有涉及的。

二、研究设计

根据以上研究假设,基于收入分配公平满意度的问卷调查,通过构建 Ordered Logit 模型,本节从收入流动、户籍流动、教育流动、职业流动与职务流动等五个方面深入探讨社会流动与收入分配公平满意度之间的关系。

(一)变量描述

本节模型中的被解释变量为收入分配公平满意度(用 satis 表示),涉及主观判断与评价问题,用 0—5 的数字来表示满意程度,数值越大,则满意度越高。解释变量主要有两类:一是社会流动核心变量,二是个体基本特征变量。社会流动核心变量选取户籍流动、收入流动、教育流动、职业流动与职务流动等代理指标。个体基本特征变量选取性别、民族、年龄、健康状况等指标。模型中各变量的符号、含义及样本均值如表 7-12 所示。

表 7-12 模型中的变量、符号及含义

变量	符号	含义	样本均值
收入分配公平满意度	satis	见注①	2.700 55
1.个体基本特征变量			
(1)性别[a](虚拟变量)	male	男性 male=1	0.581 22
(2)民族[b](虚拟变量)	han	汉族 han=1	0.977 16
(3)年龄	age		41.615 63
(4)年龄平方	age^2		1809.426
(5)家庭人口	pop		3.7340
(6)家庭劳动力	lab		2.257 961
(7)健康状况	heal	见注②	3.845 61
(8)工作年限	expe		18.708 27
(9)个人受教育年限	edu		12.9511

续 表

变量	符号	含义	样本均值
2.核心变量:社会流动			
(1)户籍流动:个人户口(虚拟变量)	city	城镇户口 city=1	0.598 59
父辈户口(虚拟变量)	fcity	城镇户口 fcity=1	0.345 45
户籍流动(虚拟变量)	cityf	cityf=city-fcity 大于 0 取 1	0.240 59
(2)收入与收入流动			
绝对收入:个人每月税后收入	ln(income)	收入取对数	8.221 88
相对收入:纵向相对收入	rinc1	收入与过去 5 年相比满意度,见注③	2.963 98
横向相对收入	rinc2	收入与同职业人员收入相比满意度,见注③	2.914 44
收入等级ᶜ:高收入(虚拟变量)	hincome	高收入 hincome=1,否则取 0	0.199 74
低收入(虚拟变量)	lincome	低收入 lincome=1,否则取 0	0.199 74
收入向上流动(虚拟变量)	incfu	收入与 5 年前相比提高取 1,否则取 0	0.270 18
收入向下流动(虚拟变量)	incfd	收入与 5 年前相比下降取 1,否则取 0	0.275 01
(3)教育流动:个人现在的受教育年限	edu	见个体基本特征变量	12.9511
刚参加工作受教育年限	iedu		12.3107
父辈受教育年限	fedu		8.258 28
代内教育流动(虚拟变量)	edufu	edufu=edu-iedu,大于 0 取 1	0.640 40
代际教育流动(虚拟变量)	edufgu	edufgu=edu-fedu,大于 0 取 1	0.756 51
(4)职业流动:个人现在的职业等级	prof	见注④	2.962 69
刚参加工作时的职业等级	iprof	见注④	1.338 37
父辈的职业等级	fprof	见注④	2.271 79
代内职业向上流动(虚拟变量)	profu	profu=prof-iprof 大于 0 取 1	0.279 51
代际职业向上流动(虚拟变量)	profgu	profgu=prof-fprof 大于 0 取 1	0.491 16
(5)职务流动:个人现在的职务等级	post	见注⑤	1.591 58
刚参加工作时的职务等级	ipost	见注⑤	1.200 06
职务向上流动(虚拟变量)	postfu	postfu=post-ipost 大于 0 取 1	0.367 00

变量	符号	含义	样本均值
3.控制变量			
地区[d]:东部地区(虚拟变量)	reg2	东部地区 reg2＝1,否则取 0	0.608 23
中部地区(虚拟变量)	reg1	中部地区 reg1＝1,否则取 0	0.316 18

参照基准:a 女性;b 少数民族;c 中等收入(参照国家统计局对收入五等份分组法,低收入户、中等偏下收入户、中等收入户、中等偏上收入户、高收入户各占 20％,本节将收入从小到大排序,收入最高的 20％为高收入,收入最低的 20％为低收入,其余的为中等收入);d 西部。

注:①非常不满意、不太满意、一般、比较满意、非常满意 satis 依次取 1,2,3,4,5。②很差、较差、一般、较好、很好,heal 依次取 1,2,3,4,5。③相对收入:收入与过去五年相比或与同职业人员收入相比,非常不满意、不太满意、一般、比较满意、非常满意依次取 1,2,3,4,5。④职业等级:农业劳动者、工人(体力)、办事人员或服务人员(非体力)、专业技术人员、单位负责人或管理者依次取 1,2,3,4,5。⑤职务等级:无职务、基层、中层、高层依次取 1,2,3,4。

(二)数据与模型

由于户籍流动、收入流动、教育流动、职业与职务流动、分配公平满意度等变量涉及较多的主观指标,而这些主观指标不能直接从官方网站和统计年鉴上获得,本节采用问卷调查的方法获得个体微观数据(见本章第一节数据来源)。

由于本节讨论的主要变量(即收入分配公平满意度)是有序离散选择变量,可以采用多元有序模型(见本章第一节多元有序选择模型)对社会流动与收入分配公平满意度进行实证研究。根据研究假设和变量描述,$x'B$ 有如下形式:

$$x'B = \beta_0 + \sum \beta_i \text{socialmobility}_i + \sum \beta_j \text{interaction}_j + \sum \beta_k \text{individual}_k + \varepsilon$$

$$(7\text{-}12)$$

其中,β 为回归参数,socialmobility 为社会流动核心变量,interaction 为变量间交互项,individual 为个体基本特征变量和控制变量,各变量含义如表 7-12 所示。

三、计量结果

基于问卷调查数据,利用计量软件 EViews9.0,对多元有序选择模型[见式(7-12)]应用极大似然估计法,得到表 7-13、表 7-14 的回归结果。表 7-13 中的模型 1 为基本模型,反映了个体基本特征与收入分配公平满意度的回归结果;模型 2、模型 3 依次反映了户籍流动、收入流动及其交互项与收入分配公平满意度的回归结果;表 7-14 中的模型 4 至模型 6 依次反映了教育流动、职业流动、职务流动及其交互项与收入分配公平满意度的回归结果。回归结果显示,LR statistic 统计量较大,对应的显著性水平较高,Ordered Logit 模型显著成立。

(一)个体基本特征与收入分配公平满意度

表 7-13 中的模型 1 为基本模型,反映了个体基本特征(如性别、民族、年龄、

表 7-13 社会流动与收入分配公平满意度模型估计结果之一

解释变量	模型 1（基本模型）	模型 2-1（户籍流动）	模型 2-2（户籍流动）	模型 2-3（户籍流动）	模型 2-4（户籍流动）	模型 3-1（收入流动）	模型 3-2（收入流动）	模型 3-3（收入流动）	模型 3-4（收入流动）
male	-0.012 58	-0.005 97	-0.005 65	-0.003 27	-0.004 20	-0.015 37	-0.021 44	-0.012 32	-0.015 41
han	-0.018 90	-0.005 00	-0.005 50	-0.001 54	-0.006 26	-0.022 73	-0.017 68	-0.027 93	-0.033 40
age	0.025 40	0.023 68	0.023 85	0.023 11	0.025 12	0.031 99	0.033 02	0.031 23	0.029 87
age^2	-0.000 23	-0.000 21	-0.000 21	-0.000 20	-0.000 22	-0.000 30	-0.000 31	-0.000 30	-0.000 28
pop	-0.131 85***	-0.126 94***	-0.127 18***	-0.124 11***	-0.127 80	-0.131 89***	-0.133 19***	-0.131 05***	-0.128 13***
lab	0.095 95	0.091 41	0.091 43	0.089 46	0.089 15	0.099 21*	0.099 30*	0.099 82*	0.091 28
heal	0.197 08***	0.196 59***	0.196 46***	0.199 42	0.197 39***	0.197 59***	0.199 37***	0.197 50***	0.193 80***
edu	0.026 46**	0.025 36*	0.026 21*	0.019 35	0.031 82**	0.027 70**	0.027 51**	0.027 75**	0.028 17**
expe	0.000 39	0.000 24	0.000 17	0.001 01	0.001 51	0.000 29	0.000 25	0.000 56	0.001 21
ln(income)	0.122 16	0.122 72	0.123 49	0.113 56	0.124 89	0.152 81	0.151 54	0.152 47	0.072 15
rinc1	1.014 26***	1.016 12***	1.016 06***	1.014 43***	1.013 88***	0.973 46***	1.073 61***	1.015 68***	1.045 43***
rinc2	0.930 61***	0.929 76***	0.929 77***	0.931 73***	0.931 54***	0.818 31***	0.810 10***	0.818 61***	0.809 10***
city		-0.182 73	-0.158 17	-0.142 85	-0.215 59				
fcity		0.247 41	0.246 07	0.179 30	0.252 01				
cityf		0.119 72**	0.117 64**	0.106 59**	0.103 91**				
city×edu			-0.011 84**						
fcity×edu				-0.028 28					

续 表

解释变量	模型1（基本模型）	模型2-1（户籍流动）	模型2-2（户籍流动）	模型2-3（户籍流动）	模型2-4（户籍流动）	模型3-1（收入流动）	模型3-2（收入流动）	模型3-3（收入流动）	模型3-4（收入流动）
cityf×edu					−0.026 68				
ln(income)×city						−0.085 07**	−0.085 50**	−0.083 37**	−0.065 10*
rinc1×city						0.058 39**	0.052 18**	0.056 41**	0.051 95**
rinc2×city						0.181 77**	0.189 00**	0.179 62**	0.186 70**
incfd							−0.217 66**		
incfu								0.110 89***	
incfd×hincome									−0.105 08
incfu×lincome									0.592 30***
reg2	0.202 40	0.202 44	0.202 56	0.202 85	0.204 48	0.227 04	0.228 96	0.225 90	0.205 34
reg1	0.008 23	0.007 31	0.007 42	0.009 59	0.011 22	0.023 91	0.024 24	0.023 55	0.020 92
LR statistic	1384.360***	1386.432***	1386.440***	1387.739***	1387.612***	1390.070***	1392.437***	1390.736***	1397.233***

注：上标***、**、*分别表示回归系数在1%、5%和10%的水平上显著。

家庭人口、家庭劳动力等)对收入分配公平满意度的影响。回归结果显示,男性居民、汉族居民的收入分配公平满意度依次低于女性居民和少数民族居民,但不显著;年龄与分配公平满意度呈倒"U"形关系但不显著;家庭人口数量对收入分配公平满意度有显著的负向影响;家庭劳动力数量对收入分配公平满意度有正向影响但不显著。健康状况、受教育年限对收入分配公平满意度有显著的正向影响,说明个人健康状况越好、受教育年限越长,其收入分配公平满意度越高。东部地区与中部地区对收入分配公平满意度有正向影响但不显著。上述结论部分支持了假设5。

(二)户籍流动与收入分配公平满意度

表 7-13 中的模型 2 反映了户籍流动及其交互项对收入分配公平满意度的影响。模型 2-1 的回归结果显示,子辈户籍、父辈户籍对子辈的收入分配公平满意度分别有负向影响和正向影响但不显著。在 5% 的显著性水平上,户籍流动(即户籍由农业户口向非农业户口流动)对收入分配公平满意度有显著的正向影响。一方面,那些由农业户口转为城镇户口的居民,客观上比那些仍然是农业户口的居民拥有更多的信息、发展机会和更好的社会保障条件,能够获得较好的工作和职业地位、较高的收入水平[1][2][3],因而他们会产生较高的收入分配公平满意度。另一方面,户籍流动虽然改变了他们的生活条件和工作待遇,但也改变了他们的参照群体,他们不再以农业户口的居民作为参照系,而是以周围的城镇居民作为参照对象,因而他们的分配公平感或收入分配公平满意度可能更低。[4] 而本部分的计量结果表明,前者的作用大于后者,因此,户籍流动有利于提高人们的收入分配公平满意度。模型 2-2 的回归结果显示,户籍与受教育年限的交互项对收入分配公平满意度有显著的负向影响,表明与城镇居民相比,农村居民受教育年限越长,其分配公平满意度越高。模型 2-3 的回归结果显示,父辈户籍与受教育年限的交互项对子辈的收入分配公平满意度有负向影响但不显著。模型 2-4 的回归结果显示,户籍流动与受教育年限的交互项对收入分配公平满意度有负向影响但不显著。对于那些由农业户口转为非农业户口的居民而言,受教育年限越长,他们向上流动的机会越多,因此他们会付出更多的努力或投资,同时对社会经济地位向上流动的期望也越高。一旦他们达到预想目标,其收入分配满意度会提高;但当预想目标未能实现时,则会产生较强的分配不公平感和相对剥夺感,因此收

---

[1] 李春玲,2006.流动人口地位获得的非制度途径——流动劳动力与非流动劳动力之比较[J].社会学研究(5):85-106.

[2] 金成武,2009.城镇劳动力市场上不同户籍就业人口的收入差异[J].中国人口科学(4):32-41.

[3] 陆益龙,2008.户口还起作用吗——户籍制度与社会分层和流动[J].中国社会科学(1):149-162.

[4] 王甫勤,2010.社会流动与分配公平感研究[D].上海:复旦大学社会发展与公共政策学院:121.

入分配公平满意度可能更低。上述研究结论部分支持了假设 1。

(三)收入流动与收入分配公平满意度

表 7-13 中的模型 3 反映了收入、收入流动及其交互项对收入分配公平满意度的影响。模型 3-1 的回归结果显示,居民的绝对收入水平对收入分配公平满意度有正向影响但不显著;居民的纵向相对收入、横向相对收入对收入分配公平满意度有显著的正向影响,说明居民的纵向相对收入满意度越高、横向相对收入满意度越高,其收入分配公平满意度越高。这一结论部分支持了假设 2。模型 3-2 的回归结果显示,在 5% 的显著性水平上,绝对收入与户籍的交互项对收入分配公平满意度有显著的负向影响,纵向相对收入、横向相对收入与户籍的交互项对收入分配公平满意度有显著的正向影响。这表明,与城镇居民相比,农村居民的绝对收入水平越高,其收入分配公平满意度越高;与农村居民相比,城镇居民的纵向相对收入满意度和横向相对收入满意度越高,其收入分配公平满意度越高。因此,城镇居民更关心的是相对收入水平,而不是绝对收入水平,这符合局部比较理论的观点。该理论认为,与自己过去收入相比,或与同职业人员收入相比,如果认为自己的收入状况得到了改善,那么会更认同当前的收入分配状况,其收入分配公平满意度较高。模型 3-2 的回归结果显示,在 5% 的显著性水平上,收入向下流动对收入分配公平满意度有显著的负向影响;模型 3-3 的回归结果显示,收入向上流动对收入分配公平满意度有显著的正向影响,这一结论与假设 2 部分相符。模型 3-4 的回归结果显示,收入向下流动与高收入的交互项对收入分配公平满意度有负向影响但不显著;收入向上流动与低收入的交互项对收入分配公平满意度有显著的正向影响,说明对于低收入居民,其收入分配公平满意度显著高于中等收入居民。上述研究结论基本上支持了假设 2。

(四)教育流动与收入分配公平满意度

表 7-14 中的模型 4 反映了教育流动及其交互项对收入分配公平满意度的影响。模型 4-1 的回归结果显示,父辈受教育年限对子辈的收入分配公平满意度有显著的正向影响,说明父辈的受教育年限越长,子辈的收入分配公平满意度越高。父辈受教育年限越长,在某种程度上反映其家庭背景相对较好,家庭社会经济地位较高,而这种优势可以为子辈创造更好的教育环境,也可以为子辈提供更多的生活和工作机会,因此子辈的收入分配公平满意度较高。回归结果显示,代内教育流动对收入分配公平满意度有显著的正向影响。事实上,代内教育流动通过间接方式——使个体拥有更多的就业机会、提高个体的职业地位,从而提高个体的社会经济地位,这种客观经济地位的提高在某种程度上影响个体的主观地位评估,因此个体的收入分配公平满意度较高。这一结论与假设 3 基本相符。而代际

教育流动对收入分配公平满意度有正向影响但不显著。模型 4-2 的回归结果显示:代内教育流动与户籍的交互项对收入分配公平满意度有显著的正向影响,这说明代内教育流动的城镇居民,其收入分配公平满意度显著高于农村居民;而代际教育流动与户籍的交互项对收入分配公平满意度有正向影响但不显著。模型 4-3 的回归结果显示:代内教育流动与高收入的交互项对收入分配公平满意度有负向影响但不显著;代内教育流动与低收入的交互项对收入分配公平满意度有显著的正向影响。这说明,如果低收入居民实现了教育流动,则其收入分配公平满意度也会相应提高。上述研究结论与假设 3 基本一致。

(五)职业流动与收入分配公平满意度

表 7-14 中的模型 5 反映了职业流动及其交互项对收入分配公平满意度的影响。模型 5-1 的回归结果显示,个人的职业等级对收入分配公平满意度有显著的正向影响,说明个人的职业等级越高,其收入分配公平满意度越高。父辈的职业等级对收入分配公平满意度有正向影响但不显著。代内职业向上流动(即个人现在的职业等级高于刚参加工作时的职业等级)对收入分配公平满意度有显著的正向影响,说明代内职业向上流动直接改变了人们的不利地位,使人们在收入分配中获益,因此他们更加认同当前的收入分配状况,满意度相对较高,这一结论与假设 4 基本相符。模型 5-2 的回归结果显示,代内职业向上流动与户籍的交互项对收入分配公平满意度有负向影响但不显著。模型 5-3 的回归结果显示,个人现在的职业等级、代内职业向上流动与性别的交互项对收入分配公平满意度有负向影响但不显著。

(六)职务流动与收入分配公平满意度

表 7-14 中的模型 6 反映了职务流动及其交互项对收入分配公平满意度的影响。模型 6-1 的回归结果显示,个人现在的职务等级对收入分配公平满意度有显著的正向影响,说明个人职务等级越高,其收入分配公平满意度越高。职务向上流动(即个人现在的职务等级高于刚参加工作时的职务等级)对收入分配公平满意度有显著的正向影响。这表明,那些经历职务向上流动的人们,成功改变了自己在社会经济中的地位,个人的努力和付出获得了相应的回报,因此他们的收入分配公平满意度相对较高。这一结论与假设 4 基本一致。模型 6-2 的回归结果显示,代内职务向上流动与户籍的交互项对收入分配公平满意度有负向影响但不显著。模型 6-3 的回归结果显示,个人现在的职务等级、代内职务向上流动与性别的交互项对收入分配公平满意度有负向影响但不显著。

四、基本结论

根据以上实证研究结果,得到以下基本结论:

表 7-14 社会流动与收入分配公平满意度模型估计结果之二

解释变量	模型 4-1（教育流动）	模型 4-2（教育流动）	模型 4-3（教育流动）	模型 5-1（职业流动）	模型 5-2（职业流动）	模型 5-3（职业流动）	模型 6-1（职务流动）	模型 6-2（职务流动）	模型 6-3（职务流动）
male	-0.006 40	-0.010 43	-0.006 14	-0.000 28	-0.004 97	-0.003 80	-0.023 50	-0.030 25	-0.035 17
han	0.000 99	-0.001 94	-0.001 80	-0.028 49	-0.035 05	-0.033 09	-0.014 34	-0.023 62	-0.021 69
age	0.030 71	0.027 36	0.030 71	0.020 14	0.016 48	0.018 48	0.005 61	-0.005 40	0.004 88
age²	-0.000 26	-0.000 21	-0.000 25	-0.000 15	-0.000 11	-0.000 13	-2.16E-06	-1.38E-06	-1.68E-06
pop	-0.129 93***	-0.133 30***	-0.130 07***	-0.120 91***	-0.125 43***	-0.120 50***	-0.130 93***	-0.139 72***	-0.131 07***
lab	0.093 45	0.090 89	0.092 96	0.092 08	0.092 70	0.092 62	0.098 55	0.097 92	0.096 32
heal	0.192 60***	0.189 33***	0.194 09***	0.184 40***	0.186 04***	0.184 67***	0.175 56***	0.174 36***	0.176 20***
edu	0.014 37**	0.014 24**	0.015 11*	0.012 40*	0.014 01	0.012 63	0.018 66*	0.022 41*	0.018 80
expe	0.000 18	0.000 30	3.85E-05	0.000 73	0.000 45	0.000 97	0.000 62	0.000 20	0.000 68
ln(income)	0.111 07	0.125 47	0.135 25	0.003 96	0.008 68	0.008 75	0.016 94	0.003 70	0.018 34
rinc1	1.011 48***	1.013 692***	1.012 47***	1.017 04***	1.015 84***	1.016 90***	1.012 80***	1.012 72***	1.010 98***
rinc2	0.925 24***	0.923 813***	0.926 62***	0.920 61***	0.920 54***	0.923 40***	0.915 66***	0.915 22***	0.915 99***
fedu	0.019 98**	0.020 52**	0.019 52**						
edufu	0.038 37*	0.086 26***	0.067 82**						
edufgu	0.143 73	0.225 22*	0.186 73*						
edufu×city		0.090 37**							
edufgu×city		0.134 02							

解释变量	模型 4-1（教育流动）	模型 4-2（教育流动）	模型 4-3（教育流动）	模型 5-1（职业流动）	模型 5-2（职业流动）	模型 5-3（职业流动）	模型 6-1（职务流动）	模型 6-2（职务流动）	模型 6-3（职务流动）
edufu×hincome			-0.056 30						
edufu×lincome			0.066 30**						
prof				0.107 29**	0.127 66***	0.183 38***			
fprof				0.053 28	0.028 60	0.026 09			
profu				0.123 52***	0.113 12**	0.121 59**			
profu×city					-0.138 38				
prof×male						-0.087 48			
profu×male						-0.012 04			
post							0.203 73***	0.220 63***	0.228 74***
postfu							0.058 01**	0.053 95**	0.055 60**
postfu×city								-0.149 86	
post×male									-0.149 09
postfu×male									-0.313 21
reg2	0.213 96	0.208 67	0.214 07	0.204 40	0.199 33	0.215 62	0.209 58	0.198 95	0.208 84
reg1	0.017 07	0.004 57	0.017 99	0.015 61	0.014 21	0.023 94	0.021 23	0.016 64	0.019 95
LR statistic	1390.054***	1394.417***	1391.132***	1395.813***	1396.009***	1397.042***	1407.152***	1409.300***	1409.612***

注：上标***、**、*分别表示回归系数在 1%、5%和 10%的水平上显著。

1. 户籍流动对收入分配公平满意度有显著的正向影响,户籍与受教育年限的交互作用对收入分配公平满意度有显著的负向影响。研究结果表明,子辈户籍、父辈户籍对子辈的收入分配公平满意度依次有负向影响和正向影响,但不显著。户籍流动对收入分配公平满意度有显著的正向影响,表明户籍流动有利于提高人们的分配公平满意度。户籍与受教育年限的交互项对收入分配公平满意度有显著的负向影响,表明与城镇居民相比,农村居民受教育年限越长,其收入分配公平满意度越高。户籍流动与受教育年限的交互项对收入分配公平满意度有负向影响但不显著。这表明,对于那些由农业户口转为非农业户口的居民而言,他们的受教育年限越长,对社会经济地位向上流动的期望就越高,而一旦不能达到预期结果,便会产生分配不公平感和相对剥夺感,因而其收入分配公平满意度可能更低。

2. 相对收入、收入向上流动及其与低收入的交互作用对收入分配公平满意度有显著的正向影响。研究结果表明,居民的相对收入水平越高,其收入分配公平满意度越高。与城镇居民相比,农村居民的绝对收入水平越高,其收入分配公平满意度越高;与农村居民相比,城镇居民的相对收入水平越高,其收入分配公平满意度越高。这表明,对城镇居民而言,当绝对收入达到一定水平之后,绝对收入对收入分配公平满意度的作用在减弱,而相对收入对收入分配公平满意度的影响则更为重要;对农村居民而言,收入水平(不论是绝对收入还是相对收入)的提高都能够给他们带来较高的收入分配公平满意度。收入向上流动对收入分配公平满意度有显著的正向影响,反之则相反。收入向上流动与低收入的交互项对收入分配公平满意度有显著的正向影响,说明低收入居民的收入分配公平满意度显著高于中等收入居民。

3. 教育流动对收入分配公平满意度有显著的正向影响,代内教育流动与户籍、低收入的交互作用对收入分配公平满意度有显著的正向影响。研究结果表明,父辈受教育年限越长,其子辈的收入分配公平满意度越高。父辈受教育年限越长,可以为子辈创造更好的教育环境,为子辈提供更好的生活和工作机会,因此子辈的收入分配公平满意度较高。代内教育流动对收入分配公平满意度有显著的正向影响。代内教育流动通过间接方式(职业地位和收入提高)来改变人们的生活条件,提高人们的社会经济地位,这种客观社会地位的提高在某种程度上影响人们的主观地位评估,使人们的社会态度更加积极,因此其收入分配公平满意度较高。研究结果还表明,代内教育流动与户籍的交互项、与低收入的交互项对收入分配公平满意度有显著的正向影响,说明代内教育流动的城镇居民、低收入居民,其收入分配公平满意度依次高于农村居民和中等收入居民。

4. 职业与职务等级、职业与职务向上流动对收入分配公平满意度有显著的正向影响。研究结果表明，个人的职业与职务等级越高，其收入分配公平满意度越高。个人的职务与职务等级越高，说明个人在单位中的地位和收入水平越高，拥有的权利也越大，因此他们也更加认同当前的收入分配状况，其收入分配公平满意度较高。代内职业与职务向上流动对收入分配公平满意度有显著的正向影响。职业与职务向上流动直接改变了个人的社会经济地位，个人的努力和付出获得回报，因此他们更加认同当前的收入分配状况，其收入分配公平满意度相对较高。职业与职务向上流动与户籍、性别的交互项对收入分配公平满意度有负向影响但不显著。职业流动和教育流动均是改变人们生活、提高人们社会经济地位的一种重要途径和方式，但相比教育流动，职业流动更具有直接性。[①]

除此之外，本节研究结果还表明，居民受教育年限越长、健康状况越好，其收入分配公平满意度越高。

第五节　本章小结

本章提出研究假设，构建 Ordered Logit 模型，基于 3109 份问卷调查数据，对起点公平、过程公平、结果公平与初次分配公平满意度之间的关系进行多元选择模型分析；对税负公平、社会保障公平、转移支付公平与再分配公平满意度之间的关系进行多元选择模型分析；基于人力资本、物质资本、政治资本和社会资本的微观视角，对资本异质性与收入分配公平满意度间的关系进行多元选择模型分析；基于户籍流动、收入流动、教育流动、职业流动、职务流动等微观视角，对社会流动与居民收入分配公平满意度关系进行多元选择模型分析，得到以下研究结论。

结论一：起点公平、过程公平、结果公平对初次分配公平满意度有显著的影响。就起点公平而言，内在因素对个人收入的重要性对初次分配公平满意度有显著的正向影响，外在因素对个人收入的重要性对初次分配公平满意度有显著的负向影响；基础教育、就业、公共医疗卫生与公共基础设施公平满意度越高，则居民的初次分配公平满意度越高。研究结果还显示，就业公平满意度与性别的交互项对初次分配公平满意度有显著的正向影响，这可能与劳动力市场存在性别歧视有关。就过程公平而言，受到过工作单位或地方政府不公正对待，对初次分配公平满意度有显著的负向影响；居民对腐败现象可容忍程度越高、参政议政能力越强，其初次分配公平满意度越高；居民对市场竞争环境、工资集体协商制度、公职人员廉洁、政府公共信息公开、劳动者权益保护满意度越高，其初次分配公平满意度越

---

① 王甫勤,2010.社会流动与分配公平感研究[D].上海:复旦大学社会发展与公共政策学院:103.

高。就结果公平而言,居民对收入与付出相比满意度越高、相对收入水平越高,其初次分配公平满意度越高。农村居民的绝对收入水平越高、城镇居民的相对收入水平越高,其初次分配公平满意度越高。居民对物价上涨的可承受能力越强、对同工不同酬的认可程度越高、对拉开收入差距有利于调动人们努力工作的积极性的认可程度越高,其初次分配公平满意度越高。

结论二:税负公平、社会保障公平、转移支付公平对再分配公平满意度有显著的影响。就税负公平而言,各种税费负担、个人税负、投资税负满意度越高,则居民的再分配公平满意度越高,反之则越低。与中等收入居民相比,低收入居民对"政府应该向富人征收更多的税来帮助穷人"认可程度越高,其再分配公平满意度越高,而高收入居民则相反。在体制内工作单位(党政机关、事业单位、国有企业)工作的居民,其再分配公平满意度显著高于体制外居民;投资税负满意度进一步提升了体制内与体制外居民的再分配公平满意度。就社会保障公平而言,社会保险,社会救助、社会优抚、社会福利,帮扶弱势群体状况满意度越高,则居民的再分配公平满意度越高,反之则越低。居民对"国家应该保障每个人的基本生活水平"认可程度越高,则再分配公平满意度越高;与中等收入居民相比,低收入居民对"国家应该保障每个人的基本生活水平"认可程度越高,则再分配公平满意度越高。社会保险满意度进一步提升了体制内与体制外居民的再分配公平满意度。就转移支付公平而言,最低生活保障线下人均转移支付、个人转移支付、企业转移支付(指对各种公益、社会慈善事业捐助)满意度越高,则居民的再分配公平满意度越高,反之则越低。与城镇居民相比,农村居民对个人转移支付满意度越高,则再分配公平满意度越高;与中等收入居民相比,低收入居民对个人转移支付满意度越高,则再分配公平满意度越高,高收入居民则相反。

结论三:人力资本、物质资本、政治资本、社会资本及其交互作用对收入分配公平满意度有显著的影响。就人力资本而言,受教育年限越长、健康状况与职业技能越好,居民的收入分配公平满意度越高。工作经验对居民收入分配公平满意度有正向影响但不显著。受教育年限与户籍的交互项、与性别的交互项对收入分配公平满意度有显著的负向影响,技能培训与户籍的交互项对收入分配公平满意度有负向影响但不显著。这表明,与城镇居民相比,农村居民受教育年限越长,其收入分配公平满意度越高;与男性相比,女性受教育年限越长,其收入分配公平满意度越高。就物质资本而言,住房拥有完全产权对收入分配公平满意度有显著的正向影响。农村居民拥有的土地、固定资产对收入分配公平满意度有正向影响但不显著。住房拥有完全产权与低收入的交互项对收入分配公平满意度有显著的负向影响,与高收入的交互项对收入分配公平满意度有正向影响但不显著。这说明,住房拥有完全产权的低收入居民,其收入分配公平满意度显著低于中等收入居民,这可能与低收入居民面临的还款压力较大有关。就政治资本而言,党派成员对收入分配公平满意度有正向影响但不显著,职务等级、乡村干部对收入分配公平满意度有显著的正向影响。这表明:职务等级越高,其收入分配公平满意度越高,乡村干部的收入分配公平满意度显著高于普通农民。党派成员与职务等级的交互项对收入分配公平满意度有显著的正向影响,这表明与非党派成员相比,党派成员的职务等级越高,其收入分配公平满意度越高。就社会资本而言,家庭礼金与通信网络费用对收入分配公平满意度有正向影响但不显著,在外就餐频率、对同事与朋友的信任程度、组织成员对收入分配公平满意度有显著正向影响。这表明:人们在外就餐频率越高,对同事与朋友的信任程度越高,其收入分配公平满意度越高;组织成员对收入分配公平满意度显著高于非组织成员。

　　结论四:户籍流动、收入向上流动、教育流动、职业与职务向上流动对收入分配公平满意度有显著的正向影响;户籍与受教育年限的交互作用对收入分配公平满意度有显著的负向影响,收入向上流动、代内教育流动与低收入的交互作用对收入分配公平满意度有显著的正向影响。就户籍流动而言,子辈户籍、父辈户籍对子辈的收入分配公平满意度依次有负向影响和正向影响,但不显著。户籍流动对收入分配公平满意度有显著的正向影响,表明户籍流动有利于提高人们的收入分配公平满意度。户籍与受教育年限的交互项对收入分配公平满意度有显著的负向影响,表明与城镇居民相比,农村居民受教育年限越长,其收入分配公平满意度越高。户籍流动与受教育年限的交互项对收入分配公平满意度有负向影响但不显著。就收入流动而言,农村居民的绝对收入水平越高,其收入分配公平满意度越高;城镇居民的相对收入水平越高,其收入分配公平满意度越高。这表明,对城镇居民而言,当绝对收入达到一定水平之后,绝对收入对收入分配公平满意度的作用在减弱,而相对收入对收入分配公平满意度的影响则更为重要;对农村居民而言,收入水平(不论是绝对收入还是相对收入)的提高能够给他们带来较高的收入分配公平满意度。收入向上流动对收入分配公平满意度有显著的正向影响,反之则相反。收入向上流动与低收入的交互项对收入分配公平满意度有显著的正向影响。就教育流动而言,父辈受教育年限越长,其子辈的收入分配公平满意度越高。父辈受教育年限越长,可以为子辈创造更好的教育环境,为子辈提供更好的生活和工作机会,因此子辈的收入分配公平满意度较高。代内教育流动对收入分配公平满意度有显著的正向影响,代内教育流动与户籍的交互项、与低收入的交互项对收入分配公平满意度有显著的正向影响,说明代内教育流动的城镇居民、低收入居民,其分配公平满意度依次高于农村居民和中等收入居民。就职业流动与职务流动而言,个人的职业与职务等级越高,其收入分配公平满意度越高。代内职业与职务向上流动对收入分配公平满意度有显著的正向影响。职业与职务向上流动直接改变了个人的社会经济地位,个人的努力和付出获得回报,因此他们更加认同当前的收入分配状况,其收入分配公平满意度相对较高。职业与职务向上流动与户籍、性别的交互项对收入分配公平满意度有负向影响但不显著。

研究结果还表明:居民的健康状况越好、受教育年限越长、工作经验越丰富、相对收入越高、职业等级越高、对同事与朋友的信任程度越高,则收入分配公平满意度越高;有社会保险的居民,其收入分配公平满意度显著高于没有社会保险的居民。

预警理念是东方管理哲学的精髓,预警思想散见于我国古代各种浩瀚的文籍中,如"凡事预则立,不预则废""未雨绸缪,防患未然""防微杜渐""有备无患"等说明了国家管理和日常生活都必须具备预警理念,古典的东方预警思想为现代预警理论奠定了良好的基础。然而研究结果表明,国内预警理念尚未普及,预警理论在很多领域的研究刚刚起步。理论界几乎没有涉及收入分配公平预警研究。

第一节 收入分配公平预警概述

随着人们对预警重要性的认识不断提高,对经济预警研究的不断深入,经济预警逐渐成为社会经济研究的一个重要领域。但是经济预警毕竟是经济研究的一个新领域,现阶段仍然处于不断发展之中,还没有公认的、成熟的理论。

一、预警机制的含义

预警,顾名思义就是预先警告,对预警对象可能发生的不良状态或危险情况预先发出警报、告诫或戒备,保持警觉。预警概念最初用于军事领域,近几十年来预警理论涉及经济领域、社会领域、金融安全领域等。预警机制是针对预警对象构建起来的一整套预警预报机制,主要包括预警指标体系的设计,预警信息(警源、警情、警兆)的收集、处理与分析,预警区域的设置,警级类型的判断,预警结果的传递与报送,预警机构的设置与协调,预案的设置与实施等。[①] 通过对现有和潜在的各种问题进行及时监测,采取积极的预防与干预措施,有效维护预警对象

[①] 陈秋玲,2013.城市经济预警(第二版)[M].北京:经济管理出版社:9.

安全、平稳、健康运行。

二、经济预警的发展历程

经济预警是指对经济系统运行状况的变化态势所进行的一系列监测、预测、评价,对经济系统未来运行过程中可能发生的问题、不良状态或危险情况预先发出警报,保持警觉,为提前防范或化解风险提供决策依据。[①] 国外在经济预警方面的研究主要集中在宏观经济领域。预警系统研究的起源要追溯到1862年法国经济学家朱格拉,他在《论法国、英国和美国的商业危机以及发生周期》一书中首次提出了市场经济存在9—10年的周期波动(被称为"朱格拉中周期"),他将这个波动周期分为繁荣、危机和清算3个阶段。而后,1922年,俄国经济学家康德拉季耶夫提出了长波理论;1925年,其在《经济生活中的长期波动》一文中运用西方主要资本主义国家的价格、利率、进口额、出口额、煤炭和生铁产量等时间序列资料对经济发展的长波进行了实证研究,他认为经济发展过程中存在着平均长度为50年的长期波动。从发现经济周期开始,人们就在挖掘波动缘由,外部缘由理论开始发展。然后从发现经济活动的外部现象到分析内在机理,预测未来经济变化趋势。20世纪初,出现了经济危机,其推动了经济预警问题的研究。经济学者借鉴数学、生物学方法对经济波动进行测定并制定经济晴雨表,经济监测与预警进入了实际应用阶段。1909年,美国巴布森统计公司发表了"经济活动指数";1915年,美国哈佛大学编制了"经济晴雨表";1917年,经济调查委员会编制"美国一般商情指数",通常简称为"哈佛指数",由于该指数未能预测1927年的大危机而被停止使用。20世纪30年代中期,经济预警研究再度兴起,50年代进入应用时期。1950年,统计学家穆尔以宏观经济系统为研究对象,编制了"扩散指数(DI)",为景气监测奠定了基础。1960年,美国经济学家希金斯提出了合成指数监测预警法,此后景气监测系统的发展进入了一个新的阶段。美国从20世纪70年代开始将调查信息纳入监测预警系统。20世纪70年代末期,预警理论已趋于成熟。20世纪80年代以后,西方学者创建了KLR信号分析法、模糊神经网络预测系统等新的预警方法。经济预警的对象也由宏观经济领域拓展到微观经济领域,如财务状况、货币信贷、农业生产、房地产等领域。宏观经济监测预警系统由工业化国家向发展中国家扩展。新经济学理论也开始应用于经济景气监测预警研究中,如新古典均衡理论、非均衡理论等,均取得了较好的拟合效果。[②]

我国经济预警理论研究基本沿用西方的经济预警方法,而且起步较晚。20世纪80年代将西方的预警理论应用于国民经济循环波动问题的研究中。最早由

---

① 雷家骕,2001.国家经济安全理论与方法[M].北京:经济科学出版社:257.
② 汪寿阳,张珣,尚维,等.2015.宏观经济预警方法与预警系统[M].北京:科学出版社:6-8.

国家经贸委委托吉林大学进行系统研究,提出了把先导指标、同步指标、滞后指标作为预警的指标体系,并对我国宏观经济运行状况进行监测,1988 年初步建立宏观经济监测系统,并发展出我国景气信号灯的雏形。1990 年,国家统计局对我国宏观经济运行状况进行监测预警研究。1991 年,中国人民大学对中国宏观经济运行状况进行监测预警分析等。此外,还有许多理论工作者个人进行的研究,如:宋林飞连续多年对社会发展风险系统进行预警分析。[1] 赵彦云等则对中国的生活质量进行统计分析,并对其生活质量进行预测。[2] 阎耀军构建了计量社会稳定的指标体系及其运行平台——社会稳定监测、预警、预控管理系统。[3] 程锐等设计了区域交通运输与经济的协调性预警体系结构,并利用 BP 神经网络模型对福建省区域交通运输与经济协调发展状况进行评价和预警研究。[4] 李文明构建了粮食安全预警机制,提出了新型粮食安全战略的实现路径。[5] 张安军分析了中国金融安全现状与影响因素,并对国家总体金融安全和区域金融安全进行了监测预警。[6] 李孟刚提出了产业安全预警系统,对中国产业安全预警进行了实证研究。[7] 石峻驿提出了宏观经济增长、波动与预警的统计方法。[8]

三、收入分配公平预警回顾

将经济预警理论与方法运用到收入分配预警领域,相关研究较少,目前还没有涉及收入分配公平预警。陆铭等从设计预警指标、设定警线和预警信号几个方面,构建了收入差距的预警体系。[9] 顾海兵等以居民收入差异系数为出发点,对中国城乡居民收入差距进行警度、警情分析与动态监测。[10] 孙敬水等构建了行业收入差距预警体系,从明确警情、寻找警源、分析警兆、确定警界、预报警度等环节对浙江行业收入差距进行监测预警分析。[11] 杨灿明等从预警体系、警情分工、警情应对三个方面构建我国居民收入监测系统。[12] 穆怀中提出"构建收入非均等贫困指数的风险预警机制"设想。[13] 欧阳煌构建居民收入与国民经济协调增长预警

① 宋林飞,1999.社会风险指标与社会波动机制[J].社会学研究,1(1):69-76.
② 赵彦云,李静萍,2000.中国生活质量评价、分析和预测[J].管理世界(3):32-40.
③ 阎耀军,2004.社会稳定的计量及预警预控管理系统的构建[J].社会学研究(3):1-10.
④ 程锐,刘垲荣,2010.区域交通运输与经济的协调性预警分析[J].交通科技与经济(1):53-56.
⑤ 李文明,2014.大国粮食安全的底层思维:预警机制与实现路径[M].北京:中国农业出版社:1-217.
⑥ 张安军,2015.中国金融安全监测预警研究[M].北京:中国社会科学出版社:1-226.
⑦ 李孟刚,2016.产业安全预警研究[M].北京:北京交通大学出版社:1-173.
⑧ 石峻驿,2017.宏观经济增长、波动与预警的统计方法及其实现[M].北京:经济科学出版社:1-194.
⑨ 陆铭,田士超,2007.收入差距的负面影响及预警体系构建[J].学习与探索(2):9-13.
⑩ 顾海兵,王亚红,2009.中国城乡居民收入差距的警度警情分析[J].学习与探索(1):129-132.
⑪ 孙敬水,顾晶晶,2010.行业收入差距监测预警研究——以浙江省为例[J].财经论丛(5):6-11.
⑫ 杨灿明,曹润林,2012.建立健全我国居民收入监测系统初探[J].地方财政研究(8):21-28.
⑬ 穆怀中,2014.收入非均等贫困指数及其社会秩序风险测度研究[J].中国人口科学(4):14-26.

机制,对居民收入与经济增长状况进行预警分析。[①] 孙敬水利用单指标预警和综合指数预警方法,构建了收入差距适度性预警机制,对中国收入差距适度性进行监测预警分析。[②] 王培暄等描述了江苏省居民收入差距的预警系统及控制机制。[③]

总体而言,虽然国外经济监测预警理论已经得到了不断改进和完善,实践应用也有很好的基础,但我国相应的研究工作起步较晚。我国经济预警、收入不平等预警研究一般采用西方监测预警的研究理论和方法,缺乏结合本国国情的系统性的、整合多学科的、内在逻辑统一的研究,缺少利用数理模型进行的实证研究。此外,由于统计工作系统的不完善,在研究我国的实际情况时,很多国外常用的指标往往无法应用,给指标体系的遴选和预警信号灯的建立带来了一定的困难,并影响到监测预警的精度。特别是,我国处于经济结构转型过程中,经济发展模式不及发达国家稳定,产业结构变化、增长来源转变、潜在增长率下降等特殊的经济环境进一步增加了收入分配不平等监测预警的难度,也对预警理论方法提出了更高的要求。

四、预警类型

纵观国内外预警管理的研究领域,预警大体上可以有如下几种分类。

第一,从时间上看,预警分为短期预警、中期预警、长期预警。短期预警是指时间跨度在 1 年以内、受随机因素干扰、无规律可循的有一定预警难度的应急预警。中期预警一般指时间跨度在 1 年以上、5 年以内的,虽有一定规律但伴随着随机因素干扰的、预警难度较大的一种中期趋势预警。把握中期预警准确性的关键是既要有对突发事件进行预测预报的能力,又要了解中长期趋势运行规律。长期预警是指 5 年以上的有规律可循的一种长期趋势预警,但是预警难度很大,不易把握。有的文献认为,短期预警指时间跨度在 5 年以内的预警,中期预警是指 5—10 年的预警,而长期预警是指 10—30 年或更长时间内的预警。[④] 因此,对长期趋势运行规律的把握程度决定了长期预警的准确性。

第二,从范围上看,预警可以分为宏观预警、中观预警、微观预警。微观预警是一种战术层面、组织层面和个体层面的小空间尺度预警,较易把握,因此对微观事项运行规律的把握程度较高,如企业预警。中观预警是一种城市和农村等地域

① 欧阳煌,2014.居民收入与国民经济协调增长预警机制研究——基于国家治理视角[J].财政研究(12):48-52.
② 孙敬水,2014.居民收入差距适度性测度与预警研究[M].北京:中国社会科学出版社:415-471.
③ 王培暄,刘芳,2017.江苏省居民收入差距的预警系统及控制机制[J].苏州大学学报:哲学社会科学版(2):112-119.
④ 王思强,2010.能源预测预警理论与方法[M].北京:清华大学出版社:14.

单元层面的难度较大的中等空间尺度预警,如城市社会预警、农村社会预警。宏观预警是一种战略层面的大空间尺度的预警,难度很大,基于宏观层面的总体调控能力是预警准确性的关键。

第三,从预警管理对象的过程看,预警一般可分为危机成因机理、危机早期预报与预控原理、预警管理手段等。危机成因机理包括危机起源、发展方式、后果程度的理论模型和预警分析模型等。危机早期预报与预控原理包括危机预警的监测系统、识别指标、组织运作及预控方式的基本原理、模式与方法,其中提出了危机预测、危机避防、危机处理等管理程序。预警管理手段包括宏观、中观、微观职能管理的预警技术方法及预警指标体系等。

五、经济预警的基本流程

(一)明确警情

警情是监测预警的对象,是需要监测和预报的内容,是系统发展过程中出现的异常情况。在经济预警领域,把经济发展过程中出现的异常情况称为"警情",比如通货膨胀、失业、房地产泡沫、股市泡沫等现象的出现,都可以认为经济系统遇到了警情。一般而言,单指标反映的警情可能是片面的,不能反映整体经济的发展状况,需要建立多指标体系的综合预警机制。

(二)寻找警源

警源是指警情产生的根源。寻找警源是分析警兆的基础,也是排除警患的前提。警源一般可分为内生警源和外生警源。内生警源是指系统自身运行状态及机制,如经济系统规模、结构等对警情发展变化的影响。外生警源是指从系统外输入的警源,如对警情有影响的政策、环境等外部因素。引发社会经济问题的内生警源与外生警源关系密切,单一地对内生警源或外生警源进行预警是难以达到良好的预警效果的。因此,在寻找警源的过程中,一要全面考虑各类警源;二要对各类警源进行综合分析。警源的产生是有条件的,不是一成不变的,在一定条件下是能够发生变化的。在进行经济预警的过程中,一定要关注各类警源的变化,及时了解各类警源相互影响情况的变动及它们之间的相互转化问题。

(三)分析警兆

经济领域中危机的出现一般会有征兆可循。分析警兆是预警过程的关键环节。警源本身不能预警,因为它们作为一种深层次机制隐藏在社会经济活动的各个方面。因此,只有把握住每次警情爆发前由警源引起的社会经济领域中各种现象的变化,并加以数量化,才能达到预警的目的,这就是所谓的分析警兆。警兆是指警情指标发生异常变化导致警情爆发之前出现的征兆。警兆又称先行指标,它直接来源于警源,是对警情变化敏感、监测作用稳定、先于警情变化的指标。

(四)划分警限

划分警限是预警过程中的关键环节。警区和警点统称为警限。警区即预警区间,是指警兆指标的变化范围。当警兆实际值超过安全变化区间时则表明警情出现了质变。警区确定是危机预警中难度最大、最为重要的一项工作。警点即预警的分界点,由量变转化为质变的临界点,位于安全与危险之间的临界点。对于不同警情指标有不同的警点,如反映收入分配不平等的"基尼系数",其国际警戒线或警点为 0.4。如果基尼系数大于 0.4,则表明收入分配不平等超出了国际警戒线,政府应该高度重视,采取相应政策或措施缩小收入分配不平等程度。

(五)预报警度

警度即警情的轻重程度,是对预警结果危害程度的描述。一般地,找出警情指标的数量特征标志,根据警兆的变动情况和报警区间,参照警情警限,采用定量方法与定性方法,预报实际警情的严重程度。警度可以划分为五个等级:巨警、重警、中警、轻警和无警,在预警图形上可分别用红灯区、橙灯区、黄灯区、绿灯区和蓝灯区表示,对应的警级依次表现为高度危险、危险、值得关注、安全、高度安全。由于无警警限的设置会直接影响到其他四种警限的选取效果,进而影响到有关部门和人员对预警系统输出结果的反应,因此,无警警限的确定非常关键,在设置时需要谨慎考虑,尽量不要将警限设置得偏高或偏低。

(六)排除警患

预警的目的就是根据警度的大小,提出排除警患的对策。排除警患依赖于对警源、警兆、警限和警度的正确判断,要参考相关专家的意见和建议,充分发挥专家的作用,为及时采取正确的排警决策提供智力支持。不同的预警级别对应着不同的预警对策。如当警级进入中警区、临界区时,政府相关部门对警情、警源、警兆给予关注。首先要注意警情,其次要注意警情产生的原因。当警级进入重警区时,政府相关部门应采取积极有效的措施遏制警情、警源、警兆的发展势头,加大对预警指标的监测力度。当警级进入巨警区时,政府相关部门应采取应急对策,实施应急预案。

上述关于经济预警的基本步骤可以用流程图 8-1 表示。

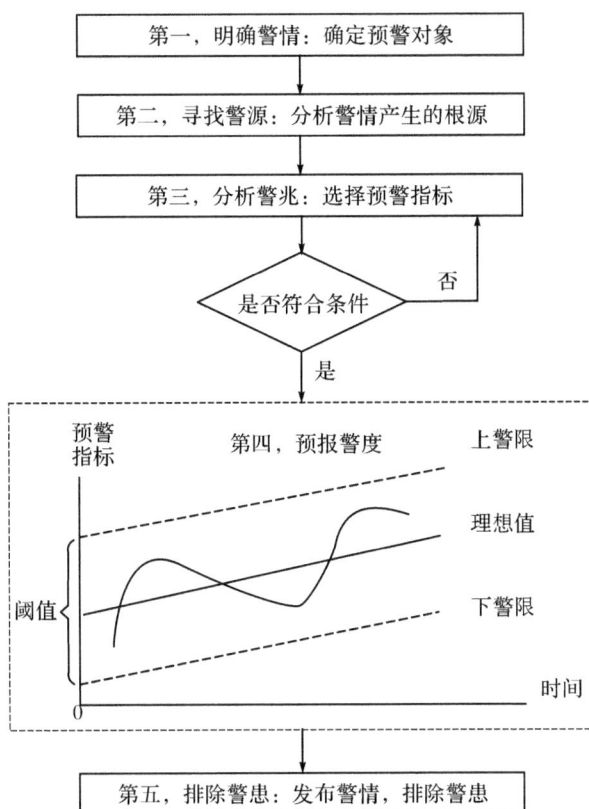

图 8-1 经济预警流程图

第二节 收入分配公平预警方法与模型

在监测预警中所选用的预警方法与预警模型是否科学合理,直接影响到收入分配公平预警系统的实施效果。

一、预警方法概述

预警方法根据不同的分类标准可以划分为不同的类型。

第一,根据预警机制的不同,预警方法主要分为黑色预警法、红色预警法、黄色预警法、白色预警法和绿色预警法。

其中,白色预警法是运用统计计量技术,在基本掌握警源的条件下对警情进行预测的方法。目前该方法还不成熟,处于探索阶段。绿色预警法是依据警素的生长态势进行经济预测预警,主要运用于农业生产方面,借助遥感技术,通过构建农作物生长的绿色程度(指数)来预测未来状况。目前常用的经济预警方法主要有黑色预警法、黄色预警法和红色预警法。3 种预警方法有不同的特点,适用于不同的监测预警对象。

黑色预警法是通过寻找警情的历史规律来判断其未来发展趋势的单一指标预警方法。其主要特点是不引入警兆等变量,只考察警情的时间序列波动规律,主要应用于具有周期性波动特性的工业预警、商业预警和农业预警等。

红色预警法是根据有经验的专家和学者的判断对警情进行分析,并对警情未来发展变化进行预测的一种定性预警方法。此方法尤其重视定性分析,适用于预警对象受社会环境因素影响比较大,变化过程随机性比较高、波动比较大的情况。红色预警法过程简单、容易操作。为了提高预测的准确性,在运用红色预警法时常常综合采用专家调查法、德尔菲法和情景预测法。红色预警法一般是监测预警过程的第一步,能够大致分析监测预警对象的历史趋势和状况,一般需要其他定量方法进行必要的补充。

黄色预警法即综合指数预警法,该方法通过明确警情、寻找警源、分析警兆、划分警限、预报警度、排除警患的过程,以求达到预警的目的。这是目前经济预警研究中比较常用的预警方法。此种方法过程复杂,要求的指标较多,预警的可靠性较高。黄色预警法包括指数预警法、统计预警法和模型预警法等。[①]

第二,根据预警手段的不同,预警方法主要分为指数预警法、统计预警法和模型预警法。其中,模型预警法又可以分为计量模型预警和非计量模型预警方法。

1.指数预警法。该方法主要通过编制扩散指数和综合指数对监测对象所处的状态进行预警。其主要步骤为:一是确定时差关系的参照系——基准循环;二是设计预警指标;三是将预警指标划分为先行、同步、滞后指标;四是针对先行、同步、滞后指标分别编制扩散指数。合成指数的构建方法是在扩散指数的基础上,增加了对构成指标波动变化率的因子,因此,合成指数不仅能反映预警对象波动的趋势变化,还能反映其波动的振幅。综合指数弥补了扩散指数难以反映预警对象波动振幅的不足之处。指数预警主要应用于宏观经济领域(如景气指数法),分析经济周期波动幅度,预测经济周期的转折点。由于收入分配公平度的变化没有明显的周期性特征,指数预警方法不能对单个指标进行监测,因此,指数预警方法不适合对收入分配公平度进行监测预警。

2.统计预警法。该方法利用警情指标和警兆指标的相关性,根据警兆指标的警级,合成综合指数来判断预警对象的警度。该方法既可以明确预警对象的状况,又便于监控警兆指标,同时指明了政策调控的方向。其中,选择的警兆指标具

---

① 顾海兵,1994.经济预警新论[J].数量经济技术经济研究(1):30-37.

有先行性的特点,可以根据当前警兆指标的波动对警情进行预测,及时采取措施控制警情的蔓延。合成综合指数要充分考虑各警兆指标对警情指标的贡献度,一般采用定性和定量方法使权重的划分尽可能准确。简言之,首先利用时差相关分析法,分析警源指标后得到先行的警兆指标;其次依据警兆指标的变动情况,确定警级,预报警度。该方法既可以对单个指标的波动进行监测,也可以对综合指标的变动趋势进行监测。

3.模型预警法。模型预警法是根据综合后的预警警度值构建监测预警模型,对预警警度值的未来趋势做出预测和预警判断的方法。此种方法是统计预警方法的延伸和必要补充,能够更加直观、精确地描述综合预警指数的警度变化趋势。其难度在于如何建立科学合理的预警模型,以提高预报精度,同时所要求的样本容量较大且数据规律性较强,处理较为复杂,在具体操作中一般是通过建立以警情或警兆为自变量的滞后变量模型进行回归预测,以此来评价监测对象所处的状态。预警模型又可以分为线性模型和非线性模型。线性模型中各自变量与因变量之间的关系被假定为线性。线性模型的优点在于能够较为精确地确定构成指标与预警对象之间的数量关系,有利于定量地研究带有不确定性因素的大系统。并且,线性模型可以通过统计准则,剔除那些不重要或研究者不感兴趣的因素。但是经济计量模型的"回归"原理将经济系统的变异视为随机误差,因此,其本质上不可能反映经济指标的周期性运动及其转折点。因此,通过经济计量方法进行预测、预警经济周期转折点,是难以实现的。非线性模型(如基于概率分类的模式识别、人工智能、神经网络方法)在一定程度上避免了上述问题。但是非线性模型也带来新的问题,即构成指标与预警对象之间清晰的联系被"非线性"了,因此,丧失了从逻辑上分析判断的功能。

二、收入分配公平定性预警方法

根据研究手段的不同,收入分配公平预警方法又可以分为定性预警方法和定量预警方法。定性预警方法主要包括专家评分法、专家会议法、德尔菲法。

(一)专家评分法

专家评分法一般是根据专家的经验对预警对象进行比较、评价并量化的方法。它首先根据预警对象的要求选定若干个预警项目;其次根据预警项目制定预警标准;然后采用不记名的方式采访相关专家,并对专家所提的建议进行客观的归纳总结和研究;然后对无法运用科学方法实施定量研究的因素进行估算;最后经多次的采访整理和总结,获得对收入分配公平现状及未来状况的评价。专家评分法的特点是简便、直观性强、计算方法简单,能够对无法进行定量计算的预警项目进行定性分析。

专家评分法的主要步骤：①确定专家。②明确对评估收入分配公平产生作用的因素，制定征求意见的相关表格。③让专家了解收入分配公平现状，并采用不记名方式获得专家意见。④总结专家意见，并将结果汇报给各专家。⑤专家按照反馈数据不断改进所提意见。⑥历经多次匿名征询和意见反馈之后，产生最后的分析结果。

专家评分法的适用范围与注意的问题：专家评分法适用于具有不确定性特征且无法运用科学方法实施定量研究的情况。①参与评分的专家理应掌握研究对象的现状，并具有一定的权威性，专家数量要控制在适当范围之内。②对收入分配公平产生作用的各项因素的分值等均需要向相关专家询问看法。③历经多次评分后，如果统计方差仍旧缺乏合理性，则需要考虑采用其他方法进行打分。

(二)专家会议法

专家会议法是指依靠一些专家，对预警对象如收入分配公平状况做出判断而进行的一种集体研讨的形式。选择专家的基本原则：若相互认识，要从同一级别(职务、职称)人员中选取；若相互不认识，可从不同级别(职务、职称)人员中选取；所选人员的专业应力求与收入分配方向相一致。专家小组人数以 10～15 人为宜。

专家会议法的优点：召开专家会议，会议上专家们可以就预警对象畅所欲言，互相交流信息，通过辩论与讨论，取长补短、去异求同。由于会议有多人参加，资料多、信息多，考虑因素较为全面，有利于得出较为一致的结论。缺点：易受心理因素影响，在专家会议上，个别权威专家的意见容易左右其他成员的意见；参加会议的人数有限，代表性不全面，可能影响讨论效果。

(三)德尔菲法

德尔菲(Delphi)法是在专家个人经验判断和专家会议方法的基础上发展起来的一种新型且较为直观的预警方法。它采用不记名方式通过数次函询，向各相关专家询问意见。组织人员对各次意见进行归纳总结后将结果反馈给专家，从而使他们继续改进自己所提出的意见。如此实施数次之后，专家所提的意见逐渐趋于一致，所获得的结果也比较准确。

20 世纪 40 年代，美国兰德公司率先在技术预测过程中采用德尔菲法。近几十年来，德尔菲法已逐渐得到普及和应用，很多决策人员在进行重大决策时往往采用德尔菲法。在评估预测市场及相关科技的发展方向时，国外也将德尔菲法作为较为关键的预测方法之一。德尔菲法所适合运用的领域包括人口发展、医疗行业、生产经营、教育培训、数据分析及各种科学发展规划等。

经典的德尔菲法通常分四步实施。第一，向专家提供的调查表不包括任何框架,只明确其中的主题。工作人员对专家填写的调查表内容进行归纳总结,对其中的次要事件予以舍弃,而同类事件则予以采纳,并用正确的术语制定好第二轮调查表,将此表提供给专家。第二,专家对此次调查表中所包括的各个事件进行预测,并给出恰当的解释。工作人员则再次归纳总结调查表内容。第三,按照第二轮的统计数据,专家再次实施预测,并给出相关解释。某些预测只需持有不同意见的专家阐明具体看法,因为这些看法和依据往往是其余专家不注重的因素或未曾涉猎的范围,并且可能在很大程度上改变其余专家的意见。第四,根据上一轮总结的内容,参与的专家再一次实施预警、预测。通过以上几轮的调查分析,专家所提的意见往往趋向一致。

三、收入分配公平定量预警方法

定量预警方法主要包括信号预警方法、模型预警方法、线性多属性综合预警方法、非线性多属性综合预警方法等。

(一)线性多属性综合预警方法[①]

线性多属性综合预警模型假定收入分配公平度与各决定因素之间为线性关系,这种方法的特点是比较直观明了,也在相当程度上可以反映问题的本质。假设收入分配公平度(综合预警指数)满足以下函数关系:

$$DF = \sum_{i=1}^{m} w_i X_i \left(0 \leqslant w_i \leqslant 1, \sum_{i=1}^{m} w_i = 1 \right) \tag{8-1}$$

式中, DF 为收入分配公平度(综合预警指数), X_i 为各评价指标公平度指数, w_i 为各级指标的权重。

同时,如果存在二级指标,此时 X_i 的含义就是一级指标,那么会有如下关系:

$$X_i = \sum_{j=1}^{n_i} a_{ij} x_{ij} \left(0 \leqslant w_{ij} \leqslant 1, \sum_{j=1}^{n_i} w_{ij} = 1 \right) \tag{8-2}$$

式中, x_{ij} 为二级指标; a_{ij} 为二级指标权重, n_i 为第 i 个一级指标下二级指标的数量。

线性多属性综合预警模型具有以下特性:①该模型比较适用于各预警指标之间相互独立的场合,此时各个评价指标彼此之间对综合评价水平的贡献是没有什么影响的。如果各预警指标之间线性相关,就难以反映客观实际。②该模型可使各种指标之间实现线性的补偿,即作用减小的指标值可用另外某些作用增强的指标值进行补偿,任一指标值的增大都有可能使得整体的预警值上升。另外,可以采用提高某些指标值的方法以应对某些指标值的下降,从而确保整体预警水平的

---

① 郝海,踪家峰,2007.系统分析与评价方法[M].北京:经济科学出版社:64-67.

稳定性。③该模型中权重系数的影响相较于其他方法中的解释更为明确地突出了各指标值所产生的影响。④在该模型中,当已确定权重系数时(由于不同指标值可实现线性补偿),其对不同方案间的差别并不敏感。⑤该模型对其中的无量纲指标并不做较为特殊的要求。⑥该模型计算简便且较易进行普及和应用。

对于线性多属性综合预警模型,公平度较大的指标对最终结果的影响较大,亦即有正向的互补性,可在一定程度上忽略其他的不良影响因素。

(二)非线性多属性综合预警方法

非线性多属性综合预警模型假定收入分配公平度与各评价指标公平度之间为非线性相关,变量之间的非线性关系可以有多种,这里为简化起见仅介绍较为常见的一种方法。假设收入分配公平度(综合预警指数)满足以下函数关系:

$$DF = \prod_{i=1}^{m} X_i^{w_i} \ (\ 0 \leqslant w_i \leqslant 1 \ , \ \sum_{i=1}^{m} w_i = 1\ ) \tag{8-3}$$

式中, DF 为收入分配公平度(综合预警指数), X_i 为各评价指标公平度指数, w_i 为各级指标的权重。

同时,如果存在二级指标,那么一级指标 X_i 与二级指标 x_{ij} 满足如下关系:

$$X_i = \prod_{i=1}^{n_i} x_{ij}^{a_{ij}} \ (\ 0 \leqslant w_{ij} \leqslant 1 \ , \ \sum_{i=1}^{n_i} w_{ij} = 1\ ) \tag{8-4}$$

式中: x_{ij} 为二级指标; a_{ij} 为二级指标权重, n_i 为第 i 个一级指标下二级指标的数量。

非线性多属性综合预警模型具有以下特征:第一,这种方法突出指标值中较小者的作用,这是由乘积的运算性质决定的;第二,其指标权重系数的作用不如线性多属性综合预警模型中的那样敏感,在计算上要更复杂一些。

在非线性多属性综合预警模型中,那些指标数值大的指标,对评价结果的作用较小;而指标数值小的指标,对评价结果的作用较大。

(三)信号预警方法[①]

信号预警方法的基本原理是利用数据处理方法将一组反映经济发展状况的敏感性指标合并为一个综合性指标,通过指标阈值的确定来判断各个经济指标在当期的冷热情况,并综合这些指标给出当前宏观经济总体的冷热判断。借鉴类似于交通信号灯的方法,本部分用红灯、橙灯、黄灯、绿灯、蓝灯等五种颜色代表整个经济发展状况过热、趋热、正常、趋冷、过冷等五种情形。信号预警方法建立在先行指标体系完成的基础上,具体流程包括信号灯指标的选取、指标阈值和权重的确定、综合警情指数的计算及信号图输出。

---

① 汪寿阳,张珣,尚维,等.2015.宏观经济预警方法与预警系统[M].北京:科学出版社:14-15.

信号预警方法的分析框架见图 8-2。

其一,选择预警目标。预警目标是信号预警方法的基础,预警目标需明确,明确的预警目标能够反映出宏观经济某一方面的发展状况。合理的预警目标能够确保景气指数构建的正确性。景气信号灯框架要紧紧围绕预先选择的目标进行搭建。

其二,确定景气信号灯指标组合。在选择景气预警指标时,需要考虑以下几个原则:第一,经济上的重要性,即选取的预警指标要尽量反映经济系统的整体状况,并保证在一定时期内是稳定的(相对于预警界线);第二,要有足够长的样本区间,这是经济监测预警的基础;第三,统计数据的准确性;第四,后验性,即景气预警指标所合成的预警指数与同步合成指数 CI 的相关系数要达到 0.9 以上。

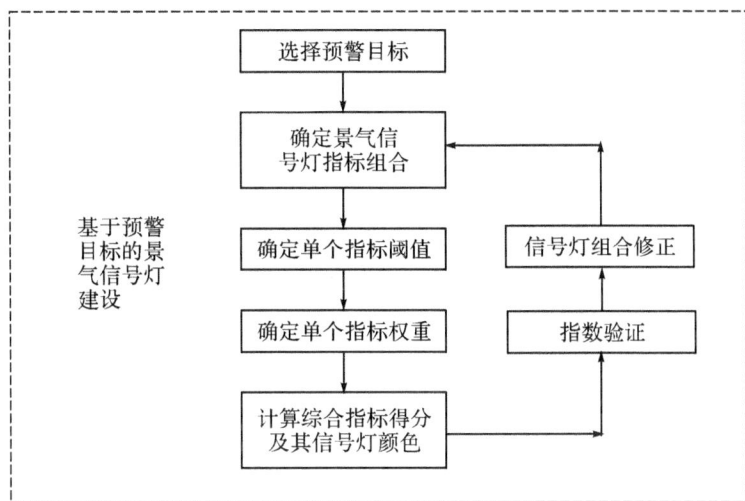

图 8-2　信号预警方法的分析框架

其三,确定单个指标的阈值。首先采用落点概率法确定基础临界点。落点概率法根据时间样本取值分布在不同区域的“概率”或百分比划分经济指标的不同预警区间。其次,以临界点为基础,根据人工经验和国际惯例等,对基础临界点进行调整,从而确定最终临界点,即该指标的阈值。通常,确定景气预警指标预警界限值的方法有两大类:一类是较为主观的经验法,如增长率确定法、图示法、系统化方法等;另一类是较为客观的以数据计算为基础的数量方法,如 3σ 方法。

其四,确定单个指标权重。根据指标组合中单指标对预警目标的贡献程度的不同,确定不同的指标权重。权重确定方法可分为统计方法、专家经验法等。

其五,计算综合指标得分及其信号灯颜色。根据单个指标的阈值和权重计算指标组合的综合预警指数,赋予单个指标的红灯、橙灯、黄灯、绿灯、蓝灯的阈值分别为 10,7.5,5,2.5,0;同时根据指标的重要性赋予不同的权重,这样综合评分值的范围为 0～100 的区间。综合评分值的预警界线一般定为 20,40,70,85。

其六,指数验证。指数验证是根据经济理论与指数的表现情况来验证所构建的景气信号灯的运行状况,评估这套指数体系的准确性。

其七,信号灯组合修正。与指标体系的修正一样,景气信号灯组合也需要定期进行修正以确保信号灯能够及时反映经济运行状况。

(四)模型预警方法

利用模型对研究对象进行监测预警是常用的定量预警方法。经济预警模型较多,一般分为计量经济模型(如 ARIMA 模型、ARCH 模型、VAR 模型、MCS 模型等)和非计量经济模型(如 KLR 信号分析法、景气指数分析法、人工神经网络、灰色预警模型、概率模式识别模型等)。下文将专门阐述预警模型。

四、收入分配公平预测与预警模型

预测与预警模型较多,以下介绍几种常见的预测与预警模型。

(一)计量经济预警模型

1. ARIMA 模型。ARIMA 模型即自回归单整移动平均模型。该模型将预测对象随时间推移而形成的数据序列作为一个随机序列,该序列的变化有一定的规律性,这种规律性表明了变量发展的延续性,同时可以利用时间序列的过去值和现在值来预测其未来值。

ARIMA 模型的一般形式为:

$$\Delta^d y_t = \varphi_1 \Delta^d y_{t-1} + \varphi_2 \Delta^d y_{t-2} + \cdots + \varphi_p \Delta^d y_{t-p} + \varepsilon_t + \theta_1 \varepsilon_{t-1} + \theta_2 \varepsilon_{t-2} + \cdots + \theta_q \varepsilon_{t-q}$$

$$(8-5)$$

式中:p,q 为自回归模型和移动平均模型的阶数,d 为时间序列$\{y_t\}$的单整阶数。

ARIMA 模型所需要的变量少、方法简单,包含 EViews 等比较成熟的计量软件。ARIMA 模型适用范围比较广,用它来对洪水灾害、卫生系统、经济系统等进行预警都取得了比较好的效果。ARIMA 模型在实际经济预测中也存在一些问题,主要表现为 ARIMA 模型忽视数据的经济意义,其预测值与实际值有一定的偏离,而且随着预测时间变长,这种偏离的趋势也越来越大。因此,ARIMA 模型仅适用于短期预测,对于长期预测其精度不高。

2. ARCH 模型。即自回归条件异方差模型。这个模型由 2003 年诺贝尔经济学奖获得者、美国加利福尼亚州立大学的 Robert Engle 于 1982 年首次提出。ARCH 模型预警是通过建立预测模型,依据模型条件异方差的特性,确定具有 ARCH 特征的警限,从而使预警结果比较真实地反映实际经济运行状况。

假定 $\{y_t\}$ 为观测序列,一般线性 ARCH(p)模型为:

$$\begin{cases} y_t = b_0 + b_1 x_{1t} + b_2 x_{2t} + \cdots + b_k x_{kt} + \varepsilon_t & \varepsilon_t \sim N(0, \sigma_t^2) \\ \sigma_t^2 = a_0 + a_1 \sigma_{t-1}^2 + a_2 \sigma_{t-2}^2 + \cdots + a_p \sigma_{t-p}^2 + v_t \end{cases} \quad (8\text{-}6)$$

ARCH(p)模型中参数 b_i 及异方差 σ_t^2 一般采用极大似然估计。将各预警指标时间序列 $\{y_t\}(t = 1,2,\cdots,n)$,根据适度区间、热区间、冷区间的数据,分别生成新序列 $\{y_{n_1}\}$,$\{y_{n_2}\}$,$\{y_{n_3}\}$($n_1 + n_2 + n_3 = n$),则适度上、下限分别为:

$$sk_1 = \bar{y}_{n_1} + \frac{\sigma_{n_1}}{\sigma_{n_1} + \sigma_{n_2}}(\bar{y}_{n_2} - \bar{y}_{n_1}) \quad (8\text{-}7)$$

$$sk_2 = \bar{y}_{n_1} - \frac{\sigma_{n_1}}{\sigma_{n_1} + \sigma_{n_2}}(\bar{y}_{n_2} - \bar{y}_{n_1}) \quad (8\text{-}8)$$

式中,$\bar{y}_{n_1}$ 和 $\bar{y}_{n_2}$ 分别为新序列 $\{y_{n_1}\}$ 和 $\{y_{n_2}\}$ 的均值,σ_{n_1} 和 σ_{n_2} 为新序列 $\{y_{n_1}\}$ 和 $\{y_{n_2}\}$ 的标准差。利用式(8-7)和(8-8)可以得到警限区间。该方法确定的警限能够比较准确地反映实际经济状况。[①]

3. VAR 模型。VAR 模型的基本思想是:在同一样本期间内的多个内生变量,可以作为它们过去值的线性函数,用于预测相关时间序列系统和分析随机干扰对内生变量系统的动态影响。VAR 系统是由一组动态联立方程模型构成的。一般地,VAR 模型的数学表达式为:

$$\boldsymbol{Y}_t = \boldsymbol{A}_0 + \boldsymbol{A}_1 \boldsymbol{Y}_{t-1} + \boldsymbol{A}_2 \boldsymbol{Y}_{t-2} + \cdots + \boldsymbol{A}_p \boldsymbol{Y}_{t-p} + \boldsymbol{B}_1 \boldsymbol{X}_t + \cdots + \boldsymbol{B}_q \boldsymbol{X}_{t-q} + \boldsymbol{U}_t \quad (8\text{-}5)$$

其中,$\boldsymbol{Y}_t$ 是 k 维内生变量向量,$\boldsymbol{X}_t$ 是 r 维外生变量向量,$\boldsymbol{A}_0,\boldsymbol{A}_1,\boldsymbol{A}_2,\cdots,\boldsymbol{A}_p$ 和 $\boldsymbol{B}_1,\cdots,\boldsymbol{B}_q$ 是待估计的参数矩阵,p 和 q 依次为内生变量和外生变量的滞后阶数。$\boldsymbol{U}_t$ 是随机干扰向量,满足古典假定。一般根据 AIC 和 SC 信息量取值最小的准则确定模型的滞后阶数 p 和 q。

向量自回归模型是多元时间序列分析中最常用的方法之一。利用 VAR 模型进行经济预警具有一些明显的优势。第一,它非常简单,VAR 模型不带有任何的事先约束条件;第二,模型估计也很简单,模型中每个方程都可以用 OLS 法或极大似然法单独估计;第三,在大多数情况下,VAR 模型的预测比那些复杂得多的传统联立方程模型更准确。[②]

(二)非计量经济预警模型

1. 人工神经网络模型,简称为神经网络(NN)。1982 年,霍普菲尔德(Htopfield)非线性理论模型的发表,使人工神经网络有了理论指导。神经网络模型是近 20 年发展最快的人工智能领域的研究成果之一,广泛地应用于经济学与

①　黄继鸿,雷战波,凌超,2003.经济预警方法研究综述[J].系统工程,21(2):64-70.
②　杭斌,赵俊康,1997.VAR 系统——一种宏观经济预警的新方法[J].统计研究(4):49-52.

管理学研究领域,特别是在各种经济预警系统中的应用,在一定程度上拓展了经济预警的理论和方法。人工神经网络由输入层、隐含层、输出层组成,各层由权值连接。输入层接受外部世界的信号与数据,并将之传递给隐含层,再由隐含层传递给输出层,输出层实现系统处理结果的输出,如果输出层误差较大,就将误差反向传递,并修改各层的权值。利用人工神经网络分析法进行经济预警,最明显的优势是人工神经网络具有良好的非线性特征、自适应性特征及模式识别性能,使预测误差达到最小,实现了预警的智能化。人工神经网络分析法在经济预警中也存在一些不容忽视的问题,例如,由于可能陷入局部最小点而不能保证最佳结果,由于一些操作性的问题而不能保证完全可靠等。另外,模型较为复杂,求解过程复杂。

2.景气指数分析法[①]。景气指数分析法是研究经济周期波动时常用的一种预警方法。该方法的分析框架见图 8-3,其主要步骤如下。

第一,选择预警目标。预警目标是景气指数方法的基础。预警目标需明确,明确的预警目标能够反映出宏观经济某一方面的发展状况。科学合理的预警目标能够确保景气指数构建的正确性。比如,常见的宏观经济预警目标主要包括经济增长、充分就业、通货膨胀、国际收支平衡等。

第二,基准循环确定。确定预警目标后,首先需要根据经济理论确定基准指标,再根据基准指标的走势确定基准循环。基准循环能够如实地反映出该预警目标的发展情况。

第三,基于定性准则的指标体系的设计。根据经济意义对经济指标进行初选,选择具有较高灵敏度的先行、同步和滞后 3 类经济预警指标,构建经济景气分析指标体系。在确立备选指标体系时,必须遵循 4 条原则:经济重要性,数据可得性,灵敏性,数据的先行、一致或滞后性稳定。需要注意的是,在进行指标选择时,确定基准循环和基准日期非常重要,这会直接影响到所选指标的质量。

第四,基于定量准则的指标体系筛选。依据时差相关分析、Kullback-Leibier 信息量(简称 K-L 信息量)分析、峰谷图形分析和峰谷对应分析等定量准则,进一步对指标进行筛选,判断指标相对于基准循环的先行、一致和滞后性。其中,时差相关分析、K-L 信息量分析为定量方法,能够计算出指标序列的先行、一致或滞后阶数,具有简单易行的特点。峰谷图形分析通过比较两个序列图,来判断指标先行、一致或滞后性,直观却也比较主观;而峰谷对应分析则是通过计算指标序列的转折点,将这些转折点与基准循环转折点进行比较,最终确定指标的先行、一致和滞后性。在实际应用中,需要结合各种方法的结果,最终确定指标的先行、一致和

---

① 汪寿阳,张珣,尚维,等.2015.宏观经济预警方法与预警系统[M].北京:科学出版社:12-14.

滞后性。

第五,指数合成及分析。通过定量和定性的方法将指标进行分类之后,针对先行、同步和滞后 3 类经济预警指标分别编制扩散指数与合成指数,先行扩散指数、先行合成指数可以用来预测未来景气,而一致指数可以反映当前景气。

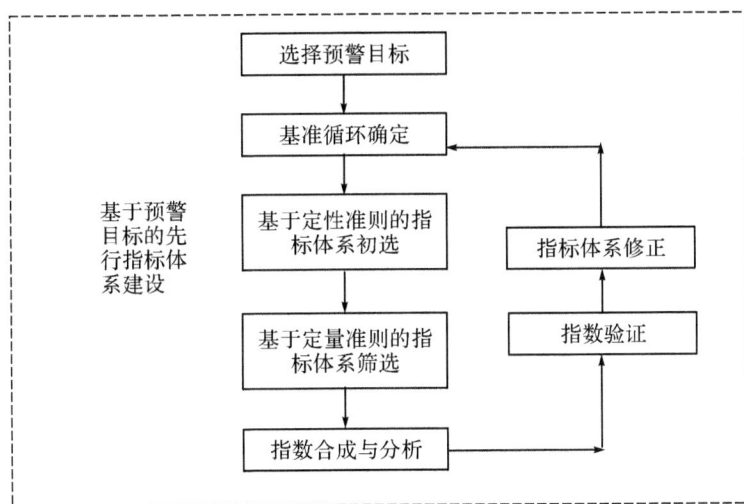

图 8-3　景气指数分析框架

第六,指数验证。对扩散指数与合成指数进行分析,了解当前景气状况,预测未来波动。为确保景气指数的准确性,一方面需要根据历史数据进行验证,先行指数在样本期内应稳定领先于一致指数的拐点,而一致指数的拐点应与基准指标对应良好;另一方面需要在经济预警的过程中进行实时验证,评估先行、一致与滞后指数的实时监测预警。

第七,指标体系修正。由于在经济发展过程中,可能会受到国际经济、政治及国内政策或自然界突发事件的影响,呈现结构性的改变,经济指标相互之间的关系也会随之改变,由此有必要定期对指标体系进行修正。修正过程中,应满足 4 个原则:①尽量保持原有指标体系的结构,以使新旧指标体系具有历史可比性;②在保证指标体系大结构不变的前提下,对原指标体系中已不具备先行性的指标,采用具备先行性且与原指标反映的经济活动类似的指标进行替换;③为保证指标体系的稳定,指标体系中所替换的指标个数不宜过多;④修正应具有前瞻性,新入选指标可反映今后一段时间内的经济特点。

利用景气指数分析法进行监测预警的特点是把各个单项指标组合起来,形成一个包含各个侧面的综合指数,通过多项指标反映系统的全貌,这样就克服了单一指标系统所造成的片面情况,提高了预警的效果。

3.灰色预警模型。灰色预警模型是根据灰色预测理论进行经济预警的一种方法,而灰色预测理论又源于对灰色系统理论的研究。在灰色系统理论研究中,将各类系统分为白色、黑色和灰色。灰色系统指介于白色系统与黑色系统之间的信息不完全的系统。在经济预警研究中,经常会面对信息不完全的情况。如何在信息不完全的情况下对经济运行做出合理的预警是摆在我们面前的一个重要问题,这就需要借助于灰色预测理论展开经济预警研究。

灰色预测理论认为,系统的行为现象尽管是朦胧的,数据是复杂的,但毕竟是有序的,有界的,有整体功能的。因此,这一数据集合具备潜在的规律,这就需要从杂乱中找出规律,形成灰数。灰色预测理论在经济预警中的应用,一方面在处理非线性问题上具有一定的优势;另一方面建立灰色预警模型需要通过一系列的检验,如果所建模型不合格或精度不高,可以通过对模型建立残差方程,进行残差修正,以提高模型的有效性,因此该模型的短期预测精度较高。但是,灰色预警模型的局限性也较为明显:一是对数据序列的要求较苛刻,不允许数据序列存在正负数混杂的现象,数据方向必须一致;二是数据离散程度越大,预测精度越差;三是多步预测的误差较大。

在经济预警过程中,经济预警模型的建立是非常重要的。国内外学者在经济预警模型方面进行了有益的探索,经济预警模型在经济预测与决策中已经发挥了积极的作用。

五、收入分配公平预警警限确定方法

警限是划分不同警度的依据。警限划分方法主要有系统化方法、控制图方法、突变论方法、专家确定法、3σ方法等。[①] 由于篇幅所限,以下主要阐述系统化方法和3σ方法,这也是学者们常用的警限确定方法。

(一)系统化方法

系统化方法是通过对大量历史数据进行定性分析,根据各种并列的客观原则或主观原则,先对预警指标的区间进行一个初步划分,然后综合这些原则的划分结果,并结合研究者所掌握的信息,最终给出信号预警指标的临界值。系统化方法具体包括以下原则。

1. 多数原则。在预警指标的时间序列数据中剔除少数异常值,由大到小排列,根据多数原则确定警限,即从最大值往下选择占样本总数2/3的数据区间作为安全区间或无警警限,在剩下的1/3样本数据区间中再划分轻警、中警、重警和巨警警限。如果对预警指标的总体变化状况持肯定态度,认为在过去绝大多数情况下该指标处于安全状态,则可以采用这种原则来确定警限。

---

① 王思强,2010.能源预测预警理论与方法[M].北京:清华大学出版社:37-40.

2.半数原则或中数原则。与多数原则方法类似,将预警指标由大到小排序,如果认为预警指标至少有一半以上年份处于安全区间,则可以选择总体数据的中位数作为无警警限。如果定性分析的结论认为该监测指标至少有一半处于安全状态,则可采用半数原则。

3.少数原则。将评价指标的历史值中的少数增长水平较高或较低值的年份数值均值作为参照标准,确定安全区间的边界值。使用这种方法是因为绝大部分历史数据处于非安全或有警状态,只有少数年份是无警的。

4.均数原则。将评价指标的历史平均值作为有警无警的界限,因为历史平均值是过去各种警度的综合反映,若实际的评价指标低于历史平均水平,就意味着存在警情。使用该原则的一个隐含前提是评价指标值没有理由低于历史平均水平,如果低于历史平均水平,则表明其处于异常状态,可以采用均数原则。

5.负数原则。监测指标的变化不应出现负增长,即取零作为安全区间的下限,这种方法应用在某些指标的增长率上。

6.参数原则。根据其他与该指标有关联性的宏观经济指标的变化确定监测指标的安全界限。该方法也可依据专家或机构的抽样调查和评估确定。

(二)3σ方法

σ(中文译音西格玛),在统计学中用来表示标准差,表示经济变量数据相对于期望值的波动或离散程度,标准差越小,波动或离散程度越低。在六西格玛质量管理中,σ的大小常用于反映企业产品质量水平的高低,不同的σ水平所对应的产品合格率和百万个产品中产生缺陷的数量也不同,具体如表8-1所示。

表8-1　无漂移情况下σ水平与合格率、百万个产品中不合格数的关系

σ水平	合格率%	百万个产品中的不合格数
1σ	68.27	317 300
2σ	95.49	45 500
3σ	99.73	2700
4σ	99.9973	63
5σ	99.999 943	0.57
6σ	99.999 999 83	0.0018

利用3σ方法划分预警区间,其基本原理如下:当预警指标(经过标准化处理)的样本容量足够大时,其分布可以近似作为正态分布。根据正态分布原理,数据分布在中心值即期望值或均值μ附近,离μ越近概率越大,反之概率越小。样本值偏离均值μ超过1倍标准差σ,其概率为31.74%;超过2倍标准差σ,其概率为

4.55%;超过 3 倍标准差 σ,其概率只有 0.27%。严格的质量控制选择 3 倍标准差以上作为异常。即以 $(-\infty, \mu-3\sigma)$ $(\mu-3\sigma, \mu-\sigma)$ $(\mu-\sigma, \mu+\sigma)$ $(\mu+\sigma, \mu+3\sigma)$ $(\mu+3\sigma, +\infty)$ 分别表示预警指标处于异常区间、基本正常区间、正常区间、基本正常区间、异常区间。具体如图 8-4 所示。

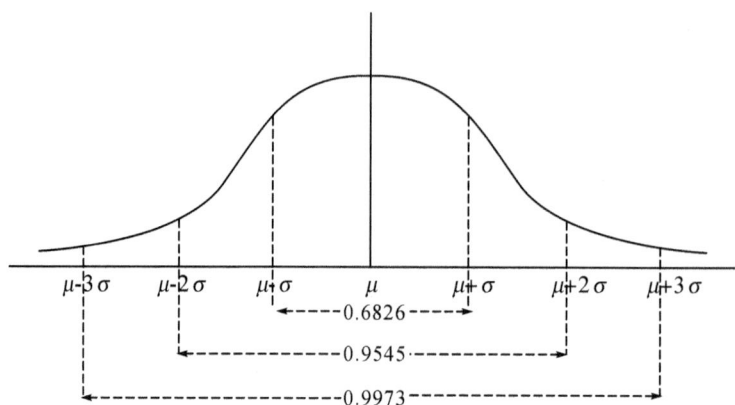

图 8-4　正态分布曲线

说明:正态分布曲线下位于 $[\mu-\sigma, \mu+\sigma]$ $[\mu-2\sigma, \mu+2\sigma]$ $[\mu-3\sigma, \mu+3\sigma]$ 之间的面积占总面积的 68.26%,95.45%,99.73%。

可以将高于 $\mu+3\sigma$ 和低于 $\mu-3\sigma$ 的区域确定为异常(重警)区,区间 $(\mu-\sigma, \mu+\sigma)$ 确定为正常区,中间区域 $(\mu-3\sigma, \mu-\sigma)$ 与 $(\mu+\sigma, \mu+3\sigma)$ 为基本正常区,区间长度为 2σ。划分结果如表 8-2 所示。

表 8-2　基于 3σ 方法划分的预警区间

预警状态	异常区	基本正常区	正常区	基本正常区	异常区
区间	$(-\infty, \mu-3\sigma)$	$(\mu-3\sigma, \mu-\sigma)$	$(\mu-\sigma, \mu+\sigma)$	$(\mu+\sigma, \mu+3\sigma)$	$(\mu+3\sigma, +\infty)$

一般地,由于收入分配公平度所得到的结果是非负数,理论上的最小值在 0 点处取得,最大值在 1 点处取得,并且离 1 越近说明公平度越好。通过细分各个预警区域,将收入分配公平度偏离 1 的程度具体划分为无警区、轻警区、中警区、重警区和巨警区,然后利用不同的颜色即蓝色、绿色、黄色、橙色、红色分别表示收入分配公平的严重程度:无警、轻警、中警、重警、巨警。表 8-3 给出了警度值经过还原并利用 3σ 方法处理后的单指标预警警度的预警区间。

表 8-3　经处理后 3σ 方法对收入分配公平度单指标预警警区划分

预警状态	巨警区	重警区	中警区	轻警区	无警区
预警区间	$[0, \mu-3\sigma)$	$[\mu-3\sigma, \mu-2\sigma)$	$[\mu-2\sigma, \mu-\sigma)$	$[\mu-\sigma, \mu)$	$[\mu, 1]$
预警信号	红色	橙色	黄色	绿色	蓝色

第三节　收入分配公平预警指标体系

收入分配公平预警是一个综合的系统性概念,具有不可直接观测性。任何一个指标都不能代表目标整体,只能反映目标的一个方面,只有构建系统化预警的指标体系才能反映目标整体。

一、设计预警指标体系的基本要求

对收入分配公平进行综合预警,确定预警的指标体系是基础。指标选择的好坏对分析对象常起到举足轻重的作用。一般来说,指标数量不宜选取过多,因为过多的相关性较强的指标重合,会对结果产生不良影响。而如果这些因素较少,可能导致挑选的指标没有典型性,对结果也会产生不良影响。基于实践分析层面,设计预警指标体系要遵守下面几点要求。

一是指标的相关性与可测性。各个指标应当和收入分配公平具有一定的联系,即所选用的指标可以反映收入分配公平的实际状况。所选的指标应当是可测量的,每个指标皆可以利用相关统计数据进行测量。所选的指标要尽量与相关统计资料上显示的数据相一致。

二是指标可少不可多,可简不可杂。预警指标并不是越多越好,而主要在于相关指标在预警期间发挥作用的强弱。指标体系应当包含达成预警指标的全部内容。与此同时,将指标进行精简能够缩短预警的时间,减少产生的费用,从而确保预警活动的顺利进行。

三是指标应当具备较强的独立性。每个指标都要概念明确,比较独立。相同层级的指标要做到不反复、不重合,并且互相不存在关联性。指标体系不仅要层级明确,而且要精简、突出重点。预警机制的构建必须与综合预警指标密切联系,从而确保最终的结果能够反映预警目的。

四是指标的设计应当有一定的典型化和差异化。指标的典型化可以全方位地显现出探究客体的性质。各项指标之间要具备差异化,即能够进行对比。预警指标的设计要立足于现实,从而能够进行纵向比较与横向比较。

五是指标的可实施性。指标应当可以实地执行,与真实情况相对应,并且其资料来源比较可靠,便于实际运作,即具有可衡量性。预警指标的概念要尽可能地清晰,数据要标准,结果要相同,从而信息搜集的流程才能精简。

二、收入分配公平预警指标体系

根据第五章的研究结果可知,收入分配公平的影响因素主要包括:起点不平等、过程不平等、结果不平等、税负不平等、社会保障不平等、转移支付不平等、经济增长、对外开放、政策偏向、城乡差异与地区差异等,因此,本节构建的收入分配公平预警指标体系由11个二级指标组成,它们是起点不平等预警指标、过程不平等预警指标、结果不平等预警指标、税负不平等预警指标、社会保障不平等预警指标、转移支付不平等预警指标、经济增长预警指标、对外开放预警指标、政策偏向预警指标、城乡差异预警指标、地区差异预警指标。其中:起点不平等预警指标下设教育不平等、就业不平等、公共医疗卫生不平等3个三级指标;过程不平等预警指标下设投资市场化程度、参加工会职工占比等2个三级指标;结果不平等预警指标下设居民人均收入、城乡居民人均收入比、劳动报酬在初次分配中的比重等3个三级指标。税负不平等预警指标下设个人税负不平等、企业税负不平等等2个三级指标;社会保障不平等预警指标下设人均社会保障支出、社会保险(养老、医疗、失业)覆盖率等2个三级指标;转移支付不平等预警指标下设政府对个人转移支付占比1个三级指标。经济增长预警指标下设经济规模、经济结构、经济效率等3个三级指标;对外开放预警指标下设贸易依存度(货物出口依存度、货物进口依存度)、实际关税率等2个三级指标;政策偏向预警指标下设非国有经济投资比重、非国有经济就业比重、农村固定资产投资比重、支农支出比重等4个三级指标;城乡差异预警指标下设城乡二元结构、城乡人力资本差异等2个三级指标;地区差异预警指标下设自然资源禀赋、基础设施建设等2个三级指标。收入分配公平预警指标体系如表8-4所示。

表 8-4　收入分配公平预警指标体系

一级指标	二级指标	三级指标
收入分配公平预警指标体系	起点不平等	教育不平等、就业不平等、公共医疗卫生不平等
	过程不平等	投资市场化程度、参加工会职工占比
	结果不平等	居民人均收入、城乡居民人均收入比、劳动报酬在初次分配中的比重
	税负不平等	个人税负不平等、企业税负不平等
	社会保障不平等	人均社会保障支出、社会保险(养老、医疗、失业)覆盖率
	转移支付不平等	政府对个人转移支付占比
	经济增长	经济规模、经济结构、经济效率
收入分配公平预警指标体系	对外开放	贸易依存度(货物出口依存度、货物进口依存度)、实际关税率
	政策偏向	非国有经济投资比重、非国有经济就业比重、农村固定资产投资比重、支农支出比重
	城乡差异	城乡二元结构、城乡人力资本
	地区差异	自然资源禀赋、基础设施建设

三、预警指标体系权重确定方法

权重是将评价对象中各个指标统一在一起的一种度量,即通过权重的转换,使各个指标具有相同的量纲,可以"合成"在一起。权重的确定方法有很多,主要有主观赋权法和客观赋权法。主观赋权法是指根据专家主观判断对各评价指标的重视程度来确定权重系数的一种方法。专家赋权法的过程是运用专家的专业知识、经验阅历和主观判断能力,对受经济、政治、社会等因素影响的信息进行分析和判断。尤其是在缺乏翔实的统计数据的情况下,可依据专家做出的分析和估测进行判断。专家赋权法在具体操作上可采用专家会议法、专家函询法、专家委员会法,比较常用的德尔菲法是通过专家几轮匿名函询调查,逐步把结果收敛于某个数值(平均数、众数、中位数)。客观赋权法是依据客观统计数据和理论研究指标之间的关系进行客观赋权。客观赋权法常用的有变异系数法、熵信息法、主成分分析法、因子分析法、最优权重法等。对于主观赋权法和客观赋权法,因篇幅所限,本节不再一一阐述。

第四节　收入分配公平预警系统

收入分配公平预警系统是指以收入分配公平的基本状况为依据,以收入分配公平预警指标体系为中心,采用定性与定量方法,对收入分配公平的现状及未来变动态势进行预测、监测和警情预报。它包括对收入分配公平的"态"和"势"两个方面的关注。"态"即对收入分配公平现状的判断,"势"即对收入分配公平未来发展趋势的预测。收入分配公平预警系统的最终输出结果是对收入分配公平状况的预报和警报信息,而预测也不是凭空的,必须基于过去和现在的信息与知识。因此,可以认为"态"和"势"两者都依托对过往数据的分析和知识的积累,是同一时间序列上紧密联系的两个过程。

在构建收入分配公平预警系统时,首先,要构建收入分配公平的预警指标体系。指标数据可以通过相关统计部门或其他途径收集。其次,要设定相应的临界阈值。当指标数据达到临界阈值时,系统发出警报,以便采取相应措施。指标体系的构建和临界阈值的设定需要依据宏观经济环境,依靠知识和经验的积累,其是预警系统中最为核心的技术难点。最后,要对指标进行考察和筛选,用适当的指标全面预警收入分配公平发展态势。当指标数据偏离正常数值时,收入分配公平预警系统可以及时发现问题,从而发出警报。

一、收入分配公平预警系统的基本功能

收入分配公平预警系统的基本功能包括以下几个方面:第一,参照功能。在整个预警系统中,相关的指标要切实可行,能够在实际的应用过程中起到应有的作用。另外,临界阈值必不可少。在同一参照系下,对收入分配公平问题的认识,以及相应收入分配政策的制定也将达成一致,政策的制定和实施效率都将大大提升。第二,纠偏功能。纠偏功能是收入分配公平预警系统的重要功能,它可以定期地或实时地发布与收入分配公平相关的重要指标数据,分析当前数据及数据变化的原因,从而预判未来发展趋势。预警系统可以根据这些分析结果,提出有针对性的调整措施,通过调整相关收入分配政策,及时纠正数据的偏差,从而达到促进收入分配公平的目标。第三,动态管理功能。收入分配公平预警系统是一个开放的、动态发展的系统,它紧随着宏观环境发展而发展。当有些数据和模型已经被验证不再适合用于收入分配公平预警时,它们将被清理出系统。在经济发展过程中,有些影响收入分配公平的因素被加强,有些被削弱。当影响因素发生变化时,相应的指标也要随之发生变化。第四,提前调控功能。提前调控功能是收入分配公平预警系统的特色所在。预警系统可以通过某些敏感性指标的异常变化尽早发现问题,在问题未发生时加以预防,其是预警系统的重要功能体现。

二、收入分配公平预警系统的准备工作

第一,数据准备。收入分配公平预警系统是建立在可靠的数据基础之上的,完整、准确的数据获取是预警系统的重要前提条件。因此,预警系统需要完备的数据统计系统作为基础。所有的数据都必须按照国际的标准来处理,方便统一和运行,符合国际统计规范。要搭建相关的平台,方便数据的处理和分析,从多个层次和角度来实现统计系统的整体功能。数据统计要坚持科学性、系统性、可比性、可行性、可操作性的原则。

第二,技术准备。在具备了完备的数据之后,要经过一定的技术分析、数据处理得到决策者可以认知和理解的信息,这就需要相应的技术准备,比较有代表性的是数据挖掘技术。随着大数据时代的到来,需要处理和储存的数据迅速增加,通过常规的数据分析和人工处理往往会遗漏一些信息,但是这些数据作用较大,不可忽略和遗漏。数据挖掘技术的出现解决了信息遗漏的问题,它可以最大限度地挖掘出隐藏的一些重要信息。收入分配公平预警系统应能从纷繁复杂的数据背后发现隐藏的危机线索,其中技术手段起着重要的作用,同时人的经验和知识决定着技术手段的使用效果。

第三,人员准备。人员准备是收入分配公平预警系统中的人力因素,是主观

因素,也是最具有能动性的因素。所有的组织、数据、技术都要由"人"来运作和实现。人员的数量、人员的素质、人员的管理,对于系统的运行起着非常关键的作用。收入分配公平预警系统需要配备一定数量的系统分析人员,这是收入分配公平预警系统建立和发挥预警作用的前提条件之一。

三、收入分配公平预警系统的主要步骤

建立收入分配公平预警系统的主要步骤是构建预警指标体系,选择预警方法和预警模型,确定预警界限,输出预警结果。

(一)构建预警指标体系

构建收入分配公平预警系统首先要构建一套科学合理的收入分配公平预警指标体系。该指标体系包括起点不平等、过程不平等、结果不平等、税负不平等、社会保障不平等、转移支付不平等、经济增长、对外开放、政策偏向、城乡差异、地区差异等11个二级指标(见表8-4)。除此之外,还要确定各个指标在整个指标体系中的权重,权重的确定与选择的预警方法和预警模型均有关系。一般来说,专家会议法、专家函询法等需要专家根据经验为各个指标给出权重,而主成分分析法等综合评价方法则可以根据指标的样本数据通过统计方法来获得指标权重。

(二)选择预警方法和预警模型

预警的核心是在多种途径当中挑选一种科学合理的预警方法和预警模型。预警方法和预警模型依据预警客体相关规定的差异而呈现出较大的差异。总体而言,要采用比较标准、科学的预警方案,并注重预警方法和最终目标相符合。另外,还要注重预警手段的内在制约,采用多重方式的预警视角和方法。

(三)确定预警界限

收入分配公平预警系统中的关键技术问题就是确定预警界限,即确定临界阈值。确定预警界限常用的方法是 3σ 方法。3σ 方法的运用就是通过计算各个指标数据的各级预警中心值 μ,得到预警预报的5个区间。由于收入分配公平度所得到的结果是非负数,理论上的最小值在0处取得,最大值在1处取得,并且离0越近说明公平度越差,离1越近说明公平度越好。可以将 $[0,\mu-3\sigma)$ 的区间确定为巨警区,区间 $[\mu,1]$ 确定为无警区,中间区间 $[\mu-3\sigma,\mu-2\sigma)$ $[\mu-2\sigma,\mu-\sigma)$ $[\mu-\sigma,\mu)$ 依次确定为重警区、中警区、轻警区,区间长度为 σ。表8-3给出了警度值经过还原并处理后 3σ 方法的单指标预警警度的预警区间。

(四)输出预警结果

预警结果的输出,往往是通过准确的研究和分析得到一系列判定结果。因

此,输出哪些内容、以何种形式输出都直接影响着预警系统的实用性和可操作性。因此,在设计输出结果时,应当结合决策者的需求。在众多输出结果中,警报是最重要的内容之一。综合预警往往带有一定的主观特征,为了避免这种现象发生,必须要建立在事实的基础上,增强预警方法的合理性,确保其结论的权威性。

四、收入分配公平单指标预警

(一)单指标预警警情指标选择

虽然在其他文献中有选用基尼系数等指标作为收入分配公平预警的警情指标,但因为本节在收入分配公平的内涵、指标体系和测度方法方面有自身相对完整的研究体系,同时收入分配公平预警分析与收入分配公平测度有着承上启下的紧密联系,所以基于逻辑的严密性和体系的完整性,本节考虑选用收入分配公平度(初次分配公平度:起点公平度、过程公平度、结果公平度,再分配公平度:税负公平度、社会保障公平度、转移支付公平度)作为反映收入分配公平的警情指标。

(二)单指标预警警度值预测

单指标预警警度值预测一般基于警情的时间序列特征,直接利用预测技术对警情指标的警度值进行预测。预测的方法有很多,在对单指标警度值进行预测时,一般利用模型预警法,构建预测模型对未来收入分配公平度(初次分配公平度和再分配公平度)的发展变化趋势进行判断。

根据各类公平度,建立 ARIMA 模型[①]。以起点公平度 SPF_t 为例:

$$\Delta^d SPF_{it} = \varphi_1 \Delta^d SPF_{t-1} + \varphi_2 \Delta^d SPF_{t-2} + \cdots + \varphi_p \Delta^d SPF_{t-p} +$$
$$u_t + \theta_1 u_{t-1} + \theta_2 u_{t-2} + \cdots + \theta_q u_{t-q} \tag{8-8}$$

式中,p,q 为自回归模型和移动平均模型的阶数(p,q 依次为自相关系数、偏相关系数显著不为 0 的滞后阶数),d 为时间序列 $\{SPF_t\}$ 的单整阶数。其中,自相关系数 r_k 的计算公式为:

$$r_k = \frac{\sum_{t=k+1}^{n} (SPF_t - \overline{SPF})(SPF_{t-k} - \overline{SPF})}{\sum_{t=1}^{n} (SPF_t - \overline{SPF})^2} \tag{8-9}$$

式中,n 是样本容量,k 为滞后期,$\overline{SPF_t}$ 为 SPF_t 的均值。偏自相关系数 φ_{kk} 的计算公式为:

---

① 孙敬水,2019. 中级计量经济学[M].北京:清华大学出版社:281-294.

$$\varphi_{kk} = \begin{cases} r_1 & k = 1 \\ \dfrac{r_k - \sum\limits_{j=1}^{k-1} \varphi_{k-1,j} \cdot r_{k-j}}{1 - \sum\limits_{j=1}^{k-1} \varphi_{k-1,j} \cdot r_j}, & k = 2, 3, \cdots \end{cases} \tag{8-10}$$

$$\varphi_{k,j} = \varphi_{k-1,j} - \varphi_{kk} \cdot \varphi_{k-1,k-j}, \ j = 1, 2, \cdots, k-1 \tag{8-11}$$

式中，r_k 是滞后 k 期的自相关系数。同理可以针对过程公平度、结果公平度、初次分配公平度、再分配公平度(税负公平度、社会保障公平度、转移支付公平度)建立 ARIMA 模型。

利用 ARIMA 模型对 SPF_t 进行预测，设预测期为 m，其预测值为 $\widehat{SPF}_t$ ($t=n+1, n+2, \cdots, n+m$)。同理可以求得过程公平度与结果公平度的预测值，通过线性加权型评价函数法求得初次分配公平度预测值 $\widehat{IDF}_t$，再利用同样的方法求得再分配公平度预测值 $\widehat{REDF}_t$，在此基础上，合成收入分配公平度 $\widehat{DF}_t$，由此可以判定收入分配公平度类型，分析收入分配公平度变化态势。

(三)划分警限，预报警度

根据划分警限的方法，在划分具体预警对象的警限区间时，应该结合收入分配公平度分析的结论，在充分考虑实际情况的基础上，综合应用多种划分方法。最后根据单指标的警度值和划分的警限，具体分析收入分配公平度属于哪个区间，以此实现预警目标——预报警度。

五、收入分配公平综合指数预警

收入分配公平综合指数预警的主要思想就是把预警对象看作一个总体，在考察收入分配公平评价指标和决定因素等指标值的基础上，从警源指标中选取一组反映警情变化的先行指标(警兆指标)，运用科学的方法，将多个警兆指标合并为一个综合性的预警指数。

收入分配公平综合指数预警机制大致可以归纳为确定预警的对象，寻找警情的产生根源，分析警源对警情的作用机理，选定警兆指标、确定警限、合成综合预警指数，划分警限和警区、预报警度、排除警患。为了体现警兆指标在综合预警中的作用，一般采用统计预警方法对收入分配公平进行预警。因此，在综合预警的过程中，警兆指标的确定和综合预警指数的合成是预警分析的关键。

(一)明确警情:综合预警警情指标的选择

警情是预警的对象和内容。收入分配公平警情分析是为了预防收入分配不公平程度过大对经济社会造成不良影响而对收入分配公平状况进行评价，并希望对未来可能发生的警情变化进行预测,以提前对可能发生的收入分配不公平程度过大现象进行预报。本节将单指标预警中所选择的收入分配公平度(初次分配公平度:起点公平度、过程公平度、结果公平度,再分配公平度:税负公平度、社会保障公平度、转移支付公平度)作为警情指标,一方面有利于对两种预警方法进行比较,另一方面是基于收入分配公平的测度与预警分析上下文紧密联系的逻辑关系考虑。

(二)寻找警源:综合预警警源指标分析

警源是警情产生的根源。根据对收入分配公平的影响因素分析,可以将影响因素作为警源指标。警源指标主要包括起点不平等、过程不平等、结果不平等、税负不平等、社会保障不平等、转移支付不平等、经济增长、对外开放、政策偏向、城乡差异、地区差异等 11 个二级警源指标,每个二级警源指标又包括若干个三级警源指标。由于在警源指标中,有的是正向指标,有的是负向指标,需要对警源指标进行归一化处理,以保证指标间的可比性。

(三)分析警兆:综合预警警兆指标的确定

分析警兆是预警过程的关键环节,一般采用定量分析方法(如时差相关分析法)来确定警兆指标。时差相关分析法是利用变量间相关系数来验证两组时间序列变量先行、一致或滞后关系的一种常用方法。[①]

设 $y = \{y_1, y_2, \cdots, y_n\}$ 为基准变量,本节指收入分配公平度(即初次分配公平度、再分配公平度);$x = \{x_1, x_2, \cdots, x_n\}$ 为被选择的指标,本节指收入分配公平度的影响因素指标(即起点不平等、过程不平等、结果不平等、税负不平等、社会保障不平等、转移支付不平等、经济增长、对外开放、政策偏向、城乡差异、地区差异等 11 个二级警源指标);r 为时差相关系数(也称交叉相关系数)。则其计算公式为:

$$r_l = \frac{\sum\limits_{t=1}^{n_l}(x_{t-l} - \bar{x})(y_t - \bar{y})}{\sqrt{\sum\limits_{t=1}^{n_l}(x_{t-l} - \bar{x})^2(y_t - \bar{y})^2}} \quad (l = 0, \pm 1, \pm 2, \cdots, \pm L) \quad (8\text{-}12)$$

式中:l 表示先行或滞后期,l 取正数时表示 x 是 y 的先行指标,l 取负数时表示 x 是 y 的滞后指标;l 被称为时差,L 是最大时差,n_l 是数据个数。最大的时差相关系数 $r = \max\limits_{-L \leqslant l \leqslant L} r_l$,被认为反映了选择指标与基准指标的时差相关关系。从警源指标中通过时差相关分析法精选出具有先导性关系的指标,即警兆指标。为

---

① 汪寿阳,张珣,尚维,等,2015.宏观经济预警方法与预警系统[M].北京:科学出版社:39-40.

了与收入分配公平度相对应,在综合处理这些警兆指标时,需要依指标的性质对其进行正向化处理,分别计算其公平度。

(四)测算警兆指标公平度,合成综合预警指数

综合预警警度值的合成就是利用警兆指标构建综合预警指数。首先,在警兆指标确定后,利用 ARIMA 模型对各个警兆指标进行预测,比如对起点公平度 SPF_t 进行预测,设预测期为 m,预测值为 $\widehat{SPF_t}$ $(t=n+1,n+2,\cdots,n+m)$,再测算各警兆指标的公平度。其次,确定各警兆指标公平度的权重,一般以标准差贡献率法计算各警兆指标公平度相互间的权重。最后,利用加权平均法合成收入分配公平综合预警指数。需要特别说明的是,此处的警兆指标(公平度)是指与基准指标如收入分配公平度 DF_t 具有先行关系的三级指标经过加权综合而成的指标,已非第四章中所讲的公平度。

(五)划分警限并预报警度

因为警兆指标公平度位于 $(0,1)$ 之间,收入分配公平综合预警指数是通过各警兆指标的公平度加权合成的,所以其值区间也位于 $(0,1)$ 之间,其值越接近于 1,说明公平度越高,警度越低;反之,其值越接近于 0,则公平度越低,警度越高。表 8-3 中基于 3σ 方法的单指标预警警限的划分方法,同样适用于警兆指标公平度预警和综合指数预警。

(六)排除警患

警情出现后要根据警度的大小给出相应的解决对策,也就是要给出排除警患的措施。

收入分配公平预警流程如图 8-5 所示。

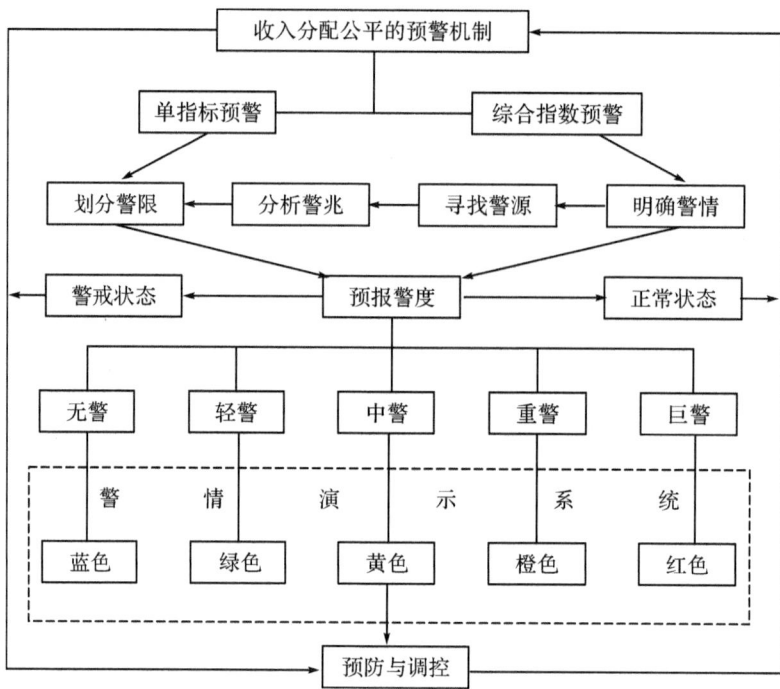

图 8-5　收入分配公平预警流程

第五节　本章小结

本章共分四节。第一节阐述了预警和预警机制的含义,回顾了经济预警的发展历程和收入分配公平预警问题,介绍了预警的类型,从明确警情、寻找警源、分析警兆、划分警限、预报警度、排除警患几大环节阐述了经济预警的基本流程。

第二节论述了收入分配公平预警方法与预警模型。首先,阐述了收入分配公平预警方法,包括定性预警方法和定量预警方法。定性预警方法主要包括专家评分法、专家会议法、德尔菲法等,定量预警方法主要包括线性多属性综合预警方法、非线性多属性综合预警方法、信号预警方法、模型预警方法等。其次,阐述了经济预警模型(计量经济模型,如 ARIMA 模型、ARCH 模型、VAR 模型等;非计量经济模型,如人工神经网络模型、景气指数分析法、灰色预测模型等)。最后,阐述了收入分配公平预警警限的确定方法(如系统化方法和 3σ 方法)。

第三节根据收入分配公平的影响因素和设计预警指标体系的基本要求,从起点不平等预警指标、过程不平等预警指标、结果不平等预警指标、税负不平等预警指标、社会保障不平等预警指标、转移支付不平等预警指标、经济增长预警指标、对外开放预警指标、政策偏向预警指标、城乡差异预警指标、地区差异预警指标等十一个方面,构建了收入分配公平预警指标体系,阐述了预警指标体系权重确定方法。

第四节论述了收入分配公平预警系统。首先,阐述收入分配公平预警系统的基本功能、建立收入分配公平预警系统的准备工作、建立收入分配公平预警系统的主要步骤。其次,从单指标预警和综合指数预警两大方面阐述收入分配公平预警流程。①收入分配公平单指标预警。单指标预警的具体步骤为选择收入分配公平度(初次分配公平度、再分配公平度)为单指标警情,建立 ARMIA 模型预测单指标预警警度,利用警限划分方法(如 3σ 方法)划分单指标预警警限并预报警度。②收入分配公平综合指数预警。综合指数预警的主要步骤:一是明确警情。警情是预警的对象和内容,本部分选择收入分配公平度(初次分配公平度、再分配公平度)作为警情指标。二是寻找警源。警源是警情产生的根源。根据收入分配公平的影响因素设置指标群构成警源指标体系。三是分析警兆。警兆指标是警源指标精炼的结果,本部分拟采用时差相关分析法挑选出先行反映警情指标变化的警兆指标。四是合成综合预警指数,划分警限并预报警度。利用警兆指标的历史数据和预测值,再结合综合评价方法,合成收入分配公平综合预警指数;再根据警限划分方法(如 3σ 方法),对综合预警指数进行警限的划分,并预报警度(如无警、轻警、中警、重警、巨警)。五是排除警患。预警的根本目标是不仅要发现将来可能出现的问题,还要提出有针对性的排警措施。

第九章
中国收入分配公平的监测预警分析

收入分配公平监测预警是依据反映收入分配公平状态的数据,对收入分配公平状态进行定性和定量的分析、预测、监测与评价,对收入分配公平系统未来发展过程中可能出现的问题(如收入分配不公平程度加深所造成的风险)预先发出警报或示警,对警情、警兆做出科学合理的判断,为提前实施防范或化解收入分配公平系统风险提供决策依据。本章首先依据单指标预警方法和单指标预警流程,对全国以及东部、中部与西部三大地区的收入分配公平状况进行单指标监测预警分析。其次依据综合指数预警方法和综合指数预警流程,对全国以及东部、中部与西部三大地区收入分配公平状况进行综合指数监测预警分析,得到了相应的研究结论。

第一节 收入分配公平的单指标监测预警分析

本章教育公平指标数据来源于《中国教育统计年鉴》和《中国教育经费统计年鉴》,公共医疗卫生公平指标数据来源于《中国卫生统计年鉴》,其余指标数据来源于《中国统计年鉴》《新中国六十年统计资料汇编》及各省份历年统计年鉴等。鉴于部分指标个别年度数据的缺失,本章利用线性外推的方式拟合出缺失年份数据。

一、初次分配公平的单指标监测预警[①]

根据单指标预警方法与预警流程,对于初次分配公平单指标预警而言,首先

---

① SUN J S,WU P P,2020. Research on statistical measurement,monitoring and alerting of initial distributive fairness[C]. Business & Management(2nd International Conference on Business,Economics, Management Science),1:49-65.

以初次分配公平二级指标即起点公平度 IDF_1、过程公平度 IDF_2、结果公平度 IDF_3 作为反映警情的指标。其次,建立 $ARIMA(p,d,q)$ 模型,求得初次分配公平度 3 个二级指标的预测值,再通过几何加权型评价函数法得到一级指标初次分配公平度的预测值。最后,根据警限划分的 3σ 方法,对初次分配公平度及其二级指标划分预警警区并预报警度。

(一)初次分配公平的单指标预测过程和预测结果

以起点公平度 IDF_1 为例进行预测。首先对时间序列 $\{IDF_1\}$ 进行单位根检验,容易验证序列 $\{IDF_1\}$ 为平稳序列,检验结果如表 9-1 所示,因此,单整阶数 $d=0$。

Augmented Dickey-Fuller Unit Root Test on IDF1		
Null Hypothesis: IDF1 has a unit root		
Exogenous: Constant		
Lag Length: 0 (Automatic - based on SIC, maxlag=8)		
	t-Statistic	Prob.*
Augmented Dickey-Fuller test statistic	-3.932875	0.0050
Test critical values: 1% level	-3.653730	
5% level	-2.957110	
10% level	-2.617434	
*MacKinnon (1996) one-sided p-values.		

图 9-1　起点公平度 IDF_1 单位根检验

其次,用 EViews9.0 软件进行参数估计,计算序列 $\{IDF_1\}$ 的自相关系数和偏自相关系数,如图 9-2 所示。$\{IDF_1\}$ 的自相关系数在 7 阶截尾,偏自相关系数在 1 阶截尾。为了简化,本部分取模型的阶数 $p=1$,$q=4$,据此建立 $ARIMA(1,0,4)$ 模型,再对模型进行预测,得到 2018—2022 年 $\{IDF_1\}$ 的预测值分别为 0.8078,0.8086,0.8163,0.8180,0.8207。

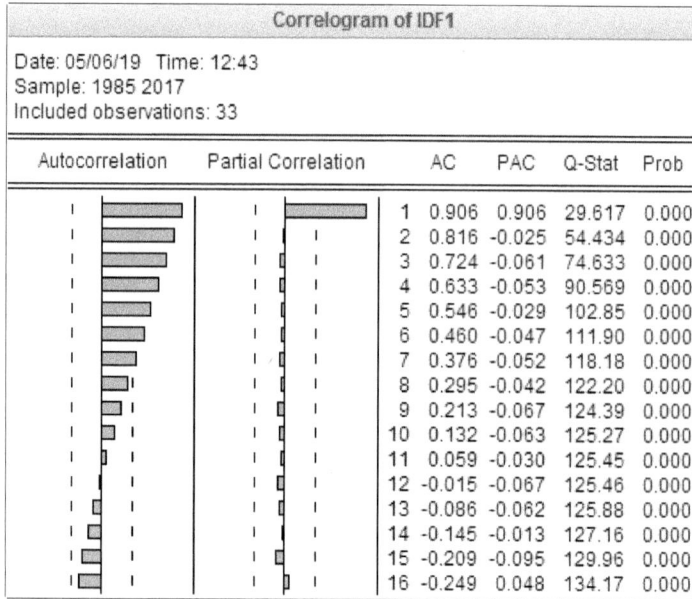

图 9-2　起点公平度 IDF₁ 的自相关系数和偏自相关系数

类似地,可以建立过程公平度 IDF_2、结果公平度 IDF_3 时间序列的 ARIMA 模型。ARIMA 模型中的各参数见表 9-1。

表 9-1　初次分配公平单指标预警 ARIMA 模型参数

警情指标	ARIMA (p,d,q)	φ_1	φ_2	φ_3	θ_1	θ_2	θ_3	θ_4
起点公平度 IDF₁	ARIMA $(1,0,4)$	0.9515	—	—	-0.2272	-0.3428	0.2271	-0.6571
过程公平度 IDF₂	ARIMA $(1,0,4)$	0.9259	—	—	-0.5229	-0.2499	-0.0710	0.7332
结果公平度 IDF₃	ARIMA $(3,1,3)$	0.0376	0.0955	-0.4500	-0.2393	0.8787	0.2486	—

对 ARIMA 模型进行预测,可以得到 3 个序列起点公平度 IDF_1、过程公平度 IDF_2、结果公平度 IDF_3 的预测值(2018—2022 年),见表 9-2。根据起点公平度 IDF_1、过程公平度 IDF_2、结果公平度 IDF_3 的预测值,利用几何加权型评价函数法,得到 2018—2022 年初次分配公平度 IDF 的预测值。同理,可以得到东部、中部和西部三大地区 2018—2022 年初次分配公平度的预测值。结合第四章 1985—2017 年的测算结果,由此得到初次分配公平度的测算与预测结果,如表9-2 所示。

表 9-2　初次分配公平度的统计测算与预测结果

年份	初次分配公平度	起点公平度	过程公平度	结果公平度	初次分配公平度		
					东部	中部	西部
1985	0.6517	0.5650	0.7149	0.7219	0.6933	0.7310	0.6001
1986	0.6628	0.5790	0.7310	0.7213	0.7113	0.7455	0.6111
1987	0.6831	0.5905	0.7453	0.7644	0.7254	0.7536	0.6241
1988	0.7020	0.6026	0.7585	0.8027	0.7397	0.7645	0.6456
1989	0.7066	0.6146	0.7708	0.7836	0.7459	0.7765	0.6515
1990	0.7129	0.6256	0.7824	0.7750	0.7558	0.7769	0.6628
1991	0.7164	0.6369	0.7933	0.7562	0.7603	0.7865	0.6738
1992	0.7286	0.6486	0.7712	0.8092	0.7722	0.7869	0.6922
1993	0.7474	0.6585	0.8048	0.8261	0.7798	0.7990	0.7089
1994	0.7612	0.6695	0.8131	0.8511	0.7904	0.8142	0.7263
1995	0.7713	0.6847	0.8410	0.8309	0.8073	0.8292	0.7406
1996	0.7665	0.6868	0.8385	0.8114	0.8156	0.8225	0.7297
1997	0.7625	0.6920	0.8493	0.7759	0.8042	0.8086	0.7405
1998	0.7605	0.7062	0.8341	0.7616	0.8080	0.8205	0.7537
1999	0.7765	0.7079	0.8580	0.7924	0.8160	0.8367	0.7641
2000	0.7876	0.7307	0.8816	0.7716	0.8282	0.8555	0.8100
2001	0.8024	0.7331	0.8808	0.8222	0.8357	0.8509	0.8051
2002	0.7993	0.7329	0.8814	0.8106	0.8411	0.8630	0.8065
2003	0.8129	0.7483	0.8778	0.8397	0.8429	0.8721	0.8243
2004	0.8227	0.7502	0.8897	0.8604	0.8530	0.8772	0.8337
2005	0.8286	0.7607	0.8929	0.8611	0.8510	0.8779	0.8411
2006	0.8391	0.7709	0.8994	0.8767	0.8556	0.8851	0.8596
2007	0.8430	0.7818	0.8945	0.8790	0.8522	0.8910	0.8626
2008	0.8471	0.7829	0.8977	0.8889	0.8506	0.8802	0.8717
2009	0.8443	0.7801	0.8886	0.8934	0.8456	0.8809	0.8682
2010	0.8456	0.7792	0.8916	0.8965	0.8576	0.8827	0.8527
2011	0.8480	0.7839	0.8967	0.8920	0.8555	0.8889	0.8653
2012	0.8515	0.7856	0.9030	0.8954	0.8662	0.8916	0.8676

年份	初次分配 公平度	起点 公平度	过程 公平度	结果 公平度	初次分配公平度		
					东部	中部	西部
2013	0.8396	0.7910	0.8994	0.8462	0.8663	0.8886	0.8575
2014	0.8454	0.7965	0.8978	0.8604	0.8749	0.8884	0.8719
2015	0.8444	0.7985	0.9017	0.8493	0.8685	0.8758	0.8688
2016	0.8437	0.7965	0.8966	0.8554	0.8705	0.8849	0.8582
2017	0.8382	0.8017	0.8899	0.8349	0.8823	0.8824	0.8432
2018	0.8435	0.8078	0.8986	0.8347	0.8857	0.8858	0.8464
2019	0.8498	0.8086	0.9059	0.8487	0.8891	0.8900	0.8494
2020	0.8567	0.8163	0.9047	0.8639	0.8925	0.8943	0.8522
2021	0.8559	0.8180	0.8979	0.8664	0.8958	0.8986	0.8548
2022	0.8577	0.8207	0.8994	0.8672	0.8991	0.9029	0.8573
均值 μ	0.7936	0.7275	0.8546	0.8289	0.8259	0.8458	0.7856
标准差 σ	0.0615	0.0768	0.0573	0.0483	0.0552	0.0506	0.0877

从初次分配公平度及其二级指标的预测结果看,2018—2022 年,初次分配公平度以及起点公平度、结果公平度在逐渐上升,而过程公平度有小幅回落,如图9-3所示。未来几年,东部、中部与西部三大地区初次分配公平度均处于小幅上升阶段,如表 9-2 所示。

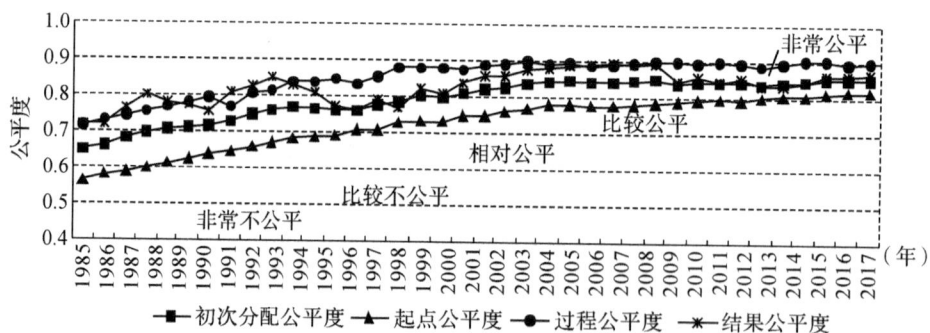

图 9-3　1985—2022 年初次分配公平度趋势图

利用同样的方法可以得到起点公平度的五个三级指标即教育公平度、就业公平度、公共医疗卫生公平度、公共基础设施公平度与公共自然资源公平度2018—2022 年的预测值,如表 9-3 所示。

表 9-3 起点公平度的统计测算与预测结果

年份	起点公平度	教育公平度	就业公平度	公共医疗卫生公平度	公共基础设施公平度	公共自然资源公平度	起点公平度		
							东部	中部	西部
1985	0.5650	0.7337	0.5518	0.7877	0.5288	0.4548	0.6107	0.6462	0.4994
1986	0.5790	0.7410	0.5533	0.7939	0.5486	0.4738	0.6216	0.6539	0.5133
1987	0.5905	0.7484	0.5422	0.8001	0.5646	0.4921	0.6291	0.6601	0.5257
1988	0.6026	0.7558	0.5446	0.8031	0.5807	0.5092	0.6382	0.6660	0.5397
1989	0.6146	0.7623	0.5464	0.8071	0.5970	0.5261	0.6467	0.6718	0.5553
1990	0.6256	0.7676	0.5493	0.8077	0.6124	0.5422	0.6550	0.6773	0.5703
1991	0.6369	0.7748	0.5517	0.8084	0.6288	0.5577	0.6639	0.6828	0.5854
1992	0.6486	0.7878	0.5543	0.8095	0.6438	0.5728	0.6727	0.6888	0.6035
1993	0.6585	0.7911	0.5570	0.8106	0.6577	0.5875	0.6826	0.6949	0.6200
1994	0.6695	0.8005	0.5613	0.8127	0.6719	0.6019	0.6928	0.7001	0.6361
1995	0.6847	0.8457	0.5625	0.8178	0.6849	0.6155	0.7082	0.7063	0.6589
1996	0.6868	0.8342	0.5682	0.8177	0.7187	0.5986	0.7207	0.7105	0.6541
1997	0.6920	0.8331	0.5708	0.8160	0.7139	0.6169	0.7113	0.7175	0.6719
1998	0.7062	0.8317	0.5756	0.8188	0.7390	0.6357	0.7340	0.7272	0.6883
1999	0.7079	0.8250	0.5790	0.8214	0.7367	0.6425	0.7381	0.7261	0.6970
2000	0.7307	0.8255	0.5885	0.8243	0.7367	0.7020	0.7419	0.7287	0.7666
2001	0.7331	0.8259	0.5863	0.8264	0.7350	0.7097	0.7472	0.7392	0.7561
2002	0.7329	0.8308	0.5959	0.8208	0.7310	0.7095	0.7544	0.7553	0.7550
2003	0.7483	0.8215	0.6085	0.8434	0.7391	0.7379	0.7437	0.7603	0.7838
2004	0.7502	0.8194	0.5996	0.8430	0.7424	0.7443	0.7523	0.7644	0.7925
2005	0.7607	0.8244	0.6066	0.8313	0.7770	0.7478	0.7687	0.7776	0.7985
2006	0.7709	0.8212	0.6131	0.8314	0.7705	0.7803	0.7600	0.7894	0.8275
2007	0.7818	0.8396	0.6323	0.8364	0.7756	0.7921	0.7651	0.7971	0.8371
2008	0.7829	0.8505	0.5937	0.8473	0.7912	0.7877	0.7630	0.7764	0.8421
2009	0.7801	0.8523	0.5829	0.8576	0.7920	0.7784	0.7579	0.7883	0.8384
2010	0.7792	0.8497	0.6091	0.8516	0.7937	0.7693	0.7720	0.7900	0.8112
2011	0.7839	0.8539	0.6032	0.8584	0.7941	0.7802	0.7705	0.7918	0.8345
2012	0.7856	0.8654	0.6060	0.8822	0.7881	0.7758	0.7904	0.7936	0.8331

年份	起点公平度	教育公平度	就业公平度	公共医疗卫生公平度	公共基础设施公平度	公共自然资源公平度	起点公平度		
							东部	中部	西部
2013	0.7910	0.8673	0.6085	0.9024	0.7935	0.7781	0.7876	0.7939	0.8358
2014	0.7965	0.8689	0.6210	0.9182	0.7895	0.7863	0.7992	0.8019	0.8478
2015	0.7985	0.8759	0.6381	0.9207	0.7929	0.7807	0.8096	0.7963	0.8433
2016	0.7965	0.8722	0.6531	0.9197	0.7897	0.7745	0.8078	0.8195	0.8321
2017	0.8017	0.8701	0.6856	0.9203	0.8033	0.7693	0.8150	0.8065	0.8334
2018	0.8078	0.8744	0.6810	0.9244	0.8037	0.7687	0.8211	0.8191	0.8359
2019	0.8086	0.8786	0.6539	0.9286	0.8095	0.7691	0.8274	0.8215	0.8360
2020	0.8163	0.8829	0.6598	0.9327	0.8109	0.7670	0.8337	0.8276	0.8422
2021	0.8180	0.8872	0.6270	0.9369	0.8108	0.7672	0.8399	0.8323	0.8468
2022	0.8207	0.8914	0.6086	0.9410	0.8122	0.7664	0.8462	0.8376	0.8499
均值 μ	0.7274	0.8285	0.5955	0.8508	0.7266	0.6834	0.7421	0.7510	0.7342
标准差 σ	0.0768	0.0439	0.0388	0.0486	0.0839	0.1079	0.0658	0.0579	0.1183

从起点公平度及其三级指标的预测结果看,2018—2022 年,起点公平度以及公共基础设施公平度在逐年小幅上升,教育公平度与公共医疗卫生公平度在逐步提高,而公共自然资源公平度和就业公平度有小幅回落,就业公平度逐年下降,如图 9-4 所示。未来几年,东部、中部与西部三大地区起点公平度处于小幅上升阶段,如表 9-3 所示。

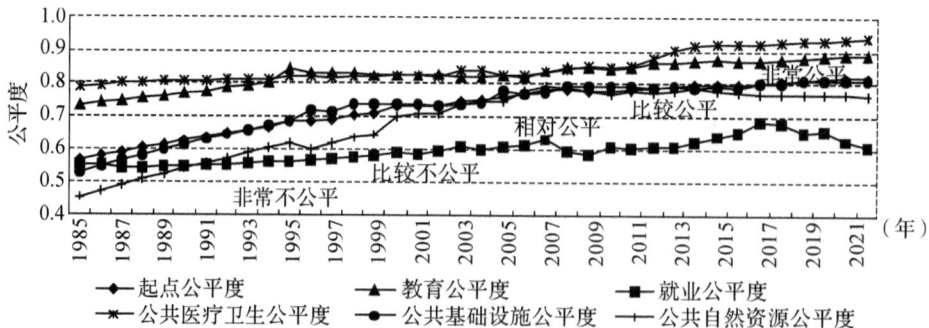

图 9-4　1985—2022 年我国起点公平度预测趋势图

(二)初次分配公平的单指标预警过程和预警结果

划分警限是初次分配公平预警过程中的关键环节。由于初次分配公平度为非负数,所以理论上的最小值在 0 处取到,并且离 0 越近说明公平度越低,离 1 越近说明公平度越高。根据警限划分的 3σ 方法,将初次分配公平度预警警区划分为五个区间,通过细分各个预警区域,将初次分配公平度偏离 1 的程度具体划分为无警区、轻警区、中警区、重警区和巨警区,然后利用不同颜色即蓝色、绿色、黄色、橙色和红色分别表示无警、轻警、中警、重警和巨警。初次分配公平度预警警区划分如表 9-4 所示。

表 9-4　初次分配公平度预警警区划分

预警状态	巨警区	重警区	中警区	轻警区	无警区
预警区间	$[0,\mu-3\sigma)$	$[\mu-3\sigma,\mu-2\sigma)$	$[\mu-2\sigma,\mu-\sigma)$	$[\mu-\sigma,\mu)$	$[\mu,1]$
预警信号	红色	橙色	黄色	绿色	蓝色

注:μ 和 σ 依次为初次分配公平度的均值和标准差。

依据多数无警原则和表 9-4 预警警区划分方法,得到初次分配公平度 IDF(起点公平度 IDF_1、过程公平度 IDF_2、结果公平度 IDF_3)的单指标预警区间,预警信号采用红色、橙色、黄色、绿色、蓝色表示。如表 9-5 所示。

表 9-5　初次分配公平度及其二级指标预警区间

预警状态	巨警区	重警区	中警区	轻警区	无警区
全国 IDF 预警区间	$[0,0.5313)$	$[0.5313,0.6083)$	$[0.6083,0.6853)$	$[0.6853,0.7623)$	$[0.7623,1]$
IDF_1 预警区间	$[0,0.6091)$	$[0.6091,0.6706)$	$[0.6706,0.7321)$	$[0.7321,0.7936)$	$[0.7936,1]$
IDF_2 预警区间	$[0,0.4971)$	$[0.4971,0.5739)$	$[0.5739,0.6507)$	$[0.6507,0.7275)$	$[0.7275,1]$
IDF_3 预警区间	$[0,0.6826)$	$[0.6826,0.7399)$	$[0.7399,0.7973)$	$[0.7973,0.8546)$	$[0.8546,1]$
东部 IDF 预警区间	$[0,0.6603)$	$[0.6603,0.7155)$	$[0.7155,0.7707)$	$[0.7707,0.8259)$	$[0.8259,1]$
中部 IDF 预警区间	$[0,0.6940)$	$[0.6940,0.7446)$	$[0.7446,0.7952)$	$[0.7952,0.8458)$	$[0.8458,1]$
西部 IDF 预警区间	$[0,0.5225)$	$[0.5225,0.6102)$	$[0.6102,0.6979)$	$[0.6979,0.7856)$	$[0.7856,1]$
预警信号	红色	橙色	黄色	绿色	蓝色

用同样的方法可以得到起点公平度 IDF_1 的五个三级指标即教育公平度 IDF_{11}、就业公平度 IDF_{12}、公共医疗卫生公平度 IDF_{13}、公共基础设施公平度 IDF_{14}

与公共自然资源公平度 IDF_{15} 的单指标预警区间。具体如表9-6所示。

表9-6 起点公平度及其三级指标预警区间

预警状态	巨警区	重警区	中警区	轻警区	无警区
全国 IDF_1 预警区间	$[0,0.4970)$	$[0.4970,0.5738)$	$[0.5738,0.6506)$	$[0.6506,0.7274)$	$[0.7274,1]$
IDF_{11} 预警区间	$[0,0.6968)$	$[0.6968,0.7407)$	$[0.7407,0.7846)$	$[0.7846,0.8285)$	$[0.8285,1]$
IDF_{12} 预警区间	$[0,0.4791)$	$[0.4791,0.5179)$	$[0.5179,0.5567)$	$[0.5567,0.5955)$	$[0.5955,1]$
IDF_{13} 预警区间	$[0,0.7050)$	$[0.7050,0.7536)$	$[0.7536,0.8022)$	$[0.8022,0.8508)$	$[0.8508,1]$
IDF_{14} 预警区间	$[0,0.4749)$	$[0.4749,0.5588)$	$[0.5588,0.6427)$	$[0.6427,0.7266)$	$[0.7266,1]$
IDF_{15} 预警区间	$[0,0.3597)$	$[0.3597,0.4676)$	$[0.4676,0.5755)$	$[0.5755,0.6834)$	$[0.6834,1]$
东部 IDF_1 预警区间	$[0,0.5447)$	$[0.5447,0.6105)$	$[0.6105,0.6763)$	$[0.6763,0.7421)$	$[0.7421,1]$
中部 IDF_1 预警区间	$[0,0.5773)$	$[0.5773,0.6352)$	$[0.6352,0.6931)$	$[0.6931,0.7510)$	$[0.7510,1]$
西部 IDF_1 预警区间	$[0,0.3793)$	$[0.3793,0.4976)$	$[0.4976,0.6159)$	$[0.6159,0.7342)$	$[0.7342,1]$
预警信号	红色	橙色	黄色	绿色	蓝色

根据初次分配公平度及其3个二级指标的统计测度与预测结果(见表9-2),结合表9-5初次分配公平度单指标预警区间,得到1985—2022年中国初次分配公平度及其二级指标的预警警度预报结果,如表9-7所示。

表9-7 1985—2022年中国初次分配公平度及其二级指标的警度预报

年份	初次分配公平度				初次分配公平度		
		起点公平度	过程公平度	结果公平度	东部	中部	西部
1985	重警	重警	重警	重警	重警	重警	重警
1986	重警	中警	重警	重警	重警	中警	中警
1987	中警	中警	中警	中警	中警	中警	中警
1988	中警	中警	中警	轻警	中警	中警	中警

年份	初次分配公平度	起点公平度	过程公平度	结果公平度	初次分配公平度		
					东部	中部	西部
1989	中警	中警	中警	中警	中警	中警	中警
1990	中警	中警	中警	中警	中警	中警	中警
1991	中警	中警	中警	中警	中警	中警	中警
1992	中警	中警	中警	轻警	轻警	中警	中警
1993	轻警	轻警	轻警	轻警	轻警	轻警	轻警
1994	轻警	轻警	轻警	轻警	轻警	轻警	轻警
1995	轻警	轻警	轻警	轻警	轻警	轻警	轻警
1996	轻警	轻警	轻警	轻警	轻警	轻警	轻警
1997	轻警	轻警	轻警	中警	轻警	轻警	轻警
1998	轻警	轻警	轻警	中警	轻警	轻警	轻警
1999	轻警	轻警	无警	中警	轻警	轻警	轻警
2000	轻警	无警	无警	中警	无警	无警	无警
2001	无警	无警	无警	轻警	无警	无警	无警
2002	无警	无警	无警	轻警	无警	无警	无警
2003	无警	无警	无警	轻警	无警	无警	无警
2004	无警	无警	无警	无警	无警	无警	无警
2005	无警	无警	无警	无警	无警	无警	无警
2006	无警	无警	无警	无警	无警	无警	无警
2007	无警	无警	无警	无警	无警	无警	无警
2008	无警	无警	无警	无警	无警	无警	无警
2009	无警	无警	无警	无警	无警	无警	无警
2010	无警	无警	无警	无警	无警	无警	无警
2011	无警	无警	无警	无警	无警	无警	无警
2012	无警	无警	无警	无警	无警	无警	无警
2013	无警	无警	无警	无警	无警	无警	无警
2014	无警	无警	无警	无警	无警	无警	无警
2015	无警	无警	无警	无警	无警	无警	无警
2016	无警	无警	无警	无警	无警	无警	无警

年份	初次分配公平度	起点公平度	过程公平度	结果公平度	初次分配公平度		
					东部	中部	西部
2017	无警	无警	无警	轻警	无警	无警	无警
2018	无警	无警	无警	轻警	无警	无警	无警
2019	无警	无警	无警	轻警	无警	无警	无警
2020	无警	无警	无警	无警	无警	无警	无警
2021	无警	无警	无警	无警	无警	无警	无警
2022	无警	无警	无警	无警	无警	无警	无警
平均	无警	无警	无警	无警	无警	无警	无警

根据表9-7的警度预报结果,我们得到:

1. 1985—2022年我国初次分配公平度均值为0.7936,总体上处于无警状态。具体而言,初次分配公平度在1985—1986年为重警,1987—1992年为中警,这些年份的初次分配公平度处于相对公平和比较公平之间;1993—2000年为轻警,2001—2022年处于无警状态,这些年份的初次分配公平度相对较高,处于比较公平和非常公平之间。如图9-5所示。

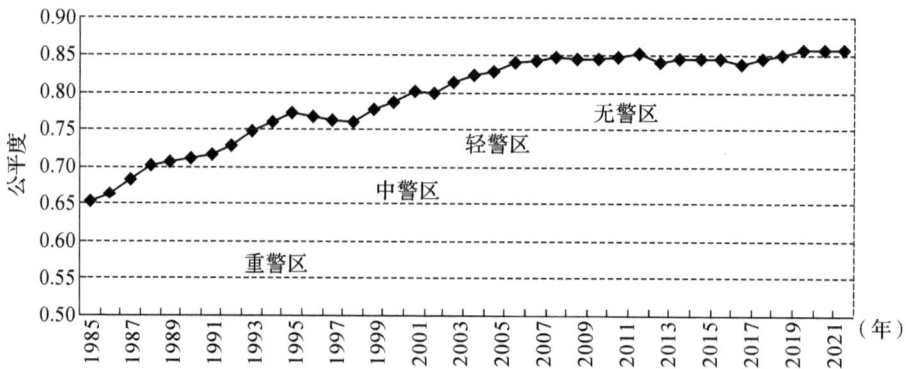

图9-5 初次分配公平度IDF警度变动趋势图

2. 1985—2022年,我国初次分配公平度的3个二级指标,即起点公平度、过程公平度、结果公平度的均值依次为0.7275,0.8546和0.8289,总体上处于无警状态。具体而言,起点公平度在1985年为重警,1986—1992年为中警,这些年份的起点公平度处于比较不公平和相对公平之间;1993—1999年为轻警,2000—2022年处于无警状态,这些年份的起点公平度处于比较公平和非常公平状态之间。过程公平度在1985—1986年为重警,1987—1992年为中警,1993—1998年为轻警,1999—2022年处于无警状态,这些年份的过程公平度处于非常公平状态。结果公平度的预警状态的波动幅度较大,在 1985—1986 年为重警,1987 年、1989—1991 年、1997—2000 年为中警(这些年份的结果公平度处于比较不公平和相对公平之间);1988 年、1992—1996 年、2001—2003 年、2017—2019 年为轻警,其他年份处于无警状态。

3. 1985—2022 年,我国东部、中部与西部三大地区初次分配公平度的均值依次为 0. 8259,0. 8458 和 0. 7856,总体上处于无警状态。具体而言,东部地区的初次分配公平度在 1985—1986 年为重警,1987—1991 年为中警,1992—1999 年为轻警,2000—2022 年处于无警状态;中部、西部地区的初次分配公平度在 1985 年为重警,1986—1992 年为中警,1993—1999 年为轻警,2000—2022 年处于无警状态(这些年份的初次分配公平度较高,处于非常公平状态)。

从以上预警结果可以看出,现阶段及未来几年全国以及三大地区的初次分配公平度(包括起点公平度、过程公平度、结果公平度)总体上处于无警状态,均在蓝色无警的范围内运行。

根据起点公平度及其三级指标的统计测度与预测结果(见表 9-3),结合表 9-6 初次分配公平度单指标预警区间,得到 1985—2022 年中国起点公平度及其三级指标的预警警度预报结果,如表 9-8 所示。[①]

表 9-8　1985—2022 年我国起点公平度及其三级指标的警度预报

年份	起点公平度	IDF_{11}	IDF_{12}	IDF_{13}	IDF_{14}	IDF_{15}	起点公平度		
							东部	中部	西部
1985	重警	重警	中警	中警	重警	重警	中警	中警	中警
1986	中警	中警	中警	中警	重警	中警	中警	中警	中警
1987	中警	中警	中警	中警	中警	中警	中警	中警	中警
1988	中警	中警	中警	轻警	中警	中警	中警	中警	中警
1989	中警	中警	中警	轻警	中警	中警	中警	中警	中警
1990	中警	中警	中警	轻警	中警	中警	中警	中警	中警
1991	中警	中警	中警	轻警	中警	中警	中警	中警	中警
1992	中警	轻警	中警	轻警	轻警	中警	中警	中警	中警
1993	轻警	轻警	轻警	轻警	轻警	轻警	轻警	轻警	轻警
1994	轻警	轻警	轻警	轻警	轻警	轻警	轻警	轻警	轻警
1995	轻警	无警	轻警	轻警	轻警	轻警	轻警	轻警	轻警

① 孙敬水,蔡培培,2020. 起点公平的统计测度与监测预警研究[J]. 浙江工商大学学报(1):89-102.

年份	起点公平度	IDF_{11}	IDF_{12}	IDF_{13}	IDF_{14}	IDF_{15}	起点公平度		
							东部	中部	西部
1996	轻警	无警	轻警	轻警	轻警	轻警	轻警	轻警	轻警
1997	轻警	无警	轻警	轻警	轻警	轻警	轻警	轻警	轻警
1998	轻警	无警	轻警	轻警	无警	轻警	轻警	轻警	轻警
1999	轻警	轻警	轻警	轻警	无警	轻警	轻警	轻警	轻警
2000	无警	轻警	轻警	轻警	无警	无警	轻警	轻警	无警
2001	无警	轻警	轻警	轻警	无警	无警	无警	轻警	无警
2002	无警	无警	无警	轻警	无警	无警	无警	无警	无警
2003	无警	轻警	无警	轻警	无警	无警	无警	无警	无警
2004	无警	轻警	无警	轻警	无警	无警	无警	无警	无警
2005	无警	轻警	无警	轻警	无警	无警	无警	无警	无警
2006	无警	轻警	无警	轻警	无警	无警	无警	无警	无警
2007	无警	无警	无警	轻警	无警	无警	无警	无警	无警
2008	无警	无警	轻警	轻警	无警	无警	无警	无警	无警
2009	无警	无警	轻警	无警	无警	无警	无警	无警	无警
2010	无警	无警	无警	无警	无警	无警	无警	无警	无警
2011	无警	无警	无警	无警	无警	无警	无警	无警	无警
2012	无警	无警	无警	无警	无警	无警	无警	无警	无警
2013	无警	无警	无警	无警	无警	无警	无警	无警	无警
2014	无警	无警	无警	无警	无警	无警	无警	无警	无警
2015	无警	无警	无警	无警	无警	无警	无警	无警	无警
2016	无警	无警	无警	无警	无警	无警	无警	无警	无警
2017	无警	无警	无警	无警	无警	无警	无警	无警	无警
2018	无警	无警	无警	无警	无警	无警	无警	无警	无警
2019	无警	无警	无警	无警	无警	无警	无警	无警	无警
2020	无警	无警	无警	无警	无警	无警	无警	无警	无警
2021	无警	无警	无警	无警	无警	无警	无警	无警	无警
2022	无警	无警	无警	无警	无警	无警	无警	无警	无警
平均	无警	无警	无警	无警	无警	无警	无警	无警	无警

根据表 9-8 警度预报结果,我们得到:

1. 1985—2022 年,我国起点公平度均值为 0.7274,总体上处于无警状态。具体而言,起点公平度在 1985 年为重警,1986—1992 年为中警,1993—1999 年为轻警,这些年份的起点公平度处于比较不公平和相对公平之间;2000—2022 年起点公平度均处于无警状态,这些年份的起点公平度较高,处于比较公平和非常公平之间。如图 9-6 所示。

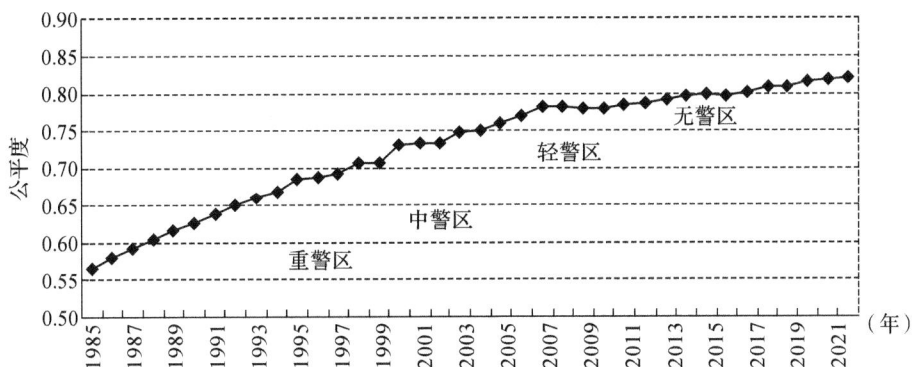

图 9-6　1985—2022 年我国起点公平度警度变动趋势

2. 1985—2022 年,我国起点公平度的 5 个二级指标,即教育公平度 IDF_{11}、就业公平度 IDF_{12}、公共医疗卫生公平度 IDF_{13}、公共基础设施公平度 IDF_{14} 与公共自然资源公平度 IDF_{15} 的均值依次为 0.8285,0.5955,0.8508,0.7266 和 0.6834,总体上处于无警状态。具体而言,教育公平度 IDF_{11} 在 1985 年为重警,1986—1991 年为中警,1992—1994 年、1999—2001 年、2003—2006 年为轻警,1995—1998 年、2002 年、2007—2022 年处于无警状态(这些年份的教育公平度处于非常公平状态)。就业公平度 IDF_{12} 在 1985—1992 年为中警,1993—2001 年、2008—2009 年为轻警,这些年份的就业公平度处于比较不公平状态;2002—2007 年、2010—2022 年均处于无警状态。公共医疗卫生公平度 IDF_{13} 在 1985—1987 年为中警,1988—2008 年为轻警,2009—2022 年处于无警状态(这些年份的公共医疗卫生公平度处于非常公平状态)。公共基础设施公平度 IDF_{14} 在 1985—1986 年为重警,1987—1991 年为中警,1992—1997 年为轻警,这些年份的公共基础设施公平度处于比较不公平和比较公平之间;1998—2022 年处于无警状态(这些年份的公共基础设施公平度处于比较公平和非常公平状态之间)。公共自然资源公平度 IDF_{15} 在 1985 年为重警,1986—1992 年为中警,1993—1999 年为轻警,这些年份的公共自然资源公平度处于非常不公平和相对公平之间;2000—2022 年处于无警状态,这些年份的公共自然资源公平度处于比较公平状态。

3. 1985—2022 年,我国东部、中部与西部三大地区的起点公平度均值依次为

0.7421,0.7510 和 0.7342,总体上处于无警状态。具体而言,东部、中部与西部地区的起点公平度在 1985—1992 年为中警,1983—1999 年为轻警,2000—2022 年处于无警状态(个别年份除外,这些年份的起点公平度较高,处于比较公平和非常公平状态之间)。

从以上预警结果可以看出,现阶段及未来几年,全国及三大地区的起点公平度(包括教育公平度、就业公平度、公共医疗卫生公平度、公共基础设施公平度与公共自然资源公平度)总体上处于无警状态,均在蓝色无警的范围内运行。

二、再分配公平的单指标监测预警[①]

根据单指标预警流程,对于再分配公平单指标预警而言,首先以再分配公平度的二级指标即税负公平度 $REDF_1$、社会保障公平度 $REDF_2$、转移支付公平度 $REDF_3$ 作为反映警情的指标。其次,建立 $ARIMA(p,d,q)$ 模型,求得再分配公平度的 3 个二级指标的预测值,再通过几何加权型评价函数法得到一级指标再分配公平度的预测值。最后,根据警限划分的 3σ 方法,对再分配公平度及其二级指标划分预警警区并预报警度。

(一)再分配公平的单指标预测过程和预测结果

以税负公平度 $REDF_1$ 为例进行预测。首先,对时间序列 $\{REDF_1\}$ 进行单位根检验,容易验证序列 $\{REDF_1\}$ 为 1 阶单整序列,检验结果如图 9-7 所示,因此,单整阶数 $d=1$。

Augmented Dickey-Fuller Unit Root Test on D(REDF1)		
Null Hypothesis: D(REDF1) has a unit root Exogenous: None Lag Length: 0 (Automatic - based on SIC, maxlag=8)		
	t-Statistic	Prob.*
Augmented Dickey-Fuller test statistic	-3.867100	0.0004
Test critical values: 1% level	-2.641672	
5% level	-1.952066	
10% level	-1.610400	
*MacKinnon (1996) one-sided p-values.		

图 9-7　税负公平度 $REDF_1$ 单位根检验

其次,用 EViews9.0 软件进行参数估计,计算序列 $\{REDF_1\}$ 的自相关系数和

[①] SUN J S, CAI P P, 2019. Research on the measurement and early warning of redistribution equity [C]. Advances in Economics, Business and Management Research(International Conference on Economic Management and Cultural Industry),109:39-53.

偏自相关系数(如图 9-8 所示)。{REDF₁}的自相关系数在 2 阶截尾,偏自相关系数在 2 阶截尾。因此,模型的阶数 $p=2$,$q=2$,据此建立 ARIMA(2,1,2)模型,再对模型进行预测,得到 2018—2022 年 REDF₁ 的预测值分别为 0.8210,0.8223,0.8254,0.8275,0.8210。

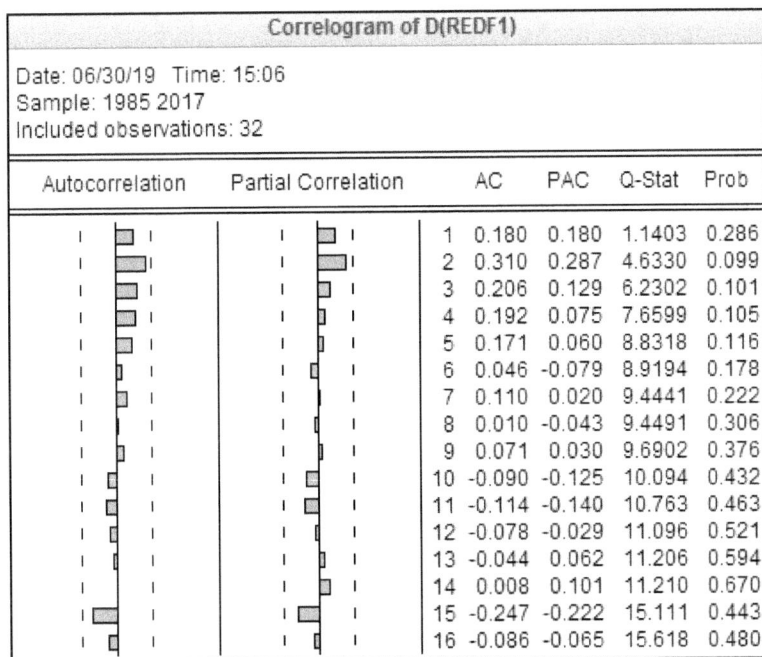

```
                        Correlogram of D(REDF1)

Date: 06/30/19   Time: 15:06
Sample: 1985 2017
Included observations: 32

Autocorrelation    Partial Correlation        AC      PAC    Q-Stat   Prob

                                          1   0.180    0.180   1.1403  0.286
                                          2   0.310    0.287   4.6330  0.099
                                          3   0.206    0.129   6.2302  0.101
                                          4   0.192    0.075   7.6599  0.105
                                          5   0.171    0.060   8.8318  0.116
                                          6   0.046   -0.079   8.9194  0.178
                                          7   0.110    0.020   9.4441  0.222
                                          8   0.010   -0.043   9.4491  0.306
                                          9   0.071    0.030   9.6902  0.376
                                         10  -0.090   -0.125  10.094   0.432
                                         11  -0.114   -0.140  10.763   0.463
                                         12  -0.078   -0.029  11.096   0.521
                                         13  -0.044    0.062  11.206   0.594
                                         14   0.008    0.101  11.210   0.670
                                         15  -0.247   -0.222  15.111   0.443
                                         16  -0.086   -0.065  15.618   0.480
```

图 9-8　税负公平度 REDF₁ 的自相关系数和偏自相关系数

类似地,可以建立社会保障公平度 REDF₂、转移支付公平度 REDF₃ 序列的 ARIMA 模型,ARIMA 模型中的各参数见表 9-9。

表 9-9　再分配公平单指标预警 ARIMA 模型参数

警情指标	ARIMA (p,d,q)	φ_1	φ_2	φ_3	θ_1	θ_2	θ_3	θ_4
税负公平度 REDF₁	ARIMA (2,1,2)	0.4172	0.4601		0.4102	−0.2586	—	—
社会保障公平度 REDF₂	ARIMA (1,1,1)	0.0966	—	0.3415	—	—	—	—
转移支付公平度 REDF₃	ARIMA (1,0,4)	0.8376	—	—	0.1914	0.1263	0.1706	0.0767

对社会保障公平度 REDF₂、转移支付公平度 REDF₃ 序列的 ARIMA 模型进行预测,可以得到社会保障公平度 REDF₂、转移支付公平度 REDF₃ 的预测值

(2018—2022 年),见表 9-10。根据税负公平度 $REDF_1$、社会保障公平度 $REDF_2$、转移支付公平度 $REDF_3$ 的预测值,利用几何加权型评价函数法,得到 2018—2022 年再分配公平度 $REDF$ 的预测值。同理,可以得到东部、中部和西部三大地区 2018—2022 年再分配公平度的预测值。结合第四章 1985—2017 年的测算结果,由此得到再分配公平度的测算与预测结果,如表 9-10 所示。

表 9-10　再分配公平度的统计测算与预测结果

年份	再分配公平度	税负公平度	社会保障公平度	转移支付公平度	再分配公平度		
					东部	中部	西部
1985	0.5330	0.5869	0.4587	0.5823	0.5417	0.6774	0.5486
1986	0.5553	0.5988	0.4734	0.6280	0.5596	0.7019	0.5662
1987	0.5748	0.6132	0.4878	0.6618	0.5715	0.7239	0.5855
1988	0.5928	0.6266	0.5009	0.6935	0.5866	0.7387	0.6007
1989	0.6134	0.6449	0.5136	0.7306	0.6053	0.7542	0.6196
1990	0.6294	0.6585	0.5251	0.7569	0.6187	0.7675	0.6347
1991	0.6437	0.6764	0.5361	0.7722	0.6296	0.7753	0.6512
1992	0.6583	0.6908	0.5468	0.7939	0.6443	0.7830	0.6664
1993	0.6756	0.7053	0.5582	0.8248	0.6650	0.7865	0.6827
1994	0.6834	0.7153	0.5700	0.8218	0.6694	0.8001	0.6947
1995	0.6934	0.7314	0.5820	0.8201	0.6802	0.7979	0.7079
1996	0.7009	0.7404	0.5929	0.8193	0.6901	0.7998	0.7225
1997	0.7083	0.7601	0.6053	0.8032	0.7035	0.810	0.7279
1998	0.7172	0.7746	0.6165	0.8013	0.7054	0.8127	0.7585
1999	0.7199	0.7769	0.6202	0.8028	0.7119	0.8114	0.7699
2000	0.7236	0.7916	0.6204	0.7997	0.7065	0.8170	0.7721
2001	0.7381	0.8311	0.6289	0.7967	0.7154	0.8176	0.8061
2002	0.7408	0.8313	0.6371	0.7934	0.7387	0.8252	0.8017
2003	0.7563	0.8393	0.6616	0.8019	0.7533	0.8638	0.8114
2004	0.7625	0.8288	0.6848	0.7993	0.7591	0.8610	0.8267
2005	0.7916	0.8520	0.7005	0.8552	0.7824	0.8752	0.8465
2006	0.8010	0.8557	0.7096	0.8712	0.7810	0.8937	0.8619
2007	0.8206	0.8744	0.7416	0.8723	0.8112	0.9047	0.8748
2008	0.8239	0.8703	0.7474	0.8800	0.8126	0.9081	0.8858

年份	再分配公平度	税负公平度	社会保障公平度	转移支付公平度	再分配公平度		
					东部	中部	西部
2009	0.8292	0.8675	0.7557	0.8897	0.8158	0.9118	0.8920
2010	0.8216	0.8557	0.7446	0.8924	0.8149	0.9082	0.8730
2011	0.8164	0.8300	0.7518	0.8919	0.8151	0.9090	0.8447
2012	0.8169	0.8202	0.7582	0.8956	0.8120	0.9091	0.8472
2013	0.8151	0.7895	0.7716	0.9061	0.8286	0.9059	0.8309
2014	0.8147	0.8139	0.7711	0.8755	0.8136	0.9110	0.8538
2015	0.8143	0.8179	0.7675	0.8748	0.8141	0.9078	0.8620
2016	0.8040	0.8000	0.7565	0.8746	0.8118	0.9018	0.8459
2017	0.8131	0.8164	0.7652	0.8756	0.8203	0.8954	0.8597
2018	0.8162	0.8210	0.7712	0.8737	0.8181	0.8933	0.8631
2019	0.8202	0.8223	0.7799	0.8740	0.8240	0.8915	0.8663
2020	0.8221	0.8254	0.7828	0.8733	0.8221	0.8900	0.8693
2021	0.8246	0.8275	0.7880	0.8724	0.8274	0.8887	0.8721
2022	0.8241	0.8210	0.7926	0.8713	0.8257	0.8876	0.8748
均值 μ	0.7397	0.7738	0.6599	0.8190	0.7344	0.8399	0.7758
标准差 σ	0.0885	0.0833	0.1069	0.0767	0.0901	0.0673	0.1045

从再分配公平度及其二级指标的预测结果看,2018—2022 年,再分配公平度及社会保障公平度稳步上升,税负公平度先上升后下降但变动幅度较小,而转移支付公平度则小幅回落,如图 9-9 所示。2018—2022 年,西部地区再分配公平度平稳上升,东部地区略有上升,中部地区小幅回落,如表 9-10 所示。

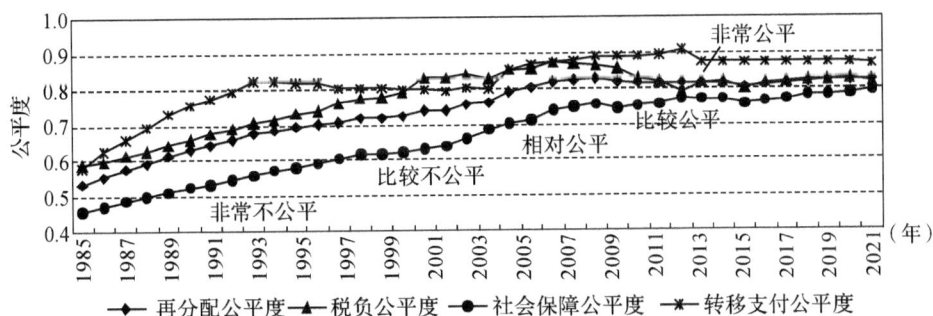

图 9-9　1985—2022 年再分配公平度趋势图

（二）再分配公平的单指标预警过程和预警结果

根据表 9-10 再分配公平度的测算与预测结果,依据多数无警原则,采用 3σ 方法,得到再分配公平度 REDF(包括税负公平度 REDF$_1$、社会保障公平度 REDF$_2$、转移支付公平度 REDF$_3$)的单指标预警区间,预警信号采用红色、橙色、黄色、绿色、蓝色表示。如表 9-11 所示。

表 9-11 再分配公平度及其二级指标预警区间

预警状态	巨警区	重警区	中警区	轻警区	无警区
全国 REDF 预警区间	$[0,0.4792)$	$[0.4792,0.5665)$	$[0.5665,0.6538)$	$[0.6538,0.7412)$	$[0.7412,1]$
REDF$_1$ 预警区间	$[0,0.5240)$	$[0.5240,0.6073)$	$[0.6073,0.6905)$	$[0.6905,0.7738)$	$[0.7738,1]$
REDF$_2$ 预警区间	$[0,0.3393)$	$[0.3393,0.4462)$	$[0.4462,0.5530)$	$[0.5530,0.6599)$	$[0.6599,1]$
REDF$_3$ 预警区间	$[0,0.5890)$	$[0.5890,0.6657)$	$[0.6657,0.7424)$	$[0.7424,0.8190)$	$[0.8190,1]$
东部 REDF 预警区间	$[0,0.4641)$	$[0.4641,0.5542)$	$[0.5542,0.6443)$	$[0.6443,0.7344)$	$[0.7344,1]$
中部 REDF 预警区间	$[0,0.6380)$	$[0.6380,0.7053)$	$[0.7053,0.7726)$	$[0.7726,0.8399)$	$[0.8399,1]$
西部 REDF 预警区间	$[0,0.4623)$	$[0.4623,0.5668)$	$[0.5668,0.6713)$	$[0.6713,0.7758)$	$[0.7758,1]$
预警信号	红色	橙色	黄色	绿色	蓝色

根据表 9-10 再分配公平度的测算与预测结果,结合表 9-11 再分配公平度单指标预警区间,得到 1985—2022 年中国再分配公平预警警度预报结果,如表 9-12 所示。

表 9-12 1985—2022 年中国再分配公平度及其二级指标的警度预报

年份	再分配公平度	税负公平度	社会保障公平度	转移支付公平度	再分配公平度		
					东部	中部	西部
1985	重警	重警	重警	巨警	重警	重警	重警
1986	重警	重警	中警	重警	中警	重警	重警
1987	中警	中警	中警	重警	中警	中警	中警
1988	中警	中警	中警	中警	中警	中警	中警

续 表

年份	再分配公平度	税负公平度	社会保障公平度	转移支付公平度	再分配公平度 东部	再分配公平度 中部	再分配公平度 西部
1989	中警	中警	中警	中警	中警	中警	中警
1990	中警	中警	中警	轻警	中警	中警	中警
1991	中警	中警	中警	轻警	中警	轻警	中警
1992	轻警	轻警	中警	轻警	轻警	轻警	中警
1993	轻警	轻警	轻警	无警	轻警	轻警	轻警
1994	轻警	轻警	轻警	无警	轻警	轻警	轻警
1995	轻警	轻警	轻警	无警	轻警	轻警	轻警
1996	轻警	轻警	轻警	无警	轻警	轻警	轻警
1997	轻警	轻警	轻警	轻警	轻警	轻警	轻警
1998	轻警	无警	轻警	轻警	轻警	轻警	轻警
1999	轻警	无警	轻警	轻警	轻警	轻警	轻警
2000	轻警	无警	轻警	轻警	无警	轻警	轻警
2001	轻警	无警	轻警	轻警	轻警	轻警	无警
2002	轻警	无警	轻警	轻警	无警	轻警	无警
2003	无警	无警	无警	轻警	无警	无警	无警
2004	无警	无警	无警	轻警	无警	无警	无警
2005	无警	无警	无警	无警	无警	无警	无警
2006	无警	无警	无警	无警	无警	无警	无警
2007	无警	无警	无警	无警	无警	无警	无警
2008	无警	无警	无警	无警	无警	无警	无警
2009	无警	无警	无警	无警	无警	无警	无警
2010	无警	无警	无警	无警	无警	无警	无警
2011	无警	无警	无警	无警	无警	无警	无警
2012	无警	无警	无警	无警	无警	无警	无警
2013	无警	无警	无警	无警	无警	无警	无警
2014	无警	无警	无警	无警	无警	无警	无警
2015	无警	无警	无警	无警	无警	无警	无警
2016	无警	无警	无警	无警	无警	无警	无警

年份	再分配公平度	税负公平度	社会保障公平度	转移支付公平度	再分配公平度		
					东部	中部	西部
2017	无警	无警	无警	无警	无警	无警	无警
2018	无警	无警	无警	无警	无警	无警	无警
2019	无警	无警	无警	无警	无警	无警	无警
2020	无警	无警	无警	无警	无警	无警	无警
2021	无警	无警	无警	无警	无警	无警	无警
2022	无警	无警	无警	无警	无警	无警	无警
平均	无警	无警	无警	无警	无警	无警	无警

根据表 9-12 的警度预报结果,我们得到:

1.1985—2022 年,我国再分配公平度的均值为 0.7397,总体上处于无警状态。具体而言,再分配公平度在 1985—1986 年为重警,1987—1991 年为中警,这些年份的再分配公平度处于比较不公平和相对公平之间;1992—2002 年为轻警,2003—2022 年处于无警状态,这些年份的再分配公平度相对较高,处于比较公平和非常公平状态之间。如图 9-10 所示。

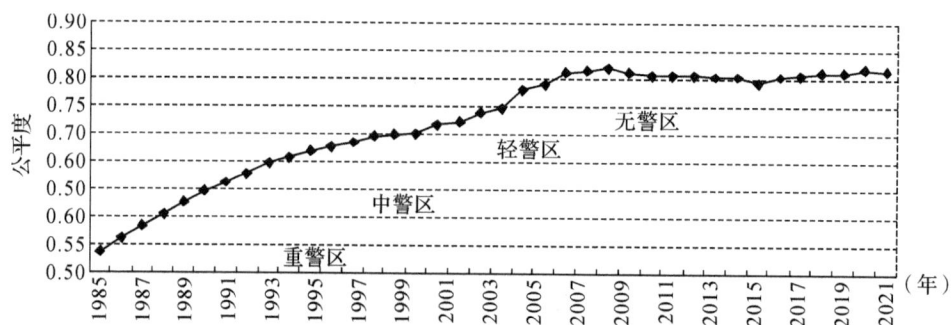

图 9-10　1985—2022 年我国再分配公平度警度变动趋势

2.1985—2022 年,我国再分配公平度的 3 个二级指标,即税负公平度、社会保障公平度、转移支付公平度的均值依次为 0.7738、0.6599 和 0.8109,总体上处于无警状态。具体而言,税负公平度在 1985—1986 年为重警,1987—1991 年为中警,这些年份的税负公平度处于比较不公平和相对公平状态之间;1992—1997年为轻警,1998—2022 年处于无警状态。社会保障公平度在 1985 年为重警,1986—1992 年为中警,这些年份的社会保障公平度处于非常不公平和比较不公平状态之间;1993—2002 年为轻警,2003—2022 年处于无警状态。转移支付公平度的预警状态波动幅度较大,1985 年为巨警,1986—1987 年为重警,这些年份的转移支付公平度处于比较不公平和相对公平之间;1988—1989 年为中警,1990—1992 年、1997—2004 年为轻警,其他年份处于无警状态(这些年份的转移支付公平度处于非常公平状态)。

3.1985—2022 年,我国东部、中部与西部三大地区再分配公平度均值依次为0.7344,0.8399 和 0.7758,总体上处于无警状态。具体而言,东部地区的再分配公平度在 1985 年为重警,1986—1991 年为中警,1992—1999 年、2001 年为轻警,2000 年、2002—2022 年处于无警状态(这些年份的再分配公平度处于比较公平和非常公平状态之间);中部地区的再分配公平度在 1985—1986 年为重警,1987—1990 年为中警,1991—2002 年为轻警,2003—2022 年处于无警状态(这些年份的再分配公平度处于非常公平状态);西部地区的再分配公平度在 1985—1986 年为重警,1987—1992 年为中警,1993—2000 年为轻警,2001—2022 年处于无警状态(这些年份的再分配公平度处于非常公平状态)。

从以上预警结果可以看出,现阶段及未来几年,全国及三大地区的再分配公平度(包括税负公平度、社会保障公平度、转移支付公平度)总体上处于无警状态,均在蓝色无警的范围内运行。

三、收入分配公平的单指标监测预警

(一)收入分配公平的单指标预测结果

根据收入分配公平的 2 个一级指标即初次分配公平度和再分配公平度的测算与预测结果(如表 9-2、表 9-10 所示),利用几何加权型评价函数法,得到1985—2022 年收入分配公平度的测算与预测结果。同理,可以得到东部、中部和西部三大地区 1985—2022 年收入分配公平度的测算与预测结果。如表 9-13所示。

表 9-13　收入分配公平度的统计测算与预测结果

年份	全国收入分配公平度	三大地区收入分配公平度		
		东部	中部	西部
1985	0.5788	0.5950	0.6999	0.5942
1986	0.5971	0.6130	0.7203	0.6060
1987	0.6170	0.6257	0.7365	0.6197
1988	0.6354	0.6406	0.7497	0.6405
1989	0.6500	0.6553	0.7637	0.6479
1990	0.6624	0.6676	0.7715	0.6595

年份	全国收入分配公平度	三大地区收入分配公平度		
		东部	中部	西部
1991	0.6726	0.6764	0.7801	0.6713
1992	0.6863	0.6902	0.7847	0.6893
1993	0.7042	0.7065	0.7918	0.7060
1994	0.7143	0.7130	0.8061	0.7228
1995	0.7243	0.7260	0.8112	0.7369
1996	0.7271	0.7353	0.8095	0.7289
1997	0.7300	0.7402	0.8094	0.7391
1998	0.7346	0.7428	0.8160	0.7542
1999	0.7426	0.7498	0.8222	0.7647
2000	0.7492	0.7505	0.8333	0.8057
2001	0.7638	0.7589	0.8317	0.8052
2002	0.7642	0.7761	0.8412	0.8060
2003	0.7790	0.7862	0.8674	0.8229
2004	0.7866	0.7935	0.8679	0.8329
2005	0.8066	0.8078	0.8764	0.8417
2006	0.8164	0.8085	0.8900	0.8599
2007	0.8297	0.8265	0.8988	0.8639
2008	0.8333	0.8268	0.8960	0.8732
2009	0.8354	0.8270	0.8984	0.8708
2010	0.8314	0.8309	0.8972	0.8549
2011	0.8292	0.8302	0.9003	0.8630
2012	0.8309	0.8322	0.9016	0.8653
2013	0.8251	0.8427	0.8984	0.8545
2014	0.8271	0.8364	0.9012	0.8699
2015	0.8265	0.8344	0.8939	0.8680
2016	0.8200	0.8336	0.8945	0.8568
2017	0.8233	0.8433	0.8898	0.8450
2018	0.8273	0.8432	0.8901	0.8482
2019	0.8322	0.8482	0.8909	0.8512

年份	全国收入分配公平度	三大地区收入分配公平度		
		东部	中部	西部
2020	0.8361	0.8482	0.8918	0.8541
2021	0.8373	0.8528	0.8929	0.8567
2022	0.8377	0.8529	0.8941	0.8592
均值 μ	0.7612	0.7676	0.8424	0.7845
标准差 σ	0.0780	0.0777	0.0597	0.0895

从收入分配公平度的预测结果看,2018—2022 年,全国及东部、中部和西部三大地区的收入分配公平度呈现小幅上升态势,如图 9-11 所示。

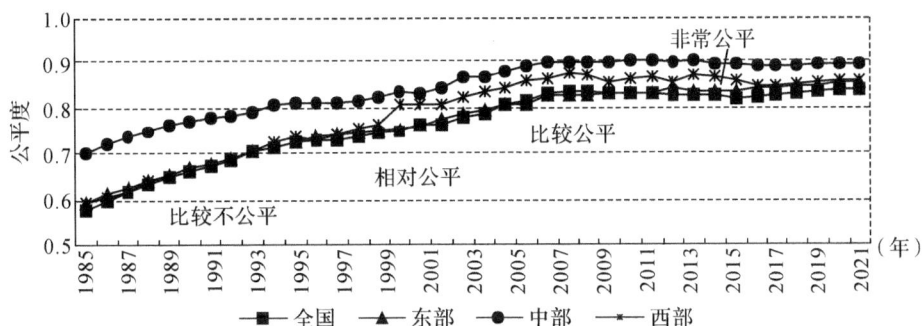

图 9-11　1985—2022 年收入分配公平度测算与预测结果趋势

(二)收入分配公平的单指标预警过程和预警结果

根据表 9-13 收入分配公平度的测算与预测结果,依据多数无警原则,采用 3σ 方法,得到东部、中部和西部三大地区收入分配公平度单指标预警区间,预警信号采用红色、橙色、黄色、绿色、蓝色表示。如表 9-14 所示。

表 9-14　全国以及三大地区收入分配公平度预警区间

预警状态	巨警区	重警区	中警区	轻警区	无警区
全国 DF 预警区间	$[0,0.5272)$	$[0.5272,0.6052)$	$[0.6052,0.6832)$	$[0.6832,0.7412)$	$[0.7412,1]$
东部 DF 预警区间	$[0,0.5345)$	$[0.5345,0.6122)$	$[0.6122,0.6899)$	$[0.6899,0.7676)$	$[0.7676,1]$
中部 DF 预警区间	$[0,0.6633)$	$[0.6633,0.7230)$	$[0.7230,0.7827)$	$[0.7827,0.8424)$	$[0.8424,1]$

预警状态	巨警区	重警区	中警区	轻警区	无警区
西部 DF 预警区间	$[0,0.5160)$	$[0.5160,0.6055)$	$[0.6055,0.6950)$	$[0.6950,0.7845)$	$[0.7845,1]$
预警信号	红色	橙色	黄色	绿色	蓝色

根据表 9-13 收入分配公平度的测算与预测结果,结合表 9-14 收入分配公平度预警区间,得到 1985—2022 年中国收入分配公平度预警警度预报结果,如表 9-15 所示。

表 9-15　1985—2022 年全国以及三大地区收入分配公平度警度预报

年份	全国收入分配公平度	三大地区收入分配公平度		
		东部	中部	西部
1985	重警	重警	重警	重警
1986	重警	中警	重警	中警
1987	中警	中警	中警	中警
1988	中警	中警	中警	中警
1989	中警	中警	中警	中警
1990	中警	中警	中警	中警
1991	中警	中警	中警	中警
1992	轻警	轻警	轻警	中警
1993	轻警	轻警	轻警	轻警
1994	轻警	轻警	轻警	轻警
1995	轻警	轻警	轻警	轻警
1996	轻警	轻警	轻警	轻警
1997	轻警	轻警	轻警	轻警
1998	轻警	轻警	轻警	轻警
1999	无警	轻警	轻警	轻警
2000	无警	轻警	轻警	无警
2001	无警	轻警	轻警	无警
2002	无警	无警	轻警	无警
2003	无警	无警	无警	无警
2004	无警	无警	无警	无警
2005	无警	无警	无警	无警

年份	全国收入分配公平度	三大地区收入分配公平度		
		东部	中部	西部
2006	无警	无警	无警	无警
2007	无警	无警	无警	无警
2008	无警	无警	无警	无警
2009	无警	无警	无警	无警
2010	无警	无警	无警	无警
2011	无警	无警	无警	无警
2012	无警	无警	无警	无警
2013	无警	无警	无警	无警
2014	无警	无警	无警	无警
2015	无警	无警	无警	无警
2016	无警	无警	无警	无警
2017	无警	无警	无警	无警
2018	无警	无警	无警	无警
2019	无警	无警	无警	无警
2020	无警	无警	无警	无警
2021	无警	无警	无警	无警
2022	无警	无警	无警	无警
平均	无警	无警	无警	无警

根据表 9-15 的警度预报结果,我们得到:

1.1985—2022 年,我国收入分配公平度的均值为 0.7612,总体上处于无警状态。具体而言,全国收入分配公平度在 1985—1986 年为重警,1987—1991 年为中警,这些年份的收入分配公平度处于比较不公平和相对公平状态之间;1992—1998 年为轻警,1999—2022 年处于无警状态,这些年份的收入分配公平度相对较高,处于比较公平和非常公平状态之间。如图 9-12 所示。

2.1985—2022 年,我国东部、中部与西部三大地区的收入分配公平度均值依次为 0.7676,0.8424 和 0.7845,总体上处于无警状态。具体而言,东部地区的收入分配公平度在 1985 年为重警,1986—1991 年为中警,1992—2001 年为轻警,2002—2022 年处于无警状态(这些年份的收入分配公平度处于比较公平和非常公平状态之间);中部地区的收入分配公平度在 1985—1986 年为重警,1987—1991 年为中警,1992—2002 年为轻警,2003—2022 年处于无警状态(这些年份的

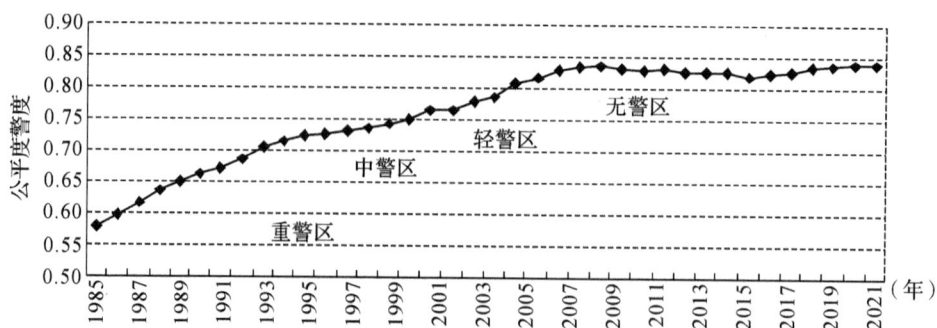

图 9-12　1985—2022 年我国收入分配公平度警度变动趋势

收入分配公平度处于非常公平状态);西部地区的收入分配公平度在 1985 年为重警,1986—1992 年为中警,1993—1999 年为轻警,2000—2022 年处于无警状态(这些年份的收入分配公平度处于非常公平状态)。

从以上预警结果可以看出,现阶段及未来几年,全国及东部、中部与西部三大地区的收入分配公平度总体上处于无警状态,均在蓝色无警的范围内运行。

第二节　收入分配公平的综合指数监测预警分析

综合指数预警法,就是把预警的对象所涉及的经济活动作为一个综合体系,运用统计分析和计量经济分析方法,在考察和计算经济系统各项指标值的基础上,对预警对象的总体状况做出综合的、整体的评价,即从形成警情的警源指标中选取一组反映警情变化的先行指标(警兆指标),将这些警兆指标通过综合评价方法合成一个综合性预警警度指标,并根据警兆的变化来判断综合预警警度的变化趋势。

一、警情、警源指标的选择

综合考虑收入分配公平测度方法和收入分配公平的单指标预警过程,本节将收入分配公平度 DF 作为衡量警情的指标。一方面,这有利于将单指标预警和综合指数预警两种分析结果进行比较分析,提高预警结论的可靠性;另一方面,也是基于收入分配公平测度与预警分析上下文紧密联系的逻辑关系考虑。影响收入分配公平的因素指标可以作为警源指标。关于收入分配公平的影响因素,在第五章已经进行了详细分析,认为收入分配公平的影响因素有起点不平等(教育不平等、就业不平等、公共医疗卫生不平等)、过程不平等(投资市场化程度、参加工会职工占比)、结果不平等(居民人均收入、城乡居民人均收入之比、劳动报酬在初次分配中的比重)、税负不平等(个人税负不平等、企业税负不平等)、社会保障不平等(人均社会保障支出、社会保险覆盖率)、转移支付不平等(政府对个人转移支付占比)、经济增长(经济规模、经济结构、经济效率)、对外开放(贸易依存度、实际关税率)、政策偏向(非国有经济投资比重、非国有经济就业比重、农村固定资产投资比重、支农支出比重)、城乡差异(城乡二元结构、城乡人力资本)、地区差异(基础设施建设、自然资源禀赋)等 11 类因素。因此,本节将这 11 类决定因素作为中国收入分配公平度综合预警警源指标。在这 11 类警源指标中,有的指标越大越好,比如正向指标,有的指标越小越好,比如负向指标,为了与收入分配公平度相对应,在处理这些指标的关系时,需要依指标的性质对其进行正向化处理,分别计算其公平度。

二、警兆指标的确定

在现实生活中,指标间除了存在相关关系外,还存在时间上的差别,即先行影响、同步影响和滞后影响。在统计学中,先行指标表示事件的原因,滞后指标表示事件的结果,二者是一种因果关系。为体现警兆指标对警情的超前监测功能,一般只把具有先导作用的指标确立为警兆指标,然后通过统计方法将警兆指标合成综合预警指数。因此,本节利用时差相关分析法,从警源指标中精选出对收入分配公平度 DF 具有先导作用的警兆指标。即以收入分配公平度 DF 为基准指标,选取绝对值最大的时差相关系数,确定各警源指标与基准指标 DF 的时差相关关系。若最大相关系数在先行期取得,则该指标与基准指标 DF 为先行关系,可定为警兆指标;若最大相关系数在滞后期取得,则该指标与基准指标 DF 为滞后关系;若最大相关系数在同期取得,则该指标与基准指标 DF 为滞后同步关系。本节通过对各个警源指标的时差相关分析,对各指标进行分类,具体见表 9-16。

表 9-16 收入分配公平度各相关警源指标的类型划分

警源指标		与 DF 先行(滞后)期	最大时差相关系数	警源指标分类
二级指标	三级指标			
起点公平度 DF_1	教育公平度 DF_{11}	-1	0.9293	先行指标
	就业公平度 DF_{12}	-1	0.8229	先行指标
	公共医疗卫生公平度 DF_{13}	-1	0.7719	先行指标
过程公平度 DF_2	投资市场化程度公平度 DF_{21}	-1	0.9796	先行指标
	参加工会职工占比公平度 DF_{22}	10	-0.4770	滞后指标

警源指标		与 DF 先行（滞后）期	最大时差相关系数	警源指标分类
二级指标	三级指标			
结果公平度 DF$_3$	居民人均收入公平度 DF$_{31}$	−1	0.5355	先行指标
	城乡居民人均收入之比公平度 DF$_{32}$	−1	0.6852	先行指标
	劳动报酬在初次分配中的比重公平度 DF$_{33}$	−1	0.9170	先行指标
税负公平度 DF$_4$	个人税负公平度 DF$_{41}$	−1	0.8773	先行指标
	企业税负公平度 DF$_{42}$	−1	0.9699	先行指标
社会保障公平度 DF$_5$	人均社会保障支出公平度 DF$_{51}$	−1	0.9757	先行指标
	养老保险公平度 DF$_{52}$	8	−0.6110	滞后指标
	医疗保险公平度 DF$_{53}$	−1	0.9522	先行指标
	失业保险公平度 DF$_{54}$	−1	0.6571	先行指标
转移支付公平度 DF$_6$	政府对个人转移支付占比公平度	−1	0.9367	先行指标
经济增长公平度 ECO	经济规模公平度 ECO$_1$	5	0.7477	滞后指标
	经济结构公平度 ECO$_2$	−1	0.9274	先行指标
	经济效率公平度 ECO$_3$	10	−0.4707	滞后指标
对外开放公平度 OPEN	货物出口依存度公平度 OPEN$_1$	−1	−0.7069	先行指标
	货物进口依存度公平度 OPEN$_2$	−1	−0.8586	先行指标
	实际关税率公平度 OPEN$_3$	−1	0.9173	先行指标
政策偏向公平度 POLI	非国有经济投资比重公平度 POLI$_1$	−1	0.9657	先行指标
	非国有经济就业比重公平度 POLI$_2$	−1	0.9602	先行指标
	农村固定资产投资比重公平度 POLI$_3$	−1	0.7623	先行指标
	支农支出比重公平度 POLI$_4$	−1	0.8252	先行指标
城乡差异公平度 UR	城乡二元结构公平度 UR$_1$	2	0.6823	滞后指标
	城乡人力资本公平度 UR$_2$	−1	0.9507	先行指标
地区差异公平度 REG	自然资源禀赋公平度 REG$_1$	−1	0.9886	先行指标
	基础设施建设公平度 REG$_2$	−1	0.9851	先行指标

　　由表 9-16 可得,先行指标(警兆指标)与基准指标 DF 存在显著的相关关系,除了货物进出口依存度公平度外,这些警兆指标与收入分配公平度呈同方向变动关系,并且与 DF 高度相关,这有利于对中国收入分配公平状况进行提前监测预警。

三、警兆指标评价指数的测算与预警

根据三级警源指标中的先行指标,利用线性加权评价函数法,合成对应的二级警源指标,得到警兆指标评价指数(公平度),依次记为:起点公平度 DF_1、过程公平度 DF_2、结果公平度 DF_3、税负公平度 DF_4、社会保障公平度 DF_5、转移支付公平度 DF_6、经济增长公平度 ECO、对外开放公平度 OPEN、城乡差异公平度 UR、政策偏向公平度 POLI、地区差异公平度 REG,如表 9-17、表 9-18 所示。需要特别说明的是,此处的警兆指标(公平度)是指与基准指标 DF 具有先行关系的三级指标经过加权综合而成的数值,已非第四章中所讲的公平度。

表 9-17 警兆指标评价指数的测算与预测结果(之一)

年份	起点公平度 DF_1	过程公平度 DF_2	结果公平度 DF_3	税负公平度 DF_4	社会保障公平度 DF_5	转移支付公平度 DF_6
1985	0.5650	0.7149	0.7219	0.5869	0.4587	0.5823
1986	0.5790	0.7310	0.7213	0.5988	0.4734	0.6280
1987	0.5905	0.7453	0.7644	0.6132	0.4878	0.6618
1988	0.6026	0.7585	0.8027	0.6266	0.5009	0.6935
1989	0.6146	0.7708	0.7836	0.6449	0.5136	0.7306
1990	0.6256	0.7824	0.7750	0.6585	0.5251	0.7569
1991	0.6369	0.7933	0.7562	0.6764	0.5361	0.7722
1992	0.6486	0.7712	0.8092	0.6908	0.5468	0.7939
1993	0.6585	0.8048	0.8261	0.7053	0.5582	0.8248
1994	0.6695	0.8131	0.8511	0.7153	0.5700	0.8218
1995	0.6847	0.8410	0.8309	0.7314	0.5820	0.8201
1996	0.6868	0.8385	0.8114	0.7404	0.5929	0.8193
1997	0.6920	0.8493	0.7759	0.7601	0.6053	0.8032
1998	0.7062	0.8341	0.7616	0.7746	0.6165	0.8013
1999	0.7079	0.8580	0.7924	0.7769	0.6202	0.8028
2000	0.7307	0.8816	0.7716	0.7916	0.6204	0.7997
2001	0.7331	0.8808	0.8222	0.8311	0.6289	0.7967
2002	0.7329	0.8814	0.8106	0.8313	0.6371	0.7934
2003	0.7483	0.8778	0.8397	0.8393	0.6616	0.8019
2004	0.7502	0.8897	0.8604	0.8288	0.6848	0.7993

年份	起点公平度 DF₁	过程公平度 DF₂	结果公平度 DF₃	税负公平度 DF₄	社会保障公平度 DF₅	转移支付公平度 DF₆
2005	0.7607	0.8929	0.8611	0.8520	0.7005	0.8552
2006	0.7709	0.8994	0.8767	0.8557	0.7096	0.8712
2007	0.7818	0.8945	0.8790	0.8744	0.7416	0.8723
2008	0.7829	0.8977	0.8889	0.8703	0.7474	0.8800
2009	0.7801	0.8886	0.8934	0.8675	0.7557	0.8897
2010	0.7792	0.8916	0.8965	0.8557	0.7446	0.8924
2011	0.7839	0.8967	0.8920	0.8300	0.7518	0.8919
2012	0.7856	0.9030	0.8954	0.8202	0.7582	0.8956
2013	0.7910	0.8994	0.8462	0.7895	0.7716	0.9061
2014	0.7965	0.8978	0.8604	0.8139	0.7711	0.8755
2015	0.7985	0.9017	0.8493	0.8179	0.7675	0.8748
2016	0.7965	0.8966	0.8554	0.8000	0.7565	0.8746
2017	0.8017	0.8899	0.8349	0.8164	0.7652	0.8756
2018	0.8028	0.8819	0.8482	0.8107	0.7740	0.8788
2019	0.8034	0.8820	0.8743	0.8042	0.7862	0.8874
2020	0.8037	0.8739	0.8960	0.7969	0.7936	0.9011
2021	0.8036	0.8695	0.8999	0.7888	0.8053	0.9192
2022	0.8031	0.8626	0.9038	0.7800	0.8131	0.9405
均值 μ	0.7260	0.8510	0.8326	0.7702	0.6614	0.8233
标准差 σ	0.0751	0.0551	0.0517	0.0817	0.1088	0.0809

表 9-18　警兆指标评价指数的测算与预测结果（之二）

年份	经济增长公平度 ECO	对外开放公平度 OPEN	政策偏向公平度 POLI	城乡差异公平度 UR	地区差异公平度 REG
1985	0.7156	0.3204	0.7583	0.7259	0.5334
1986	0.7150	0.3241	0.7630	0.7247	0.5504
1987	0.7133	0.3291	0.7686	0.7257	0.5659
1988	0.7148	0.3246	0.7748	0.7284	0.5808
1989	0.7207	0.3271	0.7754	0.7335	0.5955
1990	0.7197	0.3273	0.7761	0.7424	0.6094

年份	经济增长公平度 ECO	对外开放公平度 OPEN	政策偏向公平度 POLI	城乡差异公平度 UR	地区差异公平度 REG
1991	0.7217	0.3387	0.7823	0.7480	0.6236
1992	0.7159	0.3596	0.7888	0.7452	0.6383
1993	0.7027	0.3746	0.7989	0.8242	0.6506
1994	0.6853	0.3871	0.8050	0.8219	0.6639
1995	0.6854	0.3805	0.8070	0.7834	0.6833
1996	0.6909	0.4004	0.8071	0.8075	0.6853
1997	0.6956	0.4022	0.8096	0.8369	0.6918
1998	0.7038	0.4188	0.8152	0.8326	0.7090
1999	0.7133	0.4296	0.8315	0.8299	0.7101
2000	0.7184	0.4271	0.8443	0.8308	0.7375
2001	0.7181	0.4064	0.8469	0.8699	0.7405
2002	0.7204	0.3828	0.8540	0.8855	0.7399
2003	0.7221	0.4212	0.8596	0.8930	0.7540
2004	0.7262	0.4058	0.8611	0.8796	0.7578
2005	0.7369	0.4485	0.8601	0.8769	0.7725
2006	0.7452	0.4188	0.8682	0.8785	0.7845
2007	0.7529	0.4142	0.8738	0.8848	0.7952
2008	0.7603	0.4075	0.8675	0.8836	0.8007
2009	0.7786	0.4206	0.8608	0.8841	0.7971
2010	0.7811	0.4343	0.8698	0.8821	0.7930
2011	0.7919	0.4078	0.8779	0.8850	0.7990
2012	0.7949	0.4082	0.8821	0.8850	0.7970
2013	0.7977	0.4196	0.8828	0.8763	0.8003
2014	0.8067	0.4114	0.8818	0.8888	0.8030
2015	0.8135	0.4030	0.8780	0.9009	0.8029
2016	0.8076	0.4065	0.8662	0.9057	0.7982
2017	0.8020	0.4154	0.8598	0.9109	0.8003
2018	0.7984	0.4210	0.8650	0.8970	0.7977
2019	0.7964	0.4209	0.8728	0.8901	0.7994

年份	经济增长公平度 ECO	对外开放公平度 OPEN	政策偏向公平度 POLI	城乡差异公平度 UR	地区差异公平度 REG
2020	0.7953	0.4239	0.8784	0.8903	0.7973
2021	0.7945	0.4270	0.8813	0.8850	0.7956
2022	0.7941	0.4301	0.8840	0.8841	0.7930
均值 μ	0.7465	0.3954	0.8378	0.8410	0.7249
标准差 σ	0.0419	0.0370	0.0417	0.0628	0.0853

　　要确定警兆指标评价指数的预警警度先必须划分警兆指标评价指数的预警区间。根据表 9-17、表 9-18,利用单指标预警警区的 3σ 划分方法,可以对各个警兆指标评价指数进行警限划分,并预报警度。通过对警兆指标评价指数的预警分析,一方面可以为综合预警警度的分析做铺垫;另一方面,当综合预警出现警情时,可以找到问题的源头,并为政府部门制定相关政策提供参考依据。以下就对各个警兆指标评价指数预警进行实证分析。由于本章第一节已经对起点公平度、过程公平度、结果公平度、税负公平度、社会保障公平度、转移支付公平度进行过单指标预警分析,这里不再进行类似的单指标预警分析(尽管此时的公平度与本章第一节有所不同,但分析过程与结果是类似的)。以下仅对经济增长公平度 ECO、对外开放公平度 OPEN、城乡差异公平度 UR、政策偏向公平度 POLI、地区差异公平度 REG 等警兆指标评价指数进行预警分析。

　　根据表 9-18 警兆指标评价指数的测算与预测结果,依据多数无警原则,采用 3σ 方法,得到经济增长公平度 ECO、对外开放公平度 OPEN、城乡差异公平度 UR、政策偏向公平度 POLI、地区差异公平度 REG 等警兆指标评价指数的单指标预警区间,预警信号采用红色、橙色、黄色、绿色、蓝色表示。如表 9-19 所示。

表 9-19　部分警兆指标评价指数预警区间

预警状态	巨警区	重警区	中警区	轻警区	无警区
ECO 预警区间	$[0,0.6208)$	$[0.6208,0.6627)$	$[0.6627,0.7046)$	$[0.7046,0.7465)$	$[0.7465,1]$
OPEN 预警区间	$[0,0.2844)$	$[0.2844,0.3214)$	$[0.3214,0.3584)$	$[0.3584,0.3954)$	$[0.3954,1]$
POLI 预警区间	$[0,0.7127)$	$[0.7127,0.7544)$	$[0.7544,0.7961)$	$[0.7961,0.8378)$	$[0.8378,1]$

预警状态	巨警区	重警区	中警区	轻警区	无警区
UR 预警区间	$[0, 0.6526)$	$[0.6526, 0.7154)$	$[0.7154, 0.7782)$	$[0.7782, 0.8410)$	$[0.8410, 1]$
REG 预警区间	$[0, 0.4690)$	$[0.4690, 0.5543)$	$[0.5543, 0.6396)$	$[0.6396, 0.7249)$	$[0.7249, 1]$
预警信号	红色	橙色	黄色	绿色	蓝色

根据表 9-18 警兆指标评价指数的测算与预测结果,结合表 9-19 警兆指标评价指数预警区间,得到 1985—2022 年部分警兆指标评价指数预警警度的预报结果,如表 9-20 所示。

表 9-20　1985—2022 年部分警兆指标评价指数的警度预报

年份	经济增长公平度 ECO	对外开放公平度 OPEN	政策偏向公平度 POLI	城乡差异公平度 UR	地区差异公平度 REG
1985	轻警	重警	中警	中警	重警
1986	轻警	中警	中警	中警	重警
1987	轻警	中警	中警	中警	中警
1988	轻警	中警	中警	中警	中警
1989	轻警	中警	中警	中警	中警
1990	轻警	中警	中警	中警	中警
1991	轻警	中警	中警	中警	中警
1992	轻警	轻警	中警	中警	中警
1993	中警	轻警	轻警	轻警	轻警
1994	中警	轻警	轻警	轻警	轻警
1995	中警	轻警	轻警	轻警	轻警
1996	中警	无警	轻警	轻警	轻警
1997	中警	无警	轻警	轻警	轻警
1998	中警	无警	轻警	轻警	轻警
1999	轻警	无警	轻警	轻警	轻警
2000	轻警	无警	无警	轻警	无警
2001	轻警	无警	无警	无警	无警
2002	轻警	轻警	无警	无警	无警
2003	轻警	无警	无警	无警	无警

年份	经济增长公平度 ECO	对外开放公平度 OPEN	政策偏向公平度 POLI	城乡差异公平度 UR	地区差异公平度 REG
2004	轻警	无警	无警	无警	无警
2005	轻警	无警	无警	无警	无警
2006	轻警	无警	无警	无警	无警
2007	无警	无警	无警	无警	无警
2008	无警	无警	无警	无警	无警
2009	无警	无警	无警	无警	无警
2010	无警	无警	无警	无警	无警
2011	无警	无警	无警	无警	无警
2012	无警	无警	无警	无警	无警
2013	无警	无警	无警	无警	无警
2014	无警	无警	无警	无警	无警
2015	无警	无警	无警	无警	无警
2016	无警	无警	无警	无警	无警
2017	无警	无警	无警	无警	无警
2018	无警	无警	无警	无警	无警
2019	无警	无警	无警	无警	无警
2020	无警	无警	无警	无警	无警
2021	无警	无警	无警	无警	无警
2022	无警	无警	无警	无警	无警
平均	无警	无警	无警	无警	无警

根据表 9-20 警度预报结果，我们得到：

1. 1985—2022 年，我国经济增长公平度 ECO 的均值为 0.7465，总体上处于无警状态。具体而言，经济增长公平度在 1993—1998 年为中警，在 1985—1992年、1999—2006 年为轻警，这些年份的经济增长公平度处于相对公平和比较公平状态之间；2007—2022 年处于无警状态，这些年份的经济增长公平度相对较高，处于比较公平和非常公平状态之间。如图 9-13 所示。

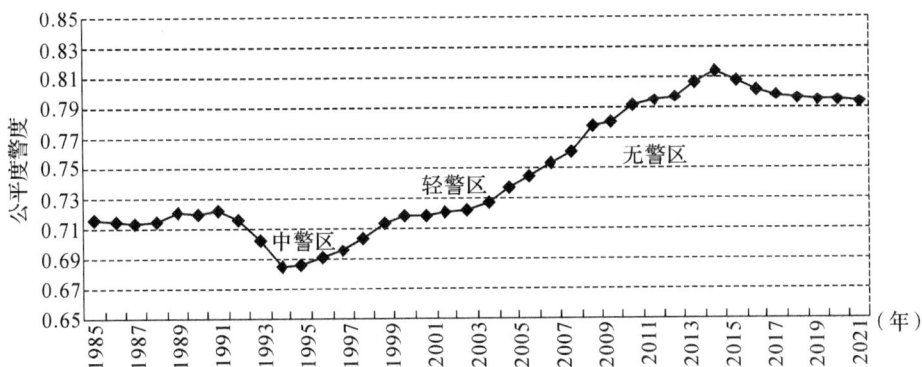

图 9-13　1985—2022 年我国经济增长公平度警度变动趋势图

2.1985—2022 年,我国对外开放公平度 OPEN 的均值为 0.3954,总体上处于无警状态。具体而言,对外开放公平度在 1985 年为重警,1986—1991 年为中警,1992—1995 年、2002 年为轻警,其他年份处于无警状态。如图 9-14 所示。从总体上看,在收入分配公平综合预警警兆指标评价指数中,对外开放公平度最低。

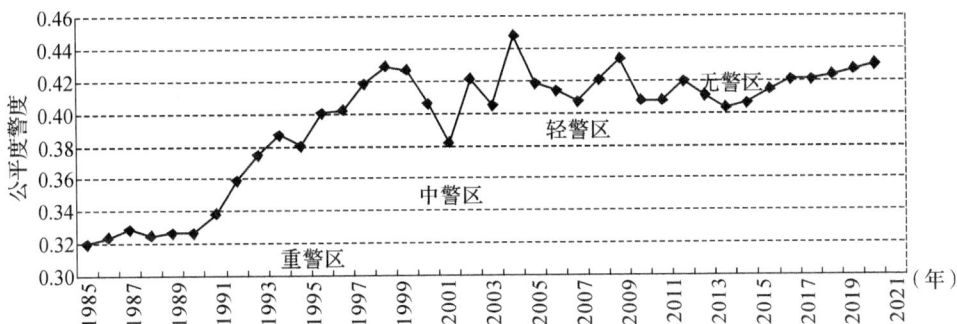

图 9-14　1985—2022 年我国对外开放公平度警度变动趋势图

3.1985—2022 年,我国政策偏向公平度 POLI 的均值为 0.8378,总体上处于无警状态。具体而言,政策偏向公平度在 1985—1992 年为中警,1993—1999 年为轻警,2000—2022 年处于无警状态(这些年份的政策偏向公平度相对较高,处于非常公平状态)。如图 9-15 所示。

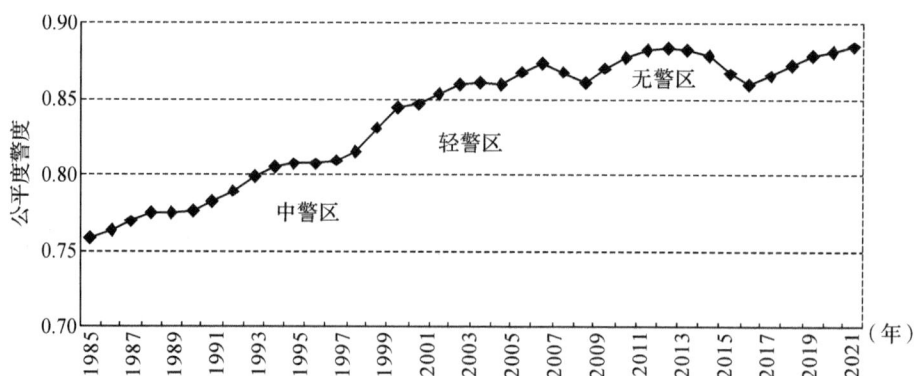

图 9-15　1985—2022 年我国政策偏向公平度警度变动趋势图

4.1985—2022 年,我国城乡差异公平度 UR 的均值为 0.8410,总体上处于无警状态。具体而言,城乡差异公平度在 1985—1992 年为中警,1993—2000 年为轻警,2001—2022 年处于无警状态(这些年份的城乡差异公平度相对较高,处于非常公平状态)。如图 9-16 所示。

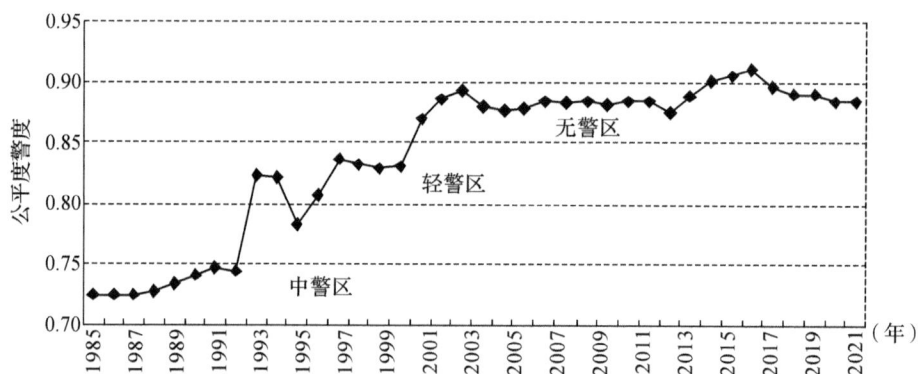

图 9-16　1985—2022 年我国城乡差异公平度警度变动趋势

5.1985—2022 年,我国地区差异公平度 REG 的均值为 0.7249,总体上处于无警状态。具体而言,地区差异公平度在 1985—1986 年为重警,1987—1992 年为中警,这些年份的地区差异公平度处于比较不公平和相对公平状态之间;1993—1999 年为轻警,2000—2022 年处于无警状态(这些年份的地区差异公平度相对较高,处于比较公平和非常公平状态之间)。如图 9-17 所示。

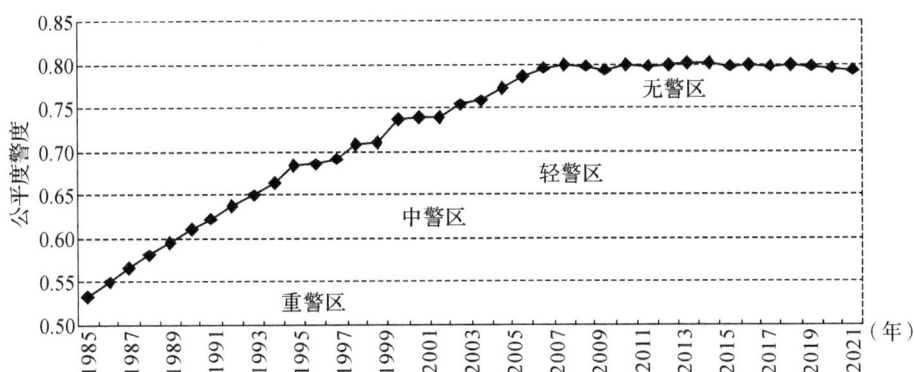

图 9-17　1985—2022 年我国地区差异公平度警度变动趋势图

从以上预警结果可以看出,现阶段及未来几年,我国经济增长公平度、对外开放公平度、政策偏向公平度、城乡差异公平度、地区差异公平度等收入分配公平综合预警警兆指标评价指数总体上处于无警状态,均在蓝色无警的范围内运行。

采用同样的方法,我们可以得到以下研究结论:现阶段及未来几年,我国起点公平度、过程公平度、结果公平度、税负公平度、社会保障公平度、转移支付公平度等收入分配公平综合预警警兆指标评价指数总体上处于无警状态,均在蓝色无警的范围内运行。

四、收入分配公平综合指数的合成与预警

(一)收入分配公平的单指标预测结果

根据表 9-17、表 9-18 中的 11 个警兆指标评价指数,即起点公平度 DF_1、过程公平度 DF_2、结果公平度 DF_3、税负公平度 DF_4、社会保障公平度 DF_5、转移支付公平度 DF_6、经济增长公平度 ECO、对外开放公平度 OPEN、城乡差异公平度 UR、政策偏向公平度 POLI、地区差异公平度 REG,利用几何加权平均函数法,得到 1985—2022 年收入分配公平综合指数 DFI 的测算结果。利用同样的方法可以得到我国初次分配公平综合指数 IDFI、再分配公平综合指数 REDFI 及东部、中部和西部三大地区 1985—2022 年收入分配公平综合指数的测算结果。如表 9-21 所示。

表 9-21 1985—2022 年我国收入分配公平综合指数测算结果

年份	收入分配公平综合指数			收入分配公平综合指数		
		初次分配公平综合指数	再分配公平综合指数	东部	中部	西部
1985	0.5937	0.5629	0.5136	0.5586	0.6907	0.5748
1986	0.6074	0.5753	0.5298	0.5714	0.7072	0.5916
1987	0.6227	0.5870	0.5452	0.5812	0.7223	0.6071
1988	0.6370	0.5965	0.5584	0.5930	0.7325	0.6222
1989	0.6486	0.6074	0.5745	0.6071	0.7448	0.6386
1990	0.6587	0.6160	0.5871	0.6182	0.7528	0.6509
1991	0.6679	0.6248	0.5994	0.6283	0.7601	0.6645
1992	0.6796	0.6273	0.6127	0.6407	0.7614	0.6788
1993	0.7001	0.6603	0.6423	0.6580	0.7695	0.7164
1994	0.7076	0.6684	0.6508	0.6655	0.7781	0.7276
1995	0.7120	0.6711	0.6518	0.6791	0.7816	0.7246
1996	0.7169	0.6795	0.6627	0.6959	0.7819	0.7356
1997	0.7218	0.6945	0.6761	0.7009	0.7814	0.7488
1998	0.7276	0.7041	0.6920	0.7140	0.7881	0.7576
1999	0.7347	0.7137	0.6971	0.7244	0.7950	0.7646
2000	0.7430	0.7341	0.7092	0.7261	0.8139	0.7821
2001	0.7550	0.7425	0.7221	0.7357	0.8156	0.8011
2002	0.7557	0.7483	0.7258	0.7510	0.8253	0.8046
2003	0.7694	0.7578	0.7393	0.7565	0.8393	0.8097
2004	0.7728	0.7585	0.7372	0.7612	0.8346	0.8118
2005	0.7897	0.7656	0.7529	0.7737	0.8420	0.8180
2006	0.7969	0.7751	0.7628	0.7688	0.8536	0.8340
2007	0.8073	0.7787	0.7741	0.7776	0.8606	0.8376
2008	0.8098	0.7780	0.7762	0.7746	0.8563	0.8351
2009	0.8122	0.7758	0.7784	0.7824	0.8560	0.8432
2010	0.8106	0.7786	0.7750	0.7974	0.8611	0.8314
2011	0.8099	0.7737	0.7691	0.7857	0.8639	0.8263
2012	0.8113	0.7725	0.7656	0.7845	0.8617	0.8224

年份	收入分配公平 综合指数	初次分配公平 综合指数	再分配公平 综合指数	收入分配公平综合指数		
				东部	中部	西部
2013	0.8082	0.7669	0.7636	0.7904	0.8600	0.8098
2014	0.8104	0.7656	0.7614	0.7775	0.8614	0.8197
2015	0.8107	0.7622	0.7572	0.7787	0.8587	0.8225
2016	0.8059	0.7529	0.7435	0.7754	0.8621	0.8156
2017	0.8082	0.7555	0.7587	0.7870	0.8623	0.8233
2018	0.8085	0.7536	0.7564	0.7835	0.8662	0.8252
2019	0.8125	0.7591	0.7593	0.7874	0.8711	0.8296
2020	0.8154	0.7591	0.7562	0.7875	0.8755	0.8326
2021	0.8179	0.7578	0.7612	0.7916	0.8766	0.8354
2022	0.8200	0.7593	0.7655	0.7916	0.8788	0.8377
均值 μ	0.7499	0.7137	0.6991	0.7227	0.8159	0.7661
标准差 σ	0.0692	0.0685	0.0808	0.0749	0.0541	0.0812

从收入分配公平综合指数的测算结果看,未来几年,全国以及东部、中部和西部三大地区的收入分配公平综合指数呈现小幅上升态势,如图 9-18 所示。初次分配公平综合指数与再分配公平综合指数亦呈现小幅上升态势。

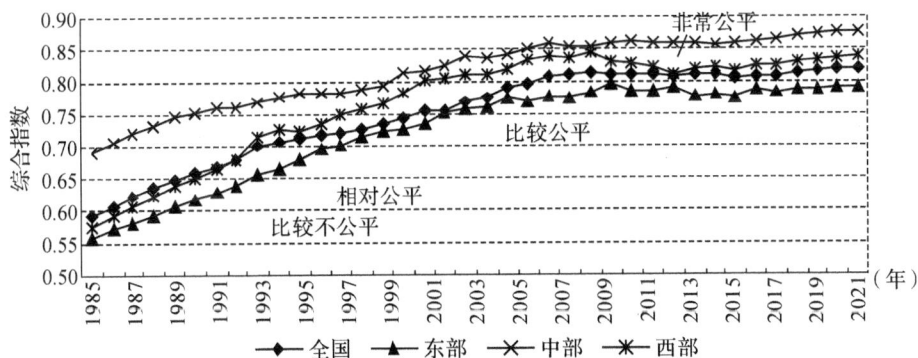

图 9-18　1985—2022 年全国及三大地区收入分配公平综合指数测算结果趋势

利用同样的方法可以得到我国东部、中部和西部三大地区 1985—2022 年初次分配公平综合指数、再分配公平综合指数的测算与预测结果。如表9-22所示。

表 9-22 1985—2022 年我国三大地区初次分配和再分配公平综合指数测算结果

年份	初次分配公平综合指数			再分配公平综合指数		
	东部	中部	西部	东部	中部	西部
1985	0.5830	0.6831	0.5649	0.5162	0.6852	0.5367
1986	0.5939	0.6953	0.5785	0.5281	0.7013	0.5533
1987	0.6040	0.7064	0.5901	0.5374	0.7172	0.5694
1988	0.6144	0.7140	0.6032	0.5492	0.7267	0.5842
1989	0.6257	0.7243	0.6175	0.5642	0.7396	0.6008
1990	0.6352	0.7295	0.6280	0.5758	0.7483	0.6135
1991	0.6446	0.7367	0.6412	0.5863	0.7545	0.6279
1992	0.6552	0.7355	0.6540	0.6009	0.7590	0.6432
1993	0.6692	0.7457	0.7017	0.6215	0.7650	0.6884
1994	0.6793	0.7540	0.7131	0.6292	0.7720	0.6995
1995	0.6953	0.7636	0.7056	0.6386	0.7681	0.6928
1996	0.7168	0.7648	0.7159	0.6573	0.7694	0.7076
1997	0.7169	0.7597	0.7392	0.6647	0.7754	0.7219
1998	0.7355	0.7704	0.7395	0.6791	0.7799	0.7319
1999	0.7441	0.7832	0.7480	0.6905	0.7805	0.7380
2000	0.7535	0.8059	0.7751	0.6884	0.7925	0.7565
2001	0.7638	0.8047	0.7873	0.7028	0.8000	0.7800
2002	0.7739	0.8156	0.7992	0.7168	0.8091	0.7854
2003	0.7775	0.8212	0.8071	0.7234	0.8247	0.7912
2004	0.7823	0.8237	0.8069	0.7277	0.8183	0.7926
2005	0.7914	0.8308	0.8066	0.7461	0.8290	0.7988
2006	0.7848	0.8353	0.8234	0.7390	0.8415	0.8184
2007	0.7784	0.8424	0.8248	0.7515	0.8513	0.8244
2008	0.7731	0.8344	0.8200	0.7496	0.8520	0.8197
2009	0.7793	0.8332	0.8295	0.7617	0.8505	0.8302
2010	0.8018	0.8390	0.8173	0.7792	0.8570	0.8183
2011	0.7791	0.8403	0.8143	0.7626	0.8586	0.8096
2012	0.7795	0.8380	0.8115	0.7578	0.8514	0.8040
2013	0.7741	0.8367	0.8053	0.7646	0.8497	0.7896

年份	初次分配公平综合指数			再分配公平综合指数		
	东部	中部	西部	东部	中部	西部
2014	0.7624	0.8349	0.8112	0.7454	0.8492	0.8014
2015	0.7611	0.8298	0.8156	0.7480	0.8490	0.8028
2016	0.7571	0.8349	0.8104	0.7437	0.8465	0.7952
2017	0.7642	0.8404	0.8142	0.7541	0.8430	0.8065
2018	0.7542	0.8467	0.8171	0.7532	0.8440	0.8077
2019	0.7522	0.8509	0.8209	0.7581	0.8476	0.8123
2020	0.7494	0.8568	0.8241	0.7584	0.8504	0.8157
2021	0.7457	0.8599	0.8271	0.7639	0.8492	0.8188
2022	0.7423	0.8628	0.8296	0.7641	0.8486	0.8214
均值 μ	0.7262	0.7970	0.7537	0.6895	0.8041	0.7424
标准差 σ	0.0635	0.0529	0.0848	0.0809	0.0503	0.0895

从表 9-22 的测算与预测可知,未来几年,我国东部地区初次分配公平综合指数呈现下降态势,中部和西部地区的初次分配公平综合指数呈现小幅上升态势。如图 9-19 所示。

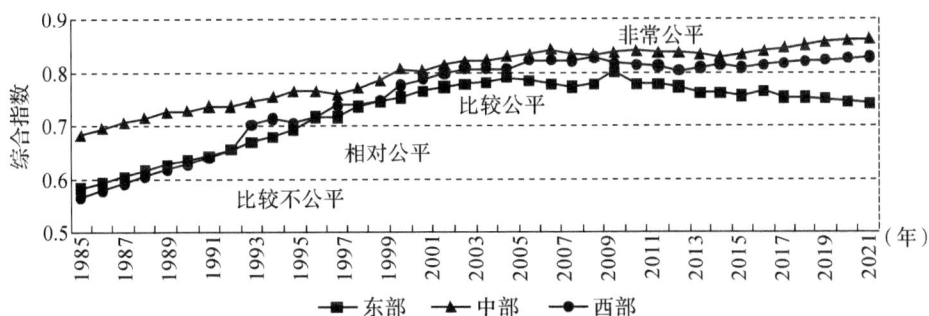

图 9-19　1985—2022 年我国三大地区初次分配公平综合指数测算结果趋势

未来几年,我国东部、中部和西部地区再分配公平综合评价指数呈现小幅上升态势,中部地区变动幅度较小,如图 9-20 所示。

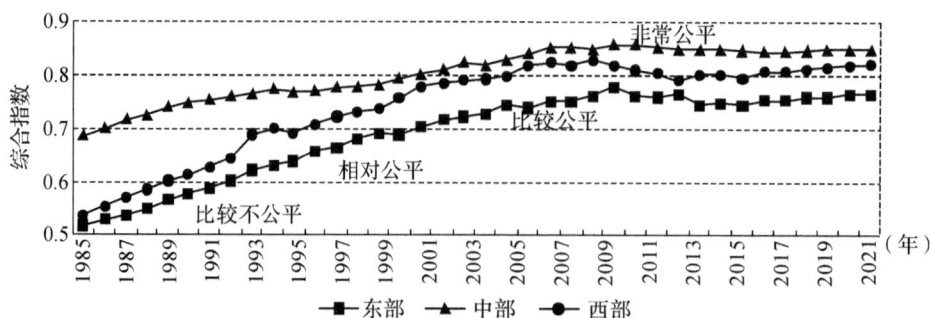

图 9-20 1985—2022 年我国三大地区再分配公平综合指数测算结果趋势

(二)收入分配公平综合指数预警过程和预警结果

根据表 9-21、表 9-22 收入分配公平(初次分配公平、再分配公平)综合指数的测算结果,依据多数无警原则,采用 3σ 方法,得到收入分配公平综合指数 DFI、初次分配公平综合指数 IDFI、再分配公平综合指数 REDFI 及东部、中部和西部三大地区收入分配公平综合指数预警区间,预警信号采用红色、橙色、黄色、绿色、蓝色表示。具体如表 9-23 所示。

表 9-23 全国以及三大地区收入分配公平综合指数预警区间

预警状态	巨警区	重警区	中警区	轻警区	无警区
全国 DFI 预警区间	[0,0.5423)	[0.5423,0.6115)	[0.6115,0.6807)	[0.6807,0.7499)	[0.7499,1]
东部 DFI 预警区间	[0,0.4980)	[0.4980,0.5729)	[0.5729,0.6478)	[0.6478,0.7227)	[0.7227,1]
中部 DFI 预警区间	[0,0.6536)	[0.6536,0.7077)	[0.7077,0.7618)	[0.7618,0.8159)	[0.8159,1]
西部 DFI 预警区间	[0,0.5225)	[0.5225,0.6037)	[0.6037,0.6849)	[0.6849,0.7661)	[0.7661,1]
全国 IDFI 预警区间	[0,0.5082)	[0.5082,0.5767)	[0.5767,0.6452)	[0.6452,0.7137)	[0.7137,1]
东部 IDFI 预警区间	[0,0.5357)	[0.5357,0.5992)	[0.5992,0.6627)	[0.6627,0.7262)	[0.7262,1]
中部 IDFI 预警区间	[0,0.6383)	[0.6383,0.6912)	[0.6912,0.7441)	[0.7441,0.7970)	[0.7970,1]
西部 IDFI 预警区间	[0,0.4993)	[0.4993,0.5841)	[0.5841,0.6689)	[0.6689,0.7537)	[0.7537,1]

续　表

预警状态	巨警区	重警区	中警区	轻警区	无警区
全国 REDFI 预警区间	$[0,0.4567)$	$[0.4567,0.5375)$	$[0.5375,0.6183)$	$[0.6183,0.6991)$	$[0.6991,1]$
东部 REDFI 预警区间	$[0,0.4980)$	$[0.4980,0.5729)$	$[0.5729,0.6478)$	$[0.6478,0.6895)$	$[0.6895,1]$
中部 REDFI 预警区间	$[0,0.6536)$	$[0.6536,0.7077)$	$[0.7077,0.7618)$	$[0.7618,0.8041)$	$[0.8041,1]$
西部 REDFI 预警区间	$[0,0.5225)$	$[0.5225,0.6037)$	$[0.6037,0.6849)$	$[0.6849,0.7424)$	$[0.7424,1]$
预警信号	红色	橙色	黄色	绿色	蓝色

根据表 9-21、表 9-22 收入分配公平(初次分配公平、再分配公平)综合指数的测算结果,结合表 9-23 收入分配公平综合指数预警区间,得到 1985—2022 年中国及三大地区收入分配公平(初次分配公平、再分配公平)预警警度预报结果。如表 9-24、表 9-25 所示。

表 9-24　1985—2022 年全国以及三大地区收入分配公平综合指数警度预报

年份	收入分配公平综合指数	初次分配公平综合指数	再分配公平综合指数	收入分配公平综合指数		
				东部	中部	西部
1985	重警	重警	重警	重警	重警	重警
1986	重警	重警	重警	重警	重警	重警
1987	中警	中警	中警	中警	中警	中警
1988	中警	中警	中警	中警	中警	中警
1989	中警	中警	中警	中警	中警	中警
1990	中警	中警	中警	中警	中警	中警
1991	中警	中警	中警	中警	中警	中警
1992	中警	中警	中警	中警	中警	中警
1993	轻警	轻警	轻警	轻警	轻警	轻警
1994	轻警	轻警	轻警	轻警	轻警	轻警
1995	轻警	轻警	轻警	轻警	轻警	轻警
1996	轻警	轻警	轻警	轻警	轻警	轻警
1997	轻警	轻警	轻警	轻警	轻警	轻警
1998	轻警	轻警	轻警	轻警	轻警	轻警

年份	收入分配公平综合指数			收入分配公平综合指数		
		初次分配公平综合指数	再分配公平综合指数	东部	中部	西部
1999	轻警	无警	轻警	无警	轻警	轻警
2000	轻警	无警	无警	无警	轻警	无警
2001	无警	无警	无警	无警	轻警	无警
2002	无警	无警	无警	无警	无警	无警
2003	无警	无警	无警	无警	无警	无警
2004	无警	无警	无警	无警	无警	无警
2005	无警	无警	无警	无警	无警	无警
2006	无警	无警	无警	无警	无警	无警
2007	无警	无警	无警	无警	无警	无警
2008	无警	无警	无警	无警	无警	无警
2009	无警	无警	无警	无警	无警	无警
2010	无警	无警	无警	无警	无警	无警
2011	无警	无警	无警	无警	无警	无警
2012	无警	无警	无警	无警	无警	无警
2013	无警	无警	无警	无警	无警	无警
2014	无警	无警	无警	无警	无警	无警
2015	无警	无警	无警	无警	无警	无警
2016	无警	无警	无警	无警	无警	无警
2017	无警	无警	无警	无警	无警	无警
2018	无警	无警	无警	无警	无警	无警
2019	无警	无警	无警	无警	无警	无警
2020	无警	无警	无警	无警	无警	无警
2021	无警	无警	无警	无警	无警	无警
2022	无警	无警	无警	无警	无警	无警
平均	无警	无警	无警	无警	无警	无警

表 9-25 1985—2022 年我国三大地区初次分配与再分配公平综合指数警度预报

年份	初次分配公平综合指数警度预报			再分配公平综合指数警度预报		
	东部	中部	西部	东部	中部	西部
1985	重警	重警	重警	重警	重警	重警
1986	重警	中警	重警	重警	重警	重警
1987	中警	中警	中警	重警	中警	重警
1988	中警	中警	中警	重警	中警	重警
1989	中警	中警	中警	重警	中警	重警
1990	中警	中警	中警	中警	中警	中警
1991	中警	中警	中警	中警	中警	中警
1992	中警	中警	中警	中警	中警	中警
1993	轻警	轻警	轻警	中警	轻警	轻警
1994	轻警	轻警	轻警	中警	轻警	轻警
1995	轻警	轻警	轻警	中警	轻警	轻警
1996	轻警	轻警	轻警	轻警	轻警	轻警
1997	轻警	轻警	轻警	轻警	轻警	轻警
1998	无警	轻警	轻警	轻警	轻警	轻警
1999	无警	轻警	轻警	轻警	轻警	轻警
2000	无警	无警	无警	轻警	轻警	无警
2001	无警	无警	无警	无警	轻警	无警
2002	无警	无警	无警	无警	无警	无警
2003	无警	无警	无警	无警	无警	无警
2004	无警	无警	无警	无警	无警	无警
2005	无警	无警	无警	无警	无警	无警
2006	无警	无警	无警	无警	无警	无警
2007	无警	无警	无警	无警	无警	无警
2008	无警	无警	无警	无警	无警	无警
2009	无警	无警	无警	无警	无警	无警
2010	无警	无警	无警	无警	无警	无警
2011	无警	无警	无警	无警	无警	无警
2012	无警	无警	无警	无警	无警	无警
2013	无警	无警	无警	无警	无警	无警

年份	初次分配公平综合指数警度预报			再分配公平综合指数警度预报		
	东部	中部	西部	东部	中部	西部
2014	无警	无警	无警	无警	无警	无警
2015	无警	无警	无警	无警	无警	无警
2016	无警	无警	无警	无警	无警	无警
2017	无警	无警	无警	无警	无警	无警
2018	无警	无警	无警	无警	无警	无警
2019	无警	无警	无警	无警	无警	无警
2020	无警	无警	无警	无警	无警	无警
2021	无警	无警	无警	无警	无警	无警
2022	无警	无警	无警	无警	无警	无警
平均	无警	无警	无警	无警	无警	无警

根据表 9-24 的警度预报结果,我们得到如下基本结论:

1. 1985—2022 年,我国收入分配公平综合指数的均值为 0.7499,总体上处于无警状态。具体而言,收入分配公平综合指数在 1985—1986 年为重警,1987—1992 年为中警,这些年份的收入分配公平综合指数处于比较不公平和相对公平状态之间;1993—2000 年为轻警,2001—2022 年处于无警状态,这些年份的收入分配公平综合指数相对较高,处于比较公平和非常公平状态之间。如图 9-21 所示。

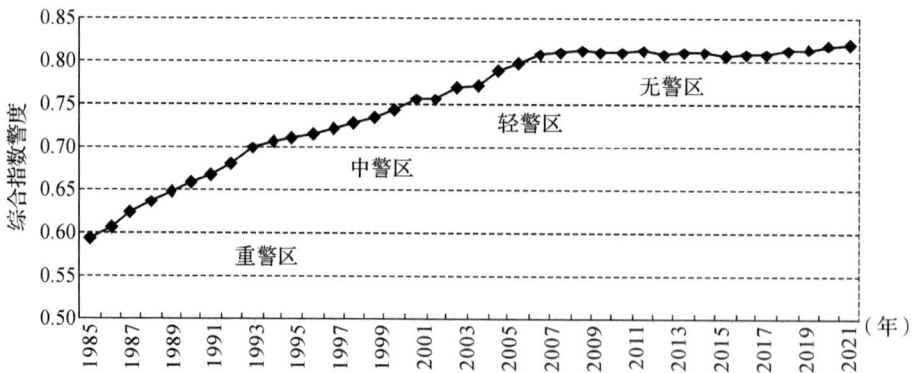

图 9-21 1985—2022 年我国收入分配公平综合指数警度预报

2. 1985—2022 年,我国初次分配公平综合指数的均值为 0.7137,总体上处于无警状态。具体而言,初次分配公平综合指数在 1985—1986 年为重警,1987—1992 年为中警,这些年份的初次分配公平综合指数处于比较不公平和相对公平状态之间;1993—1998 年为轻警,1999—2022 年处于无警状态,这些年份的初次分配公平综合指数相对较高,处于比较公平和非常公平状态之间。如图 9-22所示。

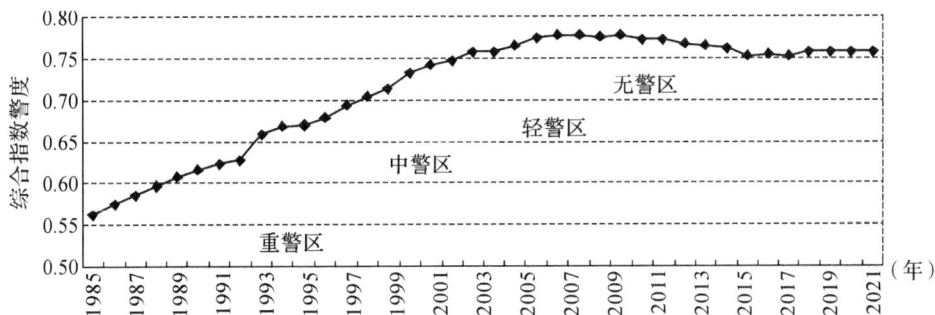

图 9-22　1985—2022 年我国初次分配公平综合指数警度变动趋势

3.1985—2022 年,我国再分配公平综合指数的均值为 0.6991,总体上处于无警状态。具体而言,再分配公平综合指数在 1985—1986 年为重警,1987—1992年为中警,这些年份的再分配公平综合指数处于比较不公平和相对公平状态之间;1993—1999 年为轻警,2000—2022 年处于无警状态,这些年份的再分配公平综合指数相对较高,处于比较公平和非常公平状态之间。如图 9-23 所示。

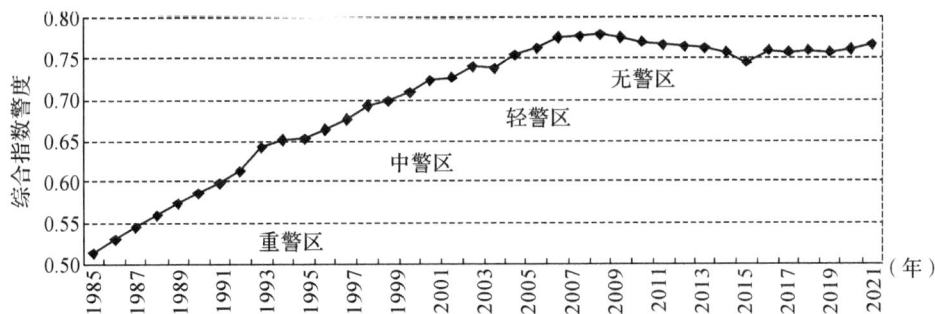

图 9-23　1985—2022 年我国再分配公平综合指数警度变动趋势

根据表 9-24、表 9-25 的警度预报结果,我们得到如下基本结论:

1.1985—2022 年,我国东部地区收入分配公平综合指数的均值为 0.7227,总体上处于无警状态。具体而言,东部地区的收入分配公平综合指数在 1985—1986 年为重警,1987—1992 年为中警,1993—1998 年为轻警,1999—2022 年处于无警状态(这些年份的收入分配公平综合指数处于比较公平和非常公平状态之间)。其中:①1985—2022 年,东部地区初次分配公平综合指数的均值为 0.7262,总体上处于无警状态。具体而言,东部地区的初次分配公平综合指数在 1985—1986 年为重警,1987—1992 年为中警,这些年份的初次分配公平综合指数处于比较不公平和相对公平状态之间;1993—1997 年为轻警,1998—2022 年处于无警状态,这些年份的初次分配公平综合指数相对较高,处于比较公平和非常公平状态之间。②1985—2022 年,东部地区再分配公平综合指数的均值为 0.6895,总体上处于无警状态。具体而言,再分配公平综合指数在 1985—1989 年为重警,1990—1995 年为中警,这些年份的再分配公平综合指数处于比较不公平和相对公平状态之间;1996—2000 年为轻警,2001—2022 年处于无警状态,这些年份东部地区的再分配公平综合指数相对较高,处于比较公平和非常公平状态之间。

2.1985—2022 年,我国中部地区收入分配公平综合指数的均值为 0.8159,总体上处于无警状态。具体而言,中部地区的收入分配公平综合指数在 1985—1986 年为重警,1987—1992 年为中警,1993—2001 年为轻警,2002—2022 年处于无警状态(这些年份中部地区的收入分配公平综合指数处于非常公平状态)。其中:①1985—2022 年,中部地区初次分配公平综合指数均值为 0.7970,总体上处于无警状态。具体而言,中部地区初次分配公平综合指数在 1985 年为重警,1986—1992 年为中警,这些年份的初次分配公平综合指数处于相对公平和比较公平状态之间;1993—1999 年为轻警,2000—2022 年处于无警状态,这些年份的初次分配公平综合指数较高,处于非常公平状态。②1985—2022 年,中部地区再分配公平综合指数的均值为 0.8041,总体上处于无警状态。具体而言,再分配公平综合指数在 1985—1986 年为重警,1987—1992 年为中警,这些年份的再分配公平综合指数处于相对公平和比较公平状态之间;1993—2001 年为轻警,2002—2022 年处于无警状态,这些年份的再分配公平综合指数较高,处于非常公平状态。

3.1985—2022 年,我国西部地区收入分配公平综合指数的均值为 0.7661,总体上处于无警状态。具体而言,西部地区的收入分配公平综合指数在 1985—1986 年为重警,1987—1992 年为中警,1993—1999 年为轻警,2000—2022 年处于无警状态(这些年份的收入分配公平综合指数处于比较公平与非常公平之间)。其中:①1985—2022 年,西部地区初次分配公平综合指数的均值为 0.7537,总体上处于无警状态。具体而言,初次分配公平综合指数在 1985—1986 年为重警,1987—1992 年为中警,这些年份的初次分配公平综合指数处于比较不公平和相对公平状态之间;1993—1999 年为轻警,2000—2022 年处于无警状态,这些年份的初次分配公平综合指数相对较高,处于比较公平和非常公平状态之间。②1985—2022 年,西部地区再分配公平综合指数的均值为 0.7424,总体上处于无警状态。具体而言,再分配公平综合指数在 1985—1989 年为重警,1990—1992 年为中警,这些年份的再分配公平综合指数处于比较不公平和相对公平状态之间;1993—1999 年为轻警,2000—2022 年处于无警状态,这些年份的再分配公平综合指数相对较高,处于比较公平和非常公平状态之间。

从以上预警结果可以看出,现阶段及未来几年,我国收入分配公平综合指数、初次分配公平综合指数、再分配公平综合指数,以及东部、中部、西部三大地区收入分配公平综合指数总体上处于无警状态,均在蓝色无警的范围内运行。

五、基于主成分分析法的收入分配公平综合指数预警

以上是基于综合加权法得到的收入分配公平综合指数的预警结果,利用主成分分析法也可以得到类似的综合指数预警结果。为了简化,以下仅以全国收入分配公平综合指数预警为例,三大地区收入分配公平综合指数预警、初次分配公平综合指数预警与再分配公平综合指数预警与之类似,其预警结果不再一一列出。主成分分析法的收入分配公平综合指数预警过程如下。

首先,利用主成分分析法计算警兆指标评价指数的权重。利用 EViews9.0 软件,对起点公平度 DF_1、过程公平度 DF_2、结果公平度 DF_3、税负公平度 DF_4、社会保障公平度 DF_5、转移支付公平度 DF_6、经济增长公平度 ECO、对外开放公平度 OPEN、城乡差异公平度 UR、政策偏向公平度 POLI、地区差异公平度 REG 等 11 个警兆指标评价指数进行主成分分析,得到如表 9-26 所示的运行结果。

表 9-26 中第一主成分的贡献率为 87.16%(大于 85%),因此选用第一主成分作为收入分配公平综合评价的主分量,可信度达 87.16%。

其次,测算全国收入分配公平综合预警指数。根据表 9-26 的主成分分析结果,可以得到各警兆指标评价指数的权重。如表 9-27 所示。

表 9-26　主成分分析结果

Principal Components Analysis
Date: 11/28/19　Time: 22:05
Sample: 1985 2022
Included observations: 38
Computed using: Ordinary correlations
Extracting 11 of 11 possible components
Eigenvalues: (Sum=11，Average=1)

Number	Value	Difference	Proportion	Cumulative Value	Cumulative Proportion
1	9.587 822	8.875 267	0.8716	9.587 822	0.8716
2	0.712 555	0.387 540	0.0648	10.300 38	0.9364
3	0.325 015	0.159 543	0.0295	10.625 39	0.9659
4	0.165 473	0.069 873	0.0150	10.790 87	0.9810
5	0.095 600	0.046 232	0.0087	10.886 47	0.9897
6	0.049 368	0.017 355	0.0045	10.935 83	0.9942
7	0.032 013	0.014 280	0.0029	10.967 85	0.9971
8	0.017 732	0.007 183	0.0016	10.985 58	0.9987
9	0.010 549	0.007 207	0.0010	10.996 13	0.9996
10	0.003 342	0.002 810	0.0003	10.999 47	1.0000
11	0.000 532	—	0	11.00000	1.0000

续　表

Eigenvectors (loadings):

Variable	PC1	PC2	PC3	PC4	PC5	PC6	PC7	PC8	PC9	PC10	PC11
DF$_1$	0.321 204	0.046 265	−0.106 466	0.075 266	−0.045 467	−0.062 677	−0.055 539	−0.291 248	−0.349 481	−0.604 331	0.544 453
DF$_2$	0.308 696	−0.246 706	−0.152 916	−0.202 126	−0.413 198	0.161 718	−0.403 821	0.508 511	−0.310 508	0.230 181	0.108 009
DF$_3$	0.280 182	0.192 981	0.760 154	−0.356 031	0.338 425	0.054 341	−0.017 445	0.201 146	−0.132 484	−0.062 109	0.002 528
DF$_4$	0.299 279	−0.360 657	−0.064 977	−0.405 913	−0.127 634	0.317 401	0.617 358	−0.184 416	0.227 376	0.093 229	0.137 132
DF$_5$	0.315 017	0.225 558	−0.047 511	0.139 702	0.106 550	−0.015 990	0.016 004	−0.475 687	−0.415 173	0.645 555	−0.029 334
DF$_6$	0.299 876	0.050 088	0.438 967	0.487 028	−0.571 991	−0.174 740	0.078 521	−0.012 525	0.329 485	0.055 894	0.044 304
ECO	0.242 122	0.741 216	−0.349 382	0.031 269	0.010 169	0.189 024	0.255 102	0.374 911	0.158 415	−0.033 177	0.035 577
OPEN	0.289 769	−0.385 296	−0.052 804	0.589 137	0.526 909	0.233 574	0.076 942	0.280 783	0.023 068	0.001 173	0.015 070
POLI	0.318 003	0.037 607	−0.117 917	−0.157 853	0.174 255	0.140 591	−0.600 399	−0.297 265	0.599 266	0.013 974	0.018 609
UR	0.311 443	−0.125 377	−0.205 636	−0.179 414	0.179 028	−0.848 545	0.119 956	0.173 966	0.108 009	0.058 178	−0.032 021
REG	0.321 858	−0.036 167	−0.085 029	−0.008 738	−0.133 038	0.073 157	0.011 006	−0.132 887	−0.186 689	−0.380 399	−0.816 949

表 9-27　各警兆指标评价指数的权重

警兆指标	DF$_1$	DF$_2$	DF$_3$	DF$_4$	DF$_5$	DF$_6$	ECO	OPEN	POLI	UR	REG
权重	0.0971	0.0933	0.0847	0.0905	0.0952	0.0907	0.0732	0.0876	0.0961	0.0942	0.0973

　　将表 9-17、表 9-18 各警兆指标评价指数与表 9-27 中对应的各警兆指标评价指数权重相乘后求和,得到 1985—2022 年全国收入分配公平综合预警指数。具体如表 9-28 所示。

表 9-28　1985—2022 年全国收入分配公平综合预警指数 DF 及警度预报

年份	基于主成分分析法的 DF	警度预报	基于综合加权法的 DF	警度预报
1985	0.6059	重警	0.5937	重警
1986	0.6176	重警	0.6074	重警
1987	0.6319	中警	0.6227	中警
1988	0.6449	中警	0.6370	中警
1989	0.6545	中警	0.6486	中警
1990	0.6628	中警	0.6587	中警
1991	0.6710	中警	0.6679	中警
1992	0.6821	中警	0.6796	中警
1993	0.7027	轻警	0.7001	轻警
1994	0.7099	轻警	0.7076	轻警
1995	0.7126	轻警	0.7120	轻警
1996	0.7174	轻警	0.7169	轻警
1997	0.7215	轻警	0.7218	轻警
1998	0.7263	轻警	0.7276	轻警
1999	0.7351	轻警	0.7347	轻警
2000	0.7430	轻警	0.7430	轻警
2001	0.7539	轻警	0.7550	无警
2002	0.7536	轻警	0.7557	无警
2003	0.7672	轻警	0.7694	无警
2004	0.7695	无警	0.7728	无警
2005	0.7851	无警	0.7897	无警
2006	0.7908	无警	0.7969	无警
2007	0.7988	无警	0.8073	无警

年份	基于主成分分析法的 DF	警度预报	基于综合加权法的 DF	警度预报
2008	0.8007	无警	0.8098	无警
2009	0.8029	无警	0.8122	无警
2010	0.8031	无警	0.8106	无警
2011	0.8021	无警	0.8099	无警
2012	0.8036	无警	0.8113	无警
2013	0.7999	无警	0.8082	无警
2014	0.8021	无警	0.8104	无警
2015	0.8022	无警	0.8107	无警
2016	0.7981	无警	0.8059	无警
2017	0.7991	无警	0.8082	无警
2018	0.7994	无警	0.8085	无警
2019	0.8031	无警	0.8125	无警
2020	0.8061	无警	0.8154	无警
2021	0.8078	无警	0.8179	无警
2022	0.8095	无警	0.8200	无警
均值 μ	0.7473	无警	0.7499	无警
标准差 σ	0.0629		0.0692	

根据表 9-21 基于综合加权法得到的 1985—2022 年我国收入分配公平综合指数 DF,与表 9-28 基于主成分分析法得到的 1985—2022 年我国收入分配公平综合指数 DF,得到如图 9-24 所示两者趋势的比较结果。从表 9-21、表 9-28 或图 9-24 可以看出,综合加权法与主成分分析法得到的收入分配公平综合指数非常接近,两者相差非常小,其趋势基本一致。

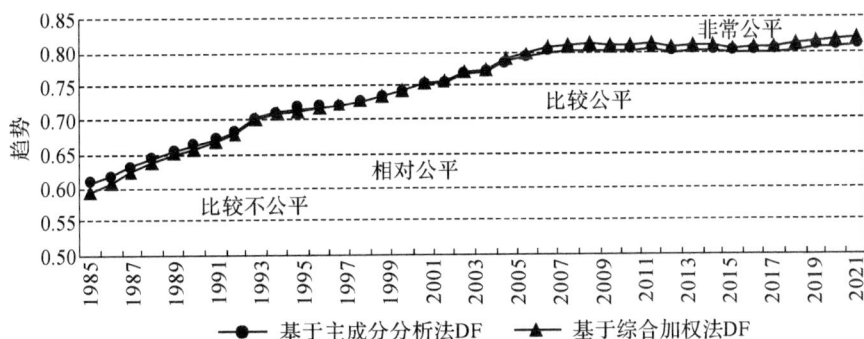

图 9-24 基于综合加权法的 DF 与基于主成分分析法的 DF 趋势比较

最后,预报警度。采用3σ方法对基于主成分分析法得到的1985—2022年全国收入分配公平综合指数的预警区间进行划分,同样采用红色、橙色、黄色、绿色、蓝色来表示不同的预警程度,得到如表9-29所示的预警区间划分结果。

表 9-29　我国收入分配公平综合指数的预警区间

预警状态	巨警区	重警区	中警区	轻警区	无警区
DFI 预警区间	$[0,0.5586)$	$[0.5586,0.6215)$	$[0.6215,0.6844)$	$[0.6844,0.7473)$	$[0.7473,1]$
预警信号	红色	橙色	黄色	绿色	蓝色

根据表9-28第2列收入分配公平综合指数的测算结果,结合表9-29收入分配公平综合指数的预警区间,得到1985—2022年中国收入分配公平预警警度的预报结果,如表9-28第3列所示。

根据表9-28第3列警度预报结果,我们得到采用主成分分析法的收入分配公平综合指数预警结论:1985—2022年,我国收入分配公平综合指数的均值为0.7473,总体上处于无警状态。具体而言,收入分配公平综合指数在1985—1986年为重警,1987—1992年为中警,这些年份的收入分配公平综合指数处于比较不公平和相对公平状态之间;1993—2003年为轻警,2004—2022年处于无警状态,这些年份的收入分配公平综合指数相对较高,处于比较公平和非常公平状态之间。

为了对两种综合预警指数结果进行比较,将表9-21第2列全国收入分配公平综合指数(基于综合加权法)、表9-24第2列全国收入分配公平综合指数的警度预报结果,分别列入表9-28第3列和第4列,发现除了个别年份(2001—2003年)外,两种方法警度预报结果是一致的。

六、收入分配公平的单指标预警与综合指数预警比较

行文至此,本章已经得到全国以及东部、中部、西部三大地区收入分配公平(初次分配公平和再分配公平)为研究对象的单指标预警和综合指数预警结果。在单指标预警中,把收入分配公平度(初次分配公平度和再分配公平度)作为单指标预警对象,这些指数的变化趋势基本一致;在综合指数预警中,以收入分配公平(初次分配公平和再分配公平)综合预警指数为综合预警对象,这几个综合预警指数的变化趋势也几乎一致。下面就这两种预警方法得出的结果做一比较。

(一)全国收入分配公平单指标预警与综合指数预警比较

就单指标预警而言,收入分配公平度在1985—1986年为重警,1987—1991年为中警,1992—1998年为轻警,1999—2022年处于无警状态(这些年份的收入

分配公平度相对较高,处于比较公平和非常公平状态之间)。就综合指数预警而言,收入分配公平综合指数在 1985—1986 年为重警,1987—1992 年为中警,1993—2000 年为轻警,2001—2022 年处于无警状态(这些年份的收入分配公平综合指数相对较高,亦处于比较公平和非常公平状态之间)。对于全国收入分配公平预警而言,除了个别年份之外,两种不同的预警方法得出的预警结果大致相同。

1. 初次分配公平预警比较。就单指标预警而言,初次分配公平度在 1985—1986 年为重警,1987—1992 年为中警,1993—2000 年为轻警,2001—2022 年处于无警状态。就综合指数预警而言,初次分配公平综合指数在 1985—1986 年为重警,1987—1992 年为中警,1993—1998 年为轻警,1999—2022 年处于无警状态。对于全国初次分配公平预警而言,除了个别年份之外,两种不同的预警方法得出的预警结果几乎相同。

2. 再分配公平预警比较。就单指标预警而言,再分配公平度在 1985—1986 年为重警,1987—1991 年为中警,1992—2002 年为轻警,2003—2022 年处于无警状态。就综合指数预警而言,再分配公平综合指数在 1985—1986 年为重警,1987—1992 年为中警,1993—1999 年为轻警,2000—2022 年处于无警状态。对于全国再分配公平预警而言,除了个别年份之外,两种不同的预警方法得出的预警结果大致相同。

(二)三大地区收入分配公平单指标预警与综合指数预警比较

1. 东部地区收入分配公平预警比较。就单指标预警而言,东部地区的收入分配公平度在 1985 年为重警,1986—1991 年为中警,1992—2001 年为轻警,2002—2022 年处于无警状态。就综合指数预警而言,东部地区的收入分配公平综合指数在 1985—1986 年为重警,1987—1992 年为中警,1993—1998 年为轻警,1999—2022 年处于无警状态。对于东部地区收入分配公平预警而言,除了个别年份之外,两种不同的预警方法得出的预警结果大致相同。

2. 中部地区收入分配公平预警比较。就单指标预警而言,中部地区的收入分配公平度在 1985—1986 年为重警,1987—1991 年为中警,1992—2002 年为轻警,2003—2022 年处于无警状态。就综合指数预警而言,中部地区的收入分配公平综合指数在 1985—1986 年为重警,1987—1992 年为中警,1993—2001 年为轻警,2002—2022 年处于无警状态。对于中部地区收入分配公平预警而言,除了个别年份之外,两种不同的预警方法得出的预警结果几乎相同。

3. 西部地区收入分配公平预警比较。就单指标预警而言,西部地区的收入分配公平度在 1985—1986 年为重警,1987—1992 年为中警,1993—1999 年为轻警,2000—2022 年处于无警状态。就综合指数预警而言,西部地区的收入分配公平综合指数在 1985—1986 年为重警,1987—1992 年为中警,1993—1999 年为轻警,

2000—2022 年处于无警状态。对于西部地区收入分配公平预警而言,两种不同的预警方法得出的预警结果相同。

综上所述,单指标预警和综合指数预警两种方法对收入分配公平进行预警所得出的预警结论大致相同,两种预警方法都认为现阶段及未来几年,全国以及三大地区收入分配公平状况均处于无警状态。在实际预警中,我们可以同时采用两种方法进行预警分析,以提高预警的可靠性和安全性。

第三节　本章小结

本章首先依据单指标预警方法与预警流程,对全国以及东部、中部与西部三大地区收入分配公平状况进行单指标监测预警分析;其次依据综合指数预警方法与预警流程,从明确警情、寻找警源、分析警兆、划分警限、预报警度几大环节,对全国以及东部、中部与西部三大地区收入分配公平状况进行综合指数监测预警分析,得到以下研究结论。

结论一:从单指标预警结果看,全国以及东部、中部与西部三大地区收入分配公平度总体上处于无警状态。预测结果表明,未来几年,全国以及东部、中部和西部三大地区的收入分配公平度呈现小幅上升态势。预警结果表明,1985—2022年,我国收入分配公平度总体上处于无警状态。其中:收入分配公平度在 1985—1986 年为重警,1987—1991 年为中警,这些年份的收入分配公平度处于比较不公平和相对公平状态之间;1992—1998 年为轻警,1999—2022 年处于无警状态,这些年份的收入分配公平度相对较高,处于比较公平和非常公平状态之间。预警结果显示,1985—2022 年,我国东部、中部与西部三大地区收入分配公平度总体上处于无警状态。其中:东部地区的收入分配公平度在 1985 年为重警,1986—1991年为中警,1992—2001 年为轻警,2002—2022 年处于无警状态(这些年份的收入分配公平度处于比较公平和非常公平状态之间);中部地区的收入分配公平度在1985—1986 年为重警,1987—1991 年为中警,1992—2002 年为轻警,2003—2022年处于无警状态(这些年份的收入分配公平度处于非常公平状态);西部地区的收入分配公平度在 1985—1986 年为重警,1987—1992 年为中警,1993—1999 年为轻警,2000—2022 年处于无警状态(这些年份的收入分配公平度处于非常公平状态)。

结论二:从综合指数预警结果看,全国以及东部、中部与西部三大地区收入分配公平综合指数总体上处于无警状态。预测结果表明,未来几年,全国及东部、中部和西部三大地区的收入分配公平综合指数呈现小幅上升态势。预警结果表明,

1985—2022 年,我国收入分配公平综合指数总体上处于无警状态。其中:在 1985—1986 年为重警,1987—1992 年为中警,这些年份的收入分配公平综合指数处于比较不公平和相对公平状态之间;1993—2000 年为轻警,2001—2022 年处于无警状态,这些年份的收入分配公平综合指数相对较高,处于比较公平和非常公平状态之间。预警结果显示,1985—2022 年我国东部、中部与西部三大地区收入分配公平综合指数总体上处于无警状态。其中:东部地区的收入分配公平综合指数在 1985—1986 年为重警,1987—1992 年为中警,1993—1998 年为轻警,1999—2022 年处于无警状态(这些年份的收入分配公平综合指数处于比较公平和非常公平状态之间);中部地区的收入分配公平综合指数在 1985—1986 年为重警,1987—1992 年为中警,1993—2001 年为轻警,2002—2022 年处于无警状态(这些年份的收入分配公平综合指数处于非常公平状态);西部地区的收入分配公平综合指数在 1985—1986 年为重警,1987—1992 年为中警,1993—1999 年为轻警,2000—2022 年处于无警状态(这些年份的收入分配公平综合指数处于比较公平与非常公平状态之间)。

结论三:从单指标预警结果看,我国初次分配公平度及其二级指标起点公平度、过程公平度、结果公平度总体上处于无警状态,东部、中部与西部三大地区初次分配公平度总体上亦处于无警状态。预测结果表明,未来几年,我国初次分配公平度及其二级指标起点公平度、结果公平度在逐渐上升,过程公平度呈现小幅回落态势。未来几年,东部、中部与西部三大地区初次分配公平度处于小幅上升阶段。预警结果表明,1985—2022 年,初次分配公平度及其二级指标起点公平度、过程公平度、结果公平度总体上处于无警状态。其中,我国初次分配公平度在 1985—1986 年为重警,1987—1992 年为中警,1993—2000 年为轻警,2001—2022 年处于无警状态。起点公平度在 1985 年为重警,1986—1992 年为中警,1993—1999 年为轻警,2000—2022 年处于无警状态。起点公平度的三级指标即教育公平度、就业公平度、公共医疗卫生公平度、公共基础设施公平度与公共自然资源公平度总体上亦处于无警状态,但未来几年,公共自然资源公平度呈小幅回落,就业公平度呈下降态势。过程公平度在 1985—1986 年为重警,1987—1992 年为中警,1993—1998 年为轻警,1999—2022 年处于无警状态。结果公平度预警状态波动幅度较大,在 1985—1986 年为重警,1987 年、1989—1991 年、1997—2000 年为中警,1988 年、1992—1996 年、2001—2003 年、2017—2019 年为轻警,其他年份处于无警状态。预警结果显示,1985—2022 年,我国东部、中部与西部三大地区初次分配公平度总体上处于无警状态。其中:东部地区的初次分配公平度在 1985—1986 年为重警,1987—1991 年为中警,1992—1999 年为轻警,2000—2022 年处于无警状态;中部、西部地区的初次分配公平度在 1985 年为重警,1986—

1992 年为中警,1993—1999 年为轻警,2000—2022 年均处于无警状态。

结论四:从综合指数预警结果看,全国以及东部、中部与西部三大地区初次分配公平综合指数总体上处于无警状态。预测结果表明,未来几年,初次分配公平综合指数呈现小幅上升态势。预警结果表明,1985—2022 年,我国初次分配公平综合指数总体上处于无警状态。其中:在 1985—1986 年为重警,1987—1992 年为中警,这些年份的初次分配公平综合指数处于比较不公平和相对公平状态之间;1993—1998 年为轻警,1999—2022 年处于无警状态,这些年份的初次分配公平综合指数相对较高,处于比较公平和非常公平状态之间。预警结果显示,1985—2022 年,我国东部、中部与西部三大地区初次分配公平综合指数总体上处于无警状态。其中:东部地区的初次分配公平综合指数在 1985—1986 年为重警,1987—1992 年为中警,1993—1997 年为轻警,1998—2022 年处于无警状态;中部地区的初次分配公平综合指数在 1985 年为重警,1986—1992 年为中警,1993—1999 年为轻警,2000—2022 年处于无警状态;西部地区的初次分配公平综合指数在 1985—1986 年为重警,1987—1992 年为中警,1993—1999 年为轻警,2000—2022 年处于无警状态。

结论五:从单指标预警结果看,我国再分配公平度及其二级指标税负公平度、社会保障公平度、转移支付公平度总体上处于无警状态,东部、中部与西部三大地区再分配公平度总体上亦处于无警状态。预测结果表明:未来几年,我国再分配公平度及社会保障公平度平稳上升,税负公平度先上升后下降但变动幅度较小,而转移支付公平度则呈现小幅回落态势;西部地区再分配公平度平稳上升,东部地区略有上升,中部地区有小幅下降。预警结果表明,1985—2022 年,再分配公平度及其二级指标税负公平度、社会保障公平度、转移支付公平度总体上处于无警状态。其中:再分配公平度在 1985—1986 年为重警,1987—1991 年为中警,1992—2002 年为轻警,2003—2022 年处于无警状态(这些年份的再分配公平度相对较高,处于比较公平和非常公平状态之间);税负公平度在 1985—1986 年为重警,1987—1991 年为中警,1992—1997 年为轻警,1998—2022 年处于无警状态;社会保障公平度在 1985 年为重警,1986—1992 年为中警,1993—2002 年为轻警,2003—2022 年处于无警状态;转移支付公平度预警状态波动幅度较大,1985 年为巨警,1986—1987 年为重警,1988—1989 年为中警,1990—1992 年、1997—2004 年为轻警,其他年份处于无警状态。预警结果显示,1985—2022 年,我国东部、中部与西部三大地区再分配公平度总体上处于无警状态。其中:东部地区的再分配公平度在 1985 年为重警,1986—1991 年为中警,1992—1999 年为轻警,2000—2022 年处于无警状态;中部地区的再分配公平度在 1985—1986 年为重警,1987—1990 年为中警,1991—2002 年为轻警,2003—2022 年处于无警状态;西部地区的再分配公平度在 1985—1986 年为重警,1987—1992 年为中警,1993—2000 年为轻警,2001—2022 年处于无警状态。

结论六:从综合指数预警结果看,全国及东部、中部与西部三大地区再分配公平综合指数总体上处于无警状态。预测结果表明,未来几年,再分配公平综合指数呈现小幅上升态势。预警结果表明,1985—2022 年,我国再分配公平综合指数总体上处于无警状态。其中:再分配公平综合指数在 1985—1986 年为重警,1987—1992 年为中警,这些年份的再分配公平综合指数处于比较不公平和相对公平状态之间;1993—1999 年为轻警,2000—2022 年处于无警状态,这些年份的再分配公平综合指数相对较高,处于比较公平和非常公平状态之间。预警结果显示,1985—2022 年,我国东部、中部与西部三大地区再分配公平综合指数总体上处于无警状态。其中:东部地区的再分配公平综合指数在 1985—1989 年为重警,1990—1995 年为中警,1996—2000 年为轻警,2001—2022 年处于无警状态;中部地区的再分配公平综合指数在 1985—1986 年为重警,1987—1992 年为中警,1993—2001 年为轻警,2002—2022 年处于无警状态;西部地区的再分配公平综合指数在 1985—1989 年为重警,1990—1992 年为中警,1993—1999 年为轻警,2000—2022 年处于无警状态。

从以上预警结果还可以看出,对我国以及东部、中部与西部三大地区收入分配公平的单指标预警和收入分配公平综合指数预警,除了个别年份之外,得出的预警结果几乎相同。这说明两种预警方法对我国收入分配公平预警的结果均比较可靠。

第十章
结论、建议与展望

　　本书界定了收入分配公平的内涵与层次,构建了收入分配公平的评价指标体系,提出了收入分配公平的测度方法;对我国收入分配公平(初次分配公平、再分配公平)状况进行了统计测度与比较分析,对我国现阶段收入分配公平满意度进行了问卷调查,提出了研究假设,构建了多元计量经济模型,对收入分配公平度的决定因素进行实证研究;提出研究假设,构建 Ordered Logit 模型,对收入分配公平满意度的影响因素进行计量检验,得出了具有启发意义的研究结论;论述了收入分配公平预警方法,设计了收入分配公平的预警指标体系,从明确警情、寻找警源、分析警兆、划分警限、预报警度几大环节,构建了收入分配公平的预警系统;从单指标预警和综合指数预警两大方面,对我国以及东部、中部、西部三大地区的收入分配公平状况进行监测预警分析,得出了相应的研究结论。

　　本章首先在理论研究和实证分析的基础上,总结全书的研究结论;其次,从初次分配公平的制度机制设计、再分配公平的公共政策选择等方面,提出了促进收入分配公平、提高分配公平满意度的政策建议,为政府部门制定科学合理的收入分配政策提供参考依据;最后指出本书的不足之处并对未来的研究方向进行展望。

第一节　研究结论

　　纵观全书,我们得到如下具有启发意义的研究结论。

　　结论一:我国收入分配公平度(以及初次分配公平度和再分配公平度)总体上处于比较公平状态,呈现上升趋势。其中:初次分配公平度大于再分配公平度;起点公平度处于比较公平状态,过程公平度和结果公平度处于非常公平状态,结果公平度波动幅度较大;社会保障公平度、税负公平度、转移支付公平度依次处于相对公平、比较公平和非常公平状态,均呈现上升趋势。

研究结果表明,1985—2017年,我国收入分配公平度从0.5786提高到0.8233,即由比较不公平提高到非常公平状态,总体上处于上升趋势。但在不同的时期表现出不同的特点:1985—1986年,收入分配公平度处于比较不公平状态,1987—1992年处于相对公平状态,1993—2004年处于比较公平状态,2005—2017年处于非常公平状态(但从2010年以后呈下降趋势,其主要原因在于过程公平度、结果公平度有所下降,税负公平度与转移支付公平度也呈现小幅下降态势)。初次分配公平度大于再分配公平度。

研究结果显示,1985—2017年,我国初次分配公平度从0.6517提高到0.8382,即由相对公平提高到非常公平状态,总体上处于上升态势。其中,1985—1987年,初次分配公平度处于相对公平状态,1988—2002年处于比较公平状态,2003—2017年处于非常公平状态(2013年以后有所下降,其主要原因在于结果公平度下降幅度较大)。1985—2017年,我国起点公平、过程公平度和结果公平度的均值依次为0.7143,0.8475和0.8248,表明过程公平度和结果公平度相对较高,处于非常公平状态;起点公平度相对较低,处于比较公平状态。需要说明的是,在起点公平的5个三级指标中,就业公平度最低,处于比较不公平状态(其主要原因在于每千人求职人员职业培训机构数公平度偏低);2015—2017年,过程公平度略有下降,结果公平度下降幅度较大(其主要原因在于这几年居民收入弹性、城乡居民人均收入之比、城镇居民人均可支配收入增长率、失业率等三级指标公平度下降)。

研究结果显示,1985—2017年,我国再分配公平度从0.5330提高到0.8131,即由比较不公平提高到非常公平状态,总体上处于上升态势。其中,1985—1988年,再分配公平度处于比较不公平状态,1989—1995年处于相对公平状态,1996—2005年处于比较公平状态,2006—2017年处于非常公平状态(2009年以后略有下降,其主要原因在于社会保障公平度下降)。1985—2017年,我国税负公平度、社会保障公平度与转移支付公平度的均值依次为0.7662,0.6413和0.8109,表明:转移支付公平度较高,处于非常公平状态;税负公平度次之,处于比较公平状态;社会保障公平度最低,处于相对公平状态(其主要原因在于最低生活保障线下人口比重、医疗保险覆盖率、工伤保险覆盖率、生育保险覆盖率的公平度较低)。需要说明的是,税负公平度从2007年开始呈现小幅下降态势(与这些年份的个人所得税占税收比重公平度下降有关);转移支付公平度从2013年以后呈现小幅下降态势。

结论二:东部和西部地区收入分配公平度(初次分配公平度和再分配公平度)

总体上处于比较公平状态,中部地区处于非常公平状态,均呈现上升趋势。三大地区的初次分配公平度均高于再分配公平度。

研究结果表明,1985—2017 年,东部地区收入分配公平度由比较不公平提高到非常公平状态,呈现上升趋势。其中,1985 年处于比较不公平状态,1986—1992 年处于相对公平状态,1993—2004 年处于比较公平状态,2005—2017 年处于非常公平状态。初次分配公平度总体上处于非常公平状态,呈现上升趋势。其中,1985 年处于相对公平状态;1986—1994 年处于比较公平状态,1995—2017 年处于非常公平状态。再分配公平度总体上处于比较公平状态,呈上升趋势。其中,1985—1988 年处于比较不公平状态,1989—1996 年处于相对公平状态,1997—2006 年处于比较公平状态,2007—2017 年处于非常公平状态。初次分配公平度高于再分配公平度。

研究结果显示,1985—2017 年,中部地区收入分配公平度由相对公平提高到非常公平状态,呈现上升趋势。其中,1985 年处于相对公平状态,1986—1993 年处于比较公平状态,1994—2017 年处于非常公平状态。初次分配公平度总体上处于非常公平状态,呈现上升趋势。其中,1985—1993 年处于比较公平状态,1994—2017 年处于非常公平状态。1985—2017 年,再分配公平度由相对公平提高到非常公平状态,呈上升趋势。其中,1985 年处于相对公平状态,1986—1993 年、1995—1996 年处于比较公平状态,1994 年、1997—2017 年处于非常公平状态。初次分配公平度略高于再分配公平度。

研究结果显示,1985—2017 年,西部地区收入分配公平度由比较不公平提高到非常公平状态,呈现上升趋势。其中,1985—1986 年处于比较不公平状态,1987—1993 年处于相对公平状态,1994—2000 年处于比较公平状态,2001—2017 年处于非常公平状态。1985—2017 年,初次分配公平度由相对公平提高到非常公平状态,呈现上升趋势。其中,1985—1992 年处于相对公平状态,1993—1999 年处于比较公平状态,2000—2017 年处于非常公平状态。1985—2017 年,再分配公平度由比较不公平提高到非常公平状态,呈现上升趋势。其中,1985—1987 年处于比较不公平状态,1988—1994 年处于相对公平状态,1995—2000 年处于比较公平状态,2001—2017 年处于非常公平状态。初次分配公平度略高于再分配公平度。

研究结果显示,1985—2017 年,我国东部、中部与西部地区收入分配公平度的均值依次为 0.7542,0.8348 和 0.7679,表明中部地区收入分配公平度相对较高,东部和西部地区相对较低。其中,1985—2017 年,我国东部、中部与西部地区初次分配公平度的均值依次为 0.8158,0.8385 和 0.7755,表明中部地区初次分配公平度略高于东部地区,东部地区高于西部地区。1985—2017 年,我国东部、中部与西部地区再分配公平度均值依次为 0.7209,0.8323 和 0.7616,表明中部地区再分配公平度高于西部地区,西部地区略高于东部地区。

　　结论三:起点不平等、过程不平等、结果不平等、税负不平等、社会保障不平等、转移支付不平等对收入分配公平度有显著的负向影响,起点不平等、过程不平等进一步扩大了结果不平等对收入分配公平度的负向影响程度。经济增长、对外开放与收入分配公平度呈显著的"U"形关系,政策偏向、城乡差异与地区差异对收入分配公平度有显著的负向影响。经济增长、对外开放、政策偏向、城乡差异与地区差异进一步扩大了起点不平等与过程不平等对收入分配公平度的负向影响程度;经济增长、对外开放、政策偏向进一步扩大了城乡差异、地区差异对收入分配公平度的负向影响程度。

　　研究结果表明,起点不平等(教育不平等、就业不平等、公共医疗卫生不平等)、过程不平等、结果不平等程度越高,则收入分配公平度越低,反之则相反。起点不平等对收入分配公平度的负向影响程度较大,过程不平等与结果不平等对收入分配公平度的负向影响程度相对较小。起点不平等、过程不平等与结果不平等的交互作用对收入分配公平度有显著的负向影响,表明起点不平等、过程不平等进一步扩大了结果不平等对收入分配公平度的负向影响程度。研究结果显示,税负不平等(个人税负不平等、企业税负不平等)、社会保障不平等、转移支付不平等的程度越高,则收入分配公平度越低,反之则相反。转移支付不平等对收入分配公平度的负向影响程度较大,税负不平等与社会保障不平等对收入分配公平度的负向影响程度相对较小。

　　研究结果显示,随着我国地区经济增长与对外开放程度的扩大,收入分配公平度逐渐降低,达到最小值后,收入分配公平度又逐渐提高。政策偏向、城乡差异、地区差异程度越大,收入分配公平度越小,反之则相反。经济增长、对外开放、政策偏向、城乡差异、地区差异与起点不平等、过程不平等的交互作用对收入分配公平度有显著的负向影响,表明经济增长、对外开放、政策偏向、城乡差异与地区差异进一步扩大了起点不平等与过程不平等对收入分配公平度的负向影响程度。经济增长、对外开放、政策偏向与城乡差异、地区差异的交互作用对收入分配公平度有显著的负向影响,说明经济增长、对外开放、政策偏向进一步扩大了城乡差异、地区差异对收入分配公平度的负向影响程度。

　　结论四:起点不平等、过程不平等、结果不平等对初次分配公平度有显著的负向影响;经济增长、对外开放与初次分配公平度呈现"U"形关系,政策偏向、城乡差异与地区差异对初次分配公平度有显著的负向影响。经济增长、对外开放、政策偏向、城乡差异与地区差异进一步扩大了起点不平等与过程不平等对初次分配公平度的负向影响程度;经济增长、对外开放、政策偏向进一步扩大了城乡差异、地区差异对初次分配公平度的负向影响程度。

研究结果表明,起点不平等、过程不平等、结果不平等程度越高,则初次分配公平度越低,反之则相反。起点不平等对初次分配公平度的负向影响程度较大,过程不平等对初次分配公平度的负向影响程度次之,结果不平等对初次分配公平度的负向影响程度相对较小。教育不平等、就业不平等、公共医疗卫生不平等、投资市场化程度与参加工会职工占比差异程度进一步扩大了结果不平等对初次分配公平度的负向影响程度。

研究结果显示,随着我国地区经济增长与对外开放差异程度的扩大,初次分配公平度逐渐减小,达到最小值后,初次分配公平度又逐渐提高。政策偏向、城乡差异、地区差异程度越大,初次分配公平度越小,反之则相反。研究结果还显示,经济增长、对外开放、政策偏向、城乡差异、地区差异与起点不平等、过程不平等的交互作用对初次分配公平度有显著的负向影响,表明经济增长、对外开放、政策偏向、城乡差异与地区差异进一步扩大了起点不平等与过程不平等对初次分配公平度的负向影响程度。经济增长、对外开放、政策偏向与城乡差异、地区差异的交互作用对初次分配公平度有显著的负向影响,说明经济增长、对外开放、政策偏向进一步扩大了城乡差异、地区差异对初次分配公平度的负向影响程度。

结论五:起点不平等、结果不平等、税负不平等、社会保障不平等、转移支付不平等对再分配公平度有显著的负向影响;经济增长与再分配公平度呈显著的"U"形关系,对外开放、政策偏向、城乡差异与地区差异对再分配公平度有显著的负向影响。经济增长、地区差异进一步扩大了社会保障不平等对再分配公平度的负向影响程度;对外开放、政策偏向、城乡差异进一步扩大了税负不平等与社会保障不平等对再分配公平度的负向影响程度;经济增长、对外开放、政策偏向进一步扩大了城乡差异与地区差异对再分配公平度的负向影响程度。

研究结果表明,起点不平等、结果不平等程度越高,则再分配公平度越低,反之则相反;过程不平等对再分配公平度有负向影响但不显著;税负不平等、社会保障不平等、转移支付不平等程度越高,则再分配公平度越低,反之则相反。起点不平等、转移支付不平等对再分配公平度的负向影响程度较大,税负不平等、社会保障不平等对再分配公平度的负向影响程度次之,结果不平等对再分配公平度的负向影响程度相对较小。

研究结果显示,随着我国地区经济增长差异程度的提高,再分配公平度逐渐降低,达到最小值后,再分配公平度又逐渐提高。对外开放、政策偏向、城乡差异、地区差异程度越大,再分配公平度越小,反之则相反。经济增长、地区差异与社会保障不平等的交互作用对再分配公平度有显著的负向影响,表明经济增长、地区差异进一步扩大了社会保障不平等对再分配公平度的负向影响程度;对外开放、政策偏向、城乡差异与税负不平等、社会保障不平等的交互作用对再分配公平度有显著的负向影响,表明对外开放、政策偏向、城乡差异进一步扩大了税负不平等与社会保障不平等对再分配公平度的负向影响程度;经济增长、对外开放、政策偏向与城乡差异、地区差异的交互作用对再分配公平度有显著的负向影响,表明经济增长、对外开放、政策偏向进一步扩大了城乡差异与地区差异对再分配公平度的负向影响程度。

结论六:居民对现阶段收入分配公平满意度相对较高。其中:城镇居民、男性居民、汉族居民的收入分配公平满意度分别略低于农村居民、女性居民和少数民族居民;居民的健康状况越好、职称和职务等级越高、收入等级越高,其收入分配公平满意度越高;居民的再分配公平满意度大于初次分配公平满意度。

研究结果表明,居民收入分配公平满意度均值为2.777,其中城镇居民、农村居民的收入分配公平满意度均值依次为2.746和2.804,这意味着居民对收入分配公平满意度一般,城镇居民满意度略低于农村居民。居民选择收入分配公平满意度(非常满意、比较满意、一般满意列为满意)所占比例为74.9%,可见居民选择收入分配公平满意度所占比例相对较高。居民选择初次分配公平满意度和再分配公平满意度所占比例依次为71.0%和78.8%,可见,居民选择再分配公平满意度所占比例大于初次分配公平满意度所占比例。

研究结果显示,男性居民、汉族居民的收入分配公平满意度分别略低于女性居民和少数民族居民。对于不同层次的文化程度,城镇居民与农村居民的收入分配公平满意度存在一定的差异。居民的健康状况越好,其收入分配公平满意度越高。身份为党派成员的居民,其收入分配公平满意度高于非党派成员。职称和职务等级越高,居民的收入分配公平满意度越高,其中在体制内工作单位(党政机关、事业单位、国有企业)工作的居民,其收入分配公平满意度高于体制外的居民。职业等级越高、收入等级越高,居民的收入分配公平满意度越高。东部地区居民的收入分配公平满意度高于中部地区,中部地区居民的收入分配公平满意度高于西部地区。

结论七:居民对现阶段初次分配公平满意度相对较高。其中:城镇居民的初次分配公平满意度高于农村居民;居民对过程公平的满意度相对较高,对起点公平的满意度和结果公平的满意度相对较低。

研究结果表明,居民初次分配公平满意度的均值为2.780,其中城镇居民、农村居民初次分配公平满意度的均值依次为2.735和2.848,说明居民对初次分配公平满意度一般,城镇居民满意度低于农村居民。居民选择初次分配公平满意度所占比例为71.0%,可见居民选择初次分配公平满意度所占比例相对较高。从初次分配公平度的3个层次看,居民选择起点公平满意度、过程公平满意度和结果公平满意度所占比例依次为70.3%,73.1%和69.5%。可见,居民对过程公平的满意度相对较高,对起点公平的满意度和结果公平的满意度相对较低。对于起点公平满意度,城镇居民略低于农村居民,东部地区略高于中部地区,中部地区略高于西部地区;对于过程公平满意度,城镇居民与农村居民相差较小,东部、西部地区略高于中部地区;对于结果公平满意度,农村居民高于城镇居民,东部、西部地区略高于中部地区。

在起点公平满意度的五个评价指标中,居民对公共自然资源公平的满意度相对较高,对公共基础设施的公平满意度次之,公共医疗卫生公平满意度居中,教育公平满意度和就业公平满意度相对较低。在过程公平满意度的6个评价指标中,居民的工资集体协商制度满意度和劳动者权益保护满意度相对较高,市场竞争环境满意度、政府公共信息公开满意度和政府效能满意度次之,对公职人员廉洁满意度较低。在结果公平满意度的四个评价指标中,居民对收入与过去五年相比满意度、收入与同职业人员收入相比满意度相对较高,对收入与付出相比满意度、收入与其他职业人员收入相比满意度较低。

结论八:居民对现阶段再分配公平的满意度较高,其中:城镇居民的再分配公平满意度略低于农村居民;居民对社会保障公平的满意度和转移支付公平满意度相对较高,税负公平满意度相对较低。

研究结果表明,居民再分配公平满意度的均值为2.818,其中城镇居民、农村居民再分配公平满意度均值依次为2.810和2.827,这表明居民对再分配公平满意度一般,城镇居民再分配公平满意度略低于农村居民。居民选择再分配公平满意度所占比例为78.8%,可见居民选择再分配公平满意度所占比例相对较高。从再分配公平度的3个层次看,居民选择税负公平满意度、社会保障公平满意度、转移支付公平满意度所占比例依次为74.4%,79.5%和82.6%。可见,居民对社会保障公平满意度和转移支付公平满意度相对较高,对税负公平满意度相对较低。对于税负公平满意度,城镇居民低于农村居民,东部地区低于中部和西部地区;对于社会保障公平满意度,城镇居民略高于农村居民,东部和中部地区高于西部地区;对于转移支付公平满意度,城镇居民略高于农村居民,东部地区略高于中部和西部地区。

在税负公平满意度的3个评价指标中,居民对投资税负的满意度相对较高,对个人税负满意度次之,对各种税费负担满意度相对较低。在社会保障公平满意度的3个评价指标中,居民对社会救助、社会优抚、社会福利满意度及社会保险的满意度较高,对帮扶弱势群体状况满意度相对较低。在转移支付公平满意度的三个评价指标中,居民对企业转移支付的满意度较高,对最低生活保障线下人均转移支付的满意度次之,对个人转移支付的满意度较低。

结论九:起点公平、过程公平、结果公平对初次分配公平满意度有显著的影响;税负公平、社会保障公平、转移支付公平对再分配公平满意度有显著的影响。

就起点公平而言,内在因素对个人收入的重要性对初次分配公平满意度有显著的正向影响,外在因素对个人收入的重要性对初次分配公平满意度有显著的负向影响;教育、就业、公共医疗卫生、公共基础设施与公共自然资源公平满意度越高,则居民的初次分配公平满意度越高。就过程公平而言,受到过工作单位或地方政府的不公正对待,对初次分配公平满意度有显著的负向影响;居民对腐败现象可容忍程度越高、自己参政议政能力越强,其初次分配公平满意度越高;居民对市场竞争环境、工资集体协商制度、公职人员廉洁、政府公共信息公开、劳动者权益保护的满意度越高,其初次分配公平满意度越高。就结果公平而言,居民对收入与付出相比满意度越高、相对收入水平越高,其初次分配公平满意度越高。农村居民的绝对收入水平越高、城镇居民的相对收入水平越高,其初次分配公平满意度越高。居民对物价上涨的可承受能力越强、对同工不同酬的认可程度越高、对拉开收入差距有利于调动人们努力工作的积极性认可程度越高,其初次分配公平满意度越高。

就税负公平而言,各种税费负担、个人税负、投资税负满意度越高,则居民的再分配公平满意度越高,反之则越低。在体制内工作单位(党政机关、事业单位、国有企业)工作的居民,其再分配公平满意度显著高于体制外的居民;投资税负满意度进一步扩大了体制内与体制外居民之间的再分配公平满意度。就社会保障公平而言,社会保险、社会救助、社会优抚、社会福利满意度越高,帮扶弱势群体状况满意度越高,则居民的再分配公平满意度越高,反之则越低。居民对"国家应该保障每个人的基本生活水平"的认可程度越高,则再分配公平满意度越高;社会保险满意度进一步扩大了体制内与体制外居民之间的再分配公平满意度。就转移支付公平而言,最低生活保障线下人均转移支付、个人转移支付、企业转移支付满意度越高,则居民的再分配公平满意度越高,反之则越低。与城镇居民相比,农村居民对个人转移支付满意度越高,则再分配公平满意度越高;与中等收入居民相比,低收入居民对个人转移支付满意度越高,则再分配公平满意度越高,而高收入居民则相反。

结论十:人力资本、物质资本、政治资本、社会资本及其交互作用对收入分配公平满意度有显著的影响。

就人力资本而言,受教育年限越长、健康状况与职业技能越好,居民的收入分配公平满意度越高;工作经验对收入分配公平满意度有正向影响但不显著。与城镇居民相比,农村居民受教育年限越长,其收入分配公平满意度越高;与男性居民相比,女性居民受教育年限越长,其收入分配公平满意度越高。就物质资本而言,住房拥有完全产权对收入分配公平满意度有显著的正向影响;农村居民拥有的土地、固定资产对收入分配公平满意度有正向影响但不显著。就政治资本而言,党派成员对收入分配公平满意度有正向影响但不显著,职务等级、乡村干部对收入分配公平满意度有显著的正向影响。这表明:职务等级越高,居民的收入分配公平满意度越高;乡村干部对收入分配公平的满意度显著高于普通农民。与非党派成员相比,党派成员的职务等级越高,其收入分配公平满意度越高。就社会资本而言,家庭礼金与通信网络费用对收入分配公平满意度有正向影响但不显著,在外就餐频率、对同事与朋友的信任程度、组织成员对收入分配公平满意度有显著的正向影响。这表明,人们在外就餐频率越高,对同事与朋友的信任程度越高,其收入分配公平满意度越高;组织成员对收入分配公平的满意度显著高于非组织成员。

结论十一:户籍流动、收入向上流动、教育流动、职业与职务向上流动对收入分配公平满意度有显著的正向影响;户籍与受教育年限的交互作用对收入分配公平满意度有显著的负向影响,收入向上流动、代内教育流动与低收入等级的交互作用对收入分配公平满意度有显著的正向影响。

研究结果表明,户籍流动对收入分配公平满意度有显著的正向影响,表明户籍流动有利于提高人们的收入分配公平满意度;与城镇居民相比,农村居民受教育年限越长,其收入分配公平满意度越高。就收入流动而言,居民的相对收入越高,其收入分配公平满意度越高。农村居民绝对收入水平越高,其收入分配公平满意度越高;城镇居民相对收入水平越高,其收入分配公平满意度越高。这表明,对城镇居民而言,当绝对收入达到一定水平之后,绝对收入对分配公平满意度的作用在减弱,而相对收入对收入分配公平满意度的影响则更为重要;对农村居民而言,收入水平(不论是绝对收入还是相对收入)的提高能够给他们带来较高的分配公平满意度。收入向上流动对收入分配公平满意度有显著的正向影响,反之则相反。收入向上流动与低收入的交互作用对收入分配公平满意度有显著的正向影响。就教育流动而言,父辈受教育年限越长,其子辈的收入分配公平满意度越高。父辈受教育年限越长,可以为子辈创造更好的教育环境,为子辈提供更好的生活条件和更多的工作机会,因此子辈的收入分配公平满意度较高。代内教育流动对收入分配公平满意度有显著的正向影响;代内教育流动的城镇居民、低收入居民,其收入分配公平满意度依次高于农村居民和中等收入居民。就职业流动与职务流动而言,个人的职业与职务等级越高,其收入分配公平满意度越高。代内职业与职务向上流动对收入分配公平满意度有显著的正向影响。职业与职务向上流动直接改变了个人的社会经济地位,个人的努力和付出获得回报,因此更加认同当前的收入分配状况,其收入分配公平满意度相对较高。

结论十二:从单指标预警和综合指数预警结果看,我国以及东部、中部与西部三大地区的收入分配公平度、收入分配公平综合指数总体上处于无警状态。

预测结果表明,未来几年,全国以及东部、中部和西部三大地区的收入分配公平度和收入分配公平综合指数呈现小幅上升态势。预警结果表明,1985—2022年我国以及东部、中部与西部三大地区收入分配公平度、收入分配公平综合指数总体上处于无警状态。其中:收入分配公平度在1985—1986年为重警,1987—1991年为中警,这些年份的收入分配公平度处于比较不公平和相对公平之间;1992—1998年为轻警,1999—2022年处于无警状态,这些年份的收入分配公平度相对较高,处于比较公平和非常公平状态之间。东部地区的收入分配公平度在1985年为重警,1986—1991年为中警,1992—2001年为轻警,2002—2022年处于无警状态;中部地区的收入分配公平度在1985—1986年为重警,1987—1991年为中警,1992—2002年为轻警,2003—2022年处于无警状态;西部地区的收入分配公平度在1985—1986年为重警,1987—1992年为中警,1993—1999年为轻警,2000—2022年处于无警状态。预警结果还表明,我国收入分配公平综合指数在1985—1986年为重警,1987—1992年为中警,1993—2000年为轻警,2001—2022年处于无警状态。东部地区的收入分配公平综合指数在1985—1986年为重警,1987—1992年为中警,1993—1998年为轻警,1999—2022年处于无警状态;中部地区的收入分配公平综合指数在1985—1986年为重警,1987—1992年为中警,1993—2001年为轻警,2002—2022年处于无警状态;西部地区的收入分配公平综合指数在1985—1986年为重警,1987—1992年为中警,1993—1999年为轻警,2000—2022年处于无警状态。

结论十三:从单指标预警和综合指数预警结果看,我国以及东部、中部与西部三大地区的初次分配公平度(起点公平度、过程公平度、结果公平度)、初次分配公平综合指数总体上处于无警状态。

预测结果表明,未来几年,我国初次分配公平度及其二级指标起点公平度呈上升趋势,结果公平度也在逐渐上升,过程公平度呈现小幅回落态势;初次分配公平综合指数呈现小幅上升态势。预警结果表明,1985—2022年,我国以及东部、中部与西部三大地区的初次分配公平度(起点公平度、过程公平度、结果公平度)、初次分配公平综合指数总体上处于无警状态。其中,初次分配公平度在1985—1986年为重警,1987—1992年为中警,1993—2000年为轻警,2001—2022年处于无警状态。起点公平度在1985年为重警,1986—1992年为中警,1993—1999年为轻警,2000—2022年处于无警状态;过程公平度在1985—1986年为重警,1987—1992年为中警,1993—1998年为轻警,1999—2022年处于无警状态;结果公平度预警状态波动幅度较大,在1985—1986年为重警,1987年、1989—1991

年、1997—2000 年为中警,1988 年、1992—1996 年、2001—2003 年、2017—2019 年为轻警,其他年份处于无警状态。东部地区的初次分配公平度在 1985—1986 年为重警,1987—1991 年为中警,1992—1999 年为轻警,2000—2022 年处于无警状态;中部、西部地区的初次分配公平度在 1985 年为重警,1986—1992 年为中警,1993—1999 年为轻警,2000—2022 年均处于无警状态。预警结果显示,初次分配公平综合指数在 1985—1986 年为重警,1987—1992 年为中警,1993—1998 年为轻警,1999—2022 年处于无警状态。东部地区的初次分配公平综合指数在 1985—1986 年为重警,1987—1992 年为中警,1993—1997 年为轻警,1998—2022 年处于无警状态;中部地区初次分配公平综合指数在 1985 年为重警,1986—1992 年为中警,1993—1999 年为轻警,2000—2022 年处于无警状态;西部地区初次分配公平综合指数在 1985—1986 年为重警,1987—1992 年为中警,1993—1999 年为轻警,2000—2022 年处于无警状态。

结论十四:从单指标预警和综合指数预警结果看,我国以及东部、中部与西部三大地区的再分配公平度(税负公平度、社会保障公平度、转移支付公平度)、再分配公平综合指数总体上处于无警状态。

预测结果表明,未来几年,我国再分配公平度及其二级指标社会保障公平度平稳上升,税负公平度先上升后下降但变动幅度较小,而转移支付公平度则呈现小幅回落态势;再分配公平评价指数亦呈现小幅上升态势。预警结果表明,1985—2022 年,我国以及东部、中部与西部三大地区的再分配公平度(税负公平度、社会保障公平度、转移支付公平度)、再分配公平综合指数总体上处于无警状态。其中,再分配公平度在 1985—1986 年为重警,1987—1991 年为中警,1992—2002 年为轻警,2003—2022 年处于无警状态。税负公平度在 1985—1986 年为重警,1987—1991 年为中警,1992—1997 年为轻警,1998—2022 年处于无警状态;社会保障公平度在 1985 年为重警,1986—1992 年为中警,1993—2002 年为轻警,2003—2022 年处于无警状态;转移支付公平度预警状态波动幅度较大,1985 年为巨警,1986—1987 年为重警,1988—1989 年为中警,1990—1992 年、1997—2004 年为轻警,其他年份处于无警状态。东部地区的再分配公平度在 1985 年为重警,1986—1991 年为中警,1992—1999 年为轻警,2000—2022 年处于无警状态;中部地区的再分配公平度在 1985—1986 年为重警,1987—1990 年为中警,1991—2002 年为轻警,2003—2022 年处于无警状态;西部地区的再分配公平度在 1985—1986 年为重警,1987—1992 年为中警,1993—2000 年为轻警,2001—2022 年处于无警状态。预警结果显示,再分配公平综合指数在 1985—1986 年为重警,1987—1992 年为中警,1993—1999 年为轻警,2000—2022 年处于无警状态。东部地区的再分配公平综合指数在 1985—1989 年为重警,1990—1995 年为中警,

1996—2000 年为轻警,2001—2022 年处于无警状态;中部地区的再分配公平综合指数在 1985—1986 年为重警,1987—1992 年为中警,1993—2001 年为轻警,2002—2022 年处于无警状态;西部地区的再分配公平综合指数在 1985—1989 年为重警,1990—1992 年为中警,1993—1999 年为轻警,2000—2022 年处于无警状态。

从以上预警结果还可以看出,对于我国以及东部、中部与西部三大地区收入分配公平单指标预警和收入分配公平综合指数预警而言,除了个别年份之外,得出的预警结果几乎相同,说明两种预警方法对我国以及东部、中部与西部三大地区收入分配公平的预警都比较可靠。

第二节 政策建议

根据以上研究结论,本节从初次分配公平的制度机制设计、再分配公平的公共政策选择等方面,提出促进收入分配公平、提高收入分配公平满意度的政策建议,为政府部门制定科学合理的收入分配政策提供参考依据。

一、促进起点公平[①]

本研究结果表明,在起点公平的 5 个三级指标中,就业公平度最低,处于比较不公平状态,未来几年呈逐年下降态势;起点不平等(教育不平等、就业不平等、公共医疗卫生不平等)程度越高,则收入分配公平度越低,反之则相反;教育、就业、社会公共资源公平满意度越高,居民的收入分配公平满意度越高。因此,为了缩小城乡之间、地区之间在起点公平方面的差距,必须确保教育公平、就业公平、社会公共资源公平。

(一)促进就业机会公平

本研究结果表明,在起点公平度的所有二级指标中,就业公平度最低,而在就业公平度的所有三级指标中,求职人员职业培训机构数公平度较低;就业公平满意度越高,则居民的收入分配公平满意度越高。因此,要确保每个劳动者拥有平等的就业机会和就业权利,这是起点公平的必要条件。作为基本权利的劳动权和就业权,是社会成员生存发展的最基本条件,是社会成员融入社会的重要前提。就业作为民生之本,关系着每个人的生存和发展,是人们参与经济活动、实现自身

---

① SUN J S, WU P P,2019. A research on the evaluation system and determinants of starting point fairness[C]. Advances in Economics,Business and Management Research (Fourth International Conference on Economic and Business Management),106:162-173.

价值的最主要途径。就业公平是起点公平的重要基础,政府在促进就业公平中负有重要的责任。而我国在劳动就业领域,性别歧视、年龄歧视、户籍或身份歧视、地域歧视及同工不同酬的现象普遍存在,就业机会不公平与权利不公平限制了劳动者获取就业和收入的渠道,导致收入不平等的扩大。政府有义务平等地为每一个有工作愿望和能力的人创造工作机会,不因种族、肤色、性别、宗教和其他社会身份做出任何的区别对待,即应保证人人享有平等的择业权。一是政府要提供尽可能充分完备的就业信息,所有优质岗位向全体社会成员公平开放。完善城乡互通的政府公共就业服务信息网络,推进各地区公共就业服务机构之间的信息对接和信息共享。二是要进一步完善公开招聘制度。要确保就业公平,就必须将招聘放在一个更公开、公平、透明的环境下接受审视,即所有招聘单位招聘时要做到信息公开、过程公开、结果公开,充分保障城乡劳动者的平等地位与合法权益。改进招聘流程的监督机制,避免"背景"与"关系",避免"拼爹""岗位世袭""萝卜招聘",纠正各种歧视性招聘行为,确保就业市场竞争的公平性。三是废除各种不利于劳动力(特别是农村劳动力)流入和流出的政策规定,消除就业准入的各种歧视,让每个劳动者拥有平等的就业权利,以保护劳动者的生存权和发展权;要打破城乡分割、地区分割、行业分割、身份歧视、性别歧视和年龄歧视,尤其要破除国有垄断企业、行政权力部门的就业壁垒,为每个劳动者,特别是农村、边远、贫困、少数民族地区劳动者提供平等的就业机会与择业机会。四是制定和出台覆盖城乡的创业扶持政策。鼓励创业,包括鼓励农民工创业,历来都是政府缓解就业压力的一项重要举措,在制度设计、政策倾斜及资金扶持方面,政府都做了大量的工作。但从实际效果来看,城镇居民进行创业的比重要高于农村居民。究其原因,除了农民自身的创业理念、创业技能及创业主动性等方面要弱于城镇居民以外,还有就是政府扶持农民创业的力度相对低于城镇居民和大学生。因此,要实现城乡居民的平等就业和充分就业,政府要从各地的具体情况出发,按照属地原则,统筹制定城乡居民创业的相关政策和规定,进一步将政策倾斜、资金支持、教育培训等无差别地投放于城乡居民,还要尽可能地在教育培训、资金扶持等方面给予农民创业以必要的照顾。

(二)促进教育机会公平

本研究结果表明,教育不平等程度越低,则收入分配公平度越高;教育公平满意度越高,则居民的收入分配公平满意度越高。教育是一项最基本的权利,获得教育的权利是世界自由、正义与和平的基础。[①]

1.尊重和保护弱势群体的公平教育权利,为他们平等地接受教育创造条件。

---

① IRIS B,2013. Entitlement to education: fairness analysis[J]. Education and Society,31(3):41-61.

弱势群体受各种条件的限制,凭他们自身的条件和能力去争取更好的教育机会和更高的教育质量,困难很大。政府和社会应该伸出援助之手,通过必要的扶持与补偿,帮助他们获得高质量的教育,这是缩小社会各阶层日益扩大的差距、维护社会稳定的必要手段。政府和社会组织要关注贫困家庭子女的教育问题,让他们接受正常的教育。各级政府可以视具体经济承受能力,设置专项资金补助,扩大国家奖学金、助学金的惠及面。政府要尊重和保护进城务工人员子女的受教育权。对于农村留守儿童,国家和当地政府要从资金支持、人才配备、硬件设施等方面积极创造条件,改善农村教育环境,提高农村教育质量;对于随父母进城上学的农民工子女,流入地政府应该提供与当地儿童同等的教育机会。

2.按照均衡发展的原则配置教育资源。我国教育不公平现象广泛存在,城乡之间、地区之间在办学条件、师资力量、教育经费投入等方面存在较大差异。为了推动地区之间、城乡之间教育事业均衡发展,政府在配置教育资源时,有必要向农村地区、贫困地区倾斜,采用更多激励性政策引导优秀教师到师资力量较弱、教育质量较差的地区去。提升贫困地区、农村地区和少数民族地区教育质量,着力提升贫困地区和低收入群体的受教育水平,实现基础教育优质资源在城乡之间、地区之间的均等化,让更多的寒门学子也能够接受良好的教育,获得改变命运的机会。

3.政府要加大公共教育经费投入,促进教育公平。从我国目前的实际情况来看,教育服务主要由政府提供,社会力量办学为补充。因此,要实现教育公平,政府是最直接、最主要的责任者。政府要增加教育经费的投入总量,提高财政性教育经费支出占国民生产总值的比例,为每个劳动者,特别为农村居民、低收入者、弱势群体提供公平的教育机会。在入学机会方面,学校应坚持同一尺度,不能因人而异,不能有所歧视。建议将学前教育纳入义务教育体系,使得学前适龄儿童包括进城务工人员的子女都能得到较好的学前教育。建议在高中阶段也实行免费的义务教育,这有利于提高劳动者素质,减轻就业压力。

(三)促进社会公共资源分配公平

本研究结果表明,社会公共资源不平等程度越低,则收入分配公平度越高;社会公共资源公平满意度越高,则居民的收入分配公平满意度越高。而公共医疗卫生、公共基础设施和公共自然资源等社会公共资源是收入分配中最基本的公平对象,这些社会公共资源分配是否公平在很大程度上决定了初次分配是否公平。社会公共资源分配公平对维护国家社会经济稳定、保持最基本的社会正义和凝聚力、保护公民最基本的生存权和发展权发挥着重要作用。只有促进公共医疗卫生、公共基础设施和公共自然资源等社会公共资源的分配公平,才能使人们真正享受追求自我价值实现的自由,才能真正实现收入分配的起点公平,真正提升居民的初次分配公平满意度。但在公共医疗卫生、公共基础设施等方面,城乡差异较大。在医疗卫生条件与技术方面,农村大大落后于城市;在电网建设、煤气、天然气、交通等公共基础设施方面,城乡之间、发达地区与贫困地区之间的差距尤为明显。由于农村和贫困地区在经济发展过程中处于天然的劣势地位,要实现起点公平,政府需要加大公共医疗卫生支出,扩大基本医疗卫生服务的覆盖范围,弱化个人医疗与家庭经济状况之间的相关度,保障底层群体享受基本医疗卫生服务的权利。公共基础设施是经济发展的基础和保障,加快公共基础设施建设是推动农村、边远、贫困、少数民族地区经济发展的前提条件和摆脱贫困的起点。因此,政府应加快对贫困地区、地理环境条件恶劣地区的交通、农田水利、电力通信等公共基础设施的建设步伐,实现公共基础设施在城乡之间、地区之间均等化,这是促进初次分配公平和提高初次分配公平满意度的重要途径。[①]

二、促进过程公平

本研究结果表明,最近几年和未来几年,过程公平度均呈小幅回落态势;过程不平等或规则不平等程度越低,则收入分配公平度越高;过程公平或规则公平对初次分配公平满意度有显著的影响。而过程公平或规则公平的至高理念就是强调依法治国,不论贫富、不论出身、不论职位高低,所有社会成员在规则面前一律平等。

确保过程公平或规则公平,一是建立公开、公正、公认的规则。公开指规则是开放、透明、民主、人所共知的;公正指规则是科学、合法、合理的;公认指规则是共同商定或是得到全体参与者认同的。要确保规则公开透明,防止"暗箱操作",保障社会成员的知情权、参与权和监督权;任何社会组织和个人,都必须遵守规则、依法办事;保证规则执行力,做到执法必严;建立健全规则的惩戒机制,任何社会组织和成员只要违背规则,就必须承担责任,法律面前人人平等,违法必究。

二是进一步加大反腐败力度,建设廉洁政府。研究结果表明,居民对腐败现象可容忍程度越高、参政议政能力越强,其初次分配公平满意度越高。腐败行为导致大量的非正常、非法收入,进一步拉大了贫富差距,产生了严重的社会经济后果。这既不利于经济增长也不利于分配公平的实现。因此反腐倡廉必须常抓不懈,拒腐防变必须警钟长鸣,做到有腐必反,有贪必肃。同时,要减少行政审批权,在制度的设立上预防腐败。行政审批权越多,意味着寻租的机会就越多,因此要减少腐败就必须大力推行"简政放权"。对于市场主体应该建立负面清单制度,"法无禁止即可为";而对于政府应建立清单制度,"法无授权不可为",让权力在

---

① 孙敬水,蔡培培,2020.起点公平的统计测度与监测预警研究[J].浙江工商大学学报(1):89-102.

"阳光"下运行,提高公职人员廉洁程度,提高政府政务公开和公共信息透明度,消除权力对过程公平性的影响,将有助于促进初次分配公平和提高初次分配公平满意度。

三是规范市场准入条件,打破垄断,创造良好的市场竞争环境。垄断是收入分配制度改革的绊脚石,它从收入和消费两个渠道影响收入分配,通过行政垄断把本应分配给广大消费者的收入转移给了垄断企业。我国垄断行业主要集中在金融、烟草、石油、电信、航空、铁路、电力、燃气等行业,这些行业凭借其垄断地位获取高额垄断利润;在收入分配方面,则表现为比竞争性企业获得了更多的薪酬,造成了事实上的收入分配不公,导致机会不公、规则不公,严重冲击社会心理。为此,政府的政策导向应该是打破垄断、放松管制、取消优惠待遇,充分发挥市场在资源配置中的决定性作用,创造公平竞争的市场环境。按照对国有企业改革、改制的要求,对竞争性领域的垄断企业,要坚决按照市场化的要求开放,引进外资和民间资本参与竞争,使其原先的超额利润经过市场的洗礼转变为由市场决定的正常利润,抑制过高的收入水平。对于自然垄断行业,要建立公开、透明、监管有力的监督机制,加强对企业的产品产量和价格的管制,抑制垄断企业限产提价、获取暴利的行为。特别是那些涉及国家安全、国计民生、自然垄断和战略性资源的必须由国家垄断经营的行业,要进一步加强监控。在这方面可以参考发达国家经验,利用国有资产所有者身份参与企业产品的定价,将价格控制在行业平均收益的水平;也可以要求这些垄断行业因垄断行为产生的利润上缴国库,其上缴利润的多少由其占有的国有资本的多少决定,占有的国有资本越多,上缴的利润越多。另外,对于一些市场主体凭借非市场特权以大欺小、以强凌弱的行为,要依据反垄断法,及时给予必要的干预,防止其继续对市场的自由公平竞争造成更多的伤害,以维护其他市场主体的合法权益,促进过程公平。[①]

四是加强企业的工会建设,有效发挥工会的作用,提高劳动者的议价能力。学界普遍认为,国内企业工会组织在工资谈判、职工维权上发挥的作用有限,远不如国外企业工会组织。这是由于我国的企业工会并没有完全代表劳动者利益,没有摆脱对政府和企业管理层的依赖,对劳动者的代表性很弱。目前,国内有工会组织的企业一般是大中型企业或国有企业,而大部分非公企业、小型企业则较少建立工会组织。因此,政府应发挥积极作用,为劳资双方搭建谈判平台。要建立健全工会组织,特别要大力推进非公企业、小型企业建立健全工会组织,从制度上构建职工利益表达机制和劳资平等对话机制,切实维护职工权益,提高职工议价能力,缩小企业工资差距。同时积极推进工会组织转型,让工会摆脱对政府和企

① 孙敬水,丁宁,2019.企业异质性、出口对工资溢价的影响——基于中国工业企业微观数据的经验证据[J].经济理论与经济管理(5):33-47.

业管理层的依赖,保持工会组织的独立性,让工会能独立代表工人的利益,扩大工会组织的覆盖面,真正做到能够保障和维护劳动者的合法权益。要进一步完善工资集体协商制度,增强职工发言权,改变工资由企业单方决定的状况,扭转强资本弱劳动的分配关系。①

三、促进结果公平

本研究结果表明,最近几年,结果公平度下降幅度较大;结果不平等程度越低,则收入分配公平度越高;收入与付出相比满意度越高、绝对收入与相对收入水平越高,则居民的初次分配公平满意度越高。为此,政府要努力营造一个经济持续增长的大环境,保障居民的绝对收入与相对收入水平逐年提高,缩小收入分配差距,这是提高结果公平度和居民初次分配公平满意度的最直接最有效的手段。在初次分配领域中,结果公平不是无差别的平等,而是每个经济主体在参与经济活动、平等竞争之后,按其贡献获得其应得报酬,付出与所得相符、贡献与收益相称。起点公平、过程公平只是一种基本公平,而为了谋求社会和谐与稳定,必须促进结果公平。对先天禀赋不一样的个体,对那些在历史上形成并在现实中仍处于不利、弱势、困境的个人或群体,国家应采取一些特殊的政策措施,充分发挥社会政策托底的功能,使他们摆脱生活困境,共享经济发展成果,让他们能够体面地生存,从而提升居民的收入分配公平满意度。

第一,确立工资正常增长机制。工资是员工经济权益的核心。工资正常增长机制是指管理者或单位要按照社会经济的发展及员工的实际工作情况,定期提高员工工资待遇的机制。针对一线员工工资水平低、增长幅度慢、劳动条件相对较差及劳务派遣用工可能存在的"同工不同酬"等现象,应致力于推进工资收入分配制度改革,逐步提高劳动报酬在初次分配中的比重,引导和鼓励企业设立一线职工的工资正常增长机制,缩小工资收入差距。该机制主要包括以下几个方面:一是要改革低端劳动力市场的工资形成机制,促进低技能劳动者工资合理增长。企业绩效工资应根据劳动者个人、团队的绩效及企业的利润水平确定,使劳动者分享企业发展成果,确保工资增长与企业经济效益增长保持同步、工资增长与劳动生产率增长保持同步。二是劳动者的工资增长速度要快于物价上涨速度,确保劳动者实际工资收入不因物价上涨而降低,真正落实经济发展成果民众共享。确立工资正常增长机制,对于员工体面劳动,共享改革发展成果,实现分配公平具有重要意义。

第二,实行工资指导线制度。工资指导线是政府宏观调控国民收入分配的一

---

① 孙敬水,丁宁,2019.企业异质性、劳动力异质性与技能工资差距[J].商业经济与管理(8):41-57.

种基本方式。在市场经济条件下,企业员工的工资水平主要由企业自主决定,政府不能进行具体的干预。但是,政府可以通过工资指导线的方式,从宏观方面影响企业工资水平的确立。通过工资指导线的制定,可以为各企业确立本企业员工的工资标准提供一个参照系。从大的方面来看,该制度有利于国家把握各行业各地区的整体工资水平,有利于维护社会稳定、保障就业;从小的方面来看,该制度有利于保障各行业职工的实际薪酬待遇,提高职工生活水平。制定工资指导线制度还有一个作用即通过实行工资指导线制度,结合个人所得税的实施,限制过高收入,有利于缓解收入分配不平等。

第三,完善工资集体协商制度。工资集体协商制度是市场经济条件下通行的一种工资决定形式。完善工资集体协商制度,是提高我国劳动报酬比重的一项重要工作。工资集体协商制度是将工人、工会纳入工资确定的过程中,让工人与资方进行协商,双方合议决定工资,以维护双方利益,形成双赢。但事实上,由于我国劳动者群体自我保护意识和能力不强,且存在劳动者供大于求的情况,与出资方相比,劳动者明显处于劣势地位。与此同时,我国工会组织没有完全发挥出维护工人合法权益的作用。特别是在非公有制企业中,工人和工会在工资谈判过程中几乎没有发言权,工人的工资基本是由资方说了算。因此,为了保护职工的合法权益,政府部门要积极推进非公有制企业的工会组织建设,让工会真正成为工人利益的代表,而非可有可无的摆设。要做到这一点,一方面,非公有制企业的工会组织经费必须独立于企业。只有在经济上不受制于企业,工会才能有底气为工人说话,维护工人合法权益,才能独立地与资方进行平等的对话与谈判。另一方面,工会的干部不能由企业中层以上的管理人员兼任,确保工会能独立行使自己的职权,维护工人的合法权益,在与资方的谈判中真正发挥作用。为了增强工资集体协商制度的约束力,建议尽快出台集体谈判法,在法律中必须明确规定参与薪酬集体谈判的各方主体,如劳方、资方的代表及其权利和义务;明确资方要积极主动与劳方代表合作,参与集体谈判,不能无故不参与工会组织的薪酬谈判,也不能有意拖延谈判进程;明确集体谈判的相关事项,包括集体谈判的程序,资方与劳方的劳动报酬与企业利润的比例,劳方的薪酬待遇标准、奖励和增长等相关规定,资方在保证劳方正常工作、劳动保障与生活条件方面的责任与义务;明确规定集体谈判各方,尤其是资方的违约责任,以保障劳方能够得到其应得的薪酬待遇。以法律形式推进工资集体协商制度建设。

四、促进税负公平

本研究结果显示,税负公平度从 2007 年开始呈现小幅下降态势;税负不平等(个人税负不平等、企业税负不平等)程度越低,则再分配公平度越高;各种税费负担、个人税负、投资税负满意度越高,则居民的再分配公平满意度越高。目前,我国存在税负不公平,如税制结构不合理、税种单一等问题,没有发挥税收的调节作用。因此,为了提升税收调节居民收入不平等的效果,提高居民再分配公平满意度,政府应改革税收制度。

一是完善商品和劳务税。建议在增值税与营业税一体化的改革中降低生活必需品及基本生活服务的增值税税率,降低低收入群体的基本生活费用负担;对于普通大众及低收入者人群经常性消费商品应该采取较低的消费税税率,这一方面可以减轻低收入者的税费负担,另一方面便于引导消费。建议对奢侈品或高档服务采取较高的消费税税率,以便对高收入者税负进行有效的调节。

二是推进个人所得税改革,加大个人所得税调节收入分配的力度。所得税是在收入分配环节针对企业的利润或个人的所得进行课征的税种。由于其税负难以转嫁,能较好地针对纳税人的实际纳税能力确定税收负担,以此调节收入分配,因而有利于税负公平的实现。对于低收入者采取税收返还或税收优惠制度(如减少税率档级),对于高收入者提高税率档级以增强其累进性,更好地体现税收负担的纵向公平和横向公平原则。建议个人所得税的申报主体以家庭综合收入所得为纳税单位,根据纳税家庭赡养老人、抚养子女、就业、教育、住房等方面确定每个家庭的基本扣除数,拓宽个人所得税税基,公平税负,缩小家庭收入不平等。建立管理个人纳税信息的网络和数据库,对来源分散、不固定及隐蔽性收入进行有效监控,使个人所得税税基更为透明,充分发挥个人所得税调节收入分配的功能。

三是降低企业税费负担。目前我国企业税费负担不仅远高于发达经济体,而且也高于新兴与发展中经济体,企业宏观税负压力最集中地体现在收费(包括专项收入与政府性基金)和社保负担方面。[①] 因此,应进一步降低企业社保费率,规范政府性基金,取缔各级地方政府违规设立的收费项目,切实减轻企业税费负担。建议出台鼓励企业向社会慈善机构捐助的税收减免政策(不仅仅局限于目前的资金捐助的减免,而且要对货物与劳务捐助实施税收减免),以提高特殊困难居民的生活水平,促进社会公平与和谐。

四是完善财产税体系。我国目前开征了具有财产税性质的房产税、土地增值税、车船税和契税等税种,但由于税系设置不够合理,造成了某些领域的税种缺位,引起税种配合失调导致税收的调控功能得不到有效发挥。因此,完善财产税体系,首先要全面改革房产税。借鉴国外房地产保有环节征税的做法,将现行的耕地占用税、房产税和城镇土地使用税合并,转化为房产保有阶段逐年征收房产

---

① 吴珊,李青,2017.当前我国企业宏观税负水平与结构研究——企业宏观税负的国际比较及政策启示[J].价格理论与实践(1):31-35.

税,同时对房产转让、土地使用权转让行为统一征税。其次,适时开征遗产税与赠与税。按照财产规模大小,对于遗产税与赠与税采用超额累进税率征收。在具体开征遗产税时应注意对起征点的确定,并对慈善事业和公益捐赠予以一定的税收优惠。这是抑制财富代际转移的有效手段,有利于缩小社会成员之间的贫富差距。

五、促进社会保障公平

本研究结果表明,在再分配公平度的所有二级指标中,社会保障公平度最低,处于相对公平状态;社会保障不平等程度越低,则收入分配公平度越高;社会保险满意度越高,社会救助、社会优抚、社会福利满意度越高,帮扶弱势群体状况满意度越高,则居民的再分配公平满意度越高。社会保障是经济发展的"稳定器",有助于改善贫困群体的生活处境,缓和贫富差距带来的社会矛盾。社会保障作为再分配政策的重要组成部分,具有社会政策托底功能,社会保障体系是国家实现分配公平的良好政策工具。党的十九大明确提出"按照兜底线、织密网、建机制的要求,全面建成覆盖全民、城乡统筹、权责清晰、保障适度、可持续的多层次社会保障体系"①。

(一)底线保障实行完全平等的原则

一个正义的社会,首先要对那些最需要帮助的社会成员提供最大限度的帮助,解决好他们基本生活保障问题。最需要帮助的社会成员,即处于社会底层、幼弱者、遭遇风险者等,要切实保障弱势群体的基本权利。底线保障就是每个社会成员生存生活所必需的基本保障,离开了这种基本保障就无法保证社会成员的生存,无法保障社会成员的健康,无法保障社会成员谋生所必需的基本条件。当社会成员丧失这种最基本的保障,陷入基本生活困境和生存困难时,民生底线危机就会产生。底线保障不是针对某个个体或某个群体,而是针对一个社会整体而言的。

底线保障完全平等原则旨在维护每个人的基本尊严,为人们的生存提供底线保障。底线保障完全平等原则要求人人享有社会底线保障,所有的社会成员受到同等对待,所有的社会成员在底线保障方面同等地享有权利,不受任何形式的歧视。国家不应根据人们的籍贯、性别、年龄、民族、职业、阶层、身份等在底线保障制度上区别对待公民,而应当对所有的公民一视同仁。实现底线保障的完全平等,就是让每个人吃得饱、穿得暖,能够体面地生存下去,这是社会保障公平建设

---

① 习近平,2017.决胜全面建成小康社会 夺取新时代中国特色社会主义伟大胜利——在中国共产党第十九次全国代表大会上的报告[N].人民日报,2017-10-19.

的基础。底线保障是社会保障领域最重要、最根本、最起码的再分配公平要求,是社会保障公平的基础和前提。没有底线保障,就没有社会保障公平。要实现社会保障公平,必须坚持"底线优先"原则,优先建立健全和完善底线保障制度,要把底线保障制度建设作为整个社会保障体系建设的"基础工程"。从责任角度看,底线保障是一种公共产品,政府在底线保障上承担着首要责任,政府是维护底线保障的第一责任人。比如,对于少数无经济来源、无劳动能力、无法定抚养人和赡养人的特殊困难人员等,其基本生活和生存条件无法保障,必须由政府兜住底线。底线保障完全平等原则就是要保障弱者基础性的刚性需求,体现弱者优先原则,这是政府必须保障、必须承担的责任。社会保障发展史表明,现代社会保障制度不仅仅是市场经济发展的"自然产物",更是政府主动作为的"自觉选择"。在现代工业社会,底线保障制度已成为社会保障制度体系的基石,政府的保障责任首先体现为底线保障责任,保障底线公平已成为政府不可推卸的法律责任、政治责任、经济责任和道义责任。底线保障水平要随着经济发展逐渐提高,让全体社会成员共享改革发展成果。在推进社会保障公平方面,政府既是底线保障制度的建立者,也是底线保障政策的制定者;既是底线保障资金的提供者,也是底线保障资源的分配者。当然,强调底线保障公平的"政府首责"并不等于"政府全责",也不是鼓吹"政府全能主义",市场组织、企业单位、非政府组织、社区组织、家庭和公民个人也应分担一定的责任。

(二)非底线保障实行贡献平等的原则

非底线保障即在底线保障之上,个人获得超越基本生存需要的保障,获得发展与享受生活的保障。这种非底线保障需要依靠个人能力、充分发挥个人的聪明才智来实现,为社会也为自己创造财富。非底线保障实行贡献平等(相对平等)原则,即多一份投入,就多一份保障,社会保障金缴纳得越多,享受的待遇就越高。例如社会养老保险,底线保障是实现人人享有基本养老保险,不管缴费多少,均有基础养老金。在此基础之上,如果要享受高质量的生活,则要多缴纳养老保险费,多缴费多受益,以满足不同社会成员不同的养老需求。非底线保障实行相对平等原则也说明社会保障公平是相对的公平,允许城乡之间、地区之间存在一定的差异。社会保障公平是一个历史范畴,受到经济、政治等因素的制约,在不同时期,社会保障体系应随着经济发展状况的变化而适时做出调整。

(三)开征社会保障税,为底线保障提供充足的财力支撑

目前我国职工的社会保障都与单位直接挂钩,其主要表现为在职职工的养老金和医疗费用的提取与其所在单位的工资收入直接挂钩,这种保障制度在很大程度上带有计划经济时代以单位为依托的社会保障特点,直接损害了社会保障的公平与公正。由于缺乏统一的法律规范,在征收和管理过程中存在诸多问题,如资金收缴困难、覆盖面窄、给付标准混乱等,因此,开征社会保障税非常必要。只有通过税收方式加强对社会保障基金的征收,才能保证资金来源,给人们提供切实的保障。而社会保障税的开征,是以税收法律为征收依据的,其本身带有强制征收的特点,由此保证了社会保障税的可靠性。对起征点以下的工薪收入、达不到收入水平的农民收入、残疾人收入等可以免税。开征社会保障税,有利于提高社会保障基金收入、支出与管理的透明度;社会保障税要求职工必须纳税"参保",这提高了社会保障覆盖面与公平性;有助于统一城乡社会保障给付标准。从西方发达国家的实践来看,社会保障税在很大程度上保证了西方国家社会保障支出的需要。通过开征社会保障税的方式募集资金用于全民的社会保障,消除了城乡之间、地区之间、体制内(党政机关、事业单位、国有企业)与体制外之间的不平等,让全体社会成员都能享受平等的社会保障权利和利益分享机会。

六、促进转移支付公平

本研究结果表明,转移支付公平度从 2013 年以后小幅下降,未来几年亦呈现小幅回落态势;转移支付不平等程度越低,则收入分配公平度越高;最低生活保障线下人均转移支付满意度越高、个人转移支付满意度越高、企业转移支付满意度越高,则居民的再分配公平满意度越高。转移支付对于缩小地区间经济发展差距,缩小居民收入不平等,促进地区间基本公共服务均等化,提升民生福祉,维护社会和谐与稳定起到了重要作用。然而,一些相关研究表明,我国转移支付制度在矫正地区之间的横向均衡方面成效较低,地区之间的基本公共服务不平等甚至超过了经济不平等,居民的福祉水平也未得到有效提升。[1][2][3] 为此,提出如下建议:一是提高一般性转移支付所占比例,取消税收返还制度。一般性转移支付在缩小地区间经济差距、提供均等化公共服务方面的效果最强,专项转移支付次之,税收返还最弱。而目前,我国专项转移支付所占比例过大,一般性转移支付所占比例过小,现行的税收返还制度使得转移支付已经失去均等化的效力,导致富裕省份愈来愈富、贫困省份愈来愈贫的马太效应。因此,对于富裕省份应当取消税收返还政策,其他省份降低税收返还比例,直至最终取消税收返还制度。不同级别的政府之间的一般转移支付应由上级政府向下级地方政府根据因素法及财力与事权客观差异来确定转移支付数额,改善下级地方政府财力不均的状况,以便下级地方政府的财力与事权相匹配,有效调节、激励和引导资源配置,实现基本公

① 安体富,任强,2010.政府间财政转移支付与基本公共服务均等化[J].经济研究参考(47):3-12.
② 付文林,沈坤荣,2012.均等化转移支付与地方财政支出结构[J].经济研究(5):45-57.
③ 何强,2015.转移支付、地方财政支出与居民幸福[J].经济学动态(2):56-65.

共服务均等化。要进一步加大政府对贫困地区、农村地区的基本公共服务转移支付力度,缩小因自然条件形成的地区之间、城乡之间的经济发展差距和群体收入不平等,促进地区之间、城乡之间均衡发展,促进再分配公平。二是压缩专项转移支付规模,降低专项转移支付所占比例,确保专项转移支付公开公正。专项转移支付要突出重点,仅对涉及国计民生的重要事项设立,取消资金配套要求,同时建立健全专项转移支付决策、审批、支付、绩效评价、监督和问责制度,提高专项转移支付的透明度,充分发挥专项转移支付在促进地区间均衡发展、促进基本公共服务均等化的积极作用。三是积极探索横向转移支付制度。引导和鼓励财力充裕的地方政府向同级的财力紧张的地方政府无偿转移财政资金,以缩小地区间的经济发展差距,促进欠发达地区基本公共服务均衡发展。

七、增加人力资本和物质资本积累,发挥政治资本和社会资本作用,提高居民收入水平和分配公平满意度[①]

一是增加人力资本积累。本研究结果表明,受教育年限、技能培训、健康状况对收入分配公平满意度有显著的正向影响。因此,要提高居民的分配公平满意度,必须强化教育机会均等,为每个劳动者提供公平的教育机会,加大对职业教育的支持力度,对劳动者进行多样化的职业技能培训,提高劳动者适应新技术新知识的能力。同时,政府要加大公共健康投资,特别是健身场所的公共设施建设,促进公共健康投资向贫困地区、农村地区倾斜,这不仅有助于改善居民的健康状况,还有助于提高居民收入水平,提高居民的分配公平满意度。

二是发挥政治资本的影响。本研究结果表明,职务等级、乡村干部对收入分配公平满意度有显著的正向影响。一般而言,具有一定职务等级与担任乡村干部的居民,其素质和能力较强,收入高于没有担任任何职务的普通居民有其合理的成分,同时要发挥领导干部引领和示范作用。但领导干部手中握着一定的权力,能够影响人们获取收入的机会。因此要建立领导干部收入分配的民主监督机制,将领导干部的收入"晒在阳光下",减小权力对收入分配公平的影响。

三是增加物质资本积累。本研究结果显示,住房拥有完全产权的居民对收入分配公平满意度显著高于住房无完全产权的居民。因此,对城镇居民的住房而言,建议对购入多套住房的纳税人提高税率等级,避免投机者过度炒房,恶意抬高房价;对低收入者首次购买普通住房给予减税或住房信贷优惠,减轻低收入者首次买房压力,以提高低收入居民的收入分配公平满意度。对于农村居民的住房而

---

① SUN J S, WANG X M, 2019. Capital heterogeneity and inequality of residents' income[C]. Advances in Social Science, Education and Humanities Research(4th International Conference on Social Sciences and Economic Development),314:663-675.

言,建议"解冻"农村居民的资产,放宽房屋的使用范围,促进房屋使用权流转,增加农村居民财产性收入,缓解城乡收入分配不平等,提高农村居民的收入分配公平满意度。

四是发挥社会资本的作用。本研究结果表明,组织成员对收入分配公平满意度有显著的正向影响,对同事与朋友的信任程度越高,居民的收入分配公平满意度越高。因此,政府要充分发挥行业协会或其他经济组织,特别是农村经济合作组织的积极作用,营造良好的资源和信息共享氛围,促进组织成员实现社会资本的增值和发展。在中国经济转型和改革深化阶段,利益诉求多元,社会矛盾频发,不平等程度有所加剧,信任的作用更加凸显。因此,政府应加快社会信用和信任体系建设,提升社会大众的互信水平,鼓励居民组建各类社会自组织,构建广泛、平等、顺畅的交流平台,拓展公共活动空间,努力营造和谐、友爱、人与人之间相互合作、相互信任、相互帮助的社会氛围,这将有助于提升居民的收入分配公平满意度。

八、促进社会流动,提高居民收入水平和分配公平满意度①

本研究结果表明,促进社会流动,特别是底层群体向上流动,从而让整个社会具有较强的流动性,不仅有助于社会经济的健康发展,而且能够显著提升居民的收入分配公平满意度。因此,实现户籍自由流动、城乡人力资源自由流动,促进职业与职务向上流动,对提高收入分配公平满意度具有十分重要的意义。

第一,改革户籍制度,实现户籍自由流动、城乡人力资源自由流动。本研究结果表明,户籍流动对收入分配公平满意度有显著的正向影响。户籍制度下机会不平等是造成城乡收入分配不公的重要原因。因此应改革城乡分割的二元户籍制度为一元户籍制度,消除不同地域之间、城乡之间的户籍歧视政策,取消户籍与教育、就业和社会福利等优惠政策之间的关联,消除户籍制度存在的机会不平等性质的"门槛",缩小不同户籍群体在收入、教育、就业、医疗和社会保障等方面的差异。消除针对农民工的准入障碍,打破劳动力市场的职业隔离,为农村人口进城务工、部门劳动力转移和落户生活创造公平环境和制度保障,实现户籍自由流动和城乡人力资源自由流动,实现不同地区之间、城乡之间基本公共服务均等化,进而不断缩小城乡收入不平等。这是提高居民收入分配公平满意度的重要途径。

第二,打破职业进入壁垒,规范职务晋升制度,促进职业与职务向上流动。本研究结果表明,居民的职业与职务等级越高,其收入分配公平满意度越高;职业与职务向上流动对收入分配公平满意度有显著的正向影响。因此,就职业流动而

① 孙敬水,支帅帅,2019.社会流动与居民收入不平等——基于户籍流动、教育流动、职业流动与职务流动的微观证据[J].现代财经(4):62-77.

言,要打破市场分割,消除行业垄断、地区分隔、职业进入壁垒等制度性因素,遏制权力寻租和社会关系滥用等不良现象,增强市场职业信息透明度,让人人享有公平的就业机会和职业流动机会,实现同工同权、同工同酬。就职务流动而言,要规范职务晋升制度,打破"论资排辈"的做法,以工作能力和业绩作为衡量职务等级和晋升的标准,对于能力和业绩特别突出的员工可以"不拘一格"进行晋升或提拔,让有能力的年轻人在职务上有向上流动的机会。这有利于优秀人才脱颖而出,更有利于激发年轻人工作的积极性和创造性,提高收入水平,缓解收入不平等,提高收入分配公平满意度。

第三,提高居民收入水平,实现收入向上流动。本研究结果表明,收入向上流动对收入分配公平满意度有显著的正向影响,农村居民、低收入者收入越高、城镇居民的相对收入水平越高,其收入分配公平满意度越高。为此,政府要努力营造一个经济持续增长的大环境,建立正常的工资增长机制,保障居民收入水平逐年提高,收入增长与经济增长同步,劳动报酬提高与劳动生产率提高同步,这将提高居民的收入水平与收入分配公平满意度。在制定收入分配政策时,对于农村居民、低收入者和弱势群体,建议免除各种税费,给予适当补贴,以提高其绝对收入水平从而提高收入分配公平满意度;对于高收入者、城镇居民,在评价收入分配公平满意度时,相对收入比绝对收入更重要。这一结果也提示政府在进行决策过程中,为了提高收入分配公平满意度、维护社会稳定,除了提高收入外,还要在起点公平、过程公平、税负公平、社会保障公平等公平正义方面做出更多努力,在改革中协调好各阶层的利益关系,最大限度地取得全社会的共识。

此外,促进教育公平,实现教育向上流动,这是缓解收入不平等,提高收入分配公平满意度的有效手段。

第三节　不足与展望

本研究存在的不足之处:本书在实证分析中使用的各种宏观数据与中观数据,由于使用的指标与变量较多,有的指标在统计年鉴中无数据可查,为了统一时间,本书使用了1985—2017年的统计数据,而对于少数指标个别年度数据的缺失,本书利用线性外推的方式拟合出缺失年份数据。如果使用的统计数据时间跨度更长、样本容量更多,则模型估计的结果更可靠,实证分析结果与研究结论也更有说服力。本书实证分析中使用的各种微观数据,主要来自2017年本课题组对全国28个省份的城镇居民和农村居民的问卷调查数据。本课题组共发放问卷6000份,实际回收问卷5056份,删除数据异常或信息不全的样本,最终得到有效样本 3109 份。其中:东部地区样本容量较多,西部地区样本容量相对较少;城镇样本容量较多,农村样本容量相对较少。样本容量在 28 个省份之间分布不均匀、在城镇与农村之间分布不均匀。如果有足够的财力、物力、人力和时间去扩大样本容量,且样本容量覆盖全国 31 个省份,各省份样本分布相对均匀,城镇与农村样本分布相对均匀,则样本更具有代表性,研究结论更加可信,政策建议也更具有针对性。

目前理论界关于收入分配公平评价体系与预警机制的研究缺少一个完整的理论框架。本书在吸收和借鉴国内外学者相关研究成果的基础上进行了有益的探索,但由于笔者研究能力有限,在收入分配公平的内涵、层次与基本原则,收入分配公平(及其满意度)的评价指标体系与测度方法,收入分配公平的预警指标、预警方法与预警机制等方面的探讨可能还存在一些问题与不足之处,有待在今后的研究中进一步补充、丰富与完善。

第一,收入分配公平的内涵、层次与基本原则有待进一步修正和完善。本书在吸收和借鉴国内外学者观点的基础上,界定了收入分配公平的内涵,从初次分配公平(起点公平、过程公平、结果公平)和再分配公平(税负公平、社会保障公平、转移支付公平)方面阐述了收入分配公平的层次,提出了收入分配公平的基本原则,应该说有一定的科学性与合理性,但是这一提法只是一家之言,有待理论界的批评与实践的检验。随着时空变化,收入分配公平的内涵、层次与基本原则也需要做出相应的修正与完善。

第二,收入分配公平的评价指标体系有待进一步探讨。本书从初次分配公平、再分配公平(及其满意度)两大方面构建了收入分配公平的评价指标体系。宏观评价指标涉及 75 个,微观评价指标涉及 24 个,有广泛的覆盖面和较强的代表性。但是由于收入分配公平的评价指标体系涉及起点公平、过程公平、结果公平、税负公平、社会保障公平、转移支付公平等多个方面,本书构建的评价指标体系涵盖面可能不够全面,考虑到具体指标数据的可获得性和可操作性,有些具有实际经济与社会含义的指标无法涵盖在指标体系中,对评价指标体系的补充与完善也是一项精益求精的工作,需要在以后的研究工作中进一步修改与丰富。

第三,收入分配公平的测度方法有待进一步探讨。收入分配公平的测度方法是目前理论研究的薄弱环节。本书在比较基尼系数、泰尔指数、变异系数等几种收入分配不平等的测度方法的优点与缺陷的基础上,基于基尼系数法和综合评价法提出了收入分配公平的测度方法,并对我国及东部、中部、西部三大地区收入分配公平状况进行统计测度与比较分析。除此之外,收入分配公平的测度方法还可以借鉴"参数方法"和"非参数方法"。但因为时间与精力有限,本研究未能利用多种测度方法对测算结果进行比较分析,所以致力于利用各种测度方法对收入分配公平多种测算结果进行比较分析,选择一个比较科学合理的测度方法,将是未来进一步研究的方向。

第四,收入分配公平的影响因素有待进一步探讨。探讨收入分配公平度的因素是研究收入分配公平预警机制的前提。本书基于宏观视角,构建多元计量经济模型,从起点不平等、过程不平等与结果不平等,税负不平等、社会保障不平等与转移支付不平等,经济增长、对外开放、政策偏向、城乡差异与地区差异等方面探讨了收入分配公平度的影响因素并进行计量检验。基于微观视角,构建多元有序选择模型,从起点公平、过程公平与结果公平,税负公平、社会保障公平与转移支付公平,人力资本、物质资本、政治资本与社会资本,户籍流动、收入流动、教育流动、职业流动与职务流动等方面实证研究了收入分配公平满意度的影响因素,对于揭示收入分配公平(及其满意度)的本质,寻找促进收入分配公平,提高分配公平满意度的途径具有重要的理论与现实意义。由于收入分配公平度与分配公平满意度的影响因素涉及面较广,目前学术界关于这方面的研究较少,本书的研究属于初步探索,肯定会有所遗漏,这也是今后需要进一步探讨和完善的地方。

第五,收入分配公平的预警机制有待进一步探讨。为掌握收入分配公平状况在未来的变动趋势,科学监测和防范收入分配不公平引起的社会经济风险,需要建立收入分配公平的预警机制,而以收入分配公平为研究对象的预警机制研究目前还处于空白状态。本书从明确警情、寻找警源、分析警兆、划分警限、预报警度几大环节,构建了收入分配公平预警机制;从收入分配公平单指标预警和收入分配公平综合指数预警两大方面,对全国及东部、中部与西部三大地区收入分配公平状况进行监测预警分析。由于计量经济预警模型(如 ARIMA 模型、ARCH 模型、VAR 模型等)、非计量经济预警模型(如概率模式识别模型、人工神经网络方法、KLR 信号分析法、灰色预测模型等)较多,划分警限也有多种方法(如系统化方法和 3σ 方法),而本书主要采用 ARIMA 模型对收入分配公平进行预测,缺少运用多种计量经济模型和非计量经济模型对收入分配公平单指标和收入分配公平综合指数进行预测;本书主要利用 3σ 方法划分收入分配公平预警警限,缺少运用多种方法对警限进行划分;另外,在警源警兆指标选取、合成综合预警指数上也可以运用多种警限划分方法进行比较分析,以便选用更好的结果。所以在对收入分配公平预警模型和预警方法的选择上,可以尝试采用多种预警模型和预警方法对研究预警对象进行分析比较,这是今后有待进一步完善的地方。目前,以收入分配公平为研究对象的预测机制、预警机制和调控机制还没有真正建立起来,这也是未来需要进一步研究的方向。

参考文献

中文文献

阿马蒂亚·森,2012.正义的理念[M].王磊,李航,译.北京:中国人民大学出版社.

安体富,任强,2010.政府间财政转移支付与基本公共服务均等化[J].经济研究参考(47):3-12.

白伊宏,1984.国民收入分配的渠道和层次[J].财政研究(3):45-54.

白仲林,尹彦辉,缪言,2019.财政政策的收入分配效应:发展不平衡视角[J].经济学动态(2):91-101.

边燕杰,吴晓刚,李路路,2008.社会分层与流动:国外学者对中国研究的新进展[M].北京:中国人民人学出版社.

蔡昉,2009.为什么劳动力流动没有缩小城乡收入差距[J].理论前沿(8):4-10.

陈安平,杜金沛,2010.中国的财政支出与城乡收入差距[J].统计研究,27(11):34-39.

陈秋玲,2013.城市经济预警(第二版)[M].北京:经济管理出版社.

陈晓东,张卫东,2017.机会不平等如何作用于社会公平感——基于CGSS数据的实证分析[J].华中科技大学学报:社会科学版,31(2):34-44.

陈宗胜,李清彬,2011.再分配倾向决定框架模型及经验验证[J].经济社会体制比较(4):35-46.

陈宗胜,1991.经济发展中的收入分配[M].上海:上海三联书店.

程莹,吴建,2012.现阶段我国个人所得税三大功能定位研究[J].财经论丛(5):34-40.

褚敏,靳涛,2013.政府悖论、国有企业垄断与收入差距——基于中国转型特征的一个实证检验[J].中国工业经济(2):18-30.

储德银,迟淑娴,2017.中国税制结构变迁有利于降低收入不平等吗?[J].经济与管理研究,38(10):114-124.

戴维·米勒,2001.社会正义原则[M].应奇,译.南京:江苏人民出版社.

邓小平,1993.邓小平文选(第3卷)[M].北京:人民出版社.

丁海燕,朱东明,2017.公共转移对中国城镇收入不平等的影响[J].财经问题研究(5):123-129.

丁煜,朱火云,2013.我国社会保障水平对城乡收入差距的影响[J].人口与发展,19(5):23-29.

杜帮云,2013.分配公平论[M].北京:人民出版社.

方学梅,2017.不平等归因、社会比较对社会公平感的影响[J].华东理工大学学报:社会科学版(2):72-90.

傅娟,2008.中国垄断行业的高收入及其原因[J].世界经济(7):67-77.

付文林,沈坤荣,2012.均等化转移支付与地方财政支出结构[J].经济研究(5):45-57.

龚锋,李智,雷欣,2017.努力对机会不平等的影响:测度与比较[J].经济研究(3):76-90.

龚志民,熊唯伊,2016.收入不平等测度方法选择研究与基于中国数据的检验[J].湘潭大学学报:哲学社会科学版,40(4):64-76.

顾海兵,1997.宏观经济预警研究:理论·方法·历史[J].经济理论与经济管理(4):1-7.

顾海兵,王亚红,2009.中国城乡居民收入差距的警度警情分析[J].学习与探索(1):129-132.

顾海兵,1994.经济预警新论[J].数量经济技术经济研究(1):30-37.

过勇,宋伟,2016.腐败测量:基于腐败、反腐败与风险的视角[J].公共行政评论(3):73-88.

郭庆旺,陈志刚,温新新,等,2016.中国政府转移性支出的收入再分配效应[J].世界经济(8):50-68.

郭熙保,2002.从发展经济学观点看待库兹涅茨假说——兼论中国收入不平等扩大的原因[J].管理世界(3):66-73.

杭斌,赵俊康,1997.VAR系统——一种宏观经济预警的新方法[J].统计研究(4):49-52.

何强,2015.转移支付、地方财政支出与居民幸福[J].经济学动态(2):56-65.

何辉,李玲,张清,2014.个人所得税的收入再分配效应研究——基于1995-2011年中国城镇居民调查数据[J].财经论丛(2):36-43.

郝海,踪家峰,2007.系统分析与评价方法[M].北京:经济科学出版社.

怀默霆,2009.中国民众如何看待当前的社会不平等[J].社会学研究(1):96-119.

洪兴建,2010.居民收入分配失衡的测度方法研究[M].北京:经济科学出版社.

侯新烁,杨汝岱,2017.政策偏向、人口流动与省域城乡收入差距——基于空间异质互动效应的研究[J].南开经济研究(6):59-74.

黄玖立,吴敏,2017.腐败影响劳动收入份额吗——来自中国企业的微观证据[J]. 经济学报,4(4):113-137.

黄文正,何亦名,李宏,2014.社会保障城乡收入差距调节效应的实证研究[J].经 济体制改革(6):19-22.

胡宝娣,刘伟,刘新,2011.社会保障支出对城乡居民收入差距影响的实证分 析——来自中国的经验证据[J].江西财经大学学报(2):49-54.

胡晶晶,2013.二元经济结构与城乡居民收入差距的相关性研究——基于中国统 计数据的实证分析[J].山东社会科学(3):35-41.

钱爱民,郁智,步丹璐,2014.结果公平还是过程公平?——基于薪酬激励对员工 离职的实证分析[J].经济与管理研究(9):101-109.

景天魁,2013.底线公平概念和指标体系——关于社会保障基础理论的探讨[J]. 哈尔滨工业大学学报:社会科学版,15(1):21-34.

雷欣,贾亚丽,龚锋,2018.机会不平等的衡量:参数测度法的应用与改进[J].统计 研究,35(4):73-85.

雷家啸,2001.国家经济安全理论与方法[M].北京:经济科学出版社.

梁纪尧,2006.我国收入分配差异预警分析[J].财经科学(6):66-75.

梁纪尧,宋青梅,2008.我国城乡居民收入差距双重评价研究[J].山东财政学院学 报(3):53-58.

李骏,吴晓刚,2012.收入不平等与公平分配:对转型时期中国城镇居民公平观的 一项实证分析[J].中国社会科学(3):114-128.

李磊,刘斌,胡博,等,2011.贸易开放对城镇居民收入及分配的影响[J].经济学 (季刊)(1):309-326.

李实,2015.中国收入分配格局的变化与改革[J].北京工商大学学报:社会科学 版,30(4):1-6.

李实,吴珊珊,孟凡强,2019.五险一金扩大了城镇职工收入不平等吗[J].社会科 学辑刊(2):78-87.

李实,李婷,2010.库兹涅茨假说可以解释中国的收入分配差距吗?[J].经济理论 与经济管理(3):5-10.

李宝瑜,刘雪晨,2016.中国收入分配的公平与效率关系测度及评价[J].统计与信 息论坛,31(5):8-13.

李春玲,2005.各阶层的社会不公平感比较分析[J].中国党政干部论坛(9): 13-15.

李春玲,2006.流动人口地位获得的非制度途径——流动劳动力与非流动劳动力之比较[J].社会学研究(5):85-106.

李秋峰,党耀国,2012.区域 3E 系统协调发展预警体系及其应用[J].现代经济探讨(9):70-74.

李孟刚,2016.产业安全预警研究[M].北京:北京交通大学出版社.

李文明,2014.大国粮食安全的底线思维:预警机制与实现路径[M].北京:中国农业出版社.

李雪松,2008.高级计量经济学[M].北京:中国科学出版社.

李颖晖,2015.教育程度与分配公平感:结构地位与相对剥夺视角下的双重考察[J].社会(1):143-160.

栗治强,王毅杰,2014.转型期中国民众公平感的影响因素分析[J].学术论坛(8):99-105.

刘晨,刘晓璐,2010.中国政府间转移支付制度对改善收入分配效果探析[J].当代经济科学(4):105-108.

刘浩,李香菊,2014.垄断、所有制结构与我国行业收入差距[J].当代财经(11):5-13.

刘怡,聂海峰,2004.间接税负担对收入分配的影响分析[J].经济研究(5):22-30.

刘怡,聂海峰,2009.增值税与营业税对收入分配的不同影响研究[J].财贸经济(6):63-68.

刘鹏,2017.税收公平与个人劳动所得税前扣除设计[J].地方财政研究(1):50-56.

刘瑶,2012.我国居民工资的所有制差异研究[J].数量经济技术经济研究(11):85-101.

刘柏惠,寇恩惠,2014.政府各项转移收支对城镇居民收入再分配的影响[J].财贸经济(9):36-50.

刘长庚,韩雷,2012.市场经济的性质[J].湘潭大学学报:哲学社会科学版(6):68-72.

刘承礼,2008.近三十年来西方文献关于公平与效率研究的基本观点述要[J].政治经济学评论(1):101-118.

刘晓光,张勋,方文全,2015.基础设施的城乡收入分配效应:基于劳动力转移的视角[J].世界经济,38(3):145-170.

陆铭,陈钊,2004.城市化、城市倾向的经济政策与城乡收入差距[J].经济研究(6):50-58.

陆铭,田士超,2007.收入差距的负面影响及预警体系构建[J].学习与探索(2):9-13.

陆学艺,2004.当代中国社会流动[M].北京:社会科学文献出版社.

陆益龙,2008.户口还起作用吗——户籍制度与社会分层和流动[J].中国社会科学(1):149-162.

罗楚亮,李实,2007.人力资本、行业特征与收入差距——基于第一次全国经济普查资料的经验研究[J].管理世界(10):19-30.

罗能生,彭郁,2016.交通基础设施建设有助于改善城乡收入公平吗?——基于省级空间面板数据的实证检验[J].产业经济研究(4):100-110.

吕青,2011.反腐败形势评估的指标体系研究[J].理论探讨(11):146-148.

吕炜,杨沫,王岩,2015.城乡收入差距、城乡教育不平等与政府教育投入[J].经济社会体制比较(3):20-33.

吕承超,2017.中国社会保障支出缩小了城乡收入差距吗——基于规模与结构的动态面板模型分析[J].农业技术经济(5):98-110.

吕晓兰,姚先国,2012.职业流动与行业收入决定分析[J].经济学动态(6):85-91.

马克思,恩格斯,2009.马克思恩格斯文集(第8卷)[M].中央编译局,译.北京:人民出版社.

马克思,恩格斯,1977.马克思恩格斯选集(第1卷)[M].中央编译局,译.北京:人民出版社.

马克思,恩格斯,1972.马克思恩格斯选集(第3卷)[M].中央编译局,译.北京:人民出版社.

马秀贞,2008.论初次分配公平的评价标准与实现机制[J].理论前沿(22):32-33.

马占利,邹薇,2018.中国机会不平等的测算与分解——基于"反事实"收入分布方法[J].经济问题探索(11):1-9.

马超,顾海,宋泽,2017.补偿原则下的城乡医疗服务利用机会不平等[J].经济学(季刊),16(4):1261-1288.

马拴友,于红霞,2003.转移支付地区经济收敛[J].经济研究(3):26-66.

迈克尔·沃尔泽,2002.正义诸领域:为多元主义与平等一辩[M].褚松燕,译.南京:译林出版社.

迈克尔·桑德尔,2011.公正:该如何做是好?[M].朱慧玲,译.北京:中信出版社.

梅冬州,王思卿,雷文妮,2019.资本账户开放会扩大收入不平等吗——基于跨国面板数据的研究[J].国际金融研究(4):45-54.

穆怀中,陈曦,李栗,2014.收入非均等贫困指数及其社会秩序风险测度研究[J].中国人口科学(4):14-26.

聂海峰,2016.行业垄断对收入不平等影响程度的估计[J].中国工业经济(2):

5-20.

倪青山,罗楚亮,谢维怡,2015.公正观念与分配公正[J].湖南大学学报:社会科学版(1):47-55.

欧阳煌,2014.居民收入与国民经济协调增长预警机制研究——基于国家治理视角[J].财政研究(12):48-52.

潘石,1986.社会主义国民收入分配层次的划分[J].经济纵横(9):26-29.

庞智强,2005.试论城乡发展差距的统计监测[J].兰州商学院学报(6):89-91.

彭定赟,王磊,2013.财政调节、福利均等化与地区收入差距——基于素尔指数的实证分析[J].经济学家(5):21-28.

彭国华,2009.全要素生产率与中国地区收入差距[M].北京:经济科学出版社.

彭瑞娟,徐建斌,2015.我国居民的再分配偏好:现状、差异与政策启示[J].税收经济研究(3):90-95.

齐亚强,梁童心,2016.地区差异还是行业差异——双重劳动力市场分割与收入不平等[J].社会学研究(1):169-190.

金成武,2009.城镇劳动力市场上不同户籍就业人口的收入差异[J].中国人口科学(4):32-41.

金双华,2013.财政转移支付制度对收入分配公平作用的研究[J].经济社会体制比较(5):44-53.

权衡,2017.收入分配经济学[M].上海:上海人民出版社.

权衡,2006.收入分配与社会和谐[M].上海:上海社会科学院出版社.

任毅,任雪,2015.重庆市行业收入差距预警分析[J].现代经济信息(21):470-474.

石大千,张哲诚,2018.教育不平等与收入差距关系再检验——基于教育不平等分解的视角[J].教育与经济,34(5):48-56.

石峻骅,2017.宏观经济增长、波动与预警的统计方法及其实现[M].北京:经济科学出版社.

史振华,李树,2014.户籍、社会资本与收入满意度研究[J].制度经济学研究(2):149-168.

舒小庆,2008.政府公信力:价值、指标体系及其实现途径:兼论我国诚信政府建设[J].南昌大学学报:人文社会科学版,39(6):25-35.

宋林飞,1999.社会风险指标与社会波动机制[J].社会学研究(1):69-76.

苏为华,2005.综合评价学[M].北京:中国市场出版社.

孙明,2009.市场转型与民众的分配公平观[J].社会学研究(3):78-88.

孙德超,2013.地区医疗卫生服务均等化评价指标体系的构建[J].中国行政管理

(9):47-50.

孙计领,2016.收入不平等、分配公平感与幸福[J].经济学家(1):42-49.

陶然,刘明兴,2007.中国城乡收入差距地方政府开支及财政自主[J].世界经济文汇(2):1-27.

田双全,黄应绘,2013.中国收入分配公平度的统计研究[J].华中师范大学学报:人文社会科学版(6):34-41.

田应奎,2010.国民收入分配制度的创新建议[J].中共云南省委党校学报(5):100-106.

田志伟,2018.企业所得税税负归宿与收入分配[J].财经论丛(7):27-36.

唐莉,2007.中国贫富分化的价值阐释[M].北京:中国社会科学出版社.

唐升,周新苗,2018.中国系统性金融风险与安全预警实证研究[J].宏观经济研究(3):48-61.

万莹,2012.我国流转税收入分配效应的实证分析[J].当代财经(7):21-30.

万广华,陆铭,陈钊,2005.全球化与地区间收入差距:来自中国的证据[J].中国社会科学(3):17-26.

王乔,汪柱旺,2008.我国现行税制结构影响居民收入分配差距的实证分析[J].当代财经(2):37 38.

王睿,黄森,2010.农村资金投入与农村区域间居民收入差异[J].数量经济技术经济研究(1):44-53.

王巍,窦以鑫,符建华,2017.收入分配理论与实证[M].北京:科学出版社.

王德文,蔡昉,2005.收入转移对中国城市贫困与收入分配的影响[J].开放导报(6):5-14.

王甫勤,2010.社会流动与分配公平感研究[D].上海:复旦大学社会发展与公共政策学院.

王家新,许成安,2006.公平的实质及"效率—公平双赢"目标的实现[J].财政研究(8):20-23.

王培暄,刘芳,2017.江苏省居民收入差距的预警系统及控制机制[J].苏州大学学报:哲学社会科学版(2):112-119.

王善迈,2008.教育公平的分析框架和评价指标[J].北京师范大学学报:社会科学版(3):93-97.

王思强,2010.能源预测预警理论与方法[M].北京:清华大学出版社.

王筱欣,江华,2012.基于劳勒-卢卡斯原理的城乡社会保障公平实证研究[J].重庆理工大学学报:社会科学,26(1):47-52.

王志刚,2008.中国税制的累进性分析[J].税务研究(9):16-20.

汪荣有,2017.初次分配公正论[M].北京:人民出版社.

汪寿阳,张珣,尚维,等,2015.宏观经济预警方法与预警系统[M].北京:科学出版社.

魏万青,2015.中等职业教育对农民工收入的影响——基于珠三角和长三角农民工的调查[J].中国农村观察(2):33-43,996.

文雯,2017.收入分配认知与收入分配的二维评价[J].经济学家(2):76-83.

吴珊,李青,2017.当前我国企业宏观税负水平与结构研究——企业宏观税负的国际比较及政策启示[J].价格理论与实践(1):31-35.

吴练达,2012.从三次分配看中国分配问题的严重性[J].河北经贸大学学报(2):33-39.

吴怡频,陆简,2015.收入不平等与公共政策干预:教育、医疗、城市化[J].公共管理与政策评论(4):64-77.

吴忠民,2004.社会公正论[M].济南:山东人民出版社.

吴忠民,2004.促进社会公平和正义[N].人民日报,2004-11-30.

夏龙,冯涛,2012.经济开放与收入差距——基于STR模型的分析[J].财贸研究(5):16-23.

向玉乔,2014.分配正义[M].北京:中国社会科学出版社.

向玉乔,2013.社会制度实现分配正义的基本原则及价值维度[J].中国社会科学(3):106-124.

徐建斌,刘华,2014.税负公平、收入差距与再分配:一个微观层面的分析[J].经济管理(3):159-168.

徐晓红,2012.机会不平等与收入差距——对城市住户收入调查数据的实证研究[J].经济学家(1):15-20.

薛进军,高文书,2012.中国城镇非正规就业:规模、特征和收入差距[J].经济社会体制比较(6):59-69.

薛永鹏,张梅,2009.中国城市化与生态环境协调发展预警系统研究[J].统计教育(8):7-12.

约翰·罗尔斯,1988.正义论[M].何怀宏,等,译.北京:中国社会科学出版社.

约翰·罗尔斯,2002.作为公平的正义:正义新论[M].姚大志,译.上海:上海三联书店.

杨灿明,曹润林,2012.建立健全我国居民收入监测系统初探[J].地方财政研究(8):21-28.

杨东平,周金燕,2003.我国教育公平评价指标初探[J].教育研究(11):30-33.

杨天宇,2009.中国居民收入再分配过程中的"逆向转移"问题研究[J].统计研究

(4):19-24.

阎耀军,2004.社会稳定的计量及预警预控管理系统的构建[J].社会学研究(3):
　　1-10.

姚毓春,范欣,张舒婷,2014.资源富集地区:资源禀赋与区域经济增长[J].管理世
　　界(7):172-173.

叶光,2015.就业机会不平等、教育回报差异与城乡工资差距[J].经济经纬(4):
　　25-30.

原新,韩靓,2009.多重分割视角下外来人口就业与收入歧视分析[J].人口研究,
　　33(1):62-71.

袁青川,2017.中国工会对工资收入分配不平等影响的实证分析——基于基尼系
　　数的 RIF-OLS 估计的 Blinder-Oaxaca 分解[J].中国劳动关系学院学报(5):
　　106-116.

岳希明,李实,史泰丽,2010.垄断行业高收入问题探讨[J].中国社会科学(3):
　　77-93.

岳希明,徐静,2012.我国个人所得税的居民收入分配效应[J].经济学动态(6):
　　16-25.

余东华,陈晓丹,2013.行政性垄断对行业收入差距的影响研究[J].经济社会体制
　　比较(5):54-61.

余源培,1998.对公平和效率宜作多向度的审视[J].复旦学报:社会科学版(1):
　　51-57.

俞可平,2017.重新思考平等、公平和正义[J].学术月刊,49(4):5-14.

喻登科,陈华,郎益夫,2012.基尼系数和熵在公平指数测量中的比较[J].统计与
　　决策(3):95-96.

曾国安,胡晶晶,2013.国民收入分配中的公平与效率:政策演进与理论发展[M].
　　北京:人民出版社.

张彤,蔡银莺,2018.土地资源丰裕度对城乡居民收入差距的影响[J].资源开发与
　　市场,34(5):629-632.

张霞,陈晓亮,刘晓敏,2006.四川工业经济运行预警指标体系的构建[J].经济体
　　制改革(6):147-150.

张馨,杨志勇,郝联峰,等,2000.当代财政与财政学主流[M].大连:东北财经大学
　　出版社.

张璇,杨灿明,2015.行政腐败与城乡居民收入差距——来自中国 120 个地级市的
　　证据[J].财贸经济(1):77-89.

张璇,2015.行政腐败对居民收入的影响——基于中国居民微观调查的证据[J].

南方经济(1):18-36.

张安军,2015.中国金融安全监测预警研究[M].北京:中国社会科学出版社.

张车伟,薛欣欣,2008.国有部门与非国有部门工资差异及人力资本贡献[J].经济研究(4):15-25.

张冬平,郭震,2013.我国工资水平差距分析:歧视性工资现象[J].华南农业大学学报:社会科学版(4):95-104.

张菲菲,刘刚,沈镭,2007.中国区域经济与资源丰度相关性研究[J].中国人口·资源与环境,17(4):19-24.

张积良,海敬,2010.对我国国民收入三次分配问题的思考[J].甘肃社会科学(2):129-131.

张雷宝,2009.公共基础设施服务均等化的理论辨析与实证考察[J].财贸经济(2):35-39.

张慎霞,周国宝,张术环,2015.贯彻按劳分配的主体地位是实现初次分配公平的关键[J].中国劳动(24):4-8.

张学敏,张明,2016.教育能带来满意的收入吗——受教育程度影响收入满意度的实证研究[J].教育与经济(1):3-10.

张卫航,黄汝婷,2018.税收结构对城乡收入差距的影响[J].西安交通大学学报:社会科学版,38(2):86-92.

张维迎,柯荣柱,2002.信任及其解释:来自中国的跨省调查分析[J].经济研究(10):59-70.

张泽厚,1992.中国经济波动与监测预警[M].北京:中国统计出版社.

赵莹,2003.中国的对外开放和收入差距[J].世界经济文汇(4):55-70.

赵彦云,李静萍,2000.中国生活质量评价、分析和预测[J].管理世界(3):32-40.

周兴,张鹏,2013.代际间的收入流动及其对居民收入差距的影响[J].中国人口科学(5):50-59.

周长城,吴青鹏,2012.社会保障绩效评估指标体系思考[J].社会保障研究(6):68-74.

周世军,周勤,2011.政策偏向、收入偏移与中国城乡收入差距扩大[J].财贸经济(7):29-37.

周世军,周勤,2012.户籍制度、非农就业"双重门槛"与城乡户籍工资不平等——基于 CHNS 微观数据的实证研究[J].金融研究(9):101-114.

周春平,董梦寒,2019.交通基础设施建设缩小收入差距了吗?——基于省际面板数据的实证分析[J].天津商业大学学报,39(3):59-65.

朱德云,董迎迎,2017.财政社会保障支出对城乡居民收入差距的影响研究[J].宏观经济研究(1):74-81.

英文文献

ABDALLAH S, THOMPSON S, MARKS N, 2008. Estimating worldwide life satisfaction[J]. Ecological Economics, 65(1):35-47.

ALBERTO A, STEFANIE S, EDOARDO T, 2018. Intergenerational mobility and preferences for redistribution[J]. The American Economic Review, 108 (2):521-544.

ALESINA A, ANGELETOS G, 2005. Fairness and redistribution [J]. The American Economic Review, 95(4):960-980.

ALESINA A, DI TELLA R, MACCULLOCH R, 2004. Inequality and happiness:are Europeans and Americans different? [J]. Journal of Public Economics,88(9/10):2009-2042.

ALESINA A,STANTCHEVA S, TESO E,2017. Intergenerational mobility and support for redistribution[R]. NBER Working Papers,No. 23027.

ALMåS I, CAPPELEN A W, LIND J T, et al. 2011. Measuring unfair (in) equality[J]. Journal of Public Economics,95(7-8):488-499.

AMARANTE V,2014. Income inequality in Latin America:data challenges and availability[J]. Social Indicators Research,119(3):1467-1483.

APERGIS N, DINCER O C, PAYNE J E, 2010. The relationship between corruption and income inequality in U. S. States:evidence from a panel cointegration and error correction model[J]. Public Choice,45(1/2):125-135.

ARNESON R,1989. Equality and equal opportunity of welfare[J]. Philosophical Studies,56(1):77-93.

BALDI G,2013. Physical and human capital accumulation and the evolution of income and inequality [J]. Journal of Economic Development,38(3):57-83.

BARTOLINI S,SARRACINO F,2014. Happy for how long? how social capital and economic growth relate to happiness over time [J]. Ecological Economics, 108(12):242-256.

BECCHETTI L, PELLONI A, 2013. What are we learning from the life satisfaction literature [J]. International Review of Economics,60(2):113-155.

BECKER G S,CHISWICK B R,1966. Education and the distribution of earnings [J]. The American Economic Review,56(1/2):358-369.

BENABOU R,OK E A,2001. Social mobility and the demand for redistribution:

the POUM hypothesis [J]. Quarterly Journal of Economics, 116(2):447-487.

BISHOP J A, LIU H, QU Z, 2014. Individual perceptions of distributional fairness in China[J]. Comparative Economic Studies,56(1):25-41.

BJøRNSKOV C, DREHER A, FISCHER A V, et al. 2009. On the relation between income inequality and happiness:do fairness perceptions matter[J]. Social Science Electronic Publishing,16(495):42-51.

BLACKBURN K, FORGUES-PUCCIOA G F, 2007. Distribution and development in a model of misgovernance[J]. European Economic Review,51 (6):1534-1563.

BLAU F D,KAHN L M,2007. The gender pay gap:have women gone as far as they can? [J]. Academy of Management Perspectives,21(1):7-23.

BOTHA F,2014. Life satisfaction and education in South Africa: investigating the role of attainment and the likelihood of education as a positional good[J]. Social Indicators Research,118(2):555-578.

BOUND J,JOHNSON G,1992. Changes in the structure of wages in the 1980's: an evaluation of alternative explanations[J]. The American Economic Review, 82(3):371-392.

BOURGUIGNON F, FERREIRA F, MENENDEZ M, 2007. Inequality of opportunity in Brazil: a corrigendum[J]. Review of Income and Wealth, 59 (3):551-555.

CAI H,CHEN Y, ZHOU L,2010. Income and consumption inequality in urban China [J]. Economic Development and Cultural Change, 58(3): 385-413.

CALDERóN C,CHONG A,2004. Volume and quality of infrastructure and the distribution of income: an empirical investigation[J]. Review of Income and Wealth,50(1):87-106.

CAMINADA K, GOUDSWAARD K, WANG C, 2012. Disentangling income inequality and the redistributive effect of taxes and transfers in 20 LIS countries over time[R]. LIS Working Paper No. 581.

CARD D,1996. The effect of unions on the structure of wages: a longitudinal analysis[J]. Econometrica,64(4):957-979.

CHARLES B,DAVIS B C,2003. Explaining state-level variations in levels and change in the distribution of income in the United States, 1978-1990 [J]. American Politics Research,31(3):280-300.

CHECCHI D,PERAGINE V,2010. Inequality of opportunity in Italy[J]. Journal of Economic Inequality,8(4):429-450.

CHEN W C,2012. How education enhances happiness: comparison of mediating factors in four east asian countries[J]. Social Indicators Research,106(1):117-131.

CHEN Z H, GE Y, LAI H W. et al. 2013. Globalization and gender wage inequality in China[J]. World Development, 44(4):256-266.

CHOI J W, 2013. Public perceptions of income inequality and popular distributive justice sentiments in Korea[J]. International Journal of Applied Sociology,3(3):42-58.

CHOI J,2008. Event justice perceptions and employees' reactions: perceptions of social entity justice as a moderator[J]. Journal of Applied Psychology,93(3):513-528.

CLARK A E,FRIJTERS P,SHIELDS M A,2008. Relative income, happiness, and utility: an explanation for the Easterlin paradox and other puzzles[J]. Journal of Economic Literature,46(1):95-144.

CLARK A E, OSWALD A J,1994. Unhappiness and unemployment[J]. The Economic Journal,104(424):648-659.

CLéMENT M,2016. Income mobility and income inequality in rural China[J]. Frontiers of Economics in China,11(4):608-634.

COMEO G, GRUNER H P, 2002. Individual preferences for political redistribution[J]. Journal of Public Economics,83(1):83-107.

CORAK M, 2013. Income inequality, equality of opportunity, and intergenerational mobility [J]. Journal of Economic Perspectives, 27(3):79-102.

CUMPERAYOT P, KOUWENBERG R, 2013. Early warning systems for currency crises: a multivariate extreme value approach [J]. Journal of International Money and Finance(36):151-171.

DALLINGER U,2010. Public support for redistribution:what explains cross-national differences? [J].Journal of European Social Policy,20(4):333-349.

DAVIS G A, TILTON J E, 2005. The resource curse[J]. Natural Resources Forum,29(3):233-242.

DEATON A,2008. Income, health, and well-being around the world: evidence from the Gallup World Poll[J]. The Journal of Economic Perspectives,22(2):53-72.

DEUTSCH M,1985. Distributive justice:a social-psychological perspective[M]. New Haven and London:Yale University Press.

DIAMOND P A,1977. A framework for social security analysis[J]. Journal of Public Economics,8(3):275-298.

DOERRENBERG P,PEICHL A,2014. The impact of redistributive policies on inequality in OECD countries[J]. Applied Economics,46(17):2066-2086.

DONALDSON D, 2018. Railroads of the Raj: estimating the impact of transportation infrastructure[J]. The American Economic Review,108(4/5): 899-934.

DUMLUDAG D,2014. Satisfaction and comparison income in transition and developed economies[J]. International Review of Economics,61(2):127-152.

DURANTE R, PUTTERMAN L, WEELE J, 2013. Preferences for redistribution and perception of fairness:an experimental study[J]. Journal of the European Economic Association,12(4):1059-1086.

DWORKIN R, 1981a. What is equality. part 1: equality of welfare [J]. Philosophy and Public Affairs, 10(3):185-246.

DWORKIN R, 1981b. What is equality. part 2: equality of resources [J]. Philosophy and Public Affairs, 10(4):283-345.

EGGER H,ETZEL D,2012. The impact of trade on employment, welfare, and income distribution in unionized general oligopolistic equilibrium [J]. European Economic Review,56(6):1119-1135.

EISENKOPF G, FISCHBACHER U, FöLLMI-HEUSI F, 2013. Unequal opportunities and distributive justice[J]. Journal of Economic Behavior & Organization(93):51-61.

EMMANUEL S, MARO V, 2008. Conditional cash transfers, adult work incentives, and poverty[J]. Journal of Development Studies,44(7):935-960.

EREN O,2007. Measuring the union-nonunion wage gap using propensity score matching[J]. Industrial Relations: A Journal of Economy and Society, 46(4): 766-780.

GUILLERMO C, RICARDO P, MARTIN T, 2013. Biased perceptions of income distribution and preferences for redistribution: evidence from a survey experiment [J]. Journal of Public Economics(98):100-112.

FERREIRA F, GIGNOUX J, 2011. The measurement of inequality of opportunity:theory and an application to Latin America[J]. Review of Income and Wealth,57(4):622-657.

FERRER-I-CARBONELL A, VAN PRAAG B M S, 2003. Income satisfaction inequality and its causes[J]. Journal of Economic Inequality,1(2):107-127.

FISCHER J A,2009. The welfare effects of social mobility:an analysis for OECD countries[R]. MPRA Paper, No. 17070.

FLEISHER B M, CHEN J, 1997. The coast-noncoast income, productivity, and regional eeonomic policy in China[J]. Joumal of Comparative Eeonomics, 25 (2):220-236.

FONG C, 2001. Social preferences, self-interest, and the demand for redistribution[J]. Journal of Public Economics,82(2):225-246.

FREEMAN R B,1980. Unionism and the dispersion of wages[J]. Industrial and Labor Relations Review,34(1):3-23.

GAER D, SCHOKKAERT E, MARTINEZ M, 2001. Three meanings of intergenerational mobility[J]. Economica,68(272):519-537.

GALOR G, TSIDON J, 1996. Income distribution and growth:the Kuznets hypothesis revisited[J]. Economicsa,250(63):103-117.

GALOR O, MOAV O, 2004. From physical to human capital accumulation: inequality and the process of development[J]. Review of Economic Studies,71 (4):1001-1026.

GETACHEW Y Y, 2010. Public capital and distributional dynamics in a two-sector growth model[J]. Journal of Macroeconomics,32(2):606-616.

GIULIANO P, SPILIMBERGO A, 2014. Growing up in a recession[J]. Review of Economic Studies,81(2):787-817.

GLAESER E L, SAKS R E, 2006. Corruption in America[J]. Journal of Public Economics,90(6):1053-1072.

GLOMM G, KAGANOVICH M, 2007. Social security, public education and the growth-inequality relationship [J]. European Economic Review, 52 (6): 1009-1034.

GOLDIN C, 2014. A grand gender convergence: its last chapter [J]. The American Economic Review,104(4):1091-1119.

GOLDMAN A H, 1987. The justification of equal opportunity [J]. Social Philosophy and Policy,5(1):88-103.

GOLLEY J, KONG S T, 2016. Inequality of opportunity in China's educational outcomes[J]. China Economic Review(51):116-128.

GOTTSCHALK P, SMEEDING T M, 1997. Cross-national comparisons of earnings and income inequality[J]. Journal of Economic Literature, 35(2): 633-687.

GREGORIO J D,LEE J W,2002. Education and income inequality new evidence from cross country data[J]. Review of Income and Wealth,48(3):395-416.

GUGLIELMO D, GIUSEPPE D B, RAIMONDO M, 2015. Measuring income inequality: an application of the population dynamic Theil's enthopy[J]. Accounting & Taxation,7(1):103-114.

GUILLAUD E,2013. Preferences for redistribution: an empirical analysis over 33 countries[J]. The Journal of Economic Inequality,11(1):57-78.

GUILLERMO C, RICARDO P, MARTIN T, 2013. Biased perceptions of income distribution and preferences for redistribution: evidence from a survey experiment [J]. Journal of Public Economics(98):100-112.

GUPTA S,DAVOODI H, ALONSO-TERME R,2002. Does corruption affect income inequality and poverty[J]. Economics of Governance,3(1):23-45.

HE L,SATO H,2011. Income redistribution in urban china by social security system: an empirical analysis based on annual and life time income [J]. Contemporary Economics Policy,31(2):314-331.

HELLIWELL J F,2002. How's life? combining individual and national variables to explain subjective well-being[J]. Economic Modelling,20(2):331-360.

HERTEL T,FAN Z,2006. Labor market distortions,rural-urban inequality and the opening of China's economy[J]. Economic Modelling,23(1):76-109.

HICKS J R, 1939. The foundations of welfare economics [J]. The Economic Journal,49(196):696-712.

HIRSCH B T, 1982. The interindustry structure of unionism, earnings, and earnings dispersion[J]. Industrial and Labor Relations Review,36(1):22-39.

HOLCOMBE R G, 1983. Applied fairness theory: comment[J]. The American Economic Review,73(5):1153-1156.

HüLLE S, LIEBIG S, MAY M J,2018. Measuring attitudes toward distributive justice: the basic social justice orientations scale [J]. Social Indicators Research, 36(5):1-30.

HWANG S J,2016. Public pensions as the great equalizer? decomposition of old-age income inequality in South Korea, 1998-2010 [J]. Journal of Aging & Social Policy,28(2):81-97.

IRIS B, 2013. Entitlement to education: fairness analysis [J]. Education and Society, 31(3):41-61.

ISAKSSON A, LINDSKOG A, 2009. Preferences for redistribution——a country comparison of fairness judgements [J]. Journal of Economic Behavior & Organization, 72(3):884-902.

JASSO G, WEGENER B, 1997. Methods for empirical justice analysis: part 1. framework, models, and quantities [J]. Social Justice Research, 10 (4): 393-430.

JASSO G, 1980. New theory of distributive justice [J]. American Sociological Review, 45(1):3-32.

JAEGER M M, 2013. The effect of macroeconomic and social conditions on the demand for redistribution [J]. Journal of European Social Policy, 23 (2): 149-163.

JAEGER M M, 2006. What makes people support public responsibility for welfare provision: self-interest or political ideology? a longitudinal approach [J]. Acta Sociohgica, 49(3):321-338.

JAEGER M M, 2006. Welfare regimes and attitudes towards redistribution: the regime hypothesis revisited [J]. European Sociological Review, 22 (2): 157-170.

JAUMOTTE F, LALL S, PAPAGEORGIOU C, 2013. Rising income inequality: technology, or trade and financial globalization[J]. IMF Economic Review, 61 (2):271- 309.

JESUIT D, MAHLER V, 2004. State redistribution in comparative perspective: a cross-national analysis of the developed countries[R]. LIS Working Paper Series, No. 392.

JOUMARD I, MAURO P, DEBBIE B, 2012. Tackling income inequality: the role of taxes and transfers[J]. OECD Journal: Economic Studies, 2(1):37-70.

JOYCE R, SIBIETA L, 2013. An assessment of labour's record on income inequality and poverty [J]. Oxford Review of Economic Policy, 29 (1): 178-202.

JUHN C, MURPHY, K M, PIERCE B, 1993. Wage inequality and the rise in return to skill[J]. The Journal of Political Economy, 101(3):410-442.

KALDOR N, 1939. Welfare propositions of economics and interpersonal comparisons of utility[J]. The Economic Journal, 49(195):549-552.

KAMINSKY G, LIZONDO S, REINHART C M, 1998. Leading indicators of currency crises[J]. IMF Economic Review,45(1):1-48.

KAPTEYN A, SMITH J P, VAN SOEST A, 2013. Are Americans really less happy with their incomes? [J]. Review of Income and Wealth,59(1):44-65.

KEAVENY T J, INDERRIEDEN E J, 2000. Gender differences in pay satisfaction and pay expectations[J]. Journal of Managerial Issues,12(3):363-379.

KEIGO K, MIHO S, 2017. Distributional preference in Japan[J]. The Japanese Economic Review,68(3):394-408.

KIM K, LAMBERT P J, 2009. Redistributive effect of U. S. taxes and public transfers,1994-2004[J]. Public Finance Review,37(1):3-26.

KNIGHT B, SABOT R H, 1983. Educational expansion and the Kuznets effect [J]. The American Economic Review,73(5):1132-1136.

KNIGHT J, YUEH L, 2008. The role of social capital in the labor market in China[J]. Economics of Transition,16(3):389-414.

KOYUNCUGIL A S, OZGULBAS N, 2012. Financial early warning system model and data mining application for risk detection[J]. Expert Systems with Applications,39(6):6238-6253.

KUMAR U, MISHRA P, 2008. Trade liberalization and wage inequality: evidence from India[J]. Review of Development Economics,12(2):291-311.

KUZNETS S,1955. Economic growth and income inequality[J]. The American Economic Review,45(1):1-28.

LAYARD R, 2006. Happiness and public policy:a challenge to the profession [J]. The Economic Journal,116(510):24-33.

LEE W C, CHEONG T S, WU Y,2017. The impacts of financial development, urbanization, and globalization on income inequality: a regression-based decomposition approach [J]. Asian Economic Papers, 18(2):126-141.

LEMIEUX T, GOSLING A,2001. Labour market reforms and changes in wage inequality in the United Kingdom and the United States[R]. NBER Working Papers.

LEWIS A,1954. Economic development with unlimited supplies of labour[J]. The Manchester School Economic and Social Studies, 22(2):139-191.

LI B, LI T, YU M, et al. 2017 Can equalization of public services narrow the regional disparities in China? a spatial econometrics approach [J]. China

Economic Review(44):67-78.

LI C, GIBSON J,2013. Rising regional inequality in China:fact or artifact? [J].
World Development,47(7):16-29.

LIANG Y,LU P,2014. Effect of occupational mobility and health status on life
satisfaction of Chinese residents of different occupations: logistic diagonal
mobility models analysis of cross-sectional data on eight Chinese provinces
[J]. International Journal for Equity in Health,13(1):105-131.

LIM C,PUTNAM R D,2010. Religion, social networks, and life satisfaction
[J]. American Sociological Review,75(6):914-933.

LIN N, 1999. Social networks and status attainment [J]. Annual Review of
Sociology,25(1):467-487.

LITWIN H, SHIOVITZ-EZRA S, 2011. Social network type and subjective
well-being in a national sample of older Americans[J]. Gerontologist,51(3):
379-388.

LIU Z,2003. The economic impact and determinants of investment in human
and political capital in China[J]. Economic Development and Cultural Change,
51(4):823-850.

MACHIN S,1997. The decline of labour market institutions and the rise in
wage inequality in Britain[J]. European Economic Review,41(3-5):647-657.

MATRAS J,1980. Comparative social mobility[J]. Annual Review of Sociofogy
(6):401-431.

MENG X,2004. Economic restructuring and income inequality in urban China
[J]. Review of Income and Wealth,50(3):357-379.

MENG X,1998. Male-female wage determination and gender wage discrimination
in China's rural industrial sector [J]. Labor Economics,5(1):67-89.

METCALF D,1982. Unions and the distribution of earnings[J]. British Journal
of Industrial Relations, 20(2):163-169.

MINCER J, 1974. Schooling experience and earnings[M]. Cambridge:National
Bureau of Economic Research.

MITCHENER K,SE Y,2010. Globalization,trade & wages:what does history
tells us about China? [R]. NBER Working Paper,No. 15679.

MOENE K, WALLERSTEIN M, 2003. Earnings inequality and welfare
spending: a disaggregated analysis[J]. World Politics, 55(4):485-516.

MOENE K, WALLERSTEIN M, 2001. Inequality, social insurance, and redistribution[J]. American Political Science Association,95(4):859-874.

NEE V, 1996. The emergence of a market society: changing mechanisms of stratification in China[J]. American Journal of Sociology,101(4): 908-949.

NG S H, ALLEN M W, 2005. Perception of economic distributive justice: exploring leading theories [J]. Social Behavior and Personality, 33 (5): 435-454.

NICKELL S, 1996. Competition and corporate performance [J]. Journal of Political Economy,104(4):724-746.

OTTO K,2014. Earnings dynamics of men and women in Finland: permanent inequality versus earnings instability [J]. Empirical Economics, 46 (2): 451-477.

PAGE L, GOLDSTEIN D G, 2016. Subjective beliefs about the income distribution and preferences for redistribution[J]. Social Choice and Welfare, 47(1):25-61.

PANASAS E E, 2013. Homeorhesis and indication of association between different types of capital on life satisfaction: the case of greeks under crisis [J]. Social Indicators Research,110(1):171-186.

PAPYRAKIS E, GERLAGH R, 2004. The resource curse hypothesis and its transmission channels[J]. Journal of Comparative Economics,32(1):181-193.

PARK K H, 1996. Education expansion and educational inequality on income distribution[J]. Economics of Education Review (15):51-58.

PEIRó A, 2006. Happiness, satisfaction and socio-economic conditions: some international evidence[J]. Journal of Socio-Economics,35(2):348-365.

PIKETTY T, 1995. Social mobility and redistributive politics [J]. Quarterly Journal of Economics,110(3):551-584.

PINQUART M, SORENSEN S,2000. Influences of socioeconomic status, social network, and competence on subjective well-being in later life: a meta-analysis[J]. Psychology & Aging,15(2):187-224.

POWDTHAVEE N, 2008. Putting a price tag on friends, relatives, and neighbours: using surveys of llife satisfaction to value social relationships[J]. Journal of Socio-economics, 37(4):1459-1480.

PROTO E,RUSTICHINI A,2015. Life satisfaction,income and personality[J]. Journal of Economic Psychology(48):17-32.

PUGEL T,1980. Profitability,concentration and the inter-industry variation in wage[J]. Review of Economics and Statistics(62): 248-253.

RAM R,2013. Social capital and income inequality in the United States[J]. Atlantic Economic Journal,41(1): 89-91.

RAVALLION M,CHEN S,2007. China's(uneven) progress against poverty[J]. Journal of Development Economics,82(1):1-42.

RAVALLION M,LOKSHIN M,2000. Who wants to redistribute? the tunnel effect in 1990s Russia[J]. Journal of Public Economics,76(1): 87-104.

RAWLS J, 1976. A theory of justice [M]. Cambridge: Harvard University Press.

RODRíGUEZ-POSE A, BERLEPSCH V V,2014. Social capital and individual happiness in Europe[J]. Journal of Happiness Studies,15(2):357-386.

ROEMER J E, 1998. Equality of opportunity [M]. Cambridge: Harvard University Press.

SAKAMOTO A, 1988. Labor market structure, human capital, and earnings inequality in metropolitan areas [J]. Social Forces, 67(1):86-107.

SALINAS-JIMéNEZ M D, ARTéS J, SALINAS-JIMéNEZ J,2011. Education as a positional good: a life satisfaction approach [J]. Social Indicators Research,103(3):409-426.

SARKAR S, SRIRAM R, 2001. Bayesian models for early warnings of bank failures[J]. Management Science,47(10): 1457-1475.

SCHYNS P,2001. Income and satisfaction in Russia[J]. Journal of Happiness Studies,2(2):173-204.

SCHYNS P,2002. Wealth of nations individual income and life satisfaction in 42 countries:a multilevel approach[J]. Social Indicators Research,60(1-3):5-40.

SEN A K,1977. On economic inequality [M]. Oxford: Clarendon Press.

SENEVIRATNE D, SUN Y, 2013. Infrastructure and income distribution in ASEAN-5: what are the links? [R]. IMF Working Papers.

SHI X,SICULAR T,ZHAO Y,2002. Analyzing urban-rural income inequality in China[J]. Equity and Social Justice,6(1):11-12.

SHORROCKS A F, 1980. The class of additively decomposable inequality measures[J]. Econometrica,48(3): 613-625.

SICULAR T, YUE X, GUSTAFSSON B, et al. 2007. The urban-rural income gap and inequality in China[J]. Review of Income and Wealth,53(1):93-126.

SILVER H C, CAUDILL S B, MIXON F G, 2017. Human capital and life satisfaction in economic transition [J]. Economics of Transition, 25 (2): 165-184.

SONG L, LIN N, 2009. Social capital and health inequality: evidence from Taiwan[J]. Journal of Health & Social Behavior,50(2):149-163.

STORESLETTEN K, ZILIBOTTI F, 2014. China's great convergence and beyond[J]. Annual Review of Economics(6):333-362.

SUIT D B,1997. Measurement of tax progressivity[J]. The American Economic Review,67(4):747-752.

SUMMERS R, KRAVIS I B, HESTON A,1984. Changes in the world income distribution[J]. Journal of Policy Modeling, 6(2):237-69.

SYLWESTER K A,2002. Model of public education and income inequality with a subsistence constraint[J]. Southern Economic Journal,69(5):144-158.

THEODOSSIOU I, 1998. The effects of low-pay and unemployment on psychological well-being: a logistic regression approach[J]. Journal of Health Economics,17(1):85-104.

TREMBLAY M, VANDENBERGHE C, DOUCET O, 2013. Relationships between leader-contingent and non-contingent reward and punishment behaviors and subordinates' perceptions of justice and satisfaction, and evaluation of the moderating influence of trust propensity, pay level, and role ambiguity[J]. Journal of Business and Psychology,28(2): 233-249.

TSAI P, HUANG C, YANG C, 2012. Impact of globalization on income distribution inequality in 60 countries: comments [J]. Global Economy Journal,12(3):1-16.

VANDYCK T,REGEMORTER D V,2014. Distributional and regional economic impact of energy taxes in Belgium[J]. Energy Policy(72):190-203.

VEMURI A W,COSTANZA R,2006. The role of human, social, built, and natural capital in explaining life satisfaction at the country level: toward a national well-being index [J]. Ecological Economics,58(1):119-133.

VERHOOGEN E A,2008. Trade, quality upgrading and wage inequality in the Mexican manufacturing sector[J]. The Quarterly Journal of Economics, 123 (2):489-530.

WAGSTAFF A, DOORSLAER E, BURG H, et al. 1999. Redistributive, progressivity and differential tax treatment: personal income taxes in twelves OECD countries[J]. Journal of Public Economics,72(1):73-78.

WAN G H, ZHOU Z Y, 2005. Income inequality in rural China: regression-based decomposition using household data [J]. Review of Development Economics, 9(1): 107-120.

WANG C, CAMINAD K, 2011. Disentangling income inequality and the redistributive effect of social transfers and taxes in 36 LIS countries [R]. LIS Working Paper Series, No. 567.

WANG L, XU S, ZHANG Y, et al. 2014. Is process as important as outcome? empirical evidence from the Chinese context [J]. Frontiers of Business Research in China, 8(4): 529-549.

WEGENER B, 2000. Political culture and post-comnunist transition: a social justice approach: introdution [J]. Social Justice Research, 13(2): 75-82.

WESSELS W J, 1994. Do unionized firms hire better workers? [J]. Economic Inquiry, 32(4): 616-629.

WHALLEY J, ZHANG S, 2004. Inequality change in China and (HUKOU) labour mobility restrictions [R]. NBER Working Papers, No. 10638.

WU H, DING S, WAN G, 2015. Income inequality and rural poverty in China: focusing on the role of government transfer payments [J]. China Agricultural Economic Review, 7(1): 65-85.

WU X, 2009. Income inequality and distributive justice: a comparative analysis of mainland China and Hong Kong [J]. The China Quarterly(200): 1033-1052.

WU Y, YAO H, 2012. Economic openness and income inequality: Chinese provincial evidence in the 1990s [J]. China Economic Policy Review, 1(2): 125-146.

YANG B, LI L X, JI H, XU J, 2001. An early warning system for loan risk assessment using artificial neural networks [J]. Knowledge-Based Systems, 14(5): 303-306.

YIP W, SUBRAMANIAN S V, MITCHELL A D, et al. 2007. Does social capital enhance health and well-being? evidence from rural China [J]. Social Science & Medicine, 64(1): 35-49.

YOON W J, PARK K S, 2014. A study on the market instability index and risk warning levels in early warning system for economic crisis [J]. Digital Signal Processing, 29(6): 35-44.

YUAN H, 2016. Structural social capital, household income and life satisfaction: the evidence from Beijing, Shanghai and Guangdong-province,

China[J]. Journal of Happiness Studies,17(2):569-586.

ZAKARIA M,FIDA B A,2016. Trade openness and income inequality in China and the SAARC region[J]. Asian-Pacific Economic Literature,30(2):33-44.

ZHANG Y,ERIKSSON T,2010. Inequality of opportunity and income inequality in nine Chinese provinces, 1989-2006 [J]. China Economic Review, 21 (4): 607-616.

作者文献[①]

孙敬水,蔡培培,2020.起点公平的统计测度与监测预警研究[J].浙江工商大学学报(1):89-102.(此文被中国人民大学复印报刊资料《国民经济管理》2020 年第 6 期全文转载)

孙敬水,2019. 中级计量经济学[M].北京:清华大学出版社.

孙敬水,蔡培培,2019.社会流动与居民收入分配公平满意度[J].北京工商大学学报(社会科学版),34(3):107-116.

孙敬水,丁宁,2019.企业异质性、出口对工资溢价的影响——基于中国工业企业微观数据的经验证据[J].经济理论与经济管理(5):33-47.(此文被中国人民大学复印报刊资料《国际贸易研究》2019 年第 8 期全文转载)

孙敬水,丁宁,2019.企业异质性、劳动力异质性与技能工资差距[J].商业经济与管理(8):41-57.

孙敬水,吴娉娉,2019.初次分配公平满意度研究——基于起点公平、过程公平、结果公平的微观证据[J].浙江大学学报(人文社会科学版)(4):88-104.

孙敬水,吴娉娉,2019.再分配公平满意度研究——基于税负公平、社会保障公平、转移支付公平的微观证据[J].财经论丛(7):102-112.

孙敬水,支帅帅,2019.社会流动与居民收入不平等——基于户籍流动、教育流动、职业流动与职务流动的微观证据[J].现代财经(4):62-77.

孙敬水,蔡培培,2018.资本异质性与收入分配公平满意度——基于人力资本、物质资本、政治资本与社会资本的微观证据[J].商业经济与管理(11):74-87.

孙敬水,程芳芳,2017.初次分配公平与再分配公平满意度研究——基于浙江省 11 个地区 958 份居民家庭问卷调查分析[J].江西财经大学学报(2):11-23.

孙敬水,赵倩倩,2017.中国收入分配公平测度研究——基于东中西部地区面板数据的比较分析[J].财经论丛(2):18-27.

---

① 注:文献排列顺序为先中文后英文、以时间先后倒排序,所列英文文献均公开出版并被 CPCI 检索。

孙敬水,程芳芳,2016.起点公平、过程公平、结果公平与分配公平满意度[J].经济理论与经济管理(10):25-41.

孙敬水,丁宁,2016.农村居民收入分配公平满意度构成要素分析[J].社会科学战线(11):66-74.

孙敬水,林晓炜,2016.城镇居民分配公平满意度影响因素实证研究[J].浙江社会科学(9):133-143.(此文被《新华文摘》2016年第22期、中国人民大学复印报刊资料《国民经济管理》2016年第12期全文转载)

孙敬水,林晓炜,2016.分配公平与经济效率问题研究进展[J].经济问题(1):30-37.(此文被中国人民大学复印报刊资料《国民经济管理》2016年第4期全文转载)

孙敬水,2014.居民收入差距适度性测度与预警研究[M].北京:中国社会科学出版社.(此专著荣获浙江省第十八届哲学社会科学优秀成果二等奖)

孙敬水,顾晶晶,2010.行业收入差距监测预警研究——以浙江省为例[J].财经论丛(5):6-11.(此文被《高等学校文科学术文摘》2010年第6期全文转载)

SUN J S, WU P P,2020. Research on statistical measurement, monitoring and alerting of initial distributive fairness[C]. Business & Management(2nd International Conference on Business, Economics, Management Science),1:49-65.

SUN J S,P CAI P P,2019. Research on the measurement and early warning of redistribuation equity[C]. Advances in Economics, Business and Management Research(International Conference on Economic Management and Cultural Industry),109:39-53.

SUN J S,HUANG L G,2019. Socioeconomic status and inequality of residents' income[C]. Earth and Environmental Science(5th International Conference on Advances in Energy Resources and Environment Engineering), 237:1-12.

SUN J S,WANG X M,2019. Capital heterogeneity and inequality of residents' income[C]. Advances in Social Science, Education and Humanities Research (4th International Conference on Social Sciences and Economic Development), 314:663-675.

SUN J S,WU P P,2019. A research on the evaluation system and determinants of starting point fairness[C]. Advances in Economics, Business and Management Research(Fourth International Conference on Economic and Business Management), 106:162-173.

附　录

收入分配公平满意度调查问卷

您好！我们是国家社会科学基金项目"收入分配公平的评价体系与预警机制研究"课题组，现正在对我国收入分配公平满意度问题进行问卷调查，希望您抽出宝贵时间参与我们的问卷调查。此次问卷不记名、不涉及隐私，不会对您造成任何不利影响，回答也不存在对错之分，仅供学术研究之用，请根据实际情况和自己的真实感受填写，您的回答对本课题研究具有重要意义。谢谢您的支持与合作！

国家社会科学基金项目"收入分配公平的评价体系与预警机制研究"课题组

2017 年 7 月

请您在划线"＿＿＿＿"处填写，或在方框"□"内打√（均为单项选择）。

1. 您户口所在省份＿＿＿＿，性别＿＿＿，民族＿＿＿，年龄＿＿＿，家庭人口＿＿人，家庭劳动力＿＿人，参加工作（或务农）年限＿＿＿年，您每月税后收入＿＿＿＿＿元，您家庭每月人均税后收入＿＿＿＿＿元，去年您家庭礼金与通信网络费用＿＿＿＿＿元，住房面积＿＿＿平方米，住房是否拥有完全产权：□是　□否

2. 如果您是农村居民（城镇居民不用填写），那么您的家庭拥有土地＿＿＿＿＿亩，家庭固定资产（如农用机械等）价值＿＿＿＿＿元；您是否担任乡村干部：□是　□否；是否为转业军人：□是　□否；是否有亲戚在城市定居：□是　□否

3. 您现在的受教育程度（1:小学及以下，2:初中，3:高中（中专），4:大专，5:本科，6:研究生）：□1　□2　□3　□4　□5　□6；您刚参加工作（或务农）时的受教育程度：□1　□2　□3　□4　□5　□6；您父亲的受教育程度：□1　□2　□3　□4　□5　□6

4. 您现在的户口属于：□城镇　□农村；您父亲的户口属于：□城镇　□农村

5. 您是否为党派成员：□是　□否；是否有宗教信仰：□是　□否；是否接受过技能（职业）培训：□是　□否；是否为行业协会（或其他社会组织）成员：□是　□否；您的健康状况：□很差　□较差　□一般　□较好　□很好；您工作单位的性质：□党政机关、事业单位或国有企业　□其他单位

6. 您现在的职业（1:农业劳动者，2:工人（体力），3:办事人员或服务人员（非体力），4:专业技术人员，5:单位负责人或管理者）：□1　□2　□3　□4　□5；您

刚参加工作(或务农)时的职业:□1　□2　□3　□4　□5;您父亲的职业:□1
□2　□3　□4　□5

7.您的职称:□无　□初级　□中级　□高级;您现在的职务等级(1:无职务,2:基层,3:中层,4:高层):□1　□2　□3　□4;您刚参加工作时的职务等级:
□1　□2　□3　□4

8.您在日常生活(如就业、医疗、教育)中是否受到过歧视:□是　□否;您是否受到过工作单位的不公正对待(如意见建议不受重视、个人权益受到过侵害等):□是　□否;您是否受到过政府的不公正对待(如房产纠纷、土地征用、拆迁、企业改制等):□是　□否

9.您对同事与朋友的信任程度(1表示完全不信任,5表示完全信任):□1
□2　□3　□4　□5;近半年您邀请客人或被客人邀请在外就餐状况(1表示从不,5表示经常):□1　□2　□3　□4　□5;您在住房、教育、医疗、养老等方面的压力(1表示无压力,5表示压力很大):□1　□2　□3　□4　□5

10.与同职业人员相比,您现在的社会经济地位(如财产、职务、声望)处于(1表示低层,5表示高层):□1　□2　□3　□4　□5;您刚参加工作(或务农)时的社会经济地位:□1　□2　□3　□4　□5;您父亲的社会经济地位:□1　□2
□3　□4　□5;预计未来五年您的社会经济地位:□1　□2　□3　□4　□5。您在工作单位是否有社会保险:□是　□否;是否有住房公积金:□是　□否

11.您认为,外在因素(如家境条件好、社会关系多、认识有权的人)对个人收入的重要性(1表示非常不重要,5表示非常重要):□1　□2　□3　□4　□5;内在因素(如勤奋学习、有进取心、努力工作)对个人收入的重要性:□1　□2
□3　□4　□5

12.根据您的实际感受,请在相应数字上打"√"(1表示非常不同意,5表示非常同意):

您对"政策倾斜、行业垄断、政治关联等对收入分配影响很大":

□1　□2　□3　□4　□5

您对"拉开收入差距,有利于调动人们努力工作的积极性":

□1　□2　□3　□4　□5

您对"政府应该向富人征收更多的税来帮助穷人":□1　□2　□3　□4　□5

您对"政府应该保障每个人的基本生活水平":□1　□2　□3　□4　□5

13.您对腐败现象可容忍程度(1表示完全不容忍,5表示完全容忍):□1
□2　□3　□4　□5;您对物价上涨的可承受程度(1表示完全不可承受,5表示完全可承受):□1　□2　□3　□4　□5;您对同工不同酬的认可程度(1表示完全不认可,5表示完全认可):□1　□2　□3　□4　□5;您觉得自己的参政议政

能力(1 表示完全无能力,5 表示完全有能力):☐1　☐2　☐3　☐4　☐5

14. 根据您的实际感受,请在相应的数字上打"√"(1 表示非常不满意,5 表示非常满意)

您对目前收入分配公平相关问题的满意度	非常不满意	不太满意	一般满意	比较满意	非常满意
您对目前收入分配公平满意度	☐1	☐2	☐3	☐4	☐5
您对目前收入与付出相比满意度	☐1	☐2	☐3	☐4	☐5
您对目前收入与过去五年相比满意度	☐1	☐2	☐3	☐4	☐5
您对目前收入与同职业人员收入相比满意度	☐1	☐2	☐3	☐4	☐5
您对目前收入与其他职业人员收入相比满意度	☐1	☐2	☐3	☐4	☐5
您对教育公平满意度	☐1	☐2	☐3	☐4	☐5
您对就业公平满意度	☐1	☐2	☐3	☐4	☐5
您对公共医疗卫生公平满意度	☐1	☐2	☐3	☐4	☐5
您对公共基础设施公平满意度	☐1	☐2	☐3	☐4	☐5
您对公共自然资源公平满意度	☐1	☐2	☐3	☐4	☐5
您对市场竞争环境满意度	☐1	☐2	☐3	☐4	☐5
您对工资集体协商制度满意度	☐1	☐2	☐3	☐4	☐5
您对公职人员廉洁满意度	☐1	☐2	☐3	☐4	☐5
您对政府公共信息公开满意度	☐1	☐2	☐3	☐4	☐5
您对政府效能满意度	☐1	☐2	☐3	☐4	☐5
您对劳动者权益保护满意度	☐1	☐2	☐3	☐4	☐5
您对各种税费负担满意度	☐1	☐2	☐3	☐4	☐5
您对个人税负满意度	☐1	☐2	☐3	☐4	☐5
您对投资税负满意度	☐1	☐2	☐3	☐4	☐5
您对社会保险(养老、医疗、工伤、生育、失业保险)满意度	☐1	☐2	☐3	☐4	☐5
您对社会救助、社会优抚、社会福利满意度	☐1	☐2	☐3	☐4	☐5
您对帮扶弱势群体状况满意度	☐1	☐2	☐3	☐4	☐5
您对最低生活保障线下人均转移支付满意度	☐1	☐2	☐3	☐4	☐5
您对个人转移支付满意度	☐1	☐2	☐3	☐4	☐5
您对企业转移支付(主要指对各种公益、社会慈善事业的捐助)满意度	☐1	☐2	☐3	☐4	☐5

问卷结束,谢谢您的支持与合作!

后 记

　　本书是笔者2017年主持的国家社会科学基金项目"收入分配公平的评价体系与预警机制研究"(17BJY006)的最终研究成果。

　　改革开放以来,我国经济持续增长,居民收入显著增加,但与此同时,社会不平等问题也日益凸显,收入分配不公问题愈发严重,已经影响到经济社会和谐发展。在改革开放的进程中,人们经历了巨大的社会经济变革,如何评价改革开放所造成的收入分配不平等问题,尤其是对现阶段收入分配公平状况进行综合评价,不仅影响到社会成员对政府各项改革措施与成效的认可度,也关系到具体的公共政策的设计。党的十七大、十八大强调"初次分配和再分配都要兼顾效率和公平,再分配更加注重公平",党的十八大提出"公平正义是中国特色社会主义的内在要求","逐步建立以权利公平、机会公平、规则公平为主要内容的社会公平保障体系",十九大强调要"不断促进社会公平正义,形成有效的社会治理、良好的社会秩序,使人民获得感、幸福感、安全感更加充实"。因此,在我国进入高质量发展、全面建成小康社会的背景下,深入探讨收入分配公平问题,对于制定科学合理的收入分配政策,缓解收入分配不平等,提高分配公平满意度具有重要的理论意义与现实意义。而现有相关研究很少涉及起点公平(权利公平、机会公平)与过程公平(规则公平)等初次分配公平问题;很少涉及税负公平、社会保障公平、转移支付公平等再分配公平问题。如何科学合理地界定收入分配公平(及其满意度)的内涵与层次、提出收入分配公平的基本原则? 如何揭示收入分配公平(及其满意度)的决定因素? 如何设计收入分配公平(及其满意度)的评价指标体系,提出收入分配公平的测度方法? 如何构建收入分配公平的预警机制? 带着这些疑问,笔者及课题组成员于三年前开始设计课题的研究内容、研究目标、研究方法与技术路线,从国家社会科学基金项目获得批准立项到最终形成本书的研究成果,其间的付出与辛苦、欣慰与喜悦,尽在不言中。

　　在本书研究过程中,一些阶段性的研究成果相继在《经济理论与经济管理》《浙江大学学报(人文社会科学版)》《商业经济与管理》《现代财经》《财经论丛》《北京工商大学学报(社会科学版)》《浙江工商大学学报》等CSSCI来源期刊公开发表,有的论文被《新华文摘》和人大复印报刊资料等全文转载,部分研究成果被国内公开发表的论文所引用,得到国内学界同仁的认可。笔者期望本书对感兴趣的读者和政府有关部门制定科学合理的收入分配政策具有一定的参考价值与借鉴意义。

在本书出版之际,感谢课题组成员董亚娟、陈娟、吕晓兰、高玲芬、马骊、丁宁、程芳芳,她们为本研究做了大量的文献资料收集、指标设计、问卷调查、理论研究与实证分析等相关工作,付出了辛勤劳动。本研究得到浙江工商大学经济学院领导和同事的大力支持和鼓励,得到余彬、蒋豪、王继鑫、孙小蒙、郑云华的热情帮助和支持,笔者在此表示衷心感谢!

在本书研究过程中,笔者曾经指导和正在指导的博士研究生和硕士研究生从文献资料与数据收集、调研、模型构建、数据分析、模拟实验、实证研究等相关工作,到书稿的修改和校对工作,付出了辛勤的劳动,多次参与书稿讨论,提出了许多宝贵的意见和建议,为本研究所贡献的思想、观点与方法,使本书增添了不少亮点。他们是高玲芬、董亚娟、马骊、陈娟、孙金秀、林晓炜、丁宁、程芳芳、林超、蔡培培、吴娉娉、赵倩倩、关心培、孔维飞、罗天龙、王芳、张亚迪、王先梅、黄灵洁、支帅帅、乔文静、胡萍苹、刘广丽等,谨此致以由衷的谢意!

在本书出版过程中,浙江工商大学出版社给予大力支持,责任编辑谭娟娟老师为本书的出版付出了辛勤劳动,在此表示衷心感谢!

在书稿写作过程中,笔者参考和借鉴了学界前贤和同仁的相关研究成果,有的已经注明,有的可能疏漏未能注明,在此表示衷心感谢!

最后感谢我的家人。在三年多的研究过程中,家人给我营造了宁静、舒适的工作环境,给予了无私的支持,使我能够全身心地投入研究工作中去。

收入分配公平问题一直是经济学研究领域的重要议题,也是一个历史性的不断发展的新课题,书中难免存在不妥甚至错误之处,敬请学界同仁批评指正。"路漫漫其修远兮,吾将上下而求索"。

孙敬水

2020 年 4 月于杭州文鼎苑